U0939965

晚清人才地理分布研究(1840—1912)

A Study on the Geographical Distribution of the Talents in the Late Qing Dynasty

王继平　等著

中国社会科学出版社

图书在版编目(CIP)数据

晚清人才地理分布研究(1840—1912)/王继平等著.—北京:中国社会科学出版社,2012.4

ISBN 978-7-5004-9895-7

Ⅰ.①晚… Ⅱ.①王… Ⅲ.①人才—地理分布—研究—中国—清后期 Ⅳ.①C964.2

中国版本图书馆 CIP 数据核字(2011)第 119562 号

晚清人才地理分布研究(1840—1912) 王继平等著

出 版 人 赵剑英

策划编辑 郭沂纹
特约编辑 丁玉灵
责任校对 石春梅
封面设计 郭蕾蕾
技术编辑 王 超

出版发行 中国社会科学出版社
社 址 北京鼓楼西大街甲 158 号 **邮 编** 100720
电 话 010-64073836(编辑) 64058741(宣传) 64070619(网站)
010-64030272(批发) 64046282(团购) 84029450(零售)
网 址 http://www.csspw.cn(中文域名:中国社科网)
经 销 新华书店
印 刷 北京君升印刷有限公司 **装 订** 廊坊市广阳区广增装订厂
版 次 2012 年 4 月第 1 版 **印 次** 2012 年 4 月第 1 次印刷
开 本 710×1000 1/16
印 张 37 **插 页** 2
字 数 658 千字
定 价 108.00 元

国家社科基金后期资助项目

出版说明

后期资助项目是国家社科基金设立的一类重要项目，旨在鼓励广大社科研究者潜心治学，支持基础研究多出优秀成果。它是经过严格评审，从接近完成的科研成果中遴选立项的。为扩大后期资助项目的影响，更好地推动学术发展，促进成果转化，全国哲学社会科学规划办公室按照“统一设计、统一标识、统一版式、形成系列”的总体要求，组织出版国家社科基金后期资助项目成果。

全国哲学社会科学规划办公室

目　录

第一章　晚清进士的籍贯分布与分流 …………………………（1）

一　晚清科举制度的演变 ……………………………………（1）

二　晚清进士的籍贯分布 ……………………………………（12）

三　晚清进士的仕进 ……………………………………（107）

四　晚清进士的分流 ……………………………………（129）

第二章　晚清政治领袖的区域分布 ……………………………（139）

一　晚清督抚籍贯分布 ……………………………………（139）

二　晚清政治改良与革命人物区域分布 ……………………（168）

三　晚清会党农民领袖区域分布 …………………………（190）

四　晚清政治运动的地缘色彩 ……………………………（219）

第三章　晚清军事人物地理分布 ……………………………（225）

一　晚清军制的变迁 ……………………………………（225）

二　晚清将军、提督、总兵籍贯分布 …………………………（232）

三　晚清团练将领籍贯分布 ……………………………（250）

四　晚清新军将领籍贯分布 ……………………………（260）

第四章　晚清企业家地域分布 ……………………………（273）

一　晚清近代企业的兴起与发展 …………………………（273）

二　晚清买办的地域分布 ……………………………（284）

三　晚清官办企业负责人的地域分布 ……………………（308）

四　晚清私营企业主的地域分布 …………………………（323）

第五章　晚清学术人物的地理分布 …………………………（348）

一　晚清经学家的地区分布 ……………………………（348）

二 晚清文学家的地区分布 …………………………………………… (358)
三 晚清教育家的地区分布 …………………………………………… (380)
四 晚清科学家地区的分布 …………………………………………… (391)
五 晚清学术的区域特色 ……………………………………………… (399)

第六章 晚清留学生区域分布 …………………………………………… (403)
一 晚清留学运动的展开 ……………………………………………… (403)
二 晚清留日学生的籍贯分布 ………………………………………… (418)
三 晚清留美学生的籍贯分布 ………………………………………… (421)
四 晚清留欧学生的籍贯分布 ………………………………………… (432)
五 晚清留学生地域分布分析 ………………………………………… (451)

第七章 晚清驻外使领籍贯分布 ………………………………………… (461)
一 从天朝到列国:晚清外交的建立(1840—1911) ……………… (461)
二 晚清驻外使领籍贯分布 …………………………………………… (486)
三 晚清驻外使领籍贯分布原因分析 ………………………………… (500)
四 晚清驻外使领与区域风气 ………………………………………… (513)

第八章 晚清文化地理变迁 ……………………………………………… (525)
一 晚清传统教育机构的地域分布 …………………………………… (525)
二 晚清新式学堂的地域分布 ………………………………………… (533)
三 晚清新式报刊的地域分布 ………………………………………… (545)
四 晚清新式知识分子的地域分布 …………………………………… (563)

参考文献 ………………………………………………………………… (572)
后记 ……………………………………………………………………… (587)

第一章　晚清进士的籍贯分布与分流

“缙绅虽位极人臣，不由进士者终不为美。”①我国自行科举制度以来，进士一科就成为士大夫们极力追求的目标，而当历代王朝统治殆危时，如唐末、宋末、元末、明末，无不更加重视科举以笼络士人，风雨飘摇中的晚清亦不例外。科举取士，三年一度中试的进士成为国家人才的精英，也是统治集团的中坚力量，关系着清王朝的治乱和兴衰。鸦片战争以后直至清末，是近代中国社会发生重大变革的历史时期，在这场“旷古未有之奇变”中，晚清科举制度的演变以及进士的籍贯分布、仕进和分流，是一个非常令人关注的问题。研究晚清进士群体、科举制度，对由此推知各地经济、文风的高下，分析各地人才的兴衰，探讨晚清人才分布规律及人文地理都有积极意义。

一　晚清科举制度的演变

产生于隋炀帝大业元年（605），确立于唐，发展于宋，衰亡于明清的科举制度，在中国历史上持续了1300多年，它是封建王朝设科招考选拔官僚人才和士人“投牒自进”挤入仕途之道的以考试为核心的选士制度，是中国古代用人选拔制度的一次重大飞跃。

在科举制度产生之前，统治者在人才选拔机制上，经历了从西周的世袭世禄制到秦朝的军功封爵制、两汉察举制、魏晋的九品中正制，至隋唐科举制才应运而生。它通过考试的方式，凭文取人，使人才选拔有了客观的标准和衡量的依据，也使选官用人有了制度性的保障。科举制度自产生之日起就确立了由政府出面招考，考生“皆怀牒自列于州县”②的自由报

① 王栻：《严复集》（一）之《论教育与国家之关系》，中华书局1986年版，第166页。

② 杨齐福：《科举制度与近代文化》，人民出版社2003年版，第4页。

考原则，除了娼、优、隶、卒等“贱民”外，其他人皆可参加科举考试。这扩大了应试者的范围，突破了血缘关系对政治权利的垄断，使广大下层民众有了入仕机会，体现出一种开放、平等精神。为了确保这种形式上的公正平等，科举取士本着“一切以程文定去留”的原则，公开竞争，择优录取。政府还制定了一整套详尽而又严密的考试规则，以防止越轨行为，如锁院以防漏题、搜检以防夹带、监考以防偷看、糊名誊录以防关节、内外帘之隔以防串通作弊、场后复试以防冒名顶替、考官回避制度以防徇私舞弊等等。[①] 科举制度在形式上的这种平等、公正性，给每一朝为“田舍郎”送去了“暮登天子堂”的幻想，为草野寒畯之士开辟了登进之途，在很大程度上使封建政权不断开放，并有效地吸纳着社会文化精英，激发着广大知识分子特别是下层知识分子的政治热情，使其能够利用科举之途来实现自己治国平天下的远大抱负。它适应了封建社会的政治需要，因此能超越察举制与九品中正制，并存在一千多年。

发展到明清时期，科举制度已定型为内容以四书五经为主，形式以八股取士且具有童试、乡试、会试、殿试四级考试的国家“抡才大典”[②]。三年大比，首先是童试，取中者为秀才。第二级为试于直省的乡试，中试者为举人。第三级为会试，在乡试后的第二年春天在京城贡院举行，取中后称贡士。正科会试逢丑、辰、未、戌等年，三年举行一次，每逢朝廷登基、大婚、大寿、国家大庆之年，可另加一科，称恩科。第四级为皇帝亲策于廷的殿试，在会试发榜后的次月举行。殿试分三甲录取，取中后统称进士，一甲录取三名，分别称状元、榜眼、探花，赐进士及第，二甲若干名，赐进士出身，三甲若干名，赐同进士出身。

清承明制，科举集前代之大成，发展到相当完备程度，但是，实行了千余年的科举制度自诞生之日起，人们就一直没有停止对它的批判，行之既久，弊病日生，其弊端也越来越显露。洎乎清末，世变日亟，科举制度百弊丛生，积重难返。论者谓科举制度把社会各阶层的人才吸收进入政权，造成人才流向的单一，以四书五经为主，以八股文取士的科目人才不足应时务。人们要求变革科举的呼声更加强烈，尽管清代统治者多次图谋改革科举，但终究无法挽狂澜于既倒。1905 年 9 月清政府下诏宣布“自丙午科为始，所有乡会试一律停止，各省岁科考也即停止”[③]。科举制度

---

① 杨齐福：《科举制度与近代文化》，人民出版社 2003 年版，第 4—5 页。

② 赵尔巽等：《清史稿》卷一〇八《选举三》，中华书局 1975 年版，第 3149 页。

③ 朱寿朋：《光绪朝东华录》（五），中华书局 1958 年版，第 5392 页。

不得不走完其漫长的历程，变为历史的沉积。

（一）第一次鸦片战争前后科举改革思潮的酝酿

“太宗皇帝真长策，赚得英雄尽白头。”[①] 中国封建时代的科举原是国家选拔精英人才，保证社会阶层之间正常流动的机制，但由于科举与政治经济特权相关联、功名利禄的强大诱惑力，使神州大地成了科举赛场，士人们均吸引到这一狭窄的上升道，皓首穷经，觊觎一官。“窃计中国人多，最重科第，退以荣于乡，进以仕于朝，其额之窄，其得至难也，诸生有视科第得失为性命者”[②]。这种巨大的社会竞争压力随之带来不正常的科场作弊，久禁不绝，影响了竞争的公平原则，同时，由于科举从内容（指定的四书五经注本）到形式（八股）都极度僵化，使得科举所选拔的人才在知识结构上严重畸形。

“九州生气恃风雷，万马齐喑究可哀。我劝天公重抖擞，不拘一格降人才。”[③] 鸦片战争前夕，一些有识之士就对即将遭遇的新时代表示了强烈的预感，喊出了救世的心声，他们认识到科举制度非变不可，为此提出了种种变革主张。龚自珍主张科举考试应废除经义，效汉代“讽书射策”之法，改试策论，“十事中十者甲科，中七者乙科，中三四者丙科，不及三者摈之”[④]。包世臣主张在考试内容上做些变动，“罢八股，以明经术、策时务二事应之”[⑤]。王鼎认为“经义取士，其途稍狭，不能尽天下人才”，主张于进士科之外另设科目。王爵滋也提出：“特开一科，如从前诏举博学鸿词故事，第不试以诗赋，而试以策论，取其通经史而适于时务者，量才用之；或兼设数科，如汉之经任博士，文任御史，才任巨县等目，分别试之。”[⑥] 这些主张虽没突破传统思想中那套老办法，但它们却在当时起着开山筚路的作用。

1840 年鸦片战争爆发，清政府在侵略者坚船利炮的进攻下节节败退。这些经过激烈的科举考试而选拔出来的社会精英在战争中的表现既可恶又拙劣，“文官怀印而逃，以投池为故套，武弁弃城而溃，以退守为自全，

① 王定保：《唐摭言》卷一，上海古籍出版社 1978 年版，第 5 页。

② 中国史学会主编：《戊戌变法》（二）之康有为《请广译日本书派游学折》，上海人民出版社、上海书店 2000 年版，第 223 页。

③ 龚自珍：《龚自珍全集》第十辑之《已亥杂诗》，上海人民出版社 1975 年版，第 521 页。

④ 龚自珍：《龚自珍全集》，中华书局 1959 年版，第 123 页。

⑤ 包世臣：《包世臣集》之《说储》，黄山书社 1991 年版，第 136 页。

⑥ 陈元晖：《中国近代教育史资料汇编·鸦片战争时期的教育》，上海教育出版社 1990 年版，第 71 页。

问敌情则茫然无知，闻讹言则各自奔散”[1]。鸦片战争的失败充分暴露出传统教育的空疏无用和一些科举人才的昏庸无能，人们纷纷倡言变革科举制度。

1841年两广总督祁贡上《请推广文武科试疏》，奏请改变考选制度，建议在科举考试中添加五道策问：“曰博通史鉴、曰精熟韬钤、曰制器通算、曰洞知阴阳占候、曰熟谙舆图情形。”[2] 陈澧在考试内容上主张以九经试士，改变士有通五经之名而无通一经之实这种状况；在操作层面上主张分场筛选。面对西方资本主义国家的坚船利炮，有识之士开始注意选拔造船制器的人才。魏源主张改革武试专以“弓马技勇”的取人制度，提出在“闽粤两省，武试增水师一科，有能造西洋战舰、火轮舟，造飞炮、火箭、奇器者，为科甲出身”[3]。冯桂芬主张在通商各口岸设船政局，聘请外国人教授工匠，如果工匠“工成与夷制无辨者，赏给举人，一体会试；出夷制之上者，赏给进士，一体殿试”[4]。

由于时代的局限，鸦片战争前后人们所提出的变革设想大多是从传统寻求出路，试图采取传统的“药方”，来医治现时社会的弊病，主要侧重于对科举制度的修补，但魏源等人提出的以西学取才的设想从根本上动摇了科举制度，为近代科举改革指明了重要方向。然而，对于科举制度跟不上时代步伐的历史状况，当时只是少数仁人志士的空谷足音，并没有成为普遍共识。战争的失败，也没有使冥顽腐朽的统治阶级抛却“天朝上国”的虚骄之情，思图改革。这一时期在有关国家考选制度方面没有什么大的变动，依旧是开科取士，程序也基本沿袭旧法，学校依旧是科举的附庸，科举仍为士子所趋骛。

（二）洋务运动时期开专科、纳西学

太平天国运动和第二次鸦片战争极大地震撼了清王朝的统治，内忧外患促使统治阶级中一批开明人士汇聚而成洋务派，掀起了向西方学习、求富求强的洋务运动。

随着洋务运动的深入发展，洋务派深感人才匮乏，纷纷上书请求变革科举。洋务巨擘李鸿章1864年首次向朝廷提出变更科举考试的问题。他说：“鸿章以为中国欲自强，则莫如学习外国利器。欲学习外国利器，则

---

① 杨齐福：《科举制度与近代文化》，人民出版社2003年版，第34页。
② 同上。
③ 魏源：《海国图志》卷二，长沙岳麓书社1998年版，第29页。
④ 冯桂芬：《校邠庐抗议》下卷，台北文海出版社影印本1971年版，第157—158页。

莫如觅制器之器，师其法而不必尽用其人。欲觅制器之器与制器之人，则或专设一科取士，士终身悬以为富贵功名之鹄，则业可成，艺可精，而才亦可集。”[①] 这是从造就近代科技人才出发，主张把懂西方科学技术的人才纳入科举正途之中。1867 年李鸿章代呈藩司丁日昌条款，主张对科举之制略作变通，除考传统科目外，再考算数格致、机器制作等，可惜的是，丁氏“条款”清廷拒绝采纳。与此同时，早期维新派也抨击八股取士的考试制度，提出改革科举主张。冯桂芬、王韬、郑观应等人皆认为科举不能培养优秀人才，亟应变革。他们抨击科举之累，主张“于文武正科之外，特设专科以考西学”，并指出这“可与科目并行不悖，而又不以洋学变科目之名，仍无碍祖宗成法也”[②]。在设计科举变革方案时，为弥补科举制度重才轻德的缺陷，大多主张恢复上古乡举里选之法，“欲士敦实行，莫若修荐举”[③]。

在“中体西用”观念的指导下，洋务派小心谨慎地对科举制度进行了一系列改革。1862 年，恭亲王等奏设同文馆，当年同文馆在北京成立，1866 年又提议在其中添设算学馆。随后，一批具有近代意义的洋务学堂陆续出现，如上海广方言馆、福州船政学堂、天津电报学堂、北洋水师学堂等，这些洋务学校开设了许多有关西方科学知识的课程，吸收和借鉴了西方学校的管理和教学方法，传播了西方科学知识，开创了士林新风气，加快了近代教育的改革步伐，在一定程度上促使了科举制度的解体。

同治三年（1864），根据广东省奏定章程，总理衙门奏准“广东同文馆学生蔡锡勇作为监生，另三等五名作为翻译生员，准予一体乡试，分别派充将军、督抚各衙门翻译官”[④]。四年后，总理衙门又批准上海同文馆“附生严良勋、席淦二名给予内阁中书职衔，并作为附监生，俾得就近北闱应付；监生汪凤藻、汪远焜、王文秀三名，给予国子监学正职衔”[⑤]。这两项决定意味着科举生员的来源开始包括新式学堂，扩大了科举取士的途径，昭示着清代科举考试改革已迈出了前进的

① 宝鋆等修：《筹办夷务始末·同治朝》（五），台北文海出版社影印本 1971 年版，第 2494 页。

② 夏东元：《郑观应集》（上册），上海人民出版社 1987 年版，第 269 页。

③ 王韬：《弢园文录外编》，中华书局 1959 年版，第 373 页。

④ 宝鋆等修：《筹办夷务始末·同治朝》（十），台北文海出版社影印本 1971 年版，第 5261 页。

⑤ 同上书，第 5484—5485 页。

步伐。

19世纪70年代后，一些洋务派代表主张把算学、洋学列入考试科目。1870年10月，沈葆桢、英桂联名奏请“特开算学一科”，1874年12月，李鸿章奏请在“科目”中废弃“小楷试帖”，同时“另开洋务进取一格”，以资造就一大批掌握“格致、测算、舆图、火轮、机器、兵法、炮法、化学、电气学”[①] 等知识的洋务人才。1875年礼部奏请在乡会试中增设算学科，但遭到顽固派的攻击，双方为此唇枪舌剑，最后由总理衙门出面，给双方各打五十大板了结。总理衙门认为李鸿章“洋学特科，尚非仓猝所能举行”[②]，决定科举暂不用增设科目，而洋务人才则通过荐举入仕。虽然艺学科或算学科之议被暂时搁置了，但改革科举的呼声却日益高涨。1882年侍郎宝廷奏请“特开一科，以算学考试”。次年御史陈启泰以“变通科举之制既有所难”为由，请“特设一科，专取博通掌故、练达时务之士，无论举贡生监皆准赴考，试之以有用之学”[③]。1884年国子监司业潘衍桐奏请开艺学科，提出“仿照翻译例，另开一艺学科，凡精工制造、通知算学、熟悉舆图者，均准与考”[④]。1887年御史陈琇莹上《奏请将算学归入正途疏》，主张改革乡会试之法，增加算学考试，将“明习算学之人归入正途考试”[⑤]，量予科甲出身。面对朝野上下一片强烈的科举改革呼声，又迫于强大的社会舆论压力，清政府不得不同意在科举考试中增设算学科。1888年的戊子乡试中，第一次开设算学科，总理衙门对各省送到生监及国文馆共计32名学生试以算学题目，照章取中一名算学举人。算学科目的开设，是科举制度史上第一次真正意义上的中西学同考。

新式学堂的兴起、新兴课程的设立，所有这些都强烈地冲击着传统的教育体制，冲击着科举制度既定的法则，形势将古老的科举制度推到了一个被重新认定和选择的位置。但由于统治阶级内部顽固派实力强大，洋务运动时期“中体西用”指导思想严重制约了西学输入的深度和广度，刚刚开始变动的中国社会还不能摆脱正统文化思想的束缚，洋务派对科举制度的改革还不能触动科举制度之根基。科举考试仍然名正言

---

① 陈学恂:《中国近代教育史教学参考资料》(上册)，人民教育出版社1986年版，第206页。

② 中国史学会编:《洋务运动》(一)，上海人民出版社1961年版，第152页。

③ 同上书，第223页。

④ 舒新城:《中国近代教育史资料》(上册)，人民教育出版社1961年版，第30页。

⑤ 中国史学会编:《洋务运动》(二)，上海人民出版社1961年版，第208页。

顺地把持着考场重地，四书五经也未失去其正统地位，但它毕竟在科举制度这张无形之网中撕开了一道裂缝，为日后科举变革大潮的到来做好了铺垫。

（三）戊戌变法时期废八股、改试策论、开设经济特科

1894年甲午海战爆发，大清帝国竟被蕞尔小国日本所败，举国震惊。随着《马关条约》的签订，列强群起，攘夺利权，中国社会政治经济急速沉沦，维新派开始登上中国的政治舞台，戊戌思潮席卷而起，变革科举成了时代的召唤。朝野志士倡言改革，以期人才辈出，共济时艰。“中国之割地败兵也，非他为之，而八股致之也”，“不惟八股当废，即科举亦当全废”[①]。八股首当其冲，被视做罪魁祸首，成为众矢之的。维新派猛烈抨击科举制度，大声疾呼变革，加快了科举改革的步伐。

严复认为八股取士“锢智慧”、“坏心术”、“滋游手”，“使天下消磨岁月于无用之地，堕坏志节于冥昧之中，长人虚骄”，因而须“痛除八股而大讲西学”[②]。1898年6月，杨深秀奏请厘定文体，各项考试不得割裂经文命题。康有为呈上《请废八股试帖楷法改用策论折》，指出八股取士实质上是“愚民之术”，主张当务之急是变科举，废八股，改试策论，并在《请开学校折》中建议光绪帝远效德国，近法日本，兴学校，育人才。梁启超认为科举制度尤其是八股取士“为中国锢蔽文明之一大根源”[③]，他联合在京应试举人，再次进行“公车上书”，请废八股，提议光绪“将下科乡会试及此后岁科试，停止八股试帖，推行经济六科，以育人才而御外侮”[④]。

废除八股是铲除科举制度的一个旧疾，而经济特科的设立则是代表了考试制度的一个新方向。1897年贵州学政严修奏请效仿康熙、乾隆年间举行博学鸿词科之意，设立经济专科，建议经济专科分六事取士，“或周知天下郡国利病，或熟谙中设立经济专科，外交涉事宜，或算学译学擅绝专门，或格致制造能创新法，或堪游历之选，或工测绘之长，统立经济之专名，以别旧时之科举”。“凡录用由于此科，皆比于正途出身”[⑤]。此奏上后，光绪帝即行谕令总理衙门会同礼部妥议具奏。1898年1月，总理

---

① 汤志钧：《康有为政论集》（上），中华书局1981年版，第269—272页。

② 王栻：《严复集》（第一册），中华书局1986年版，第40—43页。

③ 梁启超：《饮冰室合集》专集之一，中华书局1989年版，第87页。

④ 梁启超：《饮冰室合集》专集之三，中华书局1989年版，第21页。

⑤ 严修自订，高凌雯补，严仁曾增编：《严修年谱》，齐鲁书社1990年版，第102—103页。

衙门与礼部提出把经济专科分为特科和岁举，“先行特科，次行岁举”。特科考试的内容为内政、外交、理财、经武、格致与考工六门，“或十年一举，或二十年一举，候旨遵行，不为常例”。常科则三年一举，“分场专考，首次场试时务题，三场仍试四书文”，“中试者名曰经济科贡士，亦一体复试、殿试、朝考等”。光绪帝认为“所议特科岁举两途，洵足以开风气而广登进，著照所议准行”，特科“俟所保人员汇齐至百人以上，即可奏请定期举行”①。同年4月，浙江巡抚廖寿丰上折建议经济岁科直接由学堂选举，不必试四书文。6月御史宋伯鲁奏请将经济岁举归并正科。7月总理衙门会同礼部拟出特科章程六条呈览。光绪帝再次发布上谕，“即照所请行”，并“著三品以上京官及各省督抚学政各举所知，限于三月内咨送总理各国事务衙门，会同礼部奏请考试一次”②。谕令颁发后，经济特科得旨允行，“天下人之心思耳目为之一新”，在社会上引起了强烈的反响。

1898年借变法之机，光绪帝首先拿科举制度开刀，颁布了一系列改革科举的诏书。6月11日下令迅速创办京师大学堂，23日诏令：“著自下科为始，乡会试及生童岁科各试，向用四书文者，一律改试策论。”③ 30日准奏将经济岁科归并正科，7月10日诏改各省大小书院为兼习中学西学之学校，兴办各类新式学堂和专门学校。不久又以张之洞、陈宝箴《妥议科举新章折》为蓝本，定乡会试随场去取之法，将三场先后次序互易，“第一场试中国史事、国朝政治论五道；第二场试时务策五道，专问五洲各国之政、专门之艺；第三场试四书义两篇，五经义一篇”。且令“嗣后一切考试，均以讲求实学实政为主，不得凭楷法之优劣为高下”④。8月19日上谕又明令废止朝考，一切考试诗赋概行停罢。科举制的主要形式，如八股文、诗赋、小楷至此全部更改，但仍保留着四书五经的内容。

废八股、改试策论、经济特科的设立是对沿袭数百年八股取士制度的反叛，也是对八股士子的一次沉重打击，所以它自出现之始，就遭到了顽固派的强烈反对与极力阻挠。1898年9月21日，以慈禧太后为首的顽固派发动戊戌政变，维新变法夭折。10月9日西太后发布懿旨：“嗣后乡试会试及岁考科考等，悉照旧制，仍以四书文试帖经文策问等

---

① 朱寿朋：《光绪朝东华录》（四），中华书局1958年版，第4024—4026页。

② 同上书，第4128页。

③ 同上书，第4141页。

④ 汤志钧：《戊戌变法史》，人民出版社1984年版，第393—396页。

项，分别考试。经济特科，易滋流弊，并著即行停罢。”① 戊戌变法昙花一现，转瞬即逝，除京师大学堂继续开办外，科举改革刚刚起步即被扼杀，化为泡影。

（四）新政时期奖游学、递减科举中额至正式废除科举

1900 年八国联军借镇压义和团之名对华发动大举侵略，京城陷落，西太后携光绪帝仓皇出逃，次年被迫签订《辛丑条约》，民族危机进一步加剧。

为借科举考试笼络涣散的人心，清政府迫不及待地恢复被延误的科举考试。外国侵略者为了惩罚在义和团运动期间毁坏教堂、杀害传教士地区的人民并防止反抗力量的复起，在《辛丑条约》中规定：“诸国人民被戕害凌虐之城镇，五年内概不得举行文武考试。”② 根据条约被迫停止的省份，政府换了个地方举行，如直隶的乡试移往河南，山西的乡试挪到陕西。1901 年广东、广西、甘肃、云南、贵州五省举行乡试，其他各省也于 1902 年次第举行，1903 年、1904 年清政府还举行了癸卯、甲辰科会试。

在惨遭八国联军的炮火洗劫之后，国势日益岌危，清政府痛定思痛，力行改革。1901 年西太后还在西安就发布上谕，宣布实行“新政”，科举改革话题重被提上议事日程。

1901 年 4 月，山东巡抚袁世凯上折建议按年逐减岁科、乡试的录取名额，增设实学一科。7 月，两江总督刘坤一、湖广总督张之洞联名上疏，提出了设文武学堂，酌改文科的主张，科举考试“永远不废经书为宗旨”，“按科递减科举取士之额，为学堂取士之额”③。两广总督陶模认为：“变法必自设学堂始，设学堂必自废科目始。今宜明降谕旨，立罢制义大卷白折等考试。”④

为消除内忧外患的压力，表明“新政”之意，清政府不得不对早已成为众矢之的科举制度采取了一些变通措施，实施部分改革。1901 年 8 月清廷谕令从 1902 年起废除八股，各省科举改试能够解说四书、五经和论述中国历史、政治及西学政治、艺学的“策论”；各省开设大、中、小学堂，学生毕业后可以取得功名；选派学生出国留学，毕业后“分别赏

① 朱寿朋：《光绪朝东华录》（四），中华书局 1958 年版，第 4220 页。

② 杨齐福：《科举制度与近代文化》，人民出版社 2003 年版，第 64 页。

③ 张之洞：《张文襄公全集》（一），中国书店 1990 年版，第 915 页。

④ 邵之棠：《皇朝经世文统编》，台北文海出版社影印本 1980 年版，第 4148 页。

给进士举人出身”，自费留学生也“一体考验奖励”。1902 年 12 月清政府命以后新科进士一律入京师大学堂肄业，与此同时，还命政务处拟定经济特科考试章程，重开经济特科，派张百熙为管学大臣，订立学堂章程。1903 年 7 月 10 日，经济特科正式在保和殿开考，与试者 186 人，按规定考试分两场，第一场为正场，录取一等 48 人，二等 79 人，准予复试，但梁士诒、杨度等人被怀疑与维新党人有染而被除名，有的因卷中出现“卢骚”字样亦被除名。7 月 21 日特科复试，草草了事，仅录取一等 9 名，二等 18 人，其余的皆被淘汰。

认识到科举有碍新式学堂的推广，1903 年 3 月张之洞会同袁世凯再次奏请按年递减中额，渐行罢废科举，“俾天下士子，舍学堂一途别无晋身之阶”①。张、袁所奏之折，递进后交政务处议奏，未有复议。1904 年 1 月在呈递《奏定学堂章程》时，张百熙、荣庆、张之洞联袂重申递减科举，注重学堂的请求，建议“自下届丙午科起，每科递减中额三分之一”②，直至科举完全废除。在《奏定学堂章程》中还专门列有《进士馆章程》，主张从制度上设立进士馆，“令新进士用翰林部属中书者入焉，以教成初登仕版者皆有实用为宗旨，以明彻中外大局，并于法律、交涉、学校、理财、农、工、商、兵八项政事皆能知其大要为成效。每日讲堂功课四点钟，三年毕业”③。清政府此时还没有废除科举的决心，但最终批准递减科举中额。至此，科举取士实际已处于不废而自废的境地。1903、1904 年举行癸卯、甲辰科会试，第一场改试中国政治史论五篇，第二场改试各国政治艺学策五道，第三场仍试四书五经义，这两科形式上虽照旧，但考试试题一改以往僵化守旧的内容，开始关注现实有用的问题。进士馆也于 1904 年 5 月开馆。

1904 年发生在中国领土上的日俄战争，极大地刺激了晚清士人，腐朽的专制统治大厦即将崩塌。为挽救清王朝，1905 年，直隶总督袁世凯会同盛京将军赵尔巽、湖广总督张之洞、两江总督周馥、两广总督岑春煊与湖南巡抚端方，上奏指出：“科举一日不停，士人皆有侥幸得第之心，以分其砥砺实修之志。民间更相率观望……学堂绝无大兴之望。”故“欲补救时艰，必自推广学校始。而欲推广学校，必自先停科举始”④。奏请

① 朱寿朋：《光绪朝东华录》（五），中华书局 1958 年版，第 4999 页。

② 舒新城：《中国近代教育史资料》（上册），人民教育出版社 1961 年版，第 61 页。

③ 潘懋元、刘海峰：《中国近代教育史资料 · 高等教育》，上海教育出版社 1993 年版，第 44—45 页。

④ 舒新城：《中国近代教育史资料》（上册），人民教育出版社 1961 年版，第 63—65 页。

立停科举，以广学堂。此时的清朝政权已经摇摇欲坠，面对如此众多疆吏之坚请，这年9月2日清政府被迫下诏废除科举，“著即自丙午科为始，所有乡会试一律停止，各省岁科考试亦即停止”[①]。至此，在中国延续了1300多年的科举制度终于走到了生命的尽头。

科举制度通过清政府一纸诏书，在形式上废除了，但余响却如空谷足音，久久萦回。顽固势力为恢复科举仍摇旗呐喊，1907年候补内阁中书黄云藩、给事中李灼华还提请朝廷恢复旧日科举制度。而为了善后处理旧式士人及新学堂学生和留学生的出路问题，清政府在废除科举后继续实行生员考优拔贡和举贡考职，并对新学堂学生和留学生予以功名奖励，这一切都是科举制度的残余形态，直至辛亥革命爆发、清王朝覆灭，一切才都在激进的潮流中湮灭。

晚清是一个大动荡的时代，政治、经济、思想、文化都在急剧地不断发生着变化。虽然由于上层顽固守旧集团和社会惰性势力的拼死护卫，统治者长期用来选拔文官和进行思想统治的以八股取士为核心的科举制度，得以继续延持着，但在时代前进的大潮面前，它的腐朽落后越来越明显。综观整个晚清科举制度演变历程，从龚自珍等有识之士的批评科举、疾呼改革开始，继而有些督抚大员亦倡此议，到1905年的正式废除，这是一个长时段的、艰难反复的过程，走了一条漫长而又曲折的道路，贯穿了整个晚清历史。

科举制度的废除，不单纯是一个制度的存废问题，而且是一个涉及改变社会习俗，矫正社会心理等的问题。它是中国历史上具有深远意义的一件重大事件，不仅加剧了晚清的社会动荡，也加速了清王朝的土崩瓦解。“不佞尝谓，此事乃吾国数千年中莫大之举动，言其重要，直无异古者之废封建，开阡陌”[②]。科举的废除切断了以科举追求功名利禄的通道，迫使数以百万计的童生、士子涌进学堂去寻觅新的出路，新式学堂便雨后春笋般在华夏大地焕发出勃勃生机，留学生人数也大幅度增长。一个不同于旧式文人和封建士大夫的新知识分子群体活跃于历史舞台，成为清朝统治者无法控制的新生的社会力量，在政治和社会生活中发挥着越来越大的作用，推动着中国历史的车轮滚滚前进。

---

① 朱寿朋：《光绪朝东华录》（五），中华书局1958年版，第5392页。

② 王栻：《严复集》（一）之《论教育与国家之关系》，中华书局1986年版，第166页。

二 晚清进士的籍贯分布

晚清时局动荡，内外交困，统治者更加重视科举以笼络士人。科举取士，三年一度中试的进士中涌现出一大批政治、经济、教育、文学、艺术等方面著名的人物，他们是晚清高级知识分子集中的群体，国家的精英，也是统治集团的中坚力量，关系着清王朝的治乱和兴衰。本节试考察晚清进士籍贯分布状况及其特征，以便进一步了解区域的自然环境、政治、经济、交通、文化发展的状态对人才分布的影响。

（一）晚清进士的省籍分布

清承明制，分省取士。为照顾文化欠发达的边远地区，会试不预定中额，依省之大小，文风之高下，应试人数之多寡，按省酌定取中数额，这个制度虽经历朝修改，但仍沿用至清末。道光二十年（1840）至光绪三十年（1904）清朝最后一科会试，总计 65 年间文科科举共举行正、恩科会试 30 场，录取三甲进士共计 7972 人。为了能正确反映晚清进士的分布状况及其特征的地理规律，本书以清代行政区划为准，将晚清历朝各科进士录取人数及其籍贯分布列表（见表 1－1、表 1－2）如下。

表 1－1　晚清（1840—1905）历朝各科进士录取人数统计表

朝代	道光（1840—1850）		咸丰		同治		光绪			
各科录取人数	二十年	180 人	二年	239 人	元年	193 人	二年	324 人	十八年	317 人
	二十一年	202 人	三年	222 人	二年	200 人	三年	328 人	二十年	314 人
	二十四年	209 人	六年	216 人	四年	265 人	六年	329 人	二十一年	292 人
	二十五年	217 人	九年	180 人	七年	270 人	九年	308 人	二十四年	346 人
	二十七年	231 人	十年	189 人	十年	323 人	十二年	319 人	二十九年	315 人
	三十年	212 人	—	—	十三年	337 人	十五年	296 人	三十年	273 人
	—	—	—	—	—	—	十六年	326 人	—	—
开科次数	6 科		5 科		6 科		13 科			
进士总数	1251 人		1046 人		1588 人		4087 人			
合计 30 科共录取 7972 人										

资料来源：朱保炯、谢沛霖：《明清进士题名碑录索引》，上海古籍出版社 1980 年版。

表 1－2　　晚清（1840—1905）进士籍贯分布

姓名	籍贯	何年进士	姓名	籍贯	何年进士	姓名	籍贯	何年进士
张璧田	直隶遵化	光绪二十四年	鲁宗周	直隶易州	同治七年	刘书年	直隶献县	道光二十五年
张之照	直隶遵化	光绪二十九年	赵东曙	直隶易州	道光二十五年	刘其年	直隶献县	道光二十七年
鲁　方	直隶遵化	道光三十年	李廷鉽	直隶易州	咸丰三年	陈松龄	直隶献县	咸丰二年
秦澍彦	直隶遵化	同治十三年	宋棫臣	直隶易州	同治十三年	燕　晋	直隶献县	咸丰三年
杨锡霖	直隶遵化	光绪二十一年	孙鸣皋	直隶易州	光绪二十年	刘肇域	直隶献县	咸丰三年
史思培	直隶遵化	光绪十五年	崔炳炎	直隶盐山	光绪三十年	崔　澜	直隶献县	咸丰三年
刘允恭	直隶遵化	光绪十五年	李桂林	直隶盐山	咸丰十年	王题雁	直隶献县	咸丰六年
许宗杰	直隶正定	光绪二十九年	付维弼	直隶盐山	同治元年	张焕章	直隶献县	光绪十六
胡元照	直隶正定	同治四年	赵培之	直隶盐山	道光二十一年	吴　镗	直隶武邑	光绪二十四年
何粹然	直隶正定	同治十年	孙鸣珂	直隶盐山	道光二十四年	杨书香	直隶武邑	道光二十七年
王荫丰	直隶正定	咸丰九年	崔澄寰	直隶盐山	同治四年	郭家声	直隶武清	光绪二十九年
何锡禔	直隶正定	光绪十六年	孙承烈	直隶盐山	同治七年	徐振瀛	直隶武清	咸丰三年
张驹贤	直隶赵州	同治十三年	潘　江	直隶盐山	光绪二年	张汝熙	直隶武清	光绪二年
庞毓同	直隶枣强	光绪二十九年	李念兹	直隶盐山	光绪二年	贺尔昌	直隶武强	同治七年
王　铦	直隶枣强	同治元年	高第甲	直隶盐山	光绪三年	贺　沅	直隶武强	光绪十二年
李景纲	直隶枣强	光绪三十年	姜子珍	直隶盐山	光绪十二年	贺　涛	直隶武强	光绪十五年
宋德泽	直隶枣强	光绪二年	刘若曾	直隶盐山	光绪十五年	刘恩溥	直隶吴桥	同治四年
杜卿霭	直隶赞皇	道光二十四年	唐　烜	直隶盐山	光绪十五年	邢元恺	直隶吴桥	同治四年
陈肇杰	直隶元氏	咸丰九年	阎廷弼	直隶宣化	同治十三年	侯维鹏	直隶吴桥	光绪十六年
孙晋墀	直隶玉田	道光二十年	徐　聪	直隶邢台	光绪十八年	王　濂	直隶吴桥	光绪六年
孙　銮	直隶玉田	道光二十一年	杨炳炘	直隶邢台	光绪十六年	段汝林	直隶蔚州	同治元年
丁　维	直隶玉田	同治七年	刘秉哲	直隶邢台	光绪三年	贾联堂	直隶蔚州	光绪二年
吉　绅	直隶玉田	同治七年	杨庚辰	直隶邢台	光绪十六年	刘　诩	直隶蔚州	光绪九年
蒋庆第	直隶玉田	咸丰二年	尚秉和	直隶行唐	光绪二十九年	杨锦江	直隶威县	光绪十二年
蒋士理	直隶玉田	光绪十八年	郭芳兰	直隶新城	同治四年	王清江	直隶望都	光绪六年
李长华	直隶玉田	光绪二十一年	邢彤云	直隶新城	同治十年	杨　暹	直隶万全	同治四年
尹　椿	直隶玉田	光绪二年	吴德镇	直隶新城	光绪三十年	马缉熙	直隶万全	咸丰二年
赵锡恩	直隶永平	同治十三年	白葆端	直隶新城	光绪三十年	薛　燦	直隶万全	咸丰六年
赵世德	直隶永平	光绪二十一年	王毓芝	直隶新城	光绪六年	董兆奎	直隶完县	同治元年
武汝清	直隶永年	道光二十年	王树枬	直隶新城	光绪十二年	王守恂	直隶天津	光绪二十四年
翟　鍹	直隶永年	光绪二十四年	许源清	直隶新城	光绪十二年	胡　浚	直隶天津	光绪二十四年
李汝霖	直隶永年	咸丰十年	彭文翰	直隶献县	光绪二十四年	高桂馨	直隶天津	光绪二十四年
祁德昌	直隶永年	同治二年	张　濂	直隶献县	光绪二十九年	王维珍	直隶天津	咸丰十年
李吉言	直隶永年	道光三十年	牛　兰	直隶献县	光绪二十九年	李瑞章	直隶天津	道光二十一年
武澄清	直隶永年	咸丰二年	牛元恺	直隶献县	咸丰十年	吴惠元	直隶天津	道光二十四年
武延绪	直隶永年	光绪十八年	王树德	直隶献县	咸丰十年	郭师泰	直隶天津	道光二十四年
孟庆荣	直隶永年	光绪十六年	李宝箴	直隶献县	同治元年	殷嘉树	直隶天津	道光二十四年
李葆善	直隶永年	光绪三年	齐方书	直隶献县	同治元年	焦骏枫	直隶天津	同治四年
胡景桂	直隶永年	光绪九年	高锡畴	直隶献县	同治二年	李世珍	直隶天津	同治四年
陈云诰	直隶易州	光绪二十九年	周维祺	直隶献县	同治十年	王文锦	直隶天津	同治十年

续表

姓名	籍贯	何年进士	姓名	籍贯	何年进士	姓名	籍贯	何年进士
李锡朋	直隶天津	同治十年	朱　锦	直隶天津	光绪十五年	傅庆贻	直隶清苑	咸丰六年
华　鎟	直隶天津	咸丰二年	何锡章	直隶天津	光绪十五年	孙　堪	直隶清苑	咸丰六年
陈　骏	直隶天津	咸丰二年	聂　江	直隶唐县	光绪二年	汤似渲	直隶清苑	咸丰九年
陶云升	直隶天津	咸丰二年	王　鼎	直隶肃宁	光绪二十九年	苏维垣	直隶清苑	同治十年
张云辉	直隶天津	咸丰二年	王　煦	直隶肃宁	同治七年	陈永寿	直隶清苑	光绪二十年
华金寿	直隶天津	同治十三年	刘春堂	直隶肃宁	光绪二十九年	阎希仁	直隶清苑	光绪二十九年
辛家彦	直隶天津	同治十三年	刘春霖	直隶肃宁	光绪三十年	许涵度	直隶清苑	光绪二年
武登第	直隶天津	同治十三年	张俊英	直隶束鹿	光绪三十年	刘　镛	直隶清苑	光绪二年
杜　彤	直隶天津	光绪十八年	李　榘	直隶束鹿	光绪三十年	李锡彬	直隶清苑	光绪三年
赵士琛	直隶天津	光绪十八年	李维第	直隶深州	光绪三十年	董思宽	直隶清苑	光绪十六年
赵銮扬	直隶天津	光绪十八年	程芹香	直隶深州	光绪十六年	苏毓铨	直隶清苑	光绪三年
刘枟寿	直隶天津	光绪二十年	李世寅	直隶深州	光绪三年	蔡汝麟	直隶清苑	光绪三年
刘凤翰	直隶天津	光绪二十年	毕　棠	直隶深泽	咸丰十年	陈凌畴	直隶清苑	光绪三年
刘嘉琛	直隶天津	光绪二十一年	伏作霖	直隶任邱	咸丰十年	杨耀林	直隶清苑	光绪六年
周凤鸣	直隶天津	光绪二十一年	边葆淳	直隶任邱	道光二十一年	杨清魁	直隶清苑	光绪六年
林向滋	直隶天津	光绪二十一年	边浴礼	直隶任邱	道光二十四年	王维德	直隶清苑	光绪十二年
姜秉善	直隶天津	光绪二十四年	边厚庆	直隶任邱	道光二十四年	田翰墀	直隶清苑	同治四年
魏　震	直隶天津	光绪二十四年	边崇瑄	直隶任邱	同治二年	崔丹桂	直隶清河	同治四年
陈　骧	直隶天津	光绪二十四年	李羲钧	直隶任邱	道光三十年	王殿甲	直隶清河	光绪十八年
华世铭	直隶天津	光绪十六年	孙凤翙	直隶任邱	咸丰六年	赵冠卿	直隶清丰	光绪三年
王用钦	直隶天津	光绪二年	李汝弼	直隶任邱	咸丰九年	高遵章	直隶青县	光绪二十九年
赵世曾	直隶天津	光绪三年	边沦慈	直隶任邱	同治十年	王凤沼	直隶青县	光绪三年
孙传勋	直隶天津	光绪三年	陈棣堂	直隶任邱	光绪十八年	郑　束	直隶迁安	同治四年
华学澜	直隶天津	光绪十二年	籍忠宣	直隶任邱	光绪十八年	姚亮臣	直隶迁安	咸丰三年
徐世昌	直隶天津	光绪十二年	何玉端	直隶饶阳	道光二十四年	陈宝树	直隶迁安	同治十三年
刘学谦	直隶天津	光绪十二年	赵炳麟	直隶饶阳	光绪二十一年	刘鹏鸣	直隶迁安	同治十三年
华俊声	直隶天津	光绪十六年	刘自立	直隶曲周	咸丰九年	吴江澄	直隶迁安	光绪二十一年
卞翊清	直隶天津	光绪三年	任　涟	直隶清苑	咸丰十年	王荫楠	直隶祁州	光绪二十九年
王恩溎	直隶天津	光绪三年	胡叔珊	直隶清苑	咸丰十年	沈鸣珂	直隶祁州	同治元年
沈士鎟	直隶天津	光绪六年	王瑞庆	直隶清苑	道光二十一年	郝荣衔	直隶祁州	同治二年
高凌霄	直隶天津	光绪六年	李仲祁	直隶清苑	道光二十一年	杨倬云	直隶祁州	同治四年
李士鉁	直隶天津	光绪六年	汤成彦	直隶清苑	道光二十一年	赵受璋	直隶祁州	光绪六年
严　修	直隶天津	光绪九年	陈　鉴	直隶清苑	道光二十一年	李光斗	直隶祁县	同治十三年
曹俊瀛	直隶天津	光绪九年	陈曜图	直隶清苑	道光二十四年	韩经畬	直隶平泉	咸丰六年
徐　谦	直隶天津	光绪九年	张逢辛	直隶清苑	道光二十四年	杜墨林	直隶宁静	咸丰九年
齐学瀛	直隶天津	光绪九年	苏维城	直隶清苑	同治四年	贾汝霖	直隶宁晋	同治元年
李　铨	直隶天津	光绪九年	张清元	直隶清苑	同治七年	高逢源	直隶宁晋	光绪十八年
华凤章	直隶天津	光绪十二年	张冲霄	直隶清苑	同治十年	周　浚	直隶宁津	同治元年
黄耀奎	直隶天津	光绪十二年	孙万春	直隶清苑	同治十年	詹锦堂	直隶宁津	道光二十七年
刘彭年	直隶天津	光绪十五年	胡叔琳	直隶清苑	道光三十年	庞际云	直隶宁津	咸丰二年
陈泽霖	直隶天津	光绪十五年	贺锡福	直隶清苑	咸丰三年	荣星源	直隶宁津	光绪三年
陈恩寿	直隶天津	光绪十五年	孙恩寿	直隶清苑	咸丰三年	尹宗淳	直隶南皮	道光二十年

续表

姓名	籍贯	何年进士	姓名	籍贯	何年进士	姓名	籍贯	何年进士
汤师祺	直隶南皮	道光二十年	张旭东	直隶卢龙	光绪二年	梁凤翰	直隶静海	咸丰六年
张　权	直隶南皮	光绪二十四年	冯庆长	直隶隆平	同治七年	高崇基	直隶静海	道光三十年
高其镇	直隶南皮	同治元年	杜田之	直隶隆平	咸丰三年	刘汝骥	直隶静海	光绪二十一年
张之洞	直隶南皮	同治二年	马晋如	直隶灵寿	道光二十一年	张保儒	直隶静海	光绪二十一年
刘祝庚	直隶南皮	道光二十四年	解　煜	直隶临榆	同治二年	朱大诰	直隶静海	光绪十六年
张佩训	直隶南皮	同治七年	田植仁	直隶临榆	同治四年	刘荫椿	直隶静海	光绪十五年
张曾扬	直隶南皮	同治十年	李铁林	直隶临榆	同治十年	李联珠	直隶景州	同治十年
张之万	直隶南皮	道光二十七年	郭定柱	直隶临榆	道光二十七年	李荫兰	直隶景州	光绪九年
刘有铭	直隶南皮	道光二十七年	郭长清	直隶临榆	咸丰六年	刘维翰	直隶景州	光绪九年
周延年	直隶南皮	咸丰三年	谷芝瑞	直隶临榆	光绪三十年	胡世昌	直隶交河	光绪二十四年
张其蕙	直隶南皮	咸丰六年	李桂林	直隶临榆	光绪二年	苏名显	直隶交河	咸丰三年
张　检	直隶南皮	光绪十六年	魏延龄	直隶良乡	光绪十二年	苏守庆	直隶交河	光绪十六年
葛之覃	直隶南皮	光绪二年	范金瓯	直隶蠡县	道光二十年	王玉山	直隶冀州	光绪十二年
张曾镛	直隶南皮	光绪二年	刘大壮	直隶蠡县	同治二年	席树馨	直隶怀来	咸丰三年
张正堉	直隶南皮	光绪六年	蒋会图	直隶蠡县	同治四年	孙赋谦	直隶衡水	同治十三年
武勋朝	直隶南乐	光绪九年	孙绍宗	直隶蠡县	光绪二十一年	包　源	直隶河间	光绪二十四年
周鸣鹿	直隶南和	道光二十七年	王炳耀	直隶蠡县	同治二年	刘俊扬	直隶河间	咸丰十年
于凤阁	直隶南宫	光绪二十四年	周连仲	直隶乐亭	道光二十年	包　炜	直隶河间	道光二十五年
李刚己	直隶南宫	光绪二十四年	宁曾纶	直隶乐亭	道光二十年	吴怀玉	直隶河间	道光二十七年
路士桓	直隶南宫	光绪二十九年	萧开甲	直隶乐亭	光绪二十四年	王　浚	直隶河间	道光三十年
陈椿年	直隶南宫	道光二十七年	吕兴周	直隶乐亭	光绪二十九年	许业香	直隶河间	咸丰六年
乔国桢	直隶南宫	光绪十八年	于宗翰	直隶乐亭	同治四年	王　枚	直隶河间	光绪三十年
孙朝华	直隶南宫	光绪三年	宋广荫	直隶乐亭	同治十年	李景濂	直隶邯郸	光绪三十年
郝继贞	直隶内邱	光绪二十九年	钱德昌	直隶乐亭	咸丰九年	郭家修	直隶邯郸	咸丰十年
李　淳	直隶满城	道光二十年	刘　钊	直隶乐亭	同治十三年	郑元善	直隶广宗	道光二十一年
康仲方	直隶满城	道光二十四年	曹子昂	直隶乐亭	光绪二十年	赵士举	直隶广宗	咸丰六年
李乔年	直隶满城	同治十年	周　培	直隶乐亭	光绪二十年	范桂萼	直隶藁城	光绪二十四年
曹志清	直隶满城	同治十三年	葛毓芝	直隶乐亭	光绪二十一年	孟傅金	直隶高阳	道光二十五年
王汝讷	直隶滦州	咸丰十年	刘成诵	直隶乐亭	光绪二年	李鸿藻	直隶高阳	咸丰二年
王凤森	直隶滦州	咸丰九年	史履晋	直隶乐亭	光绪十六年	王金台	直隶高阳	咸丰三年
彭亿清	直隶滦州	同治十三年	王金镕	直隶乐亭	光绪九年	李士芸	直隶高阳	咸丰六年
李镜江	直隶滦州	光绪二十年	孙国桢	直隶乐亭	光绪九年	齐令辰	直隶高阳	光绪二十年
梁于汶	直隶滦州	光绪二十年	刘　培	直隶乐亭	光绪十二年	阎凤阁	直隶高阳	光绪二十四年
刘东美	直隶滦州	光绪三年	徐元瑞	直隶乐亭	光绪十二年	李兆兰	直隶高阳	光绪十六年

续表

姓名	籍贯	何年进士	姓名	籍贯	何年进士	姓名	籍贯	何年进士
李　威	直隶滦州	光绪六年	李　坦	直隶乐亭	光绪十二年	鲍俊卿	直隶抚宁	光绪二十一年
楚　材	直隶滦平	光绪十二年	李锡庚	直隶乐亭	光绪十五年	吴廷溥	直隶丰润	道光二十年
刘宇清	直隶栾城	光绪三年	赵曾樯	直隶涞水	光绪二十九年	杨肇培	直隶丰润	光绪二十九年
阎廷珮	直隶卢龙	道光二十四年	赵曾棣	直隶涞水	光绪十五年	王绍曾	直隶丰润	光绪二十九年
张　镔	直隶卢龙	同治四年	赫慎修	直隶钜鹿	咸丰六年	张　玠	直隶丰润	同治元年
傅观海	直隶卢龙	道光三十年	张自省	直隶钜鹿	光绪二十九年	王槐三	直隶丰润	同治二年
王钟仁	直隶卢龙	光绪二十九年	高毓浵	直隶静海	光绪二十九年	王惠吉	直隶定兴	光绪三年
王弼藩	直隶卢龙	光绪二年	刘仲篪	直隶静海	同治二年	鹿瀛理	直隶定兴	光绪十二年
赵国华	直隶丰润	同治二年	卜燕宾	直隶朝阳	光绪三年	鹿学艮	直隶定兴	光绪六年
张人骏	直隶丰润	同治七年	张旭爔	直隶昌黎	同治二年	聂梦麟	直隶大名	光绪二十九年
于万川	直隶丰润	同治七年	高文煜	直隶昌黎	咸丰九年	张叙宾	直隶磁州	光绪十六年
张佩纶	直隶丰润	同治十年	阎廷献	直隶昌黎	光绪二十九年	蒋式芬	直隶蠡县	光绪三年
郑之钟	直隶丰润	道光二十五年	刘鸿逵	直隶昌黎	光绪二年	张履谦	直隶承德	光绪三十年
李廷楠	直隶丰润	道光三十年	王阔城	直隶沧州	光绪二十四年	王可培	直隶承德	光绪二十四年
董春卿	直隶丰润	咸丰二年	刘子镜	直隶沧州	同治二年	周相焯	直隶承德	道光二十四年
芮继宗	直隶丰润	咸丰六年	李耀琛	直隶沧州	咸丰二年	胡家钰	直隶承德	光绪三十年
董余三	直隶丰润	同治十三年	于光甲	直隶沧州	咸丰六年	王廷相	直隶承德	光绪十二年
刘际唐	直隶丰润	光绪二年	刘锡光	直隶沧州	光绪十六年	李尚卿	直隶承德	光绪三年
刘世珍	直隶丰润	光绪十五年	董翊清	直隶沧州	光绪六年	姜乃升	直隶朝阳	光绪三十年
张充言	直隶丰润	光绪十五年	傅式芳	直隶博野	同治十三年	汪忠杰	直隶朝阳	光绪十八年
谢祖源	直隶丰宁	光绪二年	杨福五	直隶保安	道光二十年	汪棣昌	直隶朝阳	光绪十八年
逯　蓉	直隶东明	光绪十二年	李敬修	直隶保安	光绪九年	孙宝琮	直隶朝阳	光绪三年
王景浚	直隶东光	光绪二十年	刘绍曾	直隶安州	光绪三十年	邵　垲	浙江余姚	咸丰十年
王桐荫	直隶东光	光绪二十一年	张怀信	直隶安州	光绪二十年	朱逌然	浙江余姚	同治元年
冯士杰	直隶定州	光绪二十四年	潘龄皋	直隶安州	光绪二十一年	姜联升	浙江余姚	道光二十四年
李逢春	直隶定州	同治四年	陈赓虞	直隶安州	光绪三十年	邵曰濂	浙江余姚	同治七年
杨照藜	直隶定州	道光二十五年	董　镛	直隶安肃	光绪三十年	严蔚文	浙江余姚	同治七年
杨荣隰	直隶定州	咸丰九年	梁仲衡	直隶安肃	同治七年	吴应宽	浙江余姚	道光二十七年
王　瑚	直隶定州	光绪二十年	酒龙章	直隶安肃	光绪二年	马　斌	浙江余姚	道光三十年
安文澜	直隶定州	光绪二十一年	师义方	直隶安肃	光绪二年	蒋阳麟	浙江余姚	道光三十年
王廷纶	直隶定州	光绪二十九年	张志嘉	直隶安平	光绪十六年	谢锡蕃	浙江余姚	咸丰九年
张　诒	直隶定州	光绪三十年	阎志廉	直隶安平	光绪十六年	冯恩崐	浙江余姚	光绪二十年
鹿传霖	直隶定兴	同治元年	王兆柏	直隶抚宁	同治元年	何联恩	浙江余姚	光绪二十四年
张文焕	直隶定兴	光绪十六年	付　桢	直隶抚宁	同治元年	朱元树	浙江余姚	光绪三十年

续表

姓名	籍贯	何年进士	姓名	籍贯	何年进士	姓名	籍贯	何年进士
蒋玉泉	浙江余姚	光绪二十四年	姚清祺	浙江余杭	咸丰十年	李景祥	浙江鄞县	光绪二十一年
何瑞霖	浙江余姚	咸丰十年	张敬生	浙江余杭	咸丰六年	林景绶	浙江鄞县	光绪二十四年
韩培森	浙江余姚	光绪十二年	褚成博	浙江余杭	光绪六年	吴黼藻	浙江鄞县	光绪二十九年
洪动勋	浙江余姚	光绪六年	洪起泰	浙江鄞县	道光二十年	高振霄	浙江鄞县	光绪三十年
周炳鉴	浙江诸暨	道光二十年	忻江明	浙江鄞县	光绪三十年	陆仰贤	浙江鄞县	光绪十六年
赵　樾	浙江诸暨	道光二十一年	付邦翰	浙江鄞县	光绪二十四年	张嘉禄	浙江鄞县	光绪三年
周绍达	浙江诸暨	同治二年	夏启瑞	浙江鄞县	光绪二十九年	章绍洙	浙江鄞县	光绪十二年
汤铭新	浙江诸暨	同治七年	凌行堂	浙江鄞县	咸丰十年	江仁征	浙江鄞县	光绪十六年
金兆基	浙江诸暨	同治七年	张家骧	浙江鄞县	同治元年	董　沛	浙江鄞县	光绪三年
骆文蔚	浙江诸暨	咸丰二年	周　岱	浙江鄞县	同治四年	汪受礽	浙江鄞县	光绪六年
周绍适	浙江诸暨	同治十年	凌忠镇	浙江鄞县	同治七年	俞廷熙	浙江鄞县	光绪六年
赵昌言	浙江诸暨	同治十三年	陈兆翰	浙江鄞县	同治七年	方儒堂	浙江鄞县	光绪六年
楼守愚	浙江诸暨	光绪二十年	陆廷黻	浙江鄞县	同治十年	陈受颐	浙江鄞县	光绪九年
陈　模	浙江诸暨	光绪二十一年	陈康祺	浙江鄞县	同治十年	林钟华	浙江鄞县	光绪九年
陈遹声	浙江诸暨	光绪十二年	徐时梁	浙江鄞县	道光二十五年	水鸿飞	浙江鄞县	光绪九年
金毓麟	浙江诸暨	光绪六年	孙学驷	浙江鄞县	道光三十年	张阜成	浙江鄞县	光绪十二年
孙廷翰	浙江诸暨	光绪十五年	章　鋆	浙江鄞县	咸丰二年	娄杏春	浙江义乌	同治十三年
郑　访	浙江镇海	同治十三年	张庭学	浙江鄞县	咸丰二年	朱一新	浙江义乌	光绪二年
程利川	浙江镇海	光绪十八年	张鼎辅	浙江鄞县	咸丰二年	朱怀新	浙江义乌	光绪十五年
吴晋夔	浙江镇海	光绪三十年	董学履	浙江鄞县	咸丰三年	陈建常	浙江严州	同治十三年
李　濂	浙江镇海	光绪二年	赵有淳	浙江鄞县	咸丰六年	张清泰	浙江秀水	道光二十年
林嵩尧	浙江镇海	光绪二年	袁信芳	浙江鄞县	光绪十五年	唐景仑	浙江秀水	光绪二十四年
王荣商	浙江镇海	光绪十二年	王启烈	浙江鄞县	光绪十五年	王大均	浙江秀水	光绪二十九年
刘崇照	浙江镇海	光绪十六年	郭庆新	浙江鄞县	同治十年	王景贤	浙江秀水	同治二年
盛炳纬	浙江镇海	光绪六年	洪家滋	浙江鄞县	光绪九年	高宝銮	浙江秀水	光绪十八年
谢辅濂	浙江镇海	光绪九年	童祥熊	浙江鄞县	光绪九年	沈　卫	浙江秀水	光绪二十年
包宗经	浙江镇海	光绪九年	范邦绥	浙江鄞县	咸丰六年	沈钧儒	浙江秀水	光绪三十年
陈曰稔	浙江镇海	光绪九年	凌行均	浙江鄞县	咸丰九年	朱善祥	浙江秀水	光绪二年
曹昌燮	浙江镇海	光绪二年	王启渠	浙江鄞县	同治十年	盛　沅	浙江秀水	光绪十二年
盛植型	浙江镇海	咸丰六年	洪应祥	浙江鄞县	同治十三年	陈丙曾	浙江秀水	咸丰二年
郑贤坊	浙江镇海	同治七年	蔡叙功	浙江鄞县	同治十三年	陶　模	浙江秀水	同治七年
谢辅墀	浙江镇海	咸丰三年	赵鼎仁	浙江鄞县	光绪十八年	吴兆基	浙江秀水	光绪六年
谢辅坫	浙江镇海	咸丰九年	夏启瑜	浙江鄞县	光绪二十年	沈瑜宾	浙江秀水	光绪十五年
陈聿昌	浙江镇海	同治十年	梁秉年	浙江鄞县	光绪二十年	金蓉镜	浙江秀水	光绪十五年

续表

姓名	籍贯	何年进士	姓名	籍贯	何年进士	姓名	籍贯	何年进士
方克猷	浙江于潜	光绪十六年	俞省三	浙江萧山	光绪二十年	朱　庚	浙江山阴	同治二年
应振绪	浙江永康	光绪二年	来　熊	浙江萧山	光绪二十年	张　淳	浙江山阴	道光二十一年
楼　琼	浙江永康	道光二十年	黄中理	浙江萧山	光绪三年	章嗣衡	浙江山阴	道光二十四年
应德完	浙江永康	光绪二十四年	王履咸	浙江萧山	光绪十六年	傅钟麟	浙江山阴	同治四年
吕传恺	浙江永康	光绪二十一年	何文澜	浙江萧山	光绪十五年	李廷楷	浙江山阴	道光二十五年
王　玉	浙江永嘉	道光二十七年	沈祖燕	浙江萧山	光绪十五年	冯　霖	浙江山阴	道光二十七年
陈祖绶	浙江永嘉	光绪十八年	陈　畬	浙江象山	光绪二十九年	孙庆咸	浙江山阴	咸丰二年
徐定超	浙江永嘉	光绪九年	欧仁衡	浙江象山	光绪十六年	何惟烈	浙江山阴	咸丰二年
丁　照	浙江永嘉	光绪十二年	郑邦立	浙江西安	道光二十一年	童大盱	浙江山阴	咸丰二年
方　坦	浙江新城	道光二十四年	张德容	浙江西安	咸丰三年	何谨顺	浙江山阴	咸丰二年
金　祐	浙江新昌	道光二十四年	方　騄	浙江西安	咸丰三年	王允猷	浙江山阴	光绪二十九年
梁葆仁	浙江新昌	光绪十六年	叶如圭	浙江西安	同治十三年	刘敦谨	浙江山阴	光绪三十年
张百揆	浙江萧山	道光二十年	金文田	浙江天台	光绪二十九年	潘　遹	浙江山阴	光绪三年
陆光熙	浙江萧山	光绪三十年	陈省钦	浙江天台	同治四年	陆寿臣	浙江山阴	光绪十二年
沈似慊	浙江萧山	光绪二十四年	袁鹏图	浙江天台	光绪六年	俞官圻	浙江山阴	光绪十六年
屠佩环	浙江萧山	光绪二十四年	贡　璜	浙江汤溪	道光二十五年	程仪洛	浙江山阴	光绪三年
林　煊	浙江萧山	同治元年	潘自疆	浙江泰顺	咸丰十年	何汝翰	浙江山阴	光绪六年
凌锦江	浙江萧山	道光二十四年	潘其祝	浙江泰顺	光绪十六年	俞麟振	浙江山阴	光绪六年
沈成烈	浙江萧山	同治四年	吴世涵	浙江遂昌	道光二十年	葛宝华	浙江山阴	光绪九年
来凤郊	浙江萧山	同治四年	徐景福	浙江遂昌	同治十年	胡毓麒	浙江山阴	光绪九年
沈受谦	浙江萧山	同治七年	孙庆恒	浙江山阴	咸丰六年	许在衡	浙江山阴	光绪十五年
蔡以瑺	浙江萧山	同治七年	陈寿祺	浙江山阴	咸丰六年	周来宾	浙江山阴	光绪十五年
郁　昆	浙江萧山	同治十年	龚尧臣	浙江山阴	咸丰九年	戚　扬	浙江山阴	光绪十五年
林国柱	浙江萧山	同治十年	周光祖	浙江山阴	咸丰九年	朱秉成	浙江山阴	光绪十五年
顾鸿逵	浙江萧山	道光二十五年	谢　钺	浙江山阴	咸丰九年	张凤藻	浙江乌程	光绪二十四年
孔广泉	浙江萧山	道光二十七年	鲍　临	浙江山阴	同治十三年	钮泽晟	浙江乌程	光绪二十九年
来　煦	浙江萧山	道光二十七年	吴　讲	浙江山阴	同治十三年	周学浚	浙江乌程	道光二十四年
徐光第	浙江萧山	道光三十年	汤寿潜	浙江山阴	光绪十八年	周蓉第	浙江乌程	同治四年
孔继中	浙江萧山	道光三十年	蔡元培	浙江山阴	光绪十八年	章辅廷	浙江乌程	同治四年
高延祜	浙江萧山	咸丰三年	谢元洪	浙江山阴	光绪二十一年	郑训承	浙江乌程	同治七年
林凤辉	浙江萧山	咸丰三年	王承佐	浙江山阴	光绪三十年	沈镕经	浙江乌程	同治七年
钟宝华	浙江萧山	咸丰六年	黄寿衮	浙江山阴	光绪二十四年	周学源	浙江乌程	咸丰二年
韩　钦	浙江萧山	咸丰六年	何寿章	浙江山阴	光绪二十九年	朱宝书	浙江乌程	同治十三年
汤鼎烜	浙江萧山	同治十三年	平步青	浙江山阴	同治元年	冯文蔚	浙江乌程	光绪二年

续表

姓名	籍贯	何年进士	姓名	籍贯	何年进士	姓名	籍贯	何年进士
刘锦藻	浙江乌程	光绪二十年	赵延泰	浙江仁和	光绪二十四年	詹鸿谟	浙江仁和	同治十三年
姚炳熊	浙江乌程	光绪二十一年	葛景莱	浙江仁和	道光二十一年	陆元鼎	浙江仁和	同治十三年
章祖申	浙江乌程	光绪三十年	童以炘	浙江仁和	道光二十一年	钟　烈	浙江仁和	同治十三年
张　桢	浙江乌程	光绪三年	钟世耀	浙江仁和	道光二十一年	叶尔恺	浙江仁和	光绪十八年
傅桐豫	浙江乌程	光绪三年	冯培元	浙江仁和	道光二十四年	王得庚	浙江仁和	光绪十八年
冯汝琪	浙江桐乡	光绪三十年	龚自闿	浙江仁和	道光二十四年	张联骏	浙江仁和	光绪十八年
沈宝枬	浙江桐乡	同治二年	龚自闳	浙江仁和	道光二十四年	吴宝镕	浙江仁和	光绪十八年
沈善登	浙江桐乡	同治七年	刘　堃	浙江仁和	道光二十四年	李祖寿	浙江仁和	光绪十八年
金鹤清	浙江桐乡	道光二十五年	赵绶章	浙江仁和	道光二十四年	徐宗源	浙江仁和	光绪二十年
周士炳	浙江桐乡	道光二十五年	钱　璪	浙江仁和	道光二十四年	翁有成	浙江仁和	光绪二十年
陆秉枢	浙江桐乡	道光二十七年	金　钧	浙江仁和	道光二十四年	刘燕翼	浙江仁和	光绪二十一年
严　辰	浙江桐乡	咸丰九年	叶华春	浙江仁和	道光二十四年	孙荣枝	浙江仁和	光绪二十一年
劳乃宣	浙江桐乡	同治十年	汪彦增	浙江仁和	同治二年	陆懋勋	浙江仁和	光绪二十四年
金星桂	浙江桐乡	光绪二年	许有麟	浙江仁和	同治七年	姚文倬	浙江仁和	光绪十六年
杨锦江	浙江桐乡	光绪二十年	张元普	浙江仁和	同治七年	杨鸿元	浙江仁和	光绪二年
都守仁	浙江桐乡	光绪二十一年	朱世篁	浙江仁和	同治七年	冯崧生	浙江仁和	光绪二年
蔡　玮	浙江桐乡	光绪二十四年	楼汝达	浙江仁和	同治十年	徐锡祉	浙江仁和	光绪二年
袁　昶	浙江桐庐	光绪二年	吴观礼	浙江仁和	同治十年	王　同	浙江仁和	光绪三年
邵　章	浙江仁和	光绪二十九年	孙汝赞	浙江仁和	同治十年	吴　超	浙江仁和	光绪三年
陈敬第	浙江仁和	光绪二十九年	樊恭煦	浙江仁和	同治十年	黄传耀	浙江仁和	光绪三年
叶景葵	浙江仁和	光绪二十九年	黄廷绶	浙江仁和	道光二十五年	蔡世佐	浙江仁和	光绪六年
黄韩鼎	浙江仁和	光绪二十九年	刘崧骏	浙江仁和	道光二十七年	徐　琪	浙江仁和	光绪六年
钟骏声	浙江仁和	咸丰十年	宋肇昌	浙江仁和	道光二十七年	夏庚复	浙江仁和	光绪六年
俞之俊	浙江仁和	咸丰十年	王文韶	浙江仁和	咸丰二年	黄福楙	浙江仁和	光绪九年
许庚身	浙江仁和	同治元年	相燮堃	浙江仁和	咸丰二年	姚士璋	浙江仁和	光绪十五年
周　兰	浙江仁和	同治二年	沈祖谏	浙江仁和	咸丰三年	李鹏飞	浙江仁和	光绪十五年
方恭铭	浙江仁和	同治二年	朱学勤	浙江仁和	咸丰三年	余　弼	浙江仁和	同治十年
蔡念慈	浙江仁和	道光二十一年	方熊祥	浙江仁和	咸丰三年	高涣然	浙江松阳	光绪二十四年
施应藻	浙江仁和	咸丰九年	张曰衔	浙江仁和	咸丰三年	叶维藩	浙江松阳	道光二十七年
徐尔麟	浙江仁和	咸丰九年	叶葆元	浙江仁和	咸丰三年	徐振墉	浙江石门	道光二十七年
陈树勋	浙江仁和	同治二年	夏同善	浙江仁和	咸丰六年	何荣烈	浙江石门	光绪二十一年
金肇洛	浙江仁和	道光二十年	洪麟绶	浙江仁和	咸丰六年	徐宝谦	浙江石门	光绪六年
朱　瀚	浙江仁和	道光二十年	楼　震	浙江仁和	咸丰九年	楼誉普	浙江嵊县	同治二年
朱以升	浙江仁和	道光二十年	马文华	浙江仁和	咸丰九年	裘嗣锦	浙江嵊县	道光三十年

续表

姓名	籍贯	何年进士	姓名	籍贯	何年进士	姓名	籍贯	何年进士
沈宝琛	浙江嵊县	光绪十八年	汪鸣銮	浙江钱塘	同治四年	杨文莹	浙江钱塘	光绪三年
王清渠	浙江上虞	道光二十年	金曰修	浙江钱塘	同治四年	濮子潼	浙江钱塘	光绪三年
钱世叙	浙江上虞	咸丰十年	陈以咸	浙江钱塘	同治七年	姚丙然	浙江钱塘	光绪十二年
徐作梅	浙江上虞	同治七年	薛振钰	浙江钱塘	同治七年	陈昌绅	浙江钱塘	光绪十二年
陈梦麟	浙江上虞	同治十年	金保泰	浙江钱塘	同治十年	吴庆坻	浙江钱塘	光绪十二年
罗宝森	浙江上虞	道光二十五年	邵世恩	浙江钱塘	同治十年	蒋其章	浙江钱塘	光绪三年
陈景祺	浙江上虞	咸丰二年	吴福年	浙江钱塘	道光二十五年	晋项荣	浙江钱塘	光绪三年
杜召棠	浙江上虞	光绪二十年	丁士元	浙江钱塘	道光二十五年	汤绳和	浙江钱塘	光绪六年
冯金鉴	浙江上虞	光绪二年	吕　铨	浙江钱塘	道光二十五年	连文冲	浙江钱塘	光绪六年
莫　峻	浙江上虞	光绪二年	许彭寿	浙江钱塘	道光二十七年	张　预	浙江钱塘	光绪九年
朱士黻	浙江上虞	光绪十二年	陈元鼎	浙江钱塘	道光二十七年	汪汝纶	浙江钱塘	光绪九年
陈黼宸	浙江瑞安	光绪二十九年	陈毓祺	浙江钱塘	道光二十七年	张荫椿	浙江钱塘	光绪二十九年
黄体芳	浙江瑞安	同治二年	蒋昌期	浙江钱塘	道光三十年	孙智敏	浙江钱塘	光绪二十九年
孙锵鸣	浙江瑞安	道光二十一年	濮庆孙	浙江钱塘	道光三十年	谢宝树	浙江钱塘	咸丰十年
孙衣言	浙江瑞安	道光三十年	张　洵	浙江钱塘	咸丰二年	孙诒经	浙江钱塘	咸丰十年
黄体立	浙江瑞安	咸丰六年	吴凤藻	浙江钱塘	咸丰三年	吴若准	浙江钱塘	道光二十一年
何庆辅	浙江瑞安	光绪十八年	洪昌燕	浙江钱塘	咸丰六年	张兴仁	浙江钱塘	道光二十一年
项芳兰	浙江瑞安	光绪二十年	范鸿谟	浙江钱塘	咸丰六年	吴震春	浙江钱塘	光绪二十四年
洪锦标	浙江瑞安	光绪二十年	夏锡麒	浙江钱塘	咸丰六年	武曾任	浙江钱塘	光绪二十九年
胡调元	浙江瑞安	光绪二十一年	刘钟祥	浙江钱塘	咸丰六年	翁兆麟	浙江钱塘	光绪三十年
黄绍第	浙江瑞安	光绪十六年	汪敏修	浙江钱塘	咸丰六年	楼思诰	浙江钱塘	光绪三十年
黄绍箕	浙江瑞安	光绪六年	武继志	浙江钱塘	咸丰九年	夏曾佑	浙江钱塘	光绪十六年
胡宝仁	浙江瑞安	光绪十二年	沈　璜	浙江钱塘	咸丰九年	何敬钊	浙江钱塘	光绪十六年
王岳崧	浙江瑞安	光绪十五年	诸可炘	浙江钱塘	同治十三年	鲍锡年	浙江平湖	道光二十年
汪　藻	浙江钱塘	道光二十一年	王汝霖	浙江钱塘	同治十三年	卜葆鈖	浙江平湖	道光二十年
朱　源	浙江钱塘	道光二十四年	张景祁	浙江钱塘	同治十三年	张金镛	浙江平湖	道光二十一年
翁　焘	浙江钱塘	光绪十六年	王麟书	浙江钱塘	同治十三年	何绍瑾	浙江平湖	道光二十一年
戴兆春	浙江钱塘	光绪三年	陈光煦	浙江钱塘	同治十三年	徐申锡	浙江平湖	道光二十七年
吴敬羲	浙江钱塘	道光二十年	吴士鉴	浙江钱塘	光绪十八年	张炳堃	浙江平湖	道光二十七年
戚　贞	浙江钱塘	道光二十年	朱　本	浙江钱塘	光绪十八年	朱升吉	浙江平湖	同治十三年
冯巽占	浙江钱塘	光绪三十年	鲍德麟	浙江钱塘	光绪二十年	徐树昌	浙江平湖	光绪二十年
范　梁	浙江钱塘	道光二十年	夏树立	浙江钱塘	光绪二十年	高延梅	浙江平湖	光绪二十九年
姚近韩	浙江钱塘	道光二十年	汪康年	浙江钱塘	光绪二十年	屈传衔	浙江平湖	光绪二年
张　铬	浙江钱塘	光绪二十四年	吴纬炳	浙江钱塘	光绪二十一年	朱寿熊	浙江平湖	光绪三年

续表

姓名	籍贯	何年进士	姓名	籍贯	何年进士	姓名	籍贯	何年进士
葛金烺	浙江平湖	光绪十二年	钱　相	浙江嘉兴	咸丰六年	马传煦	浙江会稽	咸丰九年
章　榐	浙江宁海	光绪三十年	凌和钧	浙江嘉兴	光绪十六年	赵一林	浙江会稽	咸丰九年
黄和銮	浙江宁海	光绪二十四年	沈曾桐	浙江嘉兴	光绪十二年	王庆埏	浙江会稽	光绪十八年
黄培俊	浙江宁海	光绪九年	沈曾植	浙江嘉兴	光绪六年	陶联琇	浙江会稽	光绪二十年
余　撰	浙江龙游	咸丰二年	谢昌年	浙江嘉兴	光绪十二年	陶　荣	浙江会稽	光绪二十一年
王日烜	浙江龙游	咸丰六年	钱骏祥	浙江嘉兴	光绪十五年	何元泰	浙江会稽	光绪二十四年
马彦森	浙江临海	光绪三年	孙颂清	浙江嘉善	咸丰十年	章廷黻	浙江会稽	光绪二十四年
葛咏裳	浙江临海	光绪六年	钱宝青	浙江嘉善	道光二十一年	陶方琦	浙江会稽	光绪二年
傅彦瑞	浙江临海	光绪十二年	沈星标	浙江嘉善	同治十年	顾家相	浙江会稽	光绪二年
余朝绅	浙江乐清	光绪十二年	钱宝廉	浙江嘉善	道光三十年	沈维善	浙江会稽	光绪十二年
刘　焜	浙江兰溪	光绪二十九年	袁嵩龄	浙江嘉善	道光三十年	李慈铭	浙江会稽	光绪六年
戴鹿芝	浙江兰溪	道光二十四年	钱能训	浙江嘉善	光绪二十四年	任　滕	浙江会稽	光绪六年
唐壬森	浙江兰溪	道光二十七年	夏之森	浙江嘉善	光绪十六年	朱承烈	浙江会稽	光绪六年
方凤鸣	浙江兰溪	光绪十五年	钱鸿文	浙江嘉善	光绪十五年	孙祖华	浙江会稽	光绪九年
吴成周	浙江缙云	光绪三年	郁保章	浙江嘉善	光绪十五年	陈庚经	浙江会稽	光绪十五年
王廷扬	浙江金华	光绪二十四年	沈元泰	浙江会稽	道光二十年	王继香	浙江会稽	光绪十五年
金兆丰	浙江金华	光绪二十九年	章锡光	浙江会稽	光绪三十年	牟　育	浙江黄岩	光绪十八年
姜敏修	浙江金华	同治元年	秦达章	浙江会稽	光绪二十四年	管世骏	浙江黄岩	光绪十八年
曹汝赓	浙江金华	道光二十一年	周蕴良	浙江会稽	光绪二十九年	林丙修	浙江黄岩	光绪二十年
余　烈	浙江金华	同治七年	胡燕昌	浙江会稽	咸丰十年	喻长霖	浙江黄岩	光绪二十一年
章倬标	浙江金华	道光二十七年	贾树诚	浙江会稽	同治元年	俞树棠	浙江黄岩	光绪二十九年
翁锡祺	浙江金华	光绪二年	许俊魁	浙江会稽	同治元年	朱文劭	浙江黄岩	光绪三十年
黄济川	浙江金华	光绪十二年	马百庆	浙江会稽	道光二十四年	杨　晨	浙江黄岩	光绪三年
章德藻	浙江金华	同治十三年	金万清	浙江会稽	道光二十四年	孙锦江	浙江黄岩	光绪十六年
张广居	浙江建德	道光二十四年	钱保衡	浙江会稽	同治四年	王咏霓	浙江黄岩	光绪六年
蔡兆辂	浙江建德	咸丰三年	鲍存晓	浙江会稽	同治七年	王宗基	浙江海盐	光绪二十九年
张　筠	浙江建德	光绪九年	周　骐	浙江会稽	同治七年	任沛霖	浙江海盐	道光二十四年
夏之霖	浙江嘉兴	光绪二十九年	徐鼎琛	浙江会稽	同治七年	朱丙寿	浙江海盐	同治四年
朱宝镟	浙江嘉兴	光绪二十九年	周福清	浙江会稽	同治十年	沈炳垣	浙江海盐	道光二十五年
王宝善	浙江嘉兴	同治二年	杜　联	浙江会稽	道光三十年	颜宗仪	浙江海盐	咸丰三年
许景澄	浙江嘉兴	同治七年	朱　潮	浙江会稽	咸丰二年	郁　鋐	浙江海盐	咸丰三年
吴昌寿	浙江嘉兴	道光二十五年	何　灿	浙江会稽	咸丰二年	张元济	浙江海盐	光绪十八年
吴仰贤	浙江嘉兴	咸丰二年	朱凤枟	浙江会稽	道光二十五年	朱彭寿	浙江海盐	光绪二十四年
张世粱	浙江嘉兴	咸丰二年	孙念祖	浙江会稽	咸丰九年	程宗伊	浙江海盐	光绪三十年

续表

姓名	籍贯	何年进士	姓名	籍贯	何年进士	姓名	籍贯	何年进士
朱福诜	浙江海盐	光绪六年	沈秉成	浙江归安	咸丰六年	邵　纶	浙江慈溪	道光二十年
邹寿棋	浙江海宁	光绪二十九年	于　藻	浙江归安	咸丰六年	杨泰亨	浙江慈溪	同治四年
陈锡麒	浙江海宁	同治元年	胥瑞璐	浙江归安	咸丰九年	陈　钦	浙江慈溪	同治十年
何国琛	浙江海宁	道光二十一年	李宗莲	浙江归安	同治十三年	宓昞烺	浙江慈溪	咸丰六年
吴浚宣	浙江海宁	同治十年	沈祖桐	浙江归安	光绪二十年	周晋麒	浙江慈溪	同治十三年
徐元勋	浙江海宁	道光二十五年	徐信善	浙江归安	光绪二十一年	林颐山	浙江慈溪	光绪十八年
陈乃赓	浙江海宁	光绪十八年	朱镜清	浙江归安	光绪二年	裘鸿勋	浙江慈溪	光绪十八年
蒋廷黻	浙江海宁	光绪十八年	梁　枚	浙江归安	光绪三年	陈康瑞	浙江慈溪	光绪十六年
朱锡恩	浙江海宁	光绪二十年	周宗洛	浙江归安	光绪三年	葛祥熊	浙江慈溪	光绪十六年
陈汝康	浙江海宁	光绪二十四年	王　兰	浙江归安	光绪六年	叶庆增	浙江慈溪	光绪二年
张鹏翔	浙江海宁	光绪二十九年	朱炳熊	浙江归安	光绪六年	陈帮瑞	浙江慈溪	光绪二年
蒋尊祎	浙江海宁	光绪三十年	王绍廉	浙江归安	光绪九年	刘一林	浙江慈溪	光绪二年
周景曾	浙江海宁	光绪二年	颜荣阶	浙江安吉	同治二年	童　春	浙江慈溪	光绪十二年
高振声	浙江海宁	光绪十六年	裘望洙	浙江富阳	道光二十五年	杨家骧	浙江慈溪	光绪十六年
查文清	浙江海宁	光绪十二年	朱彭年	浙江富阳	光绪二年	郑　缤	浙江慈溪	光绪三年
曹元鼎	浙江归化	光绪三十年	夏震川	浙江富阳	光绪三年	陈祥燕	浙江慈溪	光绪十五年
朱祖谋	浙江归安	光绪九年	何　镕	浙江富阳	光绪六年	王书瑞	浙江长兴	道光三十年
章乃畲	浙江归安	咸丰十年	朱寿保	浙江富阳	光绪九年	王书勋	浙江长兴	道光二十五年
章耀廷	浙江归安	咸丰十年	孙　锵	浙江奉化	光绪二十年	张沄卿	云南太和	咸丰二年
周宗濂	浙江归安	道光二十一年	竺麟祥	浙江奉化	光绪三十年	李　焜	云南太和	咸丰二年
徐　墉	浙江归安	道光二十一年	龚启芝	浙江东阳	光绪二十年	马恩溥	云南太和	咸丰三年
沈寿嵩	浙江归安	道光二十一年	李福简	浙江东阳	光绪二十四年	李　咸	云南太和	咸丰三年
吴承潞	浙江归安	同治四年	吴品珩	浙江东阳	光绪十二年	杨元溥	云南太和	咸丰三年
孙禄增	浙江归安	同治十年	王脩植	浙江定海	光绪十六年	张　琨	云南太和	光绪二十年
钱振常	浙江归安	同治十年	沈熙廷	浙江定海	光绪九年	张　忠	云南太和	光绪二十年
沈丙莹	浙江归安	道光二十五年	沈　云	浙江德清	道光二十四年	郑锡典	云南太和	光绪二十年
吴　斑	浙江归安	道光二十七年	徐芝淦	浙江德清	同治二年	周汝敦	云南太和	光绪二十九年
庞公照	浙江归安	道光二十七年	戚人铣	浙江德清	同治七年	范宗莹	云南太和	光绪十六年
沈家本	浙江归安	光绪九年	冯寿镜	浙江德清	同治十年	张士彬	云南太和	光绪六年
许文泳	浙江归安	光绪九年	俞　樾	浙江德清	道光三十年	张士鏸	云南太和	光绪六年
张尧淦	浙江归安	光绪十二年	戚士彦	浙江德清	道光三十年	张士锃	云南太和	光绪六年
章乃正	浙江归安	光绪十五年	陈瑞玉	浙江德清	光绪二十年	余效衡	云南太和	光绪六年
慎毓林	浙江归安	道光三十年	沈　桐	浙江德清	光绪二十一年	范克承	云南太和	光绪十二年
王思沂	浙江归安	咸丰三年	俞陛云	浙江德清	光绪二十四年	王人文	云南太和	光绪十二年

续表

姓名	籍贯	何年进士	姓名	籍贯	何年进士	姓名	籍贯	何年进士
张瑞麟	云南太和	光绪十五年	杨增新	云南蒙自	光绪十五年	刘家达	云南宁州	道光二十一年
李玉振	云南太和	光绪二十九年	闵　道	云南蒙自	光绪三十年	朱家宝	云南宁州	光绪十八年
郑辉典	云南太和	光绪二十九年	李　珣	云南蒙自	道光二十五年	刘有光	云南宁州	光绪十二年
张士铨	云南太和	同治元年	孙　杰	云南蒙化	咸丰三年	何杓朗	云南南宁	道光二十年
郑履端	云南太和	同治元年	赵国泰	云南蒙化	光绪十八年	车学富	云南南宁	咸丰十年
张道渊	云南太和	同治二年	李增芳	云南蒙化	光绪二十一年	喻怀恭	云南南宁	道光二十七年
杨正观	云南太和	同治二年	赵钟璨	云南蒙化	光绪六年	晏　湘	云南南宁	道光三十年
张端卿	云南太和	同治四年	徐士琦	云南路南	道光二十四年	孙念曾	云南南宁	同治十三年
封汝弼	云南思茅	光绪二年	王维桓	云南禄丰	道光二十一年	黄金钺	云南南安	咸丰六年
李嘉瑞	云南思安	光绪三年	徐玉山	云南嶍峨	光绪二年	杨纪元	云南弥勒	光绪十五年
袁嘉谷	云南石屏	光绪二十九年	董汝翼	云南嶍峨	光绪三年	李　枟	云南丽江	咸丰二年
陈维周	云南镇雄	同治元年	董汝明	云南嶍峩	光绪十二年	杨福豫	云南丽江	咸丰三年
李肇南	云南镇雄	同治十年	向昌甲	云南文山	光绪二十四年	杨邦卫	云南丽江	同治十年
刘钟璟	云南镇南	道光三十年	李熙文	云南文山	同治十三年	和庚吉	云南丽江	光绪十八年
尹绍甫	云南赵州	同治元年	邹毅洪	云南文山	光绪二十年	赵时俊	云南浪穹	同治十年
谷　暄	云南赵州	咸丰三年	张寅旦	云南威宣	光绪十五年	吕咸熙	云南浪穹	光绪二十一年
黄汝楫	云南赵州	光绪二十年	曾思浚	云南通海	咸丰十年	高蔚光	云南昆明	同治七年
邓元善	云南赵州	光绪三年	曾思沂	云南通海	咸丰三年	于钟德	云南昆明	同治十年
吕　钰	云南云南	光绪二十一年	赵传琴	云南通海	光绪十八年	萧　湘	云南昆明	同治十年
吕炎律	云南云南	光绪九年	戴永清	云南通海	光绪二十年	张灿斗	云南昆明	道光二十五年
张道经	云南永善	同治四年	赵传忍	云南通海	光绪二十四年	李维著	云南昆明	道光二十五年
黄　堃	云南永善	光绪二十九年	陈兆庆	云南通海	光绪三年	杨本厚	云南昆明	道光二十五年
凌邦靖	云南永昌	光绪三年	祁征祥	云南通海	光绪六年	刘体中	云南昆明	道光二十五年
李日跻	云南易门	光绪二年	寸开泰	云南腾越	光绪二十一年	李培祜	云南昆明	道光二十七年
陈鸣玉	云南宜良	咸丰二年	陈　钧	云南石屏	光绪二十九年	尹　泗	云南昆明	道光二十七年
严　昉	云南宜良	咸丰六年	胡商彝	云南石屏	光绪二十九年	黄瑞图	云南昆明	道光二十七年
许克家	云南仪良	光绪十八年	王绮珍	云南石屏	咸丰九年	马象奎	云南昆明	道光二十七年
胡寿荣	云南姚州	光绪十八年	张　瀛	云南石屏	光绪十八年	毕应辰	云南昆明	道光三十年
赵永昌	云南新兴	光绪六年	朱景轼	云南石屏	光绪十六年	陈　桢	云南昆明	光绪二十一年
尹佩玱	云南蒙自	道光三十年	朱　芬	云南石屏	光绪十六年	张学智	云南昆明	光绪二十四年
陆葆德	云南蒙自	同治十三年	宋秉谦	云南石屏	光绪六年	任本恕	云南昆明	光绪二十四年
周子懿	云南蒙自	光绪二十年	宋荫培	云南石屏	光绪六年	施汝钦	云南昆明	光绪二十九年
王鸿诰	云南蒙自	光绪二年	王　荃	云南石屏	光绪九年	王永和	云南昆明	光绪二十九年
杨增辉	云南蒙自	光绪十二年	彭大宾	云南平彝	咸丰二年	夏瑞庚	云南昆明	光绪二十九年

续表

姓名	籍贯	何年进士	姓名	籍贯	何年进士	姓名	籍贯	何年进士
施尧章	云南昆明	光绪三十年	石虎臣	云南昆明	咸丰二年	杨学敏	云南昆明	光绪十六年
吴　琨	云南昆明	光绪三十年	倪应颐	云南昆明	咸丰二年	杨凤翔	云南昆明	光绪三年
倪惟诚	云南昆明	光绪十六年	汪世泽	云南昆明	咸丰三年	桂梁材	云南昆明	光绪三年
段荣勋	云南昆明	光绪二年	吴鸿钧	云南昆明	咸丰三年	龚锡枢	云南昆明	光绪三年
陶清安	云南昆明	光绪二年	傅国卿	云南昆明	咸丰三年	陈其宽	云南昆明	光绪六年
钱文骥	云南昆明	光绪二年	陈玉堂	云南昆明	咸丰三年	冯桂芳	云南昆明	光绪六年
汤　曜	云南昆阳	光绪九年	龚嘉儁	云南昆明	咸丰六年	张　炳	云南昆明	光绪六年
倪应复	云南昆明	道光二十年	王汝砺	云南昆明	咸丰六年	陈荣昌	云南昆明	光绪九年
李熙仁	云南昆明	光绪三十年	李祖植	云南昆明	咸丰六年	缪介臣	云南昆明	光绪九年
许树声	云南昆明	光绪三十年	李振家	云南昆明	咸丰九年	陈本仁	云南昆明	光绪九年
何其仁	云南昆明	道光二十年	王若金	云南昆明	咸丰九年	何绍堂	云南昆明	光绪九年
熊廷权	云南昆明	光绪二十四年	季　鋆	云南昆明	同治十年	李　相	云南昆明	光绪十二年
周长清	云南昆明	光绪二十四年	王宝仁	云南昆明	同治十年	杨汝滨	云南昆明	光绪十二年
杨兆龙	云南昆明	光绪二十四年	傅培基	云南昆明	同治十三年	苏品仁	云南昆明	光绪十二年
张　坤	云南昆明	光绪二十九年	倪惟钦	云南昆明	同治十三年	李　棻	云南昆明	光绪十五年
李　坤	云南昆明	光绪二十九年	杨炽昌	云南昆明	同治十三年	刘　琨	云南景东	道光二十一年
顾视高	云南昆明	光绪二十九年	高日华	云南昆明	同治十三年	宋嘉俊	云南晋宁	光绪二十四年
钱来商	云南昆明	咸丰十年	黄大中	云南昆明	同治十三年	苏毓元	云南晋宁	同治元年
毕　亮	云南昆明	咸丰十年	倪恩龄	云南昆明	光绪二年	张　樾	云南晋宁	道光二十一年
赵子端	云南昆明	同治元年	张　键	云南昆明	光绪十六年	何彤云	云南晋宁	道光二十四年
简宗杰	云南昆明	同治元年	施有方	云南昆明	光绪二十年	王汝舟	云南晋宁	道光二十五年
曹　源	云南昆明	道光二十一年	杨懋龄	云南昆明	光绪二十年	李　鼎	云南晋宁	咸丰六年
高本仁	云南昆明	道光二十一年	徐允清	云南昆明	光绪二十年	郭　源	云南晋宁	同治十年
孙德耀	云南昆明	道光二十一年	白嘉澍	云南昆明	光绪二十一年	张玉绶	云南晋宁	同治十三年
陈金堂	云南昆明	道光二十四年	张　锴	云南昆明	光绪二十一年	宋廷梁	云南晋宁	光绪三年
李时乾	云南昆明	同治二年	李庆霖	云南昆明	光绪二十一年	许　伦	云南江川	道光二十年
王培仁	云南昆明	同治二年	朵如正	云南昆明	光绪二年	乐观韶	云南江川	光绪三年
陈维恺	云南昆明	同治四年	刘藜光	云南昆明	光绪二年	张维彬	云南江川	光绪十五年
李瑞裕	云南昆明	同治七年	王宝书	云南昆明	光绪二年	张汝弼	云南剑川	道光二十七年
黄　翊	云南昆明	同治七年	康克明	云南昆明	光绪十二年	武光樽	云南建水	光绪十八年
钟　琇	云南昆明	道光三十年	钱鸿逵	云南昆明	光绪十五年	钟　杰	云南建水	光绪二十年
宋来宾	云南昆明	道光三十年	李爕阳	云南昆明	光绪十六年	苏保国	云南建水	光绪十五年
萧培元	云南昆明	咸丰二年	刘　勋	云南昆明	光绪十六年	钱正圜	云南建水	光绪九年
李昌祺	云南昆明	咸丰二年	王宝光	云南昆明	光绪十六年	王永年	云南建水	光绪九年

续表

姓名	籍贯	何年进士	姓名	籍贯	何年进士	姓名	籍贯	何年进士
段　鏻	云南建水	光绪九年	莫以增	云南呈贡	光绪三十年	陈品全	四川中江	光绪二十年
王鸣岐	云南建水	同治十年	郎应宿	云南呈贡	道光二十五年	王乃征	四川中江	光绪十六年
周镇南	云南会泽	道光二十年	张　晋	云南呈贡	道光二十七年	唐毓衡	四川中江	光绪三年
周　钦	云南会泽	光绪二十四年	孙清士	云南呈贡	同治十年	苏文炳	四川彰明	咸丰六年
刘兴东	云南会泽	光绪二十一年	段承霖	云南呈贡	光绪九年	李平先	四川永川	同治十年
黄德润	云南会泽	光绪十六年	董维塄	云南宾川	光绪十五年	邵　涵	四川永川	咸丰六年
卢丛林	云南会泽	光绪十五年	王鋆绅	云南宾川	咸丰二年	黄秉湘	四川永川	光绪二十年
刘盛堂	云南会泽	光绪十五年	黄　晸	云南宾川	咸丰九年	黄秉潍	四川永川	光绪二十一年
赵耀基	云南鹤庆	光绪二十四年	杨嘉栋	云南宾川	光绪十二年	侯恩济	四川营山	同治十年
潘余庆	云南鹤庆	光绪二十四年	李焕春	云南保山	道光二十四年	蔡镇藩	四川营山	光绪十八年
吕存德	云南鹤庆	光绪十八年	戈尚志	云南保山	咸丰六年	黄世泽	四川营山	光绪二十一年
赵鹤龄	云南鹤庆	光绪二十一年	吴式钊	云南保山	光绪二十年	陈湘涛	四川宜宾	光绪二十四年
舒嘉猷	云南鹤庆	光绪三十年	韦履洁	云南保山	光绪十六年	张智远	四川宜宾	光绪二十九年
杨金铠	云南鹤庆	光绪十六年	吴　焘	云南保山	光绪二年	赵亮熙	四川宜宾	咸丰十年
李人镜	云南河阳	道光三十年	吴　炳	云南保山	光绪十二年	余祥钟	四川宜宾	咸丰十年
罗瑞图	云南河阳	光绪三年	李文焕	云南保山	光绪十二年	李映棻	四川宜宾	道光二十四年
陈　度	云南广西	光绪三十年	吴　煦	云南保山	光绪十六年	赵树吉	四川宜宾	道光三十年
段树藩	云南广西	光绪六年	张肇基	云南宝宁	光绪三十年	张启辰	四川宜宾	咸丰二年
尹开先	云南广通	同治四年	杨凤朝	云南宝宁	光绪二年	赵增荣	四川宜宾	同治十三年
赵开元	云南恩安	道光二十七年	罗宪章	云南白盐	道光二十四年	赵曾琦	四川宜宾	光绪二十一年
谢文翘	云南恩安	光绪六年	甘守先	云南白盐	道光二十年	凌心坦	四川宜宾	光绪三年
谢崇基	云南恩安	光绪十二年	段献增	云南安宁	光绪二十四年	邱　淮	四川宜宾	光绪十二年
丁镇西	云南邓川	同治四年	张榕荫	云南安宁	光绪十八年	罗大冕	四川宜宾	光绪三年
朱国宾	云南大姚	道光二十五年	蔡世佑	四川酉阳	道光二十五年	彭履德	四川宜宾	光绪六年
杨瑞鳣	云南大理	光绪二十一年	陈继薰	四川酉阳	咸丰九年	赵敏熙	四川宜宾	光绪六年
孙　源	云南楚雄	道光二十四年	陈　焴	四川酉阳	光绪十六年	凌心垣	四川宜宾	同治七年
陈思相	云南楚雄	光绪二年	李文俊	四川永宁	咸丰九年	蒋　山	四川仪陇	同治二年
王廷辉	云南楚雄	同治四年	骆成骧	四川资州	光绪二十一年	胡辑瑞	四川仪陇	同治四年
杨春富	云南楚雄	同治七年	郭　灿	四川资州	光绪二十一年	杜廷楷	四川盐亭	道光二十年
何养恒	云南楚雄	同治十年	汪致炳	四川资阳	光绪六年	陆嗣龄	四川雅安	同治七年
周材芳	云南楚雄	光绪二年	秦时英	四川忠州	道光二十四年	李维汉	四川叙永	光绪三十年
孙佩金	云南呈贡	同治十三年	秦家穆	四川忠州	光绪十六年	陈　南	四川叙永	光绪二年
孙　愚	云南呈贡	光绪二十年	何荣楠	四川忠州	光绪六年	徐敏中	四川叙永	光绪十二年
杨云卿	云南呈贡	光绪二十一年	岳世仁	四川中江	道光三十年	徐心秦	四川叙永	光绪十五年

续表

姓名	籍贯	何年进士	姓名	籍贯	何年进士	姓名	籍贯	何年进士
王大宗	四川秀山	道光二十一年	姜子成	四川铜梁	光绪九年	郭万俊	四川清溪	光绪二年
吴思让	四川秀山	光绪十八年	李士麟	四川遂宁	光绪二十四年	邵从熠	四川青神	光绪三十年
李稷勋	四川秀山	光绪二十四年	徐忠锐	四川遂宁	咸丰三年	陈洪猷	四川綦江	道光二十一年
尹殿扬	四川秀山	光绪十二年	王懋昭	四川遂宁	光绪十八年	程泽霈	四川綦江	同治七年
杨佩芳	四川秀山	光绪十五年	张维翰	四川遂宁	光绪二年	伍奎祥	四川綦江	道光二十七年
江　淑	四川秀山	光绪十五年	余适中	四川遂宁	光绪三年	王在隆	四川綦江	同治十年
彭润芳	四川新津	咸丰六年	李培兰	四川遂宁	光绪九年	彭学皆	四川綦江	光绪二年
胡从简	四川新津	光绪十八年	徐　冕	四川遂宁	光绪二十九年	何肇勋	四川兴文	光绪二十四年
童　棫	四川新津	咸丰三年	李肇律	四川云阳	光绪二十九年	罗　肃	四川南溪	同治十三年
向步瀛	四川新繁	光绪二十四年	刘海鳌	四川云阳	同治七年	曾继光	四川南溪	光绪十六年
杨益豫	四川新繁	同治元年	甘作赓	四川云阳	光绪十八年	吴茂先	四川南溪	同治四年
姚桐生	四川新繁	光绪十二年	胡瀛涛	四川云阳	光绪二年	包欣芳	四川南溪	咸丰三年
沈锡周	四川新繁	光绪六年	谢绪璠	四川三台	光绪二十四年	徐炳唐	四川南江	同治十年
刘调元	四川新都	同治十年	冯佐熙	四川三台	同治七年	傅丞宪	四川南川	同治十三年
谢　质	四川新都	光绪二十年	蓝瑾章	四川荣县	同治七年	岳秉烜	四川南充	咸丰三年
郑宝琛	四川新都	光绪十二年	曾省三	四川荣县	咸丰二年	何兆熊	四川南充	同治十三年
李　昶	四川西充	同治七年	曹俊亮	四川荣县	咸丰三年	蒲明发	四川南充	光绪二十年
王荃善	四川西充	光绪二十一年	赵　熙	四川荣县	光绪十八年	王懋昭	四川南部	同治二年
范　尧	四川西充	光绪十六年	敖彤臣	四川荣昌	道光三十年	张　葵	四川南部	咸丰二年
郑宗瑞	四川西昌	同治四年	敖册贤	四川荣昌	咸丰三年	蒋茂璧	四川纳溪	光绪十二年
徐从枢	四川温江	咸丰三年	屈光烛	四川荣昌	光绪十二年	谢廷荣	四川内江	道光二十一年
刘　能	四川温江	光绪十八年	魏光宇	四川仁寿	道光二十年	萧宗瑀	四川内江	同治七年
陈国华	四川温江	光绪三十年	周文昭	四川仁寿	道光三十年	李增荣	四川绵竹	光绪二十九年
林朝圻	四川威远	光绪二十一年	喻　炌	四川仁寿	光绪十六年	刘　鉴	四川绵竹	同治七年
王荫槐	四川威远	光绪十二年	毛　澄	四川仁寿	光绪六年	陈纬元	四川绵州	光绪二十四年
赵尚辅	四川万县	光绪九年	阎之阶	四川渠县	道光二十一年	邓济美	四川绵州	咸丰二年
刘汉云	四川万县	光绪二十四年	阎广庆	四川渠县	同治十年	孙桐生	四川绵州	咸丰二年
刘衍茂	四川万县	光绪二十年	刘读藜	四川渠县	光绪九年	李若堃	四川眉州	光绪二十一年
陈昌言	四川万县	光绪三年	华懋钦	四川邛州	同治七年	王文员	四川眉州	光绪三年
何永卓	四川万县	光绪六年	曾光爔	四川邛州	光绪二十九年	高　寿	四川泸州	光绪二十四年
吴鸿恩	四川铜梁	同治元年	伍肇龄	四川邛州	道光二十七年	刘臣良	四川泸州	同治十年
向时鸣	四川铜梁	同治四年	孙其正	四川邛州	同治十三年	华国清	四川泸州	道光二十七年
陈　昌	四川铜梁	同治十三年	胡锡祜	四川庆符	光绪六年	张崇本	四川泸州	道光三十年
何明璋	四川铜梁	光绪二年	曾树椿	四川庆符	光绪九年	杨　钧	四川泸州	同治十年

续表

姓名	籍贯	何年进士	姓名	籍贯	何年进士	姓名	籍贯	何年进士
黄绍谋	四川泸州	光绪二年	傅增淯	四川江安	光绪十八年	傅世炜	四川华阳	光绪十五年
罗经学	四川泸州	光绪二年	傅增湘	四川江安	光绪二十四年	曾光岷	四川华阳	光绪十五年
施典章	四川泸州	光绪二年	傅增浚	四川江安	光绪三十年	卓　枟	四川华阳	道光二十年
李春芳	四川泸州	光绪三年	廖正华	四川江安	光绪三年	苏兆奎	四川华阳	光绪三十年
高　树	四川泸州	光绪十五年	李甲先	四川剑州	咸丰二年	张炳堃	四川华阳	道光二十一年
高　枬	四川泸州	光绪十五年	吴大光	四川简州	同治元年	曾　咏	四川华阳	道光二十四年
刘桂文	四川双流	光绪六年	易象离	四川简州	同治十年	叶毓荣	四川华阳	同治四年
陈凤楼	四川双流	光绪九年	傅为霖	四川简州	光绪六年	崔荆南	四川华阳	道光二十七年
刘青照	四川什邡	同治四年	文朝辅	四川犍为	同治十年	刘懋功	四川华阳	咸丰二年
谭能高	四川什邡	咸丰六年	宁廷弼	四川犍为	同治十三年	卓景濂	四川华阳	咸丰六年
罗光烈	四川什邡	光绪十二年	罗迪楚	四川犍为	光绪十八年	廖坤培	四川会理	同治元年
张尧燊	四川射洪	光绪二十一年	汪世杰	四川犍为	光绪二十一年	傅大贞	四川洪雅	同治四年
罗锦城	四川射洪	咸丰十年	陶　鋈	四川夹江	道光二十七年	曾璧光	四川洪雅	道光三十年
夏肇庸	四川射洪	同治七年	聂光銮	四川屏山	道光二十四年	王树人	四川洪雅	光绪二十一年
郑钟灵	四川阆中	光绪二十四年	蒲预麟	四川蓬溪	同治七年	郭先本	四川合州	道光二十一年
龚敬敷	四川阆中	咸丰二年	贺维翰	四川彭县	光绪三十年	陈敬简	四川合州	道光二十五年
王寅亮	四川阆中	咸丰九年	杨琮典	四川彭县	光绪十二年	朱　奂	四川合州	道光二十七年
费道纯	四川阆中	光绪十五年	唐宗海	四川彭县	光绪十五年	蒋璧芳	四川合州	同治十三年
沈西序	四川开县	道光二十四年	王光棣	四川彭水	光绪十八年	戴　光	四川合州	光绪二十一年
陈　昆	四川开县	道光二十五年	李铭熙	四川彭水	光绪十六年	陈炳煊	四川合州	光绪三年
李宗义	四川开县	道光二十七年	康　模	四川彭山	咸丰九年	杨光瓒	四川隆昌	光绪三十年
谢临春	四川开县	光绪十五年	周凤翔	四川彭山	光绪十八年	晏　棻	四川隆昌	道光二十年
吴嘉谟	四川井研	光绪二十九年	王麟荧	四川彭明	光绪十八年	范运鹏	四川隆昌	咸丰六年
吴克昌	四川井研	同治十三年	叶毓桐	四川华阳	咸丰九年	曾广运	四川隆昌	光绪十六年
廖　平	四川井研	光绪十六年	岳维翰	四川华阳	咸丰九年	廖镜明	四川邻水	同治二年
张　琴	四川江油	光绪二十年	尹昌龄	四川华阳	光绪十八年	杨凝照	四川邻水	咸丰二年
温德宣	四川江津	道光二十四年	文　龙	四川华阳	光绪十八年	屈怀珠	四川邻水	咸丰三年
李品三	四川江津	道光二十七年	范　溶	四川华阳	光绪二十年	李征庸	四川邻水	光绪三年
李嗣元	四川江津	道光三十年	胡　峻	四川华阳	光绪二十一年	廖镜伊	四川邻水	光绪六年
袁方城	四川江津	咸丰三年	张运魁	四川华阳	光绪二十九年	萧　镛	四川雷波	同治十三年
王玉衡	四川江津	咸丰九年	颜　楷	四川华阳	光绪三十年	林发深	四川乐至	咸丰三年
杨增钰	四川江津	光绪二十年	郑　言	四川华阳	光绪三十年	杜琢章	四川乐山	咸丰二年
陈光明	四川江津	光绪六年	吴祖椿	四川华阳	光绪三年	宋育仁	四川富顺	光绪十二年
童德中	四川江北	同治元年	余　彬	四川华阳	光绪三年	陈钟信	四川富顺	光绪十五年

续表

姓名	籍贯	何年进士	姓名	籍贯	何年进士	姓名	籍贯	何年进士
邹增祜	四川涪州	光绪二十一年	韩树猷	四川长寿	同治七年	夏裕纶	四川大竹	同治二年
施纪云	四川涪州	光绪九年	张名振	四川长寿	光绪三十年	吴　镇	四川达县	咸丰十年
周　垣	四川涪州	光绪九年	李滋然	四川长寿	光绪十五年	王方衡	四川达县	咸丰六年
方　正	四川涪州	光绪二十四年	刘昌仁	四川长宁	光绪二十九年	王正玺	四川达县	咸丰九年
周　淦	四川涪州	同治四年	杜德兴	四川长宁	光绪二十四年	龙　云	四川崇庆	咸丰三年
毛凤五	四川涪州	同治四年	胡安铨	四川璧山	光绪十六年	罗锦文	四川崇宁	同治十三年
傅炳墀	四川涪州	同治四年	张祥龄	四川汉州	光绪二十年	傅廷元	四川璧山	光绪三年
施　愚	四川涪州	光绪二十四年	王炳章	四川汉州	光绪二年	余焕文	四川巴州	咸丰十年
萧　湘	四川涪县	光绪二十九年	陈顺镶	四川汉州	光绪十二年	唐正恩	四川巴州	道光三十年
刘贞安	四川奉节	光绪二十九年	胡　骏	四川广安	光绪二十九年	余　堃	四川巴州	光绪十六年
张宗世	四川奉节	道光二十一年	蒲春铭	四川广安	同治十三年	李含青	四川巴州	光绪十五年
张正椿	四川奉节	道光二十五年	蒲殿俊	四川广安	光绪三十年	龚　瑛	四川巴县	道光二十年
刘正品	四川奉节	咸丰六年	董文炳	四川灌县	道光二十四年	马　桢	四川巴县	光绪二十四年
陈正学	四川奉节	光绪三十年	苟春培	四川灌县	光绪十六年	范　坦	四川巴县	咸丰十年
郎承谟	四川酆都	光绪十八年	贺鸿基	四川灌县	光绪二十年	卢秉政	四川巴县	同治四年
徐昌绪	四川酆都	咸丰六年	周盛典	四川灌县	光绪二年	李成芳	四川巴县	道光二十五年
傅世纶	四川酆都	咸丰九年	萧浚藩	四川珙县	同治元年	邹　峄	四川巴县	同治十年
张星锷	四川峩眉	同治十年	黄　湘	四川珙县	同治七年	石　渠	四川巴县	同治十三年
范元音	四川定远	同治十年	黄士元	四川珙县	道光二十五年	王永庆	四川巴县	光绪二十年
李义得	四川垫江	道光二十五年	聂兴圻	四川富阳	光绪九年	周绳武	四川巴县	光绪二年
周宝清	四川成都	光绪二十年	刘光篔	四川富顺	光绪三十年	严　泽	四川巴县	光绪三年
曾　培	四川成都	光绪十六年	萧世本	四川富顺	同治二年	崔焕章	四川巴县	同治四年
李作桢	四川成都	光绪六年	罗　琛	四川富顺	光绪二十四年	陶绍绪	四川安岳	道光三十年
曾炳麟	四川成都	光绪六年	王开甲	四川富顺	光绪二年	周丕沣	四川安岳	咸丰六年
张　骧	四川成都	光绪十二年	王公辅	四川富顺	光绪十六年	田瀛海	四川安岳	同治十三年
白双南	四川成都	道光二十年	刘光第	四川富顺	光绪九年	谢世珍	四川安岳	光绪二十年
衷冀保	四川成都	光绪二十九年	戴宾周	四川垫江	光绪六年	袁希璋	四川安岳	光绪二年
刘彝铭	四川成都	光绪二十九年	钟廷瑞	四川德阳	同治七年	林生泽	四川安县	同治七年
戴之翔	四川成都	咸丰十年	李昶元	四川丹稜	咸丰六年	李岷琛	四川安县	同治十年
莫如德	四川成都	道光二十四年	梁涛观	四川大足	光绪九年	杨兆运	顺天涿州	咸丰六年
叶大可	四川成都	光绪二十年	毛鸿图	四川大竹	咸丰十年	王锐新	顺天涿州	光绪六年
华宗智	四川长寿	光绪二十九年	濮斗衡	四川大竹	同治元年	周德至	顺天涿州	光绪十二年
汪范畴	四川长寿	同治四年	王履亨	四川大竹	同治十年	张理澄	顺天涿州	同治二年
汪叙畴	四川长寿	同治四年	邓思哲	四川大竹	光绪二年	王汝榆	顺天涿州	光绪二十九年

续表

姓名	籍贯	何年进士	姓名	籍贯	何年进士	姓名	籍贯	何年进士
全士锜	顺天涿州	同治二年	马　铸	顺天宛平	道光二十年	周道治	顺天宛平	道光二十七年
王万龄	顺天涿州	道光二十五年	吴台朗	顺天宛平	道光二十年	陈　锟	顺天文安	道光二十年
周云翥	顺天涿州	道光二十七年	虞家泰	顺天宛平	道光二十年	井钟丹	顺天文安	同治元年
朱汝鹏	顺天永清	道光二十一年	袁励准	顺天宛平	光绪二十四年	纪　enc	顺天文安	咸丰三年
张建基	顺天永清	道光二十四年	袁励端	顺天宛平	光绪二十四年	贺　庄	顺天文安	道光二十五年
刘伯埙	顺天永清	道光二十五年	王兆兰	顺天宛平	同治元年	韩受卿	顺天通州	光绪六年
杨泽山	顺天永清	咸丰六年	刘嘉干	顺天宛平	同治二年	徐炳文	顺天通州	光绪九年
徐　京	顺天永清	光绪六年	孙耀先	顺天宛平	道光二十一年	李庆沅	顺天通州	同治元年
王继庭	顺天武清	道光三十年	余锦淮	顺天宛平	道光二十一年	白　桓	顺天通州	同治二年
陆金声	顺天武清	同治十三年	马映阶	顺天宛平	道光二十一年	张赋林	顺天通州	道光二十四年
李庆棻	顺天武清	光绪十八年	胡　霖	顺天宛平	道光二十四年	张炳彬	顺天通州	同治二年
沈树人	顺天武清	光绪十八年	倪　涛	顺天宛平	道光二十四年	李衢亨	顺天通州	同治四年
赵廷珍	顺天武清	光绪二十一年	陈振瀛	顺天宛平	同治二年	董承乾	顺天通州	同治四年
曹甡孙	顺天武清	光绪二十一年	宋作宾	顺天宛平	同治四年	王振声	顺天通州	同治十三年
曹葆珣	顺天武清	光绪二十一年	杨联桂	顺天宛平	同治四年	王庆垣	顺天通州	光绪十八年
徐绍康	顺天武清	光绪九年	陈寿昌	顺天宛平	同治七年	张世培	顺天通州	光绪二十一年
杨　翰	顺天宛平	道光二十五年	陈庆萱	顺天宛平	同治十年	金镜芙	顺天通州	光绪二十一年
顾　骏	顺天宛平	道光二十五年	史　贤	顺天宛平	同治十年	廉师敏	顺天宁河	道光二十年
韩一松	顺天宛平	道光二十五年	翁延绪	顺天宛平	咸丰六年	任嘉莪	顺天宁河	光绪三十年
袁绩懋	顺天宛平	道光二十七年	张祖望	顺天宛平	光绪十八年	廉　棨	顺天宁河	光绪二十四年
沈桂芬	顺天宛平	道光二十七年	翁立德	顺天宛平	光绪十八年	廉　瑄	顺天宁河	光绪二十四年
徐家杰	顺天宛平	道光二十七年	徐仁镜	顺天宛平	光绪二十年	孙廷彦	顺天宁河	咸丰六年
瞿绩凝	顺天宛平	道光二十七年	温联桂	顺天宛平	光绪二十年	赵辉棣	顺天宁河	同治十年
许亦崧	顺天宛平	道光二十七年	王宝田	顺天宛平	光绪二十一年	谈松林	顺天宁河	同治十三年
张师右	顺天宛平	道光三十年	孟锡珏	顺天宛平	光绪二十四年	苏梦兰	顺天宁河	光绪十八年
吴台寿	顺天宛平	道光三十年	徐致靖	顺天宛平	光绪二年	王　照	顺天宁河	光绪二十年
储德灿	顺天宛平	道光三十年	陈炳奎	顺天宛平	光绪三年	王　焯	顺天宁河	光绪二十一年
邵亨豫	顺天宛平	道光三十年	俞明震	顺天宛平	光绪十六年	高赓恩	顺天宁河	光绪二年
刘传祺	顺天宛平	道光三十年	沈维诚	顺天宛平	光绪三年	董云标	顺天宁河	光绪三年
钟佩贤	顺天宛平	道光三十年	陈　冕	顺天宛平	光绪九年	戴彬元	顺天宁河	光绪六年
陈钟芳	顺天宛平	道光二十七年	许叶芬	顺天宛平	光绪十五年	刘沛然	顺天宁河	光绪六年
邵松年	顺天宛平	光绪九年	徐仁铸	顺天宛平	光绪十五年	刘自然	顺天宁河	光绪十二年
史悠咸	顺天宛平	光绪十八年	陆钟琦	顺天宛平	光绪十五年	任式坊	顺天密云	咸丰三年
秦金鉴	顺天宛平	道光二十年	陆钟岱	顺天宛平	光绪十五年	宗锦晨	顺天密云	光绪十八年

续表

姓名	籍贯	何年进士	姓名	籍贯	何年进士	姓名	籍贯	何年进士
游观第	顺天良乡	咸丰十年	孙汝霖	顺天大兴	咸丰十年	李光耀	顺天大兴	光绪十六年
果汉源	顺天良乡	咸丰三年	范德馨	顺天大兴	同治元年	胡薇元	顺天大兴	光绪三年
张　濂	顺天良乡	光绪二十一年	龚宝莲	顺天大兴	道光二十一年	王嶲颐	顺天大兴	光绪六年
王　昕	顺天蓟州	同治元年	俞长赞	顺天大兴	道光二十一年	刘淮年	顺天大城	咸丰十年
高润生	顺天固安	光绪十六年	陈庆松	顺天大兴	道光二十一年	王玉相	顺天大城	同治元年
张国士	顺天东安	道光二十七年	陈　浚	顺天大兴	道光二十一年	吕式梿	顺天大城	同治二年
邵占鳌	顺天东安	咸丰六年	张彦云	顺天大兴	道光二十一年	吕式枚	顺天大城	同治四年
崔　仑	顺天霸州	同治十三年	叶逢春	顺天大兴	道光二十一年	王玉森	顺天大城	同治十年
钮玉庚	顺天大兴	同治四年	赵元模	顺天大兴	道光二十四年	石树珠	顺天大城	咸丰九年
李国琇	顺天大兴	同治四年	左元焜	顺天大兴	道光二十四年	刘林立	顺天大城	光绪二十一年
王鹏运	顺天大兴	同治七年	黄庆謢	顺天大兴	道光二十四年	刘钟麟	顺天昌平	同治二年
孙汝明	顺天大兴	同治七年	孙汝梅	顺天大兴	光绪六年	刘蓉第	顺天昌平	光绪二十一年
路青云	顺天大兴	同治七年	陈应禧	顺天大兴	光绪六年	刘治平	顺天昌平	同治七年
王祖光	顺天大兴	同治十年	沈　墉	顺天大兴	道光二十七年	马存朴	顺天宝坻	光绪六年
刘承宽	顺天大兴	同治十年	恽鸿仪	顺天大兴	道光三十年	王祖培	顺天宝坻	道光二十年
刘鸿熙	顺天大兴	同治十年	俞奎垣	顺天大兴	咸丰二年	韩桂攀	顺天宝坻	光绪二十四年
童福承	顺天大兴	道光二十五年	徐启文	顺天大兴	咸丰二年	张祖荫	顺天宝坻	光绪二十九年
恽世临	顺天大兴	道光二十五年	陈继业	顺天大兴	咸丰二年	王庆祺	顺天宝坻	咸丰十年
罗嘉福	顺天大兴	道光二十五年	杨丰绅	顺天大兴	咸丰二年	李　璠	顺天宝坻	同治四年
冯　栻	顺天大兴	道光二十五年	朱仪训	顺天大兴	咸丰三年	李　溱	顺天宝坻	同治四年
陈泰初	顺天大兴	道光二十五年	谢膺禧	顺天大兴	咸丰三年	李桂联	顺天宝坻	同治四年
胡　沄	顺天大兴	道光二十五年	缪冠瀛	顺天大兴	咸丰六年	张丕绩	顺天宝坻	同治七年
郑锡瀛	顺天大兴	道光二十五年	王允升	顺天大兴	咸丰六年	李德增	顺天宝坻	道光二十七年
吕式古	顺天大兴	道光二十五年	宋学濂	顺天大兴	咸丰六年	方学苏	顺天宝坻	道光二十七年
卢庆云	顺天大兴	光绪六年	恽彦琦	顺天大兴	咸丰九年	王　淜	顺天宝坻	咸丰三年
范广衡	顺天大兴	光绪六年	黄庆珍	顺天大兴	咸丰九年	杨景孟	顺天宝坻	咸丰六年
赵臣翼	顺天大兴	光绪十二年	郑锡泰	顺天大兴	咸丰九年	张丕烈	顺天宝坻	咸丰九年
恽毓鼎	顺天大兴	光绪十五年	韩宝鸿	顺天大兴	咸丰九年	王其慎	顺天宝坻	咸丰九年
段培元	顺天大兴	道光二十七年	陈文騄	顺天大兴	同治十三年	徐　浩	顺天宝坻	同治十三年
范承典	顺天大兴	道光二十年	俞培元	顺天大兴	同治十三年	胡　胜	顺天宝坻	同治十三年
胡光泰	顺天大兴	道光二十年	恽毓嘉	顺天大兴	光绪十八年	张瑞芬	顺天宝坻	光绪十八年
王　晋	顺天大兴	道光二十年	陈恩桀	顺天大兴	光绪二十一年	胡恺麟	顺天宝坻	光绪二十年
孙肇元	顺天大兴	道光二十年	李维诚	顺天大兴	光绪三年	何景崧	顺天宝坻	光绪三十年
付家瑞	顺天大兴	光绪二十九年	聂宝琛	顺天大兴	光绪十六年	李湛田	顺天宝坻	光绪三十年

续表

姓名	籍贯	何年进士	姓名	籍贯	何年进士	姓名	籍贯	何年进士
张瑞芳	顺天宝坻	光绪十六年	李岳瑞	陕西咸阳	光绪九年	雷光甸	陕西渭南	光绪二十一年
陈源潾	顺天宝坻	光绪九年	冯　峻	陕西咸阳	道光二十七年	雷延寿	陕西渭南	光绪三十年
李　浚	顺天宝坻	光绪九年	李　寅	陕西咸阳	同治十三年	雷多寿	陕西渭南	光绪三十年
张丕弼	顺天宝坻	光绪九年	李舒馨	陕西咸阳	光绪十六年	严庚辛	陕西渭南	光绪十六年
王庆禔	顺天宝坻	光绪九年	刘子焕	陕西咸阳	光绪九年	贺寿龄	陕西渭南	光绪三年
宗式坊	顺天宝坻	光绪十二年	李乐善	陕西咸宁	光绪二十一年	吴锡寯	陕西渭南	光绪十六年
方学伊	顺天宝坻	同治四年	王凤文	陕西咸宁	光绪二十一年	宁述俞	陕西潼关	光绪二十四年
张鹏翥	陕西紫阳	同治四年	徐铭勋	陕西咸宁	光绪三年	郭炳南	陕西潼关	同治元年
曾星辉	陕西紫阳	同治十年	李步瀛	陕西咸宁	光绪十五年	赵承翰	陕西同官	光绪十六年
赖清键	陕西紫阳	光绪九年	赵炳荣	陕西咸宁	光绪六年	马育麟	陕西绥德	光绪二十九年
王隆道	陕西砖坪	同治十三年	雷光第	陕西咸宁	光绪十五年	刘铭瀚	陕西绥德	同治四年
任肇新	陕西盩厔	光绪二十四年	陈　灼	陕西咸宁	道光二十四年	马国宾	陕西绥德	同治元年
路　桓	陕西盩厔	咸丰十年	宋之京	陕西咸宁	同治十年	柳怀珍	陕西绥德	同治二年
路　峙	陕西盩厔	咸丰十年	薛　铭	陕西咸宁	道光二十七年	刘　锐	陕西绥德	道光三十年
路慎皋	陕西盩厔	同治元年	吕际韶	陕西咸宁	咸丰三年	马进修	陕西绥德	光绪二十九年
李宗焱	陕西盩厔	道光二十四年	刘观光	陕西咸宁	咸丰六年	郭南溪	陕西商州	光绪二十年
周维翰	陕西盩厔	咸丰六年	陈颂扬	陕西咸宁	咸丰六年	吴庚扬	陕西商南	咸丰十年
胡子材	陕西镇安	咸丰三年	李宗森	陕西咸宁	光绪十八年	吴　杰	陕西商南	同治十三年
杨洪勋	陕西镇安	光绪十八年	王芝杰	陕西咸宁	光绪二十年	陈良钧	陕西山阳	光绪二十四年
晏安澜	陕西镇安	光绪三年	顾寿椿	陕西咸宁	光绪二十一年	张仁法	陕西山阳	道光三十年
党步衢	陕西镇安	光绪六年	蓝文锦	陕西西乡	光绪二十九年	程　豫	陕西山阳	咸丰六年
杜　滋	陕西榆林	道光二十七年	姚定基	陕西西乡	同治十年	阮士惠	陕西山阳	光绪十八年
胡鼎彝	陕西榆林	光绪十八年	李文敏	陕西西乡	咸丰二年	阮大定	陕西山阳	光绪十八年
刘增泰	陕西榆林	光绪十六年	薛桂一	陕西西安	咸丰六年	吴怀清	陕西山阳	光绪十六年
张立仁	陕西榆林	光绪十六年	杨德懿	陕西武功	道光二十一年	徐春煦	陕西山阳	光绪十六年
张楚林	陕西榆林	光绪三年	刘济瀛	陕西武功	同治四年	郑子侨	陕西山阳	光绪三年
高　枫	陕西榆林	光绪十二年	徐焕奎	陕西武功	同治七年	刘肇夏	陕西三原	光绪二十四年
张立德	陕西榆林	光绪十五年	马锡龄	陕西武功	光绪三年	茹欲可	陕西三原	光绪三十年
李应莘	陕西延川	咸丰六年	景凌霄	陕西郃县	光绪二十九年	吴继心	陕西三原	同治元年
梁成哲	陕西徐沟	光绪三十年	郭辅唐	陕西渭南	光绪三十年	张承谏	陕西三原	道光二十一年
梁骏观	陕西兴平	道光三十年	蔡汝霖	陕西渭南	同治元年	梁经先	陕西三原	道光二十五年
边三益	陕西兴平	光绪二十一年	卢树桂	陕西渭南	同治十年	段启宜	陕西三原	道光三十年
管　涝	陕西兴安	咸丰九年	赵炳堃	陕西渭南	道光二十五年	李徽昉	陕西三原	咸丰二年
刘宾烛	陕西咸阳	同治十年	李应选	陕西渭南	咸丰二年	乔荫甲	陕西三原	咸丰三年

续表

姓名	籍贯	何年进士	姓名	籍贯	何年进士	姓名	籍贯	何年进士
员凤林	陕西三原	咸丰六年	李国瀛	陕西宁羌	道光二十七年	段　理	陕西华州	光绪三年
郭云汉	陕西三原	咸丰九年	陈才芳	陕西宁羌	同治十三年	段大贞	陕西华州	光绪十六年
晁鸿年	陕西三原	光绪十六年	王　炳	陕西南郑	同治二年	杨　郊	陕西华阴	同治二年
王廷锐	陕西三原	光绪十六年	高长绅	陕西米脂	道光二十五年	史　堃	陕西华阴	光绪二十年
郭雅注	陕西三原	光绪六年	李蕴华	陕西米脂	光绪十八年	张镜堂	陕西鄠县	咸丰十年
张维城	陕西三原	光绪十八年	高增爵	陕西米脂	光绪十八年	崔志道	陕西鄠县	同治元年
萧之葆	陕西三水	光绪二十一年	贺锡龄	陕西米脂	光绪二十年	张鉴堂	陕西鄠县	同治七年
王允谦	陕西清涧	同治元年	高祖培	陕西米脂	光绪二十一年	崔玉征	陕西鄠县	咸丰二年
白上青	陕西清涧	道光二十四年	高维岳	陕西米脂	光绪二年	王　兑	陕西鄠县	咸丰三年
呼鸣盛	陕西清涧	光绪二年	高增融	陕西米脂	光绪十五年	陈树楠	陕西鄠县	同治十年
张问崇	陕西清涧	光绪九年	张良璋	陕西石泉	同治元年	段　维	陕西岐山	光绪三十年
刘　铣	陕西乾州	咸丰十年	彭懋谦	陕西石泉	同治十年	宋金鉴	陕西岐山	道光三十年
上官煜	陕西乾州	咸丰二年	何西逊	陕西石泉	同治十三年	张殿元	陕西岐山	咸丰三年
吴锡岱	陕西乾州	咸丰二年	何毓璋	陕西石泉	光绪三十年	康　缙	陕西岐山	咸丰九年
王桂枝	陕西乾州	光绪二十一年	戴家松	陕西石泉	光绪三年	郭　笃	陕西岐山	光绪三年
原立诚	陕西蒲城	同治元年	李长春	陕西商州	同治元年	张应午	陕西岐山	光绪三年
张　瀛	陕西蒲城	道光三十年	陈光前	陕西商州	道光二十五年	刘洪简	陕西汉阴	咸丰二年
赵鼎五	陕西蒲城	同治十年	宋伯鲁	陕西醴泉	光绪十二年	蒋常垣	陕西汉阴	咸丰三年
席　珍	陕西蒲城	同治十三年	马名柱	陕西醴泉	光绪三年	何贵高	陕西汉阴	咸丰九年
王廷鉽	陕西蒲城	光绪二十年	雷天柱	陕西醴泉	光绪十二年	陈近钜	陕西汉阴	光绪二十四年
陈毓麟	陕西蒲城	光绪二年	杜充辉	陕西醴泉	同治元年	汤子坤	陕西汉阴	光绪二年
郭廷谨	陕西蒲城	光绪二年	梁　琯	陕西醴泉	同治十年	胡　瀛	陕西汉阴	光绪二年
窦光仪	陕西蒲城	光绪二年	孙绳武	陕西蓝田	咸丰十年	胡鸿典	陕西汉阴	光绪三年
王　集	陕西蒲城	光绪三年	岳云衢	陕西蓝田	道光二十五年	胡文瀚	陕西汉阴	光绪十二年
周爰诹	陕西蒲城	光绪十二年	袁廷俊	陕西蓝田	咸丰九年	陈文锐	陕西汉阴	光绪六年
王　沆	陕西蒲城	道光二十年	罗文绣	陕西蓝田	光绪二十年	傅树堂	陕西汉阴	光绪六年
崔宝仁	陕西蒲城	光绪二十四年	周　镛	陕西泾阳	光绪二十九年	谢化南	陕西汉阴	光绪九年
鄢鸣雍	陕西平利	同治七年	许　旹	陕西泾阳	咸丰二年	汪景星	陕西汉阴	光绪九年
武廷珍	陕西平利	道光三十年	马文梦	陕西泾阳	咸丰九年	张成勋	陕西汉阳	光绪三年
王世远	陕西平利	道光三十年	李树森	陕西泾阳	光绪二十年	师长灼	陕西韩城	咸丰三年
邢景周	陕西平利	咸丰六年	王慎猷	陕西泾阳	光绪九年	张明允	陕西韩城	光绪十八年
余上华	陕西平利	咸丰六年	郭毓璋	陕西华州	光绪二十九年	陈瑞徵	陕西韩城	光绪二十年
张九搏	陕西平利	咸丰六年	郑士蕙	陕西华州	道光二十七年	曹邦彦	陕西韩城	光绪二十一年
李联芳	陕西平利	同治十年	时永新	陕西华州	同治十三年	吉同钧	陕西韩城	光绪十六年

续表

姓名	籍贯	何年进士	姓名	籍贯	何年进士	姓名	籍贯	何年进士
党　蒙	陕西韩城	光绪二年	夏若鲁	陕西大荔	光绪六年	霍勤燡	陕西朝邑	光绪十六年
张鹏飞	陕西韩城	光绪六年	冯慎源	陕西大荔	光绪十五年	阎乃竹	陕西朝邑	光绪九年
郭鸿宾	陕西韩城	光绪九年	张又栻	陕西澄城	光绪三十年	雷在夏	陕西朝邑	光绪九年
徐宝锷	陕西韩城	光绪九年	任树楷	陕西澄城	同治元年	刘兰馨	陕西朝邑	光绪十二年
王诚义	陕西韩城	光绪十二年	马玉堂	陕西澄城	道光二十五年	尚林焱	陕西长武	咸丰十年
程仲昭	陕西韩城	光绪十五年	李荫棠	陕西澄城	咸丰九年	陈五典	陕西长武	道光三十年
刘　华	陕西韩城	光绪十五年	管桂林	陕西澄城	同治十三年	薛宝辰	陕西长乐	光绪十五年
王鸿飞	陕西韩城	同治二年	杨　澍	陕西澄城	光绪十二年	王爰相	陕西长安	道光二十年
王步瀛	陕西鄜县	光绪二年	田宝岐	陕西澄城	同治十年	刘余庆	陕西长安	咸丰六年
何应心	陕西雒南	光绪十二年	车顺轨	陕西郃阳	道光二十年	吉长清	陕西长安	咸丰九年
郑保恬	陕西洛川	同治十三年	鲁尔斌	陕西郃阳	光绪二十四年	杨鼎昌	陕西长安	同治十三年
贾龙光	陕西临潼	咸丰十年	侯　侗	陕西郃阳	咸丰十年	张恩荣	陕西长安	同治十三年
徐光祖	陕西临潼	咸丰九年	王　霖	陕西郃阳	同治元年	赵舒翘	陕西长安	同治十三年
刘云章	陕西临潼	同治十三年	党汉章	陕西郃阳	同治元年	孙　桢	陕西长安	同治十三年
许庚金	陕西临潼	同治十三年	王凤翔	陕西郃阳	道光二十一年	张　彝	陕西长安	光绪二十年
张向辰	陕西临潼	光绪二年	杨维藩	陕西郃阳	咸丰三年	孟宗兴	陕西长安	光绪二十九年
黄桂滋	陕西临潼	光绪三年	马道亨	陕西郃阳	咸丰三年	陈树勋	陕西长安	光绪二年
郑毓兰	陕西临潼	光绪十六年	侯晋康	陕西郃阳	光绪二十一年	李崇洸	陕西长安	光绪三年
杨　滨	陕西临潼	光绪六年	党兰修	陕西郃阳	光绪二年	苏绳武	陕西长安	光绪十六年
张豫泰	陕西临潼	光绪六年	侯葆文	陕西郃阳	光绪十二年	薛　浚	陕西长安	光绪六年
潘炳辰	陕西临潼	光绪六年	党献寿	陕西郃阳	光绪十二年	李佩铭	陕西长安	光绪六年
李　泰	陕西大荔	光绪二十九年	安秉介	陕西河阳	光绪十八年	程　禄	陕西长安	光绪六年
马步瀛	陕西大荔	光绪三十年	郭日章	陕西汉阴	光绪二十四年	刘　愈	陕西长安	光绪十二年
孙占鳌	陕西大荔	光绪二十四年	付学憥	陕西汉阴	光绪二十四年	薛秉壬	陕西长安	光绪十二年
张寿楠	陕西大荔	光绪二十九年	陈进衔	陕西汉阴	咸丰十年	张曜斗	陕西长安	光绪十五年
雷冲霄	陕西大荔	咸丰十年	胡印远	陕西汉阴	咸丰十年	蒋善暮	陕西长安	咸丰十年
屈秋泰	陕西大荔	同治四年	霍为棻	陕西朝邑	道光二十七年	沈大谟	陕西长安	道光二十一年
马应午	陕西大荔	同治七年	同揆奎	陕西朝邑	咸丰二年	呼延振	陕西长安	道光二十四年
赵联登	陕西大荔	同治十年	雷榜荣	陕西朝邑	咸丰六年	陈大典	陕西长安	道光二十四年
陈凤灵	陕西大荔	同治十年	徐锡麒	陕西朝邑	咸丰六年	孙　云	陕西长安	同治二年
梁朝瑞	陕西大荔	同治十年	雷棣荣	陕西朝邑	同治十三年	高岳崧	陕西长安	同治十年
马先登	陕西大荔	道光二十七年	雷镇华	陕西朝邑	光绪二十一年	邓清淦	陕西长安	道光二十七年
田树荣	陕西大荔	咸丰九年	吴星映	陕西朝邑	光绪二十一年	薛允升	陕西长安	咸丰六年
姚绳武	陕西大荔	同治十三年	霍为楙	陕西朝邑	光绪三年	白遇道	陕西高陵	同治十三年

续表

姓名	籍贯	何年进士	姓名	籍贯	何年进士	姓名	籍贯	何年进士
陈明伦	陕西高陵	同治十三年	徐　炽	陕西城固	咸丰十年	张来麟	山西榆次	光绪三年
计登瀛	陕西富平	光绪二十四年	康秉彝	陕西城固	同治元年	戴锡麟	山西盂县	光绪六年
翟宝善	陕西富平	咸丰三年	高万鹏	陕西城固	同治七年	赵汝龄	山西盂县	光绪九年
汝作枚	陕西富平	光绪十八年	高化鹏	陕西城固	道光二十七年	刘声骏	山西盂县	光绪二十四年
景天相	陕西富平	光绪六年	徐宗海	陕西城固	道光三十年	王道源	山西盂县	同治元年
武　瀛	陕西富平	光绪十五年	李汉章	陕西城固	咸丰三年	庞立忠	山西盂县	咸丰二年
王天培	陕西富平	光绪十五年	董元勋	陕西城固	咸丰九年	田国俊	山西盂县	咸丰九年
阎道行	陕西府谷	同治元年	王　烈	陕西城固	同治十三年	石寅恭	山西盂县	光绪二十一年
杨翼孙	陕西府谷	光绪二年	李宗膺	陕西城固	光绪十八年	李延访	山西盂县	光绪二年
郭　珍	陕西扶风	道光三十年	吴建让	陕西城固	光绪二十一年	郑演元	山西盂县	光绪三年
苟斐然	陕西扶风	咸丰三年	田明德	陕西城固	光绪三十年	李延撰	山西盂县	光绪十六年
张大�	陕西肤施	道光三十年	吴树德	陕西城固	光绪六年	石寅亮	山西盂县	光绪三年
封毓璋	陕西凤翔	道光二十五年	赵　锐	陕西城固	光绪十五年	杨松兆	山西右玉	同治四年
赵桂芳	陕西凤翔	道光二十五年	杨树鼎	陕西朝邑	同治元年	郭　椿	山西右玉	同治七年
谭文蔚	陕西凤翔	光绪二十四年	乔玉琛	陕西朝邑	同治元年	薛文华	山西永宁	同治四年
容益光	陕西宝鸡	光绪二十年	刘锡金	陕西朝邑	同治二年	刘子英	山西永宁	咸丰六年
徐冲霄	陕西宝鸡	光绪二十年	王捷三	陕西朝邑	同治四年	张斯钰	山西应州	光绪二十四年
王绳武	陕西宝鸡	光绪二十一年	阎迺兟	陕西朝邑	同治七年	侯封镐	山西翼城	同治四年
雷蔚瑞	陕西白水	光绪十五年	阎敬铭	陕西朝邑	道光二十五年	袁承业	山西翼城	咸丰三年
谢德昭	陕西白河	光绪十八年	张增道	陕西邠州	道光二十七年	王炳震	山西翼城	光绪三十年
潘宜经	陕西白河	光绪二十一年	张瑞玑	山西赵城	光绪二十九年	高祚昌	山西翼城	光绪九年
余宝菱	陕西安康	光绪二十四年	乔海峰	山西赵城	光绪三十年	马九如	山西翼城	光绪十二年
张孝慈	陕西安康	光绪二十九年	李荫垣	山西赵城	光绪二十年	张砺修	山西夏县	同治四年
雷钟德	陕西安康	同治十年	崔　瀛	山西赵城	光绪三年	张清瀛	山西夏县	道光二十七年
祝　垲	陕西安康	道光二十七年	王炳勋	山西垣曲	道光二十一年	阴昌庚	山西夏县	道光二十七年
罗贤升	陕西安康	咸丰六年	贾修明	山西虞乡	咸丰十年	贾　瑚	山西夏县	咸丰九年
罗　儁	陕西安康	咸丰九年	田福谦	山西榆社	道光二十一年	贾　璜	山西夏县	光绪三年
田宝蓉	陕西安康	光绪十八年	韩　诗	山西榆社	同治四年	张观德	山西夏县	光绪十六年
雷宝荃	陕西安康	光绪十八年	常麟书	山西榆次	光绪二十九年	梁造舟	山西夏县	光绪二十四年
谢　馨	陕西安康	光绪二十一年	郭深基	山西榆次	同治元年	李华炳	山西武乡	光绪二十九年
张继信	陕西安康	光绪二十九年	王序宾	山西榆次	道光二十七年	李重华	山西武乡	道光二十五年
谢裕楷	陕西安康	光绪九年	王平格	山西榆次	道光二十七年	郭安仁	山西五台	同治十三年
阮善继	陕西安康	光绪十五年	李廷实	山西榆次	光绪二年	渠纶阁	山西五台	光绪十二年
田明理	陕西城固	光绪三十年	李馨国	山西榆次	光绪三年	裴作则	山西五台	光绪十二年

续表

姓名	籍贯	何年进士	姓名	籍贯	何年进士	姓名	籍贯	何年进士
刘翼之	山西寿阳	咸丰二年	孙成基	山西襄陵	道光三十年	寻銮炜	山西荣河	咸丰二年
阎汝弼	山西寿阳	咸丰六年	柴友芝	山西襄陵	咸丰六年	武骊珠	山西荣河	咸丰三年
任熙弼	山西寿阳	咸丰六年	吴　庚	山西乡宁	光绪二十九年	王麟祥	山西荣河	咸丰九年
张鉴衡	山西寿阳	同治十三年	杨深秀	山西闻喜	光绪十五年	王炳奎	山西荣河	光绪二年
祁世长	山西寿阳	咸丰十年	王道立	山西文水	道光二十四年	李晋魁	山西荣河	光绪十六年
任明哲	山西寿阳	同治十年	王炳同	山西文水	道光三十年	樊丙南	山西曲沃	道光二十七年
谷如墉	山西渑池	光绪十六年	王学伊	山西文水	光绪二十年	仇汝显	山西曲沃	光绪六年
崔增瑞	山西山阴	光绪九年	成连增	山西文水	光绪二十一年	杜　姓	山西沁州	光绪十二年
狄楼海	山西猗氏	光绪二十九年	武达材	山西文水	光绪二年	张受中	山西沁源	光绪二十一年
刘绵训	山西猗氏	光绪三十年	解荣辂	山西万泉	光绪二十九年	贾景德	山西沁水	光绪三十年
荆育瓒	山西猗氏	光绪二十九年	娄道南	山西万泉	咸丰二年	霍润生	山西沁水	咸丰十年
张方泳	山西阳曲	咸丰二年	杨天霖	山西万泉	光绪十二年	窦奉家	山西沁水	道光二十四年
石　峻	山西阳曲	咸丰二年	任秩五	山西太原	道光二十五年	张文焕	山西沁水	光绪十六年
郑　炳	山西阳曲	光绪二十年	刘秉权	山西太原	光绪十六年	窦渥之	山西沁水	光绪九年
王志昂	山西阳曲	光绪二十一年	柳长庚	山西太平	同治四年	贾作人	山西沁水	光绪十五年
齐　泽	山西阳曲	光绪三年	张景星	山西太平	光绪九年	郝绍汤	山西祁县	同治二年
延　彩	山西阳城	道光二十四年	温忠翰	山西太谷	同治元年	高锡华	山西祁县	光绪十八年
卫东阳	山西阳城	道光二十五年	贾廷藩	山西太谷	道光二十一年	渠本翘	山西祁县	光绪十八年
侯　玳	山西阳城	道光三十年	贾世陶	山西太谷	道光二十四年	刘奋熙	山西祁县	光绪十六年
曹翰书	山西阳城	咸丰二年	温绍棠	山西太谷	同治四年	仵　墉	山西蒲城	光绪二十九年
贾邦铎	山西徐沟	同治元年	柳祖彝	山西太谷	同治四年	武丕文	山西平原	光绪二十年
苏　绂	山西徐沟	同治二年	杜瑞麟	山西太谷	同治七年	赵　新	山西平遥	光绪十二年
韩大镛	山西徐沟	光绪三年	杜瑞联	山西太谷	咸丰二年	赵　垣	山西平陆	道光二十年
孙子淳	山西兴县	道光二十四年	阎敦本	山西太谷	咸丰三年	陈鸣谦	山西平陆	咸丰三年
温亮珠	山西兴县	光绪二十年	曹中成	山西太谷	光绪二十年	李希莲	山西平定	咸丰十年
康际清	山西兴县	光绪九年	闫维玉	山西太谷	光绪十五年	杨大芳	山西平定	光绪三十年
董宇炜	山西忻州	道光二十四年	武人选	山西太谷	光绪三年	杨汝芝	山西平定	道光二十年
张振新	山西忻州	咸丰六年	姚师锡	山西朔州	道光二十年	白联元	山西平定	道光二十年
赵培因	山西忻州	同治十三年	张　炜	山西朔州	道光二十一年	蔡　侗	山西平定	光绪二十四年
米毓瑞	山西忻州	光绪十六年	牛　宜	山西朔州	咸丰三年	李鸣凤	山西平定	咸丰十年
张　钧	山西忻州	光绪六年	王庚荣	山西朔州	光绪二年	黄毓桂	山西平定	咸丰十年
杨履晋	山西忻州	光绪九年	王者馨	山西朔州	光绪六年	耿名臣	山西平定	同治元年
郝耀昂	山西忻州	光绪九年	寻銮晋	山西荣河	同治元年	张书尔	山西平定	道光二十一年
郭景象	山西孝义	光绪二十一年	潘毓瑞	山西荣河	道光二十五年	李用清	山西平定	同治四年

续表

姓名	籍贯	何年进士	姓名	籍贯	何年进士	姓名	籍贯	何年进士
王瑞星	山西平定	同治七年	何乃莹	山西灵石	光绪六年	常山凤	山西浑源	道光二十一年
李　暎	山西平定	同治十年	王树鼎	山西灵邱	光绪十八年	栗　耀	山西浑源	道光二十四年
李谷人	山西平定	同治十年	吴命新	山西临县	光绪二十一年	张观准	山西浑源	同治二年
黄汝梅	山西平定	道光二十五年	刘汝欣	山西临县	光绪十五年	张观钧	山西浑源	道光二十五年
丁先庚	山西平定	道光三十年	姚铭鼎	山西临晋	道光二十年	孙秉衡	山西浑源	光绪二十一年
陈荩章	山西平定	咸丰六年	王化光	山西临晋	光绪六年	马　晋	山西怀仁	光绪二十九年
张西园	山西平定	同治十三年	王炽昌	山西临汾	光绪二十四年	马文耀	山西怀仁	同治元年
王雨谷	山西平定	同治十三年	乔家槐	山西临汾	道光三十年	张　朴	山西怀仁	光绪二十一年
吴士武	山西平定	光绪十八年	逄攀龙	山西临汾	咸丰六年	郝秉忠	山西怀仁	光绪十二年
李作楷	山西平定	光绪十八年	左崇典	山西临汾	光绪十八年	董文焕	山西洪洞	咸丰六年
李慎五	山西平定	光绪二十九年	陈履亨	山西临汾	光绪二年	贺　勋	山西洪洞	同治十三年
孙笥经	山西平定	光绪十六年	曹　荣	山西临汾	光绪二年	王　轩	山西洪洞	同治元年
白象贤	山西平定	光绪十六年	刘麟翔	山西辽州	光绪二十四年	刘　铬	山西洪洞	同治元年
王　儆	山西平定	光绪六年	刘秉钧	山西辽州	光绪十五年	尉光霞	山西洪洞	道光二十一年
李光宇	山西平定	光绪六年	王元晋	山西黎城	同治四年	商　昌	山西洪洞	道光二十四年
张九章	山西平定	光绪九年	高　桐	山西黎城	同治十年	李　皓	山西洪洞	道光二十四年
王善士	山西平定	光绪九年	高廷煃	山西黎城	光绪二年	韩耀先	山西洪洞	同治二年
陈铣绶	山西平定	光绪十五年	姚东济	山西晋县	咸丰十年	苗颖章	山西河曲	咸丰九年
黄汝香	山西平定	光绪二年	张应济	山西介休	光绪三十年	赵　渊	山西河曲	光绪十六年
杨映奎	山西宁乡	道光三十年	齐德五	山西介休	道光二十一年	赵启春	山西崞县	道光二十年
赵昌业	山西宁乡	咸丰三年	白恩佑	山西介休	道光二十七年	梁善济	山西崞县	光绪三十年
郭骥远	山西潞城	道光二十五年	庞绍统	山西介休	光绪十二年	张登瀛	山西崞县	同治七年
韩懋德	山西陵川	道光二十四年	曹子昂	山西介休	光绪十二年	李毓珍	山西崞县	道光二十五年
曹鸿举	山西陵川	道光二十七年	阎海林	山西解州	道光二十五年	宋志濂	山西崞县	咸丰二年
曹登瀛	山西陵川	同治十年	胡联奎	山西交城	咸丰二年	孟丕荣	山西崞县	咸丰九年
吴性成	山西灵石	道光二十一年	丁受中	山西交城	同治十年	张宪文	山西崞县	光绪二十一年
何玉福	山西灵石	同治二年	张三铨	山西绛州	光绪二十四年	曹佐武	山西崞县	光绪二十九年
何莱福	山西灵石	同治七年	薛登道	山西稷山	光绪二十九年	魏　倬	山西广灵	光绪二十一年
何福咸	山西灵石	道光三十年	王文在	山西稷山	同治七年	梁卓午	山西广灵	光绪十二年
何耀纶	山西灵石	咸丰三年	王炳坛	山西稷山	咸丰三年	盖天佑	山西浮山	光绪九年
梁奋庸	山西灵石	同治十三年	段国垣	山西稷山	光绪三十年	王仪通	山西汾阳	光绪二十四年
赵子璨	山西灵石	光绪十八年	解　錧	山西稷山	光绪十五年	李大观	山西汾阳	咸丰十年
王舒萼	山西灵石	光绪二年	韩毓午	山西霍州	同治四年	武良锐	山西汾阳	同治元年
何福堃	山西灵石	光绪三年	侯长龄	山西浑源	同治四年	崔铨淦	山西汾阳	同治元年

续表

姓名	籍贯	何年进士	姓名	籍贯	何年进士	姓名	籍贯	何年进士
王鉴民	山西汾阳	道光二十四年	杨长藻	山西长子	光绪二十年	尹耀宗	山东诸城	咸丰三年
冯应寿	山西汾阳	同治十三年	郭从矩	山西长治	咸丰十年	王莲塘	山东诸城	咸丰三年
常棣华	山西汾阳	光绪十八年	杨上达	山西长治	道光二十五年	王　绰	山东诸城	同治十三年
韩克敬	山西汾阳	光绪二十一年	尹春元	山西长治	光绪二十年	杨德春	山东诸城	同治十三年
冯应荣	山西汾阳	光绪六年	杜义山	山东邹县	道光三十年	丁昌燕	山东诸城	光绪十八年
张葆连	山西汾阳	光绪九年	董毓葆	山东邹县	咸丰九年	冷鼎亨	山东招远	同治四年
胡延夔	山西繁峙	咸丰六年	董观瀛	山东邹县	光绪二十一年	王声溢	山东招远	光绪二十九年
陈桂芬	山西繁峙	咸丰九年	李树泽	山东邹平	道光二十年	张肇铨	山东章邱	光绪三十年
谢秉钧	山西繁峙	同治十三年	韩肃俭	山东滋阳	光绪二十四年	杨延烈	山东章邱	同治元年
宫耀月	山西繁峙	光绪十五年	袁汝虔	山东滋阳	同治四年	刘秉清	山东章邱	同治元年
张志贤	山西定襄	同治七年	陈孝恪	山东滋阳	光绪十二年	郑芳兰	山东章邱	道光二十一年
赵履道	山西代州	同治十年	王建本	山东淄川	咸丰十年	翟登峨	山东章邱	道光二十一年
郝应宿	山西代州	道光二十七年	邹振岳	山东淄川	同治二年	焦肇骏	山东章邱	同治七年
庞　玺	山西代州	同治十三年	毕道远	山东淄川	道光二十一年	黄维翰	山东章邱	同治七年
李中和	山西代州	光绪三年	高箕承	山东淄川	咸丰九年	术其黉	山东章邱	同治七年
张冲魁	山西保德	咸丰三年	李　晓	山东诸城	道光二十年	焦肇瀛	山东章邱	道光二十五年
徐克刚	山西保德	咸丰三年	王世桢	山东诸城	光绪十八年	刘秉厚	山东章邱	道光二十七年
张兆魁	山西保德	同治十年	徐　堉	山东诸城	光绪三年	孟广谟	山东章邱	光绪十八年
陈洪钟	山西安邑	道光二十年	王桂琛	山东诸城	光绪九年	刘中度	山东章邱	光绪三年
裴峻德	山西安邑	同治二年	王为相	山东诸城	光绪十五年	刘元亮	山东章邱	光绪十五年
乔　骏	山西安邑	同治七年	赵秉璋	山东诸城	光绪十五年	孟宪章	山东章邱	同治十三年
郭椿寿	山西安邑	道光二十七年	李梦斗	山东诸城	光绪十五年	李体仁	山东郓城	光绪二十一年
靳文蔚	山西安邑	道光三十年	李　沄	山东诸城	光绪三年	王玉相	山东鱼台	光绪二十一年
葛宗邹	山西安邑	咸丰九年	孙卿裕	山东诸城	光绪二十四年	孟椿山	山东益都	同治十年
刘振中	山西安邑	咸丰九年	朱燮元	山东诸城	光绪二十九年	毕奉先	山东新城	同治十年
武士选	山西安邑	咸丰九年	王祺海	山东诸城	道光二十四年	邢维经	山东新城	光绪二十一年
葛文模	山西安邑	光绪十八年	李肇锡	山东诸城	同治七年	于文镄	山东新城	光绪二十九年
刘宜笃	山西安邑	光绪二十年	苑菜池	山东诸城	同治七年	郝毓椿	山东新城	光绪二十四年
杨克烈	山西安邑	光绪二十九年	徐会沣	山东诸城	同治七年	伊允桢	山东新城	同治二年
郝世俊	山西壶关	光绪二年	杨成爻	山东诸城	同治十年	张今第	山东夏津	道光二十七年
李殿林	山西大同	同治十年	臧济臣	山东诸城	同治十年	王和轩	山东夏津	咸丰六年
刘青藜	山西大同	同治十年	杨晋笙	山东诸城	同治十年	黄绪祖	山东夏津	光绪六年
郑永贞	山西大同	光绪十五年	李　灿	山东诸城	道光二十七年	韩镜蓉	山东武城	光绪十六年
郭增禄	山西长子	同治十年	李　昜	山东诸城	咸丰二年	辛于镛	山东汶上	咸丰二年

续表

姓名	籍贯	何年进士	姓名	籍贯	何年进士	姓名	籍贯	何年进士
林基逵	山东文登	光绪三十年	张兆楷	山东潍县	同治十三年	蔡曾源	山东日照	光绪十六年
吕彦枚	山东文登	光绪二十九年	曹鸿勋	山东潍县	光绪二年	苏元柽	山东日照	光绪十六年
丛　坛	山东文登	道光二十七年	田智枚	山东潍县	光绪十八年	丁惟禔	山东日照	光绪十五年
张树甲	山东文登	咸丰六年	宋书升	山东潍县	光绪十八年	安　镔	山东日照	道光二十年
毕瀚昭	山东文登	咸丰六年	于普源	山东潍县	光绪二十年	丁海珊	山东日照	咸丰十年
张濂经	山东文登	光绪二十年	郭育才	山东潍县	光绪二十年	尹琳基	山东日照	同治二年
吕正斯	山东文登	光绪二十一年	梁文灿	山东潍县	光绪二十年	丁凤年	山东日照	同治二年
王嘉禾	山东文登	光绪三年	陈翰声	山东潍县	光绪二十一年	苏仲山	山东日照	道光二十七年
丁锡祜	山东潍县	光绪二十四年	郭印瑚	山东滕县	道光二十五年	郑猗菉	山东日照	咸丰六年
彭凤沼	山东潍县	光绪二十四年	黄来晨	山东滕县	道光三十年	丁麟年	山东日照	光绪十八年
王寿彭	山东潍县	光绪二十九年	高熙喆	山东滕县	光绪十二年	李翰屏	山东日照	光绪十八年
杨　渭	山东潍县	光绪二十九年	宋良薰	山东堂邑	咸丰六年	李祥麟	山东日照	光绪十八年
陈德昌	山东潍县	光绪二十九年	韩宝球	山东堂邑	光绪十二年	孔昭浃	山东曲阜	咸丰十年
孙凤翔	山东潍县	同治元年	于　腾	山东郯城	同治元年	陈秉和	山东曲阜	同治十年
王之翰	山东潍县	道光二十四年	孙友萼	山东郯城	光绪十八年	孔继钰	山东曲阜	同治十年
宋玉珂	山东潍县	道光二十四年	孙友莲	山东郯城	光绪二十年	蒋继珠	山东曲阜	道光三十年
刘寿梅	山东潍县	同治二年	陈敬修	山东郯城	光绪十六年	孔宪珏	山东曲阜	咸丰六年
毛　璋	山东潍县	同治四年	汪庆长	山东泰安	同治十三年	颜士璋	山东曲阜	咸丰九年
郭恩赓	山东潍县	光绪二十四年	王予符	山东益都	光绪十五年	孔繁朴	山东曲阜	光绪十六年
陈蜚声	山东潍县	光绪三十年	张壮彩	山东峄县	光绪十六年	孔昭倩	山东曲阜	光绪十八年
陈世昌	山东潍县	光绪三十年	崔广沅	山东峄县	光绪十六年	孔庆塄	山东曲阜	光绪二十一年
张　僖	山东潍县	光绪十二年	王宝钿	山东峄县	光绪六年	孟广范	山东曲阜	光绪二十九年
丁良翰	山东潍县	光绪十二年	庄陔兰	山东莒州	光绪三十年	孔宪曾	山东曲阜	光绪二年
陈恒庆	山东潍县	光绪十二年	管象颐	山东莒州	光绪十六年	孔祥霖	山东曲阜	光绪三年
高承瀛	山东潍县	光绪九年	刘维垣	山东沂水	光绪二十四年	陈庆彬	山东曲阜	光绪十六年
王国庆	山东潍县	光绪十二年	刘中策	山东沂水	光绪二年	王培佑	山东平度	光绪九年
陈介祺	山东潍县	道光二十五年	张尔宇	山东掖县	道光二十年	綦思本	山东平度	咸丰十年
张兆栋	山东潍县	道光二十五年	张恕琳	山东掖县	光绪二十九年	戴恩溥	山东平度	同治四年
陈介猷	山东潍县	咸丰二年	张　弼	山东掖县	道光二十四年	孙儒卿	山东平度	同治七年
郎郡环	山东潍县	咸丰二年	林庆贻	山东掖县	咸丰三年	于醇儒	山东平度	道光二十五年
郭梦惠	山东潍县	咸丰三年	于文鉴	山东掖县	光绪十六年	于沧澜	山东平度	光绪三年
张象鼎	山东潍县	咸丰三年	杨万选	山东阳谷	光绪十五年	杨圣清	山东平度	光绪十二年
陈传奎	山东潍县	咸丰六年	丁维鲁	山东日照	光绪二十四年	金鸿霄	山东平度	光绪六年
王象瑜	山东潍县	咸丰九年	丁惟彬	山东日照	光绪二十九年	卢金书	山东蓬莱	光绪二十四年

续表

姓名	籍贯	何年进士	姓名	籍贯	何年进士	姓名	籍贯	何年进士
张建勋	山东蓬莱	同治四年	魏云贵	山东临朐	同治十三年	谭廷扬	山东历城	光绪二十一年
慕容干	山东蓬莱	同治七年	徐延旭	山东临清	咸丰十年	栾守纲	山东历城	光绪三十年
慕芝田	山东蓬莱	同治七年	洪毓琛	山东临清	道光二十一年	李蒙泉	山东历城	道光二十年
辛本栴	山东蓬莱	道光二十七年	马元瑞	山东临清	咸丰六年	范之杰	山东历城	光绪二十九年
赵汝淑	山东蓬莱	咸丰二年	任步月	山东临清	同治十三年	贾元涛	山东历城	咸丰十年
陈光甲	山东蓬莱	咸丰三年	张东瀛	山东临清	光绪三年	吴毓春	山东历城	同治元年
孙长庆	山东蓬莱	咸丰三年	王颖芳	山东临清	光绪三年	陈　鉴	山东历城	道光二十一年
于成麒	山东蓬莱	同治十年	刘昌绪	山东清平	同治元年	袁泳锡	山东历城	道光二十四年
朱昌霖	山东蓬莱	同治十三年	马振文	山东清平	道光二十一年	张英麟	山东历城	同治四年
孙乐嘉	山东蓬莱	光绪十八年	傅秉鉴	山东清平	光绪十二年	武　震	山东历城	同治四年
茹恩彬	山东蓬莱	光绪二十年	张翀霄	山东齐河	咸丰三年	孙纪云	山东历城	同治四年
孙文翰	山东蓬莱	光绪二十年	李砚田	山东齐河	光绪十五年	李裕后	山东历城	同治四年
孙星煜	山东蓬莱	光绪二十年	李应寿	山东栖霞	光绪三十年	汪以诚	山东历城	同治七年
辛可耀	山东蓬莱	光绪二十年	姜桐冈	山东栖霞	同治二年	金寿萱	山东历城	道光二十七年
赵汝勇	山东蓬莱	光绪二十四年	张懋澄	山东栖霞	光绪二年	毛玉成	山东历城	道光二十七年
王作綍	山东蓬莱	光绪十六年	马桂芳	山东栖霞	光绪三年	尹式芳	山东历城	道光三十年
于文泉	山东蓬莱	光绪三年	盖星阶	山东蒲台	道光三十年	张锡鸿	山东历城	光绪二十一年
孙殿甲	山东蓬莱	光绪六年	刘　坦	山东蒲台	光绪十八年	徐金铭	山东历城	光绪三十年
马树芬	山东蓬莱	光绪十二年	生永锡	山东平阴	道光二十年	路敬亭	山东历城	光绪二年
汪宝树	山东泰安	光绪六年	朱名炤	山东平阴	光绪二十四年	姜渭春	山东历城	光绪二年
王廷赞	山东泗水	光绪十八年	朱学程	山东平阴	道光三十年	楚登鳌	山东历城	光绪二年
于相德	山东泗水	光绪十八年	张志轩	山东平阴	光绪二十一年	李兆勗	山东历城	光绪三年
王广寒	山东寿张	同治十年	李邦庆	山东平阴	光绪九年	刘锡琦	山东历城	光绪三年
高集祥	山东寿张	道光三十年	张同符	山东平阳	咸丰十年	金绍庭	山东历城	光绪三年
刘允亭	山东寿光	光绪二十四年	翟化鹏	山东平阳	光绪十八年	柳文洙	山东历城	光绪三年
梁士鹤	山东寿光	同治二年	李庆翱	山东历城	咸丰二年	吴树芬	山东历城	光绪六年
王佩文	山东寿光	同治四年	何　芳	山东历城	咸丰二年	郭　翊	山东历城	光绪六年
马毓芝	山东寿光	同治十三年	孙官云	山东历城	咸丰六年	梁锦奎	山东历城	光绪六年
孙原吉	山东商河	咸丰十年	汪仲洵	山东历城	咸丰九年	林之葰	山东历城	光绪六年
陈象沛	山东荣成	道光二十一年	陈士炳	山东历城	同治十三年	李葆实	山东历城	光绪九年
陈秉信	山东荣成	道光二十一年	李兆梅	山东历城	同治十三年	沈　潜	山东历城	光绪九年
张贤符	山东荣成	光绪六年	吴树梅	山东历城	光绪二年	李春元	山东历城	光绪九年
孙葆田	山东荣成	同治十三年	叶　芸	山东历城	光绪二十年	汪懋琨	山东历城	光绪十二年
李寅龄	山东荣成	光绪十六年	肖树升	山东历城	光绪二十一年	仲延仕	山东宁阳	光绪三十年

续表

姓名	籍贯	何年进士	姓名	籍贯	何年进士	姓名	籍贯	何年进士
宁　宪	山东宁阳	道光二十一年	李瀛瑞	山东莱阳	光绪九年	王承益	山东乐陵	光绪十二年
黄恩澍	山东宁阳	道光二十五年	王树玉	山东莱阳	光绪九年	张桂芬	山东乐陵	光绪三年
黄师闇	山东宁阳	咸丰二年	王寰清	山东莱阳	光绪十二年	刘步亭	山东乐安	道光二十一年
陈润璨	山东宁阳	光绪三年	王　塝	山东莱阳	光绪十五年	隋聿修	山东乐安	同治七年
宫炳炎	山东宁海	光绪三十年	朱学钱	山东聊城	同治元年	刘应龙	山东乐安	咸丰三年
王元廷	山东宁海	光绪二十四年	安庆澜	山东聊城	道光二十一年	李振甲	山东乐安	光绪十八年
林树声	山东宁海	光绪二十四年	付　浚	山东聊城	道光二十四年	成象乾	山东乐安	光绪二十年
李萃吉	山东宁海	同治二年	杨绍和	山东聊城	同治四年	潘守廉	山东济宁	光绪十五年
曲芝圃	山东宁海	道光三十年	孙梦麟	山东聊城	同治四年	周鸣岐	山东即墨	同治四年
杨玉相	山东宁海	同治十三年	邹石麟	山东聊城	道光三十年	周正岐	山东即墨	光绪二十年
孔广鉴	山东宁海	同治十三年	王宝权	山东聊城	道光三十年	王宝田	山东即墨	光绪二年
曲卓新	山东宁海	光绪三十年	傅斯怿	山东聊城	咸丰三年	郑　杲	山东即墨	光绪六年
孙橘堂	山东宁海	光绪六年	朱学笃	山东聊城	咸丰九年	张梅亭	山东莱芜	光绪二十四年
唐书年	山东宁海	光绪十五年	王师曾	山东聊城	咸丰九年	吕宪瑞	山东莱芜	同治元年
秦子俊	山东蒙阴	咸丰九年	李宗泰	山东聊城	咸丰九年	张庭兰	山东莱芜	同治十年
石裕绅	山东蒙阴	同治十年	顾仲安	山东聊城	光绪十八年	卢乐戌	山东莱芜	光绪二年
王绪曾	山东临淄	同治二年	李延庆	山东聊城	光绪二十年	王道凝	山东钜野	光绪二十四年
王怀曾	山东临淄	同治十三年	尚崇基	山东利津	光绪三十年	姚体俨	山东钜野	道光二十五年
于疏枚	山东临淄	光绪二十一年	高彤瑄	山东利津	同治十年	姚体备	山东钜野	道光二十七年
王恩衍	山东兰山	光绪二十四年	高贡龄	山东利津	道光二十五年	姚舒密	山东钜野	光绪二十年
尹开勋	山东兰山	道光二十四年	李贻良	山东利津	咸丰六年	刘彤光	山东钜野	光绪二十一年
密云路	山东兰山	道光二十五年	王会英	山东利津	同治十三年	李凤书	山东莒州	光绪三十年
孙　彦	山东莱州	咸丰六年	李泽宸	山东利津	光绪二十九年	王金相	山东莒州	道光二十年
于铭训	山东莱阳	光绪二十四年	薄绍绪	山东利津	光绪二年	冯允煦	山东莒州	咸丰十年
王丕煦	山东莱阳	光绪二十九年	匡　源	山东胶州	道光二十年	刘树伦	山东莒州	咸丰十年
张沆清	山东莱阳	同治四年	王应蔚	山东胶州	道光二十四年	崔培元	山东莒州	同治元年
盖绍曾	山东莱阳	同治十年	王荣琯	山东乐陵	咸丰十年	庄子桢	山东莒州	同治二年
周悦让	山东莱阳	道光二十七年	贾譔策	山东乐陵	同治元年	庄锡级	山东莒州	咸丰六年
周　坊	山东莱阳	道光二十七年	宋备恪	山东乐陵	道光二十四年	管廷纲	山东莒州	光绪十八年
李兆煦	山东莱阳	道光三十年	郑溥元	山东乐陵	同治四年	管象晋	山东莒州	光绪二十四年
王兰升	山东莱阳	同治十三年	王荣第	山东乐陵	道光二十五年	管廷鹗	山东莒州	光绪二年
姜宗泰	山东莱阳	光绪二十九年	禹建钧	山东乐陵	道光二十七年	管廷献	山东莒州	光绪九年
王　塾	山东莱阳	光绪十六年	王泽普	山东乐陵	同治十年	孙念召	山东金乡	同治四年
郑炳麟	山东莱阳	光绪九年	郭敬佑	山东乐陵	光绪二年	李步沆	山东金乡	光绪二十一年

续表

姓名	籍贯	何年进士	姓名	籍贯	何年进士	姓名	籍贯	何年进士
杨凤翙	山东金乡	光绪二十九年	孙毓溎	山东济宁	道光二十四年	马新贻	山东菏泽	道光二十七年
李　楹	山东高密	咸丰十年	李葆树	山东济宁	道光二十四年	陈　岳	山东菏泽	同治十年
刘兆禄	山东高密	咸丰十年	李福泰	山东济宁	道光二十四年	张星吉	山东菏泽	光绪十二年
乔文蔚	山东高密	道光二十四年	王允善	山东济宁	同治二年	李经野	山东菏泽	光绪九年
单傅经	山东高密	同治十年	王汝铨	山东济宁	道光二十七年	鞠捷昌	山东海阳	同治七年
任兆坚	山东高密	咸丰二年	孙　楫	山东济宁	咸丰二年	倪晋麟	山东海阳	同治十三年
单　棨	山东高密	光绪二十年	张荣祝	山东济宁	咸丰二年	高如恂	山东海阳	光绪二十一年
王联璧	山东高密	光绪三年	孙如仅	山东济宁	咸丰三年	张衍重	山东海丰	道光二十一年
王玉珂	山东高密	光绪十六年	孙毓汶	山东济宁	咸丰六年	王文棨	山东海丰	同治二年
李德运	山东高密	光绪二十四年	汪万鸿	山东济宁	咸丰九年	吴　峋	山东海丰	同治四年
任祖澜	山东高密	光绪二十九年	米协麟	山东济宁	同治十三年	张守岱	山东海丰	道光二十五年
逄润古	山东胶州	同治四年	李继元	山东济宁	光绪二十年	高镜澄	山东海丰	咸丰二年
宋季丰	山东胶州	同治四年	杨琉泗	山东济宁	光绪三十年	张衍熙	山东海丰	咸丰六年
宋岱龄	山东胶州	同治十年	段树榛	山东济宁	光绪十二年	张树桢	山东海丰	光绪二十一年
高徽翰	山东胶州	咸丰二年	刘延坦	山东济宁	光绪十六年	张守炎	山东海丰	光绪十六年
宋恩溥	山东胶州	咸丰九年	夏联钰	山东济宁	光绪六年	张守训	山东海丰	光绪六年
孙彝玫	山东胶州	同治十三年	刘保厚	山东济宁	光绪九年	卢德复	山东福山	光绪二十四年
宋企适	山东胶州	光绪十八年	丁毓骥	山东黄县	光绪二十九年	张恩煦	山东福山	咸丰十年
王叔谦	山东胶州	光绪二十年	贾　樾	山东黄县	道光二十一年	谢文起	山东福山	同治四年
胡逢恩	山东胶州	光绪二十年	赵汝臣	山东黄县	同治七年	王钟溎	山东福山	道光二十五年
杨际清	山东胶州	光绪二年	逄希澄	山东黄县	道光三十年	萧铭卣	山东福山	道光二十七年
柯劭忞	山东胶州	光绪十二年	丁培镒	山东黄县	咸丰二年	王大辂	山东福山	道光三十年
李玮堂	山东胶州	光绪十二年	王锡蕃	山东黄县	光绪二年	牟荫乔	山东福山	同治十三年
法伟堂	山东胶州	光绪十五年	单梦祥	山东黄县	光绪二十年	王懿荣	山东福山	光绪六年
柯劭[illegible]	山东胶州	光绪十五年	曲江宴	山东黄县	光绪二十一年	王乘燮	山东福山	光绪六年
刘松岭	山东济阳	道光二十年	王衍璞	山东黄县	光绪三年	谢隽杭	山东福山	光绪六年
找兆辰	山东济阳	道光二十一年	赵汝翰	山东黄县	光绪九年	于宗潼	山东福山	光绪十五年
王者诏	山东济阳	道光二十五年	戚善勛	山东黄县	光绪九年	刘铭训	山东福山	同治十年
艾庆澜	山东济阳	光绪二年	王景檀	山东黄县	光绪九年	李　焜	山东费县	道光二十年
柏锦林	山东济阳	光绪六年	王守训	山东黄县	光绪十二年	贾汝谦	山东费县	同治十三年
王元璐	山东济宁	光绪三十年	丁述曾	山东黄县	光绪十五年	庄清吉	山东费县	光绪二十四年
魏睦庭	山东济宁	道光二十年	赵蔚坊	山东黄县	光绪十五年	王景禧	山东费县	光绪十六年
孟广来	山东济宁	光绪二十四年	张庭诗	山东黄县	光绪十五年	王肇敏	山东费县	光绪十六年
郭汝城	山东济宁	道光二十一年	刘自清	山东黄县	道光二十五年	杨佑廷	山东费县	光绪十二年

续表

姓名	籍贯	何年进士	姓名	籍贯	何年进士	姓名	籍贯	何年进士
王肇修	山东费县	光绪十二年	张琅函	山东城武	同治十年	李湘华	山东安邱	道光二十一年
王殿麟	山东费县	道光二十五年	李湘南	山东长山	同治元年	王　范	山东安邱	道光二十一年
尹汇瀛	山东肥城	咸丰二年	王榕吉	山东长山	道光二十四年	曹尊彝	山东安邱	道光二十四年
张兴留	山东肥城	咸丰六年	袁恩诏	山东长山	同治四年	张　堃	山东安邱	道光二十四年
尹序长	山东肥城	同治十三年	李福田	山东长山	同治四年	李端遇	山东安邱	同治二年
刘德元	山东肥城	光绪二十年	焦云龙	山东长山	同治十三年	马步元	山东安邱	光绪十五年
郭种德	山东恩县	道光二十七年	袁叶茂	山东长山	光绪二年	王　敷	山东安邱	光绪十五年
王　佑	山东恩县	咸丰三年	王遂善	山东长山	光绪十六年	阳际云	山东安邱	同治四年
侯延爽	山东东平	光绪二十九年	张瑞麟	山东高苑	同治二年	李湘蓴	山东安邱	道光二十七年
蒋作锦	山东东平	咸丰九年	张蕙圃	山东高苑	同治二年	张祺恒	山东安邱	道光三十年
卢庆纶	山东德州	道光二十一年	陈文然	山东昌乐	光绪十二年	朱　策	山东安邱	咸丰六年
李汝霖	山东德州	同治四年	陈　枚	山东昌乐	道光二十年	张祖厚	山东安邱	光绪十八年
吴华年	山东德州	同治七年	韦延秩	山东曹县	光绪三十年	张介禄	山东安邱	光绪二十年
魏迺勷	山东德州	同治七年	陈继洋	山东曹县	光绪二十一年	李效曾	山东安邱	光绪二十四年
马　翥	山东德州	同治十年	徐继孺	山东曹县	光绪十六年	马廷璧	山东安邱	光绪二十九年
林大木	山东德州	咸丰三年	李士田	山东博兴	光绪二十年	李言蔼	山东安邱	光绪三十年
陈大诰	山东德州	咸丰九年	张新曾	山东博山	光绪二十九年	张介孚	山东安邱	光绪三十年
马咸羽	山东德州	光绪三年	李东垣	山东博山	同治元年	王　敞	山东安邱	光绪二年
徐象震	山东德州	光绪六年	石金声	山东博山	光绪二十九年	张文翰	山东安邱	光绪十六年
阎朝贵	山东德州	道光二十年	王建言	山东博山	光绪二年	朱宝晋	山东安邱	光绪三年
赵　朴	山东德州	同治元年	李宗唐	山东博山	光绪十二年	韩仲荆	山东安邱	光绪六年
阎翥鹏	山东德平	道光二十五年	王成德	山东滨州	同治十年	周　云	山东东阿	光绪十八年
卢　诜	山东单县	道光二十四年	张鸣晓	山东滨州	道光二十年	王善泽	山东东阿	光绪二年
崔穆之	山东茌平	咸丰十年	杜庭琛	山东滨州	咸丰十年	陈宗沩	山东东阿	光绪六年
刘廷榆	山东茌平	道光二十一年	游百川	山东滨州	同治元年	曹以爔	山东定陶	咸丰三年
孙钦若	山东茌平	道光二十四年	杜　翰	山东滨州	道光二十四年	孟继震	山东长清	同治七年
刘毓勤	山东茌平	道光三十年	王家麟	山东滨州	同治二年	樊春林	山东长清	光绪二年
杨顺时	山东茌平	道光三十年	杜受履	山东滨州	道光二十五年	王芝兰	山东长清	光绪六年
刘毓敏	山东茌平	道光三十年	杜宾羽	山东滨州	光绪十八年	王蕙兰	山东长清	光绪九年
栾以绂	山东茌平	咸丰二年	赵录绩	山东安邱	光绪三十年	吴立亭	山东昌邑	光绪二十四年
崔承之	山东茌平	咸丰三年	李金鳌	山东安邱	道光二十年	王经庭	山东昌邑	同治元年
马荫荣	山东茌平	光绪三十年	王廷干	山东安邱	道光二十年	徐河清	山东昌邑	咸丰二年
王贵省	山东茌平	光绪十六年	李钟岳	山东安邱	光绪二十四年	刘德骥	山东昌邑	咸丰三年
李凌霄	山东城武	同治七年	冯尔昌	山东安邱	同治二年	张殿栋	山东昌邑	咸丰六年

续表

姓名	籍贯	何年进士	姓名	籍贯	何年进士	姓名	籍贯	何年进士
刘乃赓	山东昌邑	光绪三年	应学逵	江西宜黄	道光二十四年	郭庆棠	江西新建	光绪三年
高鹏飞	山东昌邑	光绪九年	程培礼	江西宜黄	道光二十五年	魏志良	江西新建	光绪十五年
徐士瀛	江西玉山	光绪二十九年	谢　煌	江西宜黄	道光二十七年	万有严	江西新建	光绪十六年
庆振甲	江西玉山	同治七年	符鼎庸	江西宜黄	道光三十年	范金镛	江西新建	光绪六年
章学淳	江西玉山	咸丰二年	陈　瑜	江西宜春	同治七年	陶福祖	江西新建	光绪九年
任廷槐	江西玉山	咸丰三年	李友梅	江西宜春	道光二十七年	陈日新	江西新建	光绪九年
洪嘉与	江西玉山	光绪十六年	李佩琳	江西宜春	咸丰三年	胡绍苏	江西新建	光绪二十年
吴士俊	江西玉山	光绪六年	易均鼎	江西宜春	同治十年	雷　恒	江西新建	光绪三十年
王福钟	江西玉山	光绪九年	易子猷	江西宜春	光绪二十四年	叶　湘	江西新建	光绪三十年
张梦拯	江西余干	道光二十四年	刘熙敬	江西星子	道光二十七年	陈迪吉	江西新建	光绪三十年
谭为霖	江西余干	同治十三年	左运昌	江西星子	光绪九年	李　凝	江西新建	光绪三十年
曾福善	江西余干	同治七年	陈作霖	江西兴国	同治七年	程式谷	江西新建	光绪二十四年
龙学泰	江西永兴	光绪二十四年	钟启峋	江西兴国	道光二十五年	郭显球	江西新建	光绪二十四年
盛一朝	江西永新	同治元年	蓝拔奇	江西兴国	咸丰三年	胡　藻	江西新建	光绪二十九年
盛　昺	江西永新	道光二十一年	谢远涵	江西兴国	光绪二十年	吴　璆	江西新建	光绪二十九年
盛一林	江西永新	同治二年	谢佩鹏	江西兴国	光绪三年	鲁　藩	江西新建	光绪二十九年
龙文彬	江西永新	同治四年	黄英采	江西兴国	光绪六年	涂修政	江西新建	同治元年
李　森	江西永新	道光二十七年	黄成采	江西兴国	光绪六年	高　梧	江西新建	同治二年
尹丽枢	江西永新	同治十三年	陈浚书	江西兴国	光绪九年	胡家玉	江西新建	道光二十一年
龙启涛	江西永新	同治十三年	黄兆岷	江西兴国	光绪十二年	杜　防	江西新建	道光二十四年
刘昺燮	江西永新	光绪九年	滕　经	江西兴安	同治十三年	蔡卓人	江西新建	同治四年
刘翰藻	江西永新	光绪十二年	夏献蓉	江西新建	咸丰六年	程志和	江西新建	同治七年
段友兰	江西永新	光绪十五年	程秉钧	江西新建	同治十年	万　良	江西新建	道光二十七年
李臣淑	江西永宁	光绪三十年	傅观光	江西新建	同治十三年	阮寿松	江西新建	道光二十七年
刘宗岱	江西永丰	咸丰十年	陶福同	江西新建	光绪二年	夏献烈	江西新建	道光三十年
张舒翰	江西永丰	道光二十一年	赵协莘	江西新建	光绪十八年	夏廷楫	江西新建	咸丰二年
符为霖	江西永丰	同治四年	陶福履	江西新建	光绪十八年	夏献馨	江西新建	咸丰六年
张元健	江西永丰	咸丰六年	叶　浚	江西新建	光绪十八年	王拔群	江西弋阳	光绪二十四年
邬峄麟	江西宜黄	咸丰二年	万庆昌	江西新建	光绪二十年	汪雨时	江西弋阳	咸丰二年
黄秩韶	江西宜黄	咸丰三年	高崧生	江西新建	光绪二十一年	江德宣	江西弋阳	光绪十二年
程其珏	江西宜黄	同治十三年	杨增荦	江西新建	光绪二十四年	唐步云	江西弋阳	光绪六年
吴　钫	江西宜黄	光绪十八年	况桂馨	江西新建	光绪二年	江澍昀	江西弋阳	光绪三年
吴　锜	江西宜黄	光绪十六年	黄秉均	江西新建	光绪二年	陈文凤	江西义宁	同治四年
黄文棠	江西宜黄	同治元年	胡湘林	江西新建	光绪三年	陈世求	江西义宁	光绪三年

续表

姓名	籍贯	何年进士	姓名	籍贯	何年进士	姓名	籍贯	何年进士
徐鉴铭	江西义宁	光绪六年	丁正文	江西瑞昌	同治四年	张明毅	江西萍乡	同治十三年
陈三立	江西义宁	光绪十五年	周才锦	江西瑞昌	咸丰六年	李　豫	江西萍乡	光绪十八年
胡思敬	江西新昌	光绪二十一年	朱云从	江西瑞昌	光绪十八年	文绢熙	江西萍乡	光绪十八年
蔡宝善	江西新昌	光绪二年	田丰玉	江西瑞昌	道光二十四年	萧立炎	江西萍乡	光绪二十年
邹炳文	江西新昌	光绪十六年	吴耀斗	江西瑞昌	同治四年	蔡振玉	江西萍乡	咸丰十年
蔡宝仁	江西新昌	光绪十六年	聂传曾	江西清江	光绪三十年	彭涵霖	江西萍乡	道光二十一年
熊亦奇	江西新昌	光绪九年	聂谦吉	江西清江	光绪二十四年	王景淳	江西萍乡	道光二十四年
巢凤冈	江西新昌	光绪九年	杜述琮	江西清江	光绪二十九年	黄绍薪	江西萍乡	同治二年
熊拜昌	江西新昌	光绪十二年	杨绳藻	江西清江	光绪二十九年	彭树华	江西萍乡	光绪二十一年
刘宝森	江西新昌	光绪十五年	熊镇湘	江西清江	同治元年	张德渊	江西萍乡	光绪二十九年
刘拱辰	江西新昌	道光二十四年	王宏谟	江西清江	道光二十七年	叶先圻	江西萍乡	光绪三十年
熊茂林	江西新昌	同治四年	谢佳玉	江西清江	道光二十七年	欧炳琳	江西萍乡	光绪二年
漆　墉	江西新昌	同治十年	扬仪韶	江西清江	道光二十七年	文廷式	江西萍乡	光绪十六年
晏　燊	江西新昌	同治十年	余盛藻	江西清江	道光三十年	陈增玉	江西萍乡	光绪九年
熊钟麟	江西新昌	咸丰三年	邓兆熊	江西清江	咸丰二年	樊学贤	江西萍乡	光绪九年
黎金炬	江西新昌	咸丰九年	关耀南	江西清江	咸丰九年	柳思诚	江西萍乡	光绪九年
刘素存	江西新昌	光绪十八年	杜作航	江西清江	光绪十八年	喻兆蕃	江西萍乡	光绪十五年
刘宝寿	江西新昌	光绪二十年	裴汝钦	江西清江	光绪二十年	李伯龄	江西萍乡	光绪十五年
刘云衢	江西新昌	光绪二十一年	聂兴礼	江西清江	光绪二年	凌洪才	江西万年	光绪二十一年
刘朝升	江西新昌	同治元年	黄澍棻	江西清江	光绪十六年	聂济时	江西万年	光绪六年
余瓒馨	江西武宁	咸丰十年	邓会濩	江西新淦	光绪二十四年	刘华邦	江西泰和	同治四年
刘　镇	江西武宁	同治十年	邓培槐	江西新淦	道光二十七年	孙志铭	江西泰和	道光三十年
陈寿元	江西武宁	咸丰二年	黄家杰	江西新淦	光绪十六年	旷子椿	江西泰和	光绪二十一年
叶泰椿	江西武宁	光绪二十年	邓福初	江西新淦	光绪九年	顾肇鼎	江西泰和	光绪十六年
郑子龄	江西武宁	光绪二年	聂佐虞	江西新淦	光绪十二年	彭启瑞	江西泰和	同治十三年
邓衍憙	江西武宁	光绪三年	邓元资	江西新城	道光二十一年	黄大埙	江西石城	光绪二十四年
郑昌运	江西武宁	光绪九年	黄兆槐	江西新城	同治七年	廖　熏	江西石城	光绪二年
李子春	江西武宁	光绪十二年	黄长森	江西新城	同治七年	郑文思	江西石城	光绪三年
汤肇熙	江西万载	同治二年	赵世绪	江西新城	道光三十年	郑　均	江西上饶	道光二十年
辛孚德	江西万载	同治七年	潘国镛	江西新城	咸丰三年	卢定勋	江西上饶	道光二十一年
胥寅亮	江西万载	同治十年	江延杰	江西新城	咸丰九年	王效虞	江西上饶	咸丰二年
赖焕辰	江西万载	同治十三年	鲁　卫	江西新城	光绪九年	郑崧生	江西上饶	光绪二十年
龙赓言	江西万载	光绪十六年	萧玉铨	江西萍乡	道光二十五年	任起鹏	江西上高	咸丰二年
郭赓平	江西万载	光绪六年	贺澍恩	江西萍乡	咸丰二年	况逢春	江西上高	咸丰三年

续表

姓名	籍贯	何年进士	姓名	籍贯	何年进士	姓名	籍贯	何年进士
李上林	江西上高	咸丰三年	华祝三	江西铅山	道光二十七年	胡寿椿	江西南昌	道光二十七年
陈卿云	江西上高	同治十年	李时敏	江西铅山	道光三十年	梅启照	江西南昌	咸丰二年
赵惟鏻	江西南丰	同治十年	饶佩勋	江西铅山	咸丰九年	吴芳蕙	江西南昌	咸丰二年
鲁宗颋	江西南丰	同治十年	韩兆霖	江西铅山	光绪二十年	傅起岩	江西南昌	咸丰三年
吴嘉善	江西南丰	咸丰二年	潘　彬	江西铅山	光绪三年	喻秉绶	江西南昌	咸丰六年
饶世贤	江西南丰	咸丰二年	黄桂馥	江西鄱阳	道光二十年	陶宝森	江西南昌	咸丰六年
李文瀛	江西南丰	咸丰六年	王廷鉴	江西鄱阳	咸丰十年	吴增逵	江西南昌	咸丰六年
包鹏飞	江西南丰	同治十年	苏　铬	江西鄱阳	咸丰十年	姚再薰	江西南昌	同治十年
赵惟善	江西南丰	同治十三年	张赓扬	江西鄱阳	同治七年	章文绶	江西南昌	光绪十八年
曾道唯	江西南丰	同治十三年	吴冠庠	江西鄱阳	道光二十五年	王室潘	江西南昌	光绪十八年
曾秀翘	江西南丰	同治十三年	黄淳熙	江西鄱阳	道光二十七年	魏元旷	江西南昌	光绪二十一年
谭承元	江西南丰	光绪二十年	但　绅	江西鄱阳	道光三十年	王益霖	江西南昌	光绪二十九年
储英翰	江西南丰	光绪二十年	何桂芳	江西鄱阳	咸丰二年	魏起鹏	江西南昌	光绪二年
赵从蕃	江西南丰	光绪二十年	王达材	江西鄱阳	咸丰六年	李持柏	江西南昌	光绪二年
汤云松	江西南丰	道光二十年	周承光	江西鄱阳	光绪十二年	陶缙绶	江西南昌	光绪二年
胡昌铭	江西南丰	咸丰十年	何连禧	江西鄱阳	光绪十二年	张振期	江西南昌	光绪二年
刘　绪	江西南丰	咸丰十年	魏元戴	江西南昌	光绪二十九年	梅汝鼎	江西南昌	光绪十二年
揭裕文	江西南丰	同治元年	胡献琳	江西南昌	光绪二十九年	刘兆暄	江西南昌	光绪十六年
谭承礼	江西南丰	道光二十一年	彭克仪	江西南昌	咸丰十年	陶家骀	江西南昌	光绪三年
饶世贞	江西南丰	同治二年	黄　彬	江西南昌	同治元年	吴成熙	江西南昌	光绪六年
黄　煦	江西南丰	同治四年	饶孟任	江西南昌	光绪三十年	万立钧	江西南昌	光绪六年
谭承祖	江西南丰	同治七年	熊光瓒	江西南昌	光绪二十四年	章绍曾	江西南昌	光绪十五年
鲁琪光	江西南丰	同治七年	童毓英	江西南昌	同治元年	欧阳焘	江西彭泽	同治二年
周芳杏	江西南丰	同治七年	梅启熙	江西南昌	同治二年	方家模	江西彭泽	同治四年
赵从佐	江西南丰	同治七年	喻秉醇	江西南昌	道光二十一年	许振祥	江西彭泽	同治七年
罗德絇	江西南丰	同治七年	吴启楠	江西南昌	道光二十一年	高会嘉	江西彭泽	道光二十五年
张履春	江西南丰	光绪二十四年	张建翎	江西南昌	道光二十一年	周　劼	江西彭泽	道光二十七年
刘孚京	江西南丰	光绪十二年	曾作舟	江西南昌	道光二十四年	欧阳云	江西彭泽	咸丰三年
赵惟熙	江西南丰	光绪十六年	万承绛	江西南昌	道光二十四年	高暄阳	江西彭泽	光绪二十一年
邹用中	江西南丰	光绪六年	欧阳煊	江西南昌	同治四年	许业笏	江西彭泽	光绪三十年
雷维翰	江西铅山	道光二十年	杨　钜	江西南昌	同治四年	张煦春	江西彭泽	光绪三年
华日新	江西铅山	道光二十四年	黄　峻	江西南昌	同治四年	欧阳熙	江西彭泽	光绪十五年
刘　珏	江西铅山	同治十年	徐兆澜	江西南昌	同治七年	李泽兰	江西宁都	光绪二十九年
蒋志淳	江西铅山	道光二十五年	章淡如	江西南昌	同治七年	彭鸣盛	江西宁都	道光二十一年

续表

姓名	籍贯	何年进士	姓名	籍贯	何年进士	姓名	籍贯	何年进士
温锡纯	江西宁都	光绪十八年	连培型	江西南城	光绪十五年	朱寿慈	江西莲花	光绪十五年
胡　郁	江西宁都	光绪六年	舒朝冕	江西进贤	同治十三年	石学阶	江西乐平	同治元年
谢慕韩	江西庐陵	光绪二十九年	陈志喆	江西进贤	光绪十二年	朱元增	江西乐平	道光二十一年
彭世昌	江西庐陵	咸丰十年	樊景曾	江西进贤	光绪十六年	汪文枢	江西乐平	同治七年
罗振云	江西庐陵	同治二年	胡成均	江西进贤	光绪三年	胡宗澄	江西乐安	光绪三年
王廷柱	江西庐陵	道光二十四年	陈应辰	江西进贤	光绪十八年	陈永昌	江西靖安	光绪二十一年
匡心湛	江西庐陵	光绪三年	焦有森	江西进贤	咸丰十年	舒信孚	江西靖安	光绪十六年
匡汝谐	江西庐陵	道光三十年	胡景辰	江西进贤	同治二年	李希郊	江西金溪	道光二十年
彭飞鸿	江西庐陵	道光二十年	徐德周	江西龙南	道光二十五年	黄梦菊	江西金溪	道光二十年
黄赞禹	江西庐陵	道光二十年	许受衡	江西龙南	光绪二十一年	谢宝树	江西金溪	道光二十年
萧丙炎	江西庐陵	光绪二十九年	陈兆坤	江西临川	光绪二十四年	李宝铭	江西金溪	咸丰十年
黄麟祥	江西南城	道光二十年	郑培基	江西临川	咸丰十年	许廷桂	江西金溪	咸丰十年
饶士翘	江西南城	光绪二十四年	彭辉升	江西临川	同治七年	陈汝峰	江西金溪	道光二十五年
刘凤起	江西南城	光绪二十九年	李联秀	江西临川	道光二十五年	傅　驯	江西金溪	咸丰六年
周友檀	江西南城	同治二年	叶士焕	江西临川	道光二十七年	陈焕文	江西金溪	同治十年
李长龄	江西南城	同治十年	汪贺迁	江西临川	道光三十年	何莘耕	江西金溪	光绪二十一年
王锡龄	江西南城	道光二十五年	刘志沂	江西临川	咸丰三年	周翔凤	江西金溪	光绪十六年
章光斗	江西南城	道光二十五年	曾椿寿	江西临川	咸丰三年	黄运春	江西金溪	光绪十二年
李云来	江西南城	同治十年	邓襄宸	江西临川	同治十三年	吕　圻	江西建昌	道光二十四年
李之藩	江西南城	同治十三年	吴家俊	江西临川	光绪十八年	勒箴言	江西建昌	咸丰九年
李时杰	江西南城	同治十三年	黄鸿逵	江西临川	光绪十八年	杨　墉	江西建昌	光绪十五年
饶士端	江西南城	光绪十八年	邱士林	江西临川	光绪二十年	陈炳星	江西吉水	同治十年
谢甘盘	江西南城	光绪十八年	李瑞清	江西临川	光绪二十一年	张其文	江西吉水	咸丰三年
饶芝祥	江西南城	光绪二十年	张志龙	江西临川	光绪二年	郭寿清	江西吉水	光绪三十年
鄢　坤	江西南城	光绪二十年	李翊煌	江西临川	光绪十二年	徐道焜	江西吉水	光绪三年
王熙龄	江西南城	光绪二十年	张祖祺	江西临川	光绪十六年	刘　粲	江西吉安	同治十三年
曾长治	江西南城	光绪二年	彭士芳	江西临川	光绪六年	高心夔	江西湖口	咸丰十年
谢佩贤	江西南城	光绪十六年	饶昌麟	江西临川	光绪九年	彭嘉炯	江西湖口	道光二十七年
程　钟	江西南城	光绪三年	汪如练	江西临川	光绪九年	吴廷芝	江西湖口	光绪二十年
连培基	江西南城	光绪六年	李翊涛	江西临川	光绪九年	沈抟青	江西湖口	光绪十六年
黄禧祖	江西南城	光绪六年	黄祖直	江西临川	光绪十二年	曹鸿棨	江西湖口	同治四年
程兰阶	江西南城	光绪六年	朱之杰	江西莲花	咸丰九年	朱梦元	江西贵溪	道光二十四年
傅汝梅	江西南城	光绪九年	朱益浚	江西莲花	光绪三年	姚步瀛	江西贵溪	同治四年
饶士腾	江西南城	光绪十五年	朱益藩	江西莲花	光绪十六年	朱　琛	江西贵溪	同治十年

续表

姓名	籍贯	何年进士	姓名	籍贯	何年进士	姓名	籍贯	何年进士
顾菊生	江西广丰	同治元年	赖绍濂	江西赣县	光绪十五年	舒伟俊	江西丰城	光绪三十年
顾树屏	江西广丰	同治七年	程起凤	江西浮梁	光绪二十九年	涂翔凤	江西丰城	光绪三年
刘维岳	江西广丰	道光三十年	陈搏万	江西浮梁	光绪十二年	徐嘉言	江西丰城	光绪十二年
林廷杰	江西广丰	道光三十年	许振礽	江西奉新	道光二十年	陈福谦	江西丰城	光绪三年
郑维驹	江西广丰	咸丰三年	宋功迪	江西奉新	光绪二十九年	刘　焕	江西丰城	光绪六年
徐桂馨	江西广丰	光绪十六年	许振祎	江西奉新	同治二年	任宗泰	江西丰城	光绪九年
饶世缨	江西广昌	光绪三年	甘　晋	江西奉新	道光二十一年	杨祖兰	江西丰城	光绪十二年
石元珪	江西泸溪	道光二十四年	宋家蒸	江西奉新	同治二年	毛庆蕃	江西丰城	光绪十五年
金桂馨	江西高安	同治十年	廖基钰	江西奉新	光绪二十一年	欧阳绍祁	江西分宜	光绪三十年
金益谦	江西高安	咸丰三年	宋育德	江西奉新	光绪三十年	杨承烈	江西分宜	道光三十年
彭桂馨	江西高安	咸丰六年	宋名璋	江西奉新	光绪三十年	万起鸿	江西都昌	道光二十年
蓝　钰	江西高安	光绪十八年	徐桂辛	江西奉新	光绪二年	黄锡朋	江西都昌	光绪二十九年
傅运生	江西高安	光绪二十年	闵荷生	江西奉新	光绪二年	段福昌	江西都昌	同治元年
蓝　镛	江西高安	光绪二十一年	甘　泰	江西奉新	光绪三年	袁廷夔	江西都昌	道光二十一年
熊　坤	江西高安	光绪三十年	宋立球	江西奉新	光绪三年	吴朝凤	江西都昌	道光二十四年
单志贤	江西高安	光绪三十年	刘家谦	江西奉新	光绪九年	黄文奎	江西都昌	道光二十五年
廖廷珍	江西高安	光绪二年	甘　杰	江西奉新	同治四年	刘庭辉	江西都昌	咸丰六年
熊尔梅	江西高安	光绪六年	余澍千	江西奉新	同治四年	黄文璧	江西都昌	咸丰六年
熊尔卓	江西高安	光绪六年	甘启连	江西奉新	同治四年	江南金	江西都昌	同治十三年
王家宾	江西高安	光绪六年	严必大	江西奉新	同治七年	胡廷玉	江西都昌	同治十三年
彭琨生	江西高安	光绪九年	甘常俊	江西奉新	同治十年	张拱辰	江西都昌	光绪二十一年
朱　暄	江西高安	光绪十二年	赵润芳	江西奉新	道光二十五年	刘　贞	江西都昌	光绪三年
熊方燧	江西高安	光绪十五年	赖运扬	江西奉新	咸丰三年	余　鹏	江西都昌	咸丰三年
陈其昌	江西高安	光绪二十四年	余九谷	江西奉新	咸丰九年	笪慕韩	江西德兴	道光二十四年
沈泽生	江西高安	光绪二十九年	郑树声	江西奉新	同治十三年	万青藜	江西德化	道光二十年
萧浚兰	江西高安	道光二十四年	胡　瀛	江西奉新	同治十三年	蔡殿齐	江西德化	道光二十年
章光斗	江西高安	同治二年	游三立	江西奉新	光绪十八年	周观涛	江西德化	光绪三十年
谢重毅	江西赣县	道光二十年	涂步衢	江西奉新	光绪二十年	黄为基	江西德化	光绪三十年
蔡世信	江西赣县	光绪二十四年	万　篪	江西丰城	光绪二十九年	冯　杰	江西德化	道光二十年
刘景熙	江西赣县	光绪二十四年	付大章	江西丰城	咸丰十年	张美玉	江西德化	光绪二十四年
尹起鸾	江西赣县	同治十年	朱昌言	江西丰城	同治二年	陈中孚	江西德化	光绪二十九年
陈存懋	江西赣县	同治十三年	徐传冕	江西丰城	道光三十年	李盛銮	江西德化	光绪二十九年
陈存志	江西赣县	光绪十八年	徐翀凤	江西丰城	光绪二十年	刘道春	江西德化	光绪二十九年
黄绍曾	江西赣县	光绪十二年	徐　苞	江西丰城	光绪二十年	刘瑞祺	江西德化	同治元年

续表

姓名	籍贯	何年进士	姓名	籍贯	何年进士	姓名	籍贯	何年进士
陈　楠	江西德化	同治元年	彭泽春	江西安义	咸丰十年	丁学恭	江苏昭文	光绪十六年
万兆霖	江西德化	道光二十一年	彭垚曦	江西安义	同治十年	黄福元	江苏昭文	光绪十六年
吴世春	江西德化	道光二十一年	陈　谟	江西安仁	道光三十年	曹庆恩	江苏昭文	光绪三年
郑梦锦	江西德化	同治二年	洪　璠	江西安仁	道光三十年	管高福	江苏昭文	光绪三年
蔡　钟	江西德化	同治二年	吴　炳	江西安仁	光绪三年	曾云章	江苏昭文	光绪六年
罗大佑	江西德化	同治十年	超　诣	江西安化	光绪十五年	胡同颎	江苏昭文	光绪二十四年
李明埙	江西德化	道光二十七年	赵恩伦	江西安福	光绪二十四年	胡炳益	江苏昭文	光绪二十九年
郑奎龄	江西德化	道光二十七年	王椿荫	江西安福	同治二年	俞允若	江苏昭文	咸丰二年
罗瀚隆	江西德化	咸丰二年	周立瀛	江西安福	道光二十四年	潘昌煦	江苏元和	光绪二十四年
廖秩玮	江西德化	咸丰二年	伍锡钊	江西安福	同治二年	戴光祖	江苏元和	光绪二十四年
方炳文	江西德化	咸丰六年	彭　美	江西安福	同治四年	陆鸿仪	江苏元和	光绪二十九年
张　燮	江西德化	咸丰九年	刘　沄	江西安福	同治四年	顾文彬	江苏元和	道光二十一年
祝秉章	江西德化	咸丰九年	王邦尔	江西安福	同治四年	蒋锡宝	江苏元和	道光二十四年
吕　曾	江西德化	光绪十八年	欧阳衔	江西安福	同治七年	陈本枝	江苏元和	同治四年
刘廷琛	江西德化	光绪二十年	李　宾	江西安福	同治十年	陈秉彝	江苏元和	道光二十七年
万本端	江西德化	光绪二十一年	赵廷恺	江西安福	咸丰二年	陈　倬	江苏元和	咸丰九年
张世畸	江西德化	光绪三十年	周　桢	江西安福	光绪二年	陆润庠	江苏元和	同治十三年
阎祖训	江西德化	光绪三十年	赵金寿	江西安福	光绪十五年	袁宝璜	江苏元和	光绪十八年
吕道象	江西德化	光绪十六年	伍兆鳌	江西安福	光绪六年	彭諟庠	江苏元和	光绪二十年
蔡　镇	江西德化	光绪十六年	刘榆生	江西安福	光绪十二年	江　衡	江苏元和	光绪二十年
沈赞扬	江西德化	光绪九年	艾　畅	江西东乡	道光二十年	胡祥鏻	江苏元和	光绪二十四年
蔡金台	江西德化	光绪十二年	高廷锳	江西东乡	道光二十四年	王炳燮	江苏元和	光绪二年
李盛铎	江西德化	光绪十五年	徐　行	江西东乡	道光三十年	吴郁生	江苏元和	光绪三年
万和锡	江西德化	光绪十五年	涂官俊	江西东乡	光绪二年	汪凤梁	江苏元和	光绪十六年
华廷杰	江西崇仁	道光二十五年	杨元白	江西德兴	道光二十一年	朱兆鸿	江苏元和	光绪六年
黄维翰	江西崇仁	光绪二十一年	李鸿逵	江西德安	同治四年	汪凤藻	江苏元和	光绪九年
华　焯	江西崇仁	光绪二十四年	张青筒	江西德安	道光二十七年	孔广钟	江苏元和	光绪九年
谢希铨	江西崇仁	光绪三年	李华伯	江西德安	光绪二十四年	邹福保	江苏元和	光绪十二年
华　辉	江西崇仁	光绪九年	马世璜	江西大庾	咸丰二年	江　标	江苏元和	光绪十五年
黄惠安	江西崇仁	光绪二十四年	殷李尧	江苏昭文	光绪二年	王同愈	江苏元和	光绪十五年
陈开第	江西崇仁	道光二十一年	黄炳元	江苏昭文	光绪十八年	朱启勋	江苏宜兴	光绪二十年
华　煜	江西崇仁	同治七年	孙同康	江苏昭文	光绪二十年	朱耀奎	江苏宜兴	光绪二十四年
钟荣光	江西长宁	道光二十五年	李士瓒	江苏昭文	光绪二年	潘　浩	江苏宜兴	光绪三十年
曾行崧	江西长宁	同治十三年	徐兆玮	江苏昭文	光绪十六年	朱振瀛	江苏宜兴	光绪三十年

续表

姓名	籍贯	何年进士	姓名	籍贯	何年进士	姓名	籍贯	何年进士
路履祥	江苏宜兴	光绪二年	吴燕绍	江苏震泽	光绪二十年	许桂芬	江苏盐城	同治十年
朱启凤	江苏宜兴	光绪二年	钱崇威	江苏震泽	光绪三十年	季龙图	江苏盐城	光绪三十年
任承沆	江苏宜兴	光绪二十九年	周　龄	江苏震泽	光绪三年	裔步鸾	江苏盐城	光绪六年
储赓芸	江苏宜兴	咸丰十年	钱锡庚	江苏震泽	光绪三年	刘熙载	江苏兴化	道光二十四年
潘家钰	江苏宜兴	同治元年	杨　錞	江苏镇洋	道光二十七年	孔广谟	江苏兴化	同治二年
徐鸣皋	江苏宜兴	同治七年	陆曾炜	江苏镇洋	光绪二十四年	成占春	江苏兴化	同治十年
曹炳燮	江苏宜兴	道光二十五年	王寿枬	江苏镇洋	光绪三年	陈广德	江苏兴化	道光二十五年
任　瑛	江苏宜兴	道光二十七年	王祖畬	江苏镇洋	光绪九年	陆殿鹏	江苏兴化	光绪二年
任傅纶	江苏宜兴	咸丰六年	赵春年	江苏阳湖	光绪二十四年	朱大玙	江苏吴县	光绪三十年
周家楣	江苏宜兴	咸丰九年	董若洵	江苏阳湖	光绪二十四年	王慎贤	江苏吴县	光绪三十年
崔迺翚	江苏宜兴	咸丰九年	潘鸣球	江苏阳湖	光绪三十年	华翊亭	江苏吴县	道光二十年
徐玮文	江苏宜兴	光绪二年	刘瞻汉	江苏阳湖	光绪十六年	彭士襄	江苏吴县	光绪二十九年
万恩官	江苏仪征	道光二十年	刘树屏	江苏阳湖	光绪十六年	单　镇	江苏吴县	光绪二十九年
陈　彝	江苏仪征	同治元年	赵源濬	江苏阳湖	光绪三年	孔昭晋	江苏吴县	光绪二十九年
胡隆洵	江苏仪征	同治二年	庄钟齐	江苏阳湖	光绪十二年	潘曾莹	江苏吴县	道光二十一年
汪廷儒	江苏仪征	道光二十四年	庄受祺	江苏阳湖	道光二十年	吴艾生	江苏吴县	道光二十一年
吴骏昌	江苏仪征	道光二十四年	史悠瑞	江苏阳湖	光绪二十四年	郭凤冈	江苏吴县	道光二十一年
谢　增	江苏仪征	道光三十年	钱振锽	江苏阳湖	光绪二十九年	董韩琦	江苏吴县	同治二年
吴　潮	江苏仪征	咸丰二年	陆尔熙	江苏阳湖	同治二年	沈恩华	江苏吴县	同治四年
杨赞勋	江苏仪征	咸丰三年	盛　康	江苏阳湖	道光二十四年	洪　钧	江苏吴县	同治七年
陈　韨	江苏仪征	咸丰六年	冯光勋	江苏阳湖	同治四年	吴宝恕	江苏吴县	同治七年
张丙炎	江苏仪征	咸丰九年	吴士恺	江苏阳湖	同治七年	吴大澄	江苏吴县	同治七年
时庆莱	江苏仪征	同治十三年	恽彦彬	江苏阳湖	同治十年	孔昭乾	江苏吴县	光绪九年
詹嗣贤	江苏仪征	同治十三年	吕耀斗	江苏阳湖	道光三十年	邹嘉来	江苏吴县	光绪十二年
刘恩黻	江苏仪征	光绪十八年	赵曾向	江苏阳湖	咸丰二年	曹允源	江苏吴县	光绪十五年
刘显曾	江苏仪征	光绪十八年	吕邦俊	江苏阳湖	咸丰九年	张颉辅	江苏吴县	光绪十五年
吴筠孙	江苏仪征	光绪二十年	冯光遹	江苏阳湖	同治十三年	马家桢	江苏吴县	光绪十五年
吴丙湘	江苏仪征	光绪十六年	张鹤龄	江苏阳湖	光绪十八年	郑炽昌	江苏吴县	光绪十五年
何承绪	江苏仪征	光绪三年	汪　洵	江苏阳湖	光绪十八年	林祖述	江苏吴县	同治七年
陈咸庆	江苏仪征	光绪九年	吕懋光	江苏阳湖	光绪十八年	刘廷枚	江苏吴县	同治七年
吴仁杰	江苏震泽	同治四年	庄纶义	江苏阳湖	光绪二十年	冯芳缉	江苏吴县	同治七年
沈　镐	江苏震泽	道光二十七年	江赞纶	江苏阳湖	光绪二十一年	皇甫治	江苏吴县	同治七年
徐宝治	江苏震泽	道光三十年	杨道钧	江苏阳湖	光绪二十一年	潘遵祁	江苏吴县	道光二十五年
庞庆麟	江苏震泽	同治十三年	黄葆年	江苏扬州	光绪九年	缪嘉谷	江苏吴县	道光二十五年

续表

姓名	籍贯	何年进士	姓名	籍贯	何年进士	姓名	籍贯	何年进士
潘祖荫	江苏吴县	咸丰二年	王文毓	江苏吴江	光绪十二年	张攀桂	江苏通州	同治二年
蒋彬蔚	江苏吴县	咸丰六年	李德莪	江苏新阳	道光二十四年	周　矗	江苏通州	道光二十四年
潘祖同	江苏吴县	咸丰六年	朱以增	江苏新阳	同治四年	王荣清	江苏通州	道光二十四年
俞世铨	江苏吴县	咸丰六年	李德仪	江苏新阳	道光二十七年	孙廷元	江苏通州	道光二十四年
徐炳烈	江苏吴县	咸丰九年	陈凤藻	江苏新阳	光绪十八年	王广福	江苏通州	同治十年
王咏春	江苏吴县	咸丰九年	李传元	江苏新阳	光绪十五年	张炜基	江苏通州	同治十年
汪　昌	江苏吴县	同治十年	朱成熙	江苏新乐	同治十年	沈锡庆	江苏通州	道光二十五年
刘传福	江苏吴县	同治十三年	段广瀛	江苏萧县	咸丰三年	沈　锽	江苏通州	道光二十七年
王亦曾	江苏吴县	同治十三年	吴起凤	江苏武进	同治元年	张　謇	江苏通州	光绪二十年
程　秀	江苏吴县	同治十三年	董秉清	江苏武进	光绪二十九年	范　钟	江苏通州	光绪二十四年
章志坚	江苏吴县	光绪二年	王国均	江苏武进	同治七年	顾其行	江苏通州	光绪二年
王仁俊	江苏吴县	光绪十八年	余汝侗	江苏武进	道光二十七年	陆　筠	江苏通州	光绪二年
徐　鋆	江苏吴县	光绪二十年	冯拱宸	江苏武进	道光三十年	马毓鋆	江苏通州	光绪三年
曹元弼	江苏吴县	光绪二十一年	冯　晟	江苏武进	咸丰二年	顾曾灿	江苏通州	光绪十二年
蒋炳章	江苏吴县	光绪二十四年	陈亮畴	江苏武进	咸丰三年	孙赞清	江苏通州	光绪三年
张茂炯	江苏吴县	光绪三十年	屠　寄	江苏武进	光绪十八年	顾厚焜	江苏通州	光绪九年
吴福保	江苏吴县	光绪二年	刘可毅	江苏武进	光绪十八年	顾儒基	江苏通州	光绪九年
王朝俊	江苏吴县	光绪二年	李组绅	江苏武进	光绪二十年	顾曾烜	江苏通州	光绪九年
吴大衡	江苏吴县	光绪三年	沈同芳	江苏武进	光绪二十年	王　尤	江苏通州	光绪十五年
吴荫培	江苏吴县	光绪十六年	董　康	江苏武进	光绪十六年	孙崇纬	江苏泰兴	光绪九年
郑言绍	江苏吴县	光绪六年	冯钟岱	江苏武进	光绪三年	翟伯恒	江苏泰兴	同治十三年
李振鹏	江苏吴县	光绪九年	卜文焕	江苏武进	光绪六年	沈文瀚	江苏泰兴	光绪十八年
曹福元	江苏吴县	光绪九年	徐寿基	江苏武进	光绪六年	金　鉽	江苏泰兴	光绪二十一年
殷寿彭	江苏吴江	道光二十年	程维孝	江苏武进	光绪六年	茅景容	江苏泰兴	光绪二年
殷兆镛	江苏吴江	道光二十年	费念慈	江苏武进	光绪十五年	成沐荫	江苏泰兴	光绪三年
殷寿臻	江苏吴江	道光二十四年	刘如辉	江苏武进	光绪十五年	王邦鼎	江苏泰兴	光绪六年
费延厘	江苏吴江	同治四年	孙登瀛	江苏通州	咸丰二年	顾　份	江苏太仓	道光二十年
张文璇	江苏吴江	同治七年	王广佑	江苏通州	咸丰二年	张元培	江苏太仓	咸丰十年
张朝澄	江苏吴江	同治七年	徐宗勉	江苏通州	咸丰二年	孙寿祺	江苏太仓	道光二十四年
仲孙樊	江苏吴江	道光二十五年	丁元正	江苏通州	咸丰二年	张曾亮	江苏太仓	同治四年
杨庆麟	江苏吴江	道光三十年	顾曾沐	江苏通州	同治十三年	陆继辉	江苏太仓	同治十年
殷　源	江苏吴江	同治十三年	沈汝奎	江苏通州	同治十三年	陆增祥	江苏太仓	道光三十年
陆廷桢	江苏吴江	光绪十八年	孙宝书	江苏通州	光绪二十九年	扬钦琦	江苏太仓	同治十三年
沈恩棨	江苏吴江	光绪二年	程昌穪	江苏通州	光绪二十九年	唐文治	江苏太仓	光绪十八年

续表

姓名	籍贯	何年进士	姓名	籍贯	何年进士	姓名	籍贯	何年进士
冯如衡	江苏太仓	光绪十六年	丁寿昌	江苏山阳	道光二十七年	姚锡华	江苏上元	道光二十一年
闻福增	江苏太仓	光绪二年	丁寿祺	江苏山阳	咸丰九年	朱彦华	江苏上元	道光二十四年
陆宝忠	江苏太仓	光绪二年	周　钧	江苏山阳	光绪十八年	薄彭龄	江苏上元	道光二十四年
朱厚基	江苏无锡	咸丰十年	丁福申	江苏山阳	光绪十八年	郑嵩龄	江苏上元	同治七年
蒋大镛	江苏无锡	道光二十四年	徐钟恂	江苏山阳	光绪三十年	何桂芬	江苏上元	道光二十五年
王　綍	江苏无锡	同治二年	朱占科	江苏山阳	光绪九年	许宗衡	江苏上元	咸丰二年
朱福基	江苏无锡	同治四年	丁宝铨	江苏山阳	光绪十五年	侯甲瀛	江苏上元	咸丰九年
薛　湘	江苏无锡	道光二十七年	夏抡谟	江苏桃源	同治元年	伍元芝	江苏上元	光绪十八年
朱鉴章	江苏无锡	同治十三年	尹耕云	江苏桃源	道光三十年	顾祖彭	江苏上元	光绪二十年
杨　楷	江苏无锡	光绪十八年	沈秉乾	江苏泰州	光绪三十年	朱应杓	江苏上元	光绪二十一年
李士奎	江苏无锡	光绪二十年	王　桐	江苏泰州	咸丰十年	徐　潞	江苏上元	光绪三十年
荣光世	江苏无锡	光绪二年	陈文田	江苏泰州	咸丰十年	仇继恒	江苏上元	光绪十二年
顾绍咸	江苏无锡	光绪六年	朱庆镛	江苏泰州	同治十年	温繁炘	江苏上元	光绪十六年
孙鼎烈	江苏无锡	光绪十五年	俞云锦	江苏泰州	道光二十五年	刘汝霖	江苏上元	光绪六年
杨允升	江苏铜山	光绪二十九年	钱桂枝	江苏泰州	道光三十年	钱昌颐	江苏如皋	光绪三十年
李　芬	江苏铜山	道光二十一年	朱　霈	江苏泰州	同治十三年	袁祖安	江苏如皋	同治元年
韩绶昌	江苏铜山	咸丰三年	陈恩治	江苏泰州	光绪二十一年	胡连耀	江苏如皋	道光二十四年
王全纲	江苏上海	光绪十六年	崔保龄	江苏泰州	光绪二十一年	黄元文	江苏如皋	同治七年
张　坚	江苏上海	光绪十六年	王贻典	江苏泰州	光绪十六年	邓　英	江苏如皋	同治七年
杨德鎵	江苏上海	光绪十五年	黄群杰	江苏泰州	光绪二年	沙元炳	江苏如皋	光绪二十年
朱寿朋	江苏上海	光绪二十九年	游　镗	江苏泰州	光绪三年	周丙荣	江苏如皋	光绪二十一年
刘至喜	江苏上海	同治七年	李沛深	江苏泰州	光绪六年	谢福庆	江苏如皋	光绪十六年
周晋堃	江苏上海	同治十年	陈槐林	江苏泰州	光绪九年	刘邦槐	江苏如皋	光绪十五年
曹　骅	江苏上海	道光二十五年	王贻清	江苏泰州	同治十年	田步蟾	江苏清河	光绪二十九年
李曾珂	江苏上海	同治十年	钱锡爵	江苏泰州	光绪十八年	徐彭龄	江苏青浦	光绪二十九年
孙文诒	江苏上海	光绪二十年	管得泉	江苏泰州	光绪二十年	熊祖诒	江苏青浦	光绪三年
秦锡圭	江苏上海	光绪二十一年	马品藻	江苏宿迁	道光二十一年	熊其光	江苏青浦	道光二十七年
王庆平	江苏上海	光绪十六年	王季球	江苏宿迁	同治十三年	胡履吉	江苏青浦	咸丰二年
张廷栋	江苏山阳	光绪三十年	顾开第	江苏上元	道光二十年	陆宗郑	江苏青浦	同治十三年
田毓璠	江苏山阳	光绪二十九年	陈　鲁	江苏上元	道光二十年	张心镜	江苏青浦	光绪十八年
秦　焕	江苏山阳	咸丰十年	曹士鹤	江苏上元	道光二十年	徐继达	江苏南汇	道光三十年
许　焕	江苏山阳	同治二年	萧元怡	江苏上元	光绪二十四年	王保奭	江苏南汇	光绪十六年
顾云臣	江苏山阳	同治四年	叶守矩	江苏上元	同治元年	王保建	江苏南汇	光绪三年
杨鼎来	江苏山阳	同治七年	谌命年	江苏上元	同治元年	朱紫佐	江苏南汇	光绪九年

续表

姓名	籍贯	何年进士	姓名	籍贯	何年进士	姓名	籍贯	何年进士
朱运新	江苏娄县	光绪二十四年	刘庭爆	江苏靖江	光绪九年	任朝栋	江苏江宁	同治元年
王廷材	江苏娄县	光绪二十四年	史之选	江苏荆溪	光绪三十年	吴鼎昌	江苏江宁	道光二十一年
仇炳台	江苏娄县	同治元年	潘绍周	江苏荆溪	光绪二十四年	管近修	江苏江宁	同治四年
姚光发	江苏娄县	道光二十一年	史国琛	江苏荆溪	光绪二十九年	陈　达	江苏江宁	同治七年
沈　莲	江苏娄县	同治十年	任重光	江苏荆溪	咸丰六年	卢　崟	江苏江宁	同治十年
张云望	江苏娄县	道光三十年	冯仲侯	江苏荆溪	光绪六年	叶毓祥	江苏江宁	道光二十七年
张礽杰	江苏娄县	同治十三年	涂廉锷	江苏金匮	光绪二年	夏家鎛	江苏江宁	咸丰三年
章士荃	江苏娄县	光绪十八年	杨延俊	江苏金匮	道光二十七年	蔡　琳	江苏江宁	咸丰九年
姚肇瀛	江苏娄县	光绪十二年	顾凤仞	江苏金匮	咸丰二年	顾文基	江苏江宁	同治十三年
夏　衔	江苏娄县	光绪六年	华晋芳	江苏金匮	咸丰六年	魏家骅	江苏江宁	光绪二十四年
杜锡熊	江苏娄县	光绪六年	秦赓彤	江苏金匮	咸丰六年	邓邦述	江苏江宁	光绪二十四年
张鹏程	江苏六合	道光二十年	陶世凤	江苏金匮	光绪二十年	随勤礼	江苏江宁	光绪三十年
唐毓麟	江苏六合	光绪二十四年	何震彝	江苏江阴	光绪三十年	陈作仪	江苏江宁	光绪十六年
汪升远	江苏六合	光绪二十九年	祝廷华	江苏江阴	光绪二十九年	叶文铨	江苏江宁	光绪十六年
徐　鼐	江苏六合	道光二十五年	吴增甲	江苏江阴	光绪二十九年	陈光宇	江苏江宁	光绪十六年
朱麟祺	江苏六合	道光二十七年	陈毓秀	江苏江阴	同治四年	黄思永	江苏江宁	光绪六年
唐嘉德	江苏六合	咸丰六年	徐文泂	江苏江阴	同治七年	邓嘉纯	江苏江宁	光绪六年
姜良材	江苏六合	光绪二十一年	季邦桢	江苏江阴	同治十年	郑维翰	江苏江宁	光绪十五年
孙锡第	江苏六合	光绪十二年	何　栻	江苏江阴	道光二十五年	薛斯来	江苏江都	同治元年
许兆培	江苏溧阳	道光二十一年	季念诒	江苏江阴	道光三十年	张鸿鼎	江苏江都	道光二十四年
宋　晋	江苏溧阳	道光二十四年	陈荣绍	江苏江阴	咸丰三年	方　浚	江苏江都	同治二年
彭君谷	江苏溧阳	同治二年	夏孙桐	江苏江阴	光绪十八年	史大立	江苏江都	同治二年
陈　鼐	江苏溧阳	道光二十七年	章际治	江苏江阴	光绪二十四年	臧　谷	江苏江都	同治四年
史崧秀	江苏溧阳	咸丰六年	缪荃孙	江苏江阴	光绪二年	华钟祥	江苏江都	同治四年
洪　绪	江苏溧阳	咸丰九年	吴鸿甲	江苏江阴	光绪十二年	蒋超伯	江苏江都	道光二十五年
沈宝青	江苏溧阳	光绪九年	缪佑孙	江苏江阴	光绪十二年	高廷栋	江苏江都	咸丰六年
沈士林	江苏溧阳	光绪十二年	陈爔唐	江苏江阴	光绪十二年	顾怀壬	江苏江都	同治十三年
濮文昶	江苏溧水	同治四年	徐士佳	江苏江阴	光绪三年	徐兆丰	江苏江都	同治十三年
濮文暹	江苏溧水	同治四年	陈名珍	江苏江阴	光绪九年	吴鸿森	江苏江都	光绪二十一年
汪　堃	江苏昆山	道光二十一年	郑师灼	江苏江宁	光绪二十四年	顾光照	江苏江都	光绪二十一年
陈　立	江苏句容	道光二十四年	陆春官	江苏江宁	光绪二十四年	张朝辅	江苏江都	光绪三十年
李　安	江苏静海	光绪十六年	翁长芳	江苏江宁	光绪二十九年	周凤藻	江苏江都	光绪三年
谢鸿诰	江苏靖江	同治七年	林廷燮	江苏江宁	咸丰十年	于齐庆	江苏江都	光绪十二年
倪观澜	江苏靖江	同治十三年	付遇年	江苏江宁	咸丰十年	于受庆	江苏江都	光绪十六年

续表

姓名	籍贯	何年进士	姓名	籍贯	何年进士	姓名	籍贯	何年进士
钱鸿策	江苏江都	光绪十六年	吴同甲	江苏高邮	光绪六年	杨鸿发	江苏丹徒	光绪二十九年
汪国凤	江苏江都	咸丰十年	杨福臻	江苏高邮	光绪六年	张振金	江苏丹徒	道光二十一年
朱时中	江苏嘉定	道光二十年	王寿培	江苏高邮	光绪九年	徐杨文保	江苏丹徒	道光二十一年
章圭瑑	江苏嘉定	光绪三十年	杨　沛	江苏高邮	光绪十五年	黄之晋	江苏丹徒	道光二十四年
徐致祥	江苏嘉定	咸丰十年	陶汝霖	江苏高淳	咸丰三年	戴　恒	江苏丹徒	同治七年
徐　郙	江苏嘉定	同治元年	余培轩	江苏赣榆	同治二年	袁　善	江苏丹徒	同治十年
廖寿恒	江苏嘉定	同治二年	汪彤程	江苏赣榆	同治七年	丁立瀛	江苏丹徒	同治十年
陈寿冈	江苏嘉定	道光二十一年	董　醇	江苏甘泉	道光二十年	丁立干	江苏丹徒	同治十年
施锡卫	江苏嘉定	同治四年	周　震	江苏甘泉	光绪二十四年	丁绍周	江苏丹徒	道光三十年
廖寿丰	江苏嘉定	同治十年	刘熙龄	江苏甘泉	同治元年	刘成忠	江苏丹徒	咸丰二年
朱元治	江苏嘉定	同治十年	曹　炜	江苏甘泉	同治二年	韩弼元	江苏丹徒	咸丰二年
张修府	江苏嘉定	道光二十七年	徐玉丰	江苏甘泉	道光二十一年	蔡逢年	江苏丹徒	咸丰二年
葛桐衔	江苏嘉定	咸丰三年	顾　奎	江苏甘泉	同治四年	顾敦敏	江苏丹徒	咸丰三年
金文翰	江苏嘉定	光绪二十年	施人镜	江苏甘泉	同治四年	杨鸿吉	江苏丹徒	咸丰九年
陈　枬	江苏嘉定	光绪二十一年	江　璧	江苏甘泉	同治四年	李慎侯	江苏丹徒	光绪十八年
秦曾潞	江苏嘉定	光绪二十四年	殷汝璋	江苏甘泉	同治十年	汪庆生	江苏丹徒	光绪十八年
吴庆祥	江苏嘉定	光绪十六年	孙培金	江苏甘泉	道光二十五年	刘嘉斌	江苏丹徒	光绪二十一年
秦绥章	江苏嘉定	光绪九年	林　溥	江苏甘泉	咸丰二年	许汝棻	江苏丹徒	光绪二十四年
秦夔扬	江苏嘉定	光绪九年	汪承元	江苏甘泉	咸丰三年	卢元樟	江苏丹徒	光绪二十四年
王兰谷	江苏金坛	咸丰二年	陈　恩	江苏甘泉	同治十三年	张恩寿	江苏丹徒	光绪三十年
潘文耀	江苏金坛	咸丰二年	王引昌	江苏甘泉	光绪三年	赵树禾	江苏丹徒	光绪二年
冯　煦	江苏金坛	光绪十二年	胡文渊	江苏甘泉	光绪六年	支恒荣	江苏丹徒	光绪三年
朱　路	江苏海州	光绪十五年	李蟠根	江苏甘泉	光绪十二年	高觐昌	江苏丹徒	光绪十二年
沈云沛	江苏海州	光绪二十年	高仕坊	江苏东台	光绪三年	鲍心增	江苏丹徒	光绪十二年
张庚铭	江苏海州	光绪二十一年	夏寅官	江苏东台	光绪十六年	汪清麒	江苏丹徒	光绪十六年
李映庚	江苏海州	光绪十五年	周应昌	江苏东台	光绪二十四年	丁立钧	江苏丹徒	光绪六年
夏子鐊	江苏高邮	同治二年	陈　宝	江苏东台	同治十年	吴保龄	江苏丹徒	光绪六年
高鸿飞	江苏高邮	道光二十一年	王英冕	江苏丹阳	光绪二十年	陈鸿绶	江苏丹徒	光绪九年
王寿同	江苏高邮	道光二十四年	贺福元	江苏丹阳	光绪九年	邹洪纬	江苏丹徒	光绪十五年
董对廷	江苏高邮	同治四年	姜定镐	江苏丹阳	光绪十二年	杨裕仁	江苏华亭	道光二十一年
杨际春	江苏高邮	同治七年	魏有声	江苏丹阳	光绪十五年	雷　對	江苏华亭	道光二十七年
朱　枬	江苏高邮	道光二十五年	李承霖	江苏丹徒	道光二十年	沈霖溥	江苏华亭	光绪二年
杨　蔚	江苏高邮	光绪二十年	冯桂芬	江苏丹徒	道光二十年	朱赓扬	江苏华亭	光绪三年
宋子联	江苏高邮	光绪十六年	王鸿翔	江苏丹徒	光绪二十九年	顾　莲	江苏华亭	光绪六年

续表

姓名	籍贯	何年进士	姓名	籍贯	何年进士	姓名	籍贯	何年进士
施启宇	江苏崇明	光绪十八年	刘岳云	江苏宝应	光绪十二年	刘常德	湖南攸县	同治七年
冯芳泽	江苏崇明	光绪十二年	祁寿麟	江苏宝应	光绪九年	刘　锽	湖南攸县	光绪二十一年
王清穆	江苏崇明	光绪十六年	刘启彤	江苏宝应	光绪十二年	周　琛	湖南湘阴	道光二十四年
翁同书	江苏常熟	道光二十年	刘启端	江苏宝应	光绪十五年	吴英樾	湖南湘阴	道光二十四年
陆懋宗	江苏常熟	咸丰十年	刘奉璋	江苏宝应	光绪十五年	姚　暹	湖南湘阴	同治二年
翁曾源	江苏常熟	同治二年	孔昭寀	江苏宝应	光绪十五年	易鉴章	湖南湘阴	同治七年
赵　林	江苏常熟	同治十年	刘宝楠	江苏宝应	道光二十年	周謤枝	湖南湘阴	同治七年
王宪成	江苏常熟	道光二十五年	王敦敏	江苏宝应	道光三十年	郭嵩焘	湖南湘阴	道光二十七年
张　璐	江苏常熟	道光二十五年	刘书云	江苏宝应	咸丰六年	李得春	湖南湘阴	道光二十七年
庞钟璐	江苏常熟	道光二十七年	朱百遂	江苏宝应	同治十三年	易堂俊	湖南湘阴	咸丰二年
杨泗孙	江苏常熟	咸丰二年	刘启瑞	江苏宝应	光绪三十年	刘润珩	湖南湘阴	光绪十八年
翁同龢	江苏常熟	咸丰六年	潘鸿鼎	江苏宝山	光绪二十四年	黎敬先	湖南湘阴	光绪二十一年
蒋士骧	江苏常熟	同治十年	钱　淦	江苏宝山	光绪三十年	周　旭	湖南湘阴	光绪二十九年
庞鸿文	江苏常熟	光绪二年	薛尚义	江苏安东	同治四年	吴国镛	湖南湘阴	光绪十二年
孙国桢	江苏常熟	光绪二十年	龚聘英	江苏崇明	同治元年	郑祖焕	湖南湘阴	光绪九年
沈　鹏	江苏常熟	光绪二十年	蔡兆槐	江苏崇明	咸丰三年	郭立山	湖南湘阴	光绪二十九年
张继良	江苏常熟	光绪二十一年	姚恭寿	江苏崇明	同治十三年	彭绍宗	湖南湘阴	光绪二十九年
张　鸿	江苏常熟	光绪三十年	孙培元	江苏崇明	光绪十八年	李　杭	湖南湘阴	道光二十四年
钱禄泰	江苏常熟	光绪二年	章　钰	江苏长洲	光绪二十九年	许邓起枢	湖南湘乡	光绪二十四年
管辰熙	江苏常熟	光绪三年	汪朝棨	江苏长洲	咸丰六年	谢宝镠	湖南湘乡	咸丰十年
潘文熊	江苏常熟	光绪三年	张锡基	江苏长洲	咸丰六年	曾广渊	湖南湘乡	道光二十一年
翁斌孙	江苏常熟	光绪三年	戴锡钧	江苏长洲	同治十三年	吴荣楷	湖南湘乡	道光二十一年
庞鸿书	江苏常熟	光绪六年	彭泰士	江苏长洲	光绪二十四年	谢邦鉴	湖南湘乡	道光二十五年
杨崇伊	江苏常熟	光绪六年	王季烈	江苏长洲	光绪三十年	李希圣	湖南湘乡	光绪十八年
叶士荃	江苏常熟	光绪九年	江麟昌	江苏长洲	光绪二年	王龙文	湖南湘乡	光绪二十一年
裴荫森	江苏阜宁	同治二年	汪朝模	江苏长洲	光绪三年	罗长裿	湖南湘乡	光绪二十一年
项联晋	江苏阜宁	同治十年	王颂蔚	江苏长洲	光绪六年	周国光	湖南湘乡	光绪二十四年
王文锦	江苏阜宁	咸丰九年	张是彝	江苏长洲	光绪六年	陈　毅	湖南湘乡	光绪三十年
王　岱	江苏阜宁	同治十年	陈同翰	江苏长洲	光绪九年	彭文明	湖南湘乡	光绪十六年
程　龢	江苏奉贤	光绪二十四年	叶昌炽	江苏长洲	光绪十五年	曾广钧	湖南湘乡	光绪十五年
朱　恒	江苏奉贤	道光二十一年	冯锡仁	湖南沅陵	光绪六年	谢树熿	湖南湘潭	光绪六年
蒋兆鲲	江苏丰县	道光二十七年	李　垚	湖南沅陵	光绪十二年	蔡枚功	湖南湘潭	光绪六年
李汝鹤	江苏丰县	光绪九年	陈开锦	湖南沅江	同治十三年	戴辅衢	湖南湘潭	光绪六年
刘启襄	江苏宝应	光绪十二年	龙湛霖	湖南攸县	同治元年	谭汝玉	湖南湘潭	光绪十五年

续表

姓名	籍贯	何年进士	姓名	籍贯	何年进士	姓名	籍贯	何年进士
王继阀	湖南湘潭	道光二十年	王景崧	湖南益阳	光绪三十年	夏声律	湖南善化	同治二年
黎培敬	湖南湘潭	咸丰十年	谭定澍	湖南益阳	同治二年	张家槐	湖南善化	同治四年
龚承钧	湖南湘潭	同治二年	周开铭	湖南益阳	同治四年	张惟僑	湖南善化	同治七年
胡廷弼	湖南湘潭	道光二十一年	刘集勋	湖南益阳	同治十三年	龚镇湘	湖南善化	同治七年
周庆恩	湖南湘潭	同治四年	田苏游	湖南益阳	同治十三年	王逢年	湖南善化	同治七年
王裕崃	湖南湘潭	同治七年	龙　驹	湖南益阳	同治十三年	瞿鸿禨	湖南善化	同治十年
袁芳瑛	湖南湘潭	道光二十五年	薛炳善	湖南益阳	光绪二十年	潘宗寿	湖南善化	同治十年
何拔秀	湖南湘潭	道光三十年	薛倓善	湖南益阳	光绪二十四年	杨开第	湖南善化	同治十年
黎福畴	湖南湘潭	咸丰二年	王景峩	湖南益阳	光绪二十九年	黄锡彤	湖南善化	咸丰九年
翁寿笺	湖南湘潭	同治十三年	萧受祺	湖南益阳	光绪十六年	皮宗瀚	湖南善化	咸丰九年
张鹏翥	湖南湘潭	同治十三年	萧大猷	湖南益阳	光绪十六年	张福恒	湖南善化	同治十三年
朱卓英	湖南湘潭	光绪二年	刘重堪	湖南新宁	光绪二十四年	汪诒书	湖南善化	光绪十八年
赵启霖	湖南湘潭	光绪十八年	陈兆槐	湖南新化	光绪三十年	俞鸿庆	湖南善化	光绪十八年
叶德辉	湖南湘潭	光绪十八年	刘应祥	湖南新化	道光二十四年	刘　铎	湖南善化	光绪十八年
黎承礼	湖南湘潭	光绪二十年	李郁华	湖南新化	同治七年	谭绍裘	湖南善化	光绪二十年
黄均隆	湖南湘潭	光绪二年	刘昌岳	湖南新化	同治七年	萧文昭	湖南善化	光绪二十年
谭肇松	湖南湘潭	光绪三年	邹溥霖	湖南新化	道光三十年	邹铭恩	湖南善化	光绪二十年
陈启迈	湖南武陵	道光二十一年	欧阳藜照	湖南新化	道光三十年	杨咏裳	湖南善化	光绪二十四年
胡　焯	湖南武陵	道光二十一年	伍毓崧	湖南新化	光绪二十四年	黄瑞麒	湖南善化	光绪三十年
刘凤苞	湖南武陵	同治四年	成明郁	湖南新化	光绪三年	龚福寿	湖南善化	光绪三十年
杨彝珍	湖南武陵	道光三十年	孙鼎臣	湖南善化	道光二十五年	杨觐圭	湖南善化	光绪十六年
冯德珍	湖南武陵	咸丰二年	周辑瑞	湖南善化	道光二十五年	罗维垣	湖南善化	光绪十六年
王成骧	湖南武陵	咸丰九年	夏家泰	湖南善化	道光二十五年	黄履初	湖南善化	光绪十六年
李文谰	湖南武陵	道光三十年	孙颐臣	湖南善化	道光二十七年	黄潆之	湖南善化	光绪二年
戴展诚	湖南武陵	光绪二十一年	贺桂龄	湖南善化	道光二十七年	孙宗锡	湖南善化	光绪三年
余嵩庆	湖南武陵	光绪二年	夏家升	湖南善化	咸丰二年	孙宗谷	湖南善化	光绪三年
周克宽	湖南武陵	光绪三年	陈彬绶	湖南善化	咸丰六年	杨澍先	湖南善化	光绪六年
王以慜	湖南武陵	光绪十六年	陈国鼎	湖南善化	咸丰六年	江　槩	湖南善化	光绪六年
陈熙昱	湖南武陵	光绪三年	黄兆麟	湖南善化	道光二十年	张铭龢	湖南善化	光绪六年
盛昌华	湖南武陵	光绪九年	黄　倬	湖南善化	道光二十年	余成庆	湖南善化	光绪九年
唐右桢	湖南武陵	光绪十五年	黄赐履	湖南善化	道光二十年	葛庆同	湖南善化	光绪九年
张称达	湖南永绥	光绪三十年	周荣期	湖南善化	光绪二十四年	杜本崇	湖南善化	光绪十五年
黄中瓒	湖南永顺	同治四年	郭宗熙	湖南善化	光绪二十九年	夏声乔	湖南善化	光绪十五年
周銮诒	湖南永明	光绪三年	周声澍	湖南善化	同治二年	余维翰	湖南平江	光绪三十年

续表

姓名	籍贯	何年进士	姓名	籍贯	何年进士	姓名	籍贯	何年进士
钟昌勤	湖南平江	道光三十年	姚际虞	湖南衡阳	光绪十二年	李华芬	湖南耒阳	光绪十八年
黄瑞兰	湖南平江	光绪二十一年	夏时泰	湖南衡阳	光绪十五年	萧玉春	湖南蓝山	同治四年
苏　兴	湖南平江	光绪三十年	李树松	湖南清泉	光绪二十四年	茹　芝	湖南衡山	同治四年
张兴慧	湖南宁乡	光绪二十四年	刘大方	湖南清泉	同治四年	聂　泰	湖南衡山	咸丰三年
周瑞松	湖南宁乡	同治四年	李长郁	湖南清泉	光绪十六年	李子荣	湖南衡山	光绪十二年
廖宗元	湖南宁乡	道光二十七年	谭福泉	湖南清泉	光绪九年	李子茂	湖南衡山	光绪十二年
童秀春	湖南宁乡	道光三十年	彭　述	湖南清泉	光绪十二年	谭鑫振	湖南衡山	光绪六年
袁榘实	湖南宁乡	咸丰三年	杨济时	湖南祁阳	光绪三十年	陈　鼎	湖南衡山	光绪六年
李新庄	湖南宁乡	咸丰三年	李　蕊	湖南祁阳	同治十三年	杨依斗	湖南衡山	光绪六年
洪汝源	湖南宁乡	光绪十八年	黄　霦	湖南祁阳	光绪二十九年	陈毓光	湖南衡山	光绪九年
谭先节	湖南宁乡	光绪二十年	袁楚藩	湖南祁阳	光绪十二年	陈嘉言	湖南衡山	光绪十五年
周棫谦	湖南宁乡	光绪二十年	易顺豫	湖南龙阳	光绪二十九年	李登云	湖南衡山	光绪十五年
童锡焘	湖南宁乡	光绪三十年	严成仪	湖南龙阳	同治四年	刘澍覃	湖南桂阳	咸丰三年
黄显瓒	湖南宁乡	光绪二年	陈昌昙	湖南龙阳	光绪十五年	陈兆文	湖南桂阳	光绪二年
王耀文	湖南宁乡	光绪十六年	邹正杰	湖南浏阳	道光二十年	夏寿田	湖南桂阳	光绪二十四年
王世琪	湖南宁乡	光绪十五年	张忠沅	湖南浏阳	光绪二十九年	曹　变	湖南桂阳	光绪三年
雷俊章	湖南武冈	同治十年	谭继洵	湖南浏阳	咸丰十年	陈兆葵	湖南桂阳	光绪十二年
袁宝彝	湖南绥宁	光绪三年	罗重熙	湖南浏阳	同治二年	熊希龄	湖南凤凰	光绪二十年
覃远琎	湖南石门	咸丰三年	刘廷钺	湖南浏阳	同治十年	田应达	湖南凤凰	光绪九年
魏　源	湖南邵阳	道光二十五年	黄兴树	湖南浏阳	同治十年	何维栋	湖南道州	光绪九年
张家钰	湖南邵阳	咸丰二年	任贵震	湖南浏阳	同治十三年	黄纯垓	湖南郴州	光绪二十九年
郑秉成	湖南邵阳	同治十三年	刘　锋	湖南浏阳	光绪二年	朱联奎	湖南郴州	咸丰三年
曾延里	湖南邵阳	同治十三年	刘人熙	湖南浏阳	光绪三年	首调元	湖南郴州	咸丰六年
肖　榘	湖南邵阳	光绪二十一年	易炳奎	湖南浏阳	光绪三年	曹典初	湖南长沙	光绪二十九年
尹锡纶	湖南邵阳	光绪二年	陈长樞	湖南浏阳	光绪十五年	吴建三	湖南长沙	光绪二十九年
王龙诏	湖南邵阳	光绪十六年	周崇傅	湖南零陵	同治七年	郑家溉	湖南长沙	光绪二十九年
谢池春	湖南来阳	光绪九年	唐大琬	湖南零陵	光绪二年	黄兆枚	湖南长沙	光绪二十九年
张　坤	湖南华容	同治十三年	饶继惠	湖南临湘	同治元年	欧寿杬	湖南长沙	咸丰十年
张荀鹤	湖南华容	光绪九年	李最高	湖南临湘	光绪二十一年	柳熙春	湖南长沙	同治元年
冯　由	湖南衡阳	光绪二十四年	吴　獬	湖南临乡	光绪十五年	郑业骏	湖南长沙	同治元年
曾　熙	湖南衡阳	光绪二十九年	杜学礼	湖南临武	道光二十四年	徐　棻	湖南长沙	道光二十一年
夏时济	湖南衡阳	光绪十八年	李发宜	湖南醴陵	光绪二十一年	周玉麒	湖南长沙	道光二十四年
祝松云	湖南衡阳	光绪六年	苏开镕	湖南澧州	同治十年	萧晋聊	湖南长沙	同治四年
陈阜嘉	湖南衡阳	光绪九年	张允熙	湖南澧县	道光三十年	王先谦	湖南长沙	同治四年

续表

姓名	籍贯	何年进士	姓名	籍贯	何年进士	姓名	籍贯	何年进士
柳正笏	湖南长沙	同治四年	孔宪教	湖南长沙	光绪十二年	刘兆梅	湖南巴陵	光绪三年
陈启泰	湖南长沙	同治七年	陈乃绩	湖南长沙	光绪十六年	李和卿	湖南巴陵	光绪六年
曹夔湘	湖南长沙	同治七年	陈守晸	湖南长沙	光绪十六年	任佑观	湖南巴陵	光绪十二年
毛松年	湖南长沙	同治十年	李肇庚	湖南长沙	光绪六年	黄自元	湖南安化	同治七年
陈理泰	湖南长沙	同治十年	黄传礼	湖南长沙	光绪九年	黄凤岐	湖南安化	光绪二十年
曹昌祺	湖南长沙	同治十年	彭清藜	湖南长沙	光绪九年	黄道让	湖南安福	咸丰十年
魏傅熙	湖南长沙	同治十年	李梦莹	湖南长沙	光绪十二年	杨孝宽	湖南安福	光绪三年
周寿昌	湖南长沙	道光二十五年	戴朝普	湖南长沙	光绪十二年	杨承泽	湖北竹溪	同治十年
黄廷瓒	湖南长沙	道光二十五年	李宗裕	湖南长沙	光绪十二年	许道培	湖北云梦	同治四年
徐树铭	湖南长沙	道光二十七年	吴嘉瑞	湖南长沙	光绪十五年	左　璘	湖北云梦	同治十年
陈星焕	湖南长沙	道光二十七年	黄传祁	湖南长沙	光绪十五年	左　瑛	湖北云梦	道光二十五年
王　楷	湖南长沙	咸丰二年	郭庆治	湖南长沙	同治十年	冷嘉植	湖北云梦	道光二十五年
陈名杰	湖南长沙	咸丰二年	袁锡龄	湖南长沙	同治十三年	吴鼎元	湖北云梦	道光三十年
张　沄	湖南长沙	咸丰三年	陆承宗	湖南长沙	光绪十六年	李培英	湖北应山	咸丰十年
李寿蓉	湖南长沙	咸丰六年	王金映	湖南长沙	光绪二年	魏壁文	湖北应山	同治二年
涂觉纲	湖南长沙	咸丰六年	周绂麟	湖南长沙	光绪二年	魏弼文	湖北应山	同治七年
金庆鹏	湖南长沙	咸丰九年	涂景濂	湖南长沙	光绪二年	吴天锡	湖北应山	咸丰九年
左　隽	湖南长沙	咸丰九年	郑　芝	湖南长沙	光绪二年	左绍銮	湖北应山	同治十年
张百熙	湖南长沙	同治十三年	杨先俊	湖南长沙	光绪三年	魏达文	湖北应山	光绪二十年
胡均学	湖南长沙	同治十三年	常　牧	湖南长沙	光绪十二年	韩福庆	湖北应山	光绪十六年
曹广植	湖南长沙	光绪十八年	余肇康	湖南长沙	光绪十二年	何焕章	湖北应山	光绪三年
郑　沅	湖南长沙	光绪二十年	萧锦忠	湖南茶陵	道光二十五年	左绍佐	湖北应山	光绪六年
胡矩贤	湖南长沙	光绪二十年	谭钟麟	湖南茶陵	咸丰六年	陈子楷	湖北应城	同治四年
胡汝霖	湖南长沙	光绪二十年	尹铭绶	湖南茶陵	光绪二十年	王魁銮	湖北应城	同治四年
马瀛焕	湖南长沙	光绪二十年	谭延闿	湖南茶陵	光绪三十年	周仁寿	湖北宜城	道光二十五年
肖荣爵	湖南长沙	光绪二十一年	曹诒孙	湖南茶陵	光绪六年	王嘉谟	湖北宜城	光绪十六年
袁绪钦	湖南长沙	光绪二十一年	苏大治	湖南茶陵	同治七年	李　炜	湖北兴国	道光二十年
任锡纯	湖南长沙	光绪二十一年	谢维藩	湖南巴陵	同治元年	石会昌	湖北兴国	同治元年
章　华	湖南长沙	光绪二十一年	张铭焕	湖南巴陵	同治元年	柯　抡	湖北兴国	同治二年
张鸿基	湖南长沙	光绪二十四年	何秉礼	湖南巴陵	同治十年	王凤池	湖北兴国	同治四年
张百禥	湖南长沙	光绪二十四年	方功渤	湖南巴陵	同治十年	刘凤纶	湖北兴国	同治十三年
周　渤	湖南长沙	光绪二十四年	龚显章	湖南巴陵	咸丰二年	熊冠斗	湖北兴国	光绪十二年
袁大璒	湖南长沙	光绪二十九年	方朝治	湖南巴陵	光绪二十一年	夏先鼎	湖北孝感	光绪二十四年
陈继舜	湖南长沙	光绪三十年	陈焕新	湖南巴陵	光绪二年	徐炳麟	湖北孝感	光绪二十四年

续表

姓名	籍贯	何年进士	姓名	籍贯	何年进士	姓名	籍贯	何年进士
李交耀	湖北孝感	同治十年	阮佩兰	湖北武昌	光绪二年	彭庆扬	湖北潜江	同治十三年
程惇甲	湖北孝感	咸丰三年	林步青	湖北武昌	光绪三年	万际轩	湖北潜江	光绪二年
王嘉喆	湖北孝感	同治十年	纪　夔	湖北武昌	光绪六年	彭　脩	湖北潜江	光绪六年
屠仁守	湖北孝感	同治十三年	范德镕	湖北武昌	光绪六年	骆利锋	湖北蕲州	道光二十七年
高夔曾	湖北孝感	同治十三年	王策范	湖北武昌	光绪六年	李士彬	湖北蕲州	同治四年
秦应逵	湖北孝感	同治十三年	柯逢时	湖北武昌	光绪九年	陈西庚	湖北蕲州	同治四年
吴贻谷	湖北孝感	光绪二十年	朱子春	湖北武昌	光绪九年	陈　杞	湖北蕲州	同治七年
蒋　熊	湖北孝感	光绪二十四年	左宜之	湖北武昌	光绪十二年	黄云鹄	湖北蕲州	咸丰三年
余联沅	湖北孝感	光绪三年	魏时钜	湖北武昌	光绪十五年	陈雨农	湖北蕲州	光绪十八年
孙崇墉	湖北孝感	光绪九年	纪　骧	湖北武昌	光绪十五年	张庆翎	湖北蕲州	光绪十二年
周生锦	湖北孝感	光绪十二年	黄大华	湖北武昌	光绪十五年	陈曾寿	湖北蕲水	光绪二十九年
刘名馨	湖北咸宁	道光三十年	徐德炳	湖北钟祥	光绪二十四年	毕保厘	湖北蕲水	咸丰十年
钟家彦	湖北咸宁	同治十三年	刘兆璜	湖北钟祥	道光二十一年	方鸣皋	湖北蕲水	咸丰十年
饶叔光	湖北武昌	光绪二十四年	黄毓恩	湖北钟祥	同治四年	徐肇梅	湖北蕲水	同治元年
朱郁春	湖北武昌	光绪二十四年	黄廷金	湖北钟祥	咸丰六年	陈廷经	湖北蕲水	道光二十四年
水祖培	湖北武昌	光绪二十九年	黄元善	湖北钟祥	咸丰九年	高　朗	湖北蕲水	道光二十四年
吴澍霖	湖北武昌	同治元年	孙长绂	湖北枣阳	咸丰六年	朱景星	湖北蕲水	同治二年
王家璧	湖北武昌	道光二十四年	王荣先	湖北枣阳	光绪十二年	张　楷	湖北蕲水	同治十年
涂椿龄	湖北武昌	同治十年	王明德	湖北郧县	光绪十二年	翟云章	湖北蕲水	道光三十年
吴佩陶	湖北武昌	道光二十七年	刘元诚	湖北天门	光绪十五年	蔡兴楷	湖北蕲水	咸丰二年
范鸣龢	湖北武昌	咸丰二年	陈本棠	湖北天门	光绪十五年	周世英	湖北蕲水	咸丰二年
范鸣珂	湖北武昌	咸丰六年	胡聘之	湖北天门	同治四年	吴学淳	湖北蕲水	咸丰二年
胡毓筠	湖北武昌	咸丰九年	周　杰	湖北天门	光绪二十九年	王鸿举	湖北蕲水	同治十年
刘凤华	湖北武昌	同治十三年	蒋启勋	湖北天门	咸丰十年	李盛和	湖北蕲水	光绪三十年
范德权	湖北武昌	光绪十八年	吴之观	湖北天门	道光二十一年	汤化龙	湖北蕲水	光绪三十年
王良弼	湖北武昌	光绪十八年	胡乔年	湖北天门	同治七年	周遂良	湖北蕲水	光绪六年
吕承瀚	湖北武昌	光绪二十年	敖名震	湖北天门	同治十三年	蔡卿云	湖北蕲水	光绪九年
余毓瑞	湖北武昌	光绪二十年	蒋传夔	湖北天门	光绪十二年	闻　捷	湖北蕲水	光绪十二年
陈瑞鼎	湖北武昌	光绪二十年	周树模	湖北天门	光绪十五年	陈曾佑	湖北蕲水	光绪十五年
张俶澜	湖北武昌	光绪二十一年	乐正宣	湖北随州	同治元年	李绍烈	湖北襄阳	光绪二十四年
周捷三	湖北武昌	光绪二十一年	雷以动	湖北松滋	光绪二十一年	单懋德	湖北襄阳	道光二十一年
朱楙春	湖北武昌	光绪二十九年	高家泰	湖北石首	道光二十四年	袁玉锡	湖北襄阳	光绪二十年
罗廷煦	湖北武昌	光绪十六年	徐汉章	湖北石首	同治十三年	涂国盛	湖北襄阳	光绪六年
张炳琳	湖北武昌	光绪二年	甘鹏云	湖北潜县	光绪二十九年	王万方	湖北襄阳	光绪十五年

续表

姓名	籍贯	何年进士	姓名	籍贯	何年进士	姓名	籍贯	何年进士
任殿选	湖北蒲圻	道光二十五年	余应云	湖北麻城	光绪十二年	范迪襄	湖北江夏	光绪十六年
蒋璧臣	湖北蒲圻	同治十三年	袁用宾	湖北麻城	光绪十五年	胡孚宸	湖北江夏	光绪三年
覃寿彭	湖北蒲圻	光绪二十九年	熊文寿	湖北麻城	光绪十五年	张仲炘	湖北江夏	光绪三年
张国溶	湖北蒲圻	光绪三十年	汪宗翰	湖北通山	光绪十六年	杨承禧	湖北江夏	光绪十六年
但　弼	湖北蒲圻	光绪二年	贾洪诏	湖北均州	道光二十年	刘选青	湖北江夏	光绪十六年
陈文堧	湖北蒲圻	光绪十二年	朱孔模	湖北均州	道光二十七年	张叔熯	湖北江夏	光绪六年
覃廷桢	湖北蒲圻	光绪三年	李应泰	湖北荆门	同治四年	张用宾	湖北江夏	光绪十五年
贺靖南	湖北蒲圻	光绪三年	方瑞麟	湖北荆门	同治七年	王柏心	湖北监利	道光二十四年
鲍翰卿	湖北蒲圻	光绪六年	蔡中燮	湖北京山	光绪二十年	唐国宾	湖北监利	咸丰六年
覃寿堃	湖北蒲圻	光绪三十年	曾庆兰	湖北京山	光绪十五年	龚绍仁	湖北监利	道光二十年
贺霖若	湖北蒲圻	道光二十一年	王宝璜	湖北江夏	光绪三十年	李士垲	湖北嘉鱼	同治二年
覃振甲	湖北蒲圻	道光二十一年	夏道辉	湖北江夏	光绪三十年	刘心源	湖北嘉鱼	光绪二年
余兆仑	湖北蒲圻	道光二十一年	胡大崇	湖北江夏	光绪二十四年	陈　宬	湖北嘉鱼	光绪二十一年
章　含	湖北蒲圻	道光二十四年	胡大勋	湖北江夏	光绪二十九年	梅雨田	湖北黄梅	同治元年
郑东华	湖北沔阳	道光二十五年	王　彭	湖北江夏	光绪二十九年	帅达燡	湖北黄梅	道光二十七年
陆光祖	湖北沔阳	咸丰十年	王扬滨	湖北江夏	光绪二十九年	蒋奎楼	湖北黄梅	咸丰二年
王冕南	湖北沔阳	同治二年	杨熊祥	湖北江夏	光绪二十九年	邓宗衡	湖北黄梅	咸丰六年
李绂藻	湖北沔阳	同治十年	褚焕祖	湖北江夏	光绪二十九年	宛立俊	湖北黄梅	咸丰九年
刘兴桓	湖北沔阳	道光二十五年	欧阳保极	湖北江夏	咸丰十年	喻树琪	湖北黄梅	咸丰九年
戚天保	湖北沔阳	道光二十七年	何金寿	湖北江夏	同治元年	洪　鳌	湖北黄梅	同治十三年
闵　璜	湖北沔阳	咸丰三年	胡有诚	湖北江夏	同治二年	邢　骧	湖北黄梅	光绪二十一年
李心地	湖北沔阳	光绪十八年	彭泰毓	湖北江夏	同治四年	石振鋆	湖北黄梅	光绪十六年
杨介康	湖北沔阳	光绪十八年	胡泰福	湖北江夏	同治七年	汤　霖	湖北黄梅	光绪十六年
郑倬堂	湖北沔阳	光绪二年	胡瑞澜	湖北江夏	道光二十五年	程叔琳	湖北黄冈	光绪三十年
杨鸿濂	湖北沔阳	光绪九年	张凯嵩	湖北江夏	道光二十五年	程镇瀛	湖北黄冈	光绪三十年
张六翮	湖北沔阳	光绪十二年	汪有恭	湖北江夏	道光二十七年	陈恩颐	湖北黄冈	光绪二十四年
李延真	湖北麻城	光绪三十年	朱文江	湖北江夏	道光三十年	张鸿翊	湖北黄冈	光绪十五年
蔡福谦	湖北麻城	同治四年	彭瑞毓	湖北江夏	咸丰二年	喻鸿钧	湖北黄冈	光绪十五年
吴兆泰	湖北麻城	光绪二年	张　椝	湖北江夏	咸丰二年	夏寿康	湖北黄冈	光绪二十九年
郭兆春	湖北麻城	光绪十八年	韩葑华	湖北江夏	咸丰二年	林　镛	湖北黄冈	咸丰十年
方策安	湖北麻城	光绪二十年	黄贻诚	湖北江夏	咸丰三年	张崇第	湖北黄冈	咸丰十年
余晋芳	湖北麻城	光绪二十年	洪调纬	湖北江夏	咸丰六年	丁　璜	湖北黄冈	道光二十一年
罗良弼	湖北麻城	光绪二十一年	刘昌言	湖北江夏	光绪二十年	王毓藻	湖北黄冈	同治二年
曹步云	湖北麻城	光绪九年	杜光佑	湖北江夏	光绪二十九年	洪良品	湖北黄冈	同治七年

续表

姓名	籍贯	何年进士	姓名	籍贯	何年进士	姓名	籍贯	何年进士
陈受梁	湖北黄冈	同治七年	黎大均	湖北黄陂	光绪九年	李云庆	湖北黄安	光绪十八年
卢璲采	湖北黄冈	同治十年	郭集琛	湖北黄陂	光绪十五年	邓廷佐	湖北黄安	光绪十八年
卢英僴	湖北黄冈	同治十年	荣春晖	湖北黄陂	光绪二十一年	刘亮藻	湖北黄安	光绪十八年
吴　荣	湖北黄冈	咸丰三年	邱文澡	湖北黄陂	道光二十年	熊润南	湖北黄安	光绪六年
邵乐裕	湖北黄冈	同治十年	王福保	湖北黄陂	同治元年	李和燮	湖北黄安	光绪六年
万锡珩	湖北黄冈	同治十三年	宗丙寿	湖北黄陂	同治七年	彭守正	湖北汉阳	光绪三十年
陈大骥	湖北黄冈	同治十三年	陈驷门	湖北黄陂	同治十年	石意恭	湖北汉阳	道光二十四年
王曾厘	湖北黄冈	光绪二十年	王道墉	湖北黄陂	道光三十年	萧　书	湖北汉阳	同治二年
汪明源	湖北黄冈	光绪二十四年	周恒祺	湖北黄陂	咸丰二年	孙永治	湖北汉阳	同治七年
张鸣珂	湖北黄冈	光绪二十四年	萧延福	湖北黄陂	咸丰六年	袁希祖	湖北汉阳	道光二十七年
陶　锐	湖北黄冈	光绪二年	涂福田	湖北黄陂	光绪二十一年	丁鹿鸣	湖北汉阳	咸丰二年
王基磐	湖北黄冈	光绪十二年	徐孝丰	湖北黄陂	光绪二十一年	李哲明	湖北汉阳	光绪十八年
王丕厘	湖北黄冈	光绪六年	王乃槩	湖北黄陂	光绪二十一年	密昌墀	湖北汉阳	光绪十八年
杜炳珩	湖北黄冈	光绪六年	刘　辉	湖北黄陂	光绪二十一年	周之桢	湖北汉阳	光绪三十年
程仁均	湖北黄冈	光绪六年	陈惠恺	湖北黄陂	光绪二十一年	徐麟书	湖北汉阳	光绪二年
郑葆清	湖北黄冈	光绪九年	范　轼	湖北黄陂	光绪二十四年	李策清	湖北汉川	同治十三年
万邦华	湖北黄冈	光绪九年	张则川	湖北黄陂	光绪三十年	卢维雝	湖北汉川	光绪十八年
夏保彝	湖北黄冈	光绪十二年	郭集芬	湖北黄陂	光绪十六年	刘　焜	湖北广济	同治二年
陈　锦	湖北罗田	同治二年	孟培桢	湖北江陵	道光二十五年	张殿宾	湖北广济	道光二十七年
匡庆榆	湖北罗田	道光二十七年	张治仁	湖北江陵	光绪二十九年	铙　丰	湖北广济	道光三十年
潘颐福	湖北罗田	同治十三年	陈国华	湖北江陵	光绪十六年	魏邦达	湖北广济	咸丰六年
姚晋圻	湖北罗田	光绪十八年	朱传熙	湖北江陵	光绪三年	刘寅浚	湖北广济	光绪十六年
周　祺	湖北罗田	光绪二十年	熊起渭	湖北黄安	光绪十五年	夏汝镛	湖北广济	光绪十二年
许　堃	湖北罗田	光绪二十年	刘远驹	湖北黄安	光绪三十年	刘德全	湖北谷城	光绪二十一年
姚晋埏	湖北罗田	光绪二十一年	徐宗一	湖北黄安	咸丰十年	刘元弼	湖北谷城	光绪十六年
周锦心	湖北罗田	光绪二年	张相宇	湖北黄安	同治二年	尹家楫	湖北恩施	光绪二十四年
王齐海	湖北罗田	光绪二年	陈夙翥	湖北黄安	同治二年	尹寿衡	湖北恩施	同治四年
周锡恩	湖北罗田	光绪九年	熊汝梅	湖北黄安	同治七年	詹　恺	湖北恩施	光绪二十一年
陈德熏	湖北黄陂	光绪二年	毛五和	湖北黄安	同治十年	樊增祥	湖北恩施	光绪三年
王康平	湖北黄陂	光绪三年	彭宗达	湖北黄安	咸丰二年	顾嘉蘅	湖北东湖	道光二十年
何光仪	湖北黄陂	光绪三年	刘秉琳	湖北黄安	咸丰二年	徐中铨	湖北当阳	光绪十八年
张继良	湖北黄陂	光绪三年	李廷箫	湖北黄安	咸丰三年	朱映清	湖北大冶	光绪二十四年
彭鸿翊	湖北黄陂	光绪九年	张璟槩	湖北黄安	咸丰九年	朱国桢	湖北大冶	光绪二十九年
龚化龙	湖北黄陂	光绪九年	阮光鼎	湖北黄安	咸丰九年	丁　节	湖北大冶	道光二十四年

续表

姓名	籍贯	何年进士	姓名	籍贯	何年进士	姓名	籍贯	何年进士
丁　翥	湖北大冶	同治七年	娄　光	河南原武	同治二年	曹中技	河南新野	道光三十年
黄肇宏	湖北大冶	光绪二年	王　贺	河南裕州	光绪二十四年	张时中	河南新乡	咸丰十年
傅誉荪	湖北崇阳	光绪三年	屈永清	河南裕州	咸丰六年	郭祥瑞	河南新乡	道光二十七年
朱祥晖	湖北崇阳	光绪十六年	王缙卿	河南裕州	同治十三年	王揆一	河南新乡	道光二十七年
杨从矩	湖北安陆	道光二十年	谭　诠	河南裕州	同治十三年	白　润	河南新乡	道光二十七年
陈学棻	湖北安陆	同治元年	周华林	河南裕州	光绪二年	卫荣光	河南新乡	咸丰二年
唐翊清	湖北安陆	咸丰三年	曹绍曾	河南禹州	道光二十五年	杜来锡	河南新乡	咸丰三年
陈培庚	湖北安陆	光绪二十年	樊海澜	河南禹州	光绪二十九年	马云昭	河南新乡	咸丰九年
李郁芬	湖北安陆	光绪二年	张肄三	河南禹州	同治四年	杜世铭	河南新乡	咸丰九年
蔡文田	湖北安陆	光绪二年	宋淑信	河南禹州	光绪六年	夏奠川	河南新乡	光绪二十年
刘玉珂	湖北安陆	光绪十二年	张宝镕	河南虞城	道光二十一年	王安澜	河南新乡	光绪十六年
李恩长	河南中牟	咸丰二年	耿济瀛	河南虞城	光绪十六年	宋汉凌	河南新蔡	光绪二年
张鸿远	河南中牟	同治元年	石香圃	河南虞城	光绪九年	郭桐生	河南新安	道光三十年
刘德馨	河南陟县	光绪九年	李　昆	河南永宁	咸丰六年	韩瞻斗	河南新安	同治十年
刘瑞璘	河南郑州	光绪十八年	萧育东	河南永城	同治四年	张之域	河南项城	光绪二十四年
张之锐	河南郑州	光绪二十一年	丁象震	河南永城	光绪六年	王金鼎	河南项城	同治七年
高寅生	河南郑州	光绪二年	孙钦昂	河南荥阳	咸丰六年	袁保恒	河南项城	道光三十年
赵永清	河南郑州	光绪六年	王筠节	河南宜阳	道光二十年	高钦中	河南项城	道光三十年
孟　滢	河南郑州	光绪十五年	王慎修	河南宜阳	咸丰十年	高钊中	河南项城	光绪二年
余本初	河南正阳	咸丰十年	孙绍阳	河南仪封	光绪十六年	张镇芳	河南项城	光绪十八年
叶荫昉	河南正阳	同治七年	李兆麟	河南叶县	光绪二十年	郭书堂	河南项城	光绪二十年
高麟超	河南镇平	光绪二十年	袁允治	河南阳武	同治二年	高积政	河南项城	光绪二十年
陈斌麟	河南信阳	光绪二十四年	赵时熙	河南郾城	同治七年	张淑栋	河南项城	光绪二十年
陈善同	河南信阳	光绪二十九年	陈金台	河南郾城	光绪十五年	高积勋	河南项城	光绪三年
孙体仁	河南信阳	同治元年	陈伟勋	河南郾城	光绪十八年	欧阳绣之	河南项城	光绪三年
陈秩五	河南信阳	道光二十七年	郭铭鼎	河南偃师	光绪二十九年	高积健	河南项城	光绪六年
陈梦兰	河南信阳	咸丰二年	徐振翰	河南延津	光绪二年	余连萼	河南项城	光绪九年
李裕泽	河南信阳	同治十三年	吴朝彦	河南许州	同治四年	郑大城	河南祥符	道光二十年
郭家葆	河南信阳	光绪二十年	彭嘉寅	河南许州	道光二十五年	杨靖恭	河南祥符	光绪三十年
艾廷选	河南信阳	光绪二年	吴灿西	河南许州	咸丰九年	常维潮	河南祥符	咸丰六年
何传中	河南信阳	光绪三年	刘藜青	河南修武	光绪十八年	田书年	河南祥符	咸丰九年
李树敏	河南信阳	光绪十二年	刘国良	河南新郑	光绪二十一年	顾承曾	河南祥符	光绪二十九年
严祖庆	河南信阳	光绪十二年	白　焯	河南新郑	光绪十二年	薛鸿兆	河南祥符	道光二十年
韩镇周	河南柘城	光绪三年	陶大夏	河南新野	同治十年	牛东藩	河南祥符	光绪二十四年

续表

姓名	籍贯	何年进士	姓名	籍贯	何年进士	姓名	籍贯	何年进士
顾准曾	河南祥符	光绪二十九年	许贞元	河南祥符	咸丰九年	顿福之	河南息县	咸丰六年
靳　志	河南祥符	光绪二十九年	路昭德	河南祥符	咸丰九年	何士循	河南息县	光绪十六年
王宫午	河南祥符	咸丰十年	王启纶	河南祥符	同治十年	孙其敬	河南息县	光绪二十四年
沈源深	河南祥符	咸丰十年	郑思贺	河南祥符	同治十三年	祝寿昌	河南息县	道光三十年
周伯贞	河南祥符	同治元年	顾　璜	河南祥符	光绪二年	王言綍	河南息县	光绪三十年
高延绶	河南祥符	道光二十一年	顾　瑗	河南祥符	光绪十八年	胡清瑞	河南襄城	同治二年
张　桐	河南祥符	道光二十一年	孙寿翼	河南祥符	光绪十八年	耿灼然	河南襄城	道光二十七年
杨安国	河南祥符	道光二十一年	韩　墀	河南祥符	光绪二十年	张延龄	河南襄城	光绪十八年
赵林成	河南祥符	道光二十一年	王德懋	河南祥符	光绪二十一年	李铭皖	河南夏邑	道光二十年
谢方润	河南祥符	道光二十一年	顾显曾	河南祥符	光绪三十年	李铭霍	河南夏邑	同治二年
周治润	河南祥符	道光二十四年	杨捷三	河南祥符	光绪十六年	曹炽昌	河南夏邑	咸丰三年
靳丹书	河南祥符	道光二十四年	范仲垚	河南祥符	光绪十六年	杨广钦	河南夏邑	光绪九年
程祖润	河南祥符	道光二十四年	冯汝骐	河南祥符	光绪二年	凌松林	河南西华	咸丰三年
张　棨	河南祥符	同治四年	傅　锟	河南祥符	光绪二年	李　璋	河南西华	咸丰六年
丁云翰	河南祥符	同治七年	郑思赞	河南祥符	光绪二年	张廷燎	河南舞阳	同治十三年
徐祥麟	河南祥符	同治七年	刘会琭	河南祥符	光绪二年	朱光鉴	河南舞阳	同治十三年
李培元	河南祥符	同治七年	高昭瑞	河南祥符	光绪三年	胡鉴斗	河南舞阳	光绪三年
赵国蔺	河南祥符	同治七年	李象辰	河南祥符	光绪三年	毛亮熙	河南武陟	咸丰十年
张之堂	河南祥符	同治七年	张燮堂	河南祥符	光绪十二年	张文德	河南武陟	咸丰十年
田我霖	河南祥符	同治十年	钱昌祚	河南祥符	光绪十六年	周信之	河南武陟	同治二年
王　廉	河南祥符	同治十年	田　怡	河南祥符	光绪三年	冯　琛	河南武陟	道光二十五年
周衍恩	河南祥符	同治十年	裴维侒	河南祥符	光绪六年	毛昶熙	河南武陟	道光二十五年
张海鹏	河南祥符	同治十年	钱锡晋	河南祥符	光绪六年	陆履贞	河南武陟	咸丰三年
张祖谟	河南祥符	同治十年	孙之鸿	河南祥符	光绪六年	毛羽丰	河南武陟	同治十年
徐嵩生	河南祥符	道光二十五年	丁　芳	河南祥符	光绪六年	常文敏	河南武陟	同治十三年
刘　润	河南祥符	道光二十七年	冯汝骙	河南祥符	光绪九年	毛鸿藻	河南武陟	同治十三年
裴季芳	河南祥符	道光二十七年	田　恂	河南祥符	光绪九年	王熙元	河南武陟	光绪二十一年
周誉芬	河南祥符	道光三十年	武玉润	河南祥符	光绪十五年	王士杰	河南武陟	光绪二十四年
李　鼎	河南祥符	道光三十年	王家勤	河南祥符	咸丰二年	毛慈望	河南武陟	光绪十五年
裴季勋	河南祥符	咸丰二年	刘毓棠	河南祥符	咸丰三年	武元鹤	河南武安	道光二十七年
刘　济	河南祥符	咸丰二年	冯端本	河南祥符	咸丰六年	郝本裕	河南武安	咸丰三年
刘毓楠	河南祥符	咸丰二年	李宏谟	河南祥符	咸丰六年	贾树勋	河南武安	咸丰三年
高文铭	河南祥符	咸丰九年	何　枢	河南祥符	咸丰六年	任连升	河南武安	咸丰六年
孙　树	河南祥符	咸丰九年	关国光	河南祥符	咸丰六年	李三捷	河南武安	同治十三年

续表

姓名	籍贯	何年进士	姓名	籍贯	何年进士	姓名	籍贯	何年进士
杨允文	河南武安	光绪二十一年	李擢英	河南商水	光绪三年	刘宗城	河南商城	道光二十四年
白　昶	河南武安	光绪二年	侯履中	河南商丘	道光二十年	周文焘	河南商城	同治十年
焦锡龄	河南武安	光绪十六年	侯云登	河南商丘	道光二十一年	周德荣	河南商城	道光二十七年
李步瀛	河南阌乡	咸丰三年	吴协中	河南商丘	同治四年	邓楚翘	河南商城	咸丰二年
孙鸿烈	河南温县	光绪二十九年	袁诚格	河南商丘	同治七年	张谐之	河南陕州	同治四年
吴攸之	河南温县	道光二十四年	刘履安	河南商丘	同治七年	卫元燮	河南陕州	道光三十年
原峰峻	河南温县	咸丰二年	宋恪符	河南商丘	道光三十年	霍鹏南	河南汝阳	同治四年
侯来仪	河南温县	光绪二十九年	陈渭川	河南商丘	道光三十年	胡启文	河南汝阳	道光二十五年
刘鸿恩	河南尉氏	道光二十七年	陈景雍	河南商丘	咸丰二年	任祥麟	河南汝阳	光绪二年
谢桓武	河南唐县	光绪三十年	蔡同春	河南商丘	咸丰六年	孙钦晃	河南荥阳	同治七年
冯台异	河南唐县	光绪二十四年	刘履泰	河南商丘	咸丰六年	孙炳煜	河南荥阳	同治七年
李兰馨	河南唐县	光绪十八年	汤原铣	河南商丘	光绪十八年	李　檀	河南荥阳	咸丰三年
何现图	河南睢州	咸丰二年	王从礼	河南商丘	光绪二十一年	孙综源	河南荥阳	光绪十二年
刘鄘田	河南睢州	同治十年	杨继祖	河南商城	咸丰九年	孙显家	河南荥县	光绪三年
李子方	河南睢州	光绪十五年	周文浚	河南商城	同治十三年	步翔藻	河南杞县	光绪二十一年
李儆儒	河南睢州	光绪二十九年	谭光藜	河南商城	同治十三年	杜如芝	河南杞县	道光三十年
陈惺驯	河南睢州	同治七年	吴良菜	河南商城	光绪十八年	徐鸿泰	河南杞县	光绪十六年
陈肃如	河南嵩县	咸丰十年	杨敬远	河南商城	光绪十八年	苏佩训	河南汤阴	咸丰九年
傅笃兴	河南嵩县	咸丰二年	熊　宾	河南商城	光绪二十年	刘郇膏	河南太康	道光二十七年
张景星	河南嵩县	咸丰九年	廖允儒	河南商城	光绪二十年	刘　果	河南太康	光绪十二年
孙福申	河南嵩县	光绪六年	余炳文	河南商城	光绪二十一年	王新桢	河南太康	光绪十二年
赵国光	河南汜水	光绪二十九年	黄关同	河南商城	光绪二十一年	杨子仪	河南内乡	道光二十五年
牛　瑄	河南汜水	同治四年	方　贞	河南商城	光绪三十年	庞掌运	河南内乡	咸丰六年
李培之	河南汜水	光绪十八年	张延鸿	河南商城	光绪十六年	卢俊章	河南内乡	光绪三年
张翰先	河南汜水	光绪二十一年	黄彝年	河南商城	光绪二年	王慧悯	河南内乡	光绪三十年
赵东阶	河南汜水	光绪二十四年	蒋　艮	河南商城	光绪六年	马　理	河南密县	同治二年
赵五星	河南汜水	光绪九年	张良暹	河南商城	光绪十二年	王化堂	河南密县	咸丰二年
魏联奎	河南汜水	光绪十二年	张孝谦	河南商城	光绪十五年	王守基	河南密县	咸丰二年
张韶南	河南渑池	道光二十七年	易　贞	河南商城	光绪十五年	翟允之	河南密县	咸丰二年
赵鸣琴	河南渑池	咸丰三年	詹　照	河南商城	光绪二十四年	张增祥	河南密县	咸丰三年
张　泳	河南渑池	光绪三年	李海光	河南商城	光绪二十九年	王伯良	河南泌阳	咸丰十年
张铭坤	河南渑池	光绪九年	张绪楷	河南商城	咸丰十年	杜正诗	河南孟县	同治元年
李　辅	河南商水	道光二十四年	洪永勋	河南商城	同治元年	宋梦兰	河南孟县	同治元年
屠尔敏	河南商水	光绪十八年	杨式谷	河南商城	道光二十一年	毛立之	河南孟县	同治二年

续表

姓名	籍贯	何年进士	姓名	籍贯	何年进士	姓名	籍贯	何年进士
梁　俊	河南孟县	同治四年	王　琛	河南鹿邑	同治元年	李廉泉	河南辉县	道光二十四年
刘学瀚	河南孟县	同治四年	何含章	河南鹿邑	同治元年	侯锡彤	河南辉县	光绪二十年
杜天枢	河南孟县	同治十年	王德炳	河南鹿邑	道光二十四年	史绪任	河南辉县	光绪十二年
马觐臣	河南孟县	光绪十五年	梁　珏	河南鹿邑	咸丰二年	史春荃	河南辉县	光绪九年
于耿光	河南孟县	光绪九年	梁　璨	河南鹿邑	同治十年	王绍勋	河南辉县	光绪十五年
杜友白	河南孟县	光绪十二年	秦绂卿	河南鹿邑	光绪二十一年	胡凤冈	河南淮宁	同治元年
张万选	河南孟津	同治四年	王祖同	河南鹿邑	光绪十五年	暴大儒	河南滑县	道光三十年
乔学易	河南孟津	咸丰三年	王祖武	河南鹿邑	光绪十五年	暴翔云	河南滑县	光绪二十四年
林东郊	河南洛阳	光绪二十四年	张　勋	河南鲁山	咸丰九年	田广恩	河南滑县	光绪六年
孙绍曾	河南洛阳	同治十年	史宝安	河南卢氏	光绪二十九年	仆常春	河南河南	光绪二年
董元醇	河南洛阳	咸丰二年	杜逢庚	河南卢氏	同治四年	靳先登	河南河内	同治二年
王聚奎	河南洛阳	同治十三年	李梦周	河南卢氏	道光二十五年	梁　琛	河南河内	同治七年
毕太昌	河南罗山	光绪三十年	王卓然	河南卢氏	咸丰二年	高　倬	河南河内	道光二十五年
方连翼	河南罗山	同治四年	李进禄	河南卢氏	光绪十五年	郭应霖	河南河内	咸丰九年
夏玉瑚	河南罗山	同治七年	李镜江	河南灵宝	道光三十年	杜　严	河南河内	光绪三十年
刘承矩	河南罗山	同治七年	薛书堂	河南灵宝	咸丰二年	唐骅路	河南河内	光绪六年
丁振铎	河南罗山	同治十年	关捷三	河南淇县	光绪二十九年	刘熙纯	河南河内	光绪九年
陈荣昌	河南罗山	同治十年	吕敬直	河南宁陵	光绪十五年	阎萃峰	河南河内	光绪九年
吕序程	河南罗山	道光二十五年	李德炳	河南南召	光绪六年	李汉光	河南光山	光绪二十九年
尚庆潮	河南罗山	道光二十五年	张孚襄	河南南阳	光绪二十四年	吕钟三	河南光山	咸丰十年
郑　荄	河南罗山	咸丰九年	翟飞声	河南南阳	咸丰十年	刘鸣皋	河南光山	咸丰十年
张德迪	河南罗山	同治十三年	尹铭心	河南南阳	同治四年	张鹏翼	河南光山	同治二年
方连轸	河南罗山	同治十三年	任辉第	河南南阳	道光二十五年	陈纪麟	河南光山	道光二十四年
张绍渠	河南罗山	同治十三年	黄崇礼	河南南阳	道光三十年	易子彬	河南光山	同治四年
万云路	河南罗山	光绪十八年	樊　璟	河南南阳	同治十三年	曹登庸	河南光山	道光二十七年
王　伊	河南罗山	光绪二十一年	刘珊瑸	河南南阳	光绪十八年	何镇之	河南光山	咸丰三年
徐允升	河南罗山	光绪二年	张凤冈	河南南阳	光绪十六年	胡义质	河南光山	咸丰六年
方培恺	河南罗山	光绪十二年	曹学彬	河南南阳	光绪三年	杨炳震	河南光山	光绪二十年
胡昌祖	河南罗山	光绪六年	高得善	河南汲县	咸丰二年	胡葆颐	河南光山	光绪二十年
丁振德	河南罗山	光绪六年	李时灿	河南汲县	光绪十八年	李之钊	河南光山	光绪二十一年
刘家模	河南罗山	光绪九年	段文元	河南汲县	光绪十二年	何重熙	河南光山	光绪二十一年
朱德泽	河南罗山	光绪十五年	陈熙朝	河南获嘉	光绪三十年	陈　侃	河南光山	光绪二十一年
付松龄	河南鹿邑	光绪二十四年	郭程先	河南辉县	咸丰十年	陈　图	河南光山	光绪二年
王　珊	河南鹿邑	咸丰十年	尚鸣岐	河南辉县	道光二十一年	李国赓	河南光山	光绪二年

续表

姓名	籍贯	何年进士	姓名	籍贯	何年进士	姓名	籍贯	何年进士
熊兆姜	河南光山	光绪十六年	彭运斌	河南邓州	光绪三十年	曹大任	河南固始	咸丰九年
熊起磻	河南光山	光绪三年	萧振汉	河南邓州	同治七年	王铭渊	河南固始	光绪十八年
陈汝钦	河南光山	光绪六年	黄利观	河南邓州	同治十年	曾述棨	河南固始	光绪十八年
陈　阆	河南光山	光绪十二年	王宝瑜	河南邓州	光绪十八年	何品黎	河南固始	光绪二十九年
夏和清	河南光山	光绪三十年	胡宾周	河南登封	光绪九年	张成修	河南固始	光绪三十年
孟词宗	河南临漳	同治二年	吴保泰	河南光州	道光二十年	张世恩	河南固始	光绪二年
彭九龄	河南临漳	同治二年	张文鼎	河南光州	同治元年	张星炳	河南固始	光绪六年
李德溥	河南临漳	同治四年	李嘉乐	河南光州	同治二年	秦树声	河南固始	光绪十二年
逯　懿	河南临县	光绪十五年	凌卿云	河南光州	同治二年	赵　敏	河南巩县	咸丰三年
吕慎修	河南林县	同治元年	张元一	河南光州	同治二年	刘正敩	河南巩县	光绪十八年
吕慰曾	河南林县	光绪二十四年	邬纯嘏	河南光州	同治四年	杨作楫	河南陈留	同治十年
张家骏	河南林县	光绪二十九年	叶廷杰	河南光州	道光二十五年	刘执德	河南陈留	同治十三年
李师濂	河南林县	咸丰十年	李孟群	河南光州	道光二十七年	梁乃赓	河南陈留	光绪十二年
李祖光	河南林县	同治元年	马佩瑶	河南光州	道光三十年	王文焕	河南长葛	光绪三十年
董应遴	河南林县	同治元年	卢士杰	河南光州	咸丰三年	田依渠	河南长葛	咸丰六年
李仲鸾	河南林县	同治二年	贾　铎	河南光州	咸丰三年	杨佩璋	河南长葛	光绪三年
申逢吉	河南林县	道光二十五年	胡廷干	河南光州	同治十三年	徐璞玉	河南宝丰	同治元年
田景瀛	河南林县	咸丰三年	吴敬修	河南光州	光绪二十年	曼惠吉	河南宝丰	咸丰三年
刘　曦	河南林县	咸丰三年	王荩臣	河南光州	光绪二十一年	宋嘉林	河南安阳	光绪二十九年
李见荃	河南林县	光绪二十年	王沛棻	河南光州	光绪十六年	马丕瑶	河南安阳	同治元年
许虎变	河南考城	同治十年	吴学曾	河南光州	光绪十六年	刘景宸	河南安阳	同治元年
周式濂	河南濬县	咸丰三年	黄毓森	河南光州	光绪九年	汤庆源	河南安阳	同治四年
张　崇	河南郏县	咸丰二年	孙家钰	河南固始	光绪三十年	朱靖旬	河南安阳	咸丰九年
李仁元	河南济源	道光二十七年	祝嘉聚	河南固始	光绪二十四年	靳学礼	河南安阳	光绪二十年
杨淑修	河南济源	光绪六年	鲁　晋	河南固始	光绪二十四年	张凤台	河南安阳	光绪二十一年
高同善	河南汲县	咸丰十年	吴元炳	河南固始	咸丰十年	张庭武	河南安阳	光绪十六年
贺际运	河南汲县	道光二十七年	曾国霖	河南固始	同治二年	袁保辰	河南安阳	光绪三年
王方田	河南扶沟	同治十年	张怀恩	河南固始	同治二年	马吉樟	河南安阳	光绪九年
柳　堂	河南扶沟	光绪十六年	祝世功	河南固始	同治七年	刘泰龢	河南安阳	光绪九年
张文楷	河南扶沟	光绪三年	祝　祐	河南固始	道光二十五年	张致安	贵州遵义	光绪二十一年
边其恒	河南封邱	咸丰十年	吴鼎立	河南固始	道光三十年	刘琪棻	贵州遵义	光绪二年
邢守道	河南封邱	同治二年	陈泰增	河南固始	咸丰二年	吴国霖	贵州遵义	光绪六年
何传兴	河南封邱	道光三十年	丁逊之	河南固始	咸丰六年	周凤翥	贵州遵义	光绪九年
韦承瀛	河南封邱	道光三十年	曹大俊	河南固始	咸丰六年	黎君融	贵州遵义	光绪九年

续表

姓名	籍贯	何年进士	姓名	籍贯	何年进士	姓名	籍贯	何年进士
李树誉	贵州遵义	光绪十二年	安盘金	贵州湄潭	同治十三年	李世祥	贵州贵筑	光绪九年
钟汉章	贵州遵义	道光二十年	夏同和	贵州麻哈	光绪二十四年	孔繁昌	贵州贵筑	光绪十五年
杨兆麟	贵州遵义	光绪二十九年	胡长新	贵州黎平	道光二十七年	文明钦	贵州贵筑	光绪十五年
黄灿章	贵州遵义	同治七年	徐德裕	贵州镇宁	同治七年	黄士廉	贵州贵筑	光绪十五年
赵廷铭	贵州遵义	道光二十七年	任焕奎	贵州镇宁	光绪三年	袁永廉	贵州贵筑	光绪三十年
卢天泽	贵州遵义	咸丰六年	黄桂清	贵州镇宁	光绪九年	孙　鸾	贵州贵筑	光绪三十年
萧树藩	贵州遵义	同治十年	郑宝谦	贵州玉屏	光绪二十四年	杨春和	贵州贵筑	道光二十年
何钟相	贵州遵义	同治十三年	欧阳廷景	贵州余庆	咸丰三年	朱　镇	贵州贵筑	道光二十年
官懋和	贵州遵义	同治十三年	余　焘	贵州余庆	光绪三年	熊灿奎	贵州贵筑	道光二十年
蹇念典	贵州遵义	光绪十八年	侯荣封	贵州永宁	道光二十四年	朱沧鳌	贵州贵筑	光绪二十四年
赵　怡	贵州遵义	光绪二十年	柳宗芳	贵州印江	咸丰九年	黄钟杰	贵州贵筑	光绪二十四年
周　沆	贵州遵义	光绪二十一年	戴锡之	贵州印江	光绪十八年	唐瑞铜	贵州贵筑	光绪二十九年
刘福田	贵州正安	同治二年	陈国祥	贵州修文	光绪二十九年	李维珏	贵州贵筑	光绪二十九年
彭葆初	贵州镇远	咸丰十年	袁思韩	贵州修文	道光二十四年	曾肇嘉	贵州贵筑	光绪二十九年
谭钧培	贵州镇远	同治元年	胡日宣	贵州修文	同治二年	何亮清	贵州贵筑	咸丰十年
李文森	贵州镇远	道光三十年	袁思干	贵州修文	同治七年	周　麟	贵州贵筑	咸丰十年
李浙鸿	贵州镇远	道光三十年	谭培堃	贵州修文	同治七年	杨先棻	贵州贵筑	同治元年
谭启瑞	贵州镇远	光绪十八年	董炳章	贵州修文	道光二十五年	李端棻	贵州贵筑	同治二年
谭文鸿	贵州镇远	光绪二十年	丁良佐	贵州修文	光绪二十一年	孙　濂	贵州贵筑	道光二十一年
张景旭	贵州镇远	光绪十五年	刘钟俊	贵州修文	光绪三十年	张见田	贵州贵筑	道光二十四年
任承纪	贵州瓮安	光绪二十四年	柴作舟	贵州修文	光绪十二年	刘琪枝	贵州贵筑	同治四年
宋衍镛	贵州瓮安	道光二十年	陈后琨	贵州修文	光绪九年	李振南	贵州贵筑	同治七年
饶桂丰	贵州威宁	咸丰二年	胡治铨	贵州修文	光绪九年	李宗邺	贵州贵筑	同治七年
曾瑞棻	贵州铜仁	光绪二十四年	戚朝卿	贵州修文	光绪九年	熊景钊	贵州贵筑	同治十年
唐桂馨	贵州铜仁	光绪三十年	赵廷光	贵州修文	光绪十二年	寇本瑊	贵州贵筑	同治十年
杨昌江	贵州天柱	咸丰六年	徐培光	贵州修文	光绪十五年	黄　杰	贵州贵筑	同治十年
王作孚	贵州绥阳	咸丰三年	景其浚	贵州兴义	咸丰二年	李朝仪	贵州贵筑	道光二十五年
张　昭	贵州绥阳	咸丰三年	景方昶	贵州兴义	光绪十五年	张秉堃	贵州贵筑	道光二十五年
唐世翼	贵州松桃	咸丰三年	申尚毅	贵州婺川	光绪二年	张　烧	贵州贵筑	咸丰二年
冉文瑞	贵州松桃	光绪十六年	罗运松	贵州婺川	光绪二十四年	傅寿彤	贵州贵筑	咸丰三年
郑于蕃	贵州思南	道光二十一年	张希仲	贵州贵筑	道光二十七年	周　鹤	贵州贵筑	咸丰六年
周钟岱	贵州思南	咸丰三年	寇嘉相	贵州贵筑	道光三十年	陈鸿作	贵州贵筑	咸丰九年
郑天寿	贵州思南	同治十三年	杨先英	贵州贵筑	道光三十年	赵继学	贵州贵筑	咸丰九年
陈　煊	贵州湄潭	同治四年	谢金诰	贵州贵筑	咸丰二年	吴岱章	贵州贵筑	咸丰九年

续表

姓名	籍贯	何年进士	姓名	籍贯	何年进士	姓名	籍贯	何年进士
钱登云	贵州贵筑	同治十三年	余熙春	贵州贵筑	光绪六年	胡嗣瑗	贵州开州	光绪二十九年
唐登瀛	贵州贵筑	同治十三年	陈文锦	贵州贵筑	光绪六年	何庆恩	贵州开州	咸丰十年
赵宗鼎	贵州贵筑	同治十三年	唐元恺	贵州思南	同治十三年	萧时馨	贵州开州	道光二十四年
袁韵春	贵州贵筑	同治十三年	陈世瑞	贵州思南	光绪二十年	胡嗣芬	贵州开州	光绪二十一年
寇宗俊	贵州贵筑	光绪十八年	孙炳阳	贵州思南	光绪十六年	李立元	贵州开州	光绪十六年
谭子俊	贵州贵筑	光绪十八年	唐开文	贵州思南	光绪九年	陈夔麟	贵州开县	光绪六年
许文森	贵州贵筑	光绪十八年	黄树勋	贵州思南	光绪九年	孙光祖	贵州黄平	光绪二十四年
李允廉	贵州贵筑	光绪二十年	程棫林	贵州思南	光绪十五年	彭润章	贵州黄平	同治七年
杨鸿勋	贵州贵筑	光绪二十年	李祖昉	贵州石阡	同治十三年	熊范舆	贵州贵阳	光绪三十年
聂延祐	贵州贵筑	光绪二十一年	陈景星	贵州石阡	光绪二十年	邢　端	贵州贵阳	光绪三十年
周之麟	贵州贵筑	光绪二十一年	杜宝善	贵州石阡	光绪二年	萧开瀛	贵州贵阳	光绪二十九年
李端棨	贵州贵筑	光绪二十四年	周文澜	贵州石阡	光绪十五年	何　鼎	贵州贵阳	咸丰十年
王庆麟	贵州贵筑	光绪三十年	张　杰	贵州清镇	光绪二十四年	夏承煜	贵州贵阳	道光二十一年
戴宝辉	贵州贵筑	光绪三十年	朱荣先	贵州清镇	光绪二十四年	徐良梅	贵州贵阳	道光二十一年
姚　华	贵州贵筑	光绪三十年	黄桐勋	贵州清镇	道光二十四年	张　杰	贵州贵阳	同治四年
陈钟澔	贵州贵筑	光绪十六年	濮尚暄	贵州清镇	咸丰二年	张士燦	贵州贵阳	同治七年
胡成立	贵州贵筑	光绪十六年	顾　衷	贵州清平	同治元年	殷　谦	贵州贵阳	同治七年
陈启绪	贵州贵筑	光绪十六年	孙迥澜	贵州清平	光绪二十九年	罗文彬	贵州贵阳	同治十年
黄国瑾	贵州贵筑	光绪二年	熊朝滨	贵州黔西	光绪二十九年	车汝建	贵州贵阳	道光二十七年
张主敬	贵州贵筑	光绪二年	刘韫良	贵州普定	同治十年	敖国琦	贵州贵阳	道光二十七年
唐选皋	贵州贵筑	光绪二年	周之冕	贵州普定	同治十年	沈善昌	贵州贵阳	道光三十年
杨调元	贵州贵筑	光绪三年	杨恩元	贵州普定	光绪二十一年	高天庞	贵州贵阳	咸丰二年
陈　灿	贵州贵筑	光绪三年	姚大荣	贵州普定	光绪九年	张师亮	贵州贵阳	咸丰六年
陈　馨	贵州贵筑	光绪三年	赵择雅	贵州平越	同治十年	王培心	贵州贵阳	同治十三年
李端棨	贵州贵筑	光绪十二年	刘思明	贵州平越	光绪二十九年	萧射斗	贵州贵阳	同治十三年
杨廷椿	贵州贵筑	光绪十六年	赵宜琛	贵州平越	光绪二年	陈　瑜	贵州贵阳	光绪十八年
王鹤松	贵州贵筑	光绪十六年	杨炳勋	贵州平越	光绪三年	刘钟琼	贵州贵阳	光绪十八年
花　铭	贵州贵筑	光绪十六年	丁宝桢	贵州平远	咸丰三年	傅仲涛	贵州贵阳	光绪十八年
黄辅相	贵州贵筑	道光二十五年	王克鼎	贵州平远	光绪十八年	黄士俊	贵州贵阳	光绪十八年
周　灏	贵州贵筑	道光二十五年	谌曾谟	贵州平远	光绪六年	韩绍徽	贵州贵阳	光绪二十年
车汝震	贵州贵筑	道光二十五年	丁寿鹤	贵州平远	光绪九年	郑玉麟	贵州贵阳	光绪二十年
黄彭年	贵州贵筑	道光二十七年	赵光表	贵州平远	光绪九年	马汝骥	贵州贵阳	光绪二十一年
罗　镕	贵州贵筑	光绪十六年	张本谟	贵州郎岱	光绪二十四年	白子钊	贵州贵阳	光绪二十一年
李天锡	贵州贵筑	光绪三年	萧时馥	贵州开州	道光二十年	丁树齐	贵州贵阳	光绪二十九年

续表

姓名	籍贯	何年进士	姓名	籍贯	何年进士	姓名	籍贯	何年进士
乐理莹	贵州贵阳	光绪二年	胡政举	贵州八寨	光绪六年	覃梦榕	广西阳朔	光绪三年
许泽新	贵州贵阳	光绪三年	周培锦	贵州安顺	同治元年	唐樾森	广西宣化	光绪二十四年
李锡龄	贵州贵阳	光绪十二年	刘春霖	贵州安顺	同治七年	韦朝冕	广西宣化	光绪二十四年
陈　田	贵州贵阳	光绪十二年	黄卓元	贵州安顺	同治十三年	雷瑞光	广西宣化	咸丰三年
熊济文	贵州贵阳	光绪十六年	张锦春	贵州安顺	光绪二十年	杜寿朋	广西宣化	咸丰九年
唐建寅	贵州贵阳	光绪三年	杜庆元	贵州安顺	光绪六年	唐椿森	广西宣化	光绪二年
谢廷泽	贵州贵阳	光绪六年	刘芳云	贵州安平	道光二十一年	周培懋	广西宣化	光绪十八年
刘奎辰	贵州贵阳	光绪六年	张亮采	贵州安平	道光三十年	谢崇厚	广西宣化	光绪二十年
赵以奎	贵州贵阳	光绪十二年	张燮霖	贵州安平	光绪十二年	钟刚中	广西宣化	光绪三十年
史继泽	贵州贵阳	光绪十二年	王铭鼎	贵州安化	道光二十一年	钟德瑞	广西宣化	光绪十六年
郑维琪	贵州贵阳	光绪十五年	刘世德	贵州安化	同治十年	黄国琦	广西宣化	光绪十六年
张正基	贵州贵阳	光绪十五年	刘世昌	贵州安化	光绪二年	谢　煌	广西宣化	光绪三年
陈泽春	贵州贵阳	光绪六年	牟懋圻	广西郁林	同治十三年	钟德祥	广西宣化	光绪二年
赵湘洲	贵州贵阳	光绪九年	杨书勋	广西郁林	光绪二十一年	石鸿韶	广西象州	光绪六年
赵以炯	贵州贵阳	光绪十二年	文德馨	广西郁林	光绪十二年	苏超才	广西武缘	同治十年
陈夔龙	贵州贵阳	光绪十二年	苏玉霖	广西郁林	光绪九年	黎效松	广西藤县	光绪二十四年
李　瑞	贵州贵定	同治十年	杨书詹	广西郁林	光绪十二年	卓　诚	广西藤县	同治二年
赵家蕙	贵州广顺	光绪二十一年	钟承祺	广西郁林	光绪十五年	邓国光	广西藤县	咸丰三年
赵　鸿	贵州广顺	光绪二十年	韦业祥	广西永宁	同治四年	王敩成	广西藤县	光绪十六年
赵以焕	贵州广顺	光绪十六年	赵文粹	广西永宁	同治十年	何业健	广西石泉	光绪二十一年
俞辅廷	贵州古州	道光二十四年	赵文伟	广西永宁	光绪六年	江蕴琛	广西融县	光绪二十一年
周振璘	贵州都匀	道光二十七年	蔡揆忠	广西永康	光绪六年	王秉箓	广西融县	光绪十二年
朱毓崧	贵州都匀	同治十三年	陈金华	广西永福	光绪三十年	封景岷	广西容县	道光二十一年
吴兰芬	贵州大定	道光三十年	王尔琨	广西永福	同治元年	黄金韶	广西容县	道光二十七年
章永康	贵州大定	咸丰三年	李良年	广西永福	光绪二十年	封蔚礽	广西容县	咸丰三年
颜卓之	贵州大定	咸丰六年	秦献祥	广西永福	光绪二十一年	麦玉华	广西容县	光绪二十年
安永松	贵州大定	光绪二年	李骥年	广西永福	光绪十六年	封祝唐	广西容县	光绪六年
葛明远	贵州毕节	光绪二十四年	侯绍宣	广西永福	光绪十六年	骆景宙	广西容县	光绪九年
路　璜	贵州毕节	道光二十五年	胡　连	广西永福	光绪六年	庞桂庭	广西容县	光绪九年
周　范	贵州毕节	咸丰三年	李光卓	广西永福	光绪十五年	黄玉忠	广西容县	光绪九年
葛亮维	贵州毕节	光绪二十一年	杨怀震	广西永淳	同治十三年	陈时中	广西容县	光绪十二年
路朝霖	贵州毕节	光绪二年	秦镇藩	广西义宁	道光三十年	蒋琦淳	广西全州	道光二十年
周　照	贵州毕节	光绪二年	汤廷诏	广西宜山	道光二十年	唐光圻	广西全州	同治十年
杨汝偕	贵州毕节	光绪三年	莫如晋	广西阳朔	光绪二十年	蒋　培	广西全州	道光二十七年

续表

姓名	籍贯	何年进士	姓名	籍贯	何年进士	姓名	籍贯	何年进士
蒋英元	广西全州	咸丰二年	杨成章	广西灵川	同治十年	况桂森	广西临桂	同治元年
刘发岐	广西全州	同治十三年	唐守道	广西灵川	道光二十五年	徐登云	广西临桂	同治元年
赵润生	广西全州	光绪二十年	李际昌	广西灵川	道光三十年	刘泽远	广西临桂	同治元年
赵炳麟	广西全州	光绪二十一年	唐德俊	广西灵川	同治十三年	谢树棠	广西临桂	同治二年
唐尚光	广西全州	光绪三十年	周绍昌	广西灵川	光绪二十年	周维翰	广西临桂	同治二年
蒋元杰	广西全州	光绪二年	黎元熙	广西灵川	光绪二十年	龙启瑞	广西临桂	道光二十一年
雷祖迪	广西全州	光绪九年	文同书	广西灵川	光绪二十一年	蒋　达	广西临桂	道光二十一年
彭献寿	广西庆远	光绪十五年	苏　岱	广西灵川	光绪十六年	邹崇孟	广西临桂	道光二十四年
韦锦恩	广西秦义	光绪二十一年	周　安	广西灵川	光绪九年	王恩祥	广西临桂	道光二十四年
陈德英	广西郁林	光绪二十四年	唐国珍	广西灵川	光绪十二年	戴臣法	广西临桂	道光二十四年
钟承堂	广西郁林	咸丰十年	汤汝和	广西灵川	光绪十五年	刘　会	广西临桂	同治二年
唐泰澜	广西郁林	同治元年	苏汝恒	广西灵川	同治七年	文　翰	广西临桂	同治二年
牟树棠	广西郁林	同治二年	彭希祖	广西兴业	光绪二十年	于建章	广西临桂	同治四年
周廷献	广西郁林	同治四年	吴兆梅	广西兴安	光绪三十年	陈衍昌	广西临桂	同治四年
郑扬芳	广西郁林	同治七年	陈秀芝	广西兴安	咸丰三年	周　璜	广西临桂	同治七年
蒋继芳	广西郁林	同治七年	杨久佑	广西兴安	咸丰九年	胡功祁	广西临桂	同治七年
欧德芳	广西郁林	同治十年	许钟岳	广西兴安	光绪三年	王必名	广西临桂	同治七年
王锡振	广西马平	道光二十一年	邓廷楠	广西新宁	道光二十四年	邓　明	广西临桂	同治七年
冯学培	广西马平	同治二年	李日章	广西象州	光绪二年	熊凤仪	广西临桂	同治七年
范晋藩	广西陆川	光绪二十四年	袁　铨	广西平南	道光二十七年	谢元福	广西临桂	同治十年
阮调元	广西陆川	同治四年	黎树桢	广西平南	道光三十年	吴锡章	广西临桂	同治十三年
吕浚堃	广西陆川	光绪二十九年	朱宝翰	广西平南	光绪二十年	刘本植	广西临桂	同治十三年
李庆云	广西陆川	光绪三年	李国材	广西平南	光绪二十一年	王维翰	广西临桂	同治十三年
吕佩瑀	广西陆川	光绪九年	朱方辉	广西平南	光绪六年	刘福姚	广西临桂	光绪十八年
张焯奎	广西龙州	光绪六年	莫燮乾	广西平南	光绪六年	范家祚	广西临桂	光绪十八年
黄善福	广西灵川	咸丰十年	廖振榘	广西平乐	光绪二十九年	王家骐	广西临桂	光绪十八年
周　冠	广西灵川	咸丰十年	萧开荣	广西平乐	同治元年	陈福荫	广西临桂	光绪十八年
汤献祥	广西灵川	同治二年	陆炳然	广西平乐	同治四年	吕　森	广西临桂	光绪十八年
周　杰	广西灵川	同治二年	何元恺	广西平乐	道光三十年	杨　颢	广西临桂	光绪十八年
周延揆	广西灵川	同治四年	曾思睿	广西平乐	光绪十五年	秦士麟	广西临桂	光绪十八年
赵德麟	广西灵川	同治四年	唐枝中	广西平乐	光绪九年	郑揆一	广西临桂	光绪二十年
秦钟简	广西灵川	同治七年	石成峰	广西临桂	同治十三年	朱远缙	广西临桂	光绪二十一年
阳肇先	广西灵川	同治七年	周德润	广西临桂	同治元年	马俊昌	广西临桂	光绪二十九年
张永熙	广西灵川	同治十年	唐国翰	广西临桂	同治元年	谢启中	广西临桂	光绪三十年

续表

姓名	籍贯	何年进士	姓名	籍贯	何年进士	姓名	籍贯	何年进士
张其锽	广西临桂	光绪三十年	周瑞清	广西临桂	咸丰九年	林世焘	广西贺县	光绪三十年
陈敉功	广西临桂	光绪三十年	周　益	广西临桂	咸丰九年	何振清	广西贺县	光绪三十年
张仲良	广西临桂	光绪二年	刘绍向	广西临桂	咸丰九年	刘宗标	广西贺县	光绪二年
龙朝言	广西临桂	光绪二年	唐启荫	广西临桂	咸丰九年	李孝先	广西贺县	光绪十六年
马　鉴	广西临桂	光绪二年	邓开运	广西临桂	咸丰九年	于式枚	广西贺县	光绪六年
傅超衡	广西临桂	光绪二年	靳元瑞	广西临桂	同治十三年	赖　瑾	广西桂平	光绪二十九年
谢元麒	广西临桂	光绪十二年	许晋祁	广西临桂	光绪十六年	吴祖昌	广西桂平	道光二十一年
周安康	广西临桂	光绪三十年	关榕祚	广西临桂	光绪十六年	杨钧培	广西桂平	同治二年
徐　培	广西临桂	光绪三十年	杨泳春	广西临桂	光绪三年	杨超元	广西桂平	同治四年
梁宝书	广西临桂	道光二十年	黄俊熙	广西临桂	光绪六年	姚钟璜	广西桂平	光绪十六年
郑庆崧	广西临桂	道光二十年	刘名誉	广西临桂	光绪六年	赖鹤年	广西桂平	光绪十八年
王希贤	广西临桂	光绪二十四年	林承泽	广西临桂	光绪六年	崔肇琳	广西桂平	光绪二十四年
陈智伟	广西临桂	光绪二十四年	谢启华	广西临桂	光绪六年	谢济民	广西桂平	光绪九年
龙焕纶	广西临桂	光绪二十四年	卢煦春	广西临桂	光绪六年	杨　森	广西桂平	光绪十二年
朱德垣	广西临桂	光绪二十九年	左盛均	广西临桂	光绪九年	黄榜书	广西桂平	光绪十五年
邓荣辅	广西临桂	光绪二十九年	李务滋	广西临桂	光绪九年	周秉道	广西桂平	光绪十五年
唐树彤	广西临桂	光绪二十九年	李秉瑞	广西临桂	光绪九年	冯锡骧	广西岑溪	光绪二十年
张书云	广西临桂	光绪二十九年	周绍刘	广西临桂	光绪九年	李文诏	广西岑溪	光绪二十九年
周干臣	广西临桂	咸丰十年	凌　芬	广西临桂	光绪十二年	严　钦	广西岑溪	光绪二年
王耀文	广西临桂	咸丰十年	唐则璲	广西临桂	光绪十二年	杨超松	广西岑溪	光绪二年
曹　驯	广西临桂	同治十年	金　鹏	广西临桂	光绪十二年	陈树勋	广西岑溪	光绪二十九年
张　瑄	广西临桂	同治十年	张其鎡	广西临桂	光绪十五年	叶灿章	广西岑溪	咸丰二年
丁　墉	广西临桂	同治十年	曹树藩	广西临桂	光绪十五年	高继光	广西岑溪	同治十三年
赵炳埙	广西临桂	同治十年	郭以诚	广西临桂	光绪十五年	高嘉仁	广西苍梧	光绪二十九年
朱寿康	广西临桂	道光二十七年	徐步月	广西荔浦	同治十年	李仕良	广西苍梧	同治四年
粟增熉	广西临桂	道光二十七年	陈应台	广西荔浦	道光二十五年	林兆南	广西苍梧	同治十年
徐步云	广西临桂	道光三十年	莫　炽	广西荔浦	道光二十五年	明之纲	广西苍梧	咸丰二年
周必超	广西临桂	道光三十年	植尧兰	广西怀集	光绪十六年	梁廷栋	广西苍梧	同治十三年
陈继仁	广西临桂	道光三十年	黄维清	广西怀集	光绪三年	许寿甡	广西苍梧	同治十三年
陆仁恬	广西临桂	咸丰二年	施绍文	广西横州	道光二十四年	钟懿蓉	广西苍梧	同治十三年
朱　缃	广西临桂	咸丰二年	施廷弼	广西横州	同治七年	梁嵘椿	广西苍梧	同治十三年
靳邦庆	广西临桂	咸丰三年	朱永观	广西横州	光绪二十一年	关冕钧	广西苍梧	光绪二十年
刘昭文	广西临桂	咸丰六年	张培仁	广西贺县	道光二十七年	茹震模	广西苍梧	光绪二十年
黄湛昌	广西临桂	咸丰六年	于式棱	广西贺县	光绪二十四年	区家伟	广西苍梧	光绪二十四年

续表

姓名	籍贯	何年进士	姓名	籍贯	何年进士	姓名	籍贯	何年进士
罗栋材	广西苍梧	光绪十六年	陈启棠	广西北流	光绪二十四年	何子鎏	广东香山	光绪三年
谭维铎	广西苍梧	光绪二年	李士琨	广西北流	同治元年	陈泰阶	广东香山	光绪三年
邵谦和	广西苍梧	光绪二年	李士瑞	广西北流	道光二十七年	王文炳	广东香山	光绪六年
杨文春	广西苍梧	光绪十二年	陈仕扬	广西北流	光绪二十年	张丕基	广东香山	光绪十二年
关广槐	广西苍梧	光绪三年	党庆奎	广西北流	光绪十二年	何文耀	广东香山	光绪十二年
茹庆铨	广西苍梧	光绪三年	谢兰省	广东英德	道光二十五年	刘学询	广东香山	光绪十二年
胡裔麟	广西苍梧	光绪十二年	郑士芬	广东英德	光绪十二年	钟孟鸿	广东镇平	咸丰六年
李　璲	广西苍梧	同治二年	姜自驹	广东阳江	光绪六年	赖际熙	广东增城	光绪二十九年
朱远绶	广西桂林	光绪二十一年	姜自骀	广东阳江	光绪十二年	陈维岳	广东增城	咸丰二年
黄炳辰	广西桂林	光绪十五年	颜有庄	广东阳春	咸丰十年	陈兰彬	广东吴川	咸丰三年
林芝龄	广西贵县	道光二十四年	刘承辇	广东阳春	同治元年	韩锦云	广东文昌	道光二十年
林廷选	广西贵县	道光二十五年	刘荣琪	广东阳春	道光二十五年	韩捧日	广东文昌	道光二十年
林翰清	广西贵县	光绪三年	梁　巍	广东信宜	道光三十年	林燕典	广东文昌	道光二十四年
梁瑞祥	广西贵县	光绪三年	李崇忠	广东信宜	同治十年	云茂济	广东文昌	同治二年
林乃桎	广西贵县	光绪三年	陈熙敬	广东信宜	光绪九年	杨　鳣	广东遂溪	道光二十四年
文宗欧	广西灌阳	咸丰十年	饶宝书	广东新宁	光绪十八年	黄翰华	广东四会	咸丰三年
唐景崧	广西灌阳	同治四年	黄荣熙	广东新宁	同治元年	朱秉筠	广东新会	光绪三十年
唐景崇	广西灌阳	同治十年	邝兆雷	广东新宁	光绪十八年	朱泽年	广东新会	光绪三十年
陆汝黼	广西灌阳	咸丰三年	余家相	广东新宁	光绪三年	朱崇年	广东新会	光绪三十年
陆辅清	广西灌阳	光绪十六年	黄槐森	广东香山	同治元年	李　涛	广东新会	光绪二十四年
唐景葑	广西灌阳	光绪三年	朱　潮	广东香山	道光二十四年	陈旭仁	广东新会	光绪二十九年
谭子中	广西奉仪	同治二年	黄桂丹	广东香山	同治二年	谈道隆	广东新会	光绪二十九年
黄天怀	广西奉仪	光绪十六年	吴应扬	广东香山	同治七年	梁鸿藻	广东新会	光绪二十九年
朱庆芬	广西博白	道光二十五年	黎淞庆	广东香山	同治七年	李瓘辉	广东新会	同治元年
宾光椿	广西博白	光绪三十年	陈其晟	广东香山	道光二十五年	李振辉	广东新会	同治二年
朱锡祺	广西博白	同治四年	李鳞昌	广东香山	光绪二十四年	区云汉	广东新会	同治十年
朱德沄	广西博白	道光二十五年	黎　翔	广东香山	咸丰十年	陈华骙	广东新会	同治十三年
陈益孚	广西博白	咸丰九年	何有济	广东香山	咸丰十年	张其翼	广东新会	同治十三年
祁永膺	广西博白	光绪二十年	何　璟	广东香山	道光二十七年	伍铨萃	广东新会	光绪十八年
刘明华	广西博白	光绪二十一年	何瑞丹	广东香山	咸丰二年	曾文玉	广东新会	光绪二十年
张存谐	广西博白	光绪二十一年	李翰芬	广东香山	光绪二十一年	陈昭常	广东新会	光绪二十年
蔡桐昌	广西博白	光绪二十四年	何作猷	广东香山	光绪二十四年	李翘燊	广东新会	光绪三十年
李寿祺	广西北流	光绪三十年	黄辉龄	广东香山	光绪二年	陈启辉	广东新会	光绪三十年
钟　英	广西北流	道光二十年	何国璋	广东香山	光绪三年	陈子骥	广东新会	光绪六年

续表

姓名	籍贯	何年进士	姓名	籍贯	何年进士	姓名	籍贯	何年进士
吕元恩	广东新会	光绪六年	梁思问	广东顺德	咸丰九年	陈为燠	广东顺德	光绪六年
欧阳钧	广东新会	光绪九年	何崇光	广东顺德	同治十三年	区应嵩	广东顺德	光绪九年
茹宝书	广东新会	光绪十二年	黄玉堂	广东顺德	同治十三年	龙　泉	广东三水	同治四年
谭国恩	广东新会	光绪十二年	何其敬	广东顺德	同治十三年	梁汝弼	广东三水	道光二十五年
李贺礽	广东新会	光绪十二年	杨凝钟	广东顺德	同治十三年	梁士诒	广东三水	光绪二十年
陈宝森	广东新会	光绪十五年	何藻翔	广东顺德	光绪十八年	谢荣熙	广东三水	光绪二十一年
陈桂籍	广东新安	道光二十一年	周颂声	广东顺德	光绪十八年	麦鸿钧	广东三水	光绪三十年
罗家颐	广东顺德	道光二十七年	潘葆良	广东顺德	光绪十八年	钱昌瑜	广东三水	光绪十六年
黄　统	广东顺德	道光三十年	冯镜泉	广东顺德	光绪十八年	陈鸣谦	广东三水	光绪三年
罗家勤	广东顺德	道光三十年	冯永图	广东顺德	光绪十八年	李焕尧	广东三水	光绪十二年
陈元楷	广东顺德	道光三十年	冯绍斌	广东顺德	光绪二十年	梁鸿翥	广东三水	光绪九年
赖子猷	广东顺德	道光三十年	胡慧融	广东顺德	光绪二十年	王器成	广东琼州	光绪六年
李应田	广东顺德	咸丰二年	欧家廉	广东顺德	光绪二十一年	杨文熙	广东琼山	道光二十七年
何守谦	广东顺德	光绪十二年	刘庆骐	广东顺德	光绪二十一年	邱对欣	广东琼山	咸丰六年
何达聪	广东顺德	光绪十二年	梁用弧	广东顺德	光绪二十四年	郑天章	广东琼山	光绪二年
罗凤华	广东顺德	光绪十五年	李彝坤	广东顺德	光绪二十四年	郭志融	广东清远	道光二十五年
梁銮藻	广东顺德	光绪十五年	何国澧	广东顺德	光绪二十四年	朱汝珍	广东清远	光绪三十年
李翘芬	广东顺德	光绪二十年	周廷干	广东顺德	光绪二十九年	莫以枋	广东南海	道光二十年
欧　镛	广东顺德	光绪二十四年	岑光樾	广东顺德	光绪三十年	林耀增	广东南海	光绪二十四年
温　肃	广东顺德	光绪二十九年	龙建章	广东顺德	光绪三十年	梁　楷	广东南海	光绪二十四年
黄敏孚	广东顺德	光绪二十九年	欧阳蒲	广东顺德	光绪三十年	陆乃棠	广东南海	光绪二十四年
何赉高	广东顺德	同治元年	张云翼	广东顺德	光绪三十年	黄锡麟	广东南海	光绪二十四年
何继俨	广东顺德	同治二年	梁联芳	广东顺德	光绪十六年	黎湛枝	广东南海	光绪二十九年
黄　经	广东顺德	道光二十四年	伍文瑄	广东顺德	光绪十六年	李庆莱	广东南海	光绪二十九年
周寅清	广东顺德	道光二十四年	黎荣翰	广东顺德	光绪二年	区大典	广东南海	光绪二十九年
罗家劭	广东顺德	同治四年	罗配章	广东顺德	光绪二年	关文彬	广东南海	光绪二十九年
何寿增	广东顺德	同治四年	周兆璋	广东顺德	光绪二年	林彭年	广东南海	咸丰十年
黄桂镳	广东顺德	同治四年	周朝槐	广东顺德	光绪十五年	马永璋	广东南海	咸丰十年
邓翰屏	广东顺德	同治四年	何国澄	广东顺德	光绪十六年	冯景略	广东南海	咸丰十年
苏　冕	广东顺德	同治七年	周国琛	广东顺德	光绪六年	陈汝霖	广东南海	同治元年
温黻廷	广东顺德	同治七年	林泽芳	广东顺德	道光二十五年	梁绍献	广东南海	道光二十一年
梁耀枢	广东顺德	同治十年	龙元俨	广东顺德	道光二十七年	徐台英	广东南海	道光二十一年
黎兆棠	广东顺德	咸丰六年	梁棨熙	广东顺德	光绪九年	冼倬邦	广东南海	道光二十一年
李文田	广东顺德	咸丰九年	黄金钺	广东顺德	光绪九年	潘衍鋆	广东南海	同治四年

续表

姓名	籍贯	何年进士	姓名	籍贯	何年进士	姓名	籍贯	何年进士
冯栻宗	广东南海	同治四年	区大原	广东南海	光绪二十九年	李载熙	广东嘉应	道光二十年
潘衍桐	广东南海	同治七年	江孔殷	广东南海	光绪三十年	杨 沅	广东嘉应	光绪二十四年
张乔芬	广东南海	同治七年	吴日升	广东南海	光绪三年	黄 基	广东嘉应	同治二年
李应鸿	广东南海	同治七年	余赞年	广东南海	光绪十二年	李光彦	广东嘉应	道光二十一年
吕绍端	广东南海	同治十年	区 震	广东南海	光绪十二年	侯嗣章	广东嘉应	咸丰三年
陈序球	广东南海	同治十年	黄增荣	广东南海	光绪十六年	饶 轩	广东嘉应	咸丰六年
区谔良	广东南海	同治十年	陈国士	广东南海	光绪三年	饶 轸	广东嘉应	光绪十八年
黄嘉端	广东南海	同治十年	区湛森	广东南海	光绪三年	温中和	广东嘉应	光绪十五年
崔 佐	广东南海	同治十年	陈如岳	广东南海	光绪九年	任文灿	广东黄花	光绪十六年
梁 融	广东南海	同治十年	张琯生	广东南海	光绪九年	李士周	广东化州	同治十年
潘士钊	广东南海	同治十年	冼宝干	广东南海	光绪九年	宋维屏	广东花县	道光二十五年
容文明	广东南海	道光二十五年	梁 萃	广东南海	光绪九年	宋蔚谦	广东花县	咸丰二年
莫廷蕃	广东南海	道光二十五年	龚其藻	广东南海	光绪十二年	朱 珩	广东花县	光绪二十一年
潘斯濂	广东南海	道光二十七年	彭光湛	广东南海	光绪十五年	陈煜庠	广东花县	光绪二十九年
刘廷鉴	广东南海	道光二十七年	冯锡纶	广东南海	同治七年	翁天祜	广东海丰	光绪十五年
朱次琦	广东南海	道光二十七年	郭乃心	广东南海	同治七年	冯舜生	广东贵平	光绪十八年
叶炳华	广东南海	道光三十年	关庚麟	广东南海	光绪三十年	蔡应嵩	广东归善	道光二十七年
游显廷	广东南海	咸丰二年	区天骥	广东南海	光绪十六年	李可琳	广东归善	道光三十年
何聘珍	广东南海	咸丰九年	吴尚谦	广东南海	光绪十六年	江逢辰	广东归善	光绪十八年
潭宗浚	广东南海	同治十三年	梁芝荣	广东南海	光绪十六年	廖佩徇	广东归善	光绪二十四年
刘廷镜	广东南海	同治十三年	罗传瑞	广东南海	光绪十六年	李绮青	广东归善	光绪十六年
麦宝常	广东南海	同治十三年	黄嘉礼	广东南海	光绪十六年	杨桂芳	广东广宁	同治七年
戴鸿慈	广东南海	光绪二年	廖廷相	广东南海	光绪二年	陈焕章	广东高要	光绪三十年
梁志文	广东南海	光绪二十年	林其翔	广东南海	光绪二年	冯誉骥	广东高要	道光二十四年
杨裕芬	广东南海	光绪二十年	郭汝材	广东南海	光绪二年	马仪清	广东高要	道光二十四年
廖凤章	广东南海	光绪二十年	崔舜球	广东南海	光绪三年	陈荣洙	广东高要	同治二年
程友琦	广东南海	光绪二十年	杨 颐	广东茂名	同治四年	王 衮	广东高要	咸丰三年
桂 坫	广东南海	光绪二十年	曾耀南	广东茂名	光绪三年	孙兆兰	广东高要	咸丰三年
招翰昭	广东南海	光绪二十年	张建勋	广东临桂	光绪十五年	梁炳汉	广东高要	咸丰六年
崔登瀛	广东南海	光绪二十一年	颜培瑚	广东连平	道光二十一年	廖正亨	广东高要	咸丰六年
莫迦铁	广东南海	光绪二十四年	关朝宗	广东开平	同治七年	王学华	广东高要	咸丰九年
麦秩严	广东南海	光绪二十四年	许奇嵩	广东开平	同治十年	林焕曦	广东高要	同治十三年
钟锡璜	广东南海	光绪二十四年	曾习经	广东揭阳	光绪十八年	周良玉	广东高要	同治十三年
黄家骏	广东南海	光绪二十四年	谢云龙	广东嘉应	同治四年	梁锦澜	广东高要	同治十三年

续表

姓名	籍贯	何年进士	姓名	籍贯	何年进士	姓名	籍贯	何年进士
谢家政	广东高要	光绪二年	洪景楠	广东番禺	光绪十八年	凌　端	广东番禺	光绪三年
吴桂丹	广东高要	光绪十五年	范公谟	广东番禺	光绪二十年	陈维岳	广东番禺	光绪三年
李瀚鎏	广东高明	光绪十六年	陶邵学	广东番禺	光绪二十年	何荣阶	广东番禺	光绪三年
麦锡良	广东高明	光绪三年	凌福彭	广东番禺	光绪二十一年	邹贤义	广东番禺	光绪三年
叶衍兰	广东番禺	咸丰六年	傅维森	广东番禺	光绪二十一年	凌彭年	广东番禺	光绪十二年
李龙章	广东鹤山	同治元年	吴功溥	广东番禺	光绪二十四年	潘宝琳	广东番禺	光绪十六年
吕元勋	广东鹤山	同治四年	陈耀墀	广东番禺	光绪二十九年	何文全	广东番禺	光绪三年
易学清	广东鹤山	同治七年	陈之鼎	广东番禺	光绪三十年	潘作霖	广东番禺	光绪六年
冯　森	广东鹤山	道光二十七年	谢銮坡	广东番禺	光绪三十年	梁鼎芬	广东番禺	光绪六年
李鹤龄	广东鹤山	咸丰三年	何天辅	广东番禺	光绪十六年	吴国镇	广东番禺	光绪六年
劳肇光	广东鹤山	光绪十五年	陈庆桂	广东番禺	光绪六年	张嘉澍	广东番禺	光绪六年
符兆鹏	广东海康	同治二年	崔其濂	广东番禺	光绪六年	陈景鎏	广东番禺	光绪六年
李晋熙	广东海康	光绪十六年	丁仁长	广东番禺	光绪九年	柳　芳	广东番禺	光绪六年
史　淳	广东番禺	道光二十年	潘履端	广东番禺	光绪九年	梁元桂	广东恩平	咸丰二年
洪国治	广东番禺	道光二十年	简叔琳	广东番禺	光绪九年	王树忠	广东东莞	光绪三十年
梁国珍	广东番禺	道光二十年	梁于渭	广东番禺	光绪十五年	张金鉴	广东东莞	道光二十四年
何端树	广东番禺	光绪二十四年	林国赞	广东番禺	光绪十五年	容鹤龄	广东东莞	同治二年
曹秉浚	广东番禺	同治元年	区宗初	广东番禺	光绪十五年	邓佐槐	广东东莞	同治七年
何文涵	广东番禺	同治二年	梁肇晋	广东番禺	同治十三年	黄家驹	广东东莞	同治十年
高学瀛	广东番禺	同治二年	何若瑶	广东番禺	道光二十一年	邓蓉镜	广东东莞	同治十年
沈史云	广东番禺	道光三十年	梁国瑚	广东番禺	道光二十一年	卢日新	广东东莞	道光二十七年
许应骙	广东番禺	道光三十年	张清华	广东番禺	同治四年	蒋理祥	广东东莞	咸丰三年
李光廷	广东番禺	咸丰二年	曹秉哲	广东番禺	同治四年	陈伯陶	广东东莞	光绪十八年
张文泗	广东番禺	咸丰二年	薛德恩	广东番禺	同治四年	张其淦	广东东莞	光绪二十年
许应鏻	广东番禺	咸丰三年	廖鹤年	广东番禺	同治四年	徐夔扬	广东东莞	光绪二十年
杨荣绪	广东番禺	咸丰三年	陆芝祥	广东番禺	同治七年	尹庆举	广东东莞	光绪二十一年
梁肇煌	广东番禺	咸丰三年	庄心庠	广东番禺	道光二十七年	陈嘉谟	广东东莞	光绪二年
冯国桢	广东番禺	同治十年	许其光	广东番禺	道光三十年	谢元俊	广东东莞	光绪二年
姚礼泰	广东番禺	同治十三年	姚诗彦	广东番禺	道光三十年	何息深	广东东莞	光绪九年
沈锡晋	广东番禺	同治十三年	张学华	广东番禺	光绪十六年	王映斗	广东定安	道光二十四年
卢维庆	广东番禺	光绪十八年	潘宝璜	广东番禺	光绪二年	张钟彦	广东定安	道光二十五年
林国赓	广东番禺	光绪十八年	金学献	广东番禺	光绪二年	王云清	广东澹州	光绪十八年
周汝钧	广东番禺	光绪十八年	区士彬	广东番禺	光绪二年	何寿朋	广东大埔	光绪二十四年
李兆春	广东番禺	光绪十八年	张鼎华	广东番禺	光绪三年	张　薇	广东大埔	同治二年

续表

姓名	籍贯	何年进士	姓名	籍贯	何年进士	姓名	籍贯	何年进士
何如璋	广东大埔	同治七年	周光炯	甘肃武威	咸丰九年	张隽选	甘肃灵州	咸丰十年
饶褒甲	广东大埔	道光二十五年	李于锴	甘肃武威	光绪二十一年	张　煦	甘肃灵州	咸丰三年
何探源	广东大埔	咸丰九年	任于正	甘肃武威	光绪十六年	张自植	甘肃灵台	道光二十一年
杨国璋	广东大埔	光绪三年	马　侃	甘肃武威	光绪三年	焦忠贤	甘肃礼县	光绪十八年
邱晋昕	广东大埔	光绪六年	伦肇纪	甘肃武威	光绪六年	梁士选	甘肃礼县	光绪二十一年
谢廷钧	广东从化	同治十年	任其昌	甘肃秦州	同治四年	李应紫	甘肃礼县	光绪二年
范家驹	广东潮阳	光绪三十年	张　和	甘肃秦州	同治十年	孙云锦	甘肃静宁	光绪二十四年
郑邦任	广东潮阳	光绪九年	哈　锐	甘肃秦州	光绪十八年	吴正丙	甘肃静宁	同治元年
张蔚增	广东博罗	光绪十六年	关天眷	甘肃秦州	光绪十八年	柳　炯	甘肃静宁	咸丰三年
慕维城	甘肃镇原	道光二十年	任承允	甘肃秦州	光绪二十年	赵贡玉	甘肃静宁	咸丰六年
李清瑞	甘肃镇原	咸丰九年	陈养源	甘肃秦州	光绪二十一年	王曜南	甘肃静宁	光绪二十一年
李清鉴	甘肃镇原	光绪二年	苏统武	甘肃秦州	光绪二年	程天锡	甘肃文县	光绪三十年
焦国理	甘肃镇原	光绪十六年	刘永亨	甘肃秦州	光绪三年	韩树屏	甘肃文县	咸丰三年
马明义	甘肃镇番	同治四年	丁秉乾	甘肃秦州	光绪十二年	米　撞	甘肃文县	光绪二十一年
张奋翼	甘肃镇番	道光二十五年	张登瀛	甘肃秦州	光绪十二年	牛树梅	甘肃通渭	道光二十一年
傅培峰	甘肃镇番	道光二十七年	葛汝葆	甘肃秦州	光绪十六年	牛　瑗	甘肃通渭	光绪十八年
张尔周	甘肃镇番	道光三十年	张世英	甘肃秦州	光绪六年	冯克勋	甘肃洮州	咸丰二年
晁　炳	甘肃西宁	同治元年	武颂扬	甘肃秦州	光绪六年	包永昌	甘肃洮州	光绪三年
杨兴林	甘肃西宁	道光二十一年	赵文源	甘肃秦州	光绪六年	阎　朴	甘肃清水	同治十年
云蔚桐	甘肃西宁	咸丰二年	邢光祖	甘肃秦州	光绪六年	刘　杭	甘肃清水	光绪三年
张　琦	甘肃西宁	光绪九年	刘光祖	甘肃秦州	光绪十二年	张　和	甘肃河州	道光二十五年
来维礼	甘肃西宁	光绪九年	杨润身	甘肃秦州	光绪二十四年	王　锡	甘肃河州	咸丰二年
权尚忠	甘肃武威	光绪二十四年	张庆麒	甘肃秦州	同治元年	张协曾	甘肃河州	同治十三年
张　铣	甘肃武威	光绪二十九年	郑选士	甘肃秦州	道光二十四年	吴　钧	甘肃贵德	光绪二十一年
刘开第	甘肃武威	同治元年	徐友麟	甘肃秦州	光绪十二年	张鹏举	甘肃固原	同治十三年
陈作枢	甘肃武威	道光二十四年	吴西川	甘肃秦州	同治十年	张　澄	甘肃古浪	光绪十五年
许　楫	甘肃武威	同治十年	卢秉钧	甘肃庄浪	光绪十八年	赵福淳	甘肃高台	咸丰二年
任国桢	甘肃武威	道光二十七年	王赞襄	甘肃中卫	道光二十五年	鲁膺泰	甘肃皋兰	咸丰九年
刘　铠	甘肃武威	道光二十七年	张心铭	甘肃中卫	同治十三年	颜履敬	甘肃皋兰	道光二十年
蔡式钰	甘肃武威	道光三十年	阎士璘	甘肃陇西	光绪三十年	曹　炯	甘肃皋兰	道光二十年
王之英	甘肃武威	咸丰二年	张　继	甘肃陇西	光绪二年	王　烜	甘肃皋兰	光绪三十年
张　诏	甘肃武威	咸丰六年	刘炳青	甘肃陇西	光绪十二年	邓元浚	甘肃皋兰	光绪二十四年
张景福	甘肃武威	咸丰六年	武　镳	甘肃陇西	光绪十五年	王世奎	甘肃皋兰	光绪二十四年
袁辉山	甘肃武威	咸丰六年	崔奎瑞	甘肃隆德	光绪二年	段士俊	甘肃皋兰	光绪二十九年

续表

姓名	籍贯	何年进士	姓名	籍贯	何年进士	姓名	籍贯	何年进士
张炳星	甘肃皋兰	咸丰十年	魏垂象	甘肃秦安	光绪二十九年	范振绪	甘肃靖远	光绪二十九年
张寿庆	甘肃皋兰	同治元年	安维峻	甘肃秦安	光绪六年	魏命侯	甘肃金县	光绪二十四年
宋万选	甘肃皋兰	光绪十二年	刘永清	甘肃秦安	光绪十二年	高鸿儒	甘肃金县	咸丰三年
刘尔炘	甘肃皋兰	光绪十五年	王　济	甘肃秦安	光绪十五年	马中律	甘肃金县	同治十三年
吴可读	甘肃皋兰	道光三十年	张鸿翼	甘肃平罗	同治元年	罗经权	甘肃金县	光绪二十一年
张照南	甘肃皋兰	咸丰三年	张为章	甘肃平罗	同治元年	杨巨川	甘肃金县	光绪三十年
周士俊	甘肃皋兰	咸丰三年	俞寿祺	甘肃平罗	同治十三年	刘光远	甘肃阶州	咸丰九年
刘积义	甘肃皋兰	光绪十八年	王鉴塘	甘肃平番	咸丰二年	黄居中	甘肃阶州	光绪二十九年
孙尚仁	甘肃皋兰	光绪十八年	保　鉴	甘肃平番	光绪三年	吕　笃	甘肃阶州	光绪二十一年
柴　朴	甘肃皋兰	光绪二十年	刘观光	甘肃宁州	道光三十年	万宝成	甘肃会宁	光绪三十年
王树中	甘肃皋兰	光绪二十年	陈廷鉴	甘肃宁远	光绪十五年	苏耀泉	甘肃会宁	光绪二十四年
张林焱	甘肃皋兰	光绪二十年	马丙昭	甘肃宁夏	咸丰二年	杨　思	甘肃会宁	光绪二十九年
王　玮	甘肃皋兰	光绪二十年	李信芳	甘肃宁朔	道光三十年	柳　渊	甘肃会宁	道光二十四年
张协中	甘肃皋兰	光绪二十年	尹世彩	甘肃岷州	光绪十六年	刘　灏	甘肃会宁	咸丰三年
王世相	甘肃皋兰	光绪二十四年	周诚之	甘肃陇西	道光二十年	吴耀曾	甘肃会宁	同治十三年
彭立栻	甘肃皋兰	光绪二十九年	张敏行	甘肃陇西	道光二十五年	刘庆笃	甘肃会宁	光绪二十年
黄毓麟	甘肃皋兰	光绪十六年	侯树衔	甘肃陇西	道光二十七年	秦望澜	甘肃会宁	光绪二十一年
周毓棠	甘肃皋兰	光绪十六年	武尚仁	甘肃陇西	咸丰二年	苏源泉	甘肃会宁	光绪三十年
于登瀛	甘肃皋兰	光绪二年	田际春	甘肃陇西	咸丰三年	张汝洽	甘肃会宁	光绪九年
颜豫春	甘肃皋兰	光绪二年	马如鉴	甘肃陇西	光绪二十一年	邓　隆	甘肃河州	光绪三十年
万永康	甘肃皋兰	光绪二年	田树桢	甘肃伏羌	道光二十一年	崔文海	甘肃迪化	同治四年
张国常	甘肃皋兰	光绪三年	黄成采	甘肃伏羌	咸丰六年	潘泰谦	甘肃迪化	光绪十二年
谈廷瑞	甘肃皋兰	光绪十六年	张斗南	甘肃伏羌	光绪二十年	牟　标	甘肃狄道	咸丰十年
秦霖熙	甘肃皋兰	光绪三年	魏鸿仪	甘肃伏羌	光绪二十四年	石作栋	甘肃狄道	光绪十五年
金文同	甘肃皋兰	光绪六年	王海涵	甘肃伏羌	光绪十六年	姜应齐	甘肃狄道	光绪三年
陈　彬	甘肃皋兰	光绪六年	李士则	甘肃伏羌	光绪九年	杨沛霖	甘肃狄道	光绪九年
张树滋	甘肃皋兰	光绪六年	任廷扬	甘肃伏羌	光绪十五年	李九江	甘肃狄道	光绪九年
周得程	甘肃皋兰	光绪九年	魏　立	甘肃伏羌	光绪十五年	惠登甲	甘肃安化	光绪二年
李扬宗	甘肃皋兰	光绪九年	张文源	甘肃静宁	光绪二十九年	康　敉	甘肃安定	同治元年
滕尚诚	甘肃皋兰	光绪十二年	王源翰	甘肃静宁	光绪十二年	马纶笃	甘肃安定	道光二十七年
彭绳祖	甘肃秦安	咸丰三年	叶祖修	甘肃静海	光绪二十一年	李友龄	甘肃安定	咸丰二年
伏衔羲	甘肃秦安	光绪十八年	雒宗易	甘肃靖远	咸丰十年	王作枢	甘肃安定	同治十三年
丁锡奎	甘肃秦安	光绪十八年	杨师震	甘肃靖远	道光二十七年	安守和	甘肃安定	同治十三年
张肇基	甘肃秦安	光绪二十年	田得吉	甘肃靖远	咸丰六年	安荫甲	甘肃安定	光绪十六年

续表

姓名	籍贯	何年进士	姓名	籍贯	何年进士	姓名	籍贯	何年进士
林步瀛	福建永福	同治七年	陈浚芝	福建新竹	光绪二十四年	孟应奚	福建闽县	光绪三十年
江　琛	福建永福	同治七年	潘渭春	福建仙游	道光二十四年	林振先	福建闽县	光绪三十年
张鸿荃	福建永福	咸丰二年	刘章天	福建仙游	同治十年	林　苍	福建闽县	光绪三十年
黄图南	福建永福	咸丰三年	王启图	福建武平	道光二十年	何廷献	福建闽县	光绪二十四年
黄嘉尔	福建永福	光绪六年	林其年	福建武平	咸丰六年	陈应涛	福建闽县	光绪二十四年
王恭三	福建永福	光绪九年	林鹗腾	福建同安	道光二十年	陈伯侯	福建闽县	光绪二十四年
许益谦	福建永福	光绪十二年	陈　纲	福建同安	光绪二十四年	陈海梅	福建闽县	光绪二十四年
林懋祉	福建永福	同治七年	叶大年	福建同安	光绪二十年	吴孝恺	福建闽县	光绪二十四年
张超南	福建永定	光绪二十年	张维垣	福建台湾	同治十年	赵以成	福建闽县	光绪二十四年
赖　宏	福建永定	光绪十五年	施琼芳	福建台湾	道光二十五年	刘　敬	福建闽县	光绪二十九年
王玉书	福建南安	咸丰九年	陈望曾	福建台湾	同治十三年	于君彦	福建闽县	光绪二十九年
黄尔沤	福建南安	光绪十八年	施士洁	福建台湾	光绪二年	卓宝谋	福建闽县	光绪二十九年
傅国英	福建南安	光绪十八年	叶题雁	福建台湾	光绪六年	萨起岩	福建闽县	光绪二十九年
林　乾	福建南安	光绪三十年	张觐光	福建台湾	光绪六年	林　缥	福建闽县	咸丰十年
叶应祥	福建南安	光绪三年	江昶荣	福建台湾	光绪九年	陈　楷	福建闽县	咸丰十年
杨汝为	福建政和	道光三十年	林　栋	福建寿宁	光绪二十九年	朱鸿灏	福建闽县	咸丰十年
宋滋兰	福建政和	光绪十二年	李英华	福建上杭	光绪十二年	邱铭勋	福建闽县	咸丰十年
宋滋蓍	福建政和	光绪十二年	张文澜	福建蒲城	咸丰六年	陈　翼	福建闽县	同治二年
李　魁	福建诏安	光绪二十四年	关陈暮	福建莆田	光绪二十九年	吴宣玑	福建闽县	同治二年
黄开泰	福建诏安	道光二十五年	涂庆澜	福建莆田	同治十三年	郭礼图	福建闽县	道光二十一年
林　壬	福建诏安	光绪三年	江春霖	福建莆田	光绪二十年	刘齐衔	福建闽县	道光二十一年
张　纲	福建漳浦	光绪二十四年	郑宗郁	福建莆田	光绪二十一年	邵秉中	福建闽县	道光二十一年
陈嘉勋	福建漳平	道光二十年	曾兰春	福建莆田	光绪二十九年	刘齐衢	福建闽县	道光二十一年
陈桂芳	福建漳平	光绪二十四年	张　琴	福建莆田	光绪三十年	萨克持	福建闽县	道光二十一年
黄起元	福建漳平	咸丰六年	程景明	福建莆田	光绪九年	曾兆鳌	福建闽县	道光二十四年
蔡德方	福建彰化	同治十三年	林镇荆	福建平和	光绪二十四年	徐世昌	福建闽县	道光二十四年
施炳修	福建彰化	同治十三年	蔡廷兰	福建澎湖	道光二十五年	郑霖溥	福建闽县	道光二十四年
施之东	福建彰化	光绪二十年	魏鸿勋	福建宁德	光绪二十四年	林锡赓	福建闽县	道光二十四年
李清琦	福建彰化	光绪二十年	刘廷珍	福建宁德	光绪二十一年	梁钦辰	福建闽县	同治二年
丁寿泉	福建彰化	光绪六年	黄树棠	福建宁德	光绪二十一年	郑孝铭	福建闽县	同治二年
蔡寿星	福建彰化	光绪十二年	郑元桢	福建南平	光绪三十年	郑守孟	福建闽县	同治四年
丘逢甲	福建彰化	光绪十五年	王鸿銑	福建闽县	光绪三十年	叶大同	福建闽县	同治四年
颜庆忠	福建永春	光绪十六年	叶大华	福建闽县	光绪三十年	黄光祥	福建闽县	同治四年
陈锡恩	福建永春	光绪三年	叶大章	福建闽县	光绪三十年	蓝向葵	福建闽县	同治四年

续表

姓名	籍贯	何年进士	姓名	籍贯	何年进士	姓名	籍贯	何年进士
陈宝琛	福建闽县	同治七年	陈崧龄	福建闽县	同治十三年	陈　璧	福建闽县	光绪三年
高　纪	福建闽县	同治七年	梁天昂	福建闽县	同治十三年	叶大遒	福建闽县	光绪六年
华大焯	福建闽县	同治七年	陈其昌	福建闽县	同治十三年	杨　溶	福建闽县	光绪六年
严兆麒	福建闽县	同治七年	林星赓	福建闽县	同治十三年	林士菁	福建闽县	光绪六年
王庆霖	福建闽县	同治七年	周维新	福建闽县	同治十三年	黄轩龄	福建闽县	光绪六年
林灼三	福建闽县	同治七年	马逢亨	福建闽县	同治十三年	卢聿炳	福建闽县	光绪九年
王崧辰	福建闽县	同治十年	陈锡瓒	福建闽县	光绪十八年	曾宗彦	福建闽县	光绪九年
杨　铭	福建闽县	同治十年	陈希贤	福建闽县	光绪十八年	张嘉猷	福建闽县	光绪九年
陈季芳	福建闽县	同治十年	池百炜	福建闽县	光绪十八年	叶大烜	福建闽县	光绪九年
郑声锵	福建闽县	同治十年	陈矩前	福建闽县	光绪十八年	苏人谷	福建闽县	光绪九年
陈宗濂	福建闽县	同治十年	林　钺	福建闽县	光绪二十年	林福熙	福建闽县	光绪十二年
吴云涛	福建闽县	同治十年	陈寿瑄	福建闽县	光绪二十年	叶在琦	福建闽县	光绪十二年
欧阳泰	福建闽县	同治十年	林桎藩	福建闽县	光绪二十年	刘宪仁	福建闽县	光绪十二年
姚宝铭	福建闽县	道光二十五年	卓孝复	福建闽县	光绪二十一年	史　诚	福建闽县	光绪十二年
林寿图	福建闽县	道光二十五年	叶在藻	福建闽县	光绪二十四年	林履端	福建闽县	光绪十二年
陈德诠	福建闽县	道光二十五年	陈培锟	福建闽县	光绪二十四年	王　皋	福建闽县	光绪十二年
黄光周	福建闽县	道光二十五年	何　谌	福建闽县	光绪二十九年	刘　瀛	福建闽县	光绪十二年
池剑波	福建闽县	道光二十五年	陈其桐	福建闽县	光绪二十九年	何尔钧	福建闽县	光绪十五年
邵启元	福建闽县	道光二十五年	林志烜	福建闽县	光绪三十年	陈鸣秋	福建闽县	光绪十五年
陈　浚	福建闽县	道光二十七年	陈　震	福建闽县	光绪三十年	薛启荣	福建闽县	光绪十五年
丁　斌	福建闽县	道光二十七年	方兆鳌	福建闽县	光绪三十年	陈怀中	福建闽县	光绪十五年
陈心菜	福建闽县	道光二十七年	梁禹甸	福建闽县	光绪三十年	林孝恂	福建闽县	光绪十五年
陈兆凤	福建闽县	道光二十七年	李景铭	福建闽县	光绪三十年	萨嘉乐	福建闽县	光绪十五年
陈乔荣	福建闽县	道光二十七年	陈懋鼎	福建闽县	光绪十六年	陈　翥	福建闽县	光绪二年
郑守诚	福建闽县	道光三十年	陈宝璐	福建闽县	光绪十六年	庄鼎元	福建闽县	光绪三年
郑　植	福建闽县	道光三十年	陈宝璠	福建闽县	光绪十六年	冯荣萱	福建闽县	咸丰九年
郑惠常	福建闽县	道光三十年	陈懋侯	福建闽县	光绪二年	何履亨	福建闽县	咸丰六年
郑世恭	福建闽县	咸丰二年	杨兆麒	福建闽县	光绪二年	陈　鉴	福建闽县	咸丰六年
陈承裘	福建闽县	咸丰二年	叶　愈	福建闽县	光绪二年	梁鸣谦	福建闽县	咸丰九年
郑守廉	福建闽县	咸丰二年	何德溱	福建闽县	光绪二年	陈祖襄	福建闽县	咸丰九年
高大奎	福建闽县	咸丰二年	王赞元	福建闽县	光绪二年	沈绍九	福建闽县	咸丰九年
林骏声	福建闽县	咸丰二年	林　穗	福建闽县	光绪二年	李敦煌	福建闽县	同治十年
萨维翰	福建闽县	咸丰三年	王仁堪	福建闽县	光绪三年	林绍年	福建闽县	同治十三年
龚易图	福建闽县	咸丰九年	何刚德	福建闽县	光绪三年	吴铭恭	福建闽县	光绪三年

续表

姓名	籍贯	何年进士	姓名	籍贯	何年进士	姓名	籍贯	何年进士
叶大琛	福建闽县	光绪十二年	傅嘉年	福建建安	光绪六年	赵　新	福建侯官	咸丰二年
叶大涵	福建闽县	光绪十二年	林启东	福建嘉义	光绪十二年	程维清	福建侯官	咸丰三年
曾福谦	福建闽县	光绪十二年	黄登瀛	福建嘉义	光绪三年	吴熙年	福建侯官	咸丰三年
林仰崧	福建闽县	光绪十二年	徐德钦	福建嘉义	光绪十二年	郑韶庚	福建侯官	咸丰二年
郑　饯	福建闽县	光绪十五年	吴存刚	福建连城	同治元年	黄慎忠	福建侯官	咸丰九年
郑锡光	福建闽县	光绪十六年	华定祁	福建连城	道光二十五年	黄翼为	福建侯官	咸丰九年
蓝耀枢	福建闽县	光绪三年	周家琪	福建连城	光绪十六年	薛崇禧	福建侯官	同治十年
刘焕光	福建闽清	光绪二十四年	范希淳	福建侯官	咸丰六年	吴徽鳌	福建侯官	同治十三年
林清照	福建闽清	光绪二十一年	陈森烺	福建侯官	咸丰六年	林扬光	福建侯官	光绪二十年
程仰周	福建罗源	同治二年	郑琼诏	福建侯官	道光二十年	叶芾棠	福建侯官	光绪二十一年
陈朝凝	福建罗源	咸丰六年	陈宗蕃	福建侯官	光绪三十年	陈望林	福建侯官	光绪二十一年
陈一鹤	福建罗源	光绪二年	刘翼经	福建侯官	光绪二十四年	李景骧	福建侯官	光绪二十一年
谢若潮	福建龙岩	光绪三年	林师望	福建侯官	光绪二十四年	林玉铭	福建侯官	光绪二十一年
廖　骧	福建龙岩	光绪六年	李　熙	福建侯官	光绪二十四年	廖鸣龙	福建侯官	光绪二十一年
施调赓	福建龙溪	光绪九年	陈景韶	福建侯官	光绪二十四年	林宗奇	福建侯官	光绪二十一年
萧文辉	福建连江	同治四年	端木棻	福建侯官	光绪二十四年	林灏深	福建侯官	光绪二十一年
陈士钧	福建连江	同治十年	杨廷傅	福建侯官	同治七年	蔡寿年	福建侯官	光绪二十四年
黄光彬	福建连江	道光二十七年	邵积诚	福建侯官	同治七年	林步随	福建侯官	光绪二十九年
欧景芬	福建连江	光绪二年	陈钦铭	福建侯官	同治七年	马天翮	福建侯官	光绪二十九年
谢必铿	福建连江	光绪九年	沈咏彤	福建侯官	同治七年	陈瀚年	福建侯官	光绪十六年
郑仲和	福建连江	光绪十二年	王懋修	福建侯官	同治七年	李毓芬	福建侯官	光绪十六年
杨廷玑	福建晋江	光绪二十四年	岑傅霖	福建侯官	同治七年	陈禧年	福建侯官	光绪十六年
龚显会	福建晋江	同治二年	田逢年	福建侯官	同治七年	胡咏琛	福建侯官	光绪十六年
林梁材	福建晋江	同治四年	龚履中	福建侯官	同治十年	郑　襄	福建侯官	光绪十六年
王寿国	福建晋江	同治七年	刘齐浔	福建侯官	同治十年	林　启	福建侯官	光绪二年
黄贻楫	福建晋江	同治十三年	陈庆禧	福建侯官	同治十年	林元赓	福建侯官	光绪二年
黄抟扶	福建晋江	同治十三年	张秉铨	福建侯官	同治十年	陈熙恺	福建侯官	光绪二年
陈棨仁	福建晋江	同治十三年	何式珍	福建侯官	同治十年	丁毓琛	福建侯官	光绪二年
张炳文	福建晋江	光绪十八年	沈葆桢	福建侯官	道光二十七年	郑树荣	福建侯官	光绪二年
张　端	福建晋江	光绪二年	许利宝	福建侯官	道光二十七年	陈自新	福建侯官	光绪二年
吴　鲁	福建晋江	光绪十六年	谢庆云	福建侯官	道光三十年	唐肇午	福建侯官	光绪二年
王式文	福建晋江	光绪九年	萨大年	福建侯官	道光三十年	钟大焜	福建侯官	光绪三年
黄谋烈	福建晋江	同治二年	吴伯敬	福建侯官	咸丰二年	吴　穆	福建侯官	光绪三年
朱紫佩	福建建安	同治十三年	孙翼谋	福建侯官	咸丰二年	王　骧	福建侯官	光绪三年

续表

姓名	籍贯	何年进士	姓名	籍贯	何年进士	姓名	籍贯	何年进士
郭泽沄	福建侯官	光绪二十九年	周景涛	福建侯官	光绪十八年	林天龄	福建长乐	咸丰十年
何启椿	福建侯官	光绪二十九年	许贞干	福建侯官	光绪十八年	方　镛	福建长乐	咸丰十年
杨廷纶	福建侯官	光绪二十九年	方家澍	福建侯官	光绪十八年	梁逢辰	福建长乐	道光二十一年
王世徵	福建侯官	光绪二十九年	郭曾准	福建侯官	光绪十八年	郑奇峰	福建长乐	道光二十四年
吴鼎金	福建侯官	光绪二十九年	陈毓鑫	福建侯官	光绪十八年	郑廷珪	福建长乐	道光二十四年
黄光厚	福建侯官	光绪二十九年	黄允中	福建侯官	光绪十八年	梁康辰	福建长乐	道光二十四年
郑廷琮	福建侯官	光绪二十九年	钟为桢	福建侯官	光绪十八年	林调阳	福建长乐	同治四年
廖毓英	福建侯官	光绪二十九年	郑炳章	福建侯官	光绪十八年	陈翔墀	福建长乐	同治七年
何嵩祺	福建侯官	咸丰十年	翁成琪	福建侯官	光绪二十年	邱　璜	福建长乐	同治七年
杨仲愈	福建侯官	同治二年	林炳章	福建侯官	光绪二十年	潘炳年	福建长乐	同治十年
蔡徵藩	福建侯官	道光二十一年	蔡　琛	福建侯官	光绪二十年	高鎏宣	福建长乐	道光三十年
龚衡龄	福建侯官	道光二十一年	郭传昌	福建侯官	光绪二十年	冯承基	福建长乐	道光三十年
黄培昌	福建侯官	道光二十四年	林　怡	福建侯官	光绪二十年	黄荣庚	福建长乐	道光三十年
高胪璟	福建侯官	同治二年	林鉴中	福建侯官	光绪十二年	陈　赞	福建长乐	咸丰二年
周麟章	福建侯官	同治四年	陈云霖	福建侯官	光绪十六年	陈瑞彪	福建长乐	咸丰三年
李品亨	福建侯官	同治四年	林毓菁	福建侯官	光绪十六年	黄见三	福建长乐	咸丰三年
张亨嘉	福建侯官	光绪九年	张恭彝	福建侯官	光绪十六年	邱兆荣	福建长乐	光绪六年
郑淑璋	福建侯官	光绪九年	梁维新	福建侯官	光绪十六年	尤兰芳	福建长乐	光绪九年
陈凤墀	福建侯官	光绪九年	施鲁滨	福建侯官	光绪十六年	郑　筹	福建长乐	光绪九年
马琇荃	福建侯官	光绪九年	黄国琛	福建侯官	光绪十六年	陈贻香	福建长乐	光绪九年
王耀曾	福建侯官	光绪九年	何式璜	福建侯官	光绪三年	邱为钰	福建长乐	光绪十二年
张元奇	福建侯官	光绪十二年	姚钟瑞	福建侯官	光绪三年	陈春瀛	福建长乐	光绪十五年
钟大椿	福建侯官	光绪十二年	郭曾炘	福建侯官	光绪六年	黄大琨	福建长乐	光绪十五年
罗崇鼎	福建侯官	光绪十二年	陈与冏	福建侯官	光绪六年	郑元璧	福建长乐	道光二十年
高涵和	福建侯官	光绪十五年	陈秉崧	福建侯官	光绪六年	邱　璋	福建长乐	道光二十年
郭曾程	福建侯官	光绪十五年	何晋德	福建侯官	光绪六年	郑猷宣	福建长乐	光绪三十年
薛贺图	福建侯官	光绪十五年	廖国琛	福建侯官	光绪六年	陈　蒸	福建长乐	咸丰六年
魏秀琦	福建侯官	光绪十五年	董敬安	福建侯官	光绪六年	陈萼棻	福建长乐	咸丰六年
梁肇荣	福建侯官	光绪十五年	杨维培	福建侯官	光绪六年	李应华	福建长乐	同治十年
李　锦	福建侯官	光绪十五年	何秋涛	福建光泽	道光二十五年	陈兆焕	福建长乐	同治十三年
钟大荣	福建侯官	同治四年	曾光斗	福建古田	咸丰二年	陈兆丰	福建长乐	光绪十八年
郭兆福	福建侯官	同治十三年	曾广嵩	福建古田	光绪二十四年	陈君耀	福建长乐	光绪二十年
吴宣珏	福建侯官	同治十三年	陈耕三	福建长乐	光绪二十四年	陈汝梅	福建长乐	光绪二十年
陈琇莹	福建侯官	光绪二年	陈易奇	福建长乐	光绪二十四年	陈　诚	福建长乐	光绪二十年

续表

姓名	籍贯	何年进士	姓名	籍贯	何年进士	姓名	籍贯	何年进士
林开謩	福建长乐	光绪二十一年	曾瑞春	福建长汀	同治十年	王葆琛	奉天承德	光绪十二年
邱炳萱	福建长乐	光绪二十一年	江怀廷	福建长汀	咸丰三年	江毓秀	奉天承德	咸丰十年
林振光	福建长乐	光绪二十一年	郑仰虞	福建长汀	光绪九年	施之博	奉天承德	同治四年
黄葆初	福建长乐	光绪二十一年	郑克明	福建长汀	光绪十五年	姚协赞	奉天承德	同治七年
郑叔忱	福建长乐	光绪十六年	谢谦亨	福建长泰	道光二十五年	赵映辰	奉天承德	同治十年
邱聿征	福建长乐	光绪十六年	唐　咏	福建长宁	光绪十八年	葛龙三	奉天承德	光绪二十一年
陈赞图	福建长乐	光绪二年	王炳章	奉天易州	光绪十五年	孙百斛	奉天承德	光绪十六年
梁亿年	福建长乐	光绪二年	韩文钧	奉天义州	同治十年	于荫霖	奉天伯都讷	咸丰九年
柯祖培	福建长乐	光绪二年	李鹤年	奉天义州	道光二十五年	于蘅霖	奉天伯都讷	同治十三年
陈宗和	福建长乐	光绪三年	马芳田	奉天义州	光绪十二年	于钟霖	奉天伯都讷	光绪三年
刘成杰	福建长乐	光绪十六年	齐绅甲	奉天伊通	光绪十八年	于观霖	奉天伯都讷	光绪三年
柯树德	福建长乐	光绪十六年	齐中甲	奉天伊通	光绪二十年	王熙鋆	奉天伯都讷	光绪六年
谢章铤	福建长乐	光绪三年	齐耀琳	奉天伊通	光绪二十一年	王廷槐	奉天五常	光绪二十九年
陈绍棠	福建长乐	光绪三年	齐耀珊	奉天伊通	光绪十六年	李向阳	奉天铁岭	咸丰十年
郑贞本	福建长乐	光绪六年	曹会成	奉天锦县	咸丰三年	郭鉴襄	奉天铁岭	咸丰二年
刘钰成	福建长乐	光绪六年	贾春暄	奉天锦县	咸丰六年	邓庆麟	奉天铁岭	咸丰二年
沈国器	福建安溪	光绪三年	魏象乾	奉天锦县	咸丰六年	于民新	奉天铁岭	同治十三年
汪春源	福建安平	光绪二十九年	郝增佑	奉天锦县	光绪十八年	赵兰田	奉天铁岭	光绪十八年
许南英	福建安平	光绪十六年	李维世	奉天锦县	光绪二十年	张成栋	奉天铁岭	光绪三十年
杨士芳	福建噶玛兰	同治七年	田鸿文	奉天锦县	光绪二十年	邵春卿	奉天宁远	道光三十年
陈维伦	福建福清	光绪二十四年	贾国桢	奉天锦县	光绪二年	李步云	奉天宁远	光绪二年
黄金山	福建福清	同治十年	朱显廷	奉天锦县	光绪三年	朱汝赓	奉天宁远	光绪十二年
林文炳	福建福清	同治十三年	朱赞廷	奉天锦县	光绪十六年	冯绍唐	奉天辽阳	光绪二十四年
施朝铨	福建福清	光绪六年	陆善格	奉天锦县	光绪六年	蒋维垣	奉天辽阳	同治二年
吴长钊	福建福清	光绪九年	朱笃庆	奉天锦县	光绪二十九年	赵文瀛	奉天辽阳	道光二十一年
宋绍波	福建福安	同治十年	李赓云	奉天锦县	同治元年	袁镇南	奉天辽阳	光绪二年
郭兆禄	福建福安	光绪二十一年	陆薪傅	奉天锦县	同治四年	赵赓麟	奉天开原	同治十年
宋瞻扆	福建福安	光绪十六年	李逢源	奉天锦县	同治四年	王廷才	奉天开原	道光二十七年
李应奎	福建福安	光绪二年	朱乃恭	奉天锦县	同治七年	刘麟图	奉天锦州	道光二十年
萧逢源	福建凤山	光绪二十年	孙汝霖	奉天锦县	道光三十年	于中法	奉天金州	咸丰十年
陈登元	福建淡水	光绪十八年	郝　铎	奉天锦县	咸丰三年	李绪昌	奉天金州	同治四年
黄彦鸿	福建淡水	光绪二十四年	张则周	奉天锦县	光绪十二年	单象庚	奉天金州	咸丰三年
万培因	福建崇安	咸丰九年	刘锦荣	奉天锦县	光绪十五年	杨灏生	奉天吉林	光绪三十年
胡　鉴	福建长汀	咸丰十年	殷瑞生	奉天承德	光绪九年	于凌辰	奉天吉林	道光二十四年

续表

姓名	籍贯	何年进士	姓名	籍贯	何年进士	姓名	籍贯	何年进士
杨诚一	奉天吉林	同治七年	程祖诰	安徽休宁	道光三十年	孙鹏仪	安徽黟县	同治十三年
宋炳文	奉天吉林	道光二十五年	黄　钰	安徽休宁	咸丰三年	范扬芳	安徽黟县	光绪二十年
张光鼐	奉天吉林	光绪二十四年	程开运	安徽歙县	同治十三年	舒元璋	安徽黟县	光绪三十年
魏晋桢	奉天吉林	光绪二年	汪春榜	安徽歙县	光绪二十一年	郑　恭	安徽黟县	光绪十六年
王元善	奉天海城	道光二十年	许承尧	安徽歙县	光绪三十年	叶新第	安徽黟县	光绪十五年
栾骏声	奉天海城	光绪二十九年	方允镮	安徽歙县	道光二十年	方启宪	安徽宣城	咸丰十年
庞家淦	奉天海城	道光二十四年	徐　谦	安徽歙县	光绪二十九年	吕志元	安徽宣城	光绪二十年
王元治	奉天海城	道光二十七年	鲍功枚	安徽歙县	同治元年	董绳焘	安徽宣城	光绪三十年
赵俊升	奉天海城	光绪十二年	洪　镔	安徽歙县	同治十年	俞冠群	安徽宣城	光绪六年
李维桢	奉天广宁	光绪二十四年	宋梦兰	安徽歙县	咸丰三年	王锡元	安徽盱眙	同治四年
王嘉安	奉天盖平	同治元年	徐景轼	安徽歙县	咸丰六年	汪祖绶	安徽盱眙	咸丰六年
秦聚奎	奉天盖平	道光二十一年	鲍　勗	安徽歙县	咸丰六年	汪士元	安徽盱眙	光绪三十年
李枫林	奉天盖平	同治四年	程　夔	安徽歙县	光绪三年	傅汉章	安徽盱眙	光绪十二年
秦化西	奉天盖平	光绪十六年	王宗沂	安徽歙县	光绪六年	江忠振	安徽婺源	光绪二十四年
曲福绥	奉天盖平	光绪三年	鲍恩绶	安徽歙县	光绪九年	汪正元	安徽婺源	同治元年
徐赓臣	奉天复州	咸丰三年	江昌燕	安徽歙县	光绪九年	朱锡珍	安徽婺源	道光二十一年
萧宪章	奉天复州	同治十三年	徐　贞	安徽歙县	光绪九年	余　鉴	安徽婺源	同治七年
王芹芳	奉天凤凰	光绪二十四年	鲍其豹	安徽歙县	光绪十五年	滕希甫	安徽婺源	同治七年
潘　桂	安徽颍上	道光二十五年	潘志尚	安徽歙县	光绪十五年	王友端	安徽婺源	道光二十七年
王葆修	安徽英山	同治元年	郑成章	安徽歙县	同治十年	李昭炜	安徽婺源	同治十三年
郑燡林	安徽英山	同治元年	黄崇惺	安徽歙县	同治十年	藩　江	安徽婺源	光绪二年
胡永焯	安徽休宁	同治十年	汪运纶	安徽歙县	同治十年	张贵良	安徽婺源	光绪三年
汪述组	安徽休宁	光绪二十年	孙光远	奉天承德	光绪十六年	余文蔚	安徽婺源	光绪六年
朱锡蕃	安徽休宁	光绪三年	郜云鹄	安徽五河	咸丰二年	俞炳辉	安徽婺源	光绪六年
朱铭瓒	安徽休宁	光绪三年	金耀远	安徽英山	咸丰二年	郑振声	安徽婺源	光绪六年
宁本瑜	安徽休宁	光绪九年	段晋熙	安徽英山	同治十三年	查荫元	安徽婺源	光绪六年
程丰厚	安徽休宁	光绪十五年	胡鉴莹	安徽英山	光绪二十一年	江廷燮	安徽婺源	光绪九年
程继元	安徽休宁	光绪二十九年	郑绍成	安徽英山	光绪二年	江峰青	安徽婺源	光绪十二年
汪廷枢	安徽休宁	咸丰十年	郑衍熙	安徽英山	光绪二年	程元恺	安徽婺源	光绪十五年
程　諴	安徽休宁	道光二十四年	王豫修	安徽英山	光绪二年	周孚裕	安徽芜湖	同治十年
杨大容	安徽休宁	道光二十四年	王佑修	安徽英山	光绪三年	汪一元	安徽芜湖	光绪二十年
朱熙宇	安徽休宁	同治二年	王蕊修	安徽英山	光绪九年	尚光钺	安徽芜湖	光绪二十九年
吴绍正	安徽休宁	同治七年	王铁珊	安徽英山	光绪十五年	濮文波	安徽芜湖	光绪三十年
孙树滋	安徽休宁	同治十年	金鸿翊	安徽英山	光绪十五年	谢立本	安徽芜湖	光绪二年

续表

姓名	籍贯	何年进士	姓名	籍贯	何年进士	姓名	籍贯	何年进士
王安定	安徽无为	光绪二十四年	方　铸	安徽桐城	光绪九年	黄郑锦	安徽太湖	同治四年
高傅循	安徽无为	同治四年	倪廷庆	安徽桐城	光绪九年	赵继元	安徽太湖	同治七年
徐　进	安徽望江	同治四年	叶祥麟	安徽桐城	光绪十五年	徐家鼎	安徽太湖	同治七年
龙　璇	安徽望江	道光三十年	王同鼎	安徽桐城	光绪十五年	赵环庆	安徽太湖	同治十年
倪文蔚	安徽望江	咸丰二年	何元辅	安徽桐城	道光三十年	李国棠	安徽太湖	道光二十五年
檀　玑	安徽望江	同治十三年	方葆珊	安徽桐城	道光三十年	李国梓	安徽太湖	道光二十五年
陈树屏	安徽望江	光绪十八年	光　熙	安徽桐城	咸丰九年	郭　冏	安徽太湖	光绪十六年
檀家琮	安徽望江	光绪十八年	刘秉衡	安徽桐城	咸丰九年	赵曾重	安徽太湖	光绪六年
何声灏	安徽望江	光绪十六年	张绍华	安徽桐城	同治十三年	查毓深	安徽太湖	光绪六年
余诚格	安徽望江	光绪十五年	郑辅东	安徽桐城	光绪二十年	王念祖	安徽太湖	光绪九年
张大观	安徽铜陵	道光二十五年	崇家鳌	安徽天长	道光二十四年	杨传书	安徽太湖	光绪九年
章燮理	安徽铜陵	光绪二十年	孙石城	安徽天长	光绪十六年	徐德沅	安徽太湖	光绪十五年
江庆瑞	安徽桐城	光绪二十年	崔　洲	安徽太平	道光二十年	朱廷薰	安徽太湖	光绪十五年
杨寅揆	安徽桐城	光绪二十年	焦春宇	安徽太平	道光二十四年	赵继泰	安徽太湖	光绪十五年
叶　球	安徽桐城	道光二十年	李嘉宾	安徽太平	同治四年	程炳星	安徽太湖	同治十年
方奎炯	安徽桐城	道光二十年	崔国榜	安徽太平	同治七年	李书翰	安徽太湖	光绪十八年
张同登	安徽桐城	道光二十年	崔国因	安徽太平	同治十年	徐德溉	安徽太湖	光绪十八年
方象堃	安徽桐城	光绪二十四年	邵子彝	安徽太平	咸丰九年	李　英	安徽太湖	光绪二十年
方　雷	安徽桐城	光绪二十四年	崔锦中	安徽太平	同治十年	吕调元	安徽太湖	光绪二十九年
马振仪	安徽桐城	光绪二十四年	崔　湘	安徽太平	同治十三年	方　霆	安徽太湖	光绪十六年
方履中	安徽桐城	光绪二十九年	胡继瑗	安徽太平	光绪十八年	邵心豫	安徽宿州	光绪三年
马君实	安徽桐城	光绪二十九年	崔　登	安徽太平	光绪二年	石光暹	安徽宿松	光绪二十四年
吴文钊	安徽桐城	同治元年	胡之钧	安徽太平	光绪十二年	徐　引	安徽宿松	道光三十年
光　炘	安徽桐城	同治二年	崔汝立	安徽太平	光绪六年	贺　欣	安徽宿松	光绪十八年
方朝觐	安徽桐城	同治二年	王同德	安徽太平	光绪十五年	朱绍文	安徽宿松	光绪二十年
吴调元	安徽桐城	道光二十一年	王　瑀	安徽太湖	光绪二年	徐　曾	安徽宿松	光绪二十年
刘宅俊	安徽桐城	道光二十四年	朱延熙	安徽太湖	光绪十二年	贺国瑛	安徽宿松	光绪二十年
汪　铮	安徽桐城	道光二十四年	李德鉴	安徽太湖	光绪三十年	石长信	安徽宿松	光绪二十一年
马腾骏	安徽桐城	同治二年	李德星	安徽太湖	光绪二十九年	石长佑	安徽宿松	光绪二十一年
吴汝纶	安徽桐城	同治四年	袁祖光	安徽太湖	光绪二十九年	石寿祺	安徽宿松	光绪二年
孙慧基	安徽桐城	同治七年	李德洞	安徽太湖	咸丰十年	贺　颀	安徽宿松	光绪六年
汪先焜	安徽桐城	道光二十七年	李国楠	安徽太湖	同治元年	石镜潢	安徽宿松	光绪十二年
杨澄鉴	安徽桐城	光绪二年	韦　煐	安徽太湖	同治元年	罗厚焜	安徽宿松	光绪十五年
叶南金	安徽桐城	光绪十六年	赵　昀	安徽太湖	道光二十一年	黎宗干	安徽宿松	光绪十五年

续表

姓名	籍贯	何年进士	姓名	籍贯	何年进士	姓名	籍贯	何年进士
邓贤芬	安徽泗州	咸丰二年	张凤喈	安徽庐江	光绪二十九年	胡鸿泽	安徽泾县	同治十三年
胡燏芬	安徽泗州	同治十三年	刘秉璋	安徽庐江	咸丰十年	舒　恺	安徽泾县	同治十三年
杨士晟	安徽泗州	光绪十八年	章　琼	安徽庐江	道光二十一年	赵　鸿	安徽泾县	光绪十八年
张启藩	安徽泗州	光绪二十年	许凤翔	安徽庐江	道光二十五年	王　恕	安徽泾县	光绪二十一年
杨士燮	安徽泗州	光绪二十年	姚继勉	安徽庐江	道光二十七年	查秉均	安徽泾县	光绪二十四年
张启后	安徽泗州	光绪三十年	刘谷孙	安徽庐江	光绪三十年	左挺生	安徽泾县	光绪三年
杨士骧	安徽泗州	光绪十二年	汪　鉴	安徽旌德	同治七年	查之屏	安徽泾县	光绪三年
孙　观	安徽舒城	道光二十七年	刘敦纪	安徽旌德	同治十年	吴维藩	安徽泾县	光绪六年
王元庆	安徽舒城	光绪二十年	吕锦文	安徽旌德	咸丰二年	胡懋龄	安徽泾县	光绪十二年
王元超	安徽舒城	光绪二年	汪时元	安徽旌德	咸丰二年	孙家铎	安徽寿州	道光二十一年
孙浤泽	安徽舒城	光绪六年	吕朝瑞	安徽旌德	咸丰三年	孙家醇	安徽寿州	道光二十七年
王承煦	安徽舒城	光绪九年	汪时渭	安徽旌德	咸丰三年	张瑞珍	安徽寿州	道光三十年
桂殿华	安徽石埭	光绪二十四年	江　鸿	安徽旌德	咸丰九年	孙家鼎	安徽寿州	咸丰九年
徐绍熙	安徽石埭	光绪二十九年	汪声玲	安徽旌德	光绪二十年	孙多玢	安徽寿州	光绪十八年
邱景章	安徽全椒	光绪三十年	江志伊	安徽旌德	光绪二十四年	孙传奭	安徽寿州	光绪九年
张保衡	安徽全椒	道光三十年	吕祖翼	安徽旌德	光绪三十年	程世杰	安徽绩溪	光绪二十年
薛春黎	安徽全椒	咸丰三年	吕贤桢	安徽旌德	光绪二年	程秉钊	安徽绩溪	光绪十六年
薛时雨	安徽全椒	咸丰三年	吕凤岐	安徽旌德	光绪三年	曹作舟	安徽绩溪	光绪六年
晋　骐	安徽全椒	咸丰三年	江希曾	安徽旌德	光绪十二年	何才价	安徽霍山	同治十三年
张德霈	安徽全椒	同治十三年	吕佩芬	安徽旌德	光绪六年	陈德铭	安徽霍山	光绪二十年
汪文绶	安徽全椒	光绪十八年	汪时琛	安徽旌德	光绪十二年	余德秀	安徽霍山	光绪三年
彭　倬	安徽全椒	光绪二年	江联蓉	安徽旌德	光绪十二年	胡菊佩	安徽霍邱	道光二十一年
叶桂芬	安徽青阳	道光二十四年	江绍杰	安徽旌德	光绪三十年	李灼华	安徽霍邱	光绪二十年
曹汝麟	安徽青阳	光绪二十一年	查日华	安徽泾县	道光二十年	朱点衣	安徽霍邱	光绪三十年
曹　琳	安徽青阳	光绪十五年	吴　墉	安徽泾县	咸丰十年	裴景福	安徽霍邱	光绪十二年
汪显达	安徽潜山	咸丰九年	吴善宝	安徽泾县	同治四年	吴廷芬	安徽徽州	同治二年
彭锡蕃	安徽潜山	光绪二十一年	朱成棠	安徽泾县	同治七年	林之升	安徽怀远	同治七年
余际春	安徽潜山	光绪二十一年	左骏章	安徽泾县	道光二十七年	姚玉田	安徽怀远	道光二十五年
江济民	安徽潜山	光绪三年	朱邕侯	安徽泾县	道光二十七年	林之望	安徽怀远	道光二十七年
刘步元	安徽潜山	光绪三年	马益臧	安徽泾县	道光二十七年	范国良	安徽怀远	光绪二十一年
胡廷璟	安徽祁门	同治七年	吴　焯	安徽泾县	道光三十年	田　庚	安徽怀远	光绪十六年
倪望重	安徽祁门	同治十三年	吴之俊	安徽泾县	咸丰二年	许鸣盛	安徽怀远	光绪三年
贡士元	安徽宁国	光绪二十一年	赵锦章	安徽泾县	同治十年	姚延祺	安徽怀远	光绪六年
何葆麟	安徽南陵	光绪二十年	王才鼎	安徽泾县	同治十三年	宋嘉炳	安徽怀远	光绪十二年

续表

姓名	籍贯	何年进士	姓名	籍贯	何年进士	姓名	籍贯	何年进士
宁鹏南	安徽怀宁	光绪二十四年	李鸿章	安徽合肥	道光二十七年	方芾林	安徽定远	光绪九年
葛高罾	安徽怀宁	道光二十一年	黄先瑜	安徽合肥	咸丰二年	方铭贤	安徽定远	道光二十年
郝同篪	安徽怀宁	同治四年	吴毓芳	安徽合肥	咸丰六年	方浚颐	安徽定远	道光二十四年
姜　球	安徽怀宁	同治七年	黄　灿	安徽合肥	同治十三年	谢骏声	安徽定远	同治四年
方炳奎	安徽怀宁	咸丰二年	龚心铭	安徽合肥	光绪十八年	吴慰曾	安徽当涂	道光二十七年
杨秉璋	安徽怀宁	咸丰六年	龚心鉴	安徽合肥	光绪十八年	褚登瀛	安徽当涂	同治十三年
查子庚	安徽怀宁	咸丰九年	单溥元	安徽合肥	光绪二十年	李祖荫	安徽巢县	光绪二十年
王嘉善	安徽怀宁	同治十三年	龚心钊	安徽合肥	光绪二十一年	谢家冶	安徽和州	光绪二十四年
舒　鸿	安徽怀宁	光绪二十一年	王　赓	安徽合肥	光绪三十年	鲍源深	安徽和州	道光二十七年
邵孔亮	安徽怀宁	光绪三十年	李经畬	安徽合肥	光绪十六年	林述训	安徽和州	道光三十年
洪思亮	安徽怀宁	光绪三年	江云龙	安徽合肥	光绪十六年	张学宽	安徽含山	光绪三十年
吴传绂	安徽怀宁	光绪三年	黄汉清	安徽合肥	光绪十六年	庆锡荣	安徽含山	同治四年
葛振元	安徽怀宁	光绪十二年	李经世	安徽合肥	光绪六年	吴联奎	安徽含山	同治七年
吴　浚	安徽怀宁	光绪十二年	王恩光	安徽合肥	光绪六年	庆锡纶	安徽含山	咸丰二年
李用曾	安徽怀宁	光绪三年	阚　䌹	安徽合肥	光绪六年	王裕龄	安徽含山	光绪二年
鲁　鹏	安徽怀宁	光绪九年	蒯光典	安徽合肥	光绪九年	严家让	安徽含山	光绪三年
陈同礼	安徽怀宁	光绪九年	郭钟美	安徽合肥	光绪三十年	桂迓衡	安徽贵池	咸丰二年
凌锦章	安徽庐江	光绪二年	周维藩	安徽合肥	光绪二十四年	李世田	安徽广德	光绪二十九年
王兰庭	安徽六安	光绪二十四年	龚元凯	安徽合肥	光绪二十九年	张光藻	安徽广德	咸丰六年
汪应焜	安徽六安	光绪二十九年	张华奎	安徽合肥	光绪十五年	傅怀光	安徽广德	光绪二十九年
李美崧	安徽六安	同治四年	周学铭	安徽建德	光绪十八年	黄斗元	安徽广德	光绪十六年
杨德馨	安徽六安	光绪二年	周学海	安徽建德	光绪十八年	王震昌	安徽阜阳	光绪二十九年
熊继轩	安徽六安	光绪二年	胡位咸	安徽绩溪	光绪二十九年	何开泰	安徽凤阳	道光三十年
魏廷梁	安徽六安	光绪六年	葛良治	安徽绩溪	道光二十一年	何崧泰	安徽凤阳	咸丰六年
陶守愚	安徽六安	光绪九年	胡宝铎	安徽绩溪	同治十年	孙家穆	安徽凤台	同治十年
高永孝	安徽六安	光绪十五年	章洪钧	安徽绩溪	同治十三年	孙家谷	安徽凤台	咸丰六年
张锡荣	安徽灵璧	咸丰三年	方汝绍	安徽定远	同治七年	余登云	安徽繁昌	光绪二十九年
高思涵	安徽灵璧	同治十三年	何廷谦	安徽定远	道光二十五年	姚　楷	安徽繁昌	光绪十六年
章先甲	安徽来安	同治四年	王士铮	安徽定远	同治十年	崇　绮	蒙古正蓝旗	同治四年
章法护	安徽来安	光绪九年	宋安书	安徽定远	同治十三年	荣　保	蒙古正蓝旗	同治十年
龚庆云	安徽合肥	光绪二十九年	凌福勋	安徽定远	光绪二十四年	文　溥	蒙古正蓝旗	光绪二十年
郭怀仁	安徽合肥	同治二年	方燕年	安徽定远	光绪十六年	秀　荫	蒙古正蓝旗	光绪二年
沈熙麟	安徽合肥	道光二十四年	凌兆熊	安徽定远	光绪二年	金　奎	蒙古正蓝旗	光绪六年
沈绩熙	安徽合肥	同治十年	范锡恭	安徽定远	光绪九年	格呼铿额	蒙古正蓝旗	光绪十二年

续表

姓名	籍贯	何年进士	姓名	籍贯	何年进士	姓名	籍贯	何年进士
善泰	蒙古正黄旗	道光二十年	荣濬	蒙古镶黄旗	光绪三十年	英卓	满洲正蓝旗	咸丰十年
如麟	蒙古正黄旗	光绪二十四年	夔达	蒙古镶黄旗	道光二十一年	崇文	满洲正蓝旗	咸丰十年
荣煜	蒙古正黄旗	光绪二十四年	锡珍	蒙古镶黄旗	同治七年	昆冈	满洲正蓝旗	同治元年
耀年	蒙古正黄旗	同治元年	景闻	蒙古镶黄旗	咸丰二年	桂昂	满洲正蓝旗	同治元年
柏春	蒙古正黄旗	道光二十五年	禄德	蒙古镶黄旗	光绪十八年	庆钟	满洲正蓝旗	同治元年
来秀	蒙古正黄旗	道光三十年	兴廉	蒙古镶黄旗	光绪二十一年	同照	满洲正蓝旗	同治元年
裕昌	蒙古正黄旗	同治十年	裕连	蒙古镶黄旗	光绪九年	奎润	满洲正蓝旗	同治二年
春溥	蒙古正黄旗	光绪二年	豫泰	蒙古镶黄旗	光绪十五年	中元	满洲正蓝旗	同治二年
傅兰泰	蒙古正黄旗	光绪二十一年	布彦泰	蒙古镶红旗	道光二十年	松森	满洲正蓝旗	同治四年
荣庆	蒙古正黄旗	光绪十二年	常忠	蒙古镶红旗	同治二年	志琮	满洲正蓝旗	光绪二十四年
爱仁	蒙古正黄旗	光绪十五年	善广	蒙古镶红旗	同治十年	文斌	满洲正蓝旗	光绪二十四年
瑞明	蒙古正白旗	道光二十七年	桂森	蒙古镶红旗	光绪十八年	景润	满洲正蓝旗	光绪三十年
荣诰	蒙古正白旗	咸丰三年	玉彬	蒙古镶红旗	光绪二十年	葆平	满洲正蓝旗	光绪十六年
向贤	蒙古正白旗	同治十三年	廉慈	蒙古镶红旗	光绪二十年	荣光	满洲正蓝旗	光绪十六年
岳龄	蒙古正白旗	光绪十八年	恩华	蒙古镶红旗	光绪二十九年	会章	满洲正蓝旗	光绪二年
文林	蒙古正白旗	光绪二十一年	富呢雅杭阿	蒙古镶红旗	道光二十四年	秉彝	满洲正蓝旗	光绪十二年
钟麟	蒙古正白旗	光绪二十九年	惠林	蒙古镶白旗	咸丰十年	松年	满洲正蓝旗	光绪十六年
续曾	蒙古正白旗	光绪十二年	扎拉丰阿	蒙古镶白旗	咸丰二年	溥良	满洲正蓝旗	光绪六年
云书	蒙古正白旗	光绪三十年	廉隅	蒙古镶白旗	咸丰六年	玉启	满洲正蓝旗	光绪六年
铁祺	蒙古正白旗	同治二年	延清	蒙古镶白旗	同治十三年	寿耆	满洲正蓝旗	光绪九年
联捷	蒙古正白旗	道光二十一年	承勋	蒙古镶白旗	光绪十八年	承荫	满洲正蓝旗	光绪九年
奎福	蒙古正白旗	道光二十四年	赓勋	蒙古镶白旗	光绪二十年	硕济	满洲正蓝旗	同治十年
文启	蒙古正红旗	道光二十七年	世荣	蒙古镶白旗	光绪二十一年	福臣	满洲正蓝旗	同治四年
兴安	蒙古正红旗	咸丰九年	丰和	蒙古镶白旗	光绪二十一年	寿颐	满洲正蓝旗	同治四年
衡瑞	蒙古正红旗	光绪十八年	延昌	蒙古镶白旗	光绪二十九年	增禄	满洲正蓝旗	道光二十七年
迎喜	蒙古正红旗	光绪二十一年	锡珍	蒙古镶白旗	光绪三年	兴苍	满洲正蓝旗	道光二十七年
玉祥	蒙古正红旗	光绪三年	国炳	蒙古镶白旗	光绪三年	阿克丹	满洲正蓝旗	道光二十七年
福楙	蒙古正红旗	光绪六年	铁珍	蒙古镶白旗	光绪十六年	萨炳阿	满洲正蓝旗	道光三十年
玉衡	蒙古正红旗	道光二十年	松堉	蒙古镶白旗	光绪三年	葆谦	满洲正蓝旗	咸丰二年
多仁	蒙古正红旗	道光二十一年	文郁	蒙古镶白旗	光绪六年	绵宜	满洲正蓝旗	咸丰二年
百勤	蒙古正红旗	同治四年	济生	蒙古镶白旗	光绪十五年	阿里汉	满洲正蓝旗	咸丰二年
奎章	蒙古镶蓝旗	道光二十五年	福全	满洲正蓝旗	道光二十七年	志和	满洲正蓝旗	咸丰二年
锡良	蒙古镶蓝旗	同治十三年	毓文	满洲正蓝旗	道光二十年	麟书	满洲正蓝旗	咸丰三年
哲克登额	蒙古镶蓝旗	光绪二十九年	崇谦	满洲正蓝旗	咸丰十年	瑞联	满洲正蓝旗	咸丰三年

续表

姓名	籍贯	何年进士	姓名	籍贯	何年进士	姓名	籍贯	何年进士
延　煦	满洲正蓝旗	咸丰六年	继　曾	满洲正黄旗	光绪二十一年	隨　福	满洲正白旗	同治四年
锡　淳	满洲正蓝旗	咸丰六年	庄　福	满洲正黄旗	光绪二年	恩　景	满洲正白旗	同治七年
豁穆欢	满洲正蓝旗	咸丰六年	诚　鉴	满洲正黄旗	光绪二年	良　弼	满洲正白旗	同治十年
宝　瑛	满洲正蓝旗	咸丰九年	治　麟	满洲正黄旗	光绪三年	恩　隆	满洲正白旗	道光二十五年
定　保	满洲正蓝旗	咸丰九年	瑞　洵	满洲正黄旗	光绪十二年	锡　荣	满洲正白旗	道光二十七年
崇　俊	满洲正蓝旗	同治十年	钟　英	满洲正黄旗	光绪三年	衍　秀	满洲正白旗	咸丰二年
奎　郁	满洲正蓝旗	同治十三年	定　成	满洲正黄旗	光绪九年	继　格	满洲正白旗	咸丰二年
海　锟	满洲正蓝旗	同治十三年	承　先	满洲正黄旗	光绪九年	兴　恩	满洲正白旗	咸丰二年
崇　泰	满洲正蓝旗	同治十三年	文　祥	满洲正红旗	道光二十五年	文　彬	满洲正白旗	咸丰二年
宝　熙	满洲正蓝旗	光绪十八年	谦　惠	满洲正红旗	道光三十年	恩　吉	满洲正白旗	咸丰三年
芳　镇	满洲正蓝旗	光绪十八年	魁　龄	满洲正红旗	咸丰二年	佛尔国春	满洲正白旗	咸丰六年
长　绍	满洲正蓝旗	光绪十八年	文　铬	满洲正红旗	咸丰六年	寅　康	满洲正白旗	咸丰九年
毓　隆	满洲正蓝旗	光绪二十年	余　庆	满洲正红旗	同治十三年	瑛　彬	满洲正白旗	咸丰九年
承　霖	满洲正蓝旗	光绪二十年	达　寿	满洲正红旗	光绪二十年	延　燮	满洲正白旗	光绪十八年
广　麟	满洲正蓝旗	光绪二十年	舒　泰	满洲正红旗	光绪九年	贵　诚	满洲正白旗	光绪十八年
承　厚	满洲正蓝旗	光绪二十年	希　廉	满洲正红旗	光绪十五年	熙　彦	满洲正白旗	光绪十八年
宝　铭	满洲正蓝旗	光绪二十一年	庆　廉	满洲正红旗	光绪二十四年	桂　福	满洲正白旗	光绪二十一年
海　明	满洲正蓝旗	光绪二十一年	松阿达	满洲正红旗	咸丰十年	德　锐	满洲正白旗	光绪二十一年
宝　丰	满洲正蓝旗	光绪十五年	恒　龄	满洲正红旗	同治元年	椿　寿	满洲正白旗	道光二十年
崇　芳	满洲正黄旗	光绪二十四年	苏勒布	满洲正红旗	道光二十一年	增　春	满洲正白旗	光绪三十年
宝　珣	满洲正黄旗	道光二十一年	德　玉	满洲正红旗	道光二十四年	金　梁	满洲正白旗	光绪三十年
廉　昌	满洲正黄旗	道光二十一年	煜　纶	满洲正红旗	道光二十四年	善　恒	满洲正白旗	道光二十年
文　格	满洲正黄旗	道光二十四年	宜　勋	满洲正白旗	光绪二十四年	忠　兴	满洲正白旗	光绪二十九年
忠　斌	满洲正黄旗	同治四年	阿克丹	满洲正白旗	咸丰十年	裕　德	满洲正白旗	光绪二年
德　润	满洲正黄旗	同治十年	全　林	满洲正白旗	咸丰十年	廷　杰	满洲正白旗	光绪二年
彦　昌	满洲正黄旗	道光二十七年	永　惠	满洲正白旗	同治元年	善　庆	满洲正白旗	光绪二年
成　琦	满洲正黄旗	道光三十年	麒　庆	满洲正白旗	道光二十一年	恩　桂	满洲正白旗	光绪三年
景　廉	满洲正黄旗	咸丰二年	青　麟	满洲正白旗	道光二十一年	讷　钦	满洲正白旗	光绪三年
永　顺	满洲正黄旗	咸丰二年	毓　禄	满洲正白旗	道光二十一年	阔普通武	满洲正白旗	光绪十二年
庆　文	满洲正黄旗	咸丰三年	恩　霖	满洲正白旗	道光二十四年	启　绥	满洲正白旗	光绪十六年
凤　鸣	满洲正黄旗	同治十三年	英　绩	满洲正白旗	道光二十四年	齐普松武	满洲正白旗	光绪六年
宝　昌	满洲正黄旗	同治十三年	景　善	满洲正白旗	同治二年	绵　文	满洲正白旗	光绪九年
桂　霖	满洲正黄旗	同治十三年	瑛　桂	满洲正白旗	同治二年	熙　元	满洲正白旗	光绪十五年
恒　善	满洲正黄旗	光绪二十一年	启　秀	满洲正白旗	同治四年	瑞　贤	满洲正白旗	光绪十五年

续表

姓名	籍贯	何年进士	姓名	籍贯	何年进士	姓名	籍贯	何年进士
绍昌	满洲正白旗	光绪十五年	庆春	满洲镶蓝旗	光绪十六年	恩丰	满洲镶黄旗	光绪十八年
文焕	满洲镶蓝旗	光绪六年	崇宽	满洲镶蓝旗	光绪六年	启泰	满洲镶黄旗	光绪二十年
承德	满洲镶蓝旗	光绪十二年	萨廉	满洲镶蓝旗	光绪六年	寿朋	满洲镶黄旗	光绪二十年
景厚	满洲镶蓝旗	光绪十二年	钟灵	满洲镶蓝旗	光绪六年	瑞徵	满洲镶黄旗	光绪二十一年
熙瑛	满洲镶蓝旗	光绪十五年	准良	满洲镶黄旗	光绪九年	怡龄	满洲镶黄旗	光绪十二年
裕祥	满洲镶黄旗	光绪二年	果晟	满洲镶黄旗	光绪三十年	裕经	满洲镶黄旗	光绪十六年
庆恩	满洲镶黄旗	光绪二年	崇亮	满洲镶黄旗	道光二十年	柏寿	满洲镶黄旗	光绪三年
那桂	满洲镶黄旗	光绪二年	绍先	满洲镶黄旗	光绪二十九年	济中	满洲镶黄旗	光绪九年
那谦	满洲镶黄旗	光绪三年	有瑞	满洲镶黄旗	光绪二十九年	锡恩	满洲镶黄旗	光绪九年
和润	满洲镶蓝旗	道光二十年	崇保	满洲镶黄旗	道光二十四年	庆颐	满洲镶黄旗	光绪十二年
宝森	满洲镶蓝旗	咸丰十年	克明	满洲镶黄旗	道光二十四年	崇寿	满洲镶黄旗	光绪十五年
国兴	满洲镶蓝旗	咸丰十年	松龄	满洲镶黄旗	同治二年	爱兴阿	满洲镶黄旗	光绪二十一年
载龄	满洲镶蓝旗	道光二十一年	嵩申	满洲镶黄旗	同治七年	文俊	满洲镶黄旗	光绪二十一年
锡龄	满洲镶蓝旗	道光二十一年	延誉	满洲镶黄旗	同治七年	培成	满洲镶黄旗	光绪二十九年
承福	满洲镶蓝旗	同治二年	庆吉	满洲镶黄旗	同治十年	常山	满洲镶黄旗	光绪二年
岳琪	满洲镶蓝旗	同治四年	皂保	满洲镶黄旗	道光二十五年	载铿	满洲镶红旗	道光二十七年
宝廷	满洲镶蓝旗	同治七年	成福	满洲镶黄旗	道光二十五年	舒荣	满洲镶红旗	光绪二十四年
扎拉芬	满洲镶蓝旗	同治七年	瑞存	满洲镶黄旗	道光二十五年	长春	满洲镶红旗	光绪二十四年
英煦	满洲镶蓝旗	同治十年	世昌	满洲镶黄旗	道光二十五年	宜绶	满洲镶红旗	同治元年
文光	满洲镶蓝旗	同治十年	文玉	满洲镶黄旗	道光二十七年	文瑞	满洲镶红旗	道光二十一
定纶	满洲镶蓝旗	道光二十五年	晋康	满洲镶黄旗	道光三十年	秀平	满洲镶红旗	道光二十一年
崇光	满洲镶蓝旗	道光二十五年	崇实	满洲镶黄旗	道光三十年	文澄	满洲镶红旗	同治二年
珂克僧额	满洲镶蓝旗	咸丰三年	寿昌	满洲镶黄旗	道光三十年	文治	满洲镶红旗	同治四年
福锟	满洲镶蓝旗	咸丰九年	常恩	满洲镶黄旗	道光三十年	曾谊	满洲镶红旗	同治四年
嵩瑞	满洲镶蓝旗	光绪十八年	恒林	满洲镶黄旗	道光三十年	联元	满洲镶红旗	同治七年
景禐	满洲镶蓝旗	光绪二十年	浦安	满洲镶黄旗	咸丰三年	特秀	满洲镶红旗	同治七年
保谦	满洲镶蓝旗	光绪二十年	穆兰泰	满洲镶黄旗	咸丰三年	承翰	满洲镶红旗	同治十年
寿富	满洲镶蓝旗	光绪二十四年	恩承	满洲镶黄旗	咸丰三年	德恒	满洲镶红旗	道光二十七年
兴元	满洲镶蓝旗	光绪二十四年	铭安	满洲镶黄旗	咸丰六年	载肃	满洲镶红旗	道光三十年
班吉本	满洲镶蓝旗	光绪二十九年	绍祺	满洲镶黄旗	咸丰六年	特亮	满洲镶红旗	咸丰九年
和砷布	满洲镶蓝旗	光绪二十九年	乌拉喜崇阿	满洲镶黄旗	咸丰六年	果祥	满洲镶红旗	咸丰九年
文渠	满洲镶蓝旗	光绪十六年	精一	满洲镶黄旗	同治十年	良贵	满洲镶红旗	同治十三年
长萃	满洲镶蓝旗	光绪三年	乌拉布	满洲镶黄旗	同治十三年	庆瑞	满洲镶红旗	同治十三年
载昌	满洲镶蓝旗	光绪十六年	贻谷	满洲镶黄旗	光绪十八年	存庆	满洲镶红旗	光绪十八年

续表

姓名	籍贯	何年进士	姓名	籍贯	何年进士	姓名	籍贯	何年进士
薄　岳	满洲镶红旗	光绪十八年	荫　桓	满洲镶白旗	光绪二十四年	继　文	汉军正黄旗	同治十年
续　绵	满洲镶红旗	光绪二十年	璥　璐	满洲镶白旗	光绪十六年	吉　康	汉军正黄旗	同治十三年
绪　儒	满洲镶红旗	光绪二十年	盛　昱	满洲镶白旗	光绪三年	李家驹	汉军正黄旗	光绪二十年
锡　麟	满洲镶红旗	光绪二十年	长　秀	满洲镶白旗	光绪三年	佟文玫	汉军正黄旗	光绪二十年
景　湝	满洲镶红旗	光绪二十一年	儒　芳	满洲镶白旗	光绪六年	致　善	汉军正黄旗	光绪二十一年
锡　铎	满洲镶红旗	光绪二十一年	熙　恬	汉军正蓝旗	道光二十年	黄　浩	汉军正黄旗	光绪二十四年
阿　联	满洲镶红旗	光绪二十四年	马相如	汉军正蓝旗	同治元年	黄曾源	汉军正黄旗	光绪十六年
锡　元	满洲镶红旗	光绪三年	郭廷肇	汉军正蓝旗	道光二十一年	惠　荣	汉军正黄旗	光绪三年
志　锐	满洲镶红旗	光绪六年	锡　岷	汉军正蓝旗	光绪二十一年	徐受廉	汉军正黄旗	光绪十二年
溥山兑	满洲镶红旗	光绪六年	云　祥	汉军正蓝旗	光绪二十四年	何式箴	汉军正黄旗	光绪三年
志　钧	满洲镶红旗	光绪九年	胡俊章	汉军正蓝旗	光绪二年	炳　麟	汉军正黄旗	光绪六年
吉　绅	满洲镶红旗	光绪十二年	倪教敷	汉军正蓝旗	光绪十二年	晋　荣	汉军正黄旗	光绪九年
松　廷	满洲镶红旗	光绪十二年	赵尔萃	汉军正蓝旗	光绪十五年	钟　广	汉军正黄旗	光绪十五年
麟　瑞	满洲镶红旗	光绪十二年	守　忠	汉军正蓝旗	同治二年	刘尚伦	汉军正红旗	光绪九年
德　寿	满洲镶红旗	光绪十二年	德　生	汉军正蓝旗	同治四年	于廷琛	汉军正红旗	光绪二十四年
钰　昶	满洲镶红旗	光绪十五年	文　荣	汉军正蓝旗	同治七年	杨　霁	汉军正红旗	同治四年
赛沙敦	满洲镶白旗	光绪三十年	文　起	汉军正蓝旗	道光二十五年	保　昌	汉军正红旗	同治十三年
三　寿	满洲镶白旗	道光二十年	文　颖	汉军正蓝旗	道光二十五年	李鹤亭	汉军正红旗	光绪二年
恒　福	满洲镶白旗	道光二十年	万　年	汉军正蓝旗	道光二十七年	郑文钦	汉军正红旗	光绪十六年
敬　和	满洲镶白旗	道光二十年	徐　桐	汉军正蓝旗	道光三十年	延　茂	汉军正白旗	同治二年
乐　秀	满洲镶白旗	光绪二十四年	吉　惠	汉军正蓝旗	道光三十年	海　焕	汉军正白旗	同治二年
崇　本	满洲镶白旗	光绪二十四年	李　慎	汉军正蓝旗	咸丰三年	良　镇	汉军正白旗	同治四年
鄂　芳	满洲镶白旗	同治二年	守　正	汉军正蓝旗	咸丰六年	斌　敏	汉军正白旗	同治四年
景　瑞	满洲镶白旗	同治二年	赵尔巽	汉军正蓝旗	同治十三年	广　照	汉军正白旗	同治七年
达嵩阿	满洲镶白旗	同治二年	赵尔震	汉军正蓝旗	同治十三年	曾培祺	汉军正白旗	同治十年
馨　德	满洲镶白旗	同治七年	冯锡芳	汉军正黄旗	光绪六年	德　浚	汉军正白旗	同治十年
贵　恒	满洲镶白旗	同治十年	成　沂	汉军正黄旗	光绪二十四年	丰　安	汉军正白旗	道光二十五年
常　珩	满洲镶白旗	咸丰九年	左　霈	汉军正黄旗	光绪二十九年	延　龄	汉军正白旗	道光二十七年
多　泰	满洲镶白旗	同治十年	乔有年	汉军正黄旗	同治元年	祥　龄	汉军正白旗	道光三十年
恩　寿	满洲镶白旗	同治十三年	德　荫	汉军正黄旗	道光二十四年	呼　震	汉军正白旗	道光三十年
连　甲	满洲镶白旗	光绪十八年	董　执	汉军正黄旗	同治四年	赵英祚	汉军正白旗	同治十年
寿　椿	满洲镶白旗	光绪十八年	文　琦	汉军正黄旗	同治七年	冯　健	汉军正白旗	同治十三年
松　铎	满洲镶白旗	光绪二十年	裕　丰	汉军正黄旗	道光二十五年	裕　绂	汉军正白旗	光绪十八年
润　芳	满洲镶白旗	光绪二十一年	成　善	汉军正黄旗	道光二十七年	洪兆麟	汉军正白旗	光绪十八年

续表

姓名	籍贯	何年进士	姓名	籍贯	何年进士	姓名	籍贯	何年进士
翰　屏	汉军正白旗	光绪二十年	尚其亨	汉军镶蓝旗	光绪十八年	荣　禧	汉军镶黄旗	光绪十六年
赵黻鸿	汉军正白旗	光绪二十一年	莫镇疆	汉军镶蓝旗	光绪十八年	孙廷献	汉军镶黄旗	光绪三年
吕继纯	汉军正白旗	光绪二十一年	袁　桐	汉军镶蓝旗	光绪二十年	乔保安	汉军镶黄旗	光绪六年
商衍鎏	汉军正白旗	光绪三十年	李九烈	汉军镶蓝旗	光绪二十年	乔保印	汉军镶黄旗	光绪六年
武吉祥	汉军正白旗	光绪三年	庆　隆	汉军镶蓝旗	光绪二十一年	恩　钟	汉军镶黄旗	光绪九年
继　昌	汉军正白旗	光绪三年	豫　咸	汉军镶蓝旗	光绪二十一年	回长廉	汉军镶黄旗	光绪十二年
延　祺	汉军正白旗	光绪十六年	李　汾	汉军镶蓝旗	光绪十五年	刘世安	汉军镶黄旗	光绪十五年
荣　桂	汉军正白旗	光绪三年	李　津	汉军镶蓝旗	光绪九年	吴国珍	汉军镶黄旗	光绪十五年
崔永安	汉军正白旗	光绪六年	祥　恩	汉军镶黄旗	道光二十年	边宝泉	汉军镶红旗	同治二年
熙　麟	汉军正白旗	光绪九年	启　文	汉军镶黄旗	道光二十四年	联　凯	汉军镶黄旗	道光二十一年
张平格	汉军正白旗	光绪九年	金锡蕃	汉军镶黄旗	同治四年	张晋祺	汉军镶红旗	道光二十一年
冯　端	汉军正白旗	光绪十五年	鸣　泰	汉军镶黄旗	同治七年	郭维藩	汉军镶红旗	道光二十四年
李祝龄	汉军正白旗	道光二十年	尹　果	汉军镶黄旗	同治七年	朱文镜	汉军镶红旗	同治十年
李　祜	汉军正白旗	道光二十年	宜　振	汉军镶黄旗	道光二十五年	尹国珍	汉军镶红旗	道光二十七年
延　恺	汉军正白旗	道光二十年	豫　师	汉军镶黄旗	咸丰二年	何毓福	汉军镶红旗	咸丰二年
商廷修	汉军正白旗	光绪二十四年	李昌瑞	汉军镶黄旗	咸丰二年	荣　桂	汉军镶白旗	光绪二十四年
吕承彦	汉军正白旗	光绪二十四年	李　淇	汉军镶黄旗	咸丰三年	文　杰	汉军镶白旗	光绪二十四年
商衍瀛	汉军正白旗	光绪二十九年	许普济	汉军镶黄旗	同治十三年	吉　第	汉军镶白旗	道光二十四年
李　祉	汉军正白旗	咸丰十年	王汝汉	汉军镶黄旗	光绪十八年	恩　荣	汉军镶白旗	咸丰九年
崔国庆	汉军正白旗	咸丰十年	耆　龄	汉军镶黄旗	光绪十八年	英　启	汉军镶白旗	咸丰九年
李希彬	汉军正白旗	道光二十一年	恩　龄	汉军镶黄旗	光绪十八年	谈国楫	汉军镶白旗	光绪二十一年
李　江	汉军镶蓝旗	同治元年	贵　贤	汉军镶黄旗	光绪二年	景　瀛	汉军镶白旗	光绪二年
张　堉	汉军镶蓝旗	道光二十一年	承　荫	汉军镶黄旗	光绪二年	谈国政	汉军镶白旗	光绪九年
伊麟泰	汉军镶蓝旗	道光三十年	连　捷	汉军镶黄旗	光绪十二年	士　魁	汉军镶白旗	光绪十五年
李　淇	汉军镶蓝旗	咸丰三年	刘安科	汉军镶黄旗	光绪十二年	—	—	—
于宗绶	汉军镶蓝旗	咸丰六年	施沛霖	汉军镶黄旗	光绪十六年	—	—	—

为综合研究晚清进士籍贯之分布，据表1－2再将各省进士分布统计如下（见表1－3）。

表1－3　　　　　晚清（1840—1905）进士人数分省统计表

朝代 / 省籍	道光	咸丰	同治	光绪	合计	百分比（%）	排序
广西	36	27	72	164	299	3.75	15
福建	52	46	82	268	448	5.62	7
广东	57	36	79	202	378	4.74	10
江西	103	74	122	272	571	7.16	4
直隶	57	62	89	230	438	5.49	8
八旗	92	61	97	240	490	6.15	6
山西	54	47	58	131	290	3.64	16
河南	73	95	108	218	494	6.20	5
四川	45	49	71	181	346	4.34	12
湖北	45	43	72	184	344	4.32	13
山东	105	79	118	274	576	7.23	3
云南	42	36	42	157	277	3.47	17
江苏	101	69	125	318	613	7.69	1
陕西	44	62	71	176	353	4.43	11
甘肃	26	32	23	114	195	2.45	20
贵州	39	29	44	143	255	3.20	18
奉天	12	12	17	40	81	1.02	21
安徽	53	39	76	215	383	4.80	9
湖南	41	31	68	177	317	3.98	14
顺天	63	30	46	77	216	2.71	19
浙江	111	87	108	302	608	7.63	2

上述表格说明：

1. 资料来源：（1）朱保炯、谢沛霖：《明清进士题名碑录索引》，上海古籍出版社1980年版。（2）房兆楹、杜联喆：《哈佛燕京学社引得特刊》第19卷《增较清朝进士题名碑录附引得》，哈佛燕京学社1941年版。（3）尹海金、曹端祥：《清代进士辞典》，中国文史出版社2004年版。

2. 统计规则：（1）文中进士皆指1840—1905年历朝文科进士（道光朝主要指后期1840—1850年），不包括特恩保举经学科、经济特科、翻译科以及游学毕业进士。（2）统计资料以《增较清朝进士题名碑录附引得》为主，同时参照《清代进士辞典》和《明清进士题名碑录索引》，将光绪三年山西武宁的邓衍熹以江西武宁统计，道光二十七年山西鄱阳的黄淳熙以江西鄱阳统计，咸丰九年陕西皋兰的鲁膺泰以甘肃皋兰统计，光绪二十一年湖南杞县的步翔藻以河南杞县统计。

从以上表格的统计资料可知，道光后期（1840—1850）共举行科举6科，录取进士1251人，历经11年的咸丰朝开科5次，共录取进士1046人，同治朝13年间开科6次，共录取进士1588人，光绪朝34年间共开科13次，录取进士4087人。65年间录取进士最少年份为道光二十年庚子科和咸丰九年己未科，均为180名，最多年份为光绪二十四年戊戌科，竟达346人。晚清各省的进士人数，按照排序依次是：江苏（613）、浙江（608）、山东（576）、江西（571）、河南（494）、八旗（490）、福建（448）、直隶（438）、安徽（383）、广东（378）、陕西（353）、四川（346）、湖北（344）、湖南（317）、广西（299）、山西（290）、云南（277）、贵州（255）、顺天（216）、甘肃（195）、奉天（81）。江苏、浙江两省进士人数雄踞榜首，合计百分比占全国总数的15.32%，山东、江西、河南紧随其后跻身前五名，八旗人数也不少，最少的省份是甘肃和奉天，分别仅占全国进士总数的2.45%和1.02%，江苏人数约是奉天人数的7.6倍多。晚清进士的省籍人数分布很不均衡，呈现出明显的地域性差异。

晚清进士地域分布不均衡性，不仅体现在不同省份之间，而且在同一省份的内部也是如此。科举人口向地理位置优越、经济发达的大中城市特别是省城倾斜，省会人数多是我国晚清进士分布的一大特色。根据有关资料还可以统计出各省会城市进士的百分比，如顺天的大兴(29.17%)、河南的祥府（15.18%）、山东的历城（7.29%）、山西的平定（10.00%）、陕西的长安（7.37%）、甘肃的皋兰（18.97%）、四川的华阳（6.07%）、贵州的贵筑（29.02%）、云南的昆明（36.46%）、广东的南海(20.37%)、广西的临桂（31.77%）、江西的新建（7.01%）、福建的闽县(32.59%)、湖北的武昌（9.30%）、湖南的长沙（20.82%）、江苏的吴县(7.99%)、浙江的仁和（12.66%），只有直隶的清苑（7.31%）、奉天的承德（11.11%）和安徽的怀宁（4.44%）三个省会城市未列该省第一。奉天的锦县离关内近，且为出关要塞，直隶的天津地理位置特殊，而安徽因为农民战争影响，省会曾在1853—1862年间迁至庐州，加之桐城文学昌盛，所以三地进士众多。[①] 为了能正确反映进士籍贯分布的地理规律，本书依照晚清当时的行政区划，再以江苏、浙江两省为例，将其籍贯具体分布的统计数字列表如下（见表1－4）。

---

① 苏全有、李风华：《晚清人才的地域分布及其特色》，《平原大学学报》2003年第20卷第3期。

表 1－4　　晚清（1840—1905）江苏进士分布统计表

府/直隶州、厅	所辖厅、县	进士人数	府/直隶州、厅	所辖厅、县	进士人数	府/直隶州、厅	所辖厅、县	进士人数
苏州府	太湖	0	扬州府	江都	18	徐州府	铜山	3
	吴县	49		甘泉	16		萧县	1
	长洲	12		扬州	1		砀山	0
	元和	22		高邮	12		丰县	2
	昆山	1		兴化	5		沛县	0
	常熟	22		宝应	12		宿迁	2
	昭文	13		泰州	17		睢宁	0
	震泽	8		东台	4		邳州	0
	吴江	12		仪征	18		—	—
	新阳	5		—			—	—
	新乐	1		—			—	—
	靖湖	0		—			—	—
	合计	145		合计	103		合计	8
江宁府	上元	20	松江府	川沙	0	常州府	武进	18
	江宁	23		华亭	5		阳湖	25
	句容	1		奉贤	2		无锡	11
	溧水	2		金山	0		金匮	6
	六合	8		上海	11		江阴	17
	江浦	0		南汇	4		宜兴	16
	高淳	1		青浦	6		荆溪	5
	—	—		娄县	11		靖江	3
	合计	55		合计	39		合计	101
淮安府	山阴	13	太仓直隶州	镇洋	4	镇江府	丹阳	4
	阜宁	4		崇明	7		丹徒	32
	盐城	3		嘉定	17		溧阳	8
	清河	1		宝山	2		金坛	3
	安东	1		太仓	11		太平	0
	桃源	2		—	—		—	—
	合计	24		合计	41		合计	47
通州直隶州	通州	27	海州直隶州	海州	4	海门直隶厅	海门	0
	如皋	9		赣榆	2		—	
	泰兴	7		沭阳	0		—	
	静海	1		—			—	
	合计	44		合计	6		合计	0

表 1－5　　晚清（1840—1905）浙江进士分布统计表

府/直隶州、厅	所辖厅、县	进士人数	府/直隶州、厅	所辖厅、县	进士人数	府/直隶州、厅	所辖厅、县	进士人数
杭州府	钱塘	67	绍兴府	山阴	38	金华府	金华	9
	仁和	77		会稽	35		兰溪	4
	海宁	14		萧山	28		义乌	3
	余杭	3		余姚	16		东阳	3
	富阳	5		诸暨	13		永康	4
	新城	1		嵊县	3		浦江	0
	临安	0		新昌	2		武义	0
	昌化	0		上虞	9		汤溪	1
	于潜	1		—			—	—
	合计	168		合计	144		合计	24
嘉兴府	嘉兴	13	严州府	建德	3	湖州府	乌程	15
	秀水	14		寿昌	0		归安	30
	嘉善	9		淳安	0		德清	9
	海盐	10		遂安	0		长兴	2
	平湖	12		桐庐	1		武康	0
	桐乡	13		分水	0		安吉	1
	石门	3		严州	1		孝丰	0
	合计	74		合计	5		合计	57
台州府	黄岩	9	宁波府	鄞县	47	温州府	永嘉	4
	临海	3		慈溪	16		瑞安	13
	天台	3		镇海	17		泰顺	2
	宁海	3		奉化	2		乐清	1
	太平	0		象山	2		平阳	0
	仙居	0		南田	0		玉环	0
	合计	18		合计	84		合计	20
衢州府	西安	4	处州府	丽水	0	处州府	庆元	0
	龙游	2		青田	0		云和	0
	常山	0		缙云	1		宣平	0
	开化	0		松阳	2		景宁	0
	江山	0		遂昌	2		龙泉	0
	合计	6		合计	5		合计	0
定海直隶厅	定海	2	?	归化	1	—	—	
	合计	2		合计	1			

说明：1. 历史行政区划主要依据赵尔巽等撰《清史稿》之《地理志》（中华书局 1976 年版），其中江苏省没有记载的新乐、静海两县按所属归入苏州府和通州直隶州，浙江归化县因无从查出所属，故单独列出。

2. 进士籍贯和人数统计数据主要依据房兆楹、杜联喆所著《哈佛燕京学社引得特刊》第 19 卷《增较清朝进士题名碑录附引得》（哈佛燕京学社 1941 年版）所得。

从以上两表可以看出，晚清江苏进士主要分布在苏州、扬州、常州三府，三者共计人数 349 名，占全省总数的 56.93%。这些地区基本每县都有进士产生，靖湖厅设置于光绪三十年，正逢科举废除，故进士人数为 0，徐州府、海州直隶州、海门直隶厅进士人数稀缺，总计才 14 人。在全省 76 个州县中，省会吴县进士人数最多，49 人，排在前列的还有通州、阳湖、元和、常熟，而安东、句容、睢宁、邳州、沭阳等县进士人数稀少甚至为 0。浙江进士分布的核心区域为杭州、绍兴二府，两者共计 312 人，占全省比例的 51.32%，即 1/2 还多。而衢州府、处州府、定海直隶厅进士寥寥，尤其是处州府，所辖十个县中就有丽水、青田、龙泉、庆元、云河、宣平、景宁六县为 0。全省举业最发达的杭州府，也以仁和、钱塘两县为翘楚，而临安、昌化却空白。江苏、浙江两省进士在各府县分布的不均再现了晚清进士省内分布的地域不平衡性。

晚清进士仍有三甲之分，其中三鼎甲为“状元”、“榜眼”、“探花”，与二甲第一名的“传胪”及会试的第一名“会元”统称巍科人物，他们皆为士人中声名之显者。科举巍科人物的籍贯分布状况，是反映各地文风高下的一个重要指标，在进士地域分布中也是一个重要的指数，有其丰富的地域文化内涵。晚清 30 科，巍科人物共计 150 人，依其籍贯，列表 1－6如下。

表 1－6　　晚清（1840—1905）巍科人物籍贯分布表

人物／年份	状元		榜眼		探花		传胪		会元	
	姓名	籍贯	姓名	籍贯	姓名	籍贯	姓名	籍贯	姓名	籍贯
道光二十年	李承霖	江苏丹徒	冯桂芬	江苏吴县	张百揆	浙江萧山	殷寿朋	江苏吴江	吴敬羲	浙江余杭
道光二十一年	龙启瑞	广西临桂	龚宝莲	顺天大兴	胡家玉	江西新建	何若瑶	广东番禺	蔡念慈	浙江仁和
道光二十四年	孙毓溎	山东济宁	周学濬	浙江乌程	冯培元	浙江仁和	王景淳	江西萍乡	李宗焱	陕西周至
道光二十五年	萧锦忠	湖南茶陵	金鹤清	浙江桐乡	吴福年	浙江钱塘	钟启峋	江西兴国	蒋超伯	江苏江都
道光二十七年	张之万	直隶南皮	袁绩懋	顺天宛平	庞钟璐	江苏常熟	许彭寿	浙江钱塘	许彭寿	浙江钱塘
道光三十年	陆增祥	江苏太仓	许其光	广东番禺	谢　增	江苏仪征	黄　统	广东顺德	邹石麟	山东聊城
咸丰二年	章　鋆	浙江鄞县	杨泗孙	江苏常熟	潘祖荫	江苏吴县	彭瑞毓	湖北江夏	孙庆咸	浙江山阴
咸丰三年	孙如仅	山东济宁	吴凤藻	浙江钱塘	吕朝瑞	安徽旌德	黄　钰	安徽休宁	吴凤藻	浙江钱塘

续表

年份＼人物	状元		榜眼		探花		传胪		会元	
	姓名	籍贯	姓名	籍贯	姓名	籍贯	姓名	籍贯	姓名	籍贯
咸丰六年	翁同龢	江苏常熟	孙毓汶	山东济宁	洪昌燕	浙江钱塘	钟宝华	浙江萧山	马元瑞	山东临清
咸丰九年	孙家鼐	安徽寿州	孙念祖	浙江会稽	李文田	广东顺德	朱学笃	山东聊城	马传煦	浙江会稽
咸丰十年	钟骏声	浙江仁和	林彭年	广东南海	阳保极	湖北江夏	黎培敬	湖南湘潭	徐致祥	江苏嘉定
同治元年	徐　郙	江苏嘉定	何金寿	湖北江夏	温忠翰	山西太谷	陈　彝	江苏仪征	李庆沅	顺天通州
同治二年	翁增源	江苏常熟	龚承钧	湖南湘潭	张之洞	直隶南皮	周　兰	浙江仁和	黄体芳	浙江瑞安
同治四年	崇　绮	蒙古正蓝旗	于建章	广西临桂	杨　霁	汉军正红旗	牛　瑄	河南汜水	廖鹤年	广东番禺
同治七年	洪　钧	江苏吴县	黄自元	湖南安化	王文在	山西稷山	许有麟	浙江仁和	蔡以瑺	浙江萧山
同治十年	梁耀枢	广东顺德	高岳崧	陕西长安	郁　崑	浙江萧山	恽彦彬	江苏阳湖	李联珠	直隶景州
同治十三年	陆润庠	江苏元和	谭宗浚	广东南海	黄贻楫	福建晋江	华金寿	直隶天津	秦应逵	湖北孝感
光绪二年	曹鸿勋	山东潍县	王赓荣	山西朔州	冯文蔚	浙江乌程	吴树梅	山东历城	陆殿鹏	江苏兴化
光绪三年	王仁堪	福建闽县	余联沅	湖北孝感	朱赓扬	江苏华亭	孙宗锡	湖南善化	刘秉哲	直隶邢台
光绪六年	黄思永	江苏江宁	曹诒孙	湖南茶陵	谭鑫振	湖南衡山	戴彬元	顺天宁河	吴树芬	山东历城
光绪九年	陈　冕	顺天宛平	寿　耆	满洲正蓝旗	管廷献	山东莒州	朱祖谋	浙江归安	宁本瑜	安徽休宁
光绪十二年	赵以炯	贵州贵阳	邹福保	江苏元和	冯　煦	江苏金坛	彭　述	湖南清泉	刘　培	直隶乐亭
光绪十五年	张建勋	广东临桂	李盛铎	江西德化	刘世安	汉军镶黄旗	杜本崇	湖南善化	许叶芬	顺天宛平
光绪十六年	吴　鲁	福建晋江	文廷式	江西萍乡	吴荫培	江苏吴县	萧大猷	湖南益阳	夏曾佑	浙江钱塘
光绪十八年	刘福姚	广西临桂	吴士鉴	浙江钱塘	陈伯陶	广东东莞	恽毓嘉	顺天大兴	刘可毅	江苏武进
光绪二十年	张　謇	江苏通州	尹铭绶	湖南茶陵	郑　沅	湖南长沙	吴筠孙	江苏仪征	陶世凤	江苏金匮
光绪二十一年	骆成骧	四川资州	喻长霖	浙江黄岩	王龙文	湖南湘乡	萧荣爵	湖南长沙	陈海梅	福建闽县
光绪二十四年	夏同龢	贵州麻哈州	夏寿田	湖南桂阳	俞陛云	浙江德清	李稷勋	四川秀山	陆曾炜	江苏镇洋
光绪二十九年	王寿彭	山东潍县	左　霈	汉军正黄旗	杨兆麟	贵州遵义	黎湛枝	广东南海	周蕴良	浙江会稽
光绪三十年	刘春霖	直隶肃宁	朱汝珍	广东清远	商衍鎏	汉军正白旗	张启后	安徽泗州	谭延闿	湖南茶陵

说明：资料来自朱保炯、谢沛霖所著《明清进士题名碑录索引》，上海古籍出版社 1980 年版。

为了便于研究分析，根据上表所列巍科人物再做一籍贯统计，列表1－7如下。

表1－7　　晚清（1840—1905）巍科人物省籍分布统计表

人物／省籍	状元	榜眼	探花	传胪	会元	合计	排序
江苏	9	3	6	4	6	28	2
浙江	2	6	7	5	10	30	1
安徽	1	0	1	2	1	5	9
湖南	1	5	3	6	1	16	3
湖北	0	2	1	1	1	5	9
江西	0	2	1	2	0	5	9
广西	2	1	0	0	0	3	13
福建	2	0	1	0	1	4	12
广东	2	4	2	3	1	12	4
直隶	2	0	1	1	3	7	6
山西	0	1	2	0	0	3	13
河南	0	0	0	1	0	1	18
四川	1	0	0	1	0	2	16
山东	4	1	1	2	3	11	5
云南	0	0	0	0	0	0	19
陕西	0	1	0	0	1	2	16
甘肃	0	0	0	0	0	0	19
贵州	2	0	1	0	0	3	13
奉天	0	0	0	0	0	0	19
八旗	1	2	3	0	0	6	8
顺天	1	2	0	2	2	7	6

江苏、浙江两省巍科人物仍以28人和30人遥遥领先，两省状元共计11人，约占全国总数的36.7%，榜眼共计9人，占全国总数的30%，探花共计13人，占总数的43%，传胪共计9人，占总数的30%，会元共计16人，占总数的53%，两省巍科人物合计58人，约占晚清总数的38.7%，这一系列的数据充分说明了江、浙地区进士在全国的份量。而位于边疆地区的甘肃、奉天、云南巍科人物均为0，仍处于末位。为进一步探究进士在省内分布的不均匀，特将江苏、浙江两省巍科人物在各县具体分布统计列表1－8如下。

表1-8　　晚清（1840—1905）江、浙两省巍科人物具体分布表

	状元	榜眼	探花	传胪	会元
江苏各县人数分布	丹徒1　太仓1 常熟2　嘉定1 吴县1　元和1 江宁1　通州1	吴县1 常熟1 元和1	仪征1　华亭1 金坛1　常熟1 吴县2	仪征2 吴江1 阳湖1	江都1　嘉定1 兴化1　武进1 金匮1　镇洋1
浙江各县人数分布	鄞县1 仁和1	乌程1　桐乡1 钱塘2　会稽1 黄岩1	萧山2　德清1 乌程1　钱塘2 仁和1	仁和2 钱塘1 萧山1 归安1	仁和1　余杭1 钱塘3　山阴1 萧山1　瑞安1 会稽2

资料来源：房兆楹、杜联喆：《哈佛燕京学社引得特刊》第19卷《增较清朝进士题名碑录附引得》，哈佛燕京学社1941年版。

从上表可知，江、浙两省各县巍科人物分布也不均匀，江苏巍科人物主要集中在吴县（4人）和常熟（4人），浙江主要集中在钱塘（8人）和仁和（5人），这再一次印证了晚清进士分布的地域不均衡性。

（二）晚清进士的区域分布

为了进一步说明晚清进士地理分布特色，现对进士的区域分布做进一步的考察。就我国南北而论，若以秦岭、淮河这一传统观念为界，北方包括直隶、山西、奉天、河南、八旗、顺天、陕西、山东、甘肃，共计有进士人数3133人，所占比例为全国的39.30%，其中以山东（576人）、河南（494人）、八旗（490人）人数为盛。南方包括湖南、四川、浙江、江西、江苏、广西、广东、福建、安徽、湖北、贵州、云南，共计有进士人数4839人，占全国的60.70%。南方明显超过北方，具有南多北少的分布特点。而在南方诸省中，江苏、浙江两省进士人数就约占整个南方总进士人数的1/4还多，可谓遥遥领先，“江左人文薮”得到淋漓尽致的体现（见表1-9）。

表1-9　　晚清（1840—1905）进士南北分布表

区域	北方				南方			
	省份	人数	省份	人数	省份	人数	省份	人数
	直隶	438	山西	290	江苏	613	安徽	383
	河南	494	甘肃	195	浙江	608	四川	346
	山东	576	奉天	81	福建	448	广西	299
	八旗	490	—	—	广东	378	贵州	255
	顺天	216	—	—	湖南	317	云南	277
	陕西	353	—	—	湖北	344	江西	571
总计	3133				4839			
占总数(%)	39.30				60.70			

若以区域划分，则可把全国分为东北（奉天）、西北（陕西、甘肃）、华北（直隶、顺天、八旗、河南、山东、山西）、西南（云南、贵州、四川）、长江中下游地区（湖北、湖南、安徽、江西）、东南沿海地区（江苏、浙江、福建、广东、广西），其进士人数依次为81人、548人、2504人、878人、1615人、2047人。各区依序排列为华北、东南沿海地区、长江中下游地区、西南、西北、东北，如若剔除八旗（八旗人数之多，与其说人文因素，倒不如说清政府政策倾斜所致），则东南沿海地区扶摇直上，位居榜首，江、浙两省进士人数约占这一地区总数的59.65%，人数处于末位的是置省建制较晚、开发较迟的东北和西北，沿海省份进士人数高于内地和边远地区。

晚清时期，面对列强的侵略战争和国内的农民起义，清政府更加重视科举以笼络士人，随着进士录取人数的增加，内地、边陲省份充分利用清廷兼顾全国的科考政策，文化教育水平有所提高，同时远离战场或受战争影响不大，捐输军饷较多，乡试中增额也多，随之进士人数增长较快，在全国所占比例也有所上升。如从同治朝到光绪朝，奉天从17人增加到40人，甘肃从23人增加到114人，贵州从44人增加到143人。而战争及西学东渐的影响，致使沿海科举大省进士增长较慢，在全国比例有所下降。

综上所述，晚清进士分布所呈现的地理规律可归纳如下：

第一，晚清进士分布呈现明显的地域不均衡性，南方超过北方，沿海人数高于内地和边远地区，省内各地区人数分布也不均匀。

第二，受战争和政策等的影响，内地进士增长比例高于沿海。

第三，科名兴盛于江、浙两省。

晚清进士这种地域多寡不均的分布格局，是偶然、孤立的历史现象，还是从某种程度上折射出自然环境、交通位置、社会经济、政治环境、文教事业、历史传统等对一个地区人才兴衰的影响？其缘由值得我们进行一些深入的历史人文背景分析。

（三）晚清进士萃集江浙的缘由

黄河中下游流域是中华文化的发源地，那里曾是人文荟萃、文风鼎盛之地，时过境迁，“江南财赋地，江左人文薮”，明清两代江浙人文渊薮，科举人才辈出，魁星光芒四射，不但及第数量在全国独为翘楚，其科试名次在全国也最为显赫。清代刘声木曾说：“历代声明文物之盛，多在大河以北，即世所谓中原是也。自南宋偏安于杭，声明文物，转为江南。我朝学术之盛，超逸前代，综其人物，大约不外江浙数省，地实江南一隅。”① 咸同兵兴后，作为清政府与太平天国后期的主战场，江浙大地历经浩劫，千疮百孔，致使科考延期、停止，士子无心举业。直到湘军攻克南京，战乱平息后，清政府着手恢复社会秩序，江浙科举才次第恢复。然而综观晚清进士籍贯分布，各省数量悬殊甚大，江、浙两省仍遥遥领先，由此可窥见有清一代江浙科举人才的冰山一角。何故晚清进士分布多寡不均？又为何江浙科甲联翩、独领风骚？本书试从以下几个方面对这一历史现象加以考察。

1. 地理位置优越，自然环境优美

江、浙两省位于长江下游，东依大海，江海环抱，长江横贯东西，京杭大运河纵贯南北，享有东西南北往来最为便捷的交通大动脉之利，几千年来，这两条水上大动脉对江浙经济的繁荣和文化昌盛作出了巨大的贡献，同时以上海为中心的南北洋航运发展迅速，引人注目。受海洋影响，这里气候属于亚热带湿润季风气候，四季分明，年平均气温在 15—18℃之间，一月份气温在 0℃以上，七月份在 28℃左右，降水充沛，气候湿润，日照充足。江、浙两省的苏州、松江、常州、镇江、江宁、杭州、嘉兴、湖州等八府和太仓州，即通常所说的江南地区，境内地形以平原和低山丘陵为主，地势平坦，土壤肥沃，非常适合农作物的生长，沿江沿海的高田地带，多沙质微碱性土壤，适宜种植棉花，太湖周围低田地带多水，其保肥能力强的酸性黏土适宜种植桑树，其中性土壤适宜种植喜湿的水稻。江浙滨海襟江，海岸线长而曲折，河流纵横，湖泊众多，港湾遍布，是著名的“水乡泽国”，舟楫往来自如，交通便利，有利于航运和商业的发展。天目山、天台山景色如画，“上有天堂，下有苏杭”，特别是苏、杭地区，不仅人口稠密，经济发达，而且一向以苏州别致的园林景致，杭州秀丽的湖光山色闻名于世。

江浙是我国著名的鱼米之乡，物产富饶，蔬菜、鱼肉、水果、禽蛋常年不断，人民讲究起居饮食，食物较精美。读书人从事的是艰苦繁重的脑力劳动，古代的儒生尤需日夜吟诵，博闻强记，合理的饮食结构有利于脑力的提高，促使江浙地区拥有更大的人才优势。

江浙这一优越的地理位置和自然环境为文人学士提供了卜居憩息、潜心学问的最佳场所。文人学士寄情山水，切磋交流，优游自在，“或辨理诘义以资其学，或赓歌酬诗以通其志，或鼓琴瑟以宣湮滞之怀，或陈几筵

① 刘声木：《苌楚斋随笔》卷五“江南文物盛衰”条，中华书局 1998 年版，第 104 页。

以合宴乐之好"①。名山秀水间是华夏文明的积淀地，钟灵毓秀启发了江浙士人的聪明才智，故人才辈出，常甲天下。顾炎武在《日知录》中曾慨叹道："今北方有二患：一曰地荒；二曰人荒。"② 处于东北、西北、西南边陲的奉天、甘肃、云南等省，自然条件十分恶劣，或则寒风凛冽、风沙蔽日，或则炎热干燥、酷暑难当，或则湿热蒸郁、瘴气袭人，地区开发晚，交通不便，大大减少了它们与外部交流的机会，显得十分闭塞，地瘠民贫，经济文化都比较落后，民间生活单调、清苦，民风强悍，民质朴而少文，人才分布稀少乃事理之常。

2. 经济繁荣昌盛，人口分布密集

黄河中下游流域曾是华夏文明的发祥地，也曾是全国的经济重心，但经魏晋南北朝400年的大动荡和大分裂、唐朝的"安史之乱"和藩镇割据后，社会生产受到严重摧残，"一代繁华皆共绝，九原唯望冢累累"③。同时黄河中下游流域的森林遭到了严重破坏，黄土高原水土流失严重，河湖淤塞，土地沙化、盐碱化，区域内气候严重趋于旱化，过去的肥田沃野大面积变成贫瘠之地。北宋末年女真族和蒙古族挥戈南下后，黄河中下游的社会经济更是长期处于衰退和低落状态。当北方战火连绵不断时，江南却处于相对的安定中，生产力持续上升，经济面貌发生较大变化。宋室南渡以后，全国的经济重心已转移至长江中下游。江浙东临大海，雨量充沛，气候湿润，平原土壤肥沃。当地人民以自己的聪明才智和辛勤劳动，充分利用优越的水土资源，大力发展水利灌溉，垦殖良田，种植经济作物，精耕细作，使江南经济如脱缰野马，飞跃发展，粮食亩产高出北方几倍，造就了集稻作文化、渔文化、舟楫文化、桥文化、蚕丝文化等于一身的高度发达的农业文明。同时，长江下游苏、松、嘉、湖、杭一带工商业发达，是全国重要的商品生产基地和流通中心。苏州、松江的棉布，南京、苏州、杭州的丝绸，嘉兴、湖州的生丝"衣被天下"，无锡的粮食，南京的木材，杭州的食盐流转全国。④长江三角洲开始成为全国最发达的农业基地和繁富之区，明清之际，已是"朝廷财赋，仰给东南"，且鸦片战争以后，东南沿海得地理之便，

① 高启：《高太史凫藻集》卷二，选自《四库全书》第1230册，上海古籍出版社影印本1987年版，第270页。

② 顾炎武：《日知录集释》卷十七，花山文艺出版社1990年版，第765—766页。

③ 杜颜：《故绛行》，选自《全唐诗》卷一四五，中华书局1960年版，第1465页。

④ 夏维中、范金民：《明清江南进士研究之二——人数众多的原因分析》，《历史档案》1997年第4期。

较早受到西方近代工业文明的影响，晚清资本主义新式企业均聚集在此，成为我国民族工业的摇篮。上海、苏州、无锡等地陆续兴起纺织、面粉、火柴等近代工业，长江下游稳固地保持着全国经济重心的地位，历久不衰。“大抵一地人文之消长盛衰，盈虚机绪，必以其地经济情形之隆诎为升沉枢纽”①。繁荣昌盛的经济，为晚清江浙人才辈出奠定了坚实的物质基础。

科举考试要以经济实力为后盾，从聘请塾师到累次应考，科试费用巨大。江浙多仕宦巨族和商贾巨富，其数量之众，地位之重，远非关陇、边疆等地区可比，这些人有着雄厚的财力培养子弟潜心科考，因而，江浙进士集中在各府的附郭县和少数世代为官的簪缨望族中。如江苏状元陆增祥（道光庚戌科）、翁同龢（咸丰丙辰科）、陆润庠（同治甲戌科）均出身于仕宦家庭。②

伴随着全国经济重心的南移，人口分布的密度也渐渐地南北易位，尤其是社会大动乱——历史上的民族战争与藩镇混战，引发了人口大规模的流动。北方烽火绵延数年，大量人口死于战乱，一部分南下，避地东吴，大批的衣冠巨族迁至江南。清代人口分布南密北疏，重心明显地偏于东南。江苏省以每平方公里400人以上的高密度在各省中居首位，浙江每平方公里也超过了200人。在全国近300个二级行政区（府、州、厅）中，人口密度超过每平方公里500人的，共有11个，它们是江苏的苏州府、太仓州、松江府、镇江府，浙江的宁波府、嘉兴府、绍兴府、杭州府和四川的成都府、安徽的庐州府以及山东的东昌府，而江浙地区竟占有8个。③

人口迁徙带来的，不仅仅是数量上的消长，同时也促进了江浙地区人口素质的更新。背井离乡的移民往往具有不同程度的开拓意识和勤奋创业的精神，伴随着流民的大量移入，人口重新进行了组合，族缘、血缘逐步实现了更新。长江和京杭大运河又成为东西、南北文化交流和传播的纽带，经过碰撞、融合的吴越文化被赋予了“兼容并包，为我所用”和开拓等新的内涵，江浙学术文化的生命力愈来愈强，进士分布密集也理所当然、顺理成章。

---

① 吴晗：《江浙藏书家史略》，中华书局1981年版，第117页。

② 宋元强：《清朝的状元》，吉林文史出版社1992年版，第171页。

③ 胡焕庸、张善余：《中国人口地理》上册，华东师范大学出版社1984年版，第56页。

3. 文教事业发达，学术文风鼎盛

江浙殷富，资本雄厚，繁荣的社会经济营造了浓郁的文化氛围，大师辈出，学派交杂，思想纷呈，“大江下游南北岸及夹浙水之东西，实近代人文渊薮，无论何派之学术艺术，殆皆以兹为光焰发射之中枢焉”①。江浙地区教育发达，商家望族不惜钱财创办学校，除了府、州、县设立的官学外，书院林立，社学、义塾也受到重视，十分普遍，读书喜学成风。江苏苏州府地区的学校，“肇于宋范文正公之遗泽，胡安定之教，百世而下，学者犹宜兴起”②。不仅学校发展很快，同时处于政治文化中心的书院数量众多，规模较大，讲学蔚为成风。著名的如江宁的钟山书院、尊经书院，杭州的敷文书院、诂经精舍，扬州的安定书院、梅花书院，苏州的紫阳书院等均名重一时。清代书院大致分为三类：“一为讲求理学之书院；二为考试时文之书院；三为博习经史词章之书院，”③ 而以考试时文书院为数最多，成为科举人才的储备之地。不仅政府予以充足的经济保证，同时这些书院的山长或主讲，又多是博学贯通、称雄当时的大师或进士翰林，且科考经验丰富，如陆润庠曾主讲于上海蕊珠书院，张謇曾主讲于南京文正书院，言传身教，故江浙士子知识既博，方法又多，科考屡操胜券。清代江浙宗族组织遍布，在众多的家族中，普遍保持着一种重视文化的传统，具有浓厚的尚文风气，家学呈现欣欣向荣之貌。他们广置族田，兴办族学，解决族人子弟的笔墨膏火之资，并为族中优异子弟提供科举应试的费用。如江苏彭氏义庄助学支出占族田收入总支出的32%。④ 很多宗族都规定，族内子弟不论智力如何，皆入塾读书，即使不能参加科举考试，也必须知书达理，明白做人的道理。浙江鄞城华氏《家训》称：“读书原欲光耀门闾，即不上达，亦不失为礼仪之士。……《语》云：人不通今古，如牛马襟裾。”⑤ 不用说，族塾对于文化的传播和儒家思想的灌输起了相当的作用，使整个江浙地区的文化水平大为提高，为经济的繁荣奠定了良好的人文基础，江、浙两省家族培育的子弟在科场竞争方面也自然具有雄厚的实力。“其间山水之钟毓，与夫历代师儒之传述，家弦户

---

① 梁启超：《近代学风之地理分布》，《饮冰室合集》文集之四十一，中华书局1989年版，第60页。

② 冯桂芬等修：《同治苏州府志》（一），卷二五《学校》，江苏古籍出版社1991年版，第585页。

③ 盛朗西：《中国书院制度》，中华书局1934年版，第154页。

④ 张研：《清代族田与基层社会结构》，中国人民大学出版社1991年版，第34页。

⑤ 转引自朱勇《清代宗族法研究》，湖南教育出版社1987年版，第206页。

诵，风气开先，拔帜匪难，夺标自易。”① 在我国北方，这种族塾则极少见。

一个地区藏书家的多少，实际上是当地经济文化发达程度的重要尺度。江浙经济发达，学者云集，文人荟萃，连商家也热衷于私家藏书。明末清初，“藏书及刻书的风气渐盛”②，雕版业兴盛，文献渊薮，文化典籍的刻印与收藏，更是规模空前，超越前代。据吴晗《江浙藏书家史略》一书统计，清代江苏有藏书家 290 人（绝大多数在苏南），浙江有 267 人，其中包括许多海内闻名的藏书大家，而藏书质量更是其他地方无与伦比的。浙江“以地计，得杭县、海宁、绍兴、鄞县、海盐、吴兴、嘉兴最多”③，“以苏省之藏书家而论，则常熟、金陵、维阳、吴县四地始终为历代重心”④（见表 1－10）。

表 1－10　　清代藏书家地域分布

地区	藏书家数	地区	藏书家数
浙江	137	湖南	3
江苏	133	湖北	2
直隶	13	河南	2
山西	13	陕西	2
山东	10	辽宁	1
安徽	7	云南	1
广东	6	贵州	1
福建	5	江西	1
八旗	6	地域不详	39
合计	382		

资料来源：杨立诚、金步瀛合编，俞运之校补：《中国古代藏书家考略》，上海人民出版社 1987 年版。

从表 1－10 可以看出，清代的藏书，几为江浙所独占，两省藏书家数目遥遥领先。这些藏书对当地文化的发展又产生了良好的影响，“藏书之风气盛，读书之风气亦因之而兴”⑤，江浙文风鼎盛，科甲联翩，大大得

① 陈夔龙：《梦蕉亭杂记》卷二，北京古籍出版社 1985 年版，第 102 页。

② 梁启超：《中国近三百年学术史》，天津古籍出版社 2003 年版，第 10 页。

③ 吴晗：《江浙藏书家史略》，中华书局 1981 年版，第 4 页。

④ 同上书，第 117 页。

⑤ 同上书，第 118 页。

益于当地保存的丰富的文化典籍。

4. 科名欲望强烈，科举技能高超

在封建社会，一个家族社会地位的高低以及家族利益能否长久维持，一个最重要的因素就是家族是否“代有闻人”。清代，科举制度高度成熟和完备，科举成为国家取士的主要途径，“十年寒窗苦，成名天下知”，读书人一旦博得功名，便“朝为田舍郎，暮登天子堂”，于是乎，科举就像一张无形的网，最大限度地把人们吸引到做官求仕的道路上去，成了天下万民的功名利禄场。金榜题名、鹊噪报吉者，朱紫裹身，顶戴荣冠；名落孙山、困顿场屋者，骨肉愁容，亲朋冷眼。科举成名，成为许许多多人的人生第一追求。进士则由于风光体面，升迁快速，因而互相标榜，互相夸耀。“万般皆下品，唯有读书高”，江浙的书香门第信奉“学而优则仕”，他们强调科名，热衷于举业，视业儒入仕是光显门户、强宗望族的致远大业，对禀赋聪颖、学习上进的子弟给予重点资助培养，希望他们能够获取功名，跻身官场，光耀门庭。对于庶民子弟来说，科考中第也是摆脱贫困、跻身上层的唯一途径，家人的期望更加殷切。在这种氛围下，江浙人文蔚然，常有屡代科场连捷，累世科甲，“不识大魁为天下公物，竟视巍科为我家故物”①，涌现了众多科举文化世家，如吴县潘家，常熟翁家。落籍江浙的徽商势力强盛，他们长期保持着推崇儒家文化，重视科名仕进的传统，不少子弟寄籍江浙，高中进士。清代晋商与徽商齐名，但山西的读书士子多向往贸迁厚利，“山右积习，重利之念，甚于重名。子弟俊秀者多入贸易一途，至中材以下，方使之读书应试”②。山西商人解囊捐资，创办义塾和书院的，寥若晨星，文风可见一斑。

晚清科举也以时文取士，科考时文策论是应时而作，这就需要对新兴的文风和国内外事态要有一定的了解。江浙交通便利，信息传播速度快，同时在朝多显宦，又多出任乡会试考官，或是故旧，或是姻亲，盘根错节，可以予以适当通关照顾与提携。个别家族因为“门生故吏遍天下”，其子弟也就探杏折桂代有闻人。故清人陈夔龙认为：“冠盖京师，凡登摸席而跻九列者，半属江南人士。父兄之衣钵，乡里之标榜，事甫半而功必倍，实未至而名先归。”③ 江浙多进士，实属情理之中。

---

① 陈夔龙：《梦蕉亭杂记》卷二，北京古籍出版社 1985 年版，第 102 页。

② 《雍正朱批谕旨》第 47 册，山西学政刘于义雍正二年五月九日折。

③ 陈夔龙：《梦蕉亭杂记》卷二，北京古籍出版社 1985 年版，第 102 页。

5. 咸同兵燹后，科举恢复迅速，录取人数众多

1840年鸦片战争爆发，紧随其后的咸同兵燹，作为清政府与太平天国后期的主战场，江浙人民饱受战乱之苦，人口大量死亡，江浙书院大都毁于兵燹，经济文化遭到了严重破坏，科举考试的条件丧失殆尽，士子无心举业。内忧与外患摇撼着清帝国危危将倾的生存堤坝，在中国由传统社会向现代社会过渡的频繁社会混乱中，外在的浩劫动荡，内在的家道中落，足以湮没整个时代的文化世家，江南家学开始衰微，江浙士人中第比例迅速下降，形成晚清最低点。同治三年（1864）六月，湘军攻克南京，战乱平息后，清政府即着手恢复社会秩序，陆续兴复江浙科举。当年秋天即行江南乡试，并补行一科，即录取两倍的人数。从同治四年开始，进士中额大幅度攀升，直至光绪三十一年科举废除，基本每科进士都在300名以上，形成进士录取人数的一个高峰期。虽然自近代以来西学东渐引发了巨大的社会变迁，科试的弊端渐为士人所认识，同时大量新式学校的建立以及留学热潮的兴起，对科举考试制度造成了强烈的冲击。但由于科举的悠久历史和它在封建社会不可替代的特殊功能，广大士子对这种行将就木的制度仍然热情不减，江浙进士人数也迅速回升。

综上所述，晚清进士地域分布的不平衡性并非偶然、孤立的现象，而是有其内在的客观规律和深刻的地域历史文化根源。晚清进士籍贯分布形成、变迁的原因是社会政治、经济、文化、自然环境等多方面区域因素交错作用的结果。江浙地区（尤其是苏州、杭州、扬州等地）具有得天独厚的水乡沃土和深厚的文化底蕴，经济繁荣、交通便利、教育发达、印刷出版业兴盛、藏书丰富、人口众多且整体素质高，因而晚清这里人文荟萃，进士科名显赫，冠盛天下。南通苏杭，北连皇都的山东是孔子的故乡，交通便利且饱受传统儒学的熏陶，尚文重教。晚清江西战事频繁，破坏严重，但明朝至清前期江西科举繁荣，且宗族势力强大，殷实大族在科考中表现出极强的竞争能力，尤其是赣中一带的吉泰盆地、赣抚平原和鄱阳湖平原，自然条件优越，经济文化发达，金榜题名源源不断。河南的洛阳、开封曾为历代王朝的国都，乃京畿重地，全国的政治中心，形成人才相对密集的文化区域，故晚清山东、江西、河南进士列于前五位，乃得益于当地浓厚的历史文化传承和积淀。满人入主中原后，重用旗人，八旗进士人数之多，与其说人文因素，倒不如说清政府政策倾斜所致。排名靠后的诸省或地区中，顺天乃一府属，地域狭小，无法媲美，云南、贵州、甘肃、奉天地处边陲，环境恶劣，交通不便，开发较迟，经济、文化双双落后，故进士稀缺。

“江山代有人才出，各领风骚数百年。”作为晚清人才的最主要部分，进士是当之无愧的“精英集团”，他们在促进该地区文教事业发展的同时，也为清末的近代化打下了坚实的基础。

三　晚清进士的仕进

深受传统儒家文化熏陶的中国知识分子以“学而优则仕”为取向原则，把“修齐治平”当做是最高的人生价值目标，大多缠绕着一种强烈的从政情结，而中国传统的教育制度与文官制度的合一，也使得知识分子乃至社会的一般民众都视从政为读书人的最高理想和当然职业。清朝从立国之初，就进一步发展和实施了宋以来重文轻武的政策，确立了“文治”国策。顺治七年，清世祖谕礼部曰：“帝王敷治，文教为先。”①清朝中央和地方的主要行政长官均为文官，兵部尚书、侍郎以及各省总督、巡抚，虽然有军事职责，但亦为文官，征战时受命大将军的重臣也多为文官。虽然由于照顾满员的需要，清朝不像明朝那样“非进士不入翰林，非翰林不入内阁”②，但翰林之职仍大多授予文进士，尤其是进士被选为庶吉士者，更是受到朝廷的青睐和器重，“有清一代，宰辅多由此选”③。

（一）晚清进士仕进概况

清制，殿试传胪以后，一甲一名进士例授翰林院修撰之职，官居六品，这是每个状元都可获得的殊荣，也是他们夺魁后仕历的起点。二名、三名授翰林院编修。其余进士再经朝考，选考在前列者为庶吉士，入翰林院肄业，谓之馆选；未膺选者，分别用为部属或知县等职。大抵部属以用六部主事和内阁中书为主，间亦有留京修书和任内外官学教习者；外官以用知县为多。④从乾隆开始，所有庶吉士都从殿试后的朝考优异者中选拔，同时考虑各省平衡。庶吉士入庶常馆后，选派翰林出身者充任大小教习，学习内容以诗书为主。三年肄业期满，经考试散馆，试于一赋一诗。三鼎元已授编修、修撰者亦需与考。考在前列者留馆，第一者保送武英殿

---

① 赵尔巽等撰：《清史稿》卷一〇六，《选举一》，中华书局1976年版，第3114页。

② 张廷玉等撰：《明史》卷七十，《选举二》，中华书局1974年版，第1702页。

③ 赵尔巽等撰：《清史稿》卷一〇八，《选举三》，中华书局1976年版，第3165页。

④ 王德昭：《清代科举制度研究》，中华书局1984年版，第48—49页。

协修，内二甲出身者授翰林院编修，三甲出身者授翰林院检讨，其余改用部属或知县等。清代进士初任官职以五、六、七品者居多，其中修撰、编修、检讨三职均为翰林院官职，官品虽不高，却是耀眼之职。由进士而为庶吉士者最多，其实，庶吉士虽隶属于翰林院，但不是正式的官职名称，自然也无品秩，他们是朝廷特选的高级学习人员。统治者高度重视高级官员的培养和造就，从科甲最优异者中挑选人才，作为日后朝廷大臣的造就对象，还提供优越条件让他们继续学习研修。庶吉士三年考试散馆，无论留馆或他任，其除授予迁调，皆异他官。庶吉士之制正是清朝重用进士的一个突出表现。

清代，科甲都以入翰林为重，“培养人才，最重翰林”①。朱克敬《翰林仪品记》一文，述之如下：“国朝（清）仕路，以科目为正。科目尤重翰林，卜相非翰林不与；大臣饰终必翰林乃得谥文；他官叙资，亦必先翰林。翰林入值两书房，及为讲官，迁詹事府者，人尤贵之；其次主考、督学。迁詹事府必由左、右春坊，谓之‘开坊’，则不外用。其考御史及清秘堂办事者，年满则授知府，翰林常贱之，谓之‘钻狗洞’。初入馆为庶吉士，三年，更试高等者，授编修、检讨，谓之‘留馆’。次者改六部主事、内阁中书；若知县，皆先除，不限常格，谓之‘老虎班’。……翰林官七品，甚卑，然为天子文学侍从，故仪制同于大臣。”② 此后，他们还普遍地能在翰林院内升迁，如充詹事府左右春坊中允，翰林院侍读、侍讲，詹事府左右春坊庶子，翰林院侍读、侍讲学士，詹事府少詹事及其他四、五品官职，并充任乡、会试考官与各省学政等职务，时称荣选。咸丰、同治以后，学政一差就已经成为翰林官员的专差了，六部官员就连乡试考官一差，也只能得到十分一二左右。③至于能升至一、二、三品大员的，如内阁大学士、协办大学士，各部院尚书、侍郎，总督，巡抚，内阁学士，翰林院掌院学士，詹事府詹事等，在当时更被称道和羡慕。翰林入仕优于举、贡，至清末尤然，其受保举与捐纳的挤攘，也不若他途之甚。庶常馆成了宰辅的摇篮，“有清一代宰辅，多由此选，其余列卿尹膺疆寄者，不可胜数。士子咸以预选为荣，而鼎甲尤所企望”④。

由于对进士的初次除授最为重视和优加，使他们一入仕途就有了良好

① 王德昭：《清代科举制度研究》，中华书局1984年版，第49页。

② 朱克敬：《瞑庵二识》卷二，长沙岳麓书社1983年版，第121页。

③ 何刚德：《春明梦录》卷上，上海古籍出版社1983年版，第38页。

④ 赵尔巽等撰：《清史稿》卷一〇八，《选举三》，中华书局1976年版，第3165页。

的基础和较高的起点，加之他们的整体素质也确实高于其他出身者，所以，进士在晚清文官队伍中起到了中坚作用，成为朝廷高品秩官员的主要成员。据魏秀梅《清季职官表》乙编《人物录》统计，从乾隆晚年至清末，侍郎出身进士的有 457 人，占清季侍郎的 58.51%。[①] 以下表 1－11、表 1－12、表 1－13 是作者根据钱实甫所著《清季重要职官年表》、《清代职官年表》和尹海金、曹端祥所著《清朝进士辞典》等资料所做的几个统计，以见科举入仕在晚清政府高层中所占比重的一斑。

表 1－11　　晚清进士曾任高层官吏（1840—1912）人数统计

官职	总数	出身进士	百分比（%）
大学士	55	38	69.09
协办大学士	69	48	69.57
军机大臣	65	40	61.54
部院大臣	224	131	58.48
总督	169	89	52.66
巡抚	327	188	57.49
内阁学士	339	226	66.67
翰林院掌院学士	26	26	100

表 1－12　　晚清鼎甲累官至内外高层官吏统计

鼎甲 官职	状元	榜眼	探花
大学士	孙家鼐　潘世恩 张之万　陆润庠	贾　桢 朱凤标	张之洞
协办大学士	翁同龢　徐　郙	—	—
军机大臣	—	孙毓汶	季之昌　潘祖荫 胡家玉
部院大臣	崇　绮　张　謇	廖鸿荃　许乃普　李宗昉 祝庆蕃　王广荫　寿　耆	何凌汉　庞钟璐
侍　郎	洪　钧　孙如僅	—	李文田　冯文蔚
巡　抚	曹鸿勋	李盛铎	冯　煦
布政使	龙启瑞	余联沅	—

① 王德昭：《清代科举制度研究》，中华书局 1984 年版，第 60 页。

表 1－13　　晚清进士累官至内外高层官吏统计表

官职	姓名	籍贯	生卒年	何年进士	曾主要任职
大学士	穆章阿	满洲镶蓝旗	1782—1856	嘉庆十年	翰林院掌院学士、吏部尚书、军机大臣、协办大学士、内阁大学士
	潘世恩	江苏吴县	1770—1854	乾隆五十八年	内阁学士、礼部侍郎、左都御史、吏（工）部尚书、翰林院掌院学士、军机大臣、内阁大学士
	王　鼎	陕西蒲城	1768—1844	嘉庆元年	工部左侍郎、户部尚书、协办大学士、军机大臣、内阁大学士
	宝　兴	满洲镶黄旗	1776—1848	嘉庆十年	盛京（成都）将军、四川总督、内阁大学士
	卓秉恬	四川华阳	1782—1855	嘉庆七年	内阁学士、礼部侍郎、左都御史、吏（兵、户）部尚书、协办大学士、内阁大学士
	祁寯藻	山西寿阳	1793—1855	嘉庆十九年	户部尚书、协办大学士、军机大臣、内阁大学士
	贾　桢	山东黄县	1798—1874	道光十六年	内阁学士、工部侍郎、左都御史、吏（礼、户、工）部尚书、协办大学士、军机大臣、内阁大学士
	文　庆	满洲镶红旗	1796—1856	道光二年	内阁学士、翰林院掌院学士、户部尚书、军机大臣、协办大学士、内阁大学士
	叶名琛	湖北汉阳	1807—1859	道光十五年	广东巡抚、两江总督、协办大学士、内阁大学士
	彭蕴章	江苏长洲	1792—1862	道光十五年	工部尚书、军机大臣、协办大学士、内阁大学士
	柏　葰	蒙古正蓝旗	？—1858	道光六年	侍郎、热和都统、兵（户）部尚书、翰林院掌院学士、协办大学士、内阁大学士
	翁心存	江苏常熟	1791—1862	道光二年	吏（户）部尚书、翰林院掌院学士、协办大学士、内阁大学士
	周祖培	河南商城	1793—1867	嘉庆二十四年	礼部侍郎、吏（刑、户）部尚书、协办大学士、内阁大学士
	倭　仁	蒙古正红旗	1804—1871	道光九年	内阁学士、礼（户）部侍郎、左都御史、工部尚书、翰林院掌院学士、协办大学士、内阁大学士
	曾国藩	湖南湘乡	1811—1872	道光十八年	兵部侍郎赏尚书衔、两江（直隶）总督、协办大学士、内阁大学士
	朱凤标	浙江萧山	1800—1873	道光十二年	吏部尚书、协办大学士、内阁大学士
	瑞　常	蒙古镶红旗	？—1872	道光十二年	吏部尚书、协办大学士、内阁大学士
	李鸿章	安徽合肥	1823—1901	道光二十七年	江苏巡抚、湖广（直隶、两江、两广）总督、协办大学士、内阁大学士
	单懋谦	湖北襄阳	1807—1879	道光十二年	左都御史、工（吏）部尚书、翰林院掌院学士、协办大学士、内阁大学士
	文　祥	满洲正红旗	1818—1876	道光二十五年	户部左侍郎、左都御史、工（吏）部尚书、协办大学士、军机大臣、内阁大学士
	宝　鋆	满洲镶白旗	1807—1891	道光十八年	吏部尚书、翰林院掌院学士、协办大学士、军机大臣、内阁大学士

续表

官职	姓名	籍贯	生卒年	何年进士	曾主要任职
大学士	载　龄	满洲镶蓝旗	？—1883	道光二十一年	工（吏）部左侍郎、陕西巡抚、左都御史、兵（吏、户）部尚书、协办大学士、内阁大学士
	全　庆	满洲正白旗	1801—1882	道光九年	广东学政、刑部尚书、协办大学士、内阁大学士
	灵　桂	满洲正蓝旗	？—1885	道光十八年	左都御史、理藩院尚书、礼（刑、吏）部尚书、翰林院掌院学士、协办大学士、内阁大学士
	阎敬铭	陕西朝邑	1817—1892	道光二十五年	工部右侍郎、户（兵）部尚书、协办大学士、军机大臣、内阁大学士
	恩　承	满洲镶黄旗	1820—1892	咸丰三年	理藩院（礼、刑、吏、工）部侍郎、左都御史、礼（吏、刑）部尚书、协办大学士、内阁大学士
	福　锟	满洲镶蓝旗	？—1896	咸丰九年	户部尚书、步军都统、协办大学士、内阁大学士
	麟　书	满洲正蓝旗	？—1898	咸丰三年	宗人府主事、吏部尚书、翰林院掌院学士、协办大学士、内阁大学士
	昆　冈	满洲正蓝旗	？—1907	同治元年	福建学政、礼部尚书、翰林院掌院学士、协办大学士、内阁大学士
	徐　桐	汉军正蓝旗	1819—1900	道光三十年	吏部右侍郎、左都御史、礼（吏）部尚书、翰林院掌院学士、协办大学士、内阁大学士
	裕　德	满洲正白旗	？—1905	光绪二年	山东学政、兵部尚书、翰林院掌院学士、协办大学士、内阁大学士
	张之万	直隶南皮	1811—1897	道光二十七年	河南学政、内阁学士、礼部侍郎、河南巡抚、刑部尚书、协办大学士、军机大臣、内阁大学士
	王文韶	浙江仁和	1819—1908	咸丰二年	户部尚书、协办大学士、军机大臣、内阁大学士
	张之洞	直隶南皮	1837—1909	同治二年	湖北（四川）学政、山西巡抚、两广（两江、湖广）总督、协办大学士、军机大臣、内阁大学士
	鹿传霖	直隶定兴	1835—1910	同治元年	江苏巡抚、两广总督、左都御使、礼（户）部尚书、协办大学士、军机大臣、内阁大学士
	陆润庠	江苏元和	1841—1915	同治十三年	内阁学士、工部侍郎、吏部尚书、协办大学士、内阁大学士
	孙家鼐	安徽寿州	1827—1909	咸丰九年	湖北学政、吏部尚书、协办大学士、内阁大学士
	徐世昌	直隶天津	1854—1939	光绪十二年	东三省总督、邮传部尚书、协办大学士、军机大臣、内阁大学士
协办大学士	伊里布	满洲镶黄旗	1772—1843	嘉庆六年	云南巡抚、云贵（两江）总督、协办大学士
	麟　魁	满洲镶白旗	？—1862	道光六年	户（刑）部右侍郎、左都御史、工（刑、礼、兵）部尚书、翰林院掌院学士、军机大臣、协办大学士

续表

官职	姓名	籍贯	生卒年	何年进士	曾主要任职
协办大学士	荣　庆	蒙古正黄旗	1855—1912	光绪十二年	山东学政、内阁学士、户（刑、礼）部尚书、翰林院掌院学士、弼德院院长、军机大臣、协办大学士
	陈官俊	山东潍县	？—1849	嘉庆十三年	吏（工）部尚书、协办大学士
	杜受田	山东滨州	1787—1852	道光三年	户部左侍郎、左都御史、工（刑）部尚书、协办大学士
	骆秉章	广东花县	1793—1867	道光十二年	湖南巡抚、四川总督、协办大学士
	沈桂芬	江苏吴县	1818—1881	道光二十七年	兵部尚书、军机大臣、协办大学士、总署大臣
	翁同龢	江苏常熟	1830—1904	咸丰六年	户部右侍郎、左都御史、工（刑、户）部尚书、军机大臣、协办大学士
	李鸿藻	直隶高阳	1820—1897	咸丰二年	河南学政、左都御史、工（吏、兵、礼）部尚书、军机大臣、总署大臣、协办大学士
	徐　郙	江苏嘉定	1836—1907	同治元年	吏部左侍郎、左都御史、兵（吏、礼）部尚书、协办大学士
办大学士	汤金钊	浙江钱塘	1772—1856	嘉庆四年	兵部右侍郎、吏部尚书、协办大学士、光禄寺卿
	瞿鸿禨	湖南善化	1850—1918	同治十年	河南（浙江、四川、江苏）学政、礼部右侍郎、左都御史、工（外务）部尚书、会办大臣、军机大臣、协办大学士
	戴鸿慈	广东南海	？—1910	光绪二年	户部右侍郎、礼（法）部尚书、军机大臣、协办大学士
	李殿林	山西大同	1843—1917	同治十年	广东（江苏）学政、汉军正黄旗都统、吏部尚书、典礼院掌院学士、协办大学士
军机大臣	隆　文	满洲正红旗	？—1841	嘉庆十三年	户部右侍郎、左都御史、刑（户）部尚书、军机大臣
	舒兴阿	满洲正蓝旗	—	道光十二年	户部左侍郎、云南巡抚、陕甘总督、军机大臣
	启　秀	满洲正白旗	？—1901	同治四年	兵部侍郎、理藩院（礼）部尚书、军机大臣
	景　廉	满洲正黄旗	1823—1895	咸丰二年	内阁学士、吏部左侍郎、左都御史、工（户、兵）部尚书、军机大臣、总署大臣
	廖寿恒	江苏嘉定	1839—1903	同治二年	左都御史、刑（礼）部尚书、军机大臣、总署大臣
	季芝昌	江苏江阴	1791—1861	道光十二年	户部左侍郎、左都御史、闽浙总督、军机大臣
	潘祖荫	江苏吴县	1830—1890	咸丰二年	户部左侍郎、左都御史、工（刑）部尚书、军机大臣
	吴郁生	江苏元和	1854—1940	光绪三年	四川学政、吏部左侍郎、邮传部尚书、入值军机

续表

官职	姓名	籍贯	生卒年	何年进士	曾主要任职
军机大臣	邵　灿	浙江余姚	？—1859	道光十二年	吏部左侍郎、漕运总督、军机大臣
	杜　翰	山东滨州	？—1886	道光二十四年	湖北学政、内阁学士、工（礼）部左侍郎、军机大臣
	匡　源	山东胶州	—	道光二十年	内阁学士、兵部右侍郎、吏部左侍郎、军机大臣
	沈兆霖	浙江钱塘	1801—1862	道光十六年	户部左侍郎、左都御史、兵（户）部尚书、军机大臣
	李棠阶	河南河内	1798—1865	道光二年	云南（广东）学政、礼部右侍郎、左都御史、工（礼）部尚书、军机大臣
	汪元方	安徽歙县	？—1867	道光十三年	直隶学政、户部左侍郎、左都御史、军机大臣
	赵舒翘	陕西长安	1846—1901	同治十三年	浙江布政使、刑部左侍郎、刑部尚书、军机大臣、总理衙门大臣
	许庚身	浙江仁和	1825—1893	同治元年	吏部右侍郎、兵部尚书、军机大臣、总署大臣
	孙毓汶	山东济宁	？—1899	咸丰六年	福建（安徽）学政、吏部右侍郎、兵（刑）部尚书、军机大臣、总署大臣
	林绍年	福建闽县	1848—1916	同治十三年	河南（云南、广西）巡抚、入值军机
	胡家玉	江西新建	？—1886	道光二十一年	贵州学政、吏（兵）部左侍郎、左都御史、学习入值军机
部院大臣	何凌汉	湖北道州	1772—1844	嘉庆十年	吏部右侍郎、左都御史、工（户）部尚书
	奎　照	满洲正白旗	—	嘉庆十九年	工部右侍郎、左都御史、礼部尚书
	铁　麟	满洲正蓝旗	？—1847	嘉庆二十四年	兵部右（左）侍郎、左都御史、荆州将军
	恩　桂	满洲镶蓝旗	？—1848	道光二年	吏部左侍郎、左都御史、理藩院（礼、吏）部尚书、步军都统
	龚守正	浙江仁和	1776—1851	嘉庆七年	吏部右侍郎、左都御史、礼部尚书
	祁　贡	山西高平	1777—1844	嘉庆元年	广西学政、广东巡抚、两广总督、刑部尚书
	廖鸿荃	福建侯官	？—1864	嘉庆十四年	吏部右侍郎、左都御史、工部尚书
	沈　岐	江苏通州	—	嘉庆十三年	吏部右侍郎、左都御史
	许乃普	浙江钱塘	1787—1866	嘉庆二十五年	江西学政、吏部左侍郎、左都御史、工（吏）部尚书
	李振祜	安徽太湖	1789—1850	嘉庆六年	山东学政、内阁中书、刑部尚书
	李宗昉	江苏山阳	1779—1846	嘉庆七年	贵州（江西、浙江）学政、吏部左侍郎、左都御史、礼部尚书

续表

官职	姓名	籍贯	生卒年	何年进士	曾主要任职
部院大臣	特登额	满洲镶红旗	？—1854	嘉庆十年	刑部左侍郎、左都御史、工（礼、兵）部尚书
	祝庆藩	河南固始	1777—1853	嘉庆十九年	户部左侍郎、左都御史、礼部尚书
	魏元烺	直隶昌黎	？—1854	嘉庆十三年	刑部右侍郎、左都御史、礼（兵）部尚书
	孙瑞珍	山东济宁	？—1858	道光三年	陕甘（江西）学政、户部左侍郎、左都御史、户（工）部尚书、翰林院掌院学士
	王广荫	江苏通州	—	道光三年	工部尚书
	花纱纳	蒙古正黄旗	1806—1859	道光十二年	吏部左侍郎、左都御史、工（吏）部尚书
	恒　春	满洲正白旗	—	嘉庆二十五年	刑部左侍郎、山西巡抚、云贵总督、刑部尚书
	赵　光	云南昆明	1797—1865	嘉庆二十五年	兵部左侍郎、工（刑）部尚书
	朱　嶟	云南通海	1791—1862	嘉庆二十四年	户部左侍郎、左都御史、礼部尚书
	张祥河	江苏娄县	1785—1862	嘉庆二十五年	内阁中书、军机章京、河南按察使、陕西巡抚、吏部右侍郎、左都御史、工部尚书
	爱　仁	蒙古正红旗	？—1863	道光十二年	大理寺少卿、礼部左侍郎、吏部侍郎、左都御使、工（兵）部尚书
	万青藜	江西德化	？—1883	道光二十年	吏部右侍郎、左都御史、吏（礼、兵）部尚书
	王庆云	福建闽县	？—1862	道光九年	贵州学政、山西巡抚、成都将军、四川（两广）总督、左都御史、工部尚书
	罗惇衍	广东顺德	1814—1874	道光十五年	左都御史、户部尚书
	李　菡	顺天宝坻	？—1863	道光二年	安徽学政、吏部左侍郎、工部尚书
	董　恂	江苏甘泉	1807—1892	道光二十年	户部右侍郎、左都御史、户（兵）部尚书、总署大臣
	谭廷襄	浙江绍兴	？—1870	道光十三年	刑（工）部右侍郎、户部左侍郎、湖广总督、左都御史、刑部尚书、总署大臣
	郑敦谨	湖南长沙	1803—1885	道光十五年	山东学政、刑部左侍郎、山西巡抚、左都御史、工（兵、刑）部尚书
	毛昶熙	河南武陟	1817—1882	道光二十五年	户部左侍郎、左都御史、工（兵、吏）部尚书
	庞钟璐	江苏常熟	1822—1875	道光二十七年	吏部右侍郎、左都御史、刑部尚书
	桑春荣	顺天宛平	？—1882	道光十二年	内阁学士、刑部右侍郎、云南巡抚、云贵总督、左都御史、刑部尚书
	皂　保	满洲镶黄旗	1817—1882	道光二十五年	吏部左侍郎、左都御史、理藩院尚书、刑部尚书

续表

官职	姓名	籍贯	生卒年	何年进士	曾主要任职
部院大臣	崇　实	满洲镶黄旗	1820—1876	道光三十年	蒙古镶白旗都统、刑部尚书
	魁　龄	满洲正红旗	？—1878	咸丰二年	吏部左侍郎、左都御史、工（户）部尚书
	志　和	满洲正蓝旗	？—1883	咸丰二年	吏部左侍郎、左都御史
	童　华	浙江鄞县	1818—1889	道光十八年	江苏学政、吏部左侍郎、左都御史
	瑞　联	满洲正蓝旗	—	咸丰三年	杭州将军、工（兵）部尚书
	乌拉喜崇阿	满洲镶黄旗	—	咸丰六年	内阁学士、兵（吏）部右侍郎、吏部左侍郎、左都御史、理藩院（兵）部尚书
	毕道远	山东淄川	？—1889	道光二十一年	仓场侍郎、左都御史、礼部尚书
	延　煦	满洲正蓝旗	—	咸丰六年	热河都统、左都御史、理藩院（礼）部尚书
	崇　绮	蒙古正蓝旗	？—1900	同治四年	内阁学士、吏部右侍郎、热河都统、盛京将军、吏（户）部尚书
	锡　珍	蒙古镶黄旗	？—1889	同治十三年	仓场侍郎、左都御史、刑（吏）部尚书、总署大臣
	奎　润	满洲正蓝旗	？—1890	同治二年	吏部左侍郎、左都御史、礼部尚书
	祁世长	山西寿阳	1825—1892	咸丰十年	吏部左侍郎、左都御史、工部尚书
	绍　祺	满洲镶黄旗	？—1888	咸丰六年	察哈尔都统、理藩院尚书
	许应骙	广东番禺	？—1903	道光三十年	仓场侍郎、左都御史、工（礼）部尚书
	嵩　申	满洲镶黄旗	？—1891	同治七年	户部左侍郎、理藩院（刑部）尚书、内务府大臣
	松　森	满洲正蓝旗	—	同治四年	内阁学士、盛京礼（刑）部侍郎、左都御史、理藩院尚书
	贵　恒	满洲镶白旗	？—1904	同治十年	安徽学政、刑部右侍郎、左都御史、刑部尚书
	薛允升	陕西长安	1820—1901	咸丰六年	刑部右侍郎、刑部尚书
	徐树铭	湖南长沙	？—1900	道光二十七年	吏部右侍郎、左都御史、工部尚书
	李端棻	贵州贵筑	1841—1907	同治二年	云南学政、仓场侍郎、礼部尚书
	陈学棻	湖北安陆	？—1900	同治元年	福建（浙江）学政、吏部左侍郎、工部尚书
	徐会澧	山东诸城	？—1905	同治七年	直隶学政、吏部左侍郎、左都御史、工（兵）部尚书
	阿克丹	满洲正白旗	—	咸丰十年	理藩院尚书

续表

官职	姓名	籍贯	生卒年	何年进士	曾主要任职
部院大臣	溥　良	满洲正蓝旗	—	光绪六年	江苏学政、户部右侍郎、察哈尔都统、左都御史、礼部尚书
	吴廷芬	安徽休宁	—	同治二年	户部右侍郎、左都御史、总署大臣
	张百熙	湖南长沙	1847—1909	同治十三年	山东（广东）学政、内阁学士、礼部右侍郎、左都御史、工（刑、户、吏、邮传）部尚书
	葛宝华	浙江山阴	1844—1910	光绪十九年	户部右侍郎、蒙古镶红旗都统、工（刑、礼）部尚书
	赵尔巽	汉军正蓝旗	1844—1927	同治十三年	安徽（陕西）按察使、甘肃（新疆、山西）布政使、山西（湖南）巡抚、盛京将军、四川（湖广、东三省）总督、户部尚书
	寿　耆	满洲正蓝旗	1856—?	光绪九年	吏部右侍郎、荆州将军、左都御史、理藩院尚书
	陆宝忠	江苏太仓	1850—1908	光绪二年	湖南（直隶）学政、兵部右侍郎、左都御史
	陈　璧	福建闽县	1852—1928	光绪三年	内阁中书、度支部侍郎、邮传部尚书
	张英麟	山东历城	1837—1925	同治四年	奉天府丞、直隶（奉天）学政、内阁学士、吏部右侍郎、礼部左侍郎、左都御史
	廷　杰	满洲正白旗	? —1910	光绪二年	法部尚书
	邹嘉来	江苏吴县	—	光绪十二年	外务部左右参议、外务部大臣
	唐景崇	广西灌阳	? —1914	同治十年	浙江（江苏）学政、吏部左侍郎、学部尚书、
	绍　昌	满洲正白旗	—	光绪十五年	内阁学士、刑部左侍郎、法部尚书
	达　寿	满洲正红旗	1870—?	光绪九年	侍讲、理藩部右侍郎、资政院副总裁、理藩部大臣
	刘廷琛	江西德化	1868—1932	光绪九年	山西（陕西）学政、学部右参议、大学堂监督、内阁议政大臣
	张元济	浙江海盐	1867—1959	光绪十八年	刑部主事、总理衙门章京、学部副大臣
	沈家本	浙江归安	1840—1913	光绪九年	大理寺卿、法部右（左）侍郎、法部大臣、资政院副总裁
	张　謇	江苏通州	1853—1926	光绪二十年	农工商部大臣
	熙　彦	满洲正白旗	—	光绪十八年	农工商部副大臣
	严　修	直隶天津	1861—1929	光绪九年	贵州学政、学部右（左）侍郎、度支部大臣
总督	李鹤年	奉天义州	? —1890	道光二十五年	湖北（河南、福建）巡抚、闽浙（漕运、东河）总督
	牛　鉴	甘肃武威	? —1858	嘉庆十九年	河南巡抚、两江总督

续表

官职	姓名	籍贯	生卒年	何年进士	曾主要任职
总督	张人骏	直隶丰润	1846—1927	同治七年	山西（河南）巡抚、漕运（两广、两江）总督
	李　钧	直隶河间	？—1859	嘉庆二十二年	东河总督
	刘源灏	顺天永清	1794—1864	道光三年	贵州巡抚、云贵总督
	王懿德	河南祥符	1798—1861	道光十三年	福建巡抚、闽浙总督
	袁甲三	河南项城	1806—1863	道光十五年	漕运总督
	徐广缙	河南鹿邑	1797—1858	嘉庆二十五年	广东（云南）巡抚、两广（湖广）总督
	吴元炳	河南固始	？—1886	咸丰十年	湖北（安徽、江苏）巡抚、漕运（两江）总督
	丁振铎	河南罗山	1842—1914	同治十年	云南（广西、山西）巡抚、云贵（闽浙）总督
	卢士杰	河南光州	？—1888	咸丰三年	漕运总督
	周天爵	山东东阿	1772—1853	嘉庆十六年	广西（安徽、河南）巡抚、湖广（漕运、南河）总督
	马新贻	山东菏泽	1821—1870	道光二十七年	浙江巡抚、闽浙（两江）总督
	毛鸿宾	山东历城	1806—1868	道光十八年	湖南巡抚、两广总督
	张兆栋	山东潍县	1820—1887	道光二十五年	福建（广东）巡抚、漕运总督
	杨以增	山东聊城	？—1856	道光二年	陕西巡抚、南河总督
	李湘棻	山东安邱	—	道光十二年	漕运总督
	乔松年	山西徐沟	1815—1875	道光十五年	安徽（陕西）巡抚、东河总督
	恩　寿	满洲镶白旗	—	同治十三年	陕西（山西、江苏）巡抚、漕运总督
	福　济	满洲镶白旗	？—1875	道光十三年	安徽巡抚、云贵（南河、漕运、陕甘）总督
	文　彬	满洲正白旗	1825—1880	咸丰二年	山东巡抚、漕运总督
	麟　庆	满洲镶黄旗	？—1843	嘉庆十四年	湖北巡抚、两江（南河）总督
	慧　成	满洲镶黄旗	？—1864	道光十六年	四川（东河、闽浙）总督
	裕　谦	蒙古镶黄旗	1795—1841	嘉庆二十二年	江苏巡抚、两江总督

续表

官职	姓名	籍贯	生卒年	何年进士	曾主要任职
总督	徐泽醇	汉军正蓝旗	1787—1858	嘉庆二十五年	山东巡抚、四川（东河）总督
	杨　霈	汉军镶黄旗	—	道光九年	湖北巡抚、湖广总督
	钟　祥	汉军镶黄旗	？—1849	嘉庆十三年	东河（四川）总督
	边宝泉	汉军镶红旗	？—1898	同治二年	陕西（河南）巡抚、闽浙（湖广、南河、东三省、四川、云贵）总督
	李宗羲	四川开县	1818—1884	道光二十七年	山西巡抚、两江总督
	何桂清	云南昆明	1816—1862	道光十五年	浙江巡抚、两江总督
	陈夔龙	贵州贵筑	1855—1948	光绪二十年	江苏（河南）巡抚、漕运（四川、直隶、湖广）总督
	丁宝桢	贵州平远	1820—1886	咸丰三年	山东巡抚、四川总督
	陆建瀛	湖北沔阳	1792—1853	道光二年	江苏巡抚、两江总督、云南巡抚兼云贵总督
	张凯嵩	湖北江夏	？—1886	道光二十五年	广西（贵州）巡抚、云南巡抚兼云贵总督
	周恒祺	湖北黄坡	？—1882	咸丰二年	山东巡抚、漕运总督
	程矞采	江西新建	？—1858	嘉庆十六年	江苏（山东、广东、云南）巡抚、两江（漕运、云贵、湖广）总督
	许振祎	江西奉新	？—1899	同治二年	广东巡抚、东河总督
	黄赞汤	江西庐陵	1805—1869	道光十三年	广东巡抚、东河总督
	梅启照	江西南昌	—	咸丰二年	浙江巡抚、东河总督
	刘秉璋	安徽庐江	1826—1905	咸丰十年	江西巡抚、四川总督
	杨士骧	安徽泗州	？—1909	光绪十二年	山东巡抚、直隶总督
	潘锡恩	安徽泾县	？—1867	嘉庆十六年	南河总督
	朱　襄	安徽芜湖	？—1842	嘉庆二十五年	东河总督
	杨殿邦	安徽泗州	？—1853	嘉庆十九年	漕运总督
	李星沅	湖南湘阴	1797—1851	道光十二年	江苏巡抚、陕西巡抚兼署陕甘总督、云贵（两江）总督
	劳崇光	湖南善化	1802—1867	道光十二年	广东巡抚兼署两广总督、云贵总督

续表

官职	姓名	籍贯	生卒年	何年进士	曾主要任职
总督	贺长龄	湖南善化	1785—1850	嘉庆十三年	贵州巡抚、云贵总督兼署云南巡抚
	易　棠	湖南善化	？—1863	道光九年	山西巡抚、陕甘总督
	谭继洵	湖南浏阳	？—1898	咸丰十年	湖北巡抚、湖广总督
	黎培敬	湖南湘潭	1826—1883	咸丰十年	贵州巡抚、漕运总督
	谭钟麟	湖南茶陵	1822—1905	咸丰六年	陕西（浙江）巡抚、陕甘（闽浙、两广）总督
	罗绕典	湖南安化	1790—1854	道光九年	湖北巡抚、云贵总督
	陆元鼎	浙江仁和	1839—1908	同治十三年	江苏（湖南）巡抚、漕运总督
	吴振棫	浙江钱塘	1792—1871	嘉庆十九年	云南（陕西）巡抚、云贵（四川）总督
	陶　模	浙江秀水	1835—1902	同治七年	新疆巡抚、陕甘（两广）总督
	吴大澂	江苏吴县	1835—1902	同治七年	广东（湖南）巡抚、东河总督
	邓廷桢	江苏江宁	1776—1846	嘉庆六年	陕西巡抚、闽浙总督
	吴文镕	江苏仪征	？—1854	嘉庆二十四年	浙江（江西、福建）巡抚、湖广（闽浙、云贵）总督
	潘　铎	江苏江宁	？—1862	道光十二年	河南（山西）巡抚、云贵总督
	晏端书	江苏仪征	？—1882	道光十八年	浙江巡抚、两广总督
	林则徐	福建侯官	1785—1850	嘉庆十六年	陕西巡抚、云贵（两广）总督
	沈葆桢	福建侯官	1820—1879	道光二十七年	江西巡抚、两江总督
	黄宗汉	福建晋江	？—1864	道光十五年	浙江巡抚、四川（两广）总督
	曾望颜	广东香山	？—1870	道光二年	陕西巡抚、四川总督
	何　璟	广东香山	？—1888	道光二十七年	福建（江苏）巡抚、两江（闽浙）总督
	颜伯焘	广东连平	？—1853	嘉庆十九年	闽浙总督
	苏廷魁	广东高要	1800—1878	道光十五年	东河总督

续表

官职	姓名	籍贯	生卒年	何年进士	曾主要任职
巡抚	于荫霖	吉林伯都讷厅	1838—1904	咸丰九年	湖北（河南）巡抚
	齐耀琳	吉林伊通州	1863—?	光绪二十一年	安徽（河南、江苏）巡抚
	张　芾	陕西泾阳	1814—1862	道光十五年	江西巡抚
	李　僡	陕西华阴	?—1856	道光二年	山东（河南）巡抚
	张澧中	陕西潼关	?—1848	嘉庆二十二年	云南（山东）巡抚
	李文敏	陕西西乡	—	咸丰二年	江西巡抚
	张　煦	甘肃灵州	?—1895	咸丰三年	陕西（湖南、山西）巡抚
	张曾敭	直隶南皮	1852—1920	同治十年	江苏（山西、浙江）巡抚
	梁宝常	直隶天津	—	道光三年	山东（浙江、广东）巡抚
	庞际云	直隶宁津	?—1884	咸丰二年	湖南巡抚
	高崇基	直隶静海	?—1889	道光三十年	广西巡抚
	郑元善	直隶广宗	1799—1878	道光二十一年	河南巡抚
	王　植	直隶清苑	1792—1852	嘉庆二十二年	安徽（浙江、江西）巡抚
	徐有壬	顺天宛平	1800—1860	道光十九年	江苏巡抚
	邵亨豫	顺天宛平	1818—1883	道光三十年	陕西（湖南）巡抚
	李嘉端	顺天大兴	?—1880	道光九年	安徽巡抚
	恽光宸	顺天大兴	?—1860	道光二十五年	江西巡抚
	恽世临	顺天大兴	1817—1871	道光十八年	湖南巡抚
	冯汝骙	河南祥符	?—1911	光绪九年	浙江（江西）巡抚
	周之琦	河南祥符	1782—1862	嘉庆三年	广西（湖北）巡抚
	吴其濬	河南固始	1789—1847	嘉庆二年	湖南（云南、福建、山西）巡抚
	卫荣光	河南新乡	?—1890	咸丰二年	浙江（江西、江苏）巡抚

续表

官职	姓名	籍贯	生卒年	何年进士	曾主要任职
巡抚	马丕瑶	河南安阳	1830—1895	同治二年	广东（广西）巡抚
	胡廷干	河南光州	—	同治十三年	山东（江西）巡抚
	李庆翱	山东历城	—	咸丰二年	河南巡抚
	曹鸿勋	山东潍县	1846—1910	光绪二年	贵州（陕西）巡抚
	刘鸿翱	山东潍县	—	嘉庆十四年	福建巡抚
	黄恩彤	山东宁阳	1801—1883	道光二十六年	广东巡抚
	傅绳勋	山东聊城	—	嘉庆十九年	江苏（江西）巡抚
	徐延旭	山东临清	？—1884	咸丰十年	广西巡抚
	李福泰	山东济宁	—	道光二十四年	福建（广西）巡抚
	冯德馨	山东济宁	1801—1868	道光三年	湖南巡抚
	梁萼涵	山东荣成	？—1858	嘉庆二十五年	山西巡抚
	赵长龄	山东利津	—	道光十二年	山西巡抚
	王兆琛	山东福山	—	嘉庆二十二年	山西巡抚
	徐继畬	山西五台	1795—1873	道光六年	广西（福建）巡抚
	李用清	山西平定州	1829—1898	同治四年	贵州巡抚
	陈士枚	山西平定州	1794—1866	道光六年	陕西巡抚
	赵德辙	山西解州	—	道光十五年	江苏巡抚
	杜瑞联	山西太谷	—	咸丰二年	云南巡抚
	恩　铭	满洲镶白旗	？—1907	嘉庆十三年	安徽巡抚
	青　麟	满洲正白旗	？—1854	道光二十一年	湖北巡抚
	庆　廉	满洲正红旗	？—1828	道光十六年	河南巡抚
	文　格	满洲正红旗	—	道光二十四年	山东巡抚

续表

官职	姓名	籍贯	生卒年	何年进士	曾主要任职
巡抚	毓　科	满洲正蓝旗	—	道光十三年	江西巡抚
	裕　祥	满洲镶黄旗	—	光绪二年	云南巡抚
	拖浑布	蒙古正蓝旗	—	嘉庆二十四年	山东巡抚
	锡　良	蒙古镶蓝旗	1853—1917	同治十三年	河南（山西、湖北）巡抚
	蒋文庆	汉军正白旗	1793—1853	嘉庆十九年	浙江（安徽）巡抚
	蒋霨远	汉军镶蓝旗	？—1860	道光十五年	贵州巡抚
	曾璧光	四川洪雅	？—1875	道光三十年	贵州巡抚
	朱家宝	云南宁州	1864—1928	光绪十八年	吉林（安徽）巡抚
	陆应穀	云南蒙自	—	道光十二年	河南（江西）巡抚
	刘　崑	云南景东	—	道光二十年	湖南巡抚
	张日晸	贵州贵筑	？—1850	嘉庆二十二年	云南巡抚
	徐之铭	贵州开泰	？—1864	道光十六年	云南巡抚
	谭均培	贵州镇远	1834—1894	同治元年	湖北（云南）巡抚
	柯逢时	湖北武昌	1845—1912	光绪十九年	广西（贵州、浙江）巡抚
	周树模	湖北天门	1864—1925	光绪十五年	黑龙江巡抚
	胡聘之	湖北天门	—	同治四年	山西巡抚
	曹澍钟	湖北江夏	—	道光十八年	广西巡抚
	乔用迁	湖北孝感	？—1851	嘉庆十九年	贵州巡抚
	贾洪诏	湖北均州	1805—1897	道光二十年	云南巡抚
	王毓藻	湖北黄冈	？—1900	同治二年	贵州巡抚
	程楙采	江西新建	？—1843	嘉庆十九年	安徽（浙江）巡抚
	刘瑞祺	江西德化	？—1891	同治元年	山西巡抚

续表

官职	姓名	籍贯	生卒年	何年进士	曾主要任职
巡抚	李盛铎	江西德化	1859—1935	光绪十五年	山西巡抚
	朱益濬	江西莲花厅	—	光绪三年	湖南巡抚
	杨重雅	江西德兴	？—1879	道光二十一年	广西巡抚
	蒋志章	江西铅山	1813—1871	道光二十五年	陕西巡抚
	罗遵殿	安徽宿松	1798—1860	道光十五年	浙江巡抚
	杨文定	安徽定远	？—1856	道光十三年	江苏巡抚
	倪文蔚	安徽望江	？—1890	咸丰二年	河南（湖北）巡抚
	余诚格	安徽望江	—	道光十五年	陕西（湖南）巡抚
	鲍源深	安徽和州	1811—1884	道光二十七年	山西巡抚
	郭嵩焘	湖南湘阴	1818—1891	道光二十七年	广东巡抚
	胡林翼	湖南益阳	1812—1861	道光十六年	湖北巡抚
	常大淳	湖南衡阳	1793—1852	道光三年	浙江（湖北）巡抚
	陈启泰	湖南长沙	？—1909	同治七年	江苏巡抚
	陈启迈	湖南武陵	—	道光二十一年	江西巡抚
	许乃钊	浙江钱塘	？—1870	道光十五年	江苏巡抚
	陶恩培	浙江会稽	1801—1855	道光十五年	湖北巡抚
	陈庆偕	浙江会稽	—	道光十五年	山东巡抚
	赵炳言	浙江归安	—	嘉庆二十二年	湖南（湖北）巡抚
	沈秉成	浙江归安	1822—1895	咸丰六年	广西（安徽）巡抚
	吴昌寿	浙江嘉兴	—	道光二十五年	河南巡抚
	郑祖琛	浙江乌程	？—1851	嘉庆十年	福建巡抚
	陆钟琦	浙江萧山	1848—1911	光绪十五年	山西巡抚

续表

官职	姓名	籍贯	生卒年	何年进士	曾主要任职
巡抚	翁同书	江苏常熟	1810—1865	道光二十年	安徽巡抚
	庞鸿书	江苏常熟	1848—1915	光绪六年	贵州（湖南）巡抚
	邓尔恒	江苏江宁	1821—1861	道光十三年	贵州（陕西）巡抚
	冯　煦	江苏金坛	1842—1926	光绪十二年	安徽巡抚
	钱宝琛	江苏太仓	—	嘉庆二十四年	湖北（江西）巡抚
	陈　彝	江苏仪征	—	同治元年	安徽巡抚
	邹鸣鹤	江苏无锡	？—1853	道光二年	广西巡抚
	徐宗干	江苏通州	1796—1866	嘉庆二十五年	福建巡抚
	王凯泰	江苏宝应	1823—1875	道光三十年	福建巡抚
	吕佺孙	江苏阳湖	？—约 1857	道光十六年	福建巡抚
	管遹群	江苏阳湖	—	道光三年	浙江巡抚
	伍长华	江苏上元	？—约 1841	嘉庆十九年	湖北巡抚
	费开绶	江苏武进	—	嘉庆二十五年	江西巡抚
	廖寿丰	江苏嘉定	1836—1901	咸丰十年	浙江巡抚
	丁宝铨	江苏山阴	1869—1919	光绪十五年	山西巡抚
	龚　裕	江苏清河	—	嘉庆二十二年	湖北（山西）巡抚
	郭柏荫	福建侯官	？—1884	道光十二年	江苏（广西、湖北）巡抚
	林鸿年	福建侯官	—	道光十六年	云南巡抚
	梁章钜	福建长乐	1775—1849	嘉庆七年	广西（江苏）巡抚
	黄槐森	广东香山	—	同治元年	云南巡抚

续表

官职	姓名	籍贯	生卒年	何年进士	曾主要任职
巡抚	陈昭常	广东新会	1867—1914	光绪二十年	吉林巡抚
	冯誉骥	广东高要	—	道光二十四年	陕西巡抚
	唐景崧	广西灌阳	1841—1903	同治四年	台湾巡抚

说明：

1. 资料来源：（1）钱实甫：《清季重要职官年表》，中华书局 1959 年版。（2）钱实甫：《清代职官年表》，中华书局 1980 年版。（3）赵尔巽等撰：《清史稿》，中华书局 1979 年版。（4）吴海林、李延沛：《中国历史人物生卒年表》，黑龙江人民出版社 1981 年版。（5）房兆楹、杜联喆：《哈佛燕京学社引得特刊》第 19 卷《增较清朝进士题名碑录附引得》，哈佛燕京学社 1941 年版。（6）尹海金、曹端祥：《清代进士辞典》，中国文史出版社 2004 年版。（7）卫文选：《中国历代官制简表》，山西人民出版社 1987 年版。
2. 统计原则：（1）统计的年限为 1840—1912 年。（2）这里所指的籍贯为进士本人之原籍（本籍）；（3）晚清军机处成了最高权力机关，军机大臣无定员、无官阶，内阁虽不是政务中心，但仍居中央官署之首，阁臣位尊望重，仍是仕途中最崇贵的荣称，为便于统计，在此将大学士、协办大学士列于军机大臣前。（4）“官职”一项内，只算最高的官阶，兼大学士、军机大臣者均按大学士计算，兼督抚者均按总督计算。（5）一人在一朝被任命两次以上者均按一次计，一人任同一职跨多朝者均按一次计。（6）未计代理者或因故未到者，未计晚清翻译科、经济特科、特恩保举经学科及游学毕业进士。（7）旗人包括满人、蒙古人、汉军旗人。（8）部院大臣所指为六部尚书、理藩院尚书、都察院左都御使以及清末新设外务部大臣、各部（民政部、度支部、学部、陆军部、海军部、法部、农工商部、邮传部、理藩部）尚书、都御使、弼德院院长、典礼院掌院学士。

从以上各表统计资料看来，科举入仕，尤其是进士仕进在晚清高层官吏中所占的比例之大，已可概见了。晚清风云激荡几十年，在内外高层官吏的任选中，进士的主导地位有充分的体现，在地方大吏的督、抚二职中，汉族进士尤为受到重视，然而满蒙王公多无功名而居高位，同时大量非科举出身的官员队伍无限膨胀，充塞仕途，正途壅滞，升迁困难，即使翰林官也无法顺利升转，很多进士出身的科举士人终生仅官至知县。造成晚清进士仕进这些特点的原因何在？

（二）晚清进士仕进特点的原因分析

1. 重科举、重正途

自隋唐实行科举以来，考试取仕就被奉为入官之正道，以科举为荣逐渐成为社会主流意识。在充满人间百态的官场中，科举出身者往往理直气壮，备受尊重，而异途出身者往往自惭形秽，为人蔑视。“有清一沿明制，二百余年，虽有以他途进者，终不得与科第出身者相比”①。清代任官“凡异途出身之人，不得以正印官用”②。如异途出身果有才能出众之员，须由堂官、督抚特疏保举，吏部方以正印推升。《清会典》综列出身与仕籍的规则如下：文进士、文举人出身者，均谓之科甲出身，与恩、拔、副、岁、优贡生、恩、优监生、荫生为正途。……满洲翰林院编修、检讨，皆进士出身；侍讲以上官、国子监祭酒及满洲司业、顺天府教授、训导，皆科甲出身。其他出身人员，皆不得与。……汉内阁学士、翰林院检讨以上官、詹事府赞善以上官、国子监祭酒、司业、奉天府丞，皆进士出身。礼部尚书、侍郎、顺天府丞、内阁侍读、典籍、中书、国子监监丞、博士、助教、学正、起居注主事，皆科甲出身。汉吏部、礼部郎中、员外郎、主事、宗人府主事，皆进士出身。……学政、及考官、同考官，皆进士出身。汉科、道皆正途出身，其非正途出身者，虽保举不与。教职，除进士、举人、正途贡生外，其例贡生非由禀膳生员者不与。非监生出身，但由俊秀捐输得官者，止授从九品，未入流。③

在晚清，虽然或因政治笼络，或因财政需要，或因广求人才，入仕之途众多，甚至有时出现仕途淆杂之现象，但是科举被视为“抡才大典”，它无疑是最主要的入仕之途，自始至终在选官制度中占主导地位，其他各途无法与之相提并论。许多君臣在禁止或反对捐纳等入仕之途时，往往都以维护科举地位作为主要理由。在内外高层官吏的任选中，科甲的主导地位有充分的体现，进士尤为受到重视，“举、贡与进士虽并称正途，而轩轾殊甚”④。重科举、重正途，这是清朝选官制度首要的和最主要的特点。⑤

2. 首崇满洲，优待八旗，同时重用汉人以应付内忧外患

满人以少数民族入主中原，从一开始就面临着如何协调满汉关系的难题。对此，清朝统治者的国策是十分明确的。一方面，他们深深懂得“马上得天下而不能守天下”这一千古不变的经验，清楚地认识到依靠长于武技而短于文治的满人是不能有效地统治和管理文化深厚的泱泱中华，必须利用汉族文化和汉族知识分子，以汉治汉。所以，

---

① 赵尔巽等撰：《清史稿》卷一〇六，《选举一》，中华书局1976年版，第3099页。
② 章中和：《清代考试制度资料》，台北文海出版社影印本1968年版，第100页。
③ 王德昭：《清代科举制度研究》，中华书局1984年版，第43—44页。
④ 赵尔巽等撰：《清史稿》卷一一〇，《选举五》，中华书局1976年版，第3212页。
⑤ 艾永明：《清朝文官制度》，商务印书馆2003年版，第63页。

在文官制度方面应该向汉族知识分子敞开大门。另一方面，满人是其政权的基础和主要依靠所在，清王朝的定鼎中原，八旗功不可没，其特殊的地位和权利必须得到充分的保障和维护。在任官制度中，清朝通过特殊的官缺制度从根本上保障了满洲和蒙古、汉军八旗的特权。根据官缺制的分配，内外都有为满洲、蒙古和汉军特设之缺，满缺之中又有为宗室和内务府包衣等特设之缺。在中高品级的京官缺中，满人比汉人明显占优，中央和地方的要缺也多为满人占据，而且，在各缺的转用中，满人除了本缺外，还可任汉缺，而汉人则绝不可能任满缺。在升、转、改、调的俸历计算办法上，满洲、蒙古官员也较汉官为优。另外，为了确保满人在政权中的优越地位，统治者推行抑汉扬满的政策。清朝官制形式上满汉一体，中央许多机构也都满汉复设，但实权为满人所掌握。

鸦片战争后，国门洞开，社会矛盾日益凸显，西方列强虎视眈眈，国内农民起义风起云涌，内忧外患使清朝大厦摇摇欲坠，特别是太平天国起义之后，八旗绿营腐败不能恃，满族重臣不堪重任。为应付残局，清政府迫于无奈，重用汉人。曾国藩、李鸿章、胡林翼等一批具经世之才的汉族知识分子应时而出，伴随着湘、淮军的壮大，督抚保举用人权限的扩大，给更多的胸怀经邦治国价值取向的汉族士大夫提供了进阶机会，大多官至督抚。八旗和汉族进士的任官情况可见表1-14所示。

表1-14　晚清出身进士的八旗和汉人累官至内外高层官吏人数比较表

官职 人数	大学士	协办大学士	军机大臣	部院大臣	总督	巡抚
总数	38	14	19	76	67	111
八旗	17	3	4	29	10	10
汉人	21	11	15	47	57	101

（三）受捐纳、军功挤迫严重

清代科举制度的败坏，捐纳、保举的挤迫正途，自是一因。由于国家官缺有限，士子登进无穷，而各途入仕者人数众多，往往僧多粥少，正途为之壅滞，乃至许多科甲出身者十多年未能得缺比比皆是。随着清末内忧外患的增加，特别是太平天国农民起义，给政府带来巨大冲击的同时，也无一例外地波及了整个进士系统的升迁制度上。咸丰时，“军兴饷绌，捐例繁多，无复限制，仕途芜杂日益甚”①。“自咸丰至光绪，经三十年，无一日不需款，无一日不开捐”②。在镇压农民起义的过程中，政府以功名来激励将士们为清王朝效力，随着以文人为核心的湘、淮军的兴起，军权的下移，督抚荐人权的扩大，由此产生了一大批借“军功”而非正途起家的官员。立功以后的文人多不愿就武职，往往是“不授以都、守、参、游，而保以牧令、道府，道府再保至两司，两司再保至巡抚，不数年间已去横戈跃马之场，而总察吏治安民之任”③。

大规模的捐纳、军功对晚清进士系统出路乃至整个选官制度造成了极大的危害。迨清朝末季，“大八成各项银捐班次，无论选、补、得缺最易，统压正途，劳绩各班”，甚至“进士即用知县，非加捐花样”，“花样繁多，至斯已极”，足见“补缺甚难，他无论已”④。国子监祭酒王先谦于光绪十一年上疏言事，说：“康、雍以还，科目日盛，铨选因而拥挤。伏读乾隆七年圣训，已有举人日积日众，需次多年，不得一官之旨。至今日而劳绩、捐纳，充满天下，铨法愈滞。士子名等甲榜，始为筮仕之期。举人非由大挑教习得官，誊录议叙，及循他途出身者，鲜不皓首一经，困穷终老。”⑤

当然晚清有不少进士，政绩不显，史载甚寥，造成这种现象有以下几方面的原因：（1）中进士时年龄已高，精力大减。如罗肃同治十三年中进士时，年已五十三。（2）中第后未几即殁。如咸丰三年进士包欣芳，中进士后选翰林院庶吉士，4 年散馆，改刑部主事，任事两年，暴病而卒，士人无不深惜之。（3）中第后体弱多病，归里不仕。如同治二年状元翁曾源因癫痫病回籍。（4）犯禁受罚，获罪遭遣。如光绪六年状元黄思永，授修撰，官至侍读学士，因数次上书请求变法被捕入狱，八国联军侵入北京时，方获释。（5）不乐仕进，辞官归里，侍奉双亲，潜心学术、书画。如同治四年进士臧谷，选庶吉士，未仕而归，著有《续扬州竹枝词》、《菊隐翁诗集》、《问秋馆菊录》、《扬州劫余小志》等；道光二十五年状元萧锦忠，授修撰，不久辞官归省，值两弟沦丧，安贫笃学，事母至孝。（6）从政能力有限，难胜大任，很多进士一生仅官至知县。（7）最

---

① 赵尔巽等撰：《清史稿》卷一一二，《选举七》，中华书局 1976 年版，第 3237 页。

② 许大龄：《明清史论集》上编《清代的捐纳制度》，北京大学出版社 2000 年版，第 18 页。

③ 王延熙、王树敏：《皇清道咸同光奏议》卷一，台北文海出版社 1969 年版，第 91 页。

④ 赵尔巽等撰：《清史稿》卷一一二，《选举七》，中华书局 1976 年版，第 3241—3242 页。

⑤ 盛康：《皇朝经世文续编》卷六五，台北文海出版社影印本 1972 年版，第 361 页。

后几科登第后，清室随即覆亡，难以在政界立足。

晚清进士在入仕以后，受到严斥、降级、罚俸、革职、议罪、夺回世袭者，为数也较可观。如在和太平军作战的过程中，道光二十年进士翁同书在安徽巡抚任上因弃城而逃被革职，从拟斩改戍甘肃军营；道光二十一年进士陈启迈在江苏巡抚任上遭弹劾被革职；道光三十年进士俞樾，咸丰年间任河南学政时因科举“命题割裂”而遭革职；咸丰八年顺天乡试，进士出身的文渊阁大学士柏葰因科场舞弊罪被斩，尚书朱凤标被革职；同治元年进士游百川于光绪十七年因仓场失火被革职。晚清已处于封建制度日益衰落的时代，我们不可能设想每个进士都是两袖清风、一身正气，没有任何失职枉法的行为。但是，从史料来看，他们确实普遍相对的好些，相对的廉洁正直。究其原因，无疑是儒家思想长期熏陶、古代教育强调学问品行并重的结果。从这一点上，我们也可以明白，封建最高统治者为何总是孜孜不倦地从寒畯之士和有才学的士子中甄别人才，去充实和更新各级官僚统治集团，晚清在内外高层官吏的任选中，为何进士一直有着充分的主导地位。

四　晚清进士的分流

民族的兴衰、国家的强弱与人才息息相关，洎乎末造，世变日亟，清政府罢科举、兴学校，变唐宋以来选举之成规，采东西各国教育之新制。在内忧外患、中西学冲撞的晚清几十年中，时代赋予国人的使命和责任沉重而悲壮，他们既背负着旧时代的深刻烙印，又面临着新时代的挑战。传统的“学而优则仕”的“官本位”思想开始被打破，“时势造英雄”，人才流向发生了根本变化，而作为晚清高级知识分子群体的进士群也开始了分流，有的顺潮流而兴，有的游离在时代潮流之外，在各自的人生历程中分道扬镳。

（一）晚清科举士人分流的历史背景

鸦片战争前，中国是清王朝统治下的一个独立、统一的中央集权的封建国家。然而随着封建王朝末世的到来，历史步入近代，时局大变，外祸接踵而至，民族危机四起：1842 年，英军兵临江宁城下，清政府节节败退，被迫签订《南京条约》；1860 年庚申之变，英法联军攻陷京城，咸丰帝逃往热河；1895 年甲午一役，倭寇自朝鲜到东北一路烧杀抢掠，清军竟无还手之力，国威丧失殆尽；1900 年八国联军再陷京师，帝后仓皇“西狩”，《辛丑条约》中国赔款白银 9.8 亿两，瓜分之祸迫在眉睫。再加上各地风起云涌的起义和暴动，中华大地经济凋敝，人民苦不堪言，清政府处于内外交困的境地，“面临数千年来未有之变局”①，5000 年文明的泱泱大国有分崩离析之危。

随着一系列不平等条约的签订，广州、上海、福州、厦门等成为通商口岸，相继开放。西方传教士在各口岸甚至内地传教游历，西方的资本、文化、商品、信仰、技术等伴随着中国门户的开放与扩大，大规模地涌入，学校、报纸、杂志如雨后春笋般涌现在国内的一些大中城市，新兴产业、新式教育和技术、新思想、新的生活方式和价值观等新鲜事物给社会带来了前所未有的激荡，传统社会秩序的大分化、大改组和大变革在异质文化的冲击下悲歌激进。中国传统社会以士、农、工、商为主的基本职业框架已不能满足时代的需求，走在时代前列的知识分子再也不能“两耳不闻窗外事，一心只读圣贤书”。变乱时代社会政治的虚弱和统治阶级的危机，激起了具有忧患意识与参政意识的知识分子强烈的爱国情结与变革政治的心态，传统的士人在伴随着鸦片战争而来的欧风美雨的冲击下，发生着历史大变局下特有的徘徊、思考与分化。于是，有人依旧专心科举成名之路，有人跨入新式学堂，有人出国留学或成为外交人才，有人入仕为官，有人潜心学术，有人创办实业，有人热衷于教育，有人成为买办，有人成为专业技术人才，有人致力于新军或警务，有人投身于革命。大部分传统的士大夫在 19 世纪的西方文化传播过程中逐步接受了近代化知识，开阔了视野，活跃了思维而转化为近代型知识分子，越来越多的人从传统中转变出来融入时代潮流去支持和从事新式活动，传统的人才结构及人才流向发生了根本变化。正因为如此，近代中国“师夷长技以制夷”、“中体西用”、“维新变法”、“实业救国”、“教育救国”、“立宪”、“革命”等口号不断涌现，“洋务派”、“维新派”、“保皇派”、“立宪派”、“革命派”等层出不穷。1905 年，一纸诏书结束了延续千年的科举制度，在天下人才自觉不自觉地走上了不同的近代职业道路之时，进士，这些国家的高级知识分子和中坚力量，其流向也发生了极大变化，走上了更加宽广的成才之路。

（二）晚清进士的主要流向

晚清进士，多经历了清末礼崩乐坏和社会动荡的冲击，在后来的人生

① 中国史学会主编：《洋务运动》(一)，上海人民出版社 1961 年版，第 42 页。

历程中有的平步青云、青史留名，有的则沉迹下僚、默默无闻。由于进士出身者一般文化素养都较好，事业起点也较高，作出成就者还是多数。一部分投身政界、军界或工商界，名重一时，也有部分从事各种文化、教育、新闻、出版事业且业绩不凡。从职业角度来看，晚清进士主要有以下几种流向：

1. 政界

在内忧外患的冲击和中西文化的碰撞过程中，晚清各种社会矛盾错综复杂。一部分进士淡出官场，退隐乡里。如徐从枢，咸丰三年中式，适逢太平天国农民起义迅猛发展，未及出仕，隐于家；光绪三十年进士雷恒、陈国化，民国后隐居不仕。而大部分进士由于深受传统儒家文化熏陶，以“学而优则仕”为价值取向，缠绕着一种强烈的从政情结，他们入仕为官，有的位极人臣。面对西方精良武器和资本主义文化的双重挑战，一批士大夫怀着强烈的忧患意识，冲开闭关锁国的牢笼，把视野投向国外，去考察风云变幻的世界情形和寻求制御之方，在晚清的政治舞台上大显身手。尤为突出者，如同治二年探花张之洞，位列封疆大吏，创办近代工业和新式学堂，编练新式军队，修筑铁路，派遣留学生，成为名噪一时的洋务干将；光绪年间进士康有为、刘光第、杨深秀等讲求西学，在全国各地创办各种学会、社团和报刊，领导了轰轰烈烈的维新运动；立宪派首脑人物谭延闿、汤寿潜等发动了三次“立宪请愿”活动；当革命排满风云激荡之际，相当一部分进士如杨咏裳、杨兆麟、刘绵训等加入同盟会，投身革命，选择了暴力革命的方式；辛亥革命后，熊希龄拥护袁世凯窃国，任财政总长和热河都统，1913 年与梁启超、张謇等组阁，任国务总理兼财政总长；汤化龙曾任北洋政府教育总长、内务总长、众议院议长；沈钧儒后来成为中华人民共和国第一任最高法院院长。

2. 军界

19 世纪 50—60 年代，“捻炽（捻军起义）于北，发炽（太平天国革命）于南”①，农民起义以摧枯拉朽之势给旧秩序以致命打击，此时的八旗、绿营非但“御外侮不足”，“制中止”也显得无能为力，清朝统治受到极大的威胁，镇压农民起义的重担最终落到了汉族地主手中。国危民难之际，在积极入世，关注社会现实，以“治国平天下”为价值取向的经世致用思潮的熏陶下，进士出身的曾国藩、胡林翼、李鸿章等投身于动荡的社会变局之中，白手起家创建湘、淮军。一大批有功名出身的人才进入

① 贾桢等修：《筹办夷物始末·咸丰朝》卷七十一，中华书局 1979 年版，第 2675 页。

湘、淮军营，或成为幕僚，襄办军务，或成为干将，横刀立马，力挽狂澜。如刘秉璋、何璟、沈葆桢、骆秉章、吴汝纶、吴嘉宾、李甲先、李宗羲、萧世本、梅启照、王家璧、李瀚章、李映棻、林发深等皆出身进士。文人立武勋，形成一股士绅军人化的潮流，构成了晚清进士向军界分流的开始。尔后为抵挡列强的侵入，有识之士变革军制，编练新式陆、海军和派遣军事留学生，如李鸿章致力于筹建北洋海军，张之洞、刘坤一创办自强军，胡燏棻、袁世凯编练定武军等。大批有志青年进入军事学堂或者出国留学，在晚清军队的近代化建设过程中产生了一大批优秀的军事将领。这都说明了在时代剧变中传统的科举士人对时局的把握和对自身的重新定位。

3. 外交界

在中国早期现代化的揭幕时期，有少数具有远见卓识、积极提倡向西方学习，引导中国走向世界的官僚士大夫，富有开拓精神，置个人的祸福荣辱于不顾，怀着“天下兴亡，匹夫有责”的使命感，远渡重洋，在清末外交场中发挥了重要作用。1875 年由于马嘉理案件，清朝派郭嵩焘为正使、刘锡鸿为副使赴英办理，随后即常驻英国，这是清朝驻外使臣之始，之后，在德、美、日、法、俄等国也陆续派驻了使臣，在横滨、汉城、纽约、旧金山等地设立了领事。下面以驻外使臣为代表，将清季进士出身的外交人才列表 1－15 如下。

表 1－15　晚清进士出身的驻外使臣统计表

姓名	籍贯	生卒年	何年进士	出使国家
郭嵩焘	湖南湘阴	1818—1891	道光二十七年	英国、法国
汪凤藻	江苏元和	1851—1918	光绪九年	俄国、德国、日本
洪　钧	江苏吴县	1839—1893	同治七年	俄国、德国、奥斯马加、荷兰
许景澄	浙江嘉兴	1845—1900	同治七年	英国、法国、奥斯马加、荷兰、比利时
陈兰彬	广东吴川	—	咸丰三年	西班牙、美国、秘鲁
崔国因	安徽太平	—	同治十年	西班牙、美国、秘鲁
何如璋	广东大埔	1838—1891	同治七年	日本
李家驹	汉军正黄旗	1871—1938	光绪二十年	日本
李盛铎	江西德化	1859—1935	光绪十五年	日本

资料来源：1. 故宫博物院明清档案部与福建师范大学历史系合编：《清季中外使领年表》，中华书局 1985 年版。

2. 尹海金、曹端祥：《清代进士辞典》，中国文史出版社 2004 年版。

4. 工商界

列强的侵略加重了中国严重的民族和社会危机，随着洋务运动的兴起和资本主义生产方式的出现，传统的封建伦理道德观念不可避免地受到冲击，以往的“重农抑商”、“士”为“四民”之首的传统观念有了比较明显的变化。商人和商业的社会地位比以往明显提高，一些科举出身的官僚和士大夫，不但开始重视工商业，而且亲自投身于官督商办或商办企业任职。甲午战争后，有些爱国的民族企业和工商界人士，痛感战败之辱，发出了“实业救国”的呼声，提出自办铁路，自开矿山，设立工厂以“抵制洋商洋厂”。

清末进士易辙从商，投身实业的如咸丰状元孙家鼐创办广益纱厂；同治状元陆润庠创办苏伦纱厂、苏经丝厂；同治七年榜眼黄自元1896年联合进士王先谦等自筹资金在长沙创办了湘省第一家商办机械工业企业——湖南宝善成机器制造公司；光绪十八年进士渠本翘1902年接办太原火柴厂，1907年任山西保晋矿物公司首任总经理；光绪二十年进士梁士诒曾凭借强大的经济实力和财政专长，投资通惠实业工地、华宁矿业公司、兴华制粉公司等；而尤为著名的是光绪状元张謇创办大生纱厂。《马关条约》签订以后，张謇愤于政府“昏聩”，丧权辱国，于是离开仕途，转而致力于实业。1896年，张之洞奏派张謇在通州设立商务局，他办的第一件事就是创建大生纱厂。1907年又在崇明久隆镇创办大生二厂。为了给大生纱厂提供原料基地，又于1900年筹建通海垦牧公司。经过将近十年的惨淡经营，垦牧公司终于理清了错综复杂的地权纠葛，度过了接二连三的风潮灾害，大体上完成了各项基本建设，为大生纱厂提供了大量价廉质优的棉花。从1901年到1907年，以大生纱厂为中心，张謇先后创办了广生油厂、大隆皂厂、大兴面厂、资生铁厂、大达轮步公司等十几个企业。1913年10月张謇出任进步党熊希龄内阁的农林、工商总长兼全国水利局总裁，他曾努力制定许多法令，以谋求改良政治和发展资本主义经济。袁世凯复辟帝制后，他先后辞去总长和总裁职务，此后专心在通海地区经营以实业和教育为中心的“地方自治”。从大魁天下到兴实业，办工厂，状元张謇的历程正是那些不断探索救亡新路，期望祖国日渐富强的晚清进士的缩影，这进一步说明了传统价值观念的动摇与士人社会角色的转换。

5. 教育界

登科及第后，一部分进士不乐仕进，辞官归里，主讲于书院，以教书育人为乐事。如同治十年进士文朝辅，及第后不愿出仕，一心研习诗文，潜心从事教学，受其教育者，多擢高第，名满蜀中，士子咸称盛德；王玉衡，咸丰九年进士，选翰林院庶吉士，以不乐进归里，后被起用为顺庆府学教授，毕生育人，门生无数；叶毓荣，同治四年进士，朝考优等，特旨以郎中留部补用，后委以屯田司郎中，不久离任回籍，主讲成都府芙蓉书院三十年，造士尤众，门人累登科第，入仕途者多。

甲午战争后，与“实业救国”思潮相呼应，知识分子中弥漫着一种“教育救国”的浪潮，他们希望以教育为手段，开通民智，培养人才，以推进社会的进步和政治的改良，振兴国家。著名的如光绪十八年进士蔡元培，戊戌变法失败后，弃官归里，投身教育事业。“志以教育，挽彼沦胥”[①]。1902年蔡元培与叶瀚吾、蒋智由等人组织“中国教育会”，不久又创办爱国女学。他主张废除科举制度，改革学校体制，立专门学校和实业学校，教授新的内容。他把学科分为三大类：有形理学，包括算学、博物学、物理学、化学；无形理学，包括名学（辞学、译学）、群学（伦理学、政事学、文学）；道学，包括哲学、宗教学、心理学。各类之下又分许多细目。据此，他提出了从6岁到17岁为止的四级共12年的男子和女子普通教育的课程表，以及普通教育之上的专门教育和实业教育、师范速成科的教学科目；并且对各科的意义、相互的关系、教学的顺序及方法都做了阐述。[②] 这份计划在当时是很全面先进的教学计划，在今天仍不失为一份有科学价值的教育文献。他还致力于引进和介绍国外的学术思想。1903年翻译了德国科培的《哲学要领》，1906年翻译了日本井上圆了所著的《妖怪学讲义录》，从理论上破除了迷信。赴德留学期间，他编著了《中学修身教科书》五册，《中国伦理学史》一册，翻译了《伦理学原理》一书。1912年中华民国临时政府成立，蔡元培任教育总长。在他的主持下教育部颁布了《普通教育暂行办法》，对清末旧教育进行了初步的重要改革。主要内容有：改学堂为学校；废止小学读经；禁用清学部颁行的教科书，各种教科书务合共和国国民宗旨；废止贵胄学校；初小可以男女同学；中学为普通教育，文实不分科；废止奖励出身等。蔡元培认为完全人格的养成需通过实施德、智、体、美四育和人生观、世界观教育来实现，在1912年2月发表的《对于新教育之意见》一文中提出五项教育方针，即军国民教育（体育）、实利主义教育（智育）、公民道德教育、美育和世界观教育。这是中国教育史上第一个完整的资产阶级民主主义的教育方针。1916年蔡元培被任命为国立北京大学校长，到校之后即着手于改革北京大学。在教学制度上实行学分制和选科制，招收女生，推广普通

---

① 蔡元培：《蔡元培全集》（一），中华书局1984年版，第126页。

② 同上书，第140页。

话，倡导白话文和改革汉字，重视德育，提倡美育，最先将体育列为正式课程，鼓励学生参加社会活动，提高服务社会的能力等。他聘请了一批国内知名的学者和新派教师来北大任教，各派学者可以自由讲学，形成了特有的宽宏博大的学风，使北大一变而为新文化运动的主力。1917 年列名发起组织“中华职业教育社”，投资支持“中国科学社”，他还是中国教育工会最早的倡导者。再例如，光绪二十一年进士李瑞清曾主持两江师范学堂，视教育如性命，被称为中国师范教育的开拓者；光绪二十四年进士傅增湘，1905 年率先创办天津女子公学、高等女校和北洋女子师范学堂、京师女子师范学堂，北洋政府时期一度任教育总长。这些著名的教育家均为国育才，为民族的教育事业鞠躬尽瘁，作出了杰出的贡献。

6. 科技界

历史步入近代，西方资本主义经济迅猛发展，科技日新月异，在中国近代科学技术蹒跚行进的进程中，一批冲出科举牢笼的佼佼者，如李善兰、徐寿、华蘅芳等抛弃科举仕途，不习时文，转向研究自然科学，在中国近代科技史上谱写了辉煌的篇章。也有少数进士虽跻身封建官场，但酷爱自然科学，为我国近代科技的发展作出了重大贡献。如状元吴其濬踏遍十几个省的山山水水，进行实地考察，撰写了近代植物学药物学名著《植物名实图考》，在学术界影响很大；丁守存，官至湖北督粮道，又是著名的火器制造家，著有《丙丁秘筌》等；徐有壬，历官至江苏巡抚，仍潜心于天文历算，撰有《表算日食三差》、《朔食九股里差》等 13 种著作，在天文学、数学方面占有重要地位；黄传祁，官上海崇明知县，精算学，著有《蘧斋算杂存》、《中西历算考略》、《算学绪言》等。

7. 学术、文艺界

进士一般都工诗赋，善书画，长韵律。风云突变、危机丛生的晚清几十年，当然有不少进士冷眼官场，辞官归里，博览群书，潜心于学术、金石书画，成为学界泰斗或一代艺术大师。

学术界，如道光二十五年进士何秋涛，精地理之学，著有《北徼汇编》18 卷，《朔方备乘》、《蒙古游牧记补注》等；道光二十七年进士朱次琦乃著名理学家，著有《国朝名臣言行录》、《性学源流》、《五史实征录》、《晋乘》、《燔馀集》等；同治四年进士王先谦于经学、史学、文学、诸子学均有很大成就，而整理古籍尤负盛名，共著、编、校、注、辑、刊各类书籍达 50 余种，计 3200 多卷，被誉为“季清巨儒”①；光绪三年进

① 王继平：《晚清湖南学术思想史稿》，湖南人民出版社 2004 年版，第 391 页。

士樊增祥著有《樊园战诗续集》、《东园集》、《东溪草堂集》、《身云阁集》、《蝶舫集》、《紫兰堂集》、《镜烟堂集》、《樊山全集》等，以前后《彩云曲》咏赛金花事，最为著名。光绪六年进士李慈铭乃著名文学家，著有《越缦经说》、《霞川花隐词》、《孟学斋日记》、《说文举要》、《北史补注》、《湖塘林馆骈体文》、《十三经古今文义汇正》等多部；末科榜眼朱汝珍民国时期所编《词林辑略》是一部科举研究著作，该书对清代翰林的科分、出身、字号、籍贯、简历、著作等都有详细的记载，于研究清代科举提供了原始档案材料，具有相当大的史料价值。

艺术界，如道光二十七年进士崔荆南，不乐仕进，擅长音律，气韵不凡，喜昆曲，弹词唱腔无所不能；民国初年“画坛领袖”姚华是光绪三十年进士，在诗文词曲、书画古器、戏曲方面颇有建树；道光十六年进士何绍基是晚清书坛中坚人物，他的书法渊源深远，上溯周秦两汉篆隶，下至六朝南北碑，皆心摹手追，卓然成家；光绪十八年进士赵熙工诗文，善书画，其书法体被称为“荣县赵字”，且善画山水小品，对川剧改良也有重大影响；光绪二十一年进士李瑞清是近代中国著名的教育家、美术家、书法家，诗、书、画名重晚清，人称“三绝”，书法尤工，被尊为近代书法之宗师，他精魏碑，擅篆隶，潇洒俊逸，苍劲入古，所作山水，冷逸淡远，著名国画大师张大千、著名书法家胡小石、李仲乾、黄鸿图、吕凤子皆出于其门下。

8. 新闻界

晚清时局动荡，政治黑暗，辛亥革命爆发后，全国武装斗争更是风起云涌，社会变革加剧。部分科举士人无意于仕途，投身报界，从业新闻，他们针砭时弊，启迪民智，推动了中国近代新闻事业的发展。如光绪二十年进士汪康年，是著名的激进记者、报人，曾创办《时务报》、《昌言报》、《中外日报》、《京报》、《刍言报》，声名斐然；黄为基，光绪三十年进士，留学日本学法律，民国间辞官专事新闻工作，曾主编《少年中国》周报和《庸言》杂志，担任过上海《时报》、《申报》、《东方日报》和北京《亚细亚报》特约记者，同时为《东方杂志》、《论衡》、《国民公报》等报刊撰稿，对当时政局的黑暗和官僚们的丑态，做了真实的记录和辛辣的嘲讽，蜚声新闻界，被誉为“报界奇才”，成为中国第一个真正现代意义上的记者。

综上所述，晚清社会动荡，内忧外患，国家生存受到严重威胁，西方思潮激烈涌入，传统社会模式趋于解体。这种环境下人才流向发生根本变化，究其原因，有外在因素也有内在因素，两种因素相互影响、相互促进，才造成了其流向的根本性变化。在这种发展变化中，大部分晚清进士或投身于政界、军界，或投身于工商界、教育界，或投身于文艺界、科技界，进行了艰苦的思辨和卓绝的探索，一批具有远见卓识的政治、军事、教育和实业家崭露头角。他们虽然政治主张各有不同，但其中不少人都胸怀救亡图存、匡时济世的愿望，大力呼吁当政者们抛弃传统因袭的重担，改弦更张，奋发图强，并提出种种改革的方案要求采择。虽然受时代和自身的局限，这些方案大多是行不通的，但在某些方面或一定的领域，他们的学术成就和为国家民族所作的贡献，都是不可抹杀的。

1840 年鸦片战争爆发以来，历史步入近代，世变日亟，外祸接踵而至，民族危机四起。在内忧外患中清王朝摇摇欲坠，以四书五经为主，以八股文取士的科举人才不足应时务，人们要求变革科举的呼声日益高涨，晚清统治者开专科、纳西学，多次图谋改革科举。伴随着晚清科举制度的变迁，西学东渐中人才的结构也发生了变化，作为晚清高级知识分子集中的群体——进士，其籍贯分布也带有强烈的地域特色。

受自然环境、政治、经济、交通、文化状况等的影响，晚清进士分布呈现明显的地域不均衡性，南方超过北方，沿海人数高于内地和边远地区，省内各地区人数分布也不均匀，大部分集中于省会城市。江浙地区（尤其是苏州、杭州、扬州等地）具有得天独厚的水乡沃土和深厚的文化底蕴，人口密集，经济繁荣，交通便利，学术文风鼎盛，因而晚清这里人文荟萃，进士科名显赫，冠盛天下。东北、西北、西南各省地处边陲，环境恶劣，交通不便，开发较迟，经济落后，文风不高，故进士稀缺。晚清时期，面对列强的侵略战争和国内的农民起义，清政府更加重视科举以笼络士人。内地、边陲省份充分利用清廷兼顾全国的科考政策，文化教育水平有所提高，随之进士人数增长快，在全国所占比例有所上升。而战争及西学东渐的影响，致使沿海科举大省进士增长较慢，在全国比例有所下降。

晚清仕进重科举、重正途，在内外高层官吏的任选中，进士的主导地位有充分的体现。但随着清末内忧外患的增加，大规模的捐纳、军功对晚清进士系统出路乃至整个选官制度造成了极大的危害，大量非科举出身的官员队伍无限膨胀，充塞仕途，正途壅滞，升迁困难。在伴随着鸦片战争而来的欧风美雨的冲击下，传统社会模式趋于解体。越来越多的科举士人在西方文化传播过程中逐步接受了近代化知识，开阔了视野，活跃了思维而转化为近代型知识分子，传统的人才结构及人才流向发生了根本变化。为了救亡图存，为了富国强兵，大部分晚清进士，投身于政界、军界、工商界、教育界、文艺界、科技界，进行了艰苦卓绝的探索，一批具有远见卓识的政治、军事、外交、教育和实业家崭露头角。

人物的地理分布既有自然环境的因素，亦涵盖着人文社会环境各方面的影响，区域政治、经济、文化等因素发展的不平衡影响了晚清进士的地域分布不均。随着近代社会结构和文化结构不断裂变，晚清进士走上了更加宽广的成才之路。这些历史都应该为现代人所了解，也是学术界应该充分挖掘的一个研究方向。考察晚清进士空间分布状况及其特征，对于深入探讨进士群体和晚清人才的地理分布规律及人文地理的研究都有积极意义。

第二章　晚清政治领袖的区域分布

“居楚则楚，居夏则夏”，这说明人物的分布既有自然区域差异的因素，亦涵盖人文社会环境各方面的影响；“一齐人傅之，众楚人咻之”，则更能显示出人文环境对人物分布的重要性。中国历史悠久，地域辽阔，因受区域自然环境和人文环境的影响，在各个历史时期，其不同地域的经济文化发展存在不平衡性。与之相适应，人物的地理分布也呈现参差不齐的分布格局。此消彼长，此起彼落，是历史时空人物动态分布之趋势。清朝的人物分布亦不例外，尤其在晚清。因为外力的介入，使得各类型的政治人物在地理分布上抹上浓重的时代色彩。

本章从人物地理分布的基本原理出发，运用人才学、地理学、历史学、统计学等相关统计、归纳、推理、比较、举例等研究方法，对晚清历史上政治领袖的空间分布动态变化过程作一考察，在数据统计分析的基础上，着重综合分析人物分布与环境之间互动关系，期求找到区域环境与区域人物总体变动之间的内在联系；为深化人物空间分布研究，为人物地理学作一点微薄的贡献；古为今用，为当今区域相关人才的开发，沿海、沿江、内陆地区相关人才的开发提供一些借鉴，如社会经济的发展度、社会财富的丰裕度、社会环境的开放度、社会民众的教育度等；同时某些人物（会党农民领袖）的分布与成因在某种程度上可为社会的繁荣稳定提供一些借鉴。

一　晚清督抚籍贯分布

督抚制度，产生于中国封建社会君主专制的中央集权已高度发展、成熟的明朝。明朝鉴于元朝行中书省权力过于集中，乃设三司分权。然物极必反，发展到一定阶段其弊端便暴露出来，三司各自独立，互不统属，分向中央负责，其办事效率可见一斑。为解决此弊端，明朝始设督抚。明初，督抚为地方性事务临时派遣，“因事特设”[①]，无定员、定期、无固定区域。后来，随着地方事务的需要和其他因素，督抚的派遣逐渐经常。虽然，明代督抚制度没有完全地方化、制度化，但却初步完成巡抚偏重民政、总督偏重军政的格局。

清承明制，以督抚为中央派遣地方的办事大员。初期仍属调整、修补、自我完善的改进阶段，至康乾时期，督抚于辖区、名称、人员数额有很大变化，形成向定区、定员、定制的省级地方官转化的趋势。迟至乾隆初年，基本完成其演变，督抚制度自此走向成熟阶段，名副其实地成为地方大员、封疆大吏。对此，光绪《大清会典事例》有载，乾隆十三年(1748)议准：“外官官制，向以布政使司领之，但督抚总制百官，布、按二司，皆其属吏，应首列督抚，次列布按”[②]。至光绪年间，因需增东三省总督，对巡抚的设置亦有改变。自此，清代形成9总督（漕运、河道总督除外），直隶、四川、甘肃、福建、湖北、广东、云南、奉天巡抚由总督兼任，其他省各设巡抚一名的督抚设置格局。至清政府退出历史舞台，起于明朝的督抚制度也走向终点。

总督为一省或数省的地方首脑，官秩正二品，加尚书衔为从一品，其职责主要为“掌厘治军民，综治文武，察举官吏，修饬封疆。三年大比充监临官，武科充主试官”[③]。总督领有直属军队，名为督标。各省督标名额不一，少有千余，多则四五千。巡抚则为一省的最高行政首脑，官秩从二品，加兵部尚书衔为正二品。其职责主要为“掌宣布德意，抚安齐民，修民政刑，兴革利弊，考核群吏会总督以诏废置”。“其三年大比，充监临官，武科充主试官，督、抚同”[④]。巡抚各有直属军队，名为抚标，一般为2000人，分别以参领、游击统领。

上述笼统地概述督抚的职权，然其具体职权远非如此。以致《清文献通考》称总督“统帅文武军民，为一方保障”；巡抚“于一省文职无所不统”[⑤]。然而从整体上讲督抚之对于皇权，有如枝节之对于主干，绝非跨出清朝中央集权高度成熟体制所划定的范围，督抚只不过属皇权与地方权力结构的中间层次。“承号令备策应而已”[⑥]。然鉴于督抚“统帅文武，

① 张廷玉等：《明史》卷七十三，中华书局1974年版，第1768页。

② 光绪《大清会典事例》卷三十二，《吏部》。

③ 赵尔巽：《清史稿》卷一一六，职官志三，中华书局1979年版，第3336页。

④ 同上。

⑤ 《文献通考》卷八十五，职官考九，商务印书馆1936年版，第5617页。

⑥ 赵尔巽：《清史稿》卷一一六，职官志一，中华书局1979年版，第3264页。

为一方保障”的重要地位，皇帝乃通过对督抚的任用黜陟和奏折制度牢固驾驭督抚，以达既防其权过大，又得整架统治机构平衡之功效。

鸦片战争后，西力东来，“当中国与整个世界变化日益为一体，并日益卷进造成这些变化的机制之中时，中国的政治构架和特征就发生了深刻而不可逆转的变迁”①。太平天国农民战争的兴起和湘、淮军集团的崛起所导致的汉族地主、士大夫势力的上升，使得满汉督抚比例为之一变，由清前期的“满多于汉”转为“汉多于满”，督抚的地理分布格局随之也发生了相当大的变化。此一时期，督抚籍贯分布态势及其所反映区域的历史文化背景，以及对晚清政治经济发展的影响等，都将是饶有兴趣的话题。

（一）晚清督抚的省籍分布

根据钱实甫所辑《清季重要职官年表》②、《清代职官年表》③及赵尔巽等撰《清史稿》等资料，对晚清（1840—1912）督抚籍贯分布作一数字统计，其籍贯除陕甘总督布彦布 1 人无考，湖广总督台湧属满洲何旗不明外，其余均有着落。共计总督 168 人，巡抚 207 人，共计督抚为 375 人。这 375 人依其籍贯，列表 2－1 如下。

表 2－1　　晚清（1840—1912）督抚籍贯地理分布

籍贯	人名	出身	生卒年	所任官职
吉林伯（白）都讷厅	于荫霖	咸丰九年庶吉士	1838—1904	湖北（河南，广西）巡抚
吉林伊通洲	齐耀琳	光绪二十一年庶吉士	1863—？	安徽（河南、江苏）巡抚
奉天海城	李秉衡	捐县丞	1830—1900	山东（安徽）巡抚
奉天义州	李鹤年	道光二十五年庶吉士	1827—1890	湖北（河南、福建）巡抚，闽浙（漕运、东河）总督
陕西泾阳	张　芾	道光十五年庶吉士	1814—1862	江西巡抚
陕西朝邑	阎敬铭	道光二十五年庶吉士	1817—1892	山东巡抚
陕西长安	赵舒翘	同治十三年	1848—1900	江苏巡抚
陕西华阴	李　僡	道光二年	？—1853	山东（河南）巡抚

① 〔美〕吉尔伯特·罗兹曼：《中国的现代化》，江苏人民出版社 1988 年版，第 275—276 页。

② 钱实甫编：《清季重要职官年表》，中华书局 1959 年版。

③ 钱实甫编：《清代职官年表》（第二册），中华书局 1980 年版。

续表

籍贯	人名	出身	生卒年	所任官职
陕西潼关	张澧中	嘉庆二十二年	？—1848	云南（山东）巡抚
陕西西乡	李文敏	咸丰二年	1817—1890	江西巡抚
甘肃武威	牛　鑑	嘉庆十九年庶吉士	？—1858	河南巡抚，两江总督
甘肃灵州	张　煦	咸丰三年	？—1895	陕西（湖南、山西）巡抚
直隶南皮	张之洞	同治二年	1837—1910	山西巡抚、两江（湖广、两广）总督
直隶南皮	张之万	道光二十七年	1811—1896	河南（江苏）巡抚、河道（闽浙）总督
直隶南皮	张曾敭	同治十年庶吉士	1852—1920	江苏（山西、浙江）巡抚
直隶定兴	鹿传霖	同治元年庶吉士	1836—1910	江苏（河南、陕西、广东）巡抚，四川（两江、两广）总督
直隶丰润	张人骏	同治七年庶吉士	1846—1927	山西（河南）巡抚，漕运（两广、两江）总督
直隶天津	徐世昌	光绪十二年庶吉士	1855—1939	东三省总督
直隶天津	梁宝常	道光三年庶吉士	—	山东（浙江、广东）巡抚
直隶正定	王士珍	北洋武备学堂	1861—1930	湖广总督
直隶宁津	庞际云	咸丰二年庶吉士	？—1884	湖南巡抚
直隶静海	高崇基	道光三十年	？—1889	广西巡抚
直隶广宗	郑元善	道光二十一年	1799—1878	河南巡抚
直隶昌黎	韩　超	副贡	1800—1878	贵州巡抚
直隶清苑	王　植	嘉庆二十二年庶吉士	1792—1852	安徽（浙江、江西）巡抚
直隶河间	李　钧	嘉庆二十二年庶吉士	？—1859	东河总督
顺天宛平	桑春荣	道光十二年庶吉士	？—1891	云南巡抚
顺天宛平	徐有任	道光九年	1800—1860	江苏巡抚
顺天宛平	沈桂芬	道光二十七年庶吉士	1818—1881	山西巡抚
顺天宛平	邵亨豫	道光三十年庶吉士	1818—1883	陕西（湖南）巡抚
顺天大兴	李嘉端	道光九年庶吉士	？—1880	安徽巡抚
顺天大兴	恽光宸	道光十八年庶吉士	？—1860	江西巡抚
顺天大兴	恽世临	道光二十五年庶吉士	1817—1871	湖南巡抚
顺天大兴	王梦龄	监生	—	漕运总督
顺天永清	刘源灏	道光三年庶吉士	1794—1864	贵州巡抚，云贵总督
河南祥符	冯汝骙	光绪九年庶吉士	？—1911	浙江（江西）巡抚
河南祥符	王懿德	道光三年庶吉士	1798—1861	福建巡抚，闽浙总督
河南祥符	周之琦	嘉庆十三年庶吉士	1782—1862	广西（湖北）巡抚

续表

籍贯	人名	出身	生卒年	所任官职
河南项城	袁世凯	贡生	1859—1916	山东巡抚，直隶总督
河南项城	袁甲三	道光十五年	1806—1863	漕运总督
河南鹿邑	徐广缙	嘉庆二十五年庶吉士	1797—1858	广东（云南）巡抚，两广（湖广）总督
河南固始	吴元炳	咸丰十年庶吉士	？—1886	湖北（安徽、江苏）巡抚，漕运（两江）总督
河南固始	吴其濬	嘉庆二十二年状元	1789—1847	湖南（云南、福建、山西）巡抚
河南新乡	卫荣光	咸丰二年庶吉士	？—1890	山西巡抚
河南安阳	马丕瑶	同治二年	1830—1895	广东（广西）巡抚
河南密县	张汝梅	—	—	山东巡抚
河南罗山	丁振铎	同治十年庶吉士	1842—1914	云南（广西、山西）巡抚，云贵（闽浙）总督
河南光州	胡廷幹(干)	同治十三年	—	山东（江西）巡抚
河南光州	卢士杰	咸丰三年庶吉士	？—1888	漕运总督
山东东阿	张怀芝	第五镇统制	？—1933	安徽巡抚
山东东阿	周天爵	嘉庆十六年	1772—1853	广西（安徽、河南）巡抚，湖广（漕运、南河）总督
山东荷泽	马新贻	道光二十七年	1821—1870	浙江巡抚，闽浙（两江）总督
山东历城	毛鸿宾	道光十八年庶吉士	1806—1857	湖南巡抚，两广总督
山东历城	李庆翱	咸丰二年庶吉士	—	河南巡抚
山东海丰	吴重憙	举人	1838—1918	江西（河南）巡抚
山东潍县	曹鸿勋	光绪二年状元	1846—1910	贵州（陕西）巡抚
山东潍县	张兆栋	道光二十五年	1820—1887	福建（广东）巡抚，漕运总督
山东潍县	刘鸿翱	嘉庆十四年	1778—1849	福建巡抚
山东宁阳	黄恩彤	道光二十六年	1801—1883	广东巡抚
山东汶上	刘韶珂	1811 拔贡	？—1852	江苏（浙江）巡抚，闽浙总督
山东聊城	杨以增	道光二年	？—1856	陕西巡抚，南河总督
山东聊城	傅绳勋	嘉庆十九年庶吉士	—	江苏（江西）巡抚
山东临清	徐延旭	咸丰十年	？—1884	广西巡抚
山东潍县	陈　阡	—	—	江西巡抚
山东安邱	李湘棻	道光十二年庶吉士	1798—1866	漕运总督
山东济宁州	李福泰	道光二十四年	1806—1871	福建（广西）巡抚
山东济宁州	冯德馨	道光三年	1801—1868	湖南巡抚
山东济宁州	孙宝善	嘉庆十二年举人	—	江苏巡抚

续表

籍贯	人名	出身	生卒年	所任官职
山东荣成	梁萼涵	嘉庆二十五年庶吉士	1798—1858	云南巡抚
山东利津	赵长龄	道光十二年庶吉士	—	山西巡抚
山东福山	王兆琛	嘉庆二十二年庶吉士	1786—1852	山西巡抚
山西徐沟	乔松年	道光十五年	1815—1875	安徽（陕西）巡抚，东河总督
山西五台	徐继畬	道光六年	1795—1866	广西（福建）巡抚
山西浑源州	栗毓美	拔贡	1778—1840	东河总督
山西平定州	李用清	同治四年庶吉士	1829—1898	贵州巡抚
山西平定州	陈士枚	道光六年	1794—1866	陕西巡抚
山西高平	祁　埙	嘉元	1777—1844	广西（广东）巡抚，两广总督
山西解州	赵德辙	道光十五年	—	江苏巡抚
山西太谷	杜瑞联	咸丰二年庶吉士	—	云南巡抚
满洲镶白旗	恩　寿	同治十三年	—	陕西（山西、江苏）巡抚，漕运总督
满洲镶白旗	恩　铭	嘉庆十三年庶吉士	1845—1904	安徽巡抚
满洲镶白旗	福　济	道光十三年庶吉士	？—1875	安徽巡抚，云贵(南河、漕运、陕甘)总督
满洲镶白旗	瑞　瑸	—	—	福建巡抚
满洲正白旗	荣　禄	荫生	1836—1903	直隶总督
满洲正白旗	讷尔经额	荫生	？—1857	湖南巡抚，陕甘（直隶、湖广）总督
满洲正白旗	松　寿	荫生	？—1911	江西（河南）巡抚，闽浙总督
满洲正白旗	官　文	—	1798—1871	湖广（直隶）总督
满洲正白旗	奎　俊	—	—	山西（江苏、陕西）巡抚，四川总督
满洲正白旗	恒　春	嘉庆二十五年	？—1857	山西巡抚，云贵兼云贵总督
满洲正白旗	裕　禄	刑部笔帖式	约1844—1900	安徽巡抚，湖广（直隶、两江、四川）总督
满洲正白旗	端　方	举人	1861—1911	江苏（陕西、湖北、湖南）巡抚，直隶（四川）总督
满洲正白旗	青　麟	道光二十一年庶吉士	？—1854	湖北巡抚
满洲正白旗	文　彬	咸丰二年	1825—1880	山东巡抚，漕运总督
满洲正白旗	景　星	举人	？—1910	江西（湖北）巡抚
满洲正白旗	庆　裕	翻译生员	？—1894	广西巡抚，漕运（东河）总督
满洲正白旗	阿克达春	翻译生员	—	山西巡抚
满洲正白旗	裕　长	监生	？—1900	河南（湖北）巡抚
满洲正白旗	裕　宽	荫生	—	广东（福建、河南）巡抚

续表

籍贯	人名	出身	生卒年	所任官职
满洲正白旗	曾　稣	工部主事	？—1899	湖北巡抚
满洲正白旗	惠　吉	荫生	？—1845	广西（陕西）巡抚，漕运（陕甘）总督
满洲正白旗	诚　勋	荫生	—	安徽巡抚
满洲正白旗	崇　纶	内阁贴写中书	1792—1854	湖北巡抚
满洲正红旗	庆　廉	道光十六年	？—1828	河南巡抚
满洲正红旗	怡　良	监生	1791—1867	广东巡抚，两广（两江、闽浙）总督
满洲正红旗	英　翰	道光二十九年举人	1828—1876	安徽巡抚、两广总督
满洲正红旗	桂　良	—	1785—1862	云贵（直隶）总督
满洲正红旗	裕　泰	官学生	？—1851	湖南（贵州）巡抚，陕甘（湖广）总督
满洲正红旗	文　冲	—	—	东河总督
满洲正红旗	成　孚	荫生	—	东河总督
满洲正红旗	崇　恩	廪贡	—	山东巡抚
满洲正红旗	鄂顺安	荫生	—	山西（河南）巡抚
满洲正黄旗	长　庚	道员	？—1914	陕甘总督
满洲正黄旗	琦　善	荫生	约1790—1854	四川（两广、直隶、两江、漕运）总督
满洲正黄旗	耆　龄	道光十七年举人	？—1863	江西（广东）巡抚，闽浙总督
满洲正黄旗	瑞　澂	贡生	1864—1915	江苏巡抚，湖广总督
满洲正黄旗	瑚松额	行伍	？—1847	陕甘总督
满洲正黄旗	瑞　良	监生	—	江西巡抚
满洲正黄旗	文　格	道光二十四年	—	山东巡抚
满洲正黄旗	豫　山	荫生	？—1890	山西巡抚
满洲正黄旗	布彦泰	荫生	1791—1880	陕甘总督
满洲正蓝旗	英　桂	道光举人	1798—1878	河南（山西、福建）巡抚，闽浙总督
满洲正蓝旗	耆　英	荫生	1790—1858	两广总督
满洲正蓝旗	瑞　麟	文童	？—1874	直隶（两广）总督
满洲正蓝旗	文　煜	官学生	？—1884	山东巡抚，直隶（闽浙）总督
满洲正蓝旗	舒兴阿	道光十二年庶吉士	？—1858	云南巡抚，陕甘总督
满洲正蓝旗	毓　科	道光十三年	—	江西巡抚
满洲正蓝旗	长　臻	—	？—1855	东河总督
满洲镶黄旗	伊里布	嘉庆六年	1772—1843	陕甘（两江）总督
满洲镶黄旗	吉尔杭阿	工部笔帖式	？—1856	江苏巡抚

续表

籍贯	人名	出身	生卒年	所任官职
满洲镶黄旗	宝　兴	嘉庆十五年	1776—1848	四川总督
满洲镶黄旗	麟　庆	嘉庆十四年	？—1843	南河总督
满洲镶黄旗	崇　实	道光三十年庶吉士	1820—1876	四川总督
满洲镶黄旗	德　寿	举人	？—1903	广东巡抚，两广（漕运）总督
满洲镶黄旗	裕　瑞	—	1771—1868	闽浙（四川）总督
满洲镶黄旗	裕　祥	光绪二年	—	云南巡抚
满洲镶黄旗	联　英	—	—	漕运总督
满洲镶黄旗	慧　成	道光十六年庶吉士	？—1864	四川（东河、闽浙）总督
满洲镶黄旗	兆那苏图	荫生	？—1852	山西巡抚
满洲镶黄旗	庆　端	荫生	—	闽浙总督
满洲镶黄旗	庚　长	—	—	南河总督
满洲镶红旗	乐　斌	—	？—1875	四川（陕甘）总督
满洲镶红旗	熙　麟	—	？—1864	陕甘总督
满洲镶红旗	德　馨	—	—	江西巡抚
满洲镶红旗	文　俊	监生	—	江西巡抚
满洲镶红旗	富呢扬阿	举人	？—1845	浙江巡抚，陕甘总督
满洲镶红旗	联　魁	贡生	—	新疆巡抚
满洲镶红旗	乌尔恭额	举人	？—1842	浙江巡抚
满洲镶红旗	嵩　昆	—	—	贵州巡抚
满洲镶蓝旗	崧　骏	咸丰八年举人	？—1893	江苏（浙江）巡抚，漕运总督
满洲镶蓝旗	崧　蕃	咸丰五年举人	？—1905	贵州（云南）巡抚，云贵（陕甘）总督
满洲镶蓝旗	刚　毅	笔帖式	1837—1900	广东巡抚
满洲镶蓝旗	松　椿	生员	—	漕运总督
满洲	台　湧	—	—	湖广总督
蒙古正黄旗	柏　贵	举人	？—1859	广东巡抚
蒙古正白旗	庆　祺	—	？—1859	直隶总督
蒙古正红旗	恩特亨额	—	？—1840	漕运（陕甘）总督
蒙古正红旗	福　润	副贡	？—1900	山东（安徽）巡抚
蒙古正蓝旗	托浑布	嘉庆二十四年	—	山东巡抚
蒙古正蓝旗	宝　棻	—	1856—1919	山西（江苏、河南）巡抚
蒙古镶黄旗	升　允	光绪八年举人	1858—1931	陕西（江西）巡抚，陕甘总督
蒙古镶黄旗	恒　福	—	？—1861	山西（河南）巡抚，直隶总督

续表

籍贯	人名	出身	生卒年	所任官职
蒙古镶黄旗	增　韫	—	—	浙江巡抚
蒙古镶黄旗	璧　昌	—	？—1854	陕西巡抚，两江总督
蒙古镶黄旗	裕　谦	嘉庆二十二年庶吉士	约1795—1841	江苏巡抚，两江总督
蒙古镶白旗	奎　斌	—	？—1893	湖北（山西）巡抚，四川（云贵、东河、东三省）总督
蒙古镶蓝旗	锡　良	同治十三年	1853—1917	河南（山西、湖北）巡抚，东三省总督
汉军正黄旗	毓　贤	监生	？—1900	山东（山西）巡抚
汉军正白旗	瑛　棨	荫生	1790—1858	河南（陕西）巡抚
汉军正白旗	蒋文庆	嘉庆十九年	1793—1853	浙江（安徽）巡抚
汉军正蓝旗	徐泽醇	嘉庆二十五年	1787—1858	山东巡抚，四川（东河）总督
汉军正蓝旗	赵尔巽	同治十三年庶吉士	1844—1927	山西（湖南）巡抚，东三省总督
汉军正蓝旗	赵尔丰	—	1845—1911	四川总督
汉军镶黄旗	杨　霈	道光九年	—	湖北巡抚，湖广总督
汉军镶黄旗	钟　祥	嘉庆十三年	？—1849	东河（闽浙）总督
汉军镶红旗	边宝泉	同治二年庶吉士	？—1898	陕西（河南）巡抚，闽浙（湖广、南河、东三省、四川、云贵）总督
汉军镶蓝旗	蒋霨远	道光十五年	？—1860	贵州巡抚
四川开县	李宗羲	道光二十七年	1818—1884	山西巡抚，两江总督
四川云阳	程德全	廪生	1860—1930	黑龙江（奉天、江苏）巡抚
四川兴文	薛　焕	举人	1815—1880	江苏巡抚
四川洪雅	曾璧光	道光三十年	？—1875	贵州巡抚
四川新繁	严树森	举人	1814—1876	河南（湖北、广西）巡抚
四川崇庆州	杨国桢	—	—	河南（山西）巡抚，闽浙总督
四川成都	哈　芬	监生	—	山西巡抚
云南昆明	何桂清	道光十五年庶吉士	1816—1862	浙江巡抚，两江总督
云南蒙自	杨文鼎	光绪五年举人	—	湖南（陕西）巡抚
云南宁州	朱家宝	光绪十八年庶吉士	1864—1928	吉林（安徽）巡抚
云南蒙自	陆应穀	道光十二年庶吉士	—	河南（江西）巡抚
云南景东厅	刘　崑	道光二十一年庶吉士	—	湖南巡抚
云南保山	刘树棠	监生	—	浙江巡抚
贵州贵筑	张日晸	嘉庆二十二年庶吉士	？—1850	云南巡抚
贵州贵筑	陈夔龙	光绪二十年	1855—1948	江苏（河南）巡抚，漕运（四川、直隶、湖广）总督

续表

籍贯	人名	出身	生卒年	所任官职
贵州平远州	丁宝桢	咸丰三年庶吉士	1820—1886	山东巡抚，四川总督
贵州贵筑	朱　澍	—	—	漕运总督
贵州贵筑	苏凤文	道光十七年举人	—	广西巡抚，漕运总督
贵州遵义	唐　炯	道光二十九年举人	1829—1909	云南巡抚
贵州开泰	徐之铭	道光十六年庶吉士	？—1864	云南巡抚
贵州镇远	谭均培	同治元年庶吉士	1834—1894	湖北（云南）巡抚
湖北云梦	吴禄贞	第六镇统制	1880—1911	山西巡抚
湖北沔阳	陆建瀛	道光二年庶吉士	1792—1853	江苏巡抚，两江总督，云南巡抚兼云贵总督
湖北武昌	柯逢时	光绪九年庶吉士	1845—1912	广西（贵州、浙江）巡抚
湖北恩施	饶应祺	同治元年举人	？—约1902	新疆（安徽）巡抚
湖北汉阳	叶名琛	道光十五年庶吉士	1807—1859	广东巡抚，两广总督
湖北江夏	张凯嵩	道光二十五年	？—1886	广西（贵州）巡抚，云南巡抚兼属云贵总督
湖北天门	周树模	光绪十五年庶吉士	1864—1925	黑龙江巡抚
湖北天门	胡聘之	同治四年庶吉士	—	山西巡抚
湖北江夏	曹澍钟	道光十八年庶吉士	—	广西巡抚
湖北孝感	乔用迁	嘉庆十九年	？—1851	贵州巡抚
湖北均州	贾洪韶	道光二十年	1805—1897	云南巡抚
湖北黄冈	王毓藻	同治二年	？—1900	贵州巡抚
湖北黄陂	周恒祺	咸丰二年庶吉士	？—1882	山东巡抚，漕运总督
江西义宁	陈宝箴	举人	1831—1900	湖南巡抚
江西新建	程矞采	嘉庆十六年	？—1858	江苏（山东、广东、云南）巡抚，两江（漕运、云贵、湖广）总督
江西新建	程楙采	嘉庆十九年庶吉士	？—1843	安徽（浙江）巡抚
江西新建	勒方琦	—	—	贵州巡抚，东河总督
江西奉新	张　勋	行伍	1854—1923	江苏巡抚兼两江总督
江西奉新	许振祎	同治二年庶吉士	？—1899	广东巡抚，东河总督
江西德化	李盛铎	光绪十五年榜眼	1858—1937	山西巡抚
江西德化	李明墀	荫生	—	福建（湖南）巡抚
江西德化	刘瑞祺	同治元年庶吉士	？—1891	山西巡抚
江西莲花厅	朱益濬	光绪三年庶吉士	—	湖南巡抚
江西德兴	杨重雅	道光二十一年	？—1879	广西巡抚

续表

籍贯	人名	出身	生卒年	所任官职
江西庐陵	黄赞汤	道光十三年庶吉士	1805—1869	广东巡抚，东河总督
江西铅山	蒋志章	道光二十五年	1813—1871	陕西巡抚
江西南昌	梅启照	咸丰二年庶吉士	—	浙江巡抚，东河总督
安徽建德	周　馥	监生	1837—1920	山东巡抚，两广（两江、闽浙）总督
安徽盱眙	吴　棠	道光十五年举人	？—1876	江苏巡抚，漕运（四川、闽浙）总督
安徽贵池	刘瑞芬	生员	1827—1892	江西（广东、广西）巡抚
安徽合肥	刘铭传	练勇	1836—1895	台湾（福建）巡抚
安徽合肥	李经羲	优贡	1861—1925	广西巡抚，云南巡抚，云贵总督
安徽合肥	李鸿章	道光二十七年庶吉士	1823—1901	江苏巡抚，湖广（直隶、两江、两广）总督
安徽合肥	李瀚章	道光拔贡	？—约1888	湖南（江苏、浙江）巡抚、湖广（四川）总督
安徽合肥	张树声	廪生从军	1824—1884	山西（江苏）巡抚、漕运（两江、两广）总督
安徽合肥	段祺瑞	武备学堂	1865—1936	湖广总督
安徽合肥	段芝贵	天津武备学堂	1870—1925	黑龙江巡抚
安徽合肥	张广建	—	—	山东巡抚
安徽庐江	潘鼎新	道光二十九年举人	？—1888	云南（广西、湖南）巡抚
安徽庐江	吴赞成	道光二十九年拔贡	？—1884	福建巡抚
安徽庐江	刘秉璋	咸丰十年庶吉士	1826—1905	江西巡抚、四川总督
安徽宿松	罗遵殿	道光十五年	1798—1860	浙江巡抚
安徽定远	杨文定	道光十三年	？—1856	江苏巡抚
安徽六安	涂宗瀛	道光二十四年举人	1811—1894	广西（河南、湖南）巡抚、湖广总督
安徽泗州	杨士骧	光绪十二年庶吉士	？—1909	山东巡抚、直隶总督
安徽泾县	潘锡恩	嘉庆十六年庶吉士	？—1856	南河总督
安徽泾县	吴廷斌	监生	—	山东巡抚
安徽望江	倪文蔚	咸丰二年庶吉士	？—1890	河南（湖北）巡抚
安徽望江	余诚格	道光十五年庶吉士	—	陕西（湖南）巡抚
安徽涡阳	袁大化	廪生	1851—1935	山东（新疆）巡抚
安徽芜湖	朱　襄	嘉庆二十五年	？—1842	东河总督
安徽怀宁	叶伯英	附贡	1825—1888	陕西巡抚
安徽泗州	杨殿邦	嘉庆十九年庶吉士	？—1853	漕运总督
安徽泾县	翟　诰	监生	—	湖南巡抚

续表

籍贯	人名	出身	生卒年	所任官职
安徽凤阳	胡建枢	举人	—	山东巡抚
安徽和州	鲍源深	道光二十七年庶吉士	1811—1884	山西巡抚
湖南邵阳	魏光焘	监生	1837—1916	陕西巡抚、陕甘（云贵、两江、闽浙）总督
湖南清泉	王之春	文童	1842—?	广西（安徽）巡抚
湖南湘乡	曾国荃	咸丰二年优贡	1824—1890	浙江（山西、湖北、陕西）巡抚、河东（陕甘、两广、两江）总督
湖南湘乡	曾国藩	道光十八年庶吉士	1811—1872	湖北巡抚、两江（直隶）总督
湖南湘乡	刘　蓉	附生	1816—1873	陕西巡抚
湖南湘乡	刘锦棠	监生	1844—1894	新疆巡抚
湖南湘乡	杨昌濬	诸生从军	? —1897	浙江巡抚、陕甘总督
湖南湘乡	李续宜	文童从军	1824—1863	安徽（湖北）巡抚
湖南湘乡	蒋益澧	文童	1832—1874	广东巡抚
湖南湘乡	潘效苏	文童	—	新疆巡抚
湖南湘乡	刘岳昭	文童从军	? —1883	云南巡抚，云贵总督
湖南湘阴	左宗棠	道光十二年举人	1812—1885	浙江巡抚、两江（陕甘、闽浙）总督
湖南湘阴	李星沅	道光十二年庶吉士	1797—1851	江苏巡抚、陕西巡抚署陕甘总督，云贵（两江）总督
湖南湘阴	郭嵩焘	道光二十七年庶吉士	1818—1891	广东巡抚
湖南新宁	刘长佑	道光二十九年拔贡	1818—1887	广东(广西）巡抚、两广(直隶、云贵）总督
湖南新宁	刘坤一	廪生	1830—1902	江西巡抚、两广（两江）总督
湖南善化	劳崇光	道光十二年庶吉士	1802—1867	广东巡抚兼署两广总督，云贵总督
湖南善化	杨载福	行伍	1822—1890	陕甘总督
湖南善化	沈秉堃	监生	? —1913	广西巡抚
湖南善化	贺长龄	嘉庆十三年庶吉士	1785—1848	贵州巡抚、云贵总督兼属云南巡抚
湖南善化	易　棠	道光九年	? —1863	山西巡抚、陕甘总督
湖南浏阳	李兴锐	附生	1827—1904	江西巡抚、闽浙（两江）总督
湖南浏阳	谭继洵	咸丰十年	? —约 1898	湖北巡抚、湖广总督
湖南益阳	胡林翼	道光十六年庶吉士	1812—1861	湖北巡抚
湖南衡阳	聂缉规	附贡	1855—1911	江苏（安徽、浙江）巡抚
湖南湘阴	袁树勋	文童	1847—1915	山东（浙江）巡抚、两广总督
湖南湘潭	黎培敬	咸丰十年庶吉士	1826—1881	贵州巡抚、漕运总督
湖南常宁	唐训方	道光二十年举人	1810—1877	安徽巡抚
湖南衡阳	常大淳	道光三年庶吉士	1793—1852	浙江（湖北）巡抚

续表

籍贯	人名	出身	生卒年	所任官职
湖南衡阳	彭玉麟	附生	1816—1890	安徽巡抚、两江（漕运）总督
湖南茶陵	谭钟麟	咸丰六年庶吉士	1822—1899	陕西（浙江）巡抚、陕甘（闽浙、两广）总督
湖南长沙	郑敦谨	道光十五年庶吉士	1802—1885	山西（河南、湖北）巡抚、东河总督
湖南长沙	陈启泰	同治七年庶吉士	？—1909	江苏巡抚
湖南桂阳州	陈士杰	道光拔贡	1823—1892	浙江（山东）巡抚
湖南宁乡	刘　典	增生	？—1879	陕西巡抚
湖南安化	罗绕典	道光九年庶吉士	约1790—1854	湖北巡抚，云贵总督
湖南武陵	陈启迈	道光二十一年庶吉士	—	江西巡抚
湖南保靖	胡兴仁	拔贡	—	浙江巡抚
湖南桂阳州	夏　旹	—	—	江西（陕西）巡抚
湖南新宁	江忠源	道光十七年举人	1812—1853	安徽巡抚
浙江仁和	王文韶	咸丰二年	1830—1908	湖南巡抚、云贵（直隶）总督
浙江仁和	陆元鼎	同治十三年	1839—1910	江苏（湖南）巡抚、漕运总督
浙江钱塘	许乃钊	道光十五年庶吉士	？—1870	江苏巡抚
浙江钱塘	孙宝琦	荫生	1867—1931	山东巡抚
浙江钱塘	张锡銮	监生	1843—1922	山西巡抚
浙江钱塘	吴振棫	嘉庆十九年庶吉士	1792—1871	云南（陕西）巡抚、云贵（四川）总督
浙江余姚	邵友濂	举人	？—1901	湖南（台湾）巡抚
浙江余姚	邵　灿	道十二年庶吉士	？—1862	漕运总督
浙江山阴	俞廉三	监生	—	湖南（山西）巡抚
浙江绍兴	谭廷襄	道光十三年庶吉士	？—1870	陕西（山东）巡抚、湖广（东河、直隶）总督
浙江秀水	陶　模	同治七年庶吉士	1835—1902	新疆巡抚、陕甘（两广）总督
浙江会稽	陶恩培	道光十五年庶吉士	1801—1855	湖北巡抚
浙江会稽	陈庆偕	道光十五年	—	山东巡抚
浙江归安	赵炳言	嘉庆二十二年	—	湖南（湖北）巡抚
浙江归安	沈秉成	咸丰六年庶吉士	1822—1895	广西（安徽）巡抚
浙江嘉兴	吴昌寿	道光二十五年	—	河南巡抚
浙江乌程	郑祖琛	嘉庆十年	？—约1851	广西巡抚
浙江萧山	陆钟琦	光绪十五年	1848—1911	山西巡抚
浙江桐乡	陆费瑔	副贡	？—1857	湖南巡抚
浙江上虞	张　曜	—	1832—1891	山东（广西）巡抚
江苏常熟	翁同书	道光二十年庶吉士	1810—1864	安徽巡抚
江苏常熟	翁同爵	荫生	1814—1877	陕西（湖北）巡抚

续表

籍贯	人名	出身	生卒年	所任官职
江苏常熟	庞鸿书	光绪六年庶吉士	1848—1915	贵州（湖南）巡抚
江苏吴县	潘　霨	监生	？—1892	湖北（江西、贵州）巡抚
江苏吴县	吴大澂	同治七年庶吉士	1835—1902	广东（湖南）巡抚、东河总督
江苏江宁	邓廷桢	嘉庆六年庶吉士	1776—1846	陕西巡抚、闽浙（两广）总督
江苏江宁	潘　铎	道光十二年庶吉士	？—1863	河南（湖南）巡抚、云贵总督
江苏江宁	邓尔恒	道光十三年庶吉士	1821—1863	贵州（陕西）巡抚
江苏金坛	冯　煦	光绪十二年	1842—1926	安徽巡抚
江苏铜山	张亮基	道光十四年举人	1807—1871	云南（湖南、山东）巡抚、云贵（湖广）总督
江苏太仓	钱鼎铭	道光二十六年举人	1824—1875	湖北（河南）巡抚
江苏太仓	钱宝琛	嘉庆二十四年庶吉士	—	湖北（江西）巡抚
江苏仪征	吴文镕	嘉庆二十四年庶吉士	？—1854	浙江（江西、福建）巡抚、湖广（闽浙、云贵）总督
江苏仪征	卞宝第	咸丰元年举人	？—1892	福建巡抚、闽浙总督
江苏仪征	晏端书	道光十八年庶吉士	？—1882	浙江巡抚、两广总督
江苏仪征	陈　彝	同治进士	—	安徽巡抚
江苏无锡	邹鸣鹤	道光二年	？—1853	广西巡抚
江苏通州	徐宗干	嘉庆二十五年	1796—1866	福建巡抚
江苏娄县	张祥河	嘉庆二十五年	1785—1862	陕西巡抚
江苏宝应	王凯泰	道光三十年庶吉士	？—1875	福建巡抚
江苏江都	史念祖	捐通判	？—1910	广西巡抚
江苏阳湖	恽祖翼	同治三年举人	1835—1901	浙江巡抚
江苏宜兴	任道镕	拔贡	1823—1905	山东（浙江）巡抚、东河总督
江苏江阴	季芝昌	道光十二年	1791—1860	山西巡抚、闽浙总督
江苏甘泉	张联桂	附生	1837—1897	广西巡抚
江苏阳湖	吕佺孙	道光十六年庶吉士	？—约 1857	福建巡抚
江苏阳湖	管遹群	道光三年	—	浙江巡抚
江苏上元	伍长华	嘉庆十九年	？—约 1841	湖北巡抚
江苏武进	费开绶	嘉庆二十五年庶吉士	—	江西巡抚
江苏长洲	彭祖贤	附贡	1818—1885	湖北巡抚
江苏嘉定	廖寿丰	咸丰十年庶吉士	1836—1898	浙江巡抚
江苏山阳	丁宝铨	光绪十五年	1869—1919	山西巡抚
江苏清河	龚　裕	嘉庆二十二年庶吉士	—	湖北（山西）巡抚
福建侯官	王有龄	捐知县	1810—1861	浙江巡抚
福建侯官	林则徐	嘉庆十六年庶吉士	1785—1850	陕西巡抚，云贵（两广）总督
福建侯官	沈葆桢	道光二十七年庶吉士	1820—1879	江西巡抚，两江总督
福建侯官	郭柏荫	道光十二年庶吉士	？—1884	江苏（广西、湖北）巡抚
福建侯官	林鸿年	道光十六年状元	—	云南巡抚

续表

籍贯	人名	出身	生卒年	所任官职
福建侯官	沈瑜庆	举人	1857—1918	贵州巡抚
福建闽县	林绍年	同治十三年庶吉士	1848—1916	云南（河南、广西）巡抚
福建闽县	王庆云	道光九年庶吉士	1798—1862	山西（陕西）巡抚，四川（两广）总督
福建晋江	黄宗汉	道光十五年庶吉士	？—1864	浙江巡抚，四川（两广）总督
福建长乐	梁章钜	嘉庆七年庶吉士	1775—1849	广西（江苏）巡抚
广东香山	曾望颜	道光二年庶吉士	？—1870	陕西巡抚，四川总督
广东香山	唐绍仪	留美	1860—1938	奉天巡抚
广东香山	何 璟	道光二十七年庶吉士	？—1888	福建（江苏）巡抚，两江（闽浙）总督
广东香山	黄槐森	同治元年庶吉士	—	广西巡抚
广东连平州	颜伯焘	嘉庆十九年庶吉士	？—1853	闽浙总督
广东连平州	颜以燠	举人	—	东河总督
广东丰顺	丁日昌	廪贡	1823—1882	江苏（福建）巡抚
广东顺德	邓华熙	—	1826—1917	安徽（山西、贵州）巡抚
广东花县	骆秉章	道光十二年庶吉士	1793—1867	湖南巡抚，四川总督
广东番禺	许应骙	道光三十年	？—1903	闽浙总督
广东新会	陈昭常	光绪二十年举人	1867—1914	吉林巡抚
广东高要	苏廷魁	道光十五年庶吉士	1800—1878	东河总督
广东高要	冯誉骥	道光二十四年庶吉士	—	陕西巡抚
广东海丰	张鸣岐	举人	1875—1945	广西巡抚，两广总督
广西西林	岑春煊	举人	1861—1933	陕西（山西）巡抚，四川（两广）总督
广西西林	岑春蓂	荫生	1868—1944	贵州（湖南）巡抚
广西西林	岑毓英	诸生	1829—1889	福建（云南）巡抚，贵州巡抚兼属云贵总督
广西灌阳	唐景崧	同治四年庶吉士	1841—1902	台湾巡抚
广西贺县	林肇元	廪生	？—1886	贵州巡抚

说明：

1. 资料来源：钱实甫：《清季重要职官年表》，中华书局 1959 年版；钱实甫：《清代职官年表》（第二册），中华书局 1980 年版；赵尔巽等撰：《清史稿》，中华书局 1979 年版；吴海林、李延沛编：《中国历史人物生卒年表》，黑龙江人民出版社 1981 年版。
2. “出身”栏所列，除标明的外，其余指何年进士。
3. 统计原则：（1）统计的年限为 1840—1911 年；（2）这里所指的籍贯为督抚本人之原籍（本籍）；（3）兼督抚者均按总督计算；（4）以在位总督巡抚计算，一人在一朝被任命两次以上者均按一次计，一人任同一职跨两朝者均按一次计；（5）未计代理者或因故未到者；（6）旗人包括满人、蒙古人、汉军旗人。

所列上表督抚数375人。为便于研究分析计，现据表2－1所列督抚人物再作一籍贯统计，列表2－2如下。

表2－2　　　　晚清督抚籍贯统计表

籍属		总督人数	巡抚人数	督抚合计	总督百分比(%)	巡抚百分比(%)	督抚百分比(%)	督抚位次
八旗	满人	48	26	74	28.5	12.56	19.73	1
	蒙古人	7	6	13	4.17	2.90	3.46	8
	汉军旗人	6	4	10	3.57	1.93	2.67	9
	吉林	0	2	2	—	0.97	0.53	15
	奉天	1	1	2	0.59	0.48	0.53	15
	直隶	7	7	14	4.17	3.38	3.37	7
	顺天	2	7	9	1.19	3.38	2.40	10
	河南	7	7	14	4.17	3.38	3.73	7
	山东	7	15	22	4.17	7.25	5.87	5
	山西	3	5	8	1.79	2.42	2.13	11
	陕西	0	6	6	—	2.90	1.60	13
	甘肃	1	1	2	0.59	0.48	0.53	15
	四川	2	5	7	1.19	2.42	1.87	12
	贵州	4	4	8	2.38	1.93	2.13	11
	云南	1	5	6	0.59	2.42	1.60	13
	广东	8	6	14	4.76	2.90	3.73	7
	广西	2	3	5	1.19	1.45	1.33	14
	江西	5	9	14	2.98	4.35	3.373	7
	福建	4	6	10	2.38	2.90	2.67	9
	安徽	13	16	29	7.74	7.73	10.62	4
	湖南	21	19	40	11.30	9.19	10.67	2
	湖北	4	9	13	2.40	4.35	3.46	8
	江苏	9	24	33	5.36	11.59	8.80	3
	浙江	6	14	20	3.57	6.67	5.33	6
合计		168	207	375	100	100	100	—

由表2－2观之，晚清督抚的地理分布呈现出数量分布不均衡性，表现出明显的地域性差异。根据表列资料，晚清以来凡375名督抚分布于全国各地区。其中，八旗督抚以97人雄踞榜首，占总数的25.87%，占1/4

有余，比例可谓之高，是最密集的分布区；湖南次之，40 人，占总数的 10.67%，而该省的湘乡（9 人）、善化（5 人），均为引人注目的密集分布点；江苏 33 人，占总数的 8.80%，居于第三，此三省为督抚密集分布省区；安徽 29 人，列于第四，而合肥（8 人）为又一令人注目的密集分布点；山东 22 人，位居第五；浙江 20 人，排名第六；直隶、河南、广东、江西各 14 人；湖北 13 人；福建 10 人，这些为督抚次密集分布省区。其余为：顺天 9 人；山西、贵州各 8 人；四川 7 人；陕西、云南各 6 人；广西 5 人，吉林、奉天、甘肃各 2 人。内蒙古、宁夏、新疆、青海、西藏等边陲之地，则是分布上的空白点。

（二）晚清督抚的区域分析

为进一步明了晚清督抚地理分布特色，现将全国分为不同区域，做进一步考察。

1. 东西部比较

若以山陕黄河——三峡一线为界划东西，东部地区（吉林、奉天、直隶、顺天、河南、山东、山西、广东、江西、福建、安徽、湖北、湖南、江苏、浙江、八旗），共有督抚 341 人，西部地区（陕西、甘肃、四川、贵州、广西、云南、青海、西藏、新疆），只有督抚区区 34 人，东部所占比例之高，高达 90.93%，西部所占比例之低，低至 9.07%，东西差距悬殊。

2. 南北地区比较

以长江分南北，南方（湖南、四川、浙江、江西、江苏、广西、广东、福建、湖北、贵州、云南）有督抚 170 人，北方（直隶、陕西、山西、奉天、河南、安徽、八旗、顺天、山东、甘肃、吉林）则有督抚 205 人，若剔除八旗（97 人，八旗人数之多，与其说是人文因素，倒不如说是政府政策倾向所致），北方则有 108 人，南方占比例的 46.7%，北方占比例的 28.8%。南北督抚分布也不均衡，南方超过北方，具有南多北少的特点。其中江浙皖湘四省共有 122 人，占晚清督抚总数的 32.53% 有余。

3. 各大区域比较

把全国分为东北、西北、华北、西南、华中、华南、华东七大区域。其中东北区域包括奉天、吉林、黑龙江三省，计有督抚 4 人，占 1.07%，此区域督抚少乃因置省建制较晚，开发较迟之故。西北区域包括陕西、甘肃二省，计有督抚 8 人，占 2.13%。华北区域包括直隶、顺天、八旗、山西，计有督抚128人，占34.13%之多。西南区域包括云南、贵州、四川，计有督抚21人，占5.6%。华中区域包括湖南、湖北、河南、江西，计有督抚81人，占21.6%。华东区域包括江苏、浙江、福建、山东、安徽，计有督抚114人，占30.4%。华南区域包括广东、广西，计有督抚19人，占5.07%。因此，各区域依序而言，华北区域以128人之多雄踞榜首，若剔除八旗（97人）而论，则华东、华中扶摇直上，位居前列，华北榜落第三，这亦在某种程度上可窥政治、经济与历史文化之深刻烙印。

综上所述，晚清督抚籍贯分布所呈地域性差异可总归如下：

第一，人数最多，比率最高的是华北地区（128人），其中八旗人数达97人之多。其次是华东地区和华中地区，其中以湖南（40人）、江苏（33人）、安徽（29人）、浙江（20人）人数为盛。

第二，以长江分南北，督抚人数分布呈现南多北少之状（八旗剔除）。

第三，以山陕黄河——三峡划东西，东多于西，沿海多于内地，且由东往西有逐渐递减之势。从整体上讲，东西地理偏集度高于南北地理偏集度。

晚清督抚如此分布之态势，是偶然、孤立的历史现象，还是有它的历史人文背景？证之其他学者所作的清代其他各类人物的统计资料，或许有一定的启发。

首先看清代各种名人的地域分布。

在这方面，蔡冠洛提供的成果，可为依据。蔡冠洛在《清代七百名人传》中，统计了包括政治、军事、学术、艺术等各方面的人物，人物的地域分布，列表2-3如下。

表2-3　　清代名人分类统计表

类属 区域	政治	军事	实业	学术	艺术	革命	总计
江苏	33	5	7	56	42	1	144
浙江	33	7	—	34	26	2	102
安徽	17	8	1	16	9	—	51
江西	10	—	2	4	7	—	23
湖南	12	28	1	4	3	3	51
湖北	4	1	1	—	3	—	9

续表

类属 区域	政治	军事	实业	学术	艺术	革命	总计
四川	4	6	1	1	3	3	18
云南	2	1	—	—	—	—	3
贵州	1	1	—	1	2	—	5
福建	11	7	—	4	8	—	30
广东	11	5	—	2	1	5	24
广西	2	2	—	1	2	8	15
直隶	15	3	—	9	3	—	30
河南	9	3	3	—	—	—	15
山东	10	4	2	6	4	—	26
山西	6	—	1	2	—	1	10
陕西	3	4	—	4	1	—	12
甘肃	1	1	—	—	—	—	2
满洲	35	83	7	2	1	—	128
蒙古	5	6	—	—	—	—	11
外国人	1	3	1	—	—	—	5
总计	225	178	27	146	115	23	714

资料来源：蔡冠洛：《清代七百名人传》附录四，中国书店 1984 年版。

由表 2－3 观察，江浙和满洲的人才在总体上占尽风头，遥遥领先。江浙除革命、军事、实业人物处于低谷外，其他类均居高不下，不愧为人文渊薮之地区。其（246 人）占据总数（714 人）的 34.45% 之多。满洲虽在军事人物上占尽优势，但据分析其人数主要集中在清王朝的开国时代，当历史行至晚清，各类人物的分布发生微妙的变化。湖南人才异军突起，“惟楚有材，于斯为盛”得到淋漓尽致的表现，其人物分占了总数的 51 人，而安徽人物在数量上与湘省并驾齐驱，旗鼓相当。其次福建、广东紧随其后。这一点笔者所统计的督抚人物分布与其基本一致。下面将继续证明笔者所得之论。

再来察看清代儒生、文士的区域分布。对此，王会昌先生在其论著《中国文化地理》中做过统计，从该统计中我们可大致得知清代儒生、文士在黄河、长江流域的分布走向（见表 2－4）。

表 2－4　　儒生、文士区域分布统计表

区域	黄河流域				长江流域			
	省份	儒生	文士	合计	省份	儒生	文士	合计
	直隶	6	6	12	江苏	33	33	66
	山东	7	3	10	浙江	23	24	47
	山西	2	2	4	安徽	8	10	18
	河南	2	1	3	湖南	4	6	10
	陕西	2	1	3	广东	4	6	10
	甘肃	—	1	1	福建	4	3	7
	—	—	—	—	江西	3	2	5
	—	—	—	—	湖北	2	2	4
	—	—	—	—	贵州	1	1	2
	—	—	—	—	广西	1	—	1
总计	—	19	14	33	—	83	87	170

资料来源：王会昌：《中国文化地理》，华中师范大学出版社 1992 年版，第 165 页。

据表 2－4 观察，黄河、长江流域人才对比落差很大，后者（170 人）为前者（33 人）的五倍有余，呈南盛北弱局面。“据清史有关儒林、文苑的记载，当时全国共有著名的儒生、文士 203 人，其中北方黄河流域 33 人，占全国的 16.3%；南方长江流域 170 人，占全国的 83.7%”①。南方人才在数量上明显占优势。无论就整个统计而言，还是单就南方统计数据而言，江浙人才依然毫不逊色、当仁不让地位居榜首，约占整个统计数据的 55.7%，占整个长江流域人才总数的 66.47%。倘若把江苏、浙江分开统计，亦各占南方人才总数的 38.82%、27.65%。“江南财赋地，江左人文薮”，如此之分布态势，再次证实笔者所分析督抚人物分布状况所得之论。

上述两项统计分析告诉我们，督抚人物的分布格局与其在某程度上有必然之联系，并非为一孤立、偶然之历史现象。其分布之缘由有待做进一步剖析。

---

① 王会昌：《中国文化地理》，华中师范大学出版社 1992 年版，第 164 页。

（三）晚清督抚地理分布差异的人文考察

晚清督抚地理分布的上述特征，是与晚清社会的政治、经济、文化发展紧密相连的，特别与影响晚清政局走向的重大事件——太平天国的兴起与湘、淮军势力集团的崛起密切相关。

1. 湘淮军与汉族地主阶级势力的兴起

清代的统治是由满族入主中原而建立，类同于蒙古族所建立的元朝，不可避免地留下民族歧视之烙印。为巩固统治，统治者注重选用满族与汉军旗人充任地方大吏，保持地方官员中旗人的优势。然而，尽管清代督抚由满族人、汉军旗人、蒙古人、汉人充当，但各自所占比例因时期而有较大差异。一般说来，清前期督抚中以汉军旗人为多，如顺治一朝尤盛，前后任命的 49 名总督，其中 35 人就是汉军旗人，占总数的 71.4% 。[①] 故有“清初督抚多辽人”之说。[②] 康熙朝以后多以汉军旗人为督抚的现象有所改观，汉人督抚的比例有所增加。

鸦片战争后，社会矛盾日益凸显，各地农民起义风起云涌，西方列强虎视眈眈，内忧外患，使清政府面临重重危机，特别是太平天国兴起以后，八旗绿营不堪作战，满族重臣不堪重任，文官系统也遭受沉重打击（在镇压太平军战役中）。据咸丰三年七月山东巡抚李僡上奏咸丰帝说，在河南怀庆战役亲见黑龙江旗军见太平军“即走”，比绿营“更易误事”[③]。且抢劫成风，“黑龙江尤盛，打仗则闻炮即遁。唯日肆搜抢，至民间桌椅门窗鞋袜等物，零见杂货皆掠卖之，竟至成市”[④]。另又据史料统计，“咸丰元年至六年（1851—1856），文官七品以上官员死亡 429 人，其中督抚、藩臬等正三品以上官员死亡 63 人”[⑤]。这些在某种程度上足以证明，八旗武力无用，清政府的政治体制特别是军事体制与用人体制已经腐朽不堪。主、客观形势要求政权主体改弦更张，以适应新形势的要求。迫于无奈，清政府只得改变祖制，重用汉人，以应付残局。以此为契机，一批堪当大任之汉族地主知识分子荣膺督抚之位，如曾国藩、李鸿章、左宗棠等应时而出。且随着督抚保举用人权限的扩大，为更多的汉族士大夫

---

① 钱实甫：《清代职官年表》第二册总督年表统计，中华书局 1980 年版。

② 郭松义、李新达、杨珍等：《中国政治制度通史》，人民出版社 1996 年版，第 186 页。

③ 参见《剿平粤匪方略》卷四十九，转引自罗尔纲《湘军兵志》，中华书局 1984 年版，第 6 页。

④ 李棠阶：《李文清公日记》咸丰三年七月记事。

⑤ 何瑜：《晚清中央集权体制变化原因再析》，《清史研究》1992 年第 1 期。

督抚提供了晋阶机会，再加之督抚本人主观乡土意识因素，这使得相当有权威的督抚如曾国藩、李鸿章等的举荐，在某种程度上抹上地缘色彩。故此，湘、皖两省督抚人物相比之下居多，其他诸省督抚分布也因缘有所变动。

同时，军权的下移，督抚荐人权的扩大，是随着湘、淮军的兴起，尤其是一些统兵大员被委以督抚大任之后而逐渐实现的。“练军”、“防军”的出现，“一营之权，全付营官，统领不为遥制；一军之权，全付统领，大帅不为遥制”，统领有“进退人才，综管饷项之权”[①] 等建军原则的形成，促使晚清以来汉族地主势力的兴起，为其因军功荣登封疆大吏之位提供了历史舞台。如果说八旗绿营的腐朽为汉族地主势力兴起提供一个用武平台，那么，晚清督抚荐人权的扩大则为压抑数朝的汉族地主势力的崛起打开又一扇便捷之门。按清朝原有制度，督抚有保举权，但保举额有限。太平天国运动的打击，致使大批地方官员或黜或罢或死，因而清廷对人才的需求日亟，其时旗人贵族大臣堪当重任者乃凤毛麟角。此点也逐渐为许多满族权贵所认同，于是有肃顺说“满人糊涂不通，不能为国出力”[②]，“非重用汉人，不能已乱”[③]。道、咸两朝大臣文庆也说：“欲办天下事，当重用汉人。”[④] 无奈之余，咸丰于十年四月，命曾国藩署两江总督，随后补授两江总督、钦差大臣并节制四省军务，开汉族官僚“专兵柄”之先河。处于转型时期的晚清社会迫使清廷一改祖制，屡降圣旨，督抚可不拘资格，保荐人才，1861 年上谕命督抚“不拘资格”，保奏武职人员。[⑤] 1862 年，清廷又明确提出“有职分较卑而器识甚远，将来堪以登用者并着一并具奏”[⑥]。自此，督抚保举范围扩大，且突破保举资格的限制。伴随着湘、淮军的兴起，借军功而非正途但具经世之能的汉族督抚日益增多，而具有乡土特色之湘、淮军集团更使其大本营——湘、皖两籍督抚高过其他诸省，而以两省之湘乡、合肥尤为扎眼。江苏、广东等地因此籍军功者亦有之。此一现象在同、光年间表现得尤为明显，出现相当部分的督抚出身于乡勇团练将帅及其幕府。以下表 2-5、表 2-6、表 2-7 将能清楚地说明这一事实。

---

① 《复议直隶军事宜折》，《曾文正公全集》奏稿卷二十八，第 115 页。

② 薛福成：《庸庵全集·庸庵文集续编》卷下。

③ 尚秉和：《辛壬春秋》卷二十六。

④ 坐山观人：《清代野记》卷下。

⑤ 王先谦：《同治朝东华续录》卷二，第 38 页。

⑥ 《曾国藩全集·奏稿》第五册，岳麓书社 1988 年版，第 2963 页。

表 2-5 同治光绪朝总督出身湘、淮军将帅及其幕府表

姓名	籍贯	出身	经 历	开始出任督抚年份
曾国藩	湖南	进士	1853 年办团练后扩编为湘军，统帅	1860 年两江总督
李鸿章	安徽	进士	入曾国藩幕，后为淮军统帅	1862 年江苏巡抚，1865 年两江总督
曾国荃	湖南	贡生	湘军统领	1865 年山西巡抚，1881 年陕甘总督
刘长佑	湖南	拔贡	湘军统领	1860 年广西巡抚，1862 年两广总督
刘坤一	湖南	廪生	湘军分统	1865 年江西巡抚，1879 年两江总督
左宗棠	湖南	举人	湘军统率	1861 年浙江巡抚，1863 年闽浙总督
杨岳斌	湖南	行伍	湘军统领	1864 年陕甘总督
刘秉璋	安徽	进士	淮军、庆军统领	1875 年江西巡抚，1886 年四川总督
骆秉章	广东	进士	帮同湘军镇压太平天国	1850 年湖南巡抚，1860 年四川总督
沈保桢	福建	进士	办理大营务处	1861 年江西巡抚，1875 年两江总督
周　馥	安徽	监生	李鸿章幕办理淮军文牍	1902 年山东巡抚，1904 年两江总督
涂宗瀛	安徽	举人	李鸿章幕办理淮军粮饷	1877 年广西巡抚，1882 年湖广总督
杨昌濬	湖南	附生	从罗泽南练乡勇	1869 年浙江巡抚，1883 年闽浙总督
张树声	安徽	廪生	办团练，后为淮军将领	1872 年江苏巡抚，1879 年两广总督
何　璟	广东	进士	入淮军总办营务处	1870 年福建巡抚，1876 年闽浙总督
李瀚章	安徽	拔贡	总理湘军粮台军务	1865 年湖南巡抚，1870 年湖广总督
李兴锐	湖南	诸生	管理湘军粮台军务	1900 年广西巡抚，1903 年署闽浙总督
李宗羲	四川	进士	办理湘军大营营务处	1869 年山西巡抚，1873 年两江总督
刘岳昭	湖南	文童	湘军分统	1866 年云南巡抚，1868 年云贵总督
彭玉麟	湖南	附生	湘军统领	历任安徽巡抚，漕运总督

表 2-6 同治光绪朝巡抚出身湘、淮军将帅及其幕府表

姓名	籍贯	出身	经 历	开始出任巡抚年份
饶应祺	湖北	举人	左宗棠幕下办理营务	1895 年新疆巡抚
李续宜	湖南	文童	湘军统领	1861 年安徽巡抚
胡林翼	湖南	进士	湘军统率	1855 年湖北巡抚
江忠源	湖南	举人	湘军统率	1853 年安徽巡抚
刘　蓉	湖南	附生	湘军参机要	1863 年陕西巡抚
毛鸿宾	山东	进士	办团练镇压太平天国，总理楚军行营营务	1861 年湖南巡抚
刘　典	湖南	增生	办理左宗棠军营务处	1868 年陕西巡抚

续表

姓名	籍贯	出身	经　历	开始出任巡抚年份
刘铭传	安徽	盐贩	在乡办团练，后编为淮军	1885 年台湾巡抚
刘锦棠	湖南	增生	湘军统领	1884 年新疆巡抚
唐训方	湖南	举人	湘军分统	1862 年署安徽巡抚
蒋益沣	湖南	文童	湘军分统	1866 年广东巡抚
潘鼎新	安徽	举人	淮军鼎字营	1876 年署云南巡抚
陈士杰	湖南	拔贡	湘军分统	1881 年浙江巡抚
严树森	四川	举人	为胡林翼办粮台	1860 年河南巡抚
恽世临	江苏	进士	湘军办军饷	1863 年湖南巡抚
许振祎	江西	进士	曾国藩幕	1895 年广东巡抚
丁日昌	广东	贡生	曾国藩、李鸿章幕	1868 年江苏巡抚
郭嵩焘	湖南	进士	曾国藩、李鸿张参机要	1863 年广东巡抚
郭柏荫	福建	进士	李鸿章幕、襄办牙厘	1867 年湖北巡抚
刘瑞芬	安徽	生员	李鸿章幕、办理松沪牙厘	1889 年广东巡抚
倪文蔚	安徽	进士	李鸿章幕、襄办营务	1882 年广西巡抚
王凯泰	江苏	进士	李鸿章幕、襄办营务	1870 年福建巡抚
钱鼎铭	江苏	举人	李鸿章幕、淮军营务处	1871 年河南巡抚
阎敬铭	陕西	进士	胡林翼军办粮台	1863 年山东巡抚

表 2－7　　团练将领出身之督抚表

姓名	籍贯	出身	经　历	出任督抚年代
岑毓英	广西	诸生	咸丰初年由附生本籍办团练，保县丞	光绪五年贵州巡抚，光绪八年云贵总督
丁宝桢	贵州	进士	咸丰四年丁忧期间幕勇剿灭教民反抗	同治元年山东巡抚，光绪二年四川总督
张　曜	顺天	监生	咸丰初年带勇剿捻，擢知县后统带嵩武军	光绪十二年山东巡抚
英　翰	满正红旗	举人	咸丰四年任知县时带乡团击败太平军，后统带皖军	同治五年安徽巡抚
唐　炯	贵州	举人	咸丰初年幕乡团升知县	光绪九年云南巡抚
徐延旭	山东	进士	咸丰年间任知县时在籍办团练，赏加知州衔	光绪九年广西巡抚
任道镕	江苏	拔贡	咸丰四年以办团练出力，奖知县	光绪七年山东巡抚
吴　棠	安徽	举人	咸丰初年知县任上带勇剿捻，帮办江北团练	同治五年四川巡抚

续表

姓名	籍贯	出身	经　历	出任督抚年代
林肇元	广西	廪生	咸丰十一年从军湖北，因军功升知县	光绪五年贵州巡抚
马新贻	山东	进士	咸丰年知县任内督练助剿，同治元年赴安徽军营	同治三年浙江巡抚，同治七年两江总督
史念祖	江苏	捐通判	从军剿捻，保道员	光绪二十三年广西巡抚
李鹤年	奉天	进士	咸丰年赴河南襄办军务	同治四年湖北巡抚，同治十年闽浙总督
鹿传霖	直隶	进士	咸丰年以举人从钦差大臣胜宝征捻，授同知；同治三年进士，授广西知县，以督剿功擢知县	同治九年河南巡抚

资料来源：朱孔章：《中兴将帅别传》，台湾文海出版社《中国近代史料丛刊》第12辑；蔡冠洛：《清代七百名人传》，中国书店1984年影印本；赵尔巽：《清史稿》，中华书局1979年版；《清史列传》，中华书局1987年版；罗尔纲：《湘军兵志》，中华书局1984年版；王尔敏：《淮军志》，中华书局1987年版。

以上各表采自刘伟《晚清督抚政治》，湖北教育出版社2003年版，第56—60页。

由以上表可知，同治年间出身湘、淮军将帅、幕府或因办团练借军功起家的督抚计有57人（不计算代理者），占同、光年间督抚总数的（218人）① 的25.7%，其中总督24人，巡抚33人。而乡勇将帅幕府出身者中，又以湘、淮军出身者为多。只具较低功名或行伍出身的人也较前期为多，他们皆因军功而保举为知县、知府、道台、藩司、臬司甚至督巡抚的。

从表中可以看出所统计的57名督抚中，其中湖南就占有20人，占该省（40人）的33.9%，三分之一多，而湘军首领曾国藩家乡湘乡就分占了8人（曾国藩、曾国荃、刘蓉、刘锦棠、杨昌濬、李续宜、蒋益沣、刘岳昭）；安徽分占了11人，占该省（29人）的37.9%，而淮军首领李鸿章的家乡合肥就分占4人（刘铭传、李鸿章、李瀚章、张树声）。他们中的不少人原来地位并不高，镇压农民起义为他们登上督抚提供平台，并且相对于满洲贵族，这些人又别有一番新精神、新作为。他们大都心怀挽救封建末世、中兴王朝、经邦治国之志，如左宗棠、李鸿章、曾国藩等。

可见，晚清政治体制的蜕变乃之湘、淮军的崛起与晚清督抚分布格局

① 据钱实甫《清代职官年表》（第二册）（中华书局1980年版）统计。

有着很大影响，尤其是湘、皖两省，“同治八九年间，十八省督抚提镇，为湘淮军功臣占其大半”[①]。其他诸省在某种程度上也受其影响，如江苏、广东等省，可以说明战争与区域人才间的相互关系。

2. 文化生态的区域差异

人物空间分布格局的形成是一历史动态过程，是历史运动结果的反映。而人物的分布规律是在一定区域形成的，并受该区域文化生态环境影响。可以说，晚清以降，督抚空间分布的差异性是文化生态空间系统不平衡性的反映，并受其支配和制约。毫无疑问，这就是督抚地理分布状况的基本原因。从前文督抚分布地域性差异的分析过程中，也能充分地看到，文化生态因素（自然、政治、经济、文化等）的区位差异也从不同角度对督抚分布格局产生不同程度的影响。

（1）区域经济差异

汉族地主势力的崛起，满汉督抚人数比例的变化，在一定程度上是因为晚清特定历史时空的政治体制的蜕变与湘淮军的崛起。但是，从历史发展的角度来说，经济基础才是决定人才分布格局主要意义的因素。区域经济的发达必然影响该地的人文背景，影响并吸引文化精英的向心力，使其最终形成人文荟萃之所，精英聚集之区。历史上文化重心追随经济重心转移的事实便是有力的证据。可以说，晚清以来区域经济的发展在很重要的程度上决定督抚的空间分布。

清代幅员辽阔，区域经济发展有明显的差异，尤其在长江中下游、珠江三角洲、东南沿海地区。湖广为全国的大粮仓，有“湖广熟，天下足”之说。经济的发展使得该区域为清代税赋之重要地区。“江南财赋地，江左人文薮”，赋税的征收从另一方面证实该地区的经济发展水平。长江下游苏、松、嘉、湖、杭一带工商业繁华，丝绸业、棉纺织业发达，且晚清资本主义新式企业均聚集在此。经济的发展成为人文繁华的有力依托，为晚清江南、东南沿海地区人才的成长营造了良好的社会经济文化氛围，南、北、东、西地区督抚数量的分布也可以说是区域经济、文化发展水平的反映。

而北部黄河流域的经济、人文分布状况，清初顾炎武有过评论：“今日北方有二患，一曰地荒，一曰人荒。”地荒是经济的落后，人荒则是人文的萧条。的确如此，昔日富庶的黄河流域经永嘉、安史之乱，藩镇割据和五代的相继摧残，已达难以恢复的地步，其后契丹、蒙古、女真等游牧民族挥戈南下，对黄河流域经济的破坏无异于雪上加霜，致使北方经济破

① ［ ］小横香室友：《清朝野史大观》卷四《清朝史料·满汉轻重之关系》。

坏更加严重，经济重心南移。

虽清代封建农业经济高度发达，但整个黄河流域经济相对于富庶的江南是不可同日而语的，以致出现“地荒”、“人荒”二患。而晚清时期北方督抚人物在数量上虽占全国总数的46.93%，其中不无政治中心在北方之因。可以说，督抚人物的空间分布的不平衡性归根结底是由于区域经济发展的差异性造成的。

（2）政治区位因素

毫无疑义，历代王朝的国都及京畿地区是全国的政治中心，吸引了全国各地的人才，因而其文化发展水平相对高于全国其他地区，形成人才相对密集的文化区域。历朝历代的政治中心对文人学者有着相当的向心作用，往往成为人文荟萃之所，人才辈出之地。如北宋以前，历代建国几乎都在北方，因而文人学者大致聚集长安、洛阳、开封这些区域。

但自经济重心南移，文化重心也随之南移，北方地区人才成长受到制约，远不如南方地区。清代，从全国来看，江南形成“江南财赋地，江左人文薮”，但传统上北方是政治中心，故河南、直隶、山东、山西等北方地区仍然是全国人才之渊薮。

从王会昌所统计的清代儒生、文士统计表中，我们仍可看出这一分布脉络（如表2－4）。其人文分布状况和上述分析一致。另从笔者所统计的晚清督抚分布情况，亦可证实这点，如表2－8所示。

表2－8　　督抚区域分布表

区域	北方				南方			
	省份	人数	省份	人数	省份	人数	省份	人数
	直隶	14	山西	8	江苏	33	安徽	29
	河南	14	吉林	2	浙江	20	四川	7
	山东	22	甘肃	2	福建	10	广西	5
	八旗	97	奉天	2	广东	14	贵州	8
	顺天	9	—	—	湖南	40	云南	6
	陕西	6	—	—	湖北	13	江西	14
总计	176				199			
占总数(%)	46.93				53.07			

据统计，北方为176人，占总数的46.93%，南方多达199人，占总数的53.07%。这是自元、明以来人才分布状况南盛于北的继续和发展。

可以发现，北方地区督抚较密集的地区主要在直隶、河南、山东一带，其中京畿地区也是督抚密集地区之一，显而易见，这是和长期作为政治中心地位相一致的。特别是八旗督抚达97人之多，多于直隶、河南、山东三省总数（50人），将近一倍，其中不无政府政策倾向性因素。总之，政治中心所在地，在某种程度上为当地人物的行政技能培养、仕进环境和入仕升迁机遇等诸方面提供更为有利的条件，自然进入上层社会群体的人数要多。政治中心所在地华北地区督抚人物较为密集，这也是中国人才地理分布的通则。

3. 晚清士子价值取向的转换

清代的学术主要有宋学和汉学。宋学在清代高居庙堂，清朝统治者以朱熹配享孔庙，科举制考以朱注四书为标准，给予宋学以官方学术和意识形态的地位。康熙、乾隆年间多次“御纂”、“钦定”诸经，采用的多是宋、元之说，尤以朱注为重。清代汉学，即所谓古文经学，最初是经明末清初的黄宗羲、顾炎武、王夫之的提倡，再经清初万斯同、万斯大、全祖望、章学诚等人的阐发而形成的一种学派。乾隆以后，统治者对汉学也采取怀柔与钳制的方针，既开明史馆、设博学鸿词科在先，又大兴文字狱于后，故汉学逐渐丧失其通经致用的精神，而专于训诂名物、庞杂烦琐，形成脱离实际的乾嘉学派。清代的宋学与汉学由于旨趣不同，门户之极深，尤其为了经学的正统而争论不休。故汉宋之争又是清代学术的一大特征。然而，无论汉学还是宋学，或空谈性命，或烦琐考据，都于当时的社会现实无所裨益，加之嘉道之际社会危象丛生，人们逐步痛感汉宋之学的弊病，因而学术界变革之象出现。汉宋学之调和，今文经学之复兴，经世之学之兴起，无不是这种学术变革的表现。这也可以说是晚清学术思想发展的基本路向。

由此，晚清士子价值取向也开始发生转换，类比与传统的儒家学子，可谓大相异趣。而中西文化的冲突，民变的迭起，主权政府的遥遥欲坠，更加深加快了这一思潮的覆盖深度与广度。一批批执此思想者如雨后春笋，迭出不穷。在这方面表现得尤为突出者当属湖湘学子，这主要由以经世致用为主流的湖湘文化氛围所致，再加之主流人物的极力阐扬，国危民难的强力刺激，因而以此为取向者日多。

而产生于“数百年未有之变局”时期的经世思想，以关注社会现实“治国平天下”为其独有的价值取向。因而执此思想者一经与晚清社会现实相结合，便要求参与社会政治，以实现经邦治国之宏愿。相当部分的晚清士子由此走向官场，进而成为一代封疆大吏，科考、军功只不过是其实现价值选择的一个筹码，“读书当为经世之学，科名特晋身之阶耳”[①]。据史可知，相当部分督抚早年均是受过经世思想的影响并以之为价值取向的，如考取秀才后的曾国藩，曾入经世思潮重镇岳麓书院学习，受此思想影响颇深，“读史阐经世之学，兼治诗古文词”，从而服膺“经济之学”（经世济用之学简称），“谓今日而言治术，则莫若综核名实；今日而言学术，则莫若取笃实践履之士”。李鸿章，其父亲、伯父均崇尚实学，推崇“读书果能贯通，自能致用，真实见地还需在经史中求之”[②]，早年的熏陶使其较早就确定“读经以研导义理为本，考据名物为末”的思想。此外，该思想也影响着丁日昌、张之洞等。丁日昌幼年随叔兄读书，“秉性颖司，涉猎经史，博闻强记”。及后，入地方官幕府，亦“关怀时事民瘼，每于公余之暇，考察当地山川形势，风土沿革，以及民政得失，用为治事参考”[③]。而张之洞长于兵阀，喜读掌故经济之书及兵家之言，“沈勇慷慨胡文忠，称为血性奇男子”，“慨然有经世之志”[④]。另，经世致用思潮亦深入江南知识分子及士大夫之心。据史可知，当时极力阐扬该思潮的主流人物（龚自珍、林则徐、魏源、包世臣等）的学术活动及政治活动都与江南社会有较为密切的关系，如此等等。可见，强烈的入世精神使其（相当部分）走向官场，担当封疆大吏，主持一方之政。据笔者统计，相当部分湘皖苏籍督抚与此不无关系，并由此在一定程度上改写晚清督抚分布格局。

综上所述，可总结出晚清督抚人物的地理分布规律：（1）晚清政治体制的蜕变，湘淮军的兴起为汉族地主的崛起提供契机，而经世之学为其提供思想动力和价值选择。湘淮军的发源地，经世之学风气浓烈之地，督抚人物分布较多。（2）经济的发达、教育的繁荣从另一面为督抚人物的产生提供物质基础、人文氛围，两者的结合就为晚清社会培育出大批的督抚人才。（3）清政府抑汉扬满也使八旗督抚在整个晚清督抚人物中占据优势。（4）地区开发较迟，或建制较晚，或边陲荒蛮之地由于经济文化滞后，政府重视不够，为督抚人物最少区域，如西北、西南地区。（5）因政治区域差异，都城所在地、京畿一带相对而言督抚人物分布较为集中。如直隶、河南各 14 人、山东 20 人、八旗 97 人，几乎全集中在京畿一带。

---

① 罗正均：《左宗棠年谱》卷一，岳麓书社 1982 年版，第 7 页。

② 刘坤一：《刘武慎公遗集序》，《刘忠诚公遗集》文集卷二，第 17 页。

③ 吕实强：《丁日昌与自强运动》，台湾研究所近代史研究所 1987 年版，第 7 页。

④ 胡钧：《张文襄公年谱》卷一，载《中国近代史料丛刊》第 5 辑，文海出版社，第 10 页。

二　晚清政治改良与革命人物区域分布

维新和革命人物是晚清政治人物中代表新的经济和阶级力量的人物，他们的区域分布，实际上反映了晚清经济政治发展的区域差异。

（一）晚清维新（立宪）人物区域分布

首先，根据相关资料，对晚清时期的具有代表性的维新立宪人物作一籍贯统计，列表2－9如下：

表2－9　　晚清维新（立宪）人物籍贯分布简表

姓名	籍贯	生卒年	出身	派别	备注
康有为	广东南海	1858—1927	进士	维新（立宪）派	士大夫家庭，父为补用知县，受传统教育，19世纪80年代开始讲求西学，领导维新运动，戊戌政变后逃亡海外，海外立宪派领袖
康广仁	广东南海	1867—1898	—	维新派	自少不事举业。1897年澳门办《新知报》后于上海办大同译书局等。1898年参加新政
梁启超	广东新会	1873—1929	举人	维新（立宪）派	一般耕读之家，父亲为乡村塾师，17岁中举，18岁接触西学，师从康有为。戊戌政变后逃亡日本。海外立宪派文字主将
容　宏	广东香山	1828—1912	留美	维新派	曾入马礼逊学堂，晚清第一批留美学生，参加维新变法活动
麦孟华	广东顺德	1875—1915	举人	维新派	康有为门生，1895年参加公车上书，与梁启超等创“不缠足会”于上海，主张“尊君权，抑民权”，列名保国会
徐　勤	广东三水	1837—1935以后	邑庠生	维新派	康有为弟子，1896年为广州万木草堂学长，1897—1898年任澳门《知新报》撰述，又为《时务报》撰稿
欧榘甲	广东归善	—	—	维新派	康有为弟子
张荫桓	广东南海	1837—1900	—	维新派	户部左侍郎
黄遵宪	广东嘉应州	1848—1905	举人	维新派	1877年任驻日公使参赞
古应芬	广东番禺	1873—1931	留日	立宪派	1905年入同盟会，1907年任广东谘议局书记长
戴鸿兹	广东南海	？—1919	进士	官僚立宪派	曾出国考察宪政

续表

姓名	籍贯	生卒年	出身	派别	备注
梁　诚	广东番禺	1859—?	附贡生	官僚立宪派	留美
谭嗣同	湖南浏阳	1865—1898	—	维新派	父为巡抚，少时博览群书，并习西方自然科学，创办《湘报》
张百熙	湖南长沙	1847—1907	进士	维新（立宪）派	曾任山东学政、侍读学士，学部尚书
熊希龄	湖南凤凰	1870—1937	进士	维新（立宪）派	翰林院庶吉士，协助陈宝箴力行新政，1905年任出洋考察宪政五大臣参赞
皮锡瑞	湖南善化	1850—1908	举人	维新派	—
唐才常	湖南浏阳	1867—1900	贡生	维新派	究心经世之学，宣传资产阶级民主民权思想及君主立宪制度
樊　锥	湖南邵阳	1872—1905	拔贡	维新派	主张变法图存，向西方学习发展民族工业
毕永年	湖南善化	1869—1901	拔贡	维新派	《湘报》核心人物
谭延闿	湖南茶陵	1876—1930	进士	立宪派	1907年组织湖南宪政公会，1909年任湖南谘议局议长
杨　度	湖南湘潭	1874—1931	留日	立宪派	王闿运门生，曾任宪政公会常务委员长
魏光焘	湖南邵阳	—	监生	（官僚）立宪派	地方实力派督抚
刘坤一	湖南新宁	1830—1902	廪生	（官僚）立宪派	地方实力派督抚
瞿鸿机	湖南善化	1850—1918	—	（官僚）立宪派	—
徐致靖	江苏宜兴	1826—1900	进士	维新派	选庶吉士，累迁侍读学士
翁同龢	江苏常熟	1830—1904	咸丰状元	维新派	帝师，历任户部侍郎，工部、户部、刑部尚书
张　謇	江苏南通	1853—1926	状元	维新（立宪）派	翰林院修撰、资本家，1901年从事立宪运动，1909年任江苏谘议局局长，为立宪派领袖
江　标	江苏元和	1860—1899	进士	维新派	翰林院编修。支持协助陈宝箴规划新政
徐仁铸	江苏宜兴	1863—1900	进士	维新派	—
李平书	江苏宝山	1854—1927	优贡	立宪派	任知县
汪荣宝	江苏吴县	1878—1933	留日	立宪派	1910年任谘议院议员
雷　奋	江苏松江	1877—1919	秀才	立宪派	留日，1910年任江苏谘议局议员，后再选为资政院议员
盛宣怀	江苏武进	1844—1916	—	（官僚）立宪派	会办商约大臣

续表

姓名	籍贯	生卒年	出身	派别	备注
许鼎霖	江苏海州	1857—1915	举人	立宪派	资产颇丰，清末著名大资本家，1906年与张謇在上海组织预备立宪公会。筹组江苏谘议局，1910年任北京资政院议员
孟　森	江苏武进	1868—1836	廪生	立宪派	留日。1906年参与发起上海立宪公会。1907年任江苏谘议局议员
沈云霈	江苏海州	—	—	立宪派	海州大资本家，1906年任农部右参丞，支持江浙预备立宪公会活动，1907年任农部右侍郎，1909年任内阁顾问大臣
杨延栋	江苏吴江	—	留日	立宪派	1909年任江苏谘议局议员
蒋智由	浙江	1866—?	—	立宪派	先受传统教育，1902年赴日。《浙江潮》总编辑，1907年参与发起组织政闻社
陈　虬	浙江乐清	1851—1903	举人	维新派	—
汪康年	浙江钱塘	1860—1911	进士	维新派	1895年参加强学会，与黄遵宪办《时务报》，著文宣传资产阶级民主思想
汪鸣銮	浙江钱塘	1839—1907	进士	维新派	选庶吉士，历督陕甘、江西、山东等省学政，1894年任吏部右侍郎
宋　恕	浙江平阳	1862—1910	—	维新派	1886年接触西学，1903年东游日本年余。晚年保守
沈曾植	浙江嘉兴	1850—1922	进士	维新派	历任刑部主事、员外郎、郎中等
沈曾桐	浙江嘉兴	1853—1921	进士	维新派	庶吉士、翰林院编修
黄体芳	浙江瑞安	1832—1899	进士	维新派	选庶吉士、授编修、累迁侍读学士
黄绍箕	浙江瑞安	1854—1908	—	维新派	选庶吉士、散馆授。改翰林院编修
黄绍第	浙江瑞安	1855—1914	—	维新派	翰林院编修，1895年参加强学会
章炳麟	浙江余杭	1869—1936	—	维新派	1895年参加强学会
汤寿潜	浙江山阴	1857—1917	进士	维新（立宪）派	知县，后入张之洞幕。1909年任浙江谘议局局长
张元济	浙江海盐	1867—1959	进士	维新（立宪）派	由庶吉士改刑部主事，充总署章京。后任南洋公学总理等职。为预备立宪公会重要成员
夏曾佑	浙江杭州	1863—1924	进士	维新（立宪）派	礼部主事。1897年办《国闻报》宣传新学。后参加立宪运动，1906年入预备立宪公会
沈家本	浙江归安	1840—1913	进士	立宪派	刑部、法部侍郎，1909年任资政院总裁
劳乃宣	浙江桐乡	1843—1921	进士	立宪派	1910年任资政院议员
郑孝胥	浙江	1860—?	—	立宪派	预备立宪公会会长
汤尔和	浙江杭州	1878—1940	留日	立宪派	1910年任谘议局议员

续表

姓名	籍贯	生卒年	出身	派别	备注
陶　模	浙江秀水	1835—1902	进士	官僚立宪派	地方实力派督抚
汪大燮	浙江钱塘	1860—1929	—	官僚立宪派	—
胡惟德	浙江吴兴	—	—	官僚立宪派	驻外使节
孙宝琦	浙江杭州	1867—1931	—	官僚立宪派	驻外使节
杨　锐	四川绵竹	1857—1898	举人	维新派	初任内阁中书。1895 年参加强学会。1898 年创蜀学会。后参加保国会
刘光第	四川富顺	1859—1898	进士	维新派	刑部主事，1898 年参加保国会
蒲殿俊	四川广安	1876—1934	进士	立宪派	留日。法部主事。1909 年任四川谘议局局长
张　澜	四川南充	1872—1955	秀才	立宪派	留日。1909 年参加立宪运动
邓孝可	四川奉节	—	留日	立宪派	1910 年任四川谘议局《蜀报》主笔。旋任谘议局联合代表大会书记
罗　纶	四川西充	1876—1930	—	立宪派	1909 年任四川谘议局副议长
龙鸣剑	四川荣县	1878—1911	留日	立宪派	入同盟会，1908 年选为谘议局议员，后参加革命活动
程德全	四川云阳	1860—1930	—	官僚立宪派	地方实力派督抚
陈　炽	江西瑞金	？—1899	举人	维新派	历任户部郎中、刑部章京、军机处章京，1895 年与康有为组建强学会
文廷式	江西萍乡	1856—1904	进士	维新派	1895 年与康有为等在京发起强学会
陈宝箴	江西义宁	1831—1900	举人	维新派	湖南巡抚
陈三立	江西义宁	1852—1937	进士	维新派	吏部主事，于长沙办时务学堂
李盛铎	江西德化	1859—1937	进士	官僚立宪派	地方实力派督抚，1905 年出洋考察宪政
严　复	福建侯官	1854—1921	—	维新（立宪）派	家贫，13 岁入福州船政学堂，23 岁留欧 3 年，归国后长期在水师学堂任教
陈　衍	福建福州	1856—1937	举人	维新派	—
林　旭	福建侯官	1875—1898	—	维新派	内阁中书、闽学会领袖
林长民	福建侯官	1876—1925	留日	立宪派	1909 年任福建谘议局秘书长
林绍年	福建闽县	—	进士	官僚立宪派	地方实力派督抚
杨深秀	山西闻喜	1849—1898	进士	维新派	历任刑部主事、郎中，1898 年创关学会，后参加保国会
宋伯鲁	陕西醴泉	1854—1932	进士	维新派	—
王鹏运	广西临桂	1849—1904	举人	维新派	内阁中书、内阁侍读等

续表

姓名	籍贯	生卒年	出身	派别	备注
岑春煊	广西西林	1861—1933	举人	官僚立宪派	地方实力派督抚
李端棻	贵州贵筑	1833—1907	进士	维新派	选庶吉士、内阁中书、刑部侍郎
乐嘉藻	贵州黄平	1870—1941	举人	立宪派	1909 年任贵州谘议局议长
王　照	直隶河间	1859—1933	进士	维新派	任礼部主事
孙洪伊	直隶天津	1870—1936	—	立宪派	1911 年任直隶谘议局议员
刘春霖	直隶肃宁	1872—	状元	立宪派	资政院议员
张之洞	直隶南皮	1837—1839	进士	官僚立宪派	地方实力派督抚
孙家鼐	安徽寿州	1827—1909	咸丰状元	立宪派	历任工、礼、吏部尚书等职，帝师。1907 年任资政院总裁
周　馥	安徽建德	？—1920	—	官僚立宪派	地方实力派督抚
寿　富	满镶黄旗	1865—1900	进士	维新派	选庶吉士，愤国势不张，八旗人才日衰
阔普通式	满正白旗	—	进士	维新派	内阁学士
志　锐	满镶红旗	？—1912	进士	维新派	选庶吉士，礼部侍郎
李家驹	汉军正黄旗	1871—1938	进士	官僚立宪派	任内阁学士，学部侍郎，资政院总裁
端　方	满正白旗	1861—1911	—	官僚立宪派	—
载　泽	满正白旗	—	—	官僚立宪派	—
锡　良	蒙镶黄旗	1853—1917	进士	官僚立宪派	地方实力派督抚
瑞　澂	满正黄旗	1864—1912	贡生	官僚立宪派	地方实力派督抚
袁世凯	河南项城	1859—1916	贡生	官僚立宪派	—
丁振铎	河南罗山	？—1914	进士	官僚立宪派	地方实力派督抚
汤化龙	湖北蕲水	1874—1918	进士	立宪派	留日，1908 年在湖北建筹备组宪政筹备会，1909 年任湖北谘议局局长
胡瑞霖	湖北江陵	1878—1943	—	立宪派	1908 年任湖北谘议局议员
丘逢甲	台湾苗栗	1864—1912	进士	立宪派	工部主事、广东谘议局议长
吴景濂	奉天宁远	1875—？	留日	立宪派	1909 年任奉天谘议局议员

资料来源：汤志钧：《戊戌变法人物传稿》（增订本），中华书局 1982 年版；章开沅主编：《辛亥革命辞典》，武汉出版社 1991 年版；陈旭麓等主编：《中国近代史词典》，上海辞书出版社 1982 年版。

说明：官僚立宪派指 20 世纪初伴随着中国近代化运动的进一步深入，因清王朝统治阶级内部发生第三次①重大分化而产生的一批主张在中国实行君主立宪政体的亲贵大臣，主要包括地方督抚实力派、出国考察大臣、驻外使节、一些希望巩固清朝统治的京官。

① 第一次指的是 19 世纪 60—70 年代洋务派官僚在统治阶级内部的分化；第二次指的是 19 世纪末帝党与后党的分野。

表 2－9 列人物（102 人）为具有代表性、且在当时政治运动中起过相当作用及影响者。其作为维新（立宪）人物的个案研究，堪具代表性，笔者以为其能大致勾画晚清时期该类人物区域分布的走向。综观该表，人物不多，但乍看却难以了然。现据上表，对其进行数据统计，如表 2－10 所示。

表 2－10　　维新（立宪）人物籍贯统计表

省份	维新派人数	立宪派人数	维新（立宪）人数合计	维新派人数%	立宪派人数%	维新（立宪）派%	维新（立宪）派人数位次
广东	9	5	14	17.7	8.3	12.6	2
湖南	7	7	14	13.7	11.7	12.6	3
江苏	5	9	14	9.8	15	12.6	2
浙江	13	11	24	25.5	18.3	23.6	1
四川	2	6	8	3.9	10	7.2	4
八旗	3	5	8	5.9	8.3	7.2	4
福建	3	3	6	5.9	5.0	5.4	5
江西	4	1	5	7.8	1.7	4.5	6
直隶	1	3	4	2.0	5.0	3.6	7
广西	1	1	2	2	1.7	1.8	8
贵州	1	1	2	2	1.7	1.8	8
安徽	—	2	2	—	3.3	1.8	8
河南	—	2	2	—	3.3	1.8	8
湖北	—	2	2	—	3.3	1.8	8
山西	1	0	1	2	—	0.9	9
陕西	1	—	1	2	—	0.9	9
台湾	—	1	1	—	1.7	0.9	9
奉天	—	1	1	—	1.7	0.9	9
合计	51	60	111	100	100	100	—

说明：兼属维新（立宪）派者均按两人次计。具有此身份者笔者统计表中有 9 人。

由表 2－10 观之，可以发现，维新立宪人物从总体上讲以浙江为最（24 人），当仁不让地位居榜首，占统计数据的 23.6%，近 1/4。广东、江苏次之（各占 14 人），在数量上两省旗鼓相当，各占总数的 12.6%。

而湖南亦毫不逊色（14 人），亦占总数的 12.6%，与苏粤两省并驾齐驱，在人文分布上再次显示“唯楚有才，与斯为盛”之现象。

从区域看，东南沿海地区（苏、浙、粤、闽）人物最为密集（58 人），占总数的 52.3%，一半有余；长江流域（湘、皖、鄂、赣、川）次之（31 人），占 28%，分 1/4 有余，东北、西南和西北地处边陲，人物覆盖率最少，有些则为地理上的空白。

（二）晚清革命人物区域分布

关于革命人物的籍贯分布，笔者根据相关人物词（辞）典，统计列表 2－11 如下。

表 2－11　晚清革命志士籍贯分布简表

姓名	籍贯	生卒年	出身	备注
孙中山	广东香山	1866—1925	—	父务农，兄为檀香山农牧场主。本人主要在檀香山、香港接受西式教育，领导辛亥革命，组织革命党，创立三民学说
陆皓东	广东香山	1867—1895	—	组织兴中会中央机关，为广州武装起义做准备
刘思复	广东香山	1884—1915	留日	1905 年入同盟会
孙　眉	广东香山	1854—1915	—	1894 年入兴中会
郑士良	广东归善	1863—1901	—	1895 年入兴中会
尤　烈	广东顺德	1866—1936	广州算学馆毕业	1895 年与孙中山、陈少白等组织兴中会
陈少白	广东新会	1869—1935	广州格致书院毕业	1895 年与孙中山等创立香港兴中会，香港同盟会长
许雪秋	广东潮阳	？—1911	—	同盟会员，1907 年发动潮州黄岗起义
朱执信	广东番禺	1885—1920	留日	1905 年入同盟会，并兼书记；1911 年参加广州起义
马　侣	广东番禺	？—1911	—	同盟会员，参加广州起义等起义，黄花岗七十二烈士
史坚如	广东番禺	1879—1900	—	1904 年入兴中会
胡毅生	广东番禺	1883—1957	留日	参加 1911 年广州起义
黄世仲	广东番禺	？—1912	—	1905 年入同盟会
胡汉民	广东番禺	1879—1936	留日	21 岁中举，出身下级官吏家族，同盟会筹建人之一，《民报》编辑
王宠惠	广东东莞	1881—1958	留日	1901 年与秦力山等刊行《国民报》，1911 年入同盟会
方次石	广东普宁	1887—1915	留日	同盟会员，协助广东潮州起义及武昌起义

续表

姓名	籍贯	生卒年	出身	备注
邓　铿	广东嘉应州	1885—1922	—	1911 年参加广州起义
邓泽如	广东新会	1869—1934	—	1907 年入同盟会
江继复	广东花县	？—1911	—	同盟会员，1911 年参加广州起义，黄花岗七十二烈士
劳　培	广东开平	1886—1911	—	1911 年参加广州起义，黄花岗七十二烈士
杜玉兴	广东南海	1884—1911	—	黄花岗七十二烈士
李　晚	广东云浮	1874—1911	—	黄花岗七十二烈士
李文甫	广东东莞	1892—1911	艺人	黄花岗七十二烈士
李文楷	广东清远	1887—1911	—	黄花岗七十二烈士
李继堂	广东新会	1873—1943	—	1900 年入兴中会
李炳辉	广东肇庆	约 1892—1911	—	同盟会员，黄花岗七十二烈士
李雁南	广东开平	？—1911	—	黄花岗七十二烈士
邹　鲁	广东大埔	1885—1954	—	1905 年入同盟会，1911 年参加广州起义
余东雄	广东南海	1894—1911	—	同盟会员，黄花岗七十二烈士
何香凝	广东南海	1879—1972	留日	1905 年入同盟会
陈　春	广东南海	？—1911	—	黄花岗七十二烈士
陈　潮	广东海丰	？—1911	—	1911 年参加广州起义“敢死队”，黄花岗七十二烈士
陈　福	广东海丰	？—1911	—	同盟会会员，1911 年参加广州起义“敢死队”，阵亡
陈文友	广东兴宁	？—1911	—	同盟会会员
陈文褒	广东大埔	？—1911	—	同盟会会员，黄花岗七十二烈士
陈敬岳	广东嘉应州	1870—1911	—	同盟会会员，参加 1911 年广州起义
张学龄	广东兴宁	1888—1911	—	同盟会会员，黄花岗七十二烈士
林文英	广东文昌	1873—1914	留日	组织同盟会
林冠慈	广东归善	1883—1911	—	同盟会会员
林脩明	广东蕉岭	？—1911	—	华侨，参加黄花岗起义
罗　进	广东南海	1884—1911	留日	同盟会会员，1911 年参加广州起义“敢死队”
罗　坤	广东南海	？—1911	留日	同盟会会员，黄花岗七十二烈士
罗　幹	广东南海	？—1911	—	华侨，同盟会会员
罗遇坤	广东南海	？—1911	—	1911 年参加广州起义，就义
罗仲霍	广东惠阳	1882—1911	—	黄花岗七十二烈士
周　华	广东南海	？—1911	—	同盟会会员，黄花岗七十二烈士

续表

姓名	籍贯	生卒年	出身	备注
周　增	广东梅县	1892—1911	—	经商。黄花岗七十二烈士
饶国辅	广东梅县	1881—1911	—	黄花岗七十二烈士
姚雨平	广东平远	1882—1974	秀才	同盟会会员
徐进炱	广东花县	1890	—	同盟会会员，黄花岗七十二烈士
郭继枚	广东增城	1893—1911	—	同盟会会员，黄花岗七十二烈士
谢良枚	广东嘉应州	1884—1931	留日	1905年入同盟会，1907年参加潮州黄花岗起义
游　寿	广东南海	1894—1911	—	黄花岗七十二烈士
邓子瑜	广东归善	—	—	1905年入同盟会
朱　淇	广东南海	1858—1950	秀才	兴中会成员
李是男	广东台山	?—1937	—	华侨，1906年入同盟会
杨鹤龄	广东香山	—	—	家富裕。兴中会成员
黄明堂	广东钦州	约1866—1939	—	同盟会会员
徐宗汉	广东香山	1877—1944	—	同盟会会员
罗福星	广东镇平	1884—1914	—	1907年入同盟会，1911年参加广州起义
邓荫南	广东开平	1846—1923	—	早年经商
李沛基	广东番禺	1893—?	—	积极参加革命工作
庞　雄	广东吴川	1891—1911	—	参加新军。黄花岗七十二烈士
王　斧	广东琼山	1880—1942	—	同盟会成员。创办《民报》、《少年报》等并任各报主笔
罗　联	广东南海	?—1911	—	同盟会会员，1911年参加广州起义“敢死队”
徐培添	广东花县	?—1911	—	同盟会会员，黄花岗七十二烈士
黄鹤鸣	广东南海	?—1911	—	同盟会会员，黄花岗七十二烈士
谢缵泰	广东开平	1872—1937	—	皇仁书院毕业，1895年入兴中会
温生才	广东嘉应州	—	—	同盟会会员
廖仲恺	广东惠阳	—	留日	华侨，16岁前在美接受教育。1893年回国，1896年赴香港
程奎光	广东香山	?—1895	—	入马江船政学堂，1895年加入兴中会
程蔚南	广东香山	—	—	1894年参加兴中会
曾日金	广东花县	—	—	黄花岗七十二烈士
汪兆铭	广东番禺	—	—	同盟会会员，任评议部长，主编《民报》
冯自由	广东南海	1882—1958	—	1895年入兴中会。与陈少白组建香港同盟分会并任书记，《中国日报》总编兼社长

续表

姓名	籍贯	生卒年	出身	备注
林义顺	广东潮阳	1880—1937	—	华侨。资助、宣传革命
钟荣光	广东香山	1866—1942	举人	1896 年入兴中会
郭公接	广东大埔	？—1911	留日	1905 年入同盟会。1911 年参加广州起义
邓家彦	广东	1883—1966	—	1905 年入同盟会
刘静庵	湖北潜江	1875—1911	—	世家出身，但有志于新学。1903 年到武昌，投入新军
吴禄贞	湖北云梦	1880—1911	留日	湖北武备学堂毕业。参加兴中会
彭楚藩	湖北武昌	1884—1911	—	1904 年入新军，1905 年入日知会
詹大悲	湖北蕲春	1887—1927	—	黄州府学堂毕业，《商务学报》总主笔，参加同盟会
刘　公	湖北襄阳	1881—1920	留日	1905 年入同盟会。共进会第三任会长
孙　武	湖北夏口	1897—1930	—	湖北武备学堂毕业，1900 年参加自立军起义，1910 年入同盟会
李书城	湖北潜江	1881—1965	秀才、留日	同盟会发起人之一，1911 年参加武昌起义
吴兆麟	湖北武昌	1882—1942	—	日知会
何成浚	湖北随县	1882—1961	留日	武昌经心书院毕业，参加同盟会
季雨霖	湖北荆门	？—1917	—	入日知会，参加萍浏醴、广州起义
熊秉坤	湖北江夏	1885—？	—	初投湖北新军。1911 年率部武昌起义
熊得山	湖北江陵	1891—1939	留日	同盟会成员
蓝天蔚	湖北黄陂	1878—1922	留日	积极参加革命工作
张振武	湖北罗田	1883—1912	留日	同盟会成员，1911 年领导武昌起义
杨宏胜	湖北襄阳	1886—1911	—	入湖北新军。结识刘公、孙武等，立志革命
王　汉	湖北蕲水	1883—1905	—	同盟会会员
邓玉麟	湖北巴东	1875—1971	—	1909 年入共进会
刘　铁	湖北京山	1889—1914	留日	1906 年入同盟会，后参加共进会
陈镇藩	湖北安陆	？—1926	留日	1906 年入同盟会
田　桐	湖北蕲春	1879—1930	留日	同盟会评议员兼总理书记
冯特民	湖北武昌	？—1912	—	日知会评议员
吕大森	湖北建始	1881—1930	—	湖北武备学堂毕业。参加武昌起义
朱子龙	湖北荆门	1876—1907	—	同盟会成员
刘　英	湖北京山	？—1921	留日	1906 年入同盟会
吴　昆	湖北黄冈	1882—1942	留日	同盟会成员
居　正	湖北广济	1876—1951	留日	同盟会成员

续表

姓名	籍贯	生卒年	出身	备注
胡鄂公	湖北江陵	1884—1951	—	曾入新式学堂。同盟会成员
梁耀汉	湖北汉川	—	留日	日知会
白逾桓	湖北天门	1875—1935	—	家贫。1907 年与宋教仁设同盟会辽宁支部
何自新	湖北黄冈	1882—1910	—	—
张知本	湖北江陵	1881—1976	留日	湖北两湖书院毕业。1905 年入同盟会
张难先	湖北沔阳	1874—1968	—	1905 年入日知会
周维桢	湖北保康	1880—1911	留日	—
曹亚伯	湖北兴国州	1878—1837	留英	自幼涉猎朱子百家，后如两湖书院。任同盟会评议部评议员
胡石庵	湖北	1874—?	秀才、留日	1899 年入武昌经心书院。同盟会成员
谭人凤	湖南新化	1860—1920	留日	1906 年入同盟会，1911 年筹划黄花岗起义
禹之谟	湖南浏阳	1866—1907	留日	华兴会、同盟会成员
黄　兴	湖南善化	1874—1906	秀才、留日	华兴会、同盟会领导人之一
陈天华	湖南新化	1875—1905	留日	入资江书院和新化求实学堂。同盟会成员
秦力山	湖南长沙	1877—1906	—	参加唐才常领导的自立军起义
宋教仁	湖南桃源	1882—1913	留日	曾入湖南漳江书院、武昌文普通学堂。华兴会副会长、同盟会司法部检事长
陈作新	湖南浏阳	?—1911	—	同盟会成员
蒋翊武	湖南澧县	1885—1913	—	同盟会成员，1909 年入新军
焦达峰	湖南浏阳	1886—1911	—	长沙高等普通学堂预科毕业。同盟会成员
刘复基	湖南常德	1884—1911	—	同盟会成员
刘道一	湖南湘潭	1884—1906	—	任同盟会书记、干事等
杨卓霖	湖南醴陵	?—1907	留日	1905 年入同盟会
李燮和	湖南安化	1874—?	—	为华兴会、光复会、同盟会成员。1906 年参加萍浏醴起义
邹永成	湖南新化	1882—1955	—	1900 年参加自立军起义，华兴会、同盟会成员
余昭常	湖南浏阳	?—1911	—	1908 年入同盟会
谭　馥	湖南湘乡	?—1909	—	1906 年参加萍浏醴起义
刘揆一	湖南湘潭	1878—1950	留日	华兴会副会长。同盟会成员
毕永年	湖南善化	1869—1901	拔贡	兴中会成员。后参加自立军
宁调元	湖南醴陵	1873—1913	留日	同盟会成员
杨毓麟	湖南善化	1872—1911	进士、留日	同盟会成员
张百麟	湖南长沙	1887—1919	留日	同盟会贵州分会长

续表

姓名	籍贯	生卒年	出身	备注
刘　重	湖南永兴	1882—1925	秀才	1904 年入兴中会
杨　任	湖南长溪	？—1911	留日	同盟会成员
罗宗羲	湖南长沙	？—1913	—	同盟会会员
林　圭	湖南湘阴	1875—1900	留日	与唐才常组织自立军
唐才常	湖南浏阳	1867—1900	贡生	组织自立军
覃　振	湖南桃源	1885—1947	留日	同盟会成员
仇　亮	湖南湘阴	1879—1915	留日	1905 年入同盟会，被推为湖南分会长
杨玉鹏	湖南湘乡	1888—1916	—	积极参加革命
葛　谦	湖南湘乡	？—1908	留日	组织光复会
蔡　锷	湖南邵阳	1882—1912	留日	入长沙时务学堂
章士钊	湖南	1881—？	留日	积极参加革命
杨衢云	福建海澄	1861—1901	—	兴中会香港分会长
林述庆	福建闽县	—	—	福建武备学堂毕业，同盟会成员
林觉民	福建闽侯	1887—1911	留日	1911 年参加广州起义
方声洞	福建侯官	1886—1911	留日	同盟会福建分会长，1911 年参加广州起义
方声涛	福建侯官	1885—1934	留日	同盟会成员
刘元栋	福建闽县	1885—1911	—	1911 年参加广州起义，黄花岗七十二烈士
刘元符	福建连江	1887—1911	—	1911 年参加广州起义，黄花岗七十二烈士
陈可钧	福建侯官	1888—1911	—	黄花岗七十二烈士
陈更新	福建侯官	1890—1911	留日	黄花岗七十二烈士
林　文	福建侯官	1887—1911	留日	同盟会福建分会长，黄花岗七十二烈士
林尹民	福建闽县	1887—1911	留日	同盟会成员，黄花岗七十二烈士
胡应昇	福建连江	1872—1911	—	光复会成员，黄花岗七十二烈士
黄忠炳	福建连江	1867—1911	—	黄花岗七十二烈士
陈楚楠	福建厦门	—	—	华侨，经商。新加坡同盟会分会长
杨韵珂	福建闽侯	？—1911	—	江宁水师学堂毕业
冯超骧	福建侯官	1880—1911	—	黄花岗七十二烈士
陈与燊	福建闽县	1888—1911	留日	同盟会成员，黄花岗七十二烈士
熊克武	四川井研	1881—1970	留日	1905 年入同盟会，参加 1911 年黄花岗起义
丁厚扶	四川荣县	1882—1909	留日	1905 年入同盟会
龙鸣剑	四川荣县	1878—1911	留日	同盟会员
杨庶堪	四川巴县	1881—1942	留日	1905 年入同盟会

续表

姓名	籍贯	生卒年	出身	备注
李　实	四川绵州	1876—1906	—	同盟会员
吴玉章	四川荣县	1878—1966	留日	1905 年入同盟会。与焦达峰组织共进会，1911 年参加广州起义
邹　容	四川巴县	1885—1905	留日	富商出身，入重庆经学书院，爱国学社骨干。撰《革命军》
张佰祥	四川广安	？—1914	留日	同盟会员，共进会会长
饶国梁	四川大足	1888—1911	—	同盟会员，黄花岗七十二烈士
秦遂生	四川广安	？—1911	—	同盟会员，黄花岗七十二烈士
黄复生	四川隆昌	1883—1948	留日	同盟会四川第三任分会长
喻培伦	四川内江	1886—1911	留日	1908 年入同盟会，1911 年广州起义中牺牲
税钟麟	四川井研	？—1910	—	积极参加革命
谢奉琦	四川自贡	1884—1910	留日	同盟会员，炳文书院毕业
廖宗纶	四川井研	？—1910	留日	1905 年入同盟会
罗宗羲	浙江余杭	1869—1936	—	1904 年与蔡元培等成立光复会，1906 年入同盟会
徐锡麟	浙江山阴	1873—1907	—	光复会会长
陶成章	浙江会稽	1878—1912	留日	家贫，1906 年入同盟会，光复会副会长
秋　瑾	浙江山阴	1875—1907	留日	父为下层官吏，夫家为富商。同盟会员光复会员
蔡元培	浙江绍兴	1868—1940	进士、留德	父为钱庄经理，曾任中国教育会会长，1905 年入同盟会
马宗汉	浙江余姚	1884—1907	留日	结识徐锡麟，参加革命，遇害
王一亭	浙江安吉	1867—1938	—	资本家，后脱离革命
王金发	浙江嵊县	1883—1915	留日	光复会会员
沈翔云	浙江乌程	？—1913	留日	毕业于武昌自强学堂
陈佰平	浙江会稽	1885—1907	—	1898 年入福建武备学堂，1907 年与徐锡麟发动安庆起义牺牲
陈其美	浙江吴兴	1877—1916	—	曾入上海理传习所，青帮头目之一，支持、参加革命活动，同盟会员
蒋方震	浙江宁海	1882—1938	留日	1900 年入杭州求是书院，1903 年主编《浙江潮》，宣传革命
孙翼中	浙江	—	—	1902—1903 年游学日本。1903 年与蒋方震等在东京创办《浙江潮》
鲁　迅	浙江绍兴	1881—1936	—	出身败落士大夫家。少时读私塾。1898 年入南京水师学堂，翌年入铁路矿务学堂。1902 年赴日本弘文书院，1904 年入仙台医专，旋弃医从文

续表

姓名	籍贯	生卒年	出身	备注
石德宽	安徽寿州	1886—1911	留日	1905 年入同盟会，黄花岗七十二烈士
孙毓筠	安徽寿州	1872—1924	—	1906 年入同盟会，响应萍浏醴起义被捕
吴 樾	安徽桐城	1878—1905	—	入保定高等师范学堂
宋玉琳	安徽怀远	1880—1911	—	1911 年参加广州起义
陈独秀	安徽怀宁	1880—1942	秀才	家富，1898 年入杭州求是书院。组织中国青年会，光复会员，岳王会会长
柏文蔚	安徽寿州	1876—1947	—	同盟会员
倪映典	安徽合肥	1885—1910	—	安徽武备学堂毕业，同盟会员
程 良	安徽怀远	1884—1911	—	安庆陆军学校毕业，同盟会员，黄花岗七十二烈士
程家柽	安徽林宁	1874—1914	留日	武昌两湖书院毕业，同盟会员
薛 哲	安徽寿州	1885—1908	—	入江南陆师学堂。同盟会员
刘师培	江苏仪征	1884—1920	—	1907 年入同盟会后变节
陈去病	江苏吴江	1874—1933	—	同盟会会员
赵 声	江苏丹徒	1881—1911	—	江南陆师学堂毕业，领导广州起义
秦毓鎏	江苏无锡	1880—1937	留日	与黄兴等在长沙成立华兴会，任副会长
熊成基	江苏甘泉	1887—1910	—	入安徽练军武备学堂。1909 年入同盟会
汪 东	江苏	1890—?	留日	同盟会员，师从章太炎，任《民报》撰述
黄宗仰	江苏	1865—?	—	1902 年联络章太炎等组织中国教育会，任会长。1909 年主编《商务学报》
黄毓英	云南会泽	1885—1912	留日	1905 年入同盟会
张文光	云南腾冲	1879—1914	—	—
李根源	云南腾冲	1879—1965	留日	昆明高等学校毕业，1905 年入同盟会
杨振鸿	云南昆明	1874—1909	留日	1905 年入同盟会
吕志伊	云南思茅	1882—1942	留日	同盟会云南主盟人。早年入昆明经正书院
马君武	广西桂林	1881—1940	留日	1905 年入同盟会，任秘书兼广西支部长
韦树模	广西平南	—	—	同盟会员，参加广州起义。黄花岗七十二烈士之一
韦荣初	广西平南	—	—	同盟会会员，参加广州起义。黄花岗七十二烈士之一
王用宾	山西猗氏	1881—1944	留日	同盟会会员，同盟会山西支部长
刘绵训	山西猗氏	1881—1919	进士、留日	1905 年入同盟会
宋世杰	山西大同	? —1914	—	1910 年入同盟会
井勿幕	陕西蒲城	1888—1918	留日	1905 年入同盟会，1906 年组织同盟会陕西分会

续表

姓名	籍贯	生卒年	出身	备注
于右任	陕西三原	1879—1964	举人	1906 年入同盟会，宣传革命，持论激烈
刘守中	陕西富平	1882—1941	—	1909 年入同盟会，立志革命
车　钺	河南开封	？—1906	留日	1905 年入同盟会
张钟端	河南许州	1881—1911	留日	毕业于中央大学，同盟会会员
陈　幹	山东昌邑	1881—1927	—	同盟会员
丁惟汾	山东日照	1874—1954	留日	1905 年入同盟会，山东主盟人，创《晨钟》周刊
魏宗铨	江西萍乡	？—1907	—	入明德学堂，1906 年入同盟会
李列军	江西武宁	1882—1946	—	江西武备学堂毕业，同盟会员，积极宣传革命
张　继	直隶（今河北）沧县	1882—1947	留日	同盟会直隶主盟人
丁开嶂	河北丰润	1870—1945	京师大学堂毕业	1904 年创“抗俄铁面会”，1905 年组织“华北救革命军”，1906 年入同盟会，1911 年任“湖北军政府铁面会会长”
张先培	贵州贵阳	1888—1912	—	立志革命
朱霁青	奉天广宁	1888—1955	留日	同盟会会员
张　榕	辽宁抚顺	1884—1912	—	同盟会会员

资料来源：章开沅主编：《辛亥革命辞典》，武汉出版社 1991 年版；陈旭麓等主编：《中国近代史词典》，上海辞书出版社 1982 年版。

据上表 2－11，我们在再作一籍贯统计，如表 2－12 所示。

表 2－12　　晚清革命志士籍贯统计表

籍贯	人数	%	名次	籍贯	人数	%	名次
广东	79	32.6	1	陕西	3	1.2	10
湖北	35	14.5	2	河南	2	0.8	11
湖南	32	13.2	3	山东	2	0.8	11
福建	17	7.0	4	江西	2	0.8	11
四川	15	6.2	5	直隶	1	0.4	12
浙江	13	5.4	6	河北	1	0.4	12
安徽	10	4.1	7	贵州	1	0.4	12
江苏	7	2.9	8	奉天	1	0.4	12
云南	5	2.1	9	辽宁	1	0.4	12
广西	3	1.2	10	总计	242	100	
山西	3	1.2	10				

由表 2－12 观之，该时期的革命志士绝大部分分布在两湖、广东、四川、江浙诸省。尤以两湖、广东居多，而广大内陆及边远地区则分布较少。此一特征与维新立宪人物的分布态势有着惊人的相似之处。传统甚至近代经济文化发达之区，新兴人物居多，历史必然。地处内陆腹地之两湖、四川革命志士分布表现出色，这既与其所处长江交通位置有关，也与 19 世纪 90 年代张之洞两湖举办后期洋务新政有着莫大关系，影响波及毗邻四川。所以，革命志士活跃势所必然。

另从区域分布看，此类人物在西学浸润较早、较深，近代经济发展较迅速的沿海和沿江区域分布相当集中。

这与维新派人物的分布是一致的（见表 2－13）。

表 2－13　维新立宪人物（A 类）、革命志士（B 类）区域分布排名比较表

区域 排名	浙江	广东	江苏	湖南	湖北	四川	八旗	福建	江西	直隶	安徽	广西	贵州	河南	陕西	河北	山西	山东	云南	台湾	奉天	辽宁
A 类	1	2	2	3	8	4	4	5	6	7	9	8	8	8	9	—	9	—	—	9	9	—
B 类	6	1	8	3	2	5	—	4	11	12	7	10	12	11	10	12	10	11	9	—	12	12

可以看出，两派人物都麇集东南沿海、长江流域。广东、湖南、湖北、四川、福建以其特有的因素在两类人物的分布上居高不下。浙江、江苏虽不落后，但在数目上，维新立宪人物要领先于革命志士。

下面将统计蔡冠洛先生编《清代七百名人传》中道光以降各类人物之分布走向，以佐证上述之结论（见表 2－14）。

表 2－14　晚清（道光以后）名人分类统计表

类属 区域	政治	军事	实业	学术	艺术	革命党	总计
江苏	15	3	1	15	9	1	44
浙江	19	4	—	13	6	2	44
湖南	11	27	—	3	3	3	47
安徽	10	8	—	5	4	—	27
广东	7	5	—	2	—	5	19
福建	6	3	—	3	3	—	15
广西	1	2	—	1	1	8	13
满洲	22	26	3	1	—	—	52
四川	4	4	—	—	—	3	11

续表

区域＼类属	政治	军事	实业	学术	艺术	革命党	总计
直隶	8	2	—	—	—	—	10
湖北	5	1	1	—	3	—	10
山东	3	3	—	2	—	—	8
河南	3	3	—	—	—	—	6
江西	4	—	1	—	1	—	6
贵州	1	1	—	1	2	—	5
山西	1	—	1	1	—	1	4
陕西	2	—	—	—	1	—	3
云南	1	1	—	—	—	—	2
甘肃	1	1	—	1	2	—	5
蒙古	5	3	—	—	—	—	8
外国人	1	3	1	—	—	—	5
总计	127	105	7	48	31	23	343

资料来源：蔡冠洛编：《清代七百名人传》附录三，中国书店 1984 年版。

由表 2－14 观之，各区域人才相比之下，湖南、浙江、江苏、安徽、广东几省人才居多，其他诸省较少。从区域看，亦呈现出沿海、沿江、内陆和边陲之区几个不同地理分布层次，东南沿海（苏、浙、粤、闽）人物（123 人）最为密集，长江流域（湘、皖、赣、川）次之，东北、西南、西北人物较少。

综上所述，晚清维新立宪人物、革命志士地理分布规律可总归如下：

第一，从省区而论，维新立宪人物江苏人数最多，浙江、广东两省人数相当，湖南紧随其后。革命志士则两湖、广东、四川、福建诸省居高。

第二，从区域而论，两类人物分布麇集在东南沿海、长江流域，呈沿海、沿江、内陆几个分布层次。

（三）晚清维新（立宪）人物、革命人物区域分布原因考察

晚清维新立宪人物与革命志士的地理分布所表现的上述特征，是与这一时期的经济、社会文化教育及西学传播等因素紧密相连的。

1. 西学东渐的地域结构性

1840 年的鸦片战争将中国纳入世界资本主义体系，同时开启了中国社会近代化的被动转型。随之，一度中断的，发轫于明末清初的“西学东渐”潮流在条约体系的庇护下重新开启，在中国这块传统文化根深蒂

固的土壤中繁衍、滋生，迅速蔓延开来，这时涌入中国的有“器物技艺”的物质文化，“议院”和“立宪”等制度文化，还有相异于晚清主流文化的异质精神文化，他们相互发生激烈碰撞，最终导致国内传统社会各方面的嬗变。然而传统文化区域稳定的层次性，文化载体、传播媒介的梯度性，西学东渐辐射、通道、深度和广度的方向性等因素，又造成其嬗变的地域结构性。

我们知道，晚清西学东渐是在西方列强坚船利炮的特殊氛围中展开的，故形成了由沿海、沿江一线，由边境至某些内地城镇的通商口岸体系。可以说沿海、沿江的通商口岸在某种程度上是中西文化交流碰撞的口岸，是新知识、新思想、新事物的策源地，也是新兴人物勃兴的沃土。地处该段的广东、福建、江苏、浙江以及位于沿海与内地中西文化交流之要冲的湖南，沿江的四川，自觉不自觉地为新兴人物的成长提供新的文化氛围。

从地形上看，中国地处北半球东端一隅，呈现自东而西级级升高的阶梯地貌，整个为高山、大漠、海洋所包围。如此相对封闭、孤立的地理环境，繁荣农耕文化有余，发展对外交流则显先天不足，汉唐陆路西域之旅即为明证。历史进入近代，西力水路而来，随之东南沿海地区成为中西文化交流的前沿阵地。

苏浙粤闽因地处东南沿海，西方传教士借此也把其文化渗透基地由南洋转移至东南沿海及沿江一带，随之，作为西学传播的媒介学校、图书出版、报刊等在沿海大有繁衍之势。以译书机构而言，除少数设在北京等地，其余十之八九设于广东、上海。西学的传播在一定程度上成就了晚清中国历史阶段的科学乃至政治人才，这些人物由“得风气之先”，继之“开风气之先”，基于国危民难以及内外诸因素刺激，群然而起，领导了中国具有资本主义色彩的政治运动与革命运动，如康有为、梁启超、容闳、张謇、汤化龙、汤寿潜等维新（立宪）人物，以及后来的革命派人物孙中山等。

而湖南地处沿海与中原地区的“十字路口”枢纽位置，它东通江浙，西达云贵，南连两广，北临长江，是北方和东南沿海往来的必经之地，新旧两种经济势力和思想文化也在此激烈冲突。而自古以来，湘粤之间的经济往来与传统领域有着千丝万缕的联系。① 也因此，历史上重大的事件往

① 对此董力三在《清代湘粤联系与近代湖湘文化》（《长沙水电师院社会科学学报》1993年第1期，第86—89页）有着较为详细的论述。

往会对其有不同程度的冲击，常常造成有利于人才发展的机制，促使湖南人才南上北下，走向全国。再加之，省内以经世致用为特征的湖湘文化的熏陶，这使得湖湘人物更是迭出不穷，如谭嗣同、唐才常、黄兴、陈天华、宋教仁等。有人描写当时的情况说："湖南省内风气日开，较沿海各省，有过之而无不及也。"[①]

相比之下，其他地区，维新（立宪）人物、革命志士的分布便相形见绌，从西学东渐这一角度看，"因距离的远近（实际也是传统文化的牢靠程度）而与辐射力成正比。愈到内地影响力愈少，发生近代转变也愈少"[②]。因此，新兴政治人物出现的可能性就愈少，西北、西南、东北维新（立宪）人物、革命志士的分布就比较少。

2. 区域经济发展的不平衡性

近代人物产生并发展于近代特定的地域空间，他们的区域分布更受地域空间的社会和经济发展的制约。

随着西方列强的入侵，中国近代经济也在艰难起步。然而，由于近代社会环境的历史性变迁，其发展的地区不平衡性势在必然。

由于半殖民地半封建社会条件的制约，交通、资源、技术、进口机器、与外国联系、对外出口等因素的影响，中国近代工业大部分分布在沿江、沿海一带，内地只占极少数，至于西南、西北边疆地区则几乎没有近代新式企业，以下相关统计资料将是一有力说明。

从 1840—1898 年这一段时间看，就外资企业而言，侧重于船舶修造业、出口加工业等工业部门。上海在当时是中国最大的对外贸易口岸，也是外资企业的首选地。如"1845—1858 年间，外商在华开设的船舶修造业有 7 家，其中除柯拜船坞和厦门船厂分设于广州、厦门，其余 5 家也均设在上海"[③]，而"至于甲午战争前夕，外国资本先后在中国开办的 191 个工业企业也大部分萃集上海和广州"[④]。"1872—1894 年间的 74 家民族资本近代企业也大都分布在沿海地区"[⑤]，而 1895—1898 年创办的较大规模的 49 家民资企业，也多集中于上海、江浙一带。

与前期相比，1895—1913 年中国近代经济的地域分布，就总体而言，也没有实际性的变化，仍多集中于东南沿海和长江沿岸的通商口岸及其附

① 《湖南学会林立》，《国闻报》光绪二十四年五月十一日。

② 王继平：《湘军集团与晚清湖南》，中国社会科学出版社 2002 年版，第 231 页。

③ 孙毓棠：《抗戈集》，中华书局 1981 年版，第 125—126 页。

④ 杨东梁：《晚清东南社会变迁与近代化智力资源积累》，《史学月刊》2002 年第 11 期。

⑤ 周振鹤：《中国历史文化区域》，复旦大学出版社 1997 年版，第 369 页。

近地区。在外资企业方面，据有关专家统计，1895—1913 年，外国资本在华设立的重要厂矿共 136 家。其中江苏 44 家，直隶 13 家，湖北 10 家，山东 6 家，奉天 38 家，吉林 15 家，其余各省共 10 家。这些厂矿除矿场以外，规模较大的工厂，都集中在上海和沿江沿海少数几个通商口岸。与此相联系，中国民间资本也呈现类似之状况，下列统计表 2－15 显示了 1895—1913 年间设立的 549 家民间资本厂矿企业的地域分布状况。

表 2－15　　1895—1913 年民间资本厂矿企业的地域分布表①

项目	总计	上海	武汉	天津	广州	杭州	无锡	其他
厂矿数/个	549	83	28	17	16	13	12	380
资本额/千元	120288	23879	17240	4219	5791	1552	1422	66185

从表 2－15 的统计资料来看，这 18 年所建立的 549 家厂矿企业中，沿海城市占 61%，而内地仅占 39%。表现出明显的地域分布不均衡性，且呈沿海沿江通商口岸体系分布之地域特色。

这一状况在经济相对发达的江浙地区表现得尤为突出。据不完全统计，该时期江浙民间资本中 12 名知名人物投资经营（主要活动于以上海为中心的长江三角洲，经办的各类企业主要分布在长江中下游地区）在辛亥革命时期就相当可观，他们在 1911 年年前所掌握的工矿资本额就有 6000 万元上下，而 1895—1911 年全国设立的 490 家厂矿的资本总额，不过 11000 多万元。② 江浙资产阶级上层的实力，由此可见一斑。

3. 近代教育发展不平衡性

区域教育事业的规模、质量和结构在很大程度上决定该区域人才数量和质量。近代教育发展的不平衡性在某种程度上导致近代人才不均衡性分布。

洋务运动开启了中国的近代教育工作者。从 19 世纪 60 年代起，一批新式学堂开始创办，到甲午战争前后，全国已有各类新式学堂 37 所，其中最具特色的当属东南沿海，分布了 18 所，占近一半（48.6%）；其次长江流域有 5 所，占 13.5%，近代学校造就了一批掌握西方文化的知识分子，如维新（立宪）派人物严复（毕业于福州船政学堂）等。20 世纪

① 汪敬虞：《中国近代工业史资料》第二辑（上），科学出版社 1957 年版，第 9 页；汪敬虞：《中国近代工业史资料》第二辑（下），科学出版社 1957 年版，第 654 页。

② 汪敬虞：《中国近代工业资料》第二辑（下），科学出版社 1957 年版，第 1069—1095 页。

初，随着科举制的废除，从中央到地方，从官方到民间，掀起一股兴办新式学堂的热潮。据统计，1902 年新式学堂有 35787 所，学生 1006743 人；1909 年新式学堂达 59117 所，学生数逾 160 万。[①] 这些新式学堂当以两湖、江浙、广东等地区最为发达，因此，这些地区也易于新兴力量、新兴阶级的成长集结。维新立宪人物、革命志士分布特色源于此，理之必然。

另外，派遣留学生又是晚清近代教育的另一形式。容闳（粤籍）便是第一批留美生，1854 年毕业于美国耶鲁大学，他回国后就立志于“以西方之学术灌输中国，使中国日趋于文明富强之境”[②]，其后成为维新派主要人物之一。1872 年他与陈兰彬率首批幼童赴美（30 名），以后（1873 年、1874 年、1875 年）又连续有三批赴美（每批 30 人），总共 120 人，这是中国国派遣留学生的开始。据有关资料统计，这 120 名赴美留学生几乎全部来自东南沿海地区，考其籍贯，广东 84 人（占 70%），江苏 21 人（占 17.5%），浙江 8 人（占 6.7%），安徽 4 人（占 3.3%），福建 2 人，山东 1 人。之后，又有三批留欧生（88 人），这些留欧生中也以闽籍为多。甲午战争以后，赴日留学者日多，1899 年公费留日有 26 人，其中也大部分出自东南沿海，苏、浙、粤三省人数旗鼓相当（各 6 人），共 18 人，约占该批留日生的 70%。[③]

可以说，近代教育制度的演变以及其中蕴涵的价值观的变化，直接影响着一代知识分子，维新（立宪）运动的大批志士来源于此。历史进入 20 世纪，晚清新政废科举，促成了另一场影响至深的教育改革，世纪之初，留学（尤其是留日）一时蔚然成风，在地域分布上，华中地区留日学生逐渐增多，大有后来者居上之势，但在数量分布上，表现出明显的地区不均性。据统计，1902—1903 年间，留日学生以湖南、湖北为多，浙江居于第三，广东、四川位居其后。[④] 1904 年留日生达 8620 人，湘籍（占 17%）在人数上超过江苏（13%），两省皆位居前列。[⑤] 而湖北在 1906 年留学生达 1300 人之多（占全国的 1/4），为其时全国之最。[⑥] 从这些留学生中，既产生了一大批民主革命志士，也孕育了各类西方思潮的

---

① 参见舒新城《中国近代教育史资料》（上），第 61—62 页；费正清：《剑桥中国晚清史》（下），中国社会科学出版社 1993 年版，第 641 页。

② 容闳：《西学东渐记》，岳麓书社 1985 年版，第 62 页。

③ 参见杨东梁《晚清东南社会变迁与近代化智力资源积累》，《史学月刊》2002 年第11 期。

④ 《清国留学生会馆第四次报告》，载《辛亥革命浙江史料选辑》，第 82 页。

⑤ *Chinese students in Tanpan*，north China herald，march 16，1906. 转引自杨东梁《晚清东南社会变迁与近代化智力资源积累》，《史学月刊》2002 年第 11 期。

⑥ 文史资料委员会：《辛亥革命在各地》，中国文史出版社 1991 年版，第 21 页。

传播者。

总之，近代教育的发展，促进传统社会阶级结构的变更，推动社会的改良和革命，而近代教育发展的不平衡性，则导致近代人才分布的地区差异。

4. 社会的开放度

历史表明，社会的开放度（包括政治、经济、文化方面）与人物的出现成正向关联，与封闭的社会相比，开放的社会更能铸就人才，更利人才辈出。综观历史，盛唐人才济济，南宋苏浙地区为人才渊薮之地即缘于此。而清前期人才略显寥落与高度集中统一的思想禁锢不无关系。拿经济开放来说，南宋、明朝时期，沿海的泉州、广州、明州等都是著名的国际港口，海外贸易发达。至于近代，中国的江南、东南沿海地区，其在开放度上远超过北方与内陆，不论是制度、经济、抑或文化方面。自鸦片战争一役，中国门户洞开以后，粤闽苏浙等省得地利之便，最早、最直接受欧风美雨的浸润，得风气之先，为新型的各类人物提供良好的成才机制。随之，各类人才开风气之先，领导晚清以降一浪接一浪的政治运动，如康有为、梁启超（粤籍）倡导的维新运动，汤寿潜（浙籍）、张謇（苏籍）领导的立宪运动，孙中山（粤籍）、黄兴（湘籍）领导的辛亥革命，等等。从地域上分析，不但主要领导人物分布于东南沿海各省，其他相关的有一定影响的各类政治人物也以闽浙苏粤诸省居多。

而居沿海与内陆腹地中间地带的湖南，因地理位置的关系，其社会开放度可以说呈较沿海不足、较内地有余之状。而且湘粤两省自古以来经济联系密切，浸润欧风美雨的岭南文化也影响着湖南，时务学堂的主持者谭嗣同与粤籍康有为交往甚密，其总教习为粤籍梁启超，另外还有几位粤籍分教习：韩文举、叶觉迈、欧榘甲、黄遵宪，[①] 皆为近代维新思想的佼佼者。再加之以经世致用为主流的湖湘文化爱国主义精神的丰富内涵、湖湘士子强烈的政治参与意识，各种因素相融，一时湖南士风丕变；学会林立，报刊铺天盖地，改良、革命思想深入人心，一场政治运动使其成为“全国最富朝气一省”。此风气一开，改良革命人物便层出不穷，呈“清季以来，湖南人才辈出，功业已盛，举世无出其右”[②]之盛况。革命志士湘省居多之因可以从此得到一定解释。

---

① 彭国兴：《时务学堂述评》，《求索》1985 年第 6 期。

② 谭其骧：《中国内地移民史·湖南卷》。

三　晚清会党农民领袖区域分布

晚清社会是“内忧”加上“外患”的王朝与社会末期，而“外患”又激荡助长着“内忧”。所谓“内忧”指的是生活在社会最底层百姓的不断反抗活动，他们以农民为主。因西方武力、经济政治文化的入侵，中国原有的社会结构纷纷解体，自然经济日趋瓦解，商品经济畸形发展。从而导致大批破产失业者，他们之中包括破产农民、手工业者、商人、游民，因战乱而来的散兵游勇等，浮游社会。生存的要求，利益的诱惑，使得农民起义和会党活动日趋频繁。他们的活动影响着晚清王朝兴衰演变与社会变迁。领导这些反抗斗争的会党农民领袖的地理分布状态，可以反映近代社会变迁的一个侧面。

（一）晚清会党区域分布

会党主要活动在清代中后期的南方，而盛行于清前期的教门主要活动在中国北方，因而有“南会北教”[①] 之说。晚清会党是秘密结社的一种，它是在中国传统经济濒临解体，近代经济艰难起步的社会生态环境中滋生的游民结社，是在中国进入近代社会以后，新旧社会新陈代谢的土壤中发展起来的。其覆盖面之广，名目之多，前所未有。据会党史专家蔡少卿的研究，有史记载的清代秘密结社就达三四百种之多。[②] 其特点是帮会型的，所谓“帮”，是以师徒宗法关系为纽带；“会”，则是以兄弟结义方式为纽带。19 世纪末叶以来，帮与会互相渗透、混合生长，遂以“帮会”呼之。[③]

1. 晚清会党概观

晚清时期，因内外诸因素的影响，游民数目空前，而会党则成为游民的最后避难之所。经过一定时间的发展，至晚清时期基本上形成三大秘密会党系统，即天地会（洪门）、哥老会（在四川称袍哥，在长江中下游称红帮）、青帮（亦称清门、理门、安庆帮、安清帮等）[④] 三大会党。

天地会几乎相伴整个清王朝，始于何时，众说纷纭，见解不一。有郑

① 陶成章：《教会源流考》，《陶成章集》，上海人民出版社 1986 年版。

② 蔡少卿：《中国近代会党史研究》，中华书局 1987 年版，第 2 页。

③ 周育民、邵雍：《中国帮会史》前言，上海人民出版社 1993 年版，第 1 页。

④ 秦宝琦：《清末民初秘密社会的蜕变》，中国人民大学出版社 2004 年版，第 21 页。

成功创会说,[①] 有康熙年间创会说,[②] 有雍正年间创会说,[③] 有乾隆二十六年（1761）万提喜创会说。[④] 其名目繁多，不一而足。根据蔡少卿研究，嘉道年间由天地会改立和衍化出来的名目有三四十种。[⑤] 在地域分布上，由诞生地福建出发，向西流播两广云贵，向北、西北到达浙江、湘鄂、皖赣等地，四川、河南、甘肃也有其身影，过海则在台湾扎根，并远涉重洋。但尤以福建、两广、湘赣等省为盛。[⑥]

哥老会是“以啯噜的组织形式为胚型，吸收天地会、白莲教等组织的若干特点，逐步形成起来的”[⑦]。其成员主要是由外省进入四川的游民以及四川本省的游民组成，这些游民一部分人从事山林区域抢劫活动，另一部分人在江上充当水手、纤夫。川蜀多山，活动于山林地区的游民团伙一般比较分散，因此，哥老会成员主要是在江上充当水手纤夫的那部分游民。鸦片战争以后，外国轮船逐渐进入长江流域，使得江上的纤夫、水手大批失业。另外，因为江上生活、工作的劳累与单调，令纤夫、水手们推举首领、聚成团体以求生存和发展。这样，带有宗教特色的哥老会得以于乱世行走江湖。

青帮则是从清代漕运船帮中脱胎出来的会党组织。其形成与罗教有着很大关系，它活跃于水运地区。青帮的渊源比天地会、哥老会要早，但其真正崛起却是在清末。[⑧] 青帮的成员主要是漕运水手。漕运是通过大运河，把各地的田赋运往京城，这是历代王朝的惯例。漕运每年一次，规模庞大，需要大量的水手，“回空”却令许多水手失业。漕运十分艰苦，“回空”又使水手物质与精神双重空虚。于是，罗教成了他们的皈依。晚清以来，漕运陆续改为海运，使得大运河地区（主要是江浙皖一带）漕运水手更严重地失业，此时的罗教场所则不仅仅是朝圣地，更成为组织行动的策划地。严格的教条、门规使罗教成为一严密的组织，并有组织地从事一些实务活动。社会战乱日甚，罗教逐渐与当地的青皮相结合，并且主要以贩私、打劫为业。漕运的停废，助产了青帮，同时也酝酿着青帮以后

---

① 陶成章：《教会源流考》，《陶成章集》，上海人民出版社 1986 年版。

② 罗尔纲：《天地会文献录》，中华书局 1943 年版。

③ 萧一山：《天地会起源考》。

④ 蔡少卿：《中国近代会党史研究》，中华书局 1987 年版，第 58 页。

⑤ 同上书，第 133 页。

⑥ 同上书，第 124、4 页。

⑦ 同上书，第 213 页。

⑧ 欧阳恩良、潮龙起：《中国秘密社会·清代会党》，福建人民出版社 2002 年版，第 216 页。

的蜕变。

以上三大会党之外，鸦片战争后，中国还出现了其他名目繁多的会党。有道光年间江西的天罡会、江苏的抬天会、湖南的征义堂、海南的合胜堂，咸丰元年湖南的斗台会等。他们聚众于乱世，或者排外，或者反清。

2. 晚清会党区域分析

整个晚清，处于社会整体变迁转型时期，由此而来的社会动荡，势在必然。会党的兴盛、频繁活动为其因由之一，同时会党作为游民阶层的秘密结社，具有寄生性和非法性。因之，在地域上的空间分布特征各具特色。

会党活动于晚清不同的历史时期，且各具特点。分布与活动密切相关，蔡少卿认为，会党活动主要分为两个历史时期：第一个时期（1840—1874），为天地会活动高涨期。会党于中国南方各省蔓延，山堂林立，无处不有。同时，哥老会在清军，尤其是湘军中蔓延；漕运水手行帮则逐渐转为青帮。第二个时期（1874—1911），为哥老会崛起时期。19世纪70年代，哥老会崛起于长江流域，并迅速蔓延至全国。它活动范围大，层面广，为该时期中国最大的会党。南方天地会活动则相对沉寂，已居于次要地位。另一值得注意的是，青帮势力有所发展，并出现清洪帮合流态势，20世纪初，清洪帮势力于上海站稳脚跟。①

根据蔡少卿的分期法，结合相关资料，将各期各省会党活动概况统计如表2－16所示。

表2－16　　第一个时期（1840—1874）会党分布情况

地名（活动地域）	创立(活动)时间	头目	会(堂)名	备注
广东揭阳	1844年创	黄悟空	双刀会	潮阳人，因躲命案逃至揭阳
广东揭阳	1844年创	戴仙	双刀会	福建漳县人，以算命、打卦为生
广东香山	1845年创	周佩居、高名远	隆兴会	孤单无依，拜会可互助
江西	1847年创	饶聂狗、李仙迓	双刀会	—
江西赣州	1847年创	凌成荣、谢嗣封	关爷会	彼此相帮，免人欺
湖南临武	1847年创	唐幅通、张老二、董言台	添弟会	唐为临武人，张为湘潭人

① 蔡少卿：《中国近代会党史研究》，中华书局1987年版，第36—40页。

续表

地名（活动地域）	创立（活动）时间	头目	会（堂）名	备注
江西吉安	1847	胡世逢	三点会	—
湖南	1851	左家发	尚弟会	左原名刘开山，刘沅陇
江西宁都	1851	李运红	边钱会	—
广东南雄	1852	曾河阑、张大萌	斋公会	—
湖南、广西边界	1847	雷再浩、李世得	棒棒会	—
湖南新宁、武冈	1849	李沅发	把子会	—
湖南浏阳	1842	周国虞	征义堂	—
上海	1853	周立春、徐耀、刘丽川	上海小刀会	青浦、嘉定农民城市起义
福建厦门	1850 年创	陈庆真、黄得美、黄位	闽南小刀会	—
福建永春、德化	1854	黄有使、江水、林俊	红钱会	—
广西	1853	朱洪英、胡有禄	天地会	创“升平天国”政权
广东东莞、佛山	1854	陈开、李文茂	天地会	洪兵起义，创“大成国”政权
广西	1854	陈金刚	天地会	创“大洪国”政权
广西	1851—1864	黄金亮、黄鼎风、吴凌云	天地会	平清王黄金亮、建章王黄鼎风、延陵王吴凌云，“三大王”政权
福建建阳	1846 年创	李先迓	红钱会	—
广东、福建	同治四年创，十年破获	叶秉南、张国佐	福凤山青龙堂	—
江西	同治五年	曾湘帆	紫云山忠义堂	—
湖南、江西	同治五年创，十年破获	李桂麟	青龙山白虎堂	—
福建	同治七年创，十年破获	饶嘉宾	安凤山回龙堂	—
湖南常德	同治九年破获	罗富、曹小湖	龙虎山忠义堂	—
	—	宋云亭	天台山	—
四川广元	—	王松亭	—	—
湖南	1840	赵瞎子	丫叉会	此为丐帮，每人执杖头上刻“丫叉”记号
江西	1840	李保庭	沙包会	—
广东、湖南交界处	道光末年	王萧氏	沙包会	乞丐用沙罐煮饭，俗呼沙罐为沙包

续表

地名（活动地域）	创立（活动）时间	头目	会(堂)名	备注
湖南湘潭	1847 年创	张老二	添弟会	—
江西宜黄县	道光年间	邹良俚、邹松俚	天罡会	—
江苏	道光年间	张克贤、张克贯	抬天会	—
湖南	道光年间	景灼	斗台会	—
湖南	1855	焦三、王大才、许月桂	天地会	—
广东	—	阿妈相	天地会	—
湖南	1854 年左右	邓正高	天地会	—
广西全州	1854 年左右	陈永秀	天地会	—
湖南	1854 年左右	何贱苟	天地会	—
广西	1852 年创	吴凌云	全胜堂	创延陵国政权
台湾	1853 年左右	林恭、张佑、杨文度	—	—
福建南平	1849 年创	钟士仔、李赤妹、巫亮	闹公会	红钱会支派
福建	1851 年创	廖岸如	江湖会	红钱会支派
广东佛冈厅	道光年间	邓南保、刘亚才、谭观欣	合胜堂	—
上海嘉定	1853 年创	陈木全、徐耀	罗汉党	—
浙江平阳	19 世纪 50 年代	赵启	金钱会	—
浙江诸暨	1860 年左右	何文庆	莲蓬党	—
浙江宁波	太平天国时期	—	双刀会	—
浙江台州	太平天国时期	—	十八党	—
广东高要	1846 年左右	张嘉祥	天地会	—
湖南	太平天国时期	洪大全	天地会	—
湘南一带	太平天国时期	焦玉晶、许月桂	天地会	—
湖南	1852 年创	刘代伟	天地会	—
云南昭通	太平天国时期	李永和、蓝大顺	—	哥老会系统分支

第二个时期（1874—1911）会党分布情况如表 2－17、表 2－18、表 2－19 所示。

表 2－17　　第二个时期会党（主要为哥老会）分布情况

山堂名称	会首	活动地区	活动时间	资料来源
紫金山 玉龙堂	何彦彪 王焕亭	陕西	同治四年创，光绪二十年发现	刑部重大专案 18495 号
福龙山 寿永堂	汪松亭	四川广元	同治十三年创，光绪二十年发现	刑部重大专案 18495 号
将军山 兴隆堂	魏茂昌	湖南桃源	光绪元年创，九年破获	《卞制军奏议》卷四
汉家山 赵麒堂	乐正龙 乐兴保	江西崇仁	光绪元年创，十八年复立	《光绪朝东华录》（3）3147 页
集贤山 同山堂	黄发祥	浙江	光绪三年创，至二十七年仍有活动	梅启熙光绪三年六月奏片。任道镕光绪二十七年八月奏折
飞雄山 仁义堂	胡　连	湖南桃源	光绪五年创	《卞制军奏议》卷四
中华凤凰山 楚南洞庭堂	易开轩	湖南、湖北、江西	光绪五年创，八年破获	《卞制军奏议》卷四
天台山	张仁寿	云南	光绪六年破获	《刘武慎公遗书》卷二〇
中明山 太平堂	方雪敖	湖南平江	光绪八年破获	《卞制军奏议》卷四
九华山 大新堂	刘福元	湖南巴陵	光绪八年	《卞制军奏议》卷四
楚鄂山 永乐堂	龙松年	湖北樊城	光绪八年创，十八年破获	沈秉成光绪十八年八月奏
白虎山 忠义堂	李怔学	湖南	光绪八年创，九年破获	《卞制军奏议》卷四
双龙山 公义堂	龙松年	湖北、安徽	光绪八年创，十八年破获	沈秉成光绪十八年八月奏
万荣、万福 天台各山	骆海青	安徽	光绪十起开立	邓华熙光绪二十五年六月奏
五洋山 三结堂	成　祥	浙江仙居	光绪十一年破获	《刘尚书奏议》卷二
文武山 忠义堂	王敬之	安徽	光绪十一年创，十八年破获	《光绪朝东华录》（3）3149 页
金砯山	周万益	湖南武陵	光绪十二三年间活动	《卞制军奏议》卷九
太吉山	龙老九	湖南武陵	光绪十二年创，十三年破获	《卞制军奏议》卷九
天宝山 地灵堂	李世贵	广东	光绪十三年破获	《湘粤剿灭哥老会文稿》
双龙山	吕玉成	广东	光绪十三年发现	《湘粤剿灭哥老会文稿》

续表

山堂名称	会首	活动地区	活动时间	资料来源
仁义会	宋金龙	河南	光绪十四年创，二十年破获	《光绪朝东华录》(3)3378页
楚金山护国堂	高德华	湖北	光绪十五年以前开立，十七年破获	张之洞等光绪十七年十二月奏
洪旗山	罗洪章	江西	光绪十五年开立	彭云华:《萍乡哥老会起义始末》
天宝山玉华堂	汪殿臣	湖南临湘	光绪十五年创，十七年镇压	《张文襄公奏稿》卷二〇
太雄山忠义堂	胡名扬	浙江、安徽、江苏	光绪十五年创，十八年破获	《光绪朝东华录》(3)3149页
仰辉山忠义堂	蔡九城	福建、江西、安徽、湖南、江苏	光绪十七年破获	李翰章光绪十七年十月奏
回嵛山	马福益	湖南、江西	光绪十七年创	《辛亥革命前十年民变档案史料》399页
华盖山九华堂	何老小	安徽繁昌	光绪十七年破获	沈秉成光绪十七年九月奏
万里终南山	铁通	河南	光绪十八年破获	沈秉成光绪十八年九月奏
东梁山忠义堂	张镇新	河南	光绪十七年开立，二十一年破获	刑部重大专案13696号
紫寿山集义堂	王霭亭	安徽	光绪十七年破获	沈秉成光绪十七年九月奏
圣龙山明义堂	濮云亭	安徽、湖北	光绪十八年破获	沈秉成光绪十八年四月奏
龙花山玉龙堂	陈金龙	上海	光绪十八年破获	《光绪朝东华录》(3)3102页
武岳山洪福堂	邓海山	湖南、江西	光绪十八年破获	《光绪朝东华录》(3)3166页
五太山忠义堂	王大、麻子	浙江严州	光绪十八年破获	廖寿丰光绪十八年二月奏
天官山富贵堂	薛廷玉	安徽、江苏	光绪十八年破获	沈秉成光绪十八年四月奏
金华山结义堂	蔡国安	安徽	光绪十九年发现	沈秉成光绪十九年八月奏
同兴九龙山英雄保国堂	杨协成	安徽广德	光绪十九年发现	沈秉成光绪十九年八月奏
九龙山忠义堂	邓世恩	湖南酃县	光绪十九年破获	《湘粤剿灭哥老会文稿》
传说英雄堂富贵松柏堂	魏占洪	陕西	光绪十九年活动	刑部重大专案18495号
天台金龙山	蒋德标	广西永安	光绪二十年破获	《光绪朝东华录》(3)3329页

续表

山堂名称	会首	活动地区	活动时间	资料来源
中华山报国堂	胡名扬	江苏、浙江	光绪二十年破获	刘树棠光绪二十年正月奏
天福山	吴大栋	湖南	光绪二十二年创	法部重大专案 30798 号
崇华山麒麟堂	宋左亭	浙江温州	光绪二十四年破获	《光绪朝东华录》(4) 4307 页
八宝山忠义堂	—	上海、浙江	光绪二十四年发现	《光绪朝东华录》(4) 4307 页
定华山保国堂	龙海臣	贵州永宁	光绪二十五年开立，二十七年破获	刑部重大专案 21743 号
龙华会	张恭、蒋天山、沈荣卿	浙江	义和团时期	—
双龙会	王金宝	浙江	同上	—
白布会	濮振声	浙江	同上	—
平洋党	竺绍康	浙江	同上	—
鸟带党	—	浙江	同上	—
伏虎会	王锡桐	浙江台州	同上	—

资料来源：周育民、邵雍：《中国帮会史》，上海人民出版社 1993 年版，第 244—247 页。龚书铎主编：《中国通史》第十一卷，上海人民出版社 2000 年版，第 905—907 页。

表 2－18　　　　第二个时期青帮分布区域

时间	活动区域	资料来源
道光至咸同之际	江浙两淮一带	龚书铎主编：《中国通史》第十一卷，上海人民出版社 2000 年版，第 900 页
太平天国革命前后	太湖地区的“巢湖帮”，最初活动于苏南。1854 年进入江浙一带活动，“凡江南、皖南、浙西诸府之流氓、光蛋，咸属此流派”①	周育民、邵雍：《中国帮会史》，上海人民出版社 1993 年版，第 264 页
太平天国革命失败后	兴起于长江中、下游地区	周育民、邵雍：《中国帮会史》，上海人民出版社 1993 年版，第 223 页
太平天国后数十年	青帮势力沿运河迅速发展，向北则鲁省，向南则江浙皖。南进者与长江哥老会势力渗透、融合	刘平：《略论清代会党与土匪的关系》，《历史档案》1999 年第 1 期，第 96—102 页
	安徽境内，邻近江浙的盱眙、来安、芜湖、宁回、广德、徽州一线均有青帮的活动	周育民、邵雍：《中国帮会史》，上海人民出版社 1993 年版，第 264 页
光绪年间	“江浙为多，淮徐海尤甚，皖北亦有之”	徐珂：《清稗类钞》会党类

---

① 陶成章：《浙案纪略》，《辛亥革命》资料丛刊（3），第 21 页。

续表

时间	活动区域	资料来源
长江教案时期	盐枭中的青帮主要分布在两淮、江南、浙西、皖南一带	蔡少卿:《中国近代会党史研究》,中华书局 1987 年版,第 245 页
清末	江西、山东一带发现青帮组织	周育民、邵雍:《中国帮会史》,上海人民出版社 1993 年版,第 264 页
约 19 世纪末	清洪帮在镇扬、宁芜地区合流,并沿长江、运河、太湖一线向东推进	刘平:《略论清代会党与土匪的关系》,《历史档案》1999 年第 1 期,第 96—102 页
20 世纪初	清洪帮势力在上海站稳脚跟	
19 世纪末 20 世纪初	因交通运输线改变,青帮活动中心转移到华洋杂处的通商口岸上海、镇江、南京	周育民、邵雍:《中国帮会史》,上海人民出版社 1993 年版,第 263 页

表 2-19　　第二个时期(辛亥革命期间)的会党分布情况

时间	相关首领人物	活动区域	备注
辛亥革命时期	吴太山	河南	—
辛亥革命时期	康星田、黄淑性	江西	—
辛亥革命时期	尤列、郑士良、王和顺、黄明堂、杨子华、相玉昆	两广一带	主要为天地会系统的三合会与三点会
辛亥革命时期	—	浙江	一部分属于哥老会系统,一部分由本地自发产生
辛亥革命时期	李云彪、杨鸿钧、张尧卿、马福堂	湖南	主要为天地会与哥老会及其分支
辛亥革命时期	—	湖北	主要为江湖会、哥老会
辛亥革命时期	张百祥、李绍伊、张捷先、张达三	四川	主要为哥老会
辛亥革命时期	万炳南、张云山	陕西	主要为哥老会与刀客
辛亥革命时期	陈南、黄复、邓子瑜、许雪秋	海外	海外洪门主要分布在美洲、南洋一带

资料来源:龚书铎主编:《中国通史》第十一卷,上海人民出版社 2000 年版,第 907—920 页。

据以上晚清会党两个时期的统计及相关统计表,笔者把各省会党活动记载次数列表 2-20 如下。

表 2-20　　1840—1874 年各省会党活动情况统计

省份	广东	湖南	江西	福建	广西	浙江	上海	江苏	湖北	四川	云南	台湾	不明	合计
次数	11	17	8	7	5	4	2	1	1	1	1	1	1	60

可见，该时期会党活动主角为天地会，主要活跃于南方，以福建、两广、湘赣等省为突出。而北方鲜有记载。

表 2-21　　1874—1911 年各省会党（主要为哥老会）相关活动情况

省份	湖南	浙江	江西	安徽	湖北	河南	江苏	陕西	上海	广东	贵州	福建	四川	云南	广西	合计
次数	15	14	7	11	6	4	4	2	2	3	1	1	2	1	2	76

上表笔者统计的只是 19 世纪末叶为清政府破获的哥老会部分组织的大致分布情况。此统计数据之外的哥老会组织数目，估计将更为可观。而仅就表列统计，可知该时期哥老会已然遍布全国 15 个省份，其中尤以湖南、浙江、安徽三省为盛。

表 2-22　　晚清（1840—1911）会党分布情况

省份	湖南	广东	江西	福建	广西	浙江	湖北	江苏	四川	云南	上海	贵州	陕西	河南	安徽	台湾	不明	合计
次数	32	14	15	8	7	18	7	5	3	2	4	1	2	4	11	1	1	136

从表 2-22 现有的统计数字可以约略得知，整个晚清时期，湖南会党活动最为活跃，达 32 起之多，占整个统计数据的 24%。江浙、两广、闽、鄂、赣、皖等省会党活动较为频繁。

综上列各表及相关分析，我们可以得知晚清会党区域分布大致情况：会党于晚清时蔓延全国，渗透各个阶层，但其势力主要活跃于南方地区。1840—1874 年，闽、两广、湘赣等省会党（主要是天地会）特别活跃；1874—1911 年，长江流域各省会党（以哥老会为主）相当盛行，尤以两湖、江浙、皖、赣等省极为突出，这一时期，青帮有了一定的发展，主要活跃在运河流域的省份（江浙皖等省），并时而向周边省份渗透。

3. 晚清会党分布原因考察

会党的分布，与当时社会环境有着密切的关系。“会党势力在南方飞速发展，与中国近代社会半殖民化程度的加深，特别与中国南方长江流域政治经济的急剧变化，是密切相关的”①。具体言之，“人口恶性膨胀和土地兼并加剧，造成大批无地可耕的游民，就是清中叶秘密会党兴起的社会

① 蔡少卿：《中国近代会党史研究》，中华书局 1987 年版，第 5 页。

根源。至于到了晚清时期，即中国进入了半殖民地半封建社会以后，由于外国资本主义势力的入侵，传统的自然经济遭到了严重的破坏，出现了更庞大的破产劳动者游民队伍，这是近代中国秘密会党得以飞速发展的主要社会根源”①。蔡少卿的分析客观而精辟，对晚清会党活动的区域分布，笔者将沿着前人研究的足迹，从以下几个方面加以具体考察。

（1）晚清社会经济的畸形变迁

嘉道以来，农村经济日益残破，城镇商业步履维艰，外洋的入侵更使其雪上加霜。沿江、沿海、通商口岸之区，因国外经济的冲击，交通运输业、手工业、农村经济迅速破败，无业人口骤增，出现了更为庞大的破产劳动者、无业游民，长江流域尤为严重。他们的生计“为轮船所夺，其贫困失业流为盗贼者比比皆是，私枭、会匪充斥，职此之由”②。船户“资本亏折殆尽，富者复而赤贫，贫者绝无生还之理”，“业船者无以谋生，其在船水手十余万人不能生存，必致散而为匪”③。而物美价廉的机制洋纱倾销，又致“土棉纱无人过问，妇女纺业多废”④。“往昔一乡一集，游惰无业者不过数人，今则数百家之聚，游惰即至数十”⑤。沿江、沿海、通商口岸大量涌进的游民迫于生计，集结流入会党。

近代经济的区域变迁，不但抛出大量的失业游民，而且以其特有的方式吸附、消化因生计所迫流入该区域的游民。从统计资料可以看出，会党组织（包括民国初年兴起的上海青帮）大量麇集、活动于沿江、沿海、通商口岸省份。

因之，伴随着外国资本主义的入侵，国内自然经济解体，商品经济发展而涌现的大批小商贩、小手工业者、无业游民、因战乱而来的数以万计的散兵游勇等，迫于生计，纷纷流向经济相对发达的、谋生出路相对宽裕之地，成为历史的必然。而这些地区又处于劳动力饱和状态。于是，本地或是游民相携而来的会党，得以大量繁衍、滋生。如太平天国农民战争，使得富庶的江浙皖三省“几乎百里无人烟，其中大半人民死亡，室庐焚毁，田亩无主，荒弃不耕”⑥。同时，大批外来客民流迁于此（尤以湖广籍流入量大），原本散落于此的湘淮游勇数目已不在少数。人口的麇集流

① 蔡少卿：《中国近代会党史研究》，中华书局 1987 年版，第 10 页。

② 刘坤一：《刘坤一遗集》，中华书局 1959 年版，第 1039 页。

③ 《同治朝筹办夷务始末》第 28 卷，第 38 页。

④ 《中外日报》光绪 25 年元月三日。

⑤ 《桐城吴先生日记·时政》，第 37 页。

⑥ 王韬：《弢园文录外编》第七卷，第 6 页。

迁使得两湖地区的会党组织（尤为哥老会）随之而来，漕运的废止，海运的兴起，以及其他相关因素，使得上海成为19世纪末20世纪初全国最主要的工商业中心和海内外交通枢纽。如此地位磁铁般吸附各地农民、商人，尤其是游民至此谋生，这些人中不乏会党成员（主要是青帮）。而该区域本身就是青帮活动的重要地区。显然，会党组织于上海繁衍，顺理成章。社会经济的变迁，1898年萍乡安源煤矿的开办及经营规模迅速扩大，醴陵则成为晚清的瓷矿中心，使湘赣边境成为“游士”、“游勇”蜂聚之地，“五方之民”络绎不绝，麇集于此。会党组织繁衍状况，可想而知（尤为哥老会）。太平天国时期，湘赣边境会党组织林立、交互发展。

（2）晚清社会控制的弱化

晚清会党谋生手段的非法性、政治特征的破坏性、反政府性（或反现存秩序性），决定了其组织只能在晚清社会控制相对薄弱或者失控的地区发展。

何为社会控制？在广义上，指涉及维持秩序和稳定性范围内的内容；在狭义上，则指用于维持秩序的各种专门手段。[①] 晚清的中国社会，随着近代社会结构和文化结构的裂变，国家的社会控制机制陷入失控状态，偏离常轨。随之而来，晚清王朝对整个社会特别是基层社会的有效控制弱化。如此态势，直接地刺激着会党的产生和发展。反之，会党的发展又势必进一步加剧社会的全面解体与失控。此一现象，于某些区域尤为明显，在某种程度上影响着晚清会党的地理分布。

中国传统社会的统治是上层政权与基层社会实体组织，即“国”与“家”的双重统治。[②] 该统治方式成就了很小的官员编制统治众多的人口的现实。对于占人口绝大多数的基层社会的控制则主要是以政府为主导，地方士绅参与进来进行事务的管理与秩序的维持。此运作方式不可避免地形成政府与地方士绅势力的一定程度上的对立，两者之间力量的消长形成事实的冲突。政府方面要依赖地方士绅实现统治，又不能给予其太大的权力养其羽翼。地方势力方面则为自身的利益着眼，扩大对地方事务的权力。

晚清的内忧外患使得清政府的活动力日益减弱，其对基层社会控制的主导作用日渐丧失，基层社会传统的保甲制度至此已名存实亡，士绅阶层则在地方事务中作用日益显著，逐渐超越王朝基层社会控制组织制约，成

---

① 苏智良、陈丽菲：《近代上海黑社会研究》，浙江人民出版社1991年版，第37页。

② 张研、牛贯杰：《19世纪中期双重统治格局的演变》，中国人民大学出版社2002年版，第9页。

为事实的基层社会真正控制力量。这是因咸同之际政府面临狂飙突起的民变，难以提供有效社会控制力量，加之团练兴盛而实现的。历史较量的结果，导致封建皇权的力量让位于绅权。至此，形成空前的“绅权大张”[①]。根据郑亦芳的研究统计，太平天国时期各地团练领袖都是以士绅为主体。其士绅领袖在广东为78.4%，在广西为79.9%，在湖南为56%。[②] 地方士绅势力愈来愈大，另一方面，随着西学东渐，传统社会结构解体，城乡社会发展的严重失衡，士绅的凝聚力及其地位大不如前，实际上也逐渐失去对当地社会的控制。始于19世纪中叶，富有的士绅和地主迫于灾荒、战乱，纷纷流向城市。此一现象，随着社会变迁步伐而程度加剧。大批基层社会“精英”阶层的士绅涌向城市，“造成乡绅、士绅质量的蜕化，豪强恶霸、痞子一类边缘人物开始占据底层权力的中心”[③]。社会基层政权由此严重蜕化。基层社会矛盾日趋尖锐和激化，由此日渐无序和骚乱。这就为会党非法的反政府活动打开又一缺口。这种现象在长江流域与东南沿海的发达省份尤为严重。在广东，很多士绅因经营工商业、求学、参加政府或者社会活动而离开了乡村。长江中游地区，因为政府和地方双重统治的暂时失效，哥老会蜂起。而此刻当地的士绅则撕下道德的外表，弃礼仪与廉耻不顾，为保眼前既得利益对哥老会施以怀柔政策，甚至加入哥老会以达到对自身利益更好的保护。如湖南哥老会首领焦达峰出身于士绅家庭。[④] 而“绅粮之家亦有在（哥老）会者，各为借此保家……”[⑤] 同时，绅界中人，“若执位卑弱，恐会匪谋官，亦间有挂名其中”。因之，哥老会在这一带迅速发展，自数十万以至数千万人，愈集愈多，地方政府也无力禁止。

（3）游民流向与会党的分布

游民问题关涉基层社会秩序，基层社会秩序关涉王朝命运。由此，与王朝命运紧密关联的是统治者为之建立的基层社会控制组织，它企图把高度分散于广阔农村的社会成员纳入政权的直接监控之下，以制约或遏制其中任何一支社会力量的独立发展。然而局限于封建政治理念的统治者往往难以有所作为，政治发展至晚清，皇权既未能遏制绅权扩张，又未能解决或有效控制游民社会的日益膨胀。对此“宵肝筹思，终乏良策”。治标之法终未能从根本上塞游民滋生之源，以致晚清社会，秩序空前失控，基层社

① 张保馨：《道咸宦海见闻录》，中华书局1981年版，第274页。

② 郑亦芳：《清代团练的组织与功能》，《中国近现代史论文集》第28篇，第657页。

③ 许纪霖：《近代中国变迁中的社会群体》，《社会科学研究》1992年第3期。

④ 李依：《袍哥在充》，《西充县文史资料选辑》（五），第54页。

⑤ 王纯五：《袍哥探秘》，巴蜀书社1993年版，第27页。

会骚乱无序。丧失了生产资料加入游民队伍的与日俱增，其势力日益庞大。“遇事相帮”，“敛财分用”，游民趋奔日促，纷纷流向会党。因之，游离正统社会秩序之外，以此为后备生源的会党组织日益膨胀，数目空前，分布日广。然因其组织固有的寄生性和非法性，会党在分布上具有鲜明的地域性，经济相对发达、社会控制相对弱化的区域自然成为其首选之地。

游民的成因，自有其内在的社会机缘。游民的成分，随时间的推移，自有其变异现象。晚清时期，游民主要由破产农民、破产手工业者、裁减的兵丁、失业的运丁、破落的地主、富农和商人，以及灾民组成。游民的来源不同，使其活动的范围也相应不同。然其所共求的乃生机，其势必流向适于生存的社会环境。沿江、沿海、通商口岸是近代工业有一定发展的区域，成了会党首选的寄生地。游民为生计而加入会党，会党则要扩充势力，吸收游民以致当时中国社会“伏莽遍地”。此亦为会党得以飞速发展不可忽视之源。

随着近代社会结构转型和经济变迁，城乡社会发展严重失调。农村自然经济破产，城市工商经济兴起，市镇繁荣（特别在沿江、沿海、通商口岸区），对劳动力的需求，吸引相当的社会游民向这些区域流动。游民为求生计，一部分流向边远地区，相当大部分则流入城市以谋生。其中失业运丁则麇集在运河、长江两岸活动。往昔“在船则为水手，在岸即为游民”，今则成为职业的游民，青帮应运而生。随着上海经济地位的上升，许多以前的船夫与运输系统有关的人员移往上海，当地原有的以及游民携带而来的帮会组织亦随之而起，而兵勇则以江淮为众。

1880—1890年间，长江流域的江苏、湖北、湖南等6省区连年受灾，流离失所的灾民纷纷投奔上海、南京、汉口等沿江城市，数量达十万至数十万。这些劳动力饱和之地自然无法为其提供生计。19世纪末20世纪初的上海，作为全国的工商业中心及海运的关键转运点，以其特有的魅力吸附四方之民。早在1853—1865年，东南沿海的地主、富商、绅士及一般百姓因战乱至此谋生。其后，苏北一带难民到来，天地会、青帮亦随之而来，上海特殊的社会是其发展的温床，消化着外来游民或会党成员。而长江中下游运河区域，因太平天国战争，江浙皖“几乎百里无人烟，大半人民死亡，室庐焚毁，田亩无主，荒弃不耕”，人口锐减。因主客观原因，大批外来游民流入，两湖人占相当的比例。光绪中后期，外来游民持续流入，“以两湖人为多”①，游民当中，也有相当部分的湘、淮军裁撤勇

---

① 从刊本《辛亥革命》（三），第69页。

丁。兵丁的裁撤，不少散兵游勇流蔽江南。如部分湘军在苏南领垦荒地；左宗棠在浙江就地安置“老湘营”勇丁，淮勇“虽遣不归，盘踞于浙湖郡县，而以贩盐为生”[①]。湘军、淮军、楚军本身就是哥老会传染源，而两湖地区原本哥老会就十分活跃。毋庸置疑，哥老会于此落户，并迅速蔓延开来在所难免。另外，19世纪后期，湘赣边区域因社会经济变迁，也成为流民麇集的重要区域。江南最大的煤矿基地，全国瓷矿中心，必会吸引成千上万来自各地的破产（失业）游民。省内的或外来的会党组织，随着游民的流入而日益活跃。以致后来，湘赣边萍浏醴地区及附近等地，“为湘赣两省哥老会聚会之渊薮”[②]。

（4）湘军的活动

哥老会初兴之时，活动于长江上游的四川一带。它之所以能向长江中下游扩张，甚至蔓延全国，与湘军活动不无关系。

晚清时期，以“反清复明”为立会宗旨的天地会的规模与内容发生了很大的变化，其立会的形式却获得了很大的传播，肇始于四川的啯噜会在发展的过程中吸收了天地会形式而形成哥老会，渗透到周边省份与湖南、湖北、贵州等地，并在长江中下游地区掀起哥老会的活动浪潮。而湘军在这个过程中起着关键的作用。

面对狂飙突起的太平天国运动，清王朝难以应付，不得不打破旧制，组建湘军与之抗衡。湘军的招募，起初十分严格，有“取具保结”的审查制度。但是后来因为连年的战事，湘军阵亡、伤残人数日多，加之其不断地扩编与成立新军，使湖南一省的兵源日趋紧张。“朝取夕取，网罗殆尽，刻下不特将领难得，即招募精壮勇丁，亦觉难以集事。”[③] 湘军在一定程度上不得不就地募勇，大量的散勇、降众被编入湘军。霆军即是其一，其兵将不少为四川人，有的成员不少是源自四川的游勇、哥老会。兵源的紧缺，使湘军的招募成法逐渐形同虚设，一些哥老会成员以此为契机加入湘军，在军中发展其势力。另外，哥老会也到湘军兵营交结兵勇、发展组织。湘军早期的军规严厉，对于“结拜哥老会，传习邪教者斩”[④]。但在湘军的后期，加入哥老会的人“军营武职人员保至二三品者，公然入会，憨不畏法”，使其营规逐渐失效。湘军后期的将领日趋腐败，兵士缺乏活力，使得哥老会在湘军中有了更为有利的生存和发展空间，到同治

---

① 《论江浙枭匪》，《东方杂志社》1906年第1期。

② 冯自由：《中华民国开国前革命史》中卷，革命史编辑社民国十七年（1928），第51页。

③ 《曾文正公全集》书札，卷十二《致骆中丞》。

④ 《曾国藩全集》，岳麓书社1986年版，第446页。

初年，已成“各营相习成风，互为羽翼”之态。[①] 各省军营亦“纷纷效尤，党羽繁多”[②]。湘军最终未能遏制会党势力的发展，反成其活动重要载体，其中以哥老会的发展尤为突出。

后来，在湘军中发展和壮大的哥老会随着湘军的遣散而散落于民间。湘军的遣散不下数十万，而这数十万同时回到湖南，顷刻间湖南社会经济动荡，导致“米粮酒肉百物昂贵”，“人人难于度日”[③]，遣散的兵将相当部分已无心于耕作，并染上不良习气，饷粮迅速消耗殆尽。而哥老会的弟兄互助宣传，既可解物缺之忧，也可慰精神之愁，因而迅速吸纳了这部分人，活动的频繁使得湖南一地的哥老会颇受朝廷关注。与湖南相邻之江西，因湖南哥老会的势力扩展而由浏阳、醴陵一带传入萍乡。萍乡乃当时江南最大的煤矿基地，移民杂多，哥老会一经传入，其强烈的吸附力便使其迅速蔓延开来，并常与湖南哥老会串联。同样的原因，哥老会由湖南向其周边省份继续蔓延，北上湖北，南下广东。

值得一提的是，后期的湘军中，哥老会是一个十分严重的问题。其自身已经成了一个传染源。在与太平军多次交战的安徽，湘军也把哥老会带入了皖省。其省会党的传统因此后移民的大量迁入而得以极大地发挥。此外，左宗棠西征，哥老会也随之移植新疆。[④]

根据蔡少卿对同、光年间哥老会情况的研究，绝大多数哥老会头目都是营伍出身。[⑤] 此为湘军活动与近世会党活动密切关联的又一佐证。湖南成为会党势力炽热之区，亦是十分自然之事。另外，根据吴善中统计的在217名有明确出身背景或职业的哥老会成员中，其充当各营弁员、营兵、勇丁及武举、武生出生者，占121名，几近60%。[⑥] 研究进一步证明哥老会势力扩张蔓延，跟湘军的活动及遣散关系极大。哥老会成员中有明确籍贯者为180人，两湖籍占92名，一半有余；而两湖籍的哥老会员“结会地点”却大多在长江中下游的江浙皖赣等省，并非本籍。[⑦] 可见，两湖地区，湘军在此招募的兵勇愈多，则哥老会势力得以发展愈快。这使我们也可看到两湖哥老会势力有顺江蔓延到中下游、运河流域的态势。

---

① 《曾文正公全集》批牍卷三。

② 刘昆：《扑灭湘乡会匪兵击散浏阳斋匪折》，《刘中丞奏稿》卷二。

③ 《曾文正公全集·家书》卷十，第34页。

④ 参见秦翰才《左文襄公仔西北》，第96页。

⑤ 蔡少卿：《中国近代会党史研究》，中华书局1987年版，第218页。

⑥ 吴善中：《客民·游勇·盐枭——近代长江中下游运河流域会党崛起背景新探》，《扬州大学学报》（人文社会科学版）1999年第5期。

⑦ 吴善中：《湘军与哥老会的蔓延及其崛起》，《曾国藩学刊》总第6期。

（二）晚清农民领袖的区域分布

晚清时期，社会动荡不宁，政局风云际会，而关涉王朝命运的乡村社会尤剧。农业生产发展停滞，农民持久贫困，农民生活在“饥寒界限”以下，“民众的生活上受压迫社会上必然生出不安的现象来”①。基层社会四面楚歌，政府控制机制失范。乡村危机，直接导致晚清农村社会的长期动荡和风起云涌的农民起义。据相关民众活动发生次数统计，1836—1845年，246次；1846—1855年，933次；1856—1865年，233次；1866—1875年，909次；1886—1895年，314次；1896—1911年，653次。② 当时的农民起义状况，由此可见一斑。“几乎无地无之，无时无之”，此起彼伏，相激相荡，昭示整个晚清局势的动荡复杂和民众的普遍反叛心理。这些农民起义，席卷全国各地各个民族，触及当时社会生活的方方面面，影响整个晚清政局。在规模、地域分布、影响程度上，尤以太平天国运动、捻军起义、义和团运动最为典型，此外小股的农民起义更是迭出不穷，冲击着摇摇欲坠的末日帝国。而在地域分布上，则各具特色。

1．太平天国运动领袖分布的区域分析

太平天国农民领袖人物，初起于洪秀全的拜上帝会，其政权统治结构基础也是最初拜上帝会成员的原班人马。在之后的斗争中，“俟到小天堂，以定官职高低，小功有小赏，大功有大赏”③ 的诏令，极大地鼓舞了士气，队伍日渐壮大，定都天京后，逐步形成天国的职官组织。该组织的成员，在地域分布上与太平天国的发源地关系紧密，也具有一些从进军到定都天京的行军区域特征（见表2－23）。

表2－23 太平天国农民领袖籍贯统计表

姓名	籍贯	生卒年	曾任官职	备注
冯云山	广东花县	约1815—1852	南王	—
洪秀全	广东花县	1814—1864	天王	农民出身的穷苦知识分子
吴如孝	广东嘉应州	约1815—?	前军主将、顾王	—
洪雪娇	广东花县	—	女将	洪秀全幼妹
洪天贵福	广东花县	1849—1864	幼天王	洪秀全长子

① 李剑农：《戊戌以后三十年中国政治史》，中华书局1980年版，第27页。

② 〔美〕费正清：《剑桥晚清史》，中国社会科学出版社1983年版，第658页。

③ 中国近代史资料丛刊《太平天国》（一），第65页。

续表

姓名	籍贯	生卒年	曾任官职	备注
赖汉英	广东花县	约 1816—?	夏官副丞相	—
罗大纲	广东揭阳	约 1811 或 1804—约 1855	冬官正丞相	或广西人，初组织天地会
朱兴隆	广东清远	—	利王	初为广东三合会成员
林正扬	广东	—	天将	同上
林彩新	广东	? —1864	忠诚一百六十二天将	同上
罗琼树	广东揭阳	约 1810—?	秋官正丞相	—
洪仁发	广东花县	1805—1864	安王	洪秀全长兄
洪仁达	广东花县	? —1864	福王	洪秀全次兄
洪仁政	广东花县	1812—1864	恤王	洪秀全堂兄
洪全福	广东花县	1834—1910	左天将、瑛王、三千岁	洪秀全从侄
洪和元	广东花县	约 1840—1864	巨王	洪秀全长子
洪春元	广东花县	? —约 1863	对王	—
丁太阳	广东	—	天将	初为三合会会员
陈　荣	广东肇庆	? —1864	崇天安、感王	初系当地三合会首领
洪仁玕	广东花县	1822—1864	玕王	洪秀全族弟
赖文光	广东嘉应州（祖籍）	1827—1868	尊王	广西人
谭　星	广东	—	天将	初系三合会成员
谭　富	广东	—	天将	初系三合会成员
赖文鸿	广东嘉应州（祖籍）	? —1864	匡王	广西人
韦昌辉	广东广州（原籍）	约 1823—1856	北王	广西桂平人，地主
萧朝贵	广西武宣	约 1820—1852	西王	—
李开芳	广西武缘	约 1826—1855	地官正丞相、定胡侯、靖王	—
秦日纲	广西贵县	约 1821—1856	天官正丞相、燕王	雇工出身
陈玉成	广西藤县	1837—1862	英王	—
李秀成	广西藤县	1823—1864	忠王	—
李世贤	广西藤县	1834—1865	左军主将、侍王	贫农、李秀成堂弟
胡以晃	广西平南	约 1816—1856	春官正丞相、护天豫	地主
陈得才	广西浔州	—	—	—

续表

姓名	籍贯	生卒年	曾任官职	备注
蒙得恩	广西南平	1806—1861	殿左七检点，赞王	贫苦农民
黄文金	广西博县	1832—1864	福大主将、堵王	—
杨辅清	广西桂平	？—1874	中军主将、辅王	—
范汝增	广西	1840—1867	讨逆主将、首王	一作广东人
曾天养	广西桂平	约 1795—1854	殿左一检点	原籍广东惠州
韦志俊	广西桂平	约 1826—？	国宗、定天福、右军主将	韦昌辉弟
石祥祯	广西贵县	约 1815—1854	国宗	石达开从兄
石镇吉	广西贵县	？—1860	国宗	石达开族弟
石镇仑	广西贵县	约 1825—1854	国宗	石达开从兄
石凤魁	广西贵县	约 1815—1854	国宗	石达开堂兄
卢贤拔	广西浔州	约 1816—？	秋官又正丞相，镇国侯	—
叶芸来	广西	？—1861	受天安	—
刘玱琳	广西	？—1861	靖东主将	—
吉文元	广西桂平	约 1825—1854	春官副丞相、祝王	—
吉庆元	广西	—	朝天军主将、养王	—
朱锡锟	广西郁林	约 1814—约 1853	秋官正丞相、抚王	—
许宗扬	广西	约 1816—？	冬官副丞相	—
刘庆汉	广西	？—1864	尊王	—
刘肇钧	广西	？—1865	逢天义、忠逢朝将、凛王	—
李远继	广西藤县	—	营天义、佑王	—
杨秀清	广西贵平	约 1820—1856	东王	贫农
李明成	广西藤县	—	扬王	—
李春发	广西	—	殿前忠诚天将、顺王	—
李俊良	广西	约 1821—约 1856	恩赏丞相，补天侯	—
何震川	广西象州	约 1826—？	夏官正丞相	秀才
陈坤书	广西桂平	？—1864	副掌率、后军主将，护王	—
陈承镕	广西藤县	约 1821—1856	天官正丞相、佐天侯	陈玉成叔
陈得才	广西浔州	？—1864	公天安、扶王	陈玉成叔
陈德风	广西浔州	？—1864	松王	—
林凤祥	广西武缘	1825—1855	天官副丞相、求王	原籍广东揭阳
林绍璋	广西	约 1826—1864	地官又副丞相、章王	—
胡鼎文	广西	？—1863	羡天义、孝王	—
钟芳礼	广西	约 1806—？	恩赏丞相、义爵	—
莫仕暌	广西平南	—	开朝王宗殿前忠诚伍天将、补王	—
宾福寿	广西	约 1806—？	冬官又正丞相	木匠
黄子隆	广西藤县	？—1864	潮王	—
黄文英	广西博白	1839—1864	昭王	幼丧父母

续表

姓名	籍贯	生卒年	曾任官职	备注
黄玉崑	广西桂平	约 1810—1857	夏官正丞相，卫国侯	
黄呈忠	广西	1826—?	殿佐军主将，戴王	—
黄益芸	广西	1814—约 1854	秋官副丞相，灭胡侯	—
梁成富	广西郁林	？—1865	启王	—
曾天浩	广西浔州	约 1815—?	殿左二十七指挥	原籍广东惠州
曾水源	广西武宣	约 1831—约 1855	天官正丞相	—
曾立昌	广西浔州	？—1854	夏官又副丞相	—
曾钊扬	广西桂平	约 1826—?	天官又副丞相	—
曾锦谦	广西博白	约 1821—?	夏官又副丞相	—
谭绍光	广西桂平	1835—1863	主将，健天义、慕王	一作象州或平南人
韦以德	广西桂平	约 1835—1854	国宗、提督军务	韦昌辉侄
刘官芳	广西	—	冬官又正丞相，右军主将	—
古隆贤	广西	约 1826—?	检点，奉王	—
张朝爵	广西	约 1821—?	殿右四检点，力王	—
周文佳	广西	？—1863	宁王	一作周文嘉
练业坤	广西	—	轮天义、梯王	或广东人
石达开	广西贵县	1831—1863	翼王	客家地主出身
杨义清	广西桂平	—	国宗	杨秀清族兄弟
林启容	广西	约 1821—1858	殿右十二检点	原籍湖南
黄再兴	广西桂平	1816—1854	地官副丞相	—
梁凤超	广西	—	贡王	—
谭体元	广西象州	1836—1866	主将，偕王	—
童容海	安徽无为	—	主将，天将，保王	—
钱桂仁	安徽桐城	？—1866	比王	一作钱贵仁，地主
陈炳文	安徽巢县	—	忠成朝将	—
汪海洋	安徽全椒	—	—	—
傅善祥	江苏江宁	—	—	—
朱衣点	湖北	？—1863	孝天义	—
汪安均	湖北	？—1863	天将，康王	—
郜永宽	湖北	？—1863	主将，纳王	即郜云官
蔡元隆	湖北岳州	1839—?	主将	会王
李尚扬	湖南安仁	1825—约 1863	裨天义	—
邓光明	湖南	约 1830—?	主将，封归王	—
唐正才	湖南岳州	—	会王	—

表2－23统计的104位太平天国领袖人物中，除安徽4人、湖北4人、湖南3人，江苏1人以外，其他92人均为广东、广西人氏。两广人氏占88.5%之强，其他地区人民所占比例不到11.5%。

该表反映太平天国领袖大部分麇集在两广一带。如此分布状况，与晚清时期区域社会形势，以及两广省区客观地理形势有密切的关系。

鸦片战争后，因国内外诸因素的作用，下层民众的反抗斗争已由江北转移至江南（其中广西占有突出的优势），以会党为代表的江南基层民众反抗力量取代了以白莲教为代表的北方民众的基层反抗力量。战争的震撼，洋货的冲击，沿海省份（广东、福建、浙江等）首当其冲，毗邻省份（广西、湖南、江西）在所难免。江北省份，相对而言，危机较少，较迟。官吏的昏庸，军队的腐败，更加深了民众的仇恨。战争期间官勇的招募（鸦片战争期间，政府临时在广东招募壮勇36000余名，由“官府给予口食银两”，此外，还有各地士绅招募的练勇），则在另一方面为民众的反抗准备了生力军。遣散生活的困顿，非法生计则需要相对宽松的社会控制环境，而其时广东为晚清经济文化最为发达的地区之一，社会控制力量相对较强。很自然的，这部分人就沿着当年天地会的道路进入广西。

另一方面，太平天国的前身拜上帝会于1843年为洪秀全与其堂弟洪仁玕、亲友冯云山创立，至金田起义前期，他们主要在两广一带传教与活动。入教人员也主要是该地区的人，之后发动金田起义建立政权，挥师北上，定都天京。这一批拜上帝会教民则可以称得上是开国元勋，论功行赏从他们开始自然是理所当然的。他们籍贯所在地域的特征势必蕴藏着太平军领袖地域分布的必然性。

虽然洪秀全在定都天京前以论功行赏来激励太平军的士气，然而从统计的职官籍贯情况看来，洪秀全等领袖人物带有强烈的宗族观念，同时又可以看出当时太平天国领袖举家从军的特征。根据统计，广东籍的职官共有27位，占全部的1/4还多。洪秀全、冯云山、洪仁玕3人乃拜上帝会的创立者，自不用说。其中只是原籍或者祖籍为广东的有6人，他们是韦昌辉、赖文洪、赖文光、曾天浩、曾天养、林凤祥。此外，很明显的是洪秀全族人的有8人（从整个统计数据来看，104名领袖人物中，为相关领袖人物族人的有18人，占总数的17.3%）。另外，原先是会党成员的人又有8人。因此，从籍贯上是很难看出当时广东的情形的。实际上，广东一省广受岭南文化的熏陶，又处开风气之先，经济文化相对发达，拜上帝会事实上对当地人并没有产生多大影响。真正受其影响的反而是它的近邻——广西。

金田起义前夕，由于政治黑暗、吏治腐败、治安废弛和世道坏乱，广西因为地处边陲，进而成为邻省烟贩盐枭、海盗山贼的遁逃地，和散兵游勇、流丐游民聚集地。鸦片战争中国战败，道光帝受此打击而一蹶不振，甚至害怕听闻水旱盗贼之类的险情。谁奏报，就惩罚谁以出气。于是一些欲获得皇帝赏识宠幸的权贵上下欺瞒，导演出国泰民安的景观。广西巡抚郑祖琛几受叮嘱："风示意旨，谓水旱盗贼，不当以时入告，上烦圣虑；国家经费有常，不许以毫发细故动辄请动用。"[①] 地方官不得不对朝廷隐瞒，而对治安放任。此时，天地会掀起了劫掠狂潮，深深扰乱了清政府在广西的统治，造成广西社会动乱、失控的局面。此时此刻，会党（天地会为主）已经远没有当年的号召力了。而百姓则普遍认为，社会动乱成了清王朝"气数已尽"的根据，清政府赖以统治的社会基础被迅速瓦解。另外，广西省吏治腐败、赋敛苛重、天灾频繁又盗匪横行；拜上帝会却具有其相当的政治抱负，其内部团结互助、成员道德高尚、会内纪律严明。这给身处绝境的百姓带来希望和精神支柱，所以能够吸引更多的人聚集在拜上帝会周围，使这支反清的力量迅速壮大。

至于籍贯为其他省的几位职官则是在金田起义之前或者之后加入太平军的，具有太平军行军路线的鲜明区域分布特征（太平军定都天京的进军过程经过湖南、湖北、江西、安徽、江苏等省，而定都天京之后的北伐与西征则陆续进军经过河南、山东、山西、直隶、江西、浙江、福建、广东、四川、贵州、云南和甘肃等省）。他们能够加入太平军，并被封如此高阶之职官，可见太平军当时的影响力、农民生活困苦、社会控制混乱之状。

2．捻军领袖分布的区域分析

1853 年，轰轰烈烈的捻军起义爆发，1868 年失败。在相当长的时间里，捻军攻克了 64 个府、州、县城，将抗争力量扩展至安徽、河南、湖北、山东、江苏、陕西、山西、直隶、甘肃、四川等省。捻军起义的大本营与主要活动场所乃在安徽，又以安徽、河南两省最为突出。其首领多为当地的枭雄，起初捻军领袖"平时大都贩盐上盗"[②]。其组织的捻军具有行侠仗义、排忧解难的特征，因而在当地人心目中有崇高的地位，时人有谓"一庄有捻一庄幸，一族有捻一族幸"[③]。如表 2－24、表 2－25 所示。

---

① 民国二十六年《邕宁县志》，成文出版社有限公司印行，第 107 页。

② 黄恩彤：《捻匪刍议》，《知止堂续集》第五卷。

③ 方玉阑：《星烈日记汇要》，《捻军》资料第一册，第 310 页。

表 2-24　　前期（1851—1863）捻军首领籍贯分布表

姓名	籍贯	生卒年	备注
张乐行	安徽亳州雉河集张老家村	1810—1863	出身地主家庭，前期捻军最高首领，称大汉明命王
张敏行	安徽亳州雉河集张老家村	—	张乐行二哥
杜金蝉	—	—	张乐行妻
龚得树	安徽亳州雉河集	？—1861	出身贫寒，父亲早死。白旗总目兼军师
苏天福	河南永城西南苏平楼	？—1863	农民兼商人出身，领黑旗，黑旗总目，称顺天王
王贯三	河南夏邑三官集王楼	—	领黑旗，黑旗总目兼先锋
侯士伟	安徽亳州雉河集北乡侯老营子	—	出身贫苦，领红旗，红旗总目兼平西王
韩奇峰	安徽亳州雉河集	—	领蓝旗
韩奇秀	安徽亳州雉河集	—	捻军驻太平天国军队代表，韩奇峰弟
刘永敬	安徽亳州雉河集附近顺河集刘破桥	—	家贫无地，韩奇峰死后的蓝旗总目
刘天台	安徽宿州雉河集	—	出身寒微，刘永敬侄子
孙葵心	安徽亳州雉河集	—	贫寒，白旗主要头目
江台凌	安徽亳州雉河集江老家	—	白旗主要头目
刘玉渊	安徽亳州雉河集	—	出身贫苦，原山东滕县，逃难至淮北
刘学渊	同上	—	出身贫苦，原山东滕县，逃难至淮北。刘玉渊兄
李大喜	安徽濉溪五沟集	—	家贫寒
李　成	安徽濉溪五沟集	—	贫苦。幼丧父，母无力抚养，由李大喜抚养成人
鹿利科	安徽蒙城板桥集陆楼	—	—
葛苍龙	安徽蒙城西乡五十里葛五园子	—	雇农，白旗红边总目，其三子皆为捻军成员
赵浩然	河南永城城北赵庄埠	—	武童出身，黑旗领袖
任　乾	安徽蒙城坛城集	—	贫苦，无以为生
王万一	安徽亳州雉河集	—	即王万全，家贫寒，雇工出身

资料来源：江地：《捻军人物传》，山西教育出版社 1990 年版。

表 2－25　　后期（1863—1868）捻军首领籍贯分布情况

姓名	籍贯	生卒年	备注
赖文光	广西桂平	1827—1868	原籍广东嘉应州。后期捻军最高领袖，太平天国尊王
任化邦	安徽蒙城坛城集西南小任庄	1834—1867	东捻军领袖，太平天国鲁王
张宗禹	安徽亳州雉河集北二十里张大庄	？—1868	地主出身。张乐行远门族侄，西捻军领袖。太平军梁王
张禹爵	安徽亳州雉河集张老家	？—1868	张乐行侄儿。西捻军领袖，被太平军封为“幼沃王”
牛宏升	安徽亳州雉河集曹市集	？—1867	即牛洛红
范汝增	广东惠州人，一作广西人	1840—1867	原太平军将领，以功封授讨逆主将，封进天义，首王
邱远才	广西	—	即邱朝贵，原为太平军将领。太平天国“怀王”
李蕴泰	安徽宿州西阳集附近村庄	？—1868	即李允。初为蓝旗捻军首领。太平天国“魏王”
袁大魁	不详	—	即袁本尊。西捻军陕西余部的领袖

资料来源：江地：《捻军人物传》，山西教育出版社 1990 年版。

据表 2－24、表 2－25 作一数据统计，见表 2－26 所示。

表 2－26　　捻军首领分布情况表

省份	安徽	河南	广东	广西	不详	合计
人数	24	3	2	1	1	31

由表 2－26 观之，笔者所统计的 31 名捻军首领中，除袁大魁籍贯不详之外，其余均有着落。主要分布在北方的安徽、河南两省，而以安徽最为突出，达 24 人之多，占据统计总人数的 77.4%。可以得知，捻军人物主要分布在淮河流域的皖北一带。据相关学者研究，捻首成分构成相当复杂，“呈现出地主（23%），自耕农（27.3%），贫农及无地者（40%）均衡分布状态”，且捻首“总旗主以及领导层中最重要的成员几乎都有强大的宗族背景”①，从笔者统计的领袖表中也可以看出，捻军领袖人物彼

① 张研、牛贯杰：《19 世纪中期中国双重统治格局的演变》，人民大学出版社 2002 年版，第 303 页。

此间也存在错综复杂的亲戚关系，这点与太平天国领袖人物的相关特性有着某些相似之处。从中，显示出晚清农民领袖人物强烈的宗族传统观念，以及家族和亲友为结捻纽带的特征。

起于19世纪中期的皖北捻军起义，必然有其在特定历史环境中政治、经济、文化因子的触动。由此，理所当然地决定捻军领袖人物的分布。

当时的皖北，可以说是政府控制最为薄弱的地区，捻军大本营安徽(尤其是淮北）政治黑暗，官以敛财为能事。这自然导致捕务废弛，再加之"通捻"之人推焰助势，清政府对淮北的控制趋于瓦解。因控制的疏松，盐务的废弛在所难免。清之盐法，因承明制，将全国划为11个盐区(长芦、奉天、山东、两淮、浙江、福建、广东、四川、云南、河东、陕甘等11个盐区)，而皖北是长芦盐区和两淮盐区交错的地区，但两区食盐差价却相差悬殊（芦盐价低味好，淮盐味苦价高)，因生计所逼，利润所诱，贩私进而发展到大规模的盐枭集团行动，势必成为历史的必然。皖北因其特殊的地理位置便成为贩私的中心，而捻军之前身——捻党则于其中扮演了重要的角色。捻军领袖中，出身盐枭者居多，如张乐行、张宗禹等起义前都是护送私盐过境的人物。随着皖北私盐贩子逐渐合流，凝成一股强势，如此人物势必也随之增多。捻军领袖多出身盐枭即由于此。

和清朝时期全国一样的情况，淮北地区也处于人口增长的高峰期。人口的膨胀，造成人多地少的矛盾，其情形势必加剧生存的竞争。又因为淮北贱商之风气颇甚，与土地结合之外，别无其他疏散人口的有效途径，越轨犯禁实为必然趋势。再加之其时皖北灾荒频仍，民众的生存环境可想而知。据记载，1840—1850年间，除1845年未见灾害记载之外，其他年份均为"灾年"，"十年九灾"名副其实。过于频繁的自然灾害，造成相当的饥民、灾民存在。生存的要求，利益的驱使，"行侠仗义，排忧解难"的捻军自然成为首选投奔地。所以，当时有人认为：捻军乃"大半饥民聚而谋食耳"①。天灾人祸降临于一时一地，无以聊生之百姓聚众而变实在情理之中。

3. 义和团领袖分布的区域分析

甲午战争后，民族危机空前高涨，外国宗教渗透严重，传教士无孔不入，瓜分狂潮狂飙突起，山东首受巨创。深受其害的山东基层民众，基于郁积已久的狂怒，基于文化冲突的本能反抗，基于生计被夺的苦痛与耻辱，一场反帝爱国的农民运动（义和团运动）轰然而起，首发山东，继而席卷

① 柳堂:《蒙难追笔》,《捻军》资料第一册，第351页。

华北。时人谓之为“自有家国以来未有之奇变”①。因特定的社会历史和地域环境，圈定了该运动波及之地理范围。“扶清灭洋”之主旨，理所当然，亦圈定了该运动领袖人物的相关地域分布和活动分布（见表2－27）。

表2－27　　义和团领袖的地域分布表

姓名	籍贯	活动时间	活动区域	备注
阎书勤	山东冠县梨园屯	1897—1900	山东冠县一带、直东交界处	梨园屯教案
赵三多	直隶威县沙柳寨	1897—1902	山东冠县一带	—
王立言	山东	—	山东	—
姚文起	—	1897—1898	山东冠县一带	—
高元祥	—	1899	山东威、丘一带，梨园屯	—
郝洛有	—	1900	山东阜城、景州一带	—
任寡妇	湖南凤凰厅	1900	山东阜城、景州一带	—
戴大木	—	1900	山东阜城、景州一带	—
景廷宾	直隶广宗	1902	—	直、东交界“扫清灭洋”
朱红灯	山东泗水	1899	鲁西北一带	原名朱逢明，率众往平原
武　修	山东阜城	1899	山东刘八庄、景州	景州之役
张玉璐	山东清苑	1900	山东济南一带	当地有名的士绅、福户、地主武装首领，张登镇与教民械斗
李来中	陕西	？—1900	直隶	甘军军官，著名头目
张德成	直隶新城	1900	直隶静海	—
曹福田	直隶静海	1900	直隶静海、天津一带	游勇
曹作胜	山东	1897—？	山东钜野	率大刀会掀起巨野教案
赫虎臣	山东博平	1898—1900	山东博平	原为大刀会头目
林黑儿	天津	1900	—	即黄莲圣母
庞　围	山东临邑	1900	天津	打击侵略军
杨照顺	山东	—	山东	又名杨顺达，僧名心诚
李长水、杨传文、张泽成	山东平原	—	—	山东平原

① 《庚子纪事长札》，载中国社会科学院近代史研究编《义和团史料》（下），中国社会科学出版社1982年版，第66页。

续表

姓名	籍贯	活动时间	活动区域	备注
孙玉龙	山东惠民	1900	山东济阳	原名孙允荣抗清
刘士端	山东曹县	1896—?	鲁、苏、皖、豫	大刀会
庞三杰	—	1896	鲁苏交界马良集	抗清
彭桂林	—	1896	鲁苏交界马良集	抗清
曹言学	—	1897	山东张庄	毁教
刘德润	—	1897	山东张庄	毁教
杨清贤	—	1898	山东郯城	神山教堂
杨振坤	—	1898	山东郯城	神山教堂
杨振德	—	1898	山东郯城	神山教堂
于冠敬	—	1899	山东威海	拔界石
马景山	—	1899	山东威海	拔界石

表2－27统计33名义和团知名首领，其地域分布和活动区域主要在山东、直隶两省，某种程度上反映着当时当地的政治和局势。又因义和团运动的特殊性，其首领率领的斗争都为小规模的，有逞一时之义愤之嫌，且与当地受列强文化侵略所致的文化信仰冲突密切相关。笔者表中所统计的首领主要活动在山东一省，除其中5位领袖在直隶活动之外，其余均在山东鲁西南一带或者鲁豫、鲁苏交界区活动，人物的分布与活动有着鲜明的地域特色。

近代社会的畸形变迁，造就晚清政治、经济发展的极端不平衡，由此在某种程度上限制了义和团兴盛的地域以及领袖人物的分布。起落于“维新”与“革命”之间的义和团运动，异于维新，而类同于中国旧式的农民起义，且带有强烈的盲目排外和愚昧性倾向，非当时中国社会新兴经济因子之反映。因当时社会局势所致，其首倡于鲁西南地区，并向周边区域蔓延。该类地区自然经济比较牢固，素以小农业与家庭手工业结合为主；人口密度居鲁省首位；自然灾害频仍；各种宗教与秘密结社于此长期存在，盗匪问题相当严重；同时该地教会势力较为集中。政府基层社会控制不了由此可见一斑。再加之，其民“以善导之，固易于兴起，以邪诱之，亦易于鼓簧”①。官府和地方乡绅的推波助澜，义和团众因之日盛，

① （清）梁永康等修、（清）赵锡书等纂：《冠县县志》（一），成文出版社1968年版，第150页。

蔓延周边省区。笔者所统计义和团的相当部分首领活动于山东及省与省交界政府控制薄弱的边缘地带，由此不言而喻。

也可以说，倡始山东，盛于直隶，席卷华北的“扶清灭洋”之义和团，其发展态势，活动区域，自始至终与官绅的态度有着密切的关系，而官府的态度在某种程度上左右着绅士的态度。以毓贤和袁世凯为代表的山东官府，对义和团分别以怀柔与强硬两手政策，随之，也影响着士绅态度转变。并由此导致山东义和团风潮相应跌宕沉浮。与此相映成趣的，1900年，在政府控制相当严密的津京地区，义和团迎来了前所未有之高潮，这与慈禧等保守派起初公开支持义和团以对抗列强有着莫大的关系。庄亲王告示：“杀一男夷赏五十两，女夷四十两，稚夷二十两。”① 但很快的，随着八国联军侵占北京，义和团却被政府出卖、绞杀。庄亲王又声称：“此案初起，义和团实为肇祸之由，今欲拔本塞源，非痛加铲除不可。”② 义和团运动由此转入低潮。

4. 其他农民起义领袖分布的区域分析

晚清时期，是中国民变的高峰期，近代中国是传统的农业社会，民变以农民为主。除以上几次大规模的农民运动外，其他小规模的农民运动更是数不胜数，遍及全国。形式涉及反清、抗捐抗租抗税、吃大户、抢米、反洋教、反户口调查、少数民族反清等。其中农民领袖起着煽风点火、组织指挥的作用，而他们的分布地域与活动地点预示着清朝统治的全面危机（见表2－28）。

表2－28 其他农民领袖的地域分布表

姓名	籍贯	生卒年	运动内容	备注
李文学	云南弥度	1826—1874	云南彝族人民起义	幼为僮仆
张秀眉	贵州台拱	？—1872	贵州苗民起义	雇农出身
杜文秀	云南永昌	1828—1872	云南回民起义	清侵回民矿权而起义
赫民堂	—	？—1872	陕西回民起义	伊斯兰教阿訇
任　武	—	—	陕西回民起义	反抗抽拔壮勇、虐杀回民
马文禄	甘肃肃州	？—1873	甘肃回民起义	伊斯兰新教阿訇
白彦虎	陕西	—	陕西回民起义	—

① 中国社会科学院近代史研究所《近代史资料》编辑组：《义和团史料》（上），中国社会科学出版社1982年版，第42页。

② 中国史学会主编：《义和团》第4册，上海人民出版社1957年版，第42页。

续表

姓名	籍贯	生卒年	运动内容	备注
宋景涛	山东堂邑	—	山东黑旗军领袖	—
张　丙	福建漳州	—	台湾农民起义	—
黄　城	—	—	—	台湾农民起义将领
赵子青	广东连山	—	粤北、湘南瑶族起义	—
曹　顺	山东曹县	—	陕西赵城农民起义	—
王泰阶	—	—	云南哀牢山彝族起义	—
徐　骧	台湾苗栗	1855—1895	台湾义民军首领	—
王德标	—	？—1895	黑旗军将领	—
张凌翔	贵州普安	—	黔西南回民起义	—
凌十八	广东信宜	？—1852	广东起义	—
高　禾	贵州台拱	？—1872	贵州苗民起义	—
李学东	云南弥度	？—1876	彝族人民起义	—
陶新春	贵州咸宁	—	黔西南回民起义	—
钟人杰	湖北崇阳	—	崇阳农民起义	—
宋关佑	湖北广济	—	广济农民起义	—
田士珺	湖北长阳	—	长阳农民起义	—
彭升科	湖北松滋	—	松滋农民起义	—
张太元	湖北沔阳	—	沔阳农民起义	—
冯三典	湖北襄阳	—	襄阳农民起义	—
高二先	湖北襄阳	—	襄阳农民起义	—
于天宝	湖北黄梅	—	黄梅农民起义	—
杨　泰	—	—	—	白莲教首领
宋继明	山东邹县	—	—	白莲教支派文贤教首领
马朵三	青海西宁	—	—	回民首领
何　禄	广东顺德	？—1856	广东农民起义	—
陈金刚	广东三水	—	广东三水起义	—
蓝大顺	云南昭通	？—1864	1859 年家乡起义	后加入太平军，封文王

表 2－28 所列起义领袖几乎遍布全国各地，尤其以少数民族地区、流民集中的边远山区为甚。民族间的矛盾，伴随着清军入关而来。晚清时期，政治腐败、内忧外患使清政府解决民族之间矛盾的能力进一步减弱。国库空虚、吏治腐败，令清政府更为加强了横征暴敛的程度。政治力量所

及，自然也达及少数民族地区。而此时政府对少数民族的统治已经谈不上方法、策略，力度也大不如前。

而人口的高度膨胀则从另一个方面加剧社会矛盾，流民数量的激增，致使乞民遍野。为谋生路，纷纷外迁。除部分流入城市，相当部分则在深山老林、边疆地区以及内地省际边区。如川陕楚交边区、皖南山区、湘赣边山区、闽浙赣交边区以及边远的云贵、台湾等地。从表 2－28 可以看出，相当部分的起义爆发在流民集中的边远山区，帮会则在其中起着不可估量的作用。

四　晚清政治运动的地缘色彩

传统所遗留下来的或者是近代区域特色的因素，又或者是其他相关的原因，形成了整个晚清政治人物在地理分布上强烈的地域色彩，同时又在不同程度上演绎着晚清政局甚至整个中国社会演变的区域步调。而中国的政治运动走到近代，在西方文明的冲击之下，在原有的基础上逐渐增加了一些新的特色。晚清社会为什么会出现具有近代色彩的政治运动和政治领袖大多发生或成长于东南沿海地区，而具有传统特征的政治运动、政治人物发生或成长于内地特别是北方地区？换句话说，晚清政治运动为什么具有强烈的地缘色彩？以下按传统政治运动和近代政治运动等类型试分析之。

（一）传统的政治运动

政治运动是社会波动的集中表现形式，晚清时期的政治运动及其活动区域昭示该时期的社会形态和区域社会政治经济文化发展的不平衡。传统的政治运动在中国有着悠久的历史，王朝的更替，几乎都是通过这种方式达到目的的。晚清传统的政治运动的主体是农民以及完全失去生活资料的游民阶层，但是绝对不同于在近代才开始出现的会党组织。传统政治运动的特点大多是“官逼民反”，其政治目标都十分朴实而明确，因此它的存在与社会的治乱状况有十分密切的关系。“仓廪实而知礼节，衣食足而知荣辱”，传统中国社会的治乱深刻地根源于经济。

鸦片战争后，国门被迫开放，民主与科学也随之流入中国。然而，对于中国大部分内陆地区来说，传统仍然是根深蒂固的，尤其表现在经济方面，小农经济仍然占据着社会的主体地位，却被战火直接或者间接破坏得满目疮痍，这使得社会成员的主体——农民处境日益艰难。在地域上，传统经济的破坏程度很自然地呈现由沿海向内陆递减的状况。沿海因为所遭受的几乎都是直接的破坏，而且在破坏的过程中伴随着西方多种成分的入侵，反而迅速地得到了“重建”。也就是说，沿海地区在传统被破坏的过程中建立了新的模式。并且新的模式的代价与负担又通过各种途径和形式被转嫁给了内陆地区，让内陆的状况雪上加霜。各种矛盾激化的结果重复延续了几千年的传统——造反以获取生路，太平天国运动、捻军起义和义和团运动，就是其中的典型。

太平天国起义领袖洪秀全，籍属广东，他所创立的拜上帝教起初是在广东传教，却多年毫无起色，不得已转移至广西继续发展，竟然成燎原之势，最终聚众于金田起事并占据清朝半壁江山达十数年之久。和广东省相比，当时的广西民风闭塞，而且当地的官吏残酷，盗贼横行，民不聊生，平民百姓对社会已经普遍失去了指望，拜上帝教的传教给了他们慰藉，拜上帝教所聚集成员的言行又重新给了他们以希望。于是拜上帝教的势力逐渐增强，进而形成倾覆之势。捻军起义的发生地安徽一带，千百年来以农为本的观念深深扎根于当地居民的心中，并且造就了极端的重农抑商的传统，贱商的风气即便是鸦片战争之后的国门开放也因为其地域的闭塞而没有得到丝毫的改变。千百年来人口的增长已经是一个严酷的事实，晚清时期安徽的水灾恰又创造了历史之最。在这种情形下，政府的税率却随人口数量齐步并进。本来在这种情况下，还可以谋求其他的营生，经商就是另外的出路。可惜的是，皖北一带却因为贱商传统的顽固而没有形成经商的风气，这使得为生存所迫的人们甘冒杀头的风险走向越轨犯禁之路，甚至有的人举家加入捻军。十分显然，生计的要求使得原本就闭塞的农村加快撕下了道德的外表。而肇始于鲁西南的义和团运动，则出于对自身信仰的捍卫，出于对生活、财产被侵犯的反抗，他们针对洋教而奋起斗争，却始终是一幅首领遍布的景象，脱离不了深厚的自发性。虽然同类型的运动此起彼伏，却终于未能形成巨大的历史力量，更不必说像太平天国运动那样具有社会目标。可悲的是，这些分散的力量又在政府的怀柔与强硬之间畸形发展，波及河南，甚至在京城也轰轰烈烈了一阵子，却在很大程度上是以作为以慈禧为首的清政府泄私愤的工具为代价，造成中华民族历史上八国联军进北京的耻辱。

可见，传统的政治运动所发生的地域特点是传统的根深蒂固，但是因为战争等因素的影响，传统遭到了十分严重的破坏，并且，短期内缺乏恢复或者重建的可能性。在近代中国，这样的地区集中在内陆偏远地区。

（二）近代政治运动

汤因比认为："当一个社会原有的社会组织结构受到一种新的社会力量挑战时，它可能有三条出路：一条是在面对这种情况时和谐地进行结构调整；一条是革命（它是被拖延了的不和谐调整）；一条是反常。"① 随着近代中国社会的区域性转型，近代中国的政治无不在依次演示着汤氏对社会结构变动的三种估计。从维新运动到立宪运动再到辛亥革命，没有一次政治运动不与巨大的历史灾难相关联。因为这样的背景，使得近代政治运动不得不在灾难中曲折前进，而它所起源、兴盛的地区则与近代社会区域性转型有着密切的关系。

近代社会区域性的转型，既与传统的基础有关，也和近代西方势力进入的方位区域，中国社会开放度差异，西学东渐的地域结构性，区域经济、教育发展的不平衡性这些因素关系密切。这些因素既框定了相关的政治人物的分布，也框定了该类人物所引领的相应的近代政治运动的地缘性。

相对于传统政治运动，引领近代政治运动的人物在知识结构层次、思维模式、价值取向等方面层次要高得多。这些受过良好社会教育的社会精英，因为他们多数人出生在"得风气之先"进而"开风气之先"的省份，天时地利的优势使他们受近代西方思想影响比较大。他们行为的表现走向两个方向：对西化和封建帝制持包容态度的往往主张维新立宪；对封建帝制持敌对态度者则主张以暴力推翻封建帝制时代，这就是革命人物。因为这个缘故，这一类型的政治运动的层次要高得多，他们是先进中国人的自觉活动，代表着中国社会的发展趋势。从其历程看，它经历了从思想到制度变革再到暴力革命推翻帝制的过程。19 世纪 70 年代，以郑观应、王韬为代表的早期维新思想家提出"君民共治"和设议院要求，开始了近代民主化政治运动的最初思想酝酿；至 1898 年维新运动和 20 世纪的立宪运动则转变为民主化制度变革的政治运动；随后由革命派领导的辛亥革命则发展、上升为暴力推翻帝制的政治运动。

从近代政治运动发生、活动主要基地看，则无不与相对应的政治人物分布有紧密的联系，甚至两者具有一定程度的同一性。倡导改良和革命的首要人物均出于南方，其他相关主要人物也多数出自沿海、沿江、通商口岸省份。而改良思想的酝酿，改良派的形成以及其主要活动也无不在南

---

① 〔英〕汤因比：《历史研究》中译本，上海人民出版社 1986 年版，第 47 页。

方。同样，后起的立宪运动也是以南方为主要活动基地，如广东的自治会，江浙的预备立宪公会，湖北的宪政筹备会，湖南的宪政会等均在南方的沿海、沿江省份。沿海、沿江通商口岸城市重镇到后来也成了辛亥革命活动的主要基地，如湖北的武汉，广东的广州等。如此分布特色，既是近代社会发展不平衡性所致，又是这些区域新型社会经济发展的内在要求。然而对于幅员辽阔的中国，外国势力的波及范围，仅限于东南沿海、长江流域，广大内陆虽也有涉及，但是当地自然经济结构的基础并未遭受根本动摇。而与之相对应的，中国的北方则绝非近代政治人物的出产地，即便有也是寥寥可数，更不用说具有近代特色的政治运动的主要活动基地的存在。中国内陆的土壤，仅为传统的政治运动诞生之温床，如北方的捻军活动、义和团运动，广西爆发的太平天国运动也有着类似的情况。

鸦片战争之后，西学东渐是中国文化界的突出特点，与此同时，沿江、沿海、通商口岸地区因为不平等条约的庇护而成为西方文化首先着生之地，进而使得该区域成为中西文化激烈碰撞然后逐渐走向相互包容的地方。还是这些经济发达、民风开放的地方，逐渐成为新式思想、新式知识、新式事物的策源地，新兴人物于此的勃兴也更胜他方。晚清中国的广东、江苏、浙江、湖南、湖北等地区，因为文化传统、民风开化以及交通便利诸原因，而成为这些新兴人物高产的省份。其行为表现为在维新立宪之后紧随着的革命运动。

经济是许多社会事务的基本，经济发展的不平衡，是中国的历史问题。以工业为例，在中国近代经济中占相当的比例，工业基地的分布就呈由沿海、沿江区域向内地递减的趋势。对于民众整体，经济直接影响的是教育。历史事实是，经济发达地区人民受教育程度高于其他地区。传统教育如此，新式教育也无出其囹圄。晚清时期的新式学堂以两湖地区、江浙一带、广东诸省最为发达，洋务运动以后，清政府派往海外的留学生多出自这些地区。沿海、沿江一带地区得益于得天独厚的地理优势，鸦片战争之后的被迫开放客观上促进了文化的革新，新式知识分子多出产于该地是理所当然的。湖南一省虽处华中腹地，然源远流长的湖湘文化传统，使湖南一省的民风自宋代以来就步入开化之列，再加上其地理位置接壤于广东之北，湘粤两省自古以来的文化经济交流并未因晚清的战乱而有所懈怠。开放的民风加上从广东沿海而来的新式思想的影响，使得湖南人才数量即便是在晚清也长期居全国之冠。近代如此之多变革人物，成就该时期强劲之文化传播载体，而“有效的传播媒介是一种能动的倍增器，可以大大加快社会变革的速率”①。于是，相关类型的政治运动频频爆发，且以西学氛围浓厚之地区为主要活动基地。

不同于传统的政治运动，近代政治运动相关的人才一开始就看得远些。他们所要改变的不仅是自身的状态，而是从身处其中的制度入手，通过着手改变制度来改变自身，他们的责任是心系天下。对于已经无力于政治的清政府，各地的人才从怀抱幻想的做法（维新立宪）开始，最后发展成对清政府完全的绝望行为（革命斗争）。对于自身深厚的社会基础的利用，使得以他们为主的政治运动带有十分明显的与其人员分布相似的地缘色彩。

（三）会党活动

清代特有的会党活动是独立于上述两类政治运动的。无论传统政治运动或者近代政治运动，对于社会，或多或少存在着积极性。会党活动，是脱离于主流社会、反社会的活动。晚清之际，社会的大动荡使得它们的活动备受清政府关注。虽说辛亥革命之际，会党也曾参与一些革命工作，但多数时期，它们对社会的作用只有破坏。会党的阶级基础是游民，他们本身大都来自农民，这使得他们的主要活动地点具有非农地域性，寄生性则使得他们的活动集中于发达地区，南方地区尤以沿海、沿江为主要活动基地。史学界以“南会北教”形象地描绘晚清会党组织的分布状态。根植于自然经济条件下的小农经济土壤之中的北方教门，随着自然经济的解体以及统治阶级的镇压逐渐衰落。会党与生携来的寄生性、依附性、反政府性特征，使得其活动局限于传统社会控制力量相对薄弱和生活来源较为充裕的地区。因此，南方地区的沿海、沿江、通商口岸区域，会党活动的频繁成为历史的必然。

晚清的会党活动以三大会党为代表，它们的活动备受政府的关注。时间较早的天地会发生在福建漳州地区，该地区以穷乡僻壤呼之毫不为过。因为其组织的特性，天地会系统的会党后来的数十年蔓延中国的广大地区，其结会的方式被许多地方的游民所使用。然而，天地会的组织形式并没有获得广大平民百姓的支持，从而表现出组织的极端分散性。这自然与该组织的黑社会性质有关，还紧密与百姓对秩序的向往有关。哥老会在很大程度上吸收了天地会的组织方式，其组织成员的来源则与经济关系密切。长江流域四川段的百姓，得益于长江的水运而能够较为容易地获得在

---

① 吕小波：《中国早期现代化中的传播媒介》，三联书店 1995 年版，第 1 页。

长江做水手或者纤夫的机会。传统的延续令这样的行当规模庞大。鸦片战争改变了这一切，技术含量高的轮船的进入让大多数靠江吃饭的劳动力成为游民。川蜀多山，游民的转移颇为困难，加上山林人盘踞的习性，失业游民就游荡在长江水域附近，以见不得光的勾当为生。开立山堂是这些人寻求保护的手段，却进一步反映出他们对廉耻的不顾。山堂是黑社会结社的一种方式，山堂林立而又各自为政更是黑社会的习性，实在是社会的毒瘤。以至于以纪律严明著称的湘军后来困于结拜哥老会的问题，从而在一定程度上促使了其遣散。奇特的是，遣散的兵勇又在一段时期掀起了哥老会活动的高潮。经济发达，并且政府控制薄弱的地区，成为会党的栖身地。长江流域，便利的交通使传统的经济有不错的发展，鸦片战争以后人口的流动增加了社会控制的难度，湘军的遣散又使社会凭空多了几十万闲杂人员，短期内有效地控制根本没有可能，会党的肆虐实为必然之事。外国势力的政治干预则增加了政府对社会控制的难度，清末的上海成为世界各地三教九流人员的花花世界，滋养之下的青帮在民国时期几乎成为上海的又一政府。

会党虽然是自发的活动，称之为政治运动实在是中国近代历史的特色，其分散性与对社会长期的破坏性使之无法与纯粹的农民运动比拟，更加难以与近代政治运动相提并论。因此，在它们的分布上，也具有与其本性相适应的地域特征。

总之，任何一个朝代的末期特征之一便是此起彼伏的政治运动，而晚清是内外交困，使得政治运动的目标发生开天辟地的变化，结果是终于结束了延绵数千年的帝制统治。这种变化都是起初于局部的变动，由点到面的辐射变化定影的结果就形成了其政治运动的地缘分布。

第三章　晚清军事人物地理分布

鸦片战争以后，近代中国社会发生了重大变革。短短几十年间，晚清军事将领走出了传统社会的边缘境地，成为晚清社会政治大舞台上举足轻重的显要角色。这种深刻的变化，对晚清乃至近代中国社会的发展都具有十分重大的影响。鉴于军事将领在晚清时期的重要地位和巨大影响，海内外学者对晚清军事将领进行了较为深入的研究，并取得了丰硕的成果。但这些研究没有超出“军事—政治”的框架，主要是在政治的框架内展开对有关问题的研究，鲜有从地理分布的角度来进行研究的。本章试图在晚清军制变迁的背景下，以晚清军事将领地理分布为切入点，采用表格统计的研究方法，结合已有的研究成果，对晚清将军、提督、总兵、团练和新军将领的籍贯进行系统地统计和分析，以便更好地探求晚清人才的地理分布规律。

一　晚清军制的变迁

太平天国的兴起，八旗、绿营屡战屡败，清政府急令各省官绅兴办团练助剿。从此，以湘军、淮军为代表的勇营逐渐取代了八旗和绿营的战略地位，成为清王朝的军事支柱，勇营军制实际上取代了八旗和绿营军制，成为占支配地位的国家军制。海防危机和中法战争的失利，又促进了晚清海军的创建。清政府痛感自身军制守旧，于是自 1895 年始，仿造西法编练新军，练成新军 10 余镇。新式陆军的编练，使得晚清军制发生了质的变化，为中国军队的近代化奠定了基础。

（一）八旗和绿营军制

1. 八旗兵制

八旗是满族社会特有的制度。1615 年，努尔哈赤正式建立并完善了八旗制度。“以初设四旗为正黄、正白、正红、正蓝，增设镶黄、镶白、镶红、镶蓝四旗，为八旗。每三百人设牛录额真一，五牛录设甲喇额真一，五甲喇设固山额真一，每固山设左右梅勒额真各一，以辖满洲、蒙古、汉军之众”①。汉语称固山为旗，八固山即八旗。后皇太极增设了蒙古八旗和汉军八旗。尽管各旗编制大致相同，但其在政权内的作用和地位并非完全相同。满洲八旗是清朝军事力量的核心，蒙古八旗和汉军八旗则居次要位置。为巩固、加强清政权的专制统治，八旗被分为京营八旗和驻防八旗，各10余万人。京营八旗又分为郎卫和兵卫两种。郎卫主要担负扈从皇帝和保卫宫廷的任务。兵卫则主要负责戍卫京师及必要时出征作战。驻防八旗分驻全国各地，负责镇守地方、监控绿营并担负地区性战略预备队的任务。

2. 绿营兵制

绿营创建于顺治年间。绿营的组建主要是为了弥补八旗兵力的不足。绿营初无定额，时增时减，至康熙二十五年（1686），确定了较稳定的兵额。嘉庆时，西南用兵，兵力大增，此后时多时少，至光绪时，兵额达40余万人。鼎盛时期，兵力多至60余万人。从平定三藩至鸦片战争为清军主力，对清统一全国、巩固统治发挥了巨大作用。绿营采取标、协、营、汛四级编制，以营为基本建制单位。全国分为11个军区，军区最高长官为总督、巡抚，对所辖绿营有节制权；各省绿营最高武官为提督；省下分镇；镇下分协；协下设营；营下设汛。绿营建立营制的原则为：“按道里之远近，计水陆之冲缓，因地设官，因官设兵”②；“量地形之险易，酌兵数之多寡”③；“查各省地方，有水、有陆、宜步、宜马之不同”④ 而酌定各马兵、步兵的比例；武官的设置、兵数的多少和马步的比例等，可根据需要进行适当调整。

3. 八旗、绿营的没落

八旗和绿营都曾有过自己的鼎盛时期，八旗的鼎盛是入关前及入关后很短的一段时间；绿营的鼎盛则是从平定“三藩之乱”到乾隆中期。八旗入关后逐渐丧失了昔日的尚武习气，成为寄生阶级，整个机体日益崩坏。绿营承袭了明代军制的腐朽习气，空额现象极为严重。乾隆中叶后，绿营兵训练松弛，鸦片的流毒逐渐在绿营中泛滥，至嘉庆末军纪破坏殆

---

① 孟森：《明清史论著集刊》（上），中华书局1959年版，第220页。

② 罗尔纲：《绿营兵志》，中华书局1984年版，第202页。

③ 同上。

④ 同上书，第218页。

尽。另由于清廷崇尚以满制汉，以文制武，因而绿营高级将官战时往往派文官充任或派皇族子弟任将军负军事统率之责，导致绿营军事指挥严重脱离实际，加上政治和军事制度的腐朽，装备的落后，鸦片战争前夕，绿营已呈腐朽没落之象。

（二）以湘军、淮军为代表的勇营军制

1. 湘军、淮军

1851 年夏，清政府奖励各地举办团练。湘军就是曾国藩所创建的以团练武装为基础的地主阶级军队。咸丰二年（1852），湘乡知县朱孙诒组成湘勇 3 营。曾国藩以朱孙诒湘勇为基础大加扩充。湘军分陆军和水师，以陆军营制为根本，水师和马队营制仿陆军而建，皆以营为单位。湘军之初，以陆师为主，1854 年湘军水军基本建成。至咸丰四年（1854），湘军营制基本确定，计陆军 5000 余人。随着其后军事上的得势，湘军兵力不断扩充。湘军兵饷优厚，饷银不由户部发给，全靠统领就地自筹。湘军一反绿营军制的上下统属关系，变成以各级将领为中心的私属军队。湘军的私属性，是中国近代军阀军队的胚胎。[①] 湘军的解散，始于同治三年（1864），至同治七年（1868）时，湘军已不复存在。1862 年年初，李鸿章回合肥招募淮勇。是年 3 月，淮军训练完成，时 7000 余人。淮军脱胎于湘军，其招募制度及营哨建制等都沿用湘军之制。淮军的实力随着军事上的得势而日益扩大。镇压太平天国运动后，淮军扩充到 70000 人左右；攻捻战争后，淮军势力遍及直隶、山东等省，并控制了长江、黄河一带。甲午战争的爆发使得淮军一败涂地，几乎被消灭。1895 年 11 月，清廷谕令袁世凯训练“新建陆军”。“新建陆军”出现后，淮军即失去了国防军的地位，变为次要的巡防队。

湘军、淮军是勇营军制的典型代表。勇营军制克服了绿营军队散漫无纪的旧习，也基本克服了绿营军制的弊端，战斗力较之绿营有很大提高。湘军、淮军以其独特有效的兵制，镇压了太平军和捻军，为清政府统治的巩固作出了重大贡献。与此同时，勇营军制也给晚清社会带来一些负面影响。勇营军制动摇了清廷“兵为国有”的国策，形成了“兵为将有”的局面，其将帅高度集权的体制，容易形成对军队的个人控制，直接影响到政治，从而对后世军阀势力的崛起，产生了直接的影响。此外，勇营军制中的更新之制没有善后之法配合，士兵被遣散回乡后无以为生，成为社会

---

① 张玉田：《中国近代军事史》，辽宁人民出版社 1983 年版，第 227 页。

新的不稳定阶层。

2. 防军、练军

剿灭太平军和捻军之后，左宗棠等人提议将湘军、淮军变为国家正式部队。清廷准左所请，把留防勇营改为防军。防军士兵的主要来源是湘军、淮军，也有各省的勇营。勇营遂由临时编制变为国家正规军。防军的编制、饷章与湘军、淮军基本相同。防军名义上是国家经制兵，但不归兵部直接统辖，实际上系个人筹饷招募而来，“兵为将有”，根深蒂固，若无私人关系，任何统帅也指挥不了。鉴于此，清廷为制约防军，便设法改编绿营，加强“练军”的训练。同治四年（1865），清廷从直隶额设经制兵内挑选出部分绿营兵，“简器械，勤训练”，定名为“练军”。自此，继直隶之后，各省均设有“练军”。练军除一部分选自绿营外，也有从防军、旗兵中挑选的，通常驻守在战略要地和交通中心。练军作用与防军一样，从这个意义上说，“练军亦防军也”。清廷将练军视为绿营系统的一部分，更为信任。练军之营哨饷章仿湘军、淮军而定。防军、练军经过训练整顿，给每况愈下的清朝军力带来了一丝希望。然而平捻之后，防军自恃有“功”，将骄兵惰，训练全无，很快走向衰落。练军从根本上难以摆脱绿营的恶习。及至甲午战争清军惨败，清廷在哀叹防军、练军不足恃的同时，试图建立一支能长期保持战斗力的常备武装力量。

（三）晚清海军军制

1. 晚清海军的建立

鸦片战争前，清朝只有旧式水师，分内河、外海两支。外海水师不是用来抗御外侵之敌，而是用于“防守海口，缉捕海盗”。鸦片战争后，列强接踵而至，中国江海各口门户洞开，清朝临数千年未有之强敌，处数千年未有之变局。面对海上挑衅，中国水师无能御敌，清政府感到了空前的威胁，开始筹建海军。

近代军事工业为海军的建立创造了条件。1866 年，左宗棠创办福建船政局和船政学堂，迈出了海军建设的第一步。从 1869—1874 年，福建船政局共造船 15 艘，其间，1870 年先后成立了福建舰队和江南新式舰队，此即中国海军萌芽之始。1874 年，日本侵略台湾，清政府感到加速进行海军建设的必要，命督抚将军大臣“详细筹议”海防事宜，出现第一次海防大筹议。清廷采纳丁日昌《海洋水师章程》六条，提出设立北洋、东洋和南洋 3 支海军。经过 10 年的苦心经营，三洋海军初具规模：北洋军舰 14 艘，分驻大沽、旅顺、营口、烟台，管辖奉天（辽宁）、直隶（河北）、山东海面；南洋军舰 17 艘，分驻江宁、吴淞、浙江等地，负责东南沿海一带海面；福建军舰 11 艘，负责守卫海口与巡守台湾、厦门以及琼廉海面。三洋海军组织领导极不统一，各归节制，不相统辖。北洋由李鸿章领导；南洋掌握在曾国荃手中；福建海军由闽浙总督和船政大臣管理，实际由左宗棠操纵。各派矛盾很深，一有战事，均企图保存实力，不能统一调遣和互相配合。1884 年中法战争一役，南洋、北洋海军为保存实力，坐视不救，福建海军覆灭。中法战争使清廷上下再次看到了中国海军与西方海军强国之间的差距，痛定思痛，再一次筹议海防，“以大治水师为主”，“精练海军为第一要务”，把海军建设摆在首位，全力加强北洋海军的建设。1885 年，清政府设立海军衙门。海防建设进入以创建北洋海军为中心的新阶段，促进了近代海军的发展。到 1888 年，北洋海军有 7000 余吨的铁甲舰两艘，3000 吨以下的巡洋舰 7 艘，其他船艇共 16 艘，实力与日本海军相差无几。清政府遂拟定《北洋海军章程》，任命丁日昌为海军提督统领全军。北洋海军正式成军。

2. 晚清海军的衰落和重建

北洋海军成军以后，海军建设开始停滞不前了。甲午海战中北洋海军全军覆没，中国海军元气大伤。1896 年，清廷决定重建海军。随后，清廷购置各国旧船，组建巡洋、长江两个舰队，统一由海军部指挥。到辛亥革命前，中国海军已有舰队、港口、船坞和各类学堂，形成了独立的体系，战争中遭受重创的海军重新建立起来。尽管如此，综观 1896—1910 年清廷重建海军这段历史，可以看出，海军重建速度非常缓慢，建设规模及装备均大不如前。

（四）晚清新军军制

1. 新建陆军和自强军

甲午战争后，人们得出“倭人此次专用西法制胜”① 的结论，要求采用西法，创建新式部队。朝野上下一致认为，“现欲讲求自强之道，故必首重练兵，而欲期兵力之强，尤必更革旧制”。于是，清廷决心采用西洋之法，变革军制，编练新式陆军。清政府编练新式陆军经历了试编（1895—1899）和普编（1901—1911）两个阶段。前阶段是编练新建陆军和自强军，后阶段是编练北洋 6 镇和全国 36 镇。

清末初编新军先从胡燏棻定武军开始。1894 年 4 月，胡燏棻在天津

① 《清实录》(56)，中华书局 1987 年版，第 546 页。

马厂募练新军，号“定武军”，总兵力4750人。“定武军”是一支新式陆军，从陆军建制、训练、战术、操典到军器等，基本上是模仿德国的办法。1895年，胡调他职，小站练兵事由袁世凯接任。袁接练“定武军”后，将其更名为“新建陆军”，裁其老弱，加以整顿，又增练步队、马队，兵力达7000人。与此同时，张之洞也在编组“自强军”，从其卫队、护军中选拔精兵2600余人编练，其编制与新建陆军不同。新建陆军和自强军的产生，开清政府编练新式陆军之先河。其最大特点在于打破了湘军、淮军营制的条条框框，开始向西方军队编制靠拢，是中国近代军队建设思想的重大转变。1898年，袁世凯的“新建陆军”已初具规模，与董祥福的“甘军”、聂士诚的“武毅军”同隶属于直隶总督荣禄之下，称为“北洋三军”。是年12月，荣禄把北洋各军统一编为“武卫军”，分中、前、后、左、右等五军，右军为袁世凯的新建陆军。“武卫军”的编制，每军各约10000人。义和团运动爆发后，袁率武卫右军开赴山东镇压，袁将山东旧军34营改编为马步炮队20营，计14000余人，定名为“武卫右军先锋队”。在编制方面，“武卫右军先锋队”与“武卫右军”有些差异。“武卫右军先锋队”的编制更趋近“近代化”。经过八国联军之役，武卫军除左军马玉昆部外，几乎全部崩溃。唯有袁世凯的武卫右军，非但没有损失反而有较大的发展。此时，袁的军队已达20000余人，成为清廷最大的一支武装。

2. 全国普练新军

为了摆脱危机，维护封建统治，清廷被迫于1901年变革军制。是年8月，清廷下令各省在本年内严汰绿营、防勇十分之二三，择其强壮者另立若干营，“分为常备、续备、巡警等军，一律操习新式枪炮，认真编练，以成劲旅”①。自此，清政府开始在全国范围内有目的、有计划地编练新军。1903年开始，清廷特在北京设立练兵处，考查及督练新军。1904年，清廷正式划定军制，规定新练军队分常备军、续备军和后备军三等。1905年，清廷正式提出在全国编练新军36镇的计划，由新军代替旧式军队。1906年11月，清廷改兵部为陆军部。1907年9月，陆军部正式决定将全国编练新军36镇计划硬行分配于各省。1902年，袁世凯派王英楷、王士珍编成“北洋常备军”，此即北洋第二镇的前身。1903年，袁与铁良组建京旗常备军，即后来的北洋第一镇。1904—1905年，袁又在武卫右军、张之洞自强军以及部分练军的基础上，扩充改编成北洋第三、

① 朱寿朋：《光绪朝东华录》，中华书局1958年版，第4719页。

第四、第五、第六各镇。北洋六镇除第一镇由铁良任统制外，其余五镇均由袁的亲信任统制，成为袁世凯嫡系亲军。1907 年，袁派徐世昌任东三省总督，编成第二十镇、第二十三镇。武昌起义前，全国共编练新军 14 镇 18 协另 4 标，袁世凯控制其半，且北洋六镇为新军主力。

3. 新军之新

所谓新军，是相对于八旗、绿营，特别是防军、练军等旧军而言的。新军之新，关键在其制度不同于旧式封建军队：（1）编练指导思想方面，新军编练充分学习和效仿西方军队的先进经验，全盘西化。新军编练之初，袁世凯、张之洞就模仿德国陆军编制进行军制改革。袁世凯编练新建陆军是“专仿德国章程”。张之洞在编练自强军时奏报说：“查陆军以德国为第一。德国营制每一军必兼有步队、炮队、马队、工程队数种合之成为一军。臣拟急练陆军万人，营制饷章略仿德国。”[①] 此外，新建陆军和自强军都聘用了许多的德国教习，清廷明确表示全按西法编练新军。（2）编制方面，新军编制一律实行多兵种混合编组，共有步、马、炮、工程、辎重五种兵种。炮兵和工程兵作为独立兵种，地位大大提高。新军实行兵种分工，有利于他们掌握作战技能，发挥近代武器的威力，更可以发挥各兵种协同作战的效能。在实行新的兵种的同时，新军还采用新的编制方法。新的军队编制使全国新式陆军在编制上基本达到了统一。（3）兵役制度方面，新军士兵选拔更严格，鼓励有文化者应募入伍，薪饷方面给予优惠，改进招募新兵的办法，开始实行士兵退役制度。（4）军官制度方面，新军各级军官一般要求从军事学校出身的人充任，从新建陆军开始，武备学堂毕业生被大量任用，军事学堂毕业生和具有近代军事知识的人被选拔充任各级军官。重视培养专门的军事人才。除在各城市设立军事学堂外，军中还设有各种随营学堂，培养了一大批掌握近代军事知识的军官，提高了新军的军事素质。清廷还选派留学生出国学习军事。新军的建立和发展，使晚清军制发生质的变化，中国军队与世界列强军队之间的差距大大缩小。与此同时，它本身还带有很大的封建性。在新军编练及其新的军事领导体制形成过程中，袁世凯的个人野心得到最大限度的实现，成为中国第一大军阀，对以后的军阀割据产生了直接影响。清朝的军制具有封建专制、民族压迫、军阀割据、官僚买办的特性，这是半殖民地半封建社会的政治经济在军事上的反映。而每种军制的产生，都会对军人集团的各个方面产生或深或浅的影响。

---

① 《张文襄公全集·奏议》（38），1928 刊本：4。

二 晚清将军、提督、总兵籍贯分布

随着晚清军制的改革，军事将领的结构也发生了变化，包括籍贯、学历等。因此，研究晚清将军、提督、总兵的籍贯分布有利于我们更好地了解晚清军制演变对军事将领的影响。本章所统计人物任职年限均限于晚清(1840—1912)。

（一）晚清将军籍贯分布

清朝将军有三类：第一类是宗室爵号之一。第二类是驻防将军，是驻防各地的八旗最高长官，专由满人充任。内地各省将军掌驻防军事及旗籍民事。边疆地区的将军即为全区的最高军事和行政长官。光绪年间，新疆与东三省（奉天、吉林、黑龙江）先后建行省，设督、抚等官，始有改变。第三类是临时出征时的统帅。作为宗室爵号之一的第一类将军，均由宗室人员担任，第三类将军封号带有临时性，故对这两类将军籍贯地理分布不作统计，以下所统计的是驻防将军的籍贯（见表 3－1)。

表 3－1　晚清将军籍贯分布

姓名	生卒年	籍贯	任职
布彦泰	1791—1880	满洲正黄旗	1840 年，伊犁将军；1847 年，定西将军
保　年	？—1898	满洲正黄旗	1895 年，广州将军
长　庚	？—1916	满洲正黄旗	1905 年，伊犁将军；宁夏将军；成都将军
德兴阿	？—1867	满洲正黄旗	署将军
恭　镗	？—1889	满洲正黄旗	1883 年，西安将军；1886 年，署黑龙江将军；1889 年，杭州将军
和　春	？—1860	满洲正黄旗	江宁将军
奎　芳	？	满洲正黄旗	1903 年，江宁将军；1910 年，乌里雅苏台将军
平　瑞	？—1864	满洲正黄旗	乌里雅苏台将军
耆　龄	？—1863	满洲正黄旗	1863 年，福州将军
瑞　兴	？	满洲正黄旗	1904 年，杭州将军
瑞　良	？	满洲正黄旗	1910 年，署绥远将军
琦　善	约 1790—1854	满洲正黄旗	曾任将军
荣　全	？—1879	满洲正黄旗	1866 年，署伊犁将军

续表

姓名	生卒年	籍贯	任职
善　庆	？—1888	满洲正黄旗	1868 年，杭州将军；光绪初年，历任绥远城、宁夏、江宁将军；1887 年，福州将军
多隆阿	1818—1864	满洲正白旗	1861 年，荆州将军；1863 年，西安将军
都兴阿	？—1875	满洲正白旗	1856 年，江宁将军；1858 年，荆州将军；1864 年，西安将军；1865 年，盛京将军
额勒浑	？	满洲正白旗	伊犁将军
丰　绅	？—1898	满洲正白旗	1871 年，署宁夏将军；1879 年，绥远城将军；1884 年，江宁将军
福　兴	？—1878	满洲正白旗	1853 年，江宁将军；1865 年，盛京将军；1866 年，绥远城将军
官　文	1798—1871	满洲正白旗	1854 年，荆州将军
恭　寿	？—1898	满洲正白旗	杭州将军；1891 年，西安将军；成都将军
济　禄	？—1903	满洲正白旗	1896 年，杭州将军；1899 年，荆州将军
景　星	？—1910	满洲正白旗	福州将军
奎　俊	？	满洲正白旗	1900 年，署成都将军
堃　岫	？	满洲正白旗	1908 年，署乌里雅苏台将军；1910 年，绥远城将军
庆　裕	？—1894	满洲正白旗	1883 年，盛京将军；1894 年，福州将军
奇明保	？—1843	满洲正白旗	杭州将军
荣　禄	1836—1903	满洲正白旗	1891 年，西安将军
松　寿	？—1911	满洲正白旗	福州将军
色普徵额	？—1900	满洲正白旗	1900 年，宁夏将军
色楞额	？—1890	满洲正白旗	1886 年，伊犁将军
廷　杰	？—1910	满洲正白旗	1895 年，署盛京将军
锡　振	？	满洲正白旗	1899 年，宁夏将军
裕　禄	1844—1900	满洲正白旗	1889 年，盛京将军；1895 年，福州将军
永　德	？—1901	满洲正白旗	1891 年，乌里雅苏台将军；1894，绥远城将军；黑龙江将军
长　善	？—1889	满洲正红旗	1868 年，广州将军；1888 年，杭州将军
常　恩	？	满洲正红旗	1899 年，杭州将军
桂　良	1785—1862	满洲正红旗	1851 年，福州将军
岐　元	？—1891	满洲正红旗	1878 年，署盛京将军；1881 年，成都将军
寿　荫	？	满洲正红旗	1898 年，广州将军
托明阿	？—1865	满洲正红旗	绥远城将军；1854 年，江宁将军；西安将军
台　布	1846—？	满洲正红旗	1907 年，宁夏将军

续表

姓名	生卒年	籍贯	任职
怡　良	1791—1867	满洲正红旗	1852 年，福州将军
永　隆	？—1906	满洲正红旗	1903 年，江宁将军
长　顺	1839—1904	满洲正蓝旗	1871 年，署乌里雅苏台将军；1888 年，吉林将军
杜嘎尔	？—1889	满洲正蓝旗	1880 年，乌里雅苏台将军
孚　琦	1869—1911	满洲正蓝旗	1908 年，署广州将军
桂　春	？	满洲正蓝旗	1911 年，署绥远将军
古尼音布	？—1888	满洲正蓝旗	1876 年，吉林将军；1881 年，杭州将军；1885 年，署福州将军
奎　顺	？	满洲正蓝旗	1904 年，乌里雅苏台将军
耆　英	1790—1858	满洲正蓝旗	1842 年，署杭州将军；1843 年，广州将军
瑞　麟	？—1874	满洲正蓝旗	1863 年，广州将军；西安将军
寿　耆	？	满洲正蓝旗	荆州将军
特依顺	？—1849	满洲正蓝旗	1842 年，署杭州将军；1846 年，乌里雅苏台将军
文　煜	？—1884	满洲正蓝旗	1863 年，福州将军
禧　恩	？—1846	满洲正蓝旗	1842 年，署盛京将军
祥　康	1780—1843	满洲正蓝旗	署吉林将军
英　桂	1798—1879	满洲正蓝旗	1863 年，福州将军
岳兴阿	？—1854	满洲正蓝旗	江宁将军
毓　福	？	满洲正蓝旗	吉林将军
钟　泰	1833—1902	满洲正蓝旗	1888 年，宁夏将军；1902 年，绥远城将军；黑龙江将军
宝　珣	？	满洲镶黄旗	盛京将军
宝　兴	1777—1848	满洲镶黄旗	1844 年，署成都将军
崇　绮	？—1900	满洲镶黄旗	1878 年，署吉林将军；1881 年，盛京将军
崇　厚	1826—1893	满洲镶黄旗	1876 年，盛京将军
崇　实	？—1876	满洲镶黄旗	1875 年，署盛京将军
德　济	？	满洲镶黄旗	署杭州将军
额勒和布	？	满洲镶黄旗	1867 年，署盛京将军；1874 年，乌里雅苏台将军
穆图善	？—1886	满洲镶黄旗	1865 年，宁夏将军；1879 年，福州将军；吉林将军、荆州将军
铭　安	1828—1911	满洲镶黄旗	1879 年，吉林将军
朴　素	？—1911	满洲镶黄旗	1907 年，福州将军

续表

姓名	生卒年	籍贯	任职
瑞　昌	？—1861	满洲镶黄旗	1853 年，杭州将军
萨迎阿	？—1857	满洲镶黄旗	1845 年，伊犁将军
舒伦保	？—1854	满洲镶黄旗	1841 年，宁夏将军；1851 年，西安将军
维　庆	？—1888	满洲镶黄旗	1885 年，宁夏将军
信　勤	？	满洲镶黄旗	1908 年，绥远将军
依克唐阿	？—1899	满洲镶黄旗	1889 年，黑龙江将军；1896 年，盛京将军
伊里布	1772—1843	满洲镶黄旗	1842 年，广州将军
裕　祥	？	满洲镶黄旗	1898 年，成都将军
贻　榖	？—1926	满洲镶黄旗	绥远城将军
皂　保	？—1882	满洲镶黄旗	1864 年，署吉林将军
恩　寿	？	满洲镶白旗	西安将军
富勒铭额	？—1903	满洲镶白旗	1890 年，署将军
福　济	？—1875	满洲镶白旗	1861 年，成都将军；1869 年，乌里雅苏台将军
贵　恒	？—1904	满洲镶白旗	1897 年，乌里雅苏台将军
景　沣	？	满洲镶白旗	1907 年，广州将军；荆州将军
铁　良	1863—1938	满洲镶白旗	1910 年，江宁将军
托克湍	？—1893	满洲镶白旗	1889 年，乌里雅苏台将军；黑龙江将军
祥　享	？	满洲镶白旗	1881 年，荆州将军
增　祺	？—1919	满洲镶白旗	1894 年，署黑龙江将军；1898 年，福州将军；1907 年，宁夏将军；1909 年，福州将军
崇　善	1832—1908	满洲镶红旗	1899 年，江宁将军；盛京将军；福州将军
富　顺	？	满洲镶红旗	1904 年，署吉林将军
魁　玉	？—1884	满洲镶红旗	1865 年，江宁将军；成都将军
禄　彭	？—1890	满洲镶红旗	黑龙江将军
乐　斌	？—1875	满洲镶红旗	1853 年，成都将军；绥远城将军
明　绪	？—1866	满洲镶红旗	1864 年，伊犁将军
萨　保	？	满洲镶红旗	1900 年，黑龙江将军
文　瑞	？—1911	满洲镶红旗	1902 年，署绥远城将军；1908 年，西安将军；黑龙江将军
倭什珲布	？—约 1866	满洲镶红旗	1857 年，宁夏将军
祥　厚	？—1853	满洲镶红旗	1848 年，江宁将军
玉　昆	？	满洲镶红旗	1909 年，成都将军
奕　经	1791—1853	满洲镶红旗	1895 年，扬威将军

续表

姓名	生卒年	籍贯	任职
志　锐	1852—1912	满洲镶红旗	1910 年，杭州将军；1911 年，伊犁将军
载　卓	1849—1907	满洲镶红旗	1906 年，荆州将军
崇　欢	1834—1902	满洲镶蓝旗	1894 年，乌里雅苏台将军
常　清	？—1865	满洲镶蓝旗	1856 年，伊犁将军
金　顺	？—1885	满洲镶蓝旗	1871 年，乌里雅苏台将军；1876 年，伊犁将军
连　顺	？	满洲镶蓝旗	1898 年，乌里雅苏台将军
奕　山	1790—1878	满洲镶蓝旗	1843 年，伊犁将军；1855 年，黑龙江将军
裕　瑞	？—1868	满洲镶蓝旗	1901 年，江宁将军；福州将军；成都将军；1867 年，绥远将军
松　溎	？—1907	满洲镶蓝旗	1906 年，西安将军；荆州将军
明　谊	？—1868	蒙古正黄旗	1858 年，乌里雅苏台将军
桂　轮	？	蒙古正白旗	乌里雅苏台将军；杭州将军
麟　兴	？	蒙古正白旗	乌里雅苏台将军
倭　仁	1804—1871	蒙古正红旗	盛京将军
璧　昌	？—1854	蒙古镶黄旗	福州将军
恩　泽	？—1899	蒙古镶蓝旗	1894 年，署吉林将军；1895 年，黑龙江将军
成　勋	？	汉军正黄旗	1906 年，署吉林将军
毓　贤	？—1901	汉军正黄旗	1898 年，署江宁将军
富明阿	？—1882	汉军正白旗	1864 年，江宁将军；1866 年，吉林将军
吉　和	？	汉军正白旗	1879 年，乌里雅苏台将军；西安将军；杭州将军
克蒙额	？	汉军正白旗	1869 年，西安将军；宁夏将军；1894 年，绥远城将军
李云麟	？	汉军正白旗	1866 年，署伊犁将军
寿　山	1860—1900	汉军正白旗	光绪二十六年，黑龙江将军
延　茂	？—1900	汉军正白旗	1899 年，黑龙江将军；吉林将军
赵尔巽	1844—1927	汉军正蓝旗	1905 年任盛京将军；成都将军
凤　山	？—1911	汉军镶白旗	1907 年，西安将军；1910 年，荆州将军；1911 年，广州将军
绰哈布	？—1908	汉军镶红旗	成都将军；黑龙江将军；荆州将军
尚宗瑞	？	汉军镶蓝旗	1888 年，西安将军
鹿传麟	1836—1910	直隶定兴	西安将军
张鸣岐	1875—1945	山东无棣	1911 年，署广州将军
程德全	1860—1930	四川云阳	1905 年，署黑龙江将军

续表

姓名	生卒年	籍贯	任职
王懿德	？—1861	河南祥符	1857 年，署福州将军
刘坤一	1830—1902	湖南新宁	1894 年，署江宁将军
杨昌浚	？—1897	湖南湘乡	署福州将军
谭钟麟	1822—1905	湖南茶陵	1894 年，署福州将军
何　璟	？—1888	广东香山	署福州将军
许应骙	？—1903	广东番禺	署福州将军
季芝昌	？	江苏江阴	1852 年，署福州将军
李鹤年	1825—1880	安徽合肥	署福州将军
吴　棠	？—1876	安徽盱眙	1871 年，署成都将军
王庆云	？—1862	福建闽县	1859 年，署成都将军

资料来源：1. 章伯锋：《清代各地将军都统大臣年表》，中华书局 1965 年版。
2. 钱实甫：《清代职官年表》，中华书局 1980 年版。
3. 戴逸、王和：《二十六史辞典》人物卷，吉林人民出版社 1993 年版。
4. 孙文良：《满族大词典》，辽宁大学出版社 1990 年版。

清朝八旗分为满洲八旗、蒙古八旗和汉军八旗，晚清将军基本由八旗将军担任，汉族将军仅占很小的一部分。为使其分布情况更一目了然，再作统计如表 3－2 所示。

表 3－2　晚清将军籍贯分布比较

籍贯	人数	百分比(%)	名次
满洲八旗	111	78. 17	1
汉族将军	13	9. 15	2
汉军八旗	12	8. 45	3
蒙古八旗	6	4. 23	4
合计 142 人			

由表 3－2 可知，142 名将军中，满洲八旗人数最多，为 111 人，占总数的 78. 17%；蒙古八旗 6 人，占总数的 4. 23%；汉军八旗 12 人，占总数的 8. 45%。三者合在一起，八旗将军共 129 人，占总数的 90. 85%。汉族将军共 13 人，仅占 9. 15%。八旗将军囊括了绝大部分的将军职位，汉族将军人数微不足道。

(二) 晚清提督、总兵籍贯分布

绿营以1—3省为军区，省内最高武官是提督，每省一至两人。1省之内又分设若干镇，每镇由总兵1人率领，各镇守一方，每省设总兵2—6人，受提督节制，掌管本镇军务。东三省特殊，不设绿营，故无提督和总兵。因提督和总兵同属绿营兵高级武官，且为上下级关系，将两者放在一起讨论有助于更全面、更深入地了解其籍贯分布规律。需说明的是，曾先后任提督、总兵的人，为避免重复，故将其归纳在提督统计范围内。如表3-3、表3-4所示。

表3-3　　晚清提督籍贯分布

姓名	生卒年	籍贯	任职
曹克忠	?—1896	直隶天津	1865年，甘肃提督；1884年，广东水师提督
郭继昌	?—1841	直隶正定	广东陆路提督
史荣椿	?—1859	直隶大兴	1858年，直隶提督
王士珍	1861—1930	直隶正定	江北提督
郑魁士	?—1873	直隶万全	1867年，署直隶提督
福珠洪阿	?—1853	满洲正黄旗	江南提督
祥　麟	?	满洲正黄旗	提督
和　春	?—1860	满洲正黄旗	1853年，江南提督
双　福	?—1852	满洲正白旗	江南提督；湖北提督
荫　昌	?	满洲正白旗	江北提督
敬　信	1832—1907	满洲正白旗	提督
讷　钦	?	满洲正白旗	提督
恩　承	1820—1892	满洲正白旗	提督
托明阿	?—1865	满洲正红旗	1858年，直隶提督
麟　书	?—1898	满洲正蓝旗	提督
福　锟	1834—1896	满洲正蓝旗	提督
塔齐布	1817—1855	满洲镶黄旗	1854年，署湖南提督
恒　龄	?—1865	满洲镶黄旗	1862年，署直隶提督
那　桐	?	满洲镶黄旗	提督
文　庆	?—1858	满洲镶红旗	1848年，提督
恩　桂	?—1848	满洲镶蓝旗	提督
花沙纳	1806—1859	蒙古正黄旗	提督
乐　善	?—1860	蒙古正白旗	1859年，直隶提督

续表

姓名	生卒年	籍贯	任职
赛尚阿	？—1875	蒙古正蓝旗	提督
崇　礼	？—1907	汉军正白旗	提督
宋　庆	1820—1902	山东蓬莱	1868 年，湖南提督；1874 年，四川提督
夏辛酉	1843—1908	山东郓城	1904 年，云南提督
傅振邦	？—1883	山东昌邑	1859 年，云南提督；1866 年，直隶提督
张　彪	1860—1927	山西榆次	1910 年，湖北提督
董福祥	1840—1908	甘肃固原	1896 年，甘肃提督
尤　渤	？—1852	甘肃武威	1896 年，江南提督
刘允孝	1775—1842	甘肃酒泉	1840 年，湖北提督；1842 年，江南提督
张　俊	？—1900	甘肃环县	1895 年，喀什噶尔提督
段永福	？—1842	陕西西安	广西提督
鲍　超	1828—1886	四川奉节	1862 年，浙江提督；1880 年，湖南提督
陈金绶	？—1854	四川岳池	1842 年，直隶提督
雷正绾	？—1897	四川中江	1862 年，陕西提督
李　准	？	四川	水师提督
向　荣	约 1788 或 1792—1856	四川大宁	1847 年，四川提督；1850 年，广西提督；湖北提督
徐邦道	？—1895	四川涪州	1878 年晋提督
余步云	？—1843	四川广安	1840 年，浙江提督
杨鼎勋	？—1868	四川华阳	1866 年，浙江提督
周天受	？—1860	四川巴县	湖南提督
张玉良	？—1861	四川巴县	广西提督
丁　槐	1854—1935	云南鹤庆	云南提督
蒋宗汉	1836—1898	云南鹤丽	同治初，擢提督；1900 年，署提督，调云南；1902 年，实授提督
段瑞梅	？	云南剑川	1874 年，记名提督
龙济光	1876—1925	云南蒙自	1908 年，署广西提督
和耀曾	？—1897	云南丽江	提督
马如龙	1832—1891	云南临安	1874 年，湖南提督
马维骐	1846—1910	云南阿迷	1902 年，四川提督
何秀林	？—1890	云南宜良	1870 年，擢提督
张保和	？—1877	云南师宗	提督
唐友耕	约 1830—1882	云南大关	1863 年，云南提督；1880 年，署四川提督

续表

姓名	生卒年	籍贯	任职
吴永安	1839—1893	云南泸西	提督
夏毓秀	？—1910	云南昆明	1895 年，四川提督；1900 年，贵州提督
杨玉科	1838—1885	云南丽江	1880 年，署广东陆路提督
杨国发	？—1900	云南建水	提督
蔡　标	？—1906	贵州威宁	1887 年，署云南提督
赵德光	？—1867	贵州郎岱	1866 年，署贵州提督
陆荣廷	1859—1928	广西武鸣	1911 年，广西提督
刘永福	1837—1917	广西上思	提督
马盛治	1849—1902	广西永安	提督
苏元春	约 1845—1907	广西永安	1885 年，广西提督
李世忠	？—1881	河南固始	江南提督
刘永庆	1862—1906	河南项城	江北提督
齐　慎	？—1844	河南新野	四川提督
阎定邦	1838—1871	湖北罗田	提督
秦定三	？—1857	湖北兴国	福建陆路提督
邓绍良	1801—1858	湖南乾州	1853 年，江南提督；1854 年，陕西提督；1856 年，浙江提督
方友升	？—1906	湖南善化	1875 年，提督
郭松林	1833—1880	湖南湘潭	1868 年，湖北提督
高连升	？	湖南宁乡	广东提督；甘肃提督
黄翼升	？—1894	湖南善化	1862 年，江南水师提督；1892 年，长江水师提督
胡中和	？—1883	湖南湘乡	1862 年，云南提督；1863 年，四川提督；同治十三年，云南提督
黄万鹏	？—1898	湖南宁乡	新疆提督
黄忠浩	1859—1911	湖南黔阳	1910 年，湖南提督
黄金友	？—1861	湖南	提督
江忠义	约 1834—1863	湖南新宁	1862 年，贵州提督，署广西提督
江忠珀	？	湖南新宁	记名提督
娄庆云	？—1904	湖南善化	1891 年，湖南提督
刘松山	1833—1870	湖南湘乡	1867 年，广东陆路提督
李成谋	？—1892	湖南芷江	1866 年，福建水师提督；1872 年，江南水师提督
李朝斌	？—1894	湖南善化	1864 年，江南提督

续表

姓名	生卒年	籍贯	任职
李佑厚	?	湖南平江	记名提督
李辉武	？—1878	湖南衡山	1872 年，甘肃提督
罗荣光	1834—1900	湖南乾州	1900 年，新疆喀什噶尔提督
罗孝连	?	湖南郴州	贵州提督
欧阳利见	1825—1895	湖南祁阳	1881 年，浙江提督
彭玉麟	1816—1890	湖南衡阳	1862 年，水师提督
孙开华	？—1893	湖南慈利	1885 年，福建陆路提督
孙道仁	1867—1935	湖南慈利	1910 年，福建提督
田兴恕	1836—1877	湖南凤凰	1859 年，署贵州提督
谭胜达	？—1875	湖南善化	1864 年，记名提督
谭上连	1840—1890	湖南衡阳	乌鲁木齐提督
谭碧理	?	湖南湘潭	江南提督
唐仁廉	1834—1895	湖南东安	1864 年，记名提督；1884 年，广东水师提督
陶茂林	？—1890	湖南善化	甘肃提督
王德榜	1837—1893	湖南江华	1884 年，广西提督
王明山	？—1890	湖南湘潭	1862 年，福建陆路提督
吴家榜	？—1892	湖南益阳	1876 年，长江水师提督
谢浚畬	？—1901	湖南善化	1892 年，署水师提督
萧孚泗	？—1884	湖南湘乡	福建陆路提督
萧庆衍	?	湖南湘乡	记名提督
杨岳斌	1822—1890	湖南善化	1855 年，署湖北提督；1857 年，福建陆路提督；1858 年，福建水师提督
余虎恩	？—1905	湖南平江	1900 年，喀什噶尔提督
周宽世	？—1887	湖南湘乡	1885 年，湖南提督
张文德	？—1881	湖南凤凰	1875 年，贵州提督
周达武	？—1894	湖南宁乡	1864 年，贵州提督；1877 年，甘肃提督
邓　增	？—1905	广东新会	1896 年，固原提督
冯子材	1818—1903	广东钦州	1862 年，广西提督；1875 年，贵州提督
方　耀	1834—1891	广东普宁	1868 年，署陆路提督；1870 年，署水师提督
洪名香	约 1807—1873	广东南澳	广东水师提督
张国梁	1823—1860	广东高要	1857 年，湖南提督；同年，寻调江南提督
郑绍忠	？—1896	广东三水	1884 年，陆路提督；1889 年，湖南提督；1894 年，署广东陆路提督

续表

姓名	生卒年	籍贯	任职
关天培	1780—1841	江苏山阳	广东水师提督
曹德庆	？—1901	安徽庐江	提督
程文炳	1834—1910	安徽阜阳	1883 年，湖北提督
陈阶平	1766—1844	安徽泗州	福建水师提督
段祺瑞	1865—1936	安徽合肥	1910 年，江北提督
李长乐	？—1889	安徽盱眙	1865 年，湖北提督
刘　廷	？—1878	安徽亳州	提督
丁汝昌	1836—1895	安徽庐江	1888 年，北洋海军提督
董履高	？—1908	安徽合肥	1884 年，提督
姜桂题	1843—1922	安徽亳县	1910 年，直隶提督
金运昌	？—1886	安徽盱眙	1879 年，提督
蒋东才	？—1887	安徽亳州	提督
刘铭传	1836—1895	安徽合肥	1865 年，直隶提督
李承先	？—1891	安徽亳州	提督
李得胜	？—1891	安徽蒙城	提督
马玉昆	？—1908	安徽蒙城	1899 年，浙江提督
聂士成	1836—1900	安徽合肥	1894 年，直隶提督
吕本元	？—1910	安徽滁州	1900 年，直隶提督
苏得胜	？—1890	安徽合肥	提督
牛师韩	1846—1895	安徽涡阳	1868 年，提督
唐定魁	？—1887	安徽合肥	福建陆路提督
王孝祺	？—1899	安徽合肥	1887 年，广东水师提督
吴长庆	1834—1884	安徽庐江	1880 年，浙江提督
叶志超	？—约 1901	安徽合肥	1889 年，直隶提督
周盛传	1833—1885	安徽合肥	1869 年，湖南提督
章高元	1830—1900	安徽合肥	提督
徐绍桢	1861—1936	浙江钱塘	江北提督
张　勋	1854—1923	江西奉新	1908 年，云南提督，旋改甘肃提督；1911 年，江南提督
张春发	？—1911	江西新喻	1895 年，广东陆路提督
陈化成	1776—1842	福建同安	1840 年，福建水师提督；同年，调江南提督
李廷钰	？—1861	福建同安	浙江提督；福建提督

续表

姓名	生卒年	籍贯	任职
林泰曾	1851—1894	福建侯官	1889 年，提督
饶廷选	？—1861	福建侯官	福建陆路提督；1860 年，浙江提督
萨镇冰	1858—1952	福建闽侯	1903 年，广东水师提督
林文察	？—1864	福建台湾	1862 年，福建提督
叶祖珪	1852—1905	福建侯官	广东水师提督
合计 151 人			

资料来源：1. 钱实甫：《清代职官年表》，中华书局 1980 年版。
2. 戴逸、王和：《二十六史辞典·人物卷》，吉林人民出版社 1993 年版。
3. 陈旭麓等：《中国近代史辞典》，上海辞书出版社 1982 年版。
4. 吴如嵩：《中华军事人物大辞典》，新华出版社 1989 年版。

表 3－4　　晚清总兵籍贯分布

姓名	生卒年	籍贯	任职
王锡朋	1786—1841	顺天宁河	安徽寿春镇总兵
董光甲	？—1852	直隶河间	河南河北镇总兵
田中玉	1870—1935	直隶临榆	1911 年，兖州镇总兵
郝光甲	？—1857	直隶任丘	陕安镇总兵
郝上庠	？—1861	直隶沙河	1860 年，署曹州镇总兵
孟恩远	1856—1933	直隶天津	南阳镇总兵
石清吉	？—1864	直隶沙河	总兵
王怀庆	1866—？	直隶宁普	河北通永镇总兵
杨福同	？	直隶清苑	记名总兵
郑魁士	？—1873	直隶万全	1854 年，寿春镇总兵；1860 年，甘肃宁夏镇总兵
丰升阿	？—1909	满洲正白旗	马兰镇总兵
长　瑞	？—1852	满洲正白旗	天津镇总兵
长　寿	？—1852	满洲正白旗	甘肃凉州镇总兵
容　照	？	满洲正白旗	马兰镇总兵
文　祥	1818—1876	满洲正红旗	1858 年，左翼总兵
怀塔布	1831—1900	满洲正蓝旗	1883 年，泰宁镇总兵
达洪阿	？—1854	满洲镶黄旗	1835 年，台湾镇总兵
常　禄	？—1852	满洲镶白旗	河北镇总兵

续表

姓名	生卒年	籍贯	任职
麟　魁	？—1862	满洲镶白旗	右翼总兵
恩　长	？—1853	满洲镶红旗	寿春镇总兵
载　龄	？—1883	满洲镶蓝旗	泰宁镇总兵
文　瑞	？—1861	蒙古镶蓝旗	处州镇总兵
双　来	？—1853	汉军正白旗	1852 年，肃州镇总兵
英　年	？—1901	汉军正白旗	左翼总兵
张怀芝	1860—1934	山东东阿	天津镇总兵
桂锡桢	？—1880	山东曲阜	总兵
邵鹤龄	？—1852	山东招远	湖北郧阳镇总兵
左宝贵	1837—1894	山东费县	1889 年，广东高州镇总兵
马福祥	1876—1932	甘肃河州	1904 年，西宁镇总兵
马福禄	？—1900	甘肃河州	记名总兵
马安良	1855—1918	甘肃河州	1895 年，巴里坤总兵
虎坤元	1833—1858	四川成都	通永镇总兵
鲁占鳌	？—1860	四川成都	川北镇总兵
宋国永	？—1878	四川	1862 年，直隶宣化镇总兵；1860 年，云南鹤丽镇总兵
王国才	？—1857	云南昆明	1857 年，任贵州安义镇总兵
朱洪章	？—1895	贵州黎平	1865 年，湖南永州镇总兵
陈　嘉	？—1885	广西荔浦	1884 年，贵州安义镇总兵
刘季三	？—1860	广西武宣	直隶通永镇总兵
覃修纲	1839—1905	广西西林	署川北镇总兵；1899 年，甘肃西宁镇总兵
王锦锈	？—1852	广西马平	郧阳镇总兵
陈国瑞	1836—1882	湖北应城	1864 年，浙江处州镇总兵
黄开榜	？—1871	湖北施南	1860 年，江西九江镇总兵
余际昌	？—1863	湖北毂城	1862 年，授河北镇总兵
陈忠德	？—1863	湖南清泉	总兵
陈万胜	？	湖南湘乡	记名总兵
丁义方	？—1893	湖南益阳	1868 年，湖口镇总兵
丁长胜	？	湖南湘乡	总兵
郭鹏程	？—1864	湖南湘乡	记名总兵
何胜必	？—1865	湖南湘乡	1861 年，甘肃肃州镇总兵

续表

姓名	生卒年	籍贯	任职
李臣典	1838—1864	湖南邵阳	1863 年，河南归德镇总兵
李祥和	？—1867	湖南湘乡	1865 年，安徽寿春镇总兵
罗逢元	？—1878	湖南湘潭	1861 年，记名总兵
刘明钲	？	湖南永定	台湾镇总兵
刘培元	？—1891	湖南长沙	1861 年，衢州镇总兵
江忠朝	？	湖南新宁	记名总兵
瞿腾龙	1790—1854	湖南善化	1853 年，郧阳镇总兵
孙昌凯	？—1895	湖南清泉	浙江海门镇总兵
滕家胜	1827—1861	湖南乾州	四川川北镇总兵
滕嗣武	？—1872	湖南麻阳	1869 年，湖北郧阳镇总兵
谭国泰	？	湖南湘乡	记名总兵
谭拔萃	？	湖南湘潭	宁夏镇总兵
伍维寿	？—1875	湖南善化	1867 年，陕西汉中镇总兵
唐义训	？	湖南湘乡	皖南镇总兵
王　吉	？—1881	湖南清泉	1863 年，狼山镇总兵
王绍羲	？	湖南湘乡	记名总兵
万年新	？—1863	湖南	甘肃凉州镇总兵
萧庆高	？—1866	湖南湘乡	1865 年，汉中镇总兵
熊登武	？	湖南湘乡	总兵
熊建益	？	湖南	记名总兵
杨明海	？—1881	湖南善化	1863 年，山东兖州镇总兵；1881 年，狼山镇总兵
杨复东	？—1880	湖南浏阳	1868 年，四川川北镇总兵
郑国鸿	1777—1841	湖南凤凰	1840 年，浙江处州镇总兵
喻吉三	？	湖南宁乡	记名总兵
张诗日	？—1867	湖南湘乡	1865 年，直隶宣化镇总兵
张运桂	？	湖南湘乡	记名总兵
朱南桂	？—1866	湖南善化	1864 年，河南归德镇总兵
张嘉钰	？—1911	湖南凤凰	总兵
陈辉龙	？—1854	广东吴州	总兵
刘永福	1837—1917	广东钦州	广东南澳镇总兵，广东碣石镇总兵
戴文英	？—1858	广东罗定	1858 年，任直隶通永镇总兵

续表

姓名	生卒年	籍贯	任职
邓世昌	1849—1894	广东番禺	1888 年晋总兵
邓安邦	？—1888	广东东莞	1886 年，湖州镇总兵
杨泗洪	1847—1895	江苏	1895 年，以副将署台南镇总兵
张文生	约 1867—1937	江苏沛县	徐州镇总兵
郭宝昌	？—1900	安徽凤阳	安徽寿春镇总兵
何安泰	？—1864	安徽舒城	记名总兵
程学启	1830—1864	安徽桐城	1862 年，任江西南赣镇总兵
刘超佩	？—1895	安徽合肥	总兵
唐殿魁	1832—1867	安徽合肥	同治五年，授浙江衢州镇总兵；六年，调广西右江镇
陆建章	？—1918	安徽蒙城	曾任山东曹州镇总兵、广东高州镇总兵
李南华	1834—1903	安徽蒙城	1863 年，擢总兵；1899 署河北镇总兵，调授汀州镇总兵
马金叙	？	安徽蒙城	总兵
卫汝贵	1836—1895	安徽合肥	总兵
谢宝胜	？—1912	安徽寿州	1909 年，授河北镇总兵
周盛波	1830—1888	安徽合肥	1865 年，任甘肃凉州镇总兵
张树珊	？—1865	安徽合肥	1862 年，任广西右江镇总兵
章高元	1843—1913	安徽合肥	山东登州镇总兵
张树屏	？—1891	安徽合肥	1878 年，任太原镇总兵
葛云飞	1789—1841	浙江绍兴	1839 年任浙江定海镇总兵
王之敬	？—1861	浙江奉化	咸丰十年，江南福山镇总兵
陈胜元	1797—1853	福建同安	江南福山镇总兵
江继芸	1788—1841	福建福清	1840 年，任金门镇总兵
刘步蟾	1852—1895	福建侯官	1888 年，任北洋海军右翼总兵
林翼升	1855—1894	福建侯官	总兵
林永升	1855—1894	福建侯官	总兵
邱联恩	？—1859	福建同安	1854 年，擢南阳镇总兵
合计 106 人			

资料来源：1. 钱实甫：《清代职官年表》，中华书局 1980 年版。
2. 戴逸、王和：《二十六史辞典·人物卷》，吉林人民出版社 1993 年版。
3. 陈旭麓等：《中国近代史辞典》，上海辞书出版社 1982 年版。
4. 吴如嵩：《中华军事人物大辞典》，新华出版社 1989 年版。

为综合研究晚清提督、总兵籍贯之分布，据表3-3、表3-4再做统计如表3-5所示。

表3-5 晚清提督、总兵籍贯综合统计

籍贯	提督人数	提督百分比(%)	总兵人数	总兵百分比(%)	提督、总兵合计	提督、总兵百分比(%)	提督、总兵位次
湖南	40	26.49	34	32.08	74	28.79	1
安徽	25	16.56	14	13.21	39	15.18	2
八旗	20	13.25	14	13.21	34	13.23	3
云南	14	9.27	1	0.94	15	5.84	4
直隶	5	3.31	9	8.50	14	5.45	5
四川	10	6.62	3	2.83	13	5.06	6
福建	7	4.64	6	5.67	13	5.06	6
广东	6	3.97	5	4.72	11	4.28	8
广西	4	2.65	4	3.77	8	3.11	9
山东	3	1.99	4	3.77	7	2.72	10
甘肃	4	2.65	3	2.83	7	2.72	11
湖北	2	1.32	3	2.83	5	1.95	12
贵州	2	1.32	1	0.94	3	1.17	13
浙江	1	0.66	2	1.87	3	1.17	13
江苏	1	0.66	2	1.87	3	1.17	13
河南	3	1.99	0	0	3	1.17	13
江西	2	1.32	0	0	2	0.78	17
顺天	0	0	1	0.94	1	0.39	18
山西	1	0.66	0	0	1	0.39	18
陕西	1	0.66	0	0	1	0.39	18
合计	151	—	106	—	257	—	—

由表3-5可知晚清提督、总兵籍贯分布的不平衡：（1）晚清提督共计151人，其中湖南40人，占总数的26.49%，居于首位；安徽25人，占总数的16.56%；八旗20人，占总数的13.25%；云南和四川两省人数相当，其他省份人数不多。（2）晚清总兵共计106人，湖南仍是遥遥领先，34人，占总数的32.08%；安徽和八旗人数均为14人，各占总数的13.21%；云南、直隶人数亦不少，其他省份人数多寡不一。（3）提督总兵人数共计257人，湖南位居榜首，共74人，占总数的28.79%；安徽

39 人，占总数的15.18%；八旗34 人，占总数的13.23%；云南和直隶人数亦可观。可知“中兴将相，什九湖湘”，确非虚言。

（三）晚清将军、提督、总兵籍贯区域分布分析

由以上统计可知，晚清将军基本上由八旗将军（129 人）担任，占总数的90.85%，其中又以满洲八旗为最。汉族将军共13 人，仅占一小部分。同样，在提督和总兵的籍贯统计中，八旗仍占相当大的比例，仅次于湖南和安徽，居第三位。由此可知，此类人物地理分布参差不齐，缘何如此？

1. “首崇满洲、优待八旗”的民族政策

清朝是少数民族入主中原而建立的封建朝代。清朝定鼎中原，使满族一跃成为统治民族。由于清朝统治的社会基础是由多民族构成的，处于这种多民族的大环境中，出于巩固自身统治的需要，清政府坚持“首崇满洲、优待八旗”的民族政策，以维护本族在中央政权中的核心地位。八旗南征北战，所向披靡，是清入关和征服、统治全国所依靠的主要力量，为清王朝立下汗马功劳。八旗兵在抗击沙俄侵略、开发东北及西北边疆地区方面亦作出了巨大的贡献。八旗兵平定三藩叛乱、镇压蒙古准噶尔部的噶尔丹汗、新疆大小和卓木、西藏第巴桑结的分裂活动，为维护祖国统一、民族团结、社会稳定，建立了不可磨灭的功勋。

清统治者由于狭隘的民族意识，认为满洲甲兵系国家之根本，开国定基、巩固大业只有八旗最可靠、可信，汉人及其他民族则是不能信赖的。因而清统治者想方设法从经济、政治等各方面给八旗以特权。为了优遇满洲宗室，清廷制定了自和硕亲王至奉恩将军的十二等爵位，又颁布世爵制度。世爵制虽针对所有官员，但因目的是“酬庸”、“奖忠”，以军功武职为主，故明显地偏向于八旗世家。

在法律制度中，宗室和八旗人员也享有特权。《大清律》具有显著的民族歧视特点。《大清律》规定：旗人犯法不由州县牢狱关押，可另坐宗人府空房；旗人犯罪可依例享有“减等”、“换刑”特权，“凡重囚应刺字，旗人刺臂，平民刺面”；八旗官兵犯法，笞刑可换鞭责，极边充军可换枷号九十日，斩立决可减为斩监候。

在文化科举方面，旗人也享有特权，清军入关后为旗人子弟开设了景山官学、觉罗学、咸安宫学等各种学校，给他们入官晋仕铺设道路，但旗人做官，并非一定须经考试，即便是考试也不过是掩人耳目而已。

在薪饷方面，厚八旗，薄绿营。八旗武官的俸银比同级绿营武官要高

出 1—4 倍，此外，还有相当可观的俸米、旗地和赏银，而绿营武官除正俸和“养廉”银外，无特殊照顾。八旗士兵的月饷银平均五两至七两，另有世袭土地，而绿营士兵的月饷多者二两，少者一两，另各给米三斗。此外，作为对开国之军的一种特殊优待，八旗官兵都领有世袭“旗地”，普通士兵占地多者数十亩，少者十数亩。

在任官制度中，专门定有“宗室缺”和八旗中的“满洲缺”、“蒙古缺”、“汉军缺”以及“内务府包衣缺”。又规定满洲京堂以上缺，宗室、汉军不得互补；外官蒙古可以补满缺，满洲、蒙古、包衣可以补汉缺，可汉人却不得补满缺和其他八旗缺，故有所谓宗室无外任，满洲、蒙古无微员的说法。此外，八旗官兵享有优先提拔权，几乎囊括了全部重要军事职位。

清政府这一政策在晚清将军籍贯分布中表现得最为明显。如前所统计的晚清将军，基本上都是由八旗将军充任，共计 129 人，占总人数的 90. 85%，其中又以满洲八旗人数最多，111 人，占总人数的 78. 17%。汉族将军只占很小的比例，共 13 人，占总数的 9. 15%，且几乎都是“署某某将军”，这就充分体现了“首崇满洲、优待八旗”这一倾向性民族政策对晚清将军籍贯分布差异的影响。同样，在提督和总兵的统计中，八旗虽不可能囊括所有职位，但人数也相当客观，共计 34 人，占总数的 13. 23%，位居第三。

当然，清政府实行“首崇满洲、优待八旗”的政策，并不等于忽略占人口最多数的汉族地主阶级，否则政权也不能稳固。因此，清统治者很注意民族关系的处理，注意拉拢汉族地主。汉族将军虽然人数不多，但仍占一定的比例。

2. 湘军、淮军的崛起及影响

在晚清将领中，湘军将领占很大的比例。太平天国十余年间，湘军将领中升至总督的连曾国藩本人在内有 11 人，升至巡抚的有 13 人，升至提督、总兵、布政使、按察使的多达 143 人。此种情况后来有所增加，整个晚清时期，湖南人先后担任督抚者共 37 人，其中任至总督者 17 人，升至提督、总兵者，人数亦同样有所增加。此外，因军功而保举虚衔者为数更多。据光绪十一年（1885）《湖南通志》可知，全省因军功保举武职游击以上人员，总计多达 6319 人，其中提督 478 人，总兵 1077 人，副将1534 人，参将 1464 人，游击 1766 人，这在全国各省是绝无仅有的。以地域而论，这些人多半集中在湘军将领籍贯所在的县份，其中以湘乡为最。湘乡一县，历保游击以上武职人员共 2490 人（其中提督 181 人，总兵 411

人)，占全省总数的1/3强。淮军中被提拔者亦不在少数。为何出现如此情况呢？曾国藩知人善任，重视人才，凡立有军功者，均向朝廷举荐，其所提拔人数众多。据罗尔纲统计，湘军保至武职三品以上的已数万人，保至三品以下的人数必远多于数万人。[①]《清史稿》说："湘、淮、楚营士卒，徒步起家，多擢提、镇、参、游以下官，益累累然。"[②]曾国藩任江督后三年之内提携荐举总督3人、巡抚9人。以武职官而议，同治五年(1866)，湘军中位居提镇以上的高级将领已达70人。由于湘军、淮军的乡土和私家军特色，曾国藩提拔人才尤以与他有私属关系者为最。李鸿章掌握大权后，同样也提拔保举了大量淮军将领。由于八旗、绿营窳败，清廷不得不拉拢湘军、淮军，重用湘军、淮军将领，如曾国藩、左宗棠、李鸿章等，在重用曾国藩等的同时又不得不大力提拔湘、淮军其他将领来对其进行制约。由上可知，湘、淮军的崛起对晚清军事人才产生了极大的影响，不仅直接培养了大批的优秀军事人才，也为湖南、安徽乃至全国的士人提供了可资效仿的榜样，这在绿营将领籍贯分布中有明显的表现。晚清提督总兵共257人，八旗为34人，居第三位，这是清朝的民族倾向性政策所致。湖南的提督总兵人数最引人注目，共计74人，占总数的28.79%，将近1/3，位居榜首。安徽的提督总兵人数亦不少，共计39人，占15.18%，居第二位。这充分说明了湘军、淮军的崛起对晚清军事人才区域分布的影响。

综上所述，从晚清将军的籍贯分布来看，晚清将军基本上都由满族人担任，只是到了清末才由极少的汉人担任，且大多是署将军一职，这主要是由清朝的"首崇满洲，优待八旗"的民族政策决定的。从晚清提督和总兵的籍贯分布来看，民族政策的倾向致使任职提督和总兵的满族人数非常可观，居第三位；但尤为突出的是，湖南和安徽两省的提督、总兵人数最多，这主要与湘、淮军之崛起及其影响密切相关。

三　晚清团练将领籍贯分布

团练是地主阶级编练的地方武装，为团与练之合称。1800年，四川、湖南等地团练相继而起，成为镇压白莲教起义的有力组织。19世纪中期，

① 罗尔纲：《湘军兵志》，中华书局1984年版，第162页。

② 同上书，第161页。

以太平军、捻军起义为代表的国内战争及匪患极大地冲击了清王朝统治及社会秩序，为团练的普遍兴起提供了历史契机。

（一）晚清团练将领籍贯分布

以下表3－6统计的晚清团练将领分为地方办团练者及清廷谕令团练人员。在地方团练将领中，湘、淮军将领因有其明显的地域特征，故未作统计。

表3－6　　晚清团练将领籍贯分布

姓名	生卒年	籍贯	任职
李右文	？—1859	顺天通州	曾办团练
曹克忠	？—1896	直隶天津	1894年，治天津团练
陈鸿翊	？	直隶	1860年奉命办理天津团练
梁宝常	1793—1857	直隶	1853年2月奉命主办本籍团练
焦祐瀛	？	直隶天津	1860年回籍办理团练
桑春荣	1802—1882	直隶	1860年为顺天直隶督办团练大臣
孙葆元	？	直隶	1853年2月奉命主办本籍团练
张　曜	1832—1891	直隶大兴	曾办团练
杨禄之	？	直隶	1853年2月奉命主办本籍团练
张之万	1811—1897	直隶南皮	1856年后，曾一度回籍办团练
多　山	？—1855	满洲镶蓝旗	曾办团练
陈　阡	？	山东	1853年2月奉命主办本籍团练
陈介祺	1813—1884	山东潍县	在籍办团练
车克慎	？	山东	1853年2月奉命主办本籍团练
黄恩彤	1801—1883	山东宁阳	1853年2月奉命主办本籍团练
傅绳勋	？	山东	1853年2月奉命主办本籍团练
刘耀椿	1784—1858	山东	1853年2月奉命主办本籍团练
冯德馨	？	山东	1853年2月奉命主办本籍团练
贾　桢	1798—1874	山东黄县	1868年任团练大臣
李璋煜	？	山东	1853年2月奉命主办本籍团练
刘韵珂	1792—1864	山东	1853年2月奉命主办本籍团练
李湘芬	？	山东	1853年2月奉命主办本籍团练
梁萼涵	约1789—1858	山东	1853年2月奉命主办本籍团练

续表

姓名	生卒年	籍贯	任职
毛鸿宾	？—1868	山东历城	1853年，回乡办团练
马新贻	1821—1870	山东菏泽	1853年办团练抗太平军
王　简	？	山东	1853年2月奉命主办本籍团练
周天爵	1772—1853	山东东阿	1852年，奉命办理本籍团练
王允中	？	山东	1853年2月奉命主办本籍团练
徐延旭	？—1884	山东	咸丰任知县时在籍办团练
王懿荣	1845—1900	山东福山	曾任团练大臣
亓祈年	？—1861	山东潍县	曾办团练
孙毓汶	？—1899	山东济宁	曾在籍办团练
唐宋忠	？—1865	山东钜野	曾办团练
徐继畬	1795—1873	山西五台	1852年奉命赴山西督办团练
萧浚兰	？	甘肃	1860年10月奉命帮办本籍团练
吴可读	1812—1879	甘肃皋兰	1860年10月奉命帮办本籍团练
杨　升	？	甘肃	1860年10月奉命帮办本籍团练
张　芾	1814—1862	陕西泾阳	1861年奉命督办陕西团练（1856年奉命主办安徽团练）
黄　鼎	？—1876	四川崇庆	在籍办团练抗太平军
李　惺	1785—1864	四川	1860年为四川督办团练大臣
宋华嵩	？—1861	四川邛州	1859年，以武监生倡办团练
黄彭年	1823—1890	贵州贵筑	咸丰初，随父在籍办团练
刘显世	1871—1927	贵州兴义	曾办团练
唐树义	？—1854	贵州遵义	曾办团练
唐　炯	约1829—1909	贵州遵义	曾办团练镇压贵州苗民起义
朱　树	？	贵州	1853年2月奉命主办本籍团练
陶廷杰	1785—1856	贵州都匀	曾办团练
赵国澍	？—1863	贵州贵阳	1853年，倡办团练
岑毓英	1829—1889	广西西林	咸丰中，曾治团练
唐景崇	？—1914	广西灌阳	奉命督办广西团练
朱　琦	1803—1861	广西临桂	曾办团练
毛昶熙	1817—1882	河南武陟	1860年5月任命为督办河南团练大臣
王庭兰	？	河南	1853年2月奉命主办本籍团练
李棠阶	1798—1865	河南河内	1853年治团练

续表

姓名	生卒年	籍贯	任职
吴 山	？—1853	河南光山	曾倡办团练
吴元炳	？—1886	河南固始	从团练大臣毛昶熙回籍治团练
袁甲三	1806—1863	河南项城	1853 年任帮办团练大臣
周之崎	？	河南	1853 年 2 月奉命主办本籍团练
周祖培	1793—1867	河南商城	1858 年，会办五城团防
张仁黼	？	河南固始	1900 年，奉命在籍治团练
祝庆蕃	？	河南	1853 年 2 月奉命主办本籍团练
郭沛霖	1809—1859	湖北浠水	1857 年，奉命督办里下河七州县及通、海州团练
单懋谦	1807—1879	湖北襄樊	1853 年在籍办团练
温绍原	？—1858	湖北江夏	1857 年 3 月奉命督办江苏团练
王培荣	？—1859	湖北罗田	曾练团
郭嵩焘	1818—1891	湖南湘阴	咸丰初，随曾国藩办团练
魏 源	1794—1857	湖南邵阳	1853 年正月，奉命帮办安徽团练
陈士杰	？—1892	湖南桂阳	1855 年，于原籍专治团练
王德榜	1837—1893	湖南江华	1852 年，办团练
丁锐义	？—1858	湖南长沙	咸丰初治团练抗太平军
胡林翼	1812—1861	湖南益阳	曾治团练
蒋凝学	？—1878	湖南湘乡	咸丰初，在籍治团练
罗泽南	1808—1856	湖南湘乡	1852 年，在籍办团练
罗绕典	约 1790—1854	湖南安化	1852 年，奉命办理本籍团练
罗 萱	？—1869	湖南湘潭	1851 年，在籍倡团练，知县
刘 蓉	1816—1873	湖南湘乡	太平军起，佐泽南治团练
罗正仁	？	湖南郴州	倡办团练
魏光焘	1837—1916	湖南邵阳	曾办团练
席宝田	1829—1889	湖南东安	1852 年，在家乡举办团练
杨昌浚	？—1897	湖南湘乡	1852 年从罗泽南治团练
左宗棠	1812—1885	湖南湘阴	曾办团练
曾国藩	1811—1872	湖南湘乡	1852 年奉命办理本籍团练
丁日昌	1823—1882	广东丰顺	曾在籍办团练
方 耀	1834—1891	广东普宁	咸丰初，随父在籍办团练
龙元僖	1809—1884	广东顺德	受命为团练大臣，督办广东团练

续表

姓名	生卒年	籍贯	任职
罗惇衍	1814—1874	广东顺德	1857 年，任团练大臣
苏廷魁	1800—1878	广东高要	曾任团练大臣
程庭桂	?	江苏	1853 年正月奉命主办本籍团练
窦元灏	? —1860	江苏邳州	曾办团练抗捻军
冯桂芬	1809—1874	江苏吴县	1853 年，奉旨办团练
侯　桐	?	江苏	1853 年正月奉命主办本籍团练
庞钟璐	1822—1876	江苏常熟	1860 年，受命为江南督办团练大臣
季芝昌	?	江苏	1853 年正月奉命主办本籍团练
钱鼎铭	1824—1875	江苏太仓	从父治团练，历任布政史，河南巡抚
钱宝琛	?	江苏	1853 年正月奉命主办本籍团练
任道镕	1823—1905	江苏宜兴	咸丰中，在籍办团练
孙恩铭	? —1854	江苏通州	曾办团练
史克宽	?	江苏六合	咸丰中，在籍办团练
沈　岐	?	江苏	1853 年正月奉命主办本籍团练
邹鸣鹤	? —1853	江苏无锡	1852 年奉命办理本籍团练
温葆淳	?	江苏	1853 年正月奉命主办本籍团练
王　藻	?	江苏	1853 年正月奉命主办本籍团练
汪本铨	?	江苏	1853 年正月奉命主办本籍团练
赵振祚	? —1860	江苏武进	曾办团练抗太平军
许乃钊	?	江苏	1853 年正月奉命主办本籍团练
杨宗濂	?	江苏无锡	咸丰末，在籍治团练
晏端书	?	江苏	1860 年 5 月为江北督办团练大臣
李鸿章	1823—1901	安徽合肥	1853 年，助吕贤基在籍办团练
李鹤章	1825—1880	安徽合肥	治本籍团练
程　保	? —1855	安徽歙县	曾办团练抗太平军
董履高	? —1908	安徽合肥	咸丰末，在籍治团练
戴宗骞	1842—1895	安徽寿州	曾治乡团
黄先瑜	?	安徽	1856 年 7 月奉命主办本籍团练
吕贤基	1803—1853	安徽旌德	1853 年，赴安徽督办团练
曹德庆	? —1901	安徽庐江	曾在乡治团练
刘铭传	1836—1895	安徽合肥	1854 年，在乡办团练
刘秉璋	?	安徽庐江	曾办团练

续表

姓名	生卒年	籍贯	任职
罗遵殿	？—1860	安徽宿松	曾在籍治团练
李鹤年	1825—1880	安徽合肥	咸丰初，随父办团练
李元华	？	安徽六安	曾办团练
李南华	1834—1903	安徽蒙城	咸丰初，在籍治团练
李文安	？	安徽合肥	1853 年 11 月奉命帮办本籍团练
苗沛霖	1798—1863	安徽凤台	1855 年，在籍办团练
吕锦文	？	安徽旌德	1853 年 11 月奉命帮办本籍团练
马三俊	？—1854	安徽桐城	曾办团练
马玉昆	1827—1908	安徽蒙城	早年在籍办团练
徐启山	？	安徽	1853 年正月奉命帮办本籍团练
潘锡恩	？—1867	安徽泾县	1853 年，奉命回籍办团练
潘鼎新	1828—1888	安徽庐江	曾在籍办团练
孙家泰	？—1854	安徽寿州	1853 年奉命帮办本籍团练
吴廷香	？—1854	安徽庐江	曾办团练抗太平军
吴廷栋	1793—1873	安徽霍山	1852 年，治团练
吴毓兰	？—1882	安徽合肥	1860 年，曾办团练
王孝祺	？—1899	安徽合肥	早年在乡办团练
吴　棠	1812—1876	安徽盱眙	1860 年帮办江北团练
张树珊	？—1865	安徽合肥	1853 年，在籍练乡兵
张树屏	？—1891	安徽合肥	曾办团练
张树声	1824—1884	安徽合肥	1853 年在乡办团练
朱麟祺	？	安徽	1853 年正月奉命帮办本籍团练
周盛波	1830—1888	安徽合肥	曾办团练
周盛传	1833—1885	安徽合肥	曾办团练
张瑞庆	？	安徽	1853 年正月奉命帮办本籍团练
牛师韩	1846—1895	安徽涡阳	曾在乡治团练
张元龙	？	安徽怀远	曾为地方团练小头目
戴　熙	1801—1860	浙江钱塘	曾办团练
高延祉	？—1851	浙江萧山	曾办团练
谭廷襄	？—1870	浙江山阴	曾办团练
吴　煦	1809—1872	浙江钱塘	曾办团练
王履谦	？	浙江	1860 年奉命帮办本籍团练

续表

姓名	生卒年	籍贯	任职
许乃钊	1799—1878	浙江钱塘	曾办团练
邵　灿	?	浙江	1860年5月为浙江督办团练大臣
俞　焜	?—1860	浙江钱塘	1859年，督办团练
程焕采	1787—1873	江西	1853年2月奉命主办本籍团练
陈孚恩	?—1866	江西黎川	1852年，奉命办理本籍团练
陈宝箴	1831—1900	江西义宁	早年以举人治团练
刘继祖	?—1854	江西玉山	曾办团练
吴坤修	1816—1872	江西新建	1859年，奉命督办团练
张　勋	1854—1923	江西奉新	曾办团练
邢福山	?	江西	1853年2月奉命主办本籍团练
陈庆镛	1795—1858	福建	1853年9月奉命主办本籍团练
郭柏荫	1807—1884	福建侯官	1853年，会办本省团练
廖鸿荃	?	福建	1853年2月奉命主办本籍团练
李廷钰	?—1861	福建同安	1853年2月奉命主办本籍团练
沈葆桢	1820—1879	福建侯官	曾办团练
孙云鸿	?	福建	1853年2月奉命主办本籍团练
王有龄	?—1861	福建侯官	曾办团练
杨庆琛	?	福建	1853年2月奉命主办本籍团练

资料来源：1. 戴逸、王和：《二十六史辞典·人物卷》，吉林人民出版社1993年版。
2. 陈旭麓等：《中国近代史辞典》，上海辞书出版社1982年版。
3. 吴如嵩：《中华军事人物大辞典》，新华出版社1989年版。
4. 田子渝、刘德军：《中国近代军阀史词典》，档案出版社1989年版。

为更好地了解晚清团练将领在全国范围内的分布状况，现再做进一步统计如表3-7所示。

表3-7　晚清团练将领籍贯分布比较

籍贯	人数（个）	百分比（%）	位次
安徽	37	22.16	1
山东	22	13.17	2
江苏	20	11.98	3
湖南	17	10.18	4
河南	10	5.99	5

续表

籍贯	人数（个）	百分比（%）	位次
直隶	9	5.39	6
浙江	8	4.79	7
福建	8	4.79	7
贵州	7	4.19	9
江西	7	4.19	9
广东	5	2.99	11
湖北	4	2.40	12
甘肃	3	1.80	13
四川	3	1.80	13
广西	3	1.80	13
陕西	1	0.60	16
八旗	1	0.60	16
顺天	1	0.60	16
山西	1	0.60	16
共计 167 人			

团练将领共计 167 人，主要集中在安徽、山东、江苏、湖南四省。安徽 37 人，人数最多，占总数的 22.16%；山东、江苏、湖南各为 24 人、20 人、17 人，占总数的 13.17%、11.98%、10.18%。

（二）晚清团练将领籍贯分布分析

1851 年夏，清政府采用嘉庆年间依靠地方武装团练镇压川、楚白莲教起义的方法，鼓励各地兴办团练，以镇压太平天国、捻军运动，晚清团练由此盛行。近代中国地方团练的产生及其发展过程，是从镇压白莲教起义开始的一个地方军事化程度不断加深的过程，也是地方政治权力不断增强的过程，而太平天国和捻军运动则加速了这一趋势。从表 3－7 中团练将领的分布我们可以看出，晚清团练将领主要集中在安徽、山东、江苏、湖南、河南等省份。很明显，农民起义的蔓延状态直接导致了中央重视的程度和地方自主办团练的力度，进而影响了团练将领的地域分布。

1. 晚清农民起义分布的区域性差异

太平天国运动与捻军运动给清朝统治阶级以沉重的打击。太平天国起义持续 14 年，势力发展到 18 个省，其中又以安徽、河南、湖南、江苏、江西等省为其军事辗转经略之地。捻军运动的中心在安徽、河南两省。1856 年捻军开始了大规模的军事行动，控制了南至皖北颍上、霍邱，北至江苏萧山、砀山，东至皖北怀远，西至河南归德的广大地区。太平天国和捻军运动的活动范围，主要在安徽、山东、江苏、湖南、河南、浙江、江西等省。当太平军、捻军冲击清朝的统治之时，晚清团练迎来其兴盛的契机。晚清团练盛行的原因有二：其一，清廷的经制兵八旗、绿营相继腐败，当太平天国运动如火如荼地进行时，清廷国库空虚，财源枯竭，筹饷募兵，无从着手。因此，咸丰帝只好下令各地普遍兴办团练以自保。团练遂成为清廷镇压太平天国运动的重要力量。其二，是满汉地主阶级勾结在一起，共同扑灭各族人民起义的需要。为了镇压太平天国运动，清廷不得不改变重用满人、压抑汉人的传统政策。于是，清廷颁布谕旨，对"捐资倡助，或杀贼自效"的办团有功的乡绅予以嘉奖。汉族地主阶级既可通过办团练自保身家性命，又可借此建功立业，于是纷纷行动起来，积极筹办团练。晚清团练组织形式有二："奉谕团练"的官团和"结寨自保"的民团。其举办形式为：一是地方官奉命在所属地方办团练，基层社会组织的代表绅士等支持；二是基层社会组织的代表绅士等自发举办团练，地方官支持。

清统治者于1851年太平天国金田起义之始，便普遍号召基层社会办团练自保，助官兵防剿。在鼓励地方积极办理团练的同时，咸丰帝于1852—1861年先后四次向地方委派办理团练防剿事宜人员。每次委派人数及区域侧重点都随着农民起义状况的变化而变化。现将委派人员情况列简表3－8如下。

表3－8　官派团练人员统计

籍贯/年份	安徽	山东	直隶	江苏	河南	江西	浙江	陕西	湖南	福建	四川	甘肃	贵州
1852	—	1		1	—	1	—	—	2	—	—	—	—
1853	20	14	3	9	3	2	—	—	—	5	—	—	3
1856、1857	3	—	—	5	—	—	1	—	—	—	1	—	—
1859、1861	4	12	24	9	9	5	6	7	3	—	4	4	—
总人数	27	27	27	24	12	8	7	7	5	5	5	4	3
位次	1	1	1	4	5	6	7	7	9	9	9	12	13

说明：1. 资料来源于张研、牛贯杰：《19世纪中期中国双重统治格局的演变》，中国人民大学出版社2002年版，第212—252页。

2. 以上所统计的是1851—1861年，咸丰帝向地方委派的团练人员，均为有名可考者，包括主办、帮办人员。

3. 大多数均是办理本籍团练。

从表 3－8 可知，办理团练人员主要集中在山东、安徽、直隶、江苏、河南、江西等省，这些地区都是太平军及捻军的重要活动基地，占据重要的军事地位。1852 年，咸丰帝在“贼氛逼近”的地区，第一次下令委派办理团练人员，湖南为罗绕典、曾国藩，江西为陈孚恩，山东为周天爵，江苏为邹鸣鹤。1853 年，咸丰帝第二次直接任命办理地方团练人员共 58 人，遍及安徽、江苏、河南、山东、直隶、江西、贵州、福建、湖南等省。此次委派人数多，遍布战火紧张的地区。安徽委派人员多达 20 人，居于首位；山东和江苏，分别委派 14 人、9 人。战乱之初的安徽经历了太平军奠都天京途中的首战皖江（安徽沿江各地）、北伐途中对皖北的攻略、石达开的西征军建立安徽根据地对皖中皖南各府州县的攻伐。此外，安庆是太平军和皖北捻军联系的纽带，又是保障天京、提供粮食供应的战略要地，地理位置重要，备受清廷重视。加上太平军实行北伐，战地集中在安徽、山东等省，清政府不得不加大安徽、山东等省的办团练力度。1856—1857 年，咸丰帝第三次委派团练人员，此次委派官员分布于安徽、江苏、四川、浙江四地，且主要集中在最当战火冲要的安徽和江苏两省。1859—1861 年，咸丰帝第四次委派办团人员，此次团练人员人数最多、省份分布最广，遍及 11 个省份，其中以山东和直隶两省委派团练官员人数居多。对战争最激烈、最频繁的省份，即安徽、山东、河南、湖南和江苏等省，清政府最为重视，委派的办团练人员也最多。

2. 士绅势力的地域性差异

太平天国运动的兴起，失去专制皇权军队庇护的士绅地主阶级，多兴办团练以保卫自身利益。由于政府军队的腐败，士绅们通过负责地方团练的组织、筹款、实战等活动而成为地方武装组织的军事首领，发挥了重要作用。几乎所有的地方志都记载了 19 世纪当地团练的发展，从中我们可以发现团练的组织者和首领主要是绅士。[①] 正如胡林翼所说：“自寇乱以来，地方公事，官不能离绅士而有为。”

晚清地方士绅办团练将领的地域分布，除了与前面所述的农民起义之蔓延状态密切相关外，还与各省政治、经济、文化的发展紧密相连。“一般来说，政治、经济、文化发达地区绅士的势力则相对强大，政治、经济、文化欠发达地区，绅士势力则相对弱小”[②]。因而，晚清地方团练将

① 张仲礼：《中国绅士——关于其在 19 世纪中国社会中作用的研究》，上海社会科学出版社 1991 年版，第 64 页。

② 许顺富：《论近代湖南绅士的地缘特征及其影响》，《湖南大学学报》（社科版）2003 年第 9 期。

领的分布往往受此影响，呈现出不均衡的分布：主要集中在安徽、山东、江苏、湖南、河南、直隶、浙江、福建等省，其他省份人数相对较少。进士是绅士的重要组成部分，进士人数的多少在很大程度上反映着一个地区政治、经济、文化发展的程度。如前所述，一个地区政治、经济、文化发展的程度又进一步影响了绅士的势力和办团的成效，导致团练将领的地域性差别。现统计晚清各省进士数额，排序依次为：浙江（612 人）、江苏（604 人）、山东（564 人）、江西（556 人）、河南（500 人）、八旗（457 人）、福建（451 人）、直隶（440 人）、安徽（380 人）、陕西（372 人）、广东（369 人）、湖北（349 人）、四川（343 人）、湖南（313 人）、广西（297 人）、山西（293 人）、云南（279 人）、贵州（253 人）、顺天（216 人）、甘肃（199 人）、奉天（81 人）。[①] 进士人数较多的主要有浙江、江苏、山东、江西、河南、福建、直隶、安徽、湖南等省，这些省份的政治、经济、文化程度发达，绅士的势力相对强大，团练将领也相对集中。

综上所述，晚清团练主要分为官团和民团，分别由上级官员奉命督办和地方士绅自主组办。无论是哪种形式的团练，其团练将领的多少和地域分布的差异，主要取决于两个方面的因素：一是农民起义的蔓延状态；二是各地政治、经济、文化发展的程度。安徽、山东、江苏、湖南、河南、直隶等地，地理位置重要，是太平军和清军争夺的主战场，战争最为激烈，清政府最为重视，委派办理团练事宜的官员也集中在这些地区。此外，这些地区的政治、经济、文化相对发达，尤其是经济上的优势使得绅士的权利得到更大的发挥，自主办团的积极性高，人数多，办团练成效好。

四　晚清新军将领籍贯分布

甲午惨败之后，人们普遍思考：为何泱泱大国竟然败在蕞尔岛国日本之手？为何经过整顿的中国军队仍如此不堪一击？人们认识到日军在各方面都实现了现代化，而清军在编制体制、官兵素质和调度指挥等方面，仍处于落后状态，认为旧军“讨内匪则可，御外辱则不能”，不仅要改善装备，还要改革军制，全盘西化，才能解决国防问题，日本由弱变强，就是中国学习的榜样。由此掀起了变革军制、仿照西法编练新式陆军的热潮。

---

① 苏全有：《晚清人才的地域分布及其特色》，《平原大学学报》2003 年第 8 期。

（一）晚清新军将领籍贯分布

在晚清军队的近代化建设过程中，产生了一大批优秀的军事将领。他们大多是军事学校的学生或军事留学生，这些新军将领的籍贯分布如表3－9所示。

表3－9　　晚清新军将领籍贯分布

姓名	生卒年	籍贯	任职
郭松龄	1883—1925	奉天	1904年到四川，任新军连长、卫队营长
周符麟	?	奉天义县	曾任北洋陆军第六镇第十二协统领
陈光远	1873—1939	直隶武清	武卫右军队官，北洋常备军军政司总务处总办，步队统领；北洋第四镇第八、第七协统领；1911年，第四镇统制
曹　锟	1862—1938	直隶天津	1903年，北洋陆军第一领第一协统领；1906年，新军第三镇统制
蒋鸿遇	？—1929	直隶固安	历任北洋陆军第十六混成旅参谋，模范连教官
蔡成勋	1871—1946	直隶天津	1911年任浙江第四十一混成协协统
杜锡钧	1880—1945	直隶故城	新军第八镇第十五协第三十标第三营管带
冯国璋	1859—1919	直隶河间	1896年，新军督操营务处总办；1910年，练兵处军事司司长
商德全	?	直隶天津	曾任袁世凯新建陆军炮科教官，炮兵第三营领官，北洋陆军第六镇军官及吴淞、南京、江阴各地炮台统领
蒋雁行	1875—1941	直隶天津	陆军第十三协协统
李　纯	1874—1920	直隶天津	武卫右军教练官；1903年任北洋陆军第一镇骑兵营管带；1905年升标统；1907年调升第六镇第十一协协统
李长泰	？—1922	直隶武清	历任“新建陆军”工程营领官，北洋陆军第六镇统领
鹿钟麟	1884—1966	直隶定县	曾在北洋陆军第二十镇任下级军官
孟恩远	1856—1933	直隶天津	1895年任新建陆军右翼骑兵营队官；后历任北洋陆军第四镇马标标统，直隶巡房营统领；1907年，任吉林巡房营督办，北洋陆军第二十二镇统制
田中玉	1870—1935	直隶临榆	1904年，北洋军第一镇炮队第一标统带
谭振德	？—1911	直隶天津	充新建陆军山西四十三协协统
王士珍	1861—1930	直隶正定	1896年，北洋新军督操营务处总办兼讲武堂总教习、参谋处总办1902年，北洋常备军步兵第一协统领；历练兵处军务司正使，陆军第六军统制
王怀庆	1866—?	直隶宁普	北洋常备军骑兵第二十协协统
张绍曾	1879—1928	直隶大城	历任北洋陆军第三镇炮兵标统，直隶督练公所教练处总办；1911年任新军第二十镇统制

续表

姓名	生卒年	籍贯	任职
何丰林	1873—约1935	山东平阴	被袁世凯征为新军教练官
何宗莲	1871—1939	山东平阴	1895年任新建陆军左翼步兵二营队官，后升任统带；1901年任北洋常备军左翼第一营营长；1911年任北洋常备军第二镇统制
靳云鹏	1877—1951	山东邹县	在云南任清军十九镇总参议
马龙标	?	山东	历任新建陆军右翼步兵二营前队领官和武卫右军军官；北洋陆军第二、五镇统制
靳云鹗	1879—1935	山东邹县	曾任江北陆军第十三混成协参谋官、北洋第一军参谋
卢永祥	1867—1933	山东济阳	曾任北洋第二镇第三标统带、第三镇第五协统领
劳谦光	?—1911	山东阳信	曾任新军第六镇工程管带官
曲同丰	1876—1929	山东福山	云南第十九镇步兵统带官
孙传芳	1885—1935	山东历城	历任北洋军营长、团长、旅长
岳兆鳞	?	山东长山	曾任新军七十九标标统
王金铭	1880—1912	山东武城	曾任新军第二十镇第七十九标一营管带
王占元	1861—1934	山东馆陶	1895年，新建陆军工程营队官；1902年年后，历任北洋步队第七营管带、第一标标统、第二镇第三协统领；1911年，第二镇统制
张树元	1879—?	山东无棣	历任北洋陆军第五镇炮兵标统，第五镇第十协统领
吴佩孚	1874—1939	山东蓬莱	1906年任新军第三镇曹锟部管带，炮兵第三标统
夏辛酉	1843—1908	山东郓城	1900年任武卫右军先锋左翼长
阎相文	?—1921	山东济宁	在北洋陆军第三镇任下级军官
朱庆澜	1874—1941	山东长清	1910年任陆军第十七镇统制官
钟麟同	?—1911	山东济宁	陆军第十九镇统制官
张怀芝	1860—1934	山东东阿	历任北洋常备军第一镇第一协统领；陆军第五镇统制
徐永昌	1889—1959	山西崞县	1911年，武卫左军左路前营左哨副哨长
姚以价	1881—1947	山西河津	1909年，新军管带
阎锡山	1883—1960	山西五台	1910年，山西新军八十六标标统
张　彪	1860—1927	山西榆次	1906年，新军第八军镇统制官
李来中	?	陕西	清军董福祥武卫后军军官
胡景伊	1878—?	四川巴县	1919年到广西任新军协统
刘成勋	1883—1945	四川大邑	曾任云南新军学兵营队官、管带
彭家珍	1888—1912	四川金堂	1907年充四川新军第六十六标一营左队哨长；1909年任新军第十九镇随营学堂教练官兼教习

续表

姓名	生卒年	籍贯	任职
王缵绪	1885—1957	四川西充	1910 年任陆军第十七镇排长
周　骏	?	四川金堂	1910 年任四川陆军讲武堂教练官，旋任陆军十七镇六十五标标统
龙济光	1876—1925	云南蒙自	1911 年任陆军第二十五镇统制
罗佩金	1878—1922	云南河阳	1910 年任新军督练处参议官兼陆军小学堂忠办；1911 年任七十四标标统
唐继尧	1883—1927	云南会泽	1909 年任云南督练公所提调、讲武堂教官、新军第十九镇参谋官、七十四标第一营管带
叶　荃	1879—1939	云南云州	1909 年在四川新军中任教练帮办，后升六十六标标统
张开儒	1869—1935	云南巧家	1908 年任云南陆军讲武堂教官和提调
赵又新	1881—1921	云南顺宁	1908 年任四川新军教练官；次年夏返滇，历任管带、教练官
刘显世	1871—1927	贵州兴义	曾任新军第四标标统
陈炳焜	1868—1927	广西马平	龙州新军第二十标标统
林　虎	1886—1960	广西陆川	新军营督操官、督队官、营长
裴其勋	1864—?	河南光山	1910 年任吉林陆军步队第一标统带；1911 年改任吉林陆军第九十标统带并加副将衔
袁世凯	1859—1916	河南项城	1895 年授浙江温处道，在天津小站训练“新建陆军”；1903 年为练兵处会办大臣，编北洋军为六镇
张凤翙	1881—1958	河南沁阳	1910 年先后仁陕西新军督练公所委员、新军第三十九混成协司令部参军、参谋兼二标一营管带
陈　宧	1870—1939	湖北安陆	武卫前军管带；四川新军帮统，协统；1907 年任云南新军协统，云南讲武堂堂长；1910 年任第二十镇统制
蔡济民	1886—1919	湖北黄陂	1909 年升新军排长
蔡汉卿	1881—?	湖北沔阳	新军第七协统领
邓玉麟	1879—1951	湖北巴东	新军三十一标正目
季雨霖	1881—1918	湖北荆门	湖北新军三十一标三营督队官
黎元洪	1864—1928	湖北黄陂	新军第二十一混成协统领；1905 年任新军第二镇第三协统领兼护该镇统制
蓝天蔚	1878—1922	湖北黄陂	1910 年，任清新军陆军第二混成协统领
林翼支	1884—1924	湖北随县	曾任湖北新军四十二标二营排长
祁国均	1889—1914	湖北汉川	曾任新兵马队八标正目
孙　武	1879—1939	湖北夏口	湖南新军教练官，岳州威武营管带
吴禄贞	1880—1911	湖北云梦	1910 年任北洋陆军第六镇统制
吴兆麟	1882—1942	湖北武昌	1909 年任湖北新军工程第八营左队队官

续表

姓名	生卒年	籍贯	任职
王安澜	?	湖北枣阳	湖北新军第二十一混成协司令部执事官
萧耀南	1877—1926	湖北武冈	先后任北洋军第三镇管带，参谋长，第十二标标统
熊秉坤	1885—1969	湖北江夏	曾任湖北新军工程第八营正目，什长
杨洪胜	1886—1911	湖北谷城	1903 年投新军三十标为正目
杨缵绪	1873—?	湖北江夏	历任湖北各军营操教习、前锋营、武恺第二营、常备军第四营、陆军第四十一标第二营管带；1908 年，至新疆任混成协步队标统
朱子龙	1876—1907	湖北荆门	1903 年加入湖北新军，任工兵营书记
张景良	？—1911	湖北	湖北新军标统
赵德全	1882—1912	湖北襄阳	1904 年调贵州新军，任队官
蔡　锷	1882—1916	湖南邵阳	历任新军总参谋官兼总教练官；新军混成协协统，1911 年任新军第十九镇三十七协协统
陈作新	约 1885—1911	湖南浏阳	新军第二十五混成协炮兵营排长，后任第四十九标排长
简纯泽	?	湖南善化	新军教练官
梅　馨	1878—1928	湖南龙阳	曾任湖南新军二十五混成协五十标二营管带
孙道仁	1867—1935	湖南慈利	1905 年任暂编陆军第十镇统制
唐牺支	1887—1924	湖南慈利	曾任湖北新军第四十一标下级军官
许崇智	1886—1965	广东番禺	任新军第十镇第四十标标统，第二十协协统
徐绍桢	1861—1936	广东番禺	1905 年任新军第九镇统制
李厚基	1869—1942	江苏铜山	1904 年任北洋军第二镇管带；1909 年任陆军第四镇第七协第十四标标统
陆洪涛	?	江苏铜山	清末调甘肃，初任新军督操官，继任甘肃常备军第一标第一营管带、第一标标统
冷　遹	1882—1959	江苏丹徒	1905 年，新军第九镇第三十三标第二营队官
吴金彪	1862—?	江苏无锡	任新建陆军左翼步兵一营领官
熊成基	1887—1910	江苏甘泉	1907 年任新军第三十一混成协炮营队官
张文生	约 1867—1937	江苏沛县	武卫前军左路统领
柏文蔚	1876—1947	安徽寿州	1905 年任新军第九镇第三十三标第二营前队队官，后升管带
程　良	1884—1911	安徽怀远	1905 年，充新军第九镇第三十三标正目；1907 年，任新军二标下级官员
段祺瑞	1865—1936	安徽合肥	1896 年任新建陆军炮队统带；1904 年署常备军第三镇翼长；1905 年任第四镇统制；1906 年任第三镇统制；1909 年任第六镇统制
段芝贵	1870—1925	安徽合肥	1897 年充新军稽查队先锋官；1905 年，陆军第三镇统制；1911 年任武卫右军右翼翼长

续表

姓名	生卒年	籍贯	任职
冯玉祥	1882—1948	安徽巢县	曾任北洋第六镇队官、第二十镇管带
胡燏芬	?—1906	安徽泗州	1894年，练新兵，号“定武军”
姜桂题	1843—1922	安徽亳县	光绪二十一年（1895），调新军陆军右翼翼长；1908年任武卫军总统
倪映典	1885—1910	安徽合肥	新军第九镇炮标队官；1907年任新军骑兵营管带及炮队队长，同年调安徽第三十一混成协任炮兵管带
陆建章	?—1918	安徽蒙城	1895年入新建陆军，历任哨官、管带等职；1905年，任北洋军第四镇第七协统领
聂士成	1836—1900	安徽合肥	武卫前军统领
吴光新	1875—1939	安徽合肥	历任北洋第三镇炮兵管带、第二十师师长
吴忠信	1884—1959	安徽合肥	任陆军第九镇第三十五标第三营管带；1907年任三十五标司令部正执法官
薛　哲	1885—1908	安徽寿州	曾任新军第三十一混成协管带
张敬尧	1880—1933	安徽霍邱	历任陆军第六镇管带、步兵第十一协第二十二标统带官
郑士琦	1873—?	安徽定远	历任北洋陆军第五镇队官、管带
蒋尊簋	1882—1928	浙江诸暨	浙江陆军第一标统带；1909年在广东任新军协统
陆　锦	1879—1946	浙江绍兴	1904年调北洋陆军任第一镇炮一标二营管带，后又升任北洋参谋处总办
吕公望	1879—1954	浙江永康	1911年任第八十二标第二营督队官
徐绍桢	1861—1936	浙江钱塘	第九镇统制
朱　瑞	1883—1916	浙江海盐	步兵第二标执事官；步兵营管带、标统
张载阳	1874—1945	浙江杭县	历任浙江新军哨官、队官、管带、第四十八标统带、第四十二协统领、第四协统领
李烈钧	1882—1946	江西武宁	1910年任江西新军五十四标一营管带
张　勋	1854—1923	江西奉新	1895年参加袁世凯小站练兵，充工兵营管带
方声涛	1885—1934	福建侯官	历任云南陆军讲武堂教官；驻四川第十九镇新军正参谋
林述庆	1881—1913	福建闽县	1906年任新军第九镇第十七协三十三标三营管带，旋调任三十四标二营管带

资料来源：1. 田子渝、刘德军：《中国近代军阀史词典》，档案出版社1989年版。

2. 戴逸、王和：《二十六史辞典·人物卷》，吉林人民出版社1993年版。

3. 陈旭麓等：《中国近代史辞典》，上海辞书出版社1982年版。

4. 吴如嵩：《中华军事人物大辞典》，新华出版社1989年版。

5. 皮明庥、何浩：《湖北历史人物辞典》，湖北人民出版社1984年版。

为更好地考察出各区域新军将领籍贯分布情况，再列表 3 - 10 如下。

表 3 - 10　　晚清新军将领籍贯分布比较

籍贯	人数（个）	百分比（%）	位次
湖北	20	16.81	1
山东	19	15.97	2
直隶	17	14.29	3
安徽	15	12.61	4
云南	6	5.04	5
湖南	6	5.04	5
江苏	6	5.04	5
浙江	6	5.04	5
四川	5	4.20	9
山西	4	3.36	10
河南	3	2.52	11
奉天	2	1.68	12
广西	2	1.68	12
广东	2	1.68	12
江西	2	1.68	12
福建	2	1.68	12
陕西	1	0.84	17
贵州	1	0.84	17
共计 119 人			

从整体上看新军将领以湖北为最多，20 人，占总数的 16.81%；山东 19 人，占总数的 15.97%；直隶 17 人，占总数的 14.29%；安徽 15 人，占总数的 12.61%；其他省份人数相对较少。新军将领集中在长江中下游和华北两大区域，且以湖北、山东、直隶、安徽四省人数为最多；东南沿海地区和西南人数相当；东北和西北的人数较少。

（二）晚清新军将领籍贯区域分布分析

随着新军编练的开始，旧式军官已不能适应新式武器训练的需要。训练新军，需要大批新型军事人才，清政府急需具有一定的文化知识和掌握军事理论的各级军官。新军军制规定，凡属军官，必须在陆军学堂毕业并在新军中实习过，没有一定军事基础的人不能任新军军官。从统计结果来看，晚清新军将领主要集中在长江中下游和华北两大区域，而尤以湖北、山东、直隶等省人数最多。究其原因，主要有以下几点：

1. 陆军军事学堂地域分布的不平衡

旧时军官多系行伍出身，受过正规军事教育的很少。袁世凯、张之洞都非常重视选拔了解西方军事技术和战略战术的人才来担任各级军事长官。袁世凯在督练新建陆军不久便奏称："设立学堂为练兵第一要义，现必须赶为作养，多多益善，""各国兵学甚精，中国将领习者极少，亟宜创设学堂造就，分班出洋游历。"张之洞也认为"练兵必兼练将，而练将又全赖学堂……故设立学堂，教育将才为首务"①。因此，新军编练在全国展开后，规定"所有军中委用人员，应先尽曾习武备暨曾带新军者选择委用"，"遇有官弁出缺，仍先尽学堂毕业之员选用"，"概不得在学堂新军以外随意任用"②。晚清最早的陆军军事学堂——天津武备学堂，毕业的学生很有限，它所培养的军官和弁目的数量远远不够。在此情况下，继续开办陆军军事学堂，培养新军所需人才成了当务之急。甲午战争后，清政府掀起了一个创办近代陆军学堂的热潮。以 1905 年为界，这一热潮可分为两个阶段，创办陆军武备学堂阶段和推行三级制陆军教育体系阶段。

第一个阶段（1895—1904），创办陆军武备学堂阶段。1903 年，清政府以"各省军制操法器械未能一律，迭经降旨饬下各督抚，认真讲求训练，以期整齐划一，乃历时既久，尚少成效"，为"随时考查督教，以期整齐而重戎政"，成立练兵处，负责编练新军。

1895 年前后，清政府先后在天津、南京、武汉等重镇设立武备学堂和随营学校。这一时期全国共建十几所陆军指挥学校：江南陆师学堂（1895 年创办），浙江武备学堂、直隶武备学堂、湖北武备学堂（1896 年创办），安徽武备学堂、绥远武备学堂（1898 年创办），四川武备学堂、福建武备学堂、江西武备学堂、广东武备学堂、甘肃武备学堂（1902 年创办），湖南武备学堂、江南武备学堂（1903 年创办），河南武备学堂（1904 年创办）。这些学校都由各省总督、巡抚创办，总督、巡抚聘请总办、教习，总办多为总督、巡抚的亲信，除英、法、德、日等外籍教官外，教习也由本国青年教官担任。学生多为本省 20 岁左右之"聪敏、身体健壮及略通文理者"。

第二个阶段（1904—1911），推行三级制陆军教育体系阶段。1905

---

① 刘锦藻：《清朝续文献通考》，商务印书馆 1936 年版，第 9519 页。

② 薛连璧：《中国军事教育史》，国防大学出版社 1993 年版，第 191 页。

年，清政府决定仿日本军事教育制度，设立“陆军小学堂”、“陆军中学堂”、“陆军大学堂”。按规定陆军小学堂要普遍设立，京师、各行省及旗营驻防之地都要建陆军小学堂；陆军中学堂只设立四所，直隶、陕西、湖北、江苏分设第一至第四陆军中学堂，吸收各省小学堂毕业生入学。兵官学堂、陆军大学堂只在京师设立。陆军小学堂是新军的根本，是提高新军素质的重要环节。各省筹办陆军小学堂都很积极，几乎都建立起了陆军小学堂。由于经费困难和新军编练工作的虎头蛇尾，其他学堂在各省办成的不多。按规定每省建一所讲武堂，大部分省份都没有做到。

中国的军事学堂虽然在政策上由中央政府督办，但实际多由地方督抚主持，缘于各省财政情况的差异和总督认识的不同，地方军事学堂经费除一部分来自于中央拨款外，主要由各省自主筹措。军事学堂不但在地域分布上不均衡，而且在水平上也参差不齐，在湖北、直隶等省，由于总督重视、税源充足，因此经费无短缺之虞，大体上思想开明且热心洋务的地方督抚对军事学堂的支持是卓有成效的。

清末创办的军事学校的地域分布大致为：南京 4 所，天津 4 所，北京、广州、武昌各 3 所，福州、西安、保定各 2 所，上海、威海、旅顺、烟台、杭州、贵阳、安庆、太原、苏州、绥远、成都、南昌、兰州、长沙、开封各 1 所。除少数省区处，近代军事学校几乎遍及全国。华北地区和长江中下游地区最多，分别是 14 所和 12 所，其次是东南沿海地区，6 所。这在很大程度上体现了晚清的“自强”军兴，确有一定的声势和成效。同时，这些军事学校都集中在省会及沿海港口城市，这又表明军事学堂的创办与中央的政策和地域经济状况有很大的关联。

与晚清的政治和经济变革相比，军事学堂的建立取得了明显的成就。这与清政府及地方大员对军事教育的重视紧密相关。晚清陆军军事学堂主要集中在华北和长江中下游两大区域，为晚清新军的建设输送了大量的军事人才。湖北的军事学堂办得就很成功，正如兵部侍郎铁良所说：“武备学堂之规模丰富，条件精详，成才多而功用著者，当以湖北为最。”据统计，清末 16 年（1896—1912）湖北各军事学堂毕业人数约 4500—5000 人，大都分布于湖北新军各级领导阶层，一部分则到湖南、云南、贵州、广西等省工作，使得湖北成为重要的军事干部输出中心，对湖北乃至全国军事近代化都起到重要作用。

2. 军事留学生派遣的地域差异

新军军官将领绝大多数来自陆军军事学堂毕业的学生，但军事留学生任军官的亦不在少数。北洋新军的前期军官，多以本国学堂毕业生为主，至其后期，则转以留学生为主。因此，近代军事人才的培养除了创办新式军事学堂外，还有一条重要的途径就是派遣军事留学生。晚清军事留学生的派遣以甲午中日战争为界可分为两个时期。

第一个时期是1872—1895年。这一时期军事留学生的去向主要是欧美国家，学习重点是海军。第二个时期是1895年至清朝灭亡。甲午战争后，随着国防建设的转移，新军演练的开始，陆军的留学教育有了很大发展。这一阶段出现了赴日学习陆军的高潮。甲午战争之后，清朝学习外国军事的目标由欧洲转向了日本。正如张之洞所言："西学甚繁，凡西学不切要者，东人已删节而酌改之，我取经于东洋，力省效速。"[①] 因此，清政府选派大批留学生出国学军事，以去日本者为最多。

清政府规定留学生回国仅授予"守备"、"千总"、"把总"等下级官职。然而由于各省督抚因编练新军，急需人员，因此，留学归国的军事院校毕业生，各省督抚争相延揽，而且给他们较高的职位：有的充当新军的协统、标统、管带；有的任督练公所督办、总教官；有的在讲武堂、陆军中小学任职。至辛亥革命前，新军共编成14镇18混成协4标。留日士官生出身担任统制之职者多达6名，他们分别是吴禄贞、萧星垣、蒋尊簋、张绍曾、潘矩楹、蓝天蔚。在85名协统中有27人，占31.7%。[②]

最早派人赴日本学习军事，是湖南、湖北、四川、浙江等省。接着袁世凯也于1902年挑选学生55名，前往日本入陆军学堂学习。自1902—1908年，清廷向日本派遣的陆军留学生不下1000人，若加上自费留学学军事者和到其他国家学军事的学生，人数会更多。

湖北是向日本派遣军事留学生最多的省份。[③] 有人统计，光绪二十四年至二十九年（1898—1903）湖北官派留日学军事的有100人。事实上，留日学生的高潮是在光绪三十年至三十一年（1904—1905）以后出现的。那么，光绪二十九年（1903）以后的数据应会更大。例如，光绪三十一年（1905）五月，湖北在日本的留学生监督向张之洞报告说，当年从振武学校毕业的学生就约有60人。成立于1903年7月的振武学校，专门从事陆军士官学校或户山学校的预科教育，初期修业年限为一年三个月。据此可知，那60人应是在光绪三十年（1904）初留学日本的。如果按此推算，那么湖北的军事留学生人数应会成倍地增长。有人统计，清末中国陆军里约有800名军官

① 张之洞：《劝学篇·外篇》，两湖书院1898年版，第14页。

② 张瑞安：《留日士官生与晚清军事现代化》，《贵州文史丛刊》2004年第3期。

③ 熊志勇：《从边缘走向中心——晚清社会变迁中的军人集团》，天津人民出版社1998年版，第104页。

是日本军事院校的毕业生，或曾在这类学校中学习过。[①] 这期间，湖北占有的比例应是相当可观的。[②] 此外，其他省份留学生派遣人数亦不少。“安徽列全国大省之一，留日学生当在数百人以上”[③]。光绪二十五年（1899），公费留日学生有26人，其中江苏、浙江、广东三省人数同居第一位（每省6人），共18人，约占这批留日学生的70%；光绪三十年（1904）留日学生达8620人，江苏占13%，湖南占17%。[④]

综上所述，军事留学生以湖北、直隶、湖南、安徽、江苏、浙江居多。主要集中在长江中下游和华北两大区域。这取决于当地经济发展的状况及督抚的个人认识水平。直隶省因其特殊的地理位置，备受清廷重视，且袁世凯很看重留学教育。浙江、江苏等省份因地处沿海，人们思想较内地要开放些，经济也相对发达，故留学情况普遍。湖南、湖北地理位置重要，经济发达，且当地督抚思想开明，因而留学之风盛行。

3. 近代区域经济发展的不平衡

晚清新军建设迫切需要经济上的支持。军队的发展水平与经济发展水平是成正比例的。晚清新军将领大多是军校毕业生和留日士官生，而这些都是依赖于一定经济基础上军事学堂举办和军事留学生派遣的成效。从前面统计的新军将领地域分布可知，他们主要分布在长江中下游和华北两大区域，这是区域经济发展不平衡产生的必然结果。

西方城市发展史表明，通过资产阶级革命和工业革命，高度整体化和商业化的资本主义经济体制得以建立，加上具有发达的交通工具，一批经济中心城市形成了。城市一般以工业生产为基础，商业、金融和交通发展突出。但近代中国既没有建立起资本主义经济制度，也没有发达的交通工具和网络，且频遭西方列强的侵略。所以，中国城市近代化道路就不可能从工业开始，而往往表现为从贸易的发展起步。[⑤] 因而，了解某个地区的贸易情况，就可以从很大程度上看出其经济发展状态。

鸦片战争后，西方列强迫使清政府签订了一系列不平等条约，开放了一系列通商口岸：《南京条约》的签订使上海、宁波、福州、厦门、广州五口成为第一批对外开放口岸；《天津条约》、《北京条约》又增开了汕

---

① 〔澳〕冯兆基：《军事近代化与中国革命》，郭太风译，上海人民出版社1994年版，第90页。

② 李细珠：《张之洞与晚清军事教育近代化》，《安徽史学》2001年第4期。

③ 安徽省地方志编纂委员会：《安徽省志·教育志》，方志出版社1997年版，第569页。

④ 杨东梁：《晚清东南社会变迁与近代化智力资源积累》，《史学月刊》2002年第11期。

⑤ 隗瀛涛：《近代重庆城市史》，四川大学出版社1991年版，第168页。

头、天津、牛庄、镇江、汉口、九江、登州、淡水、台湾等沿海、沿江城市。从19世纪70年代至19世纪末，中国对外开放口岸又增加了27个，至1917年前再增加37个，总数达到82个。[①] 这些通商口岸从东南沿海逐步伸展到整个沿海、沿江以至内地边疆。上海、天津、汉口、广州等重要通商口岸，很快发展成为全国或地区的工商业中心。依靠优越的地理位置，由商业和金融起步发展成为经济中心城市，是近代中国城市发展的一般规律。开埠后，上海以依靠长江入海口的有利地理条件很快取代了广州，成为近代中国最大的贸易中心、国际金融活动中心之一，随后又建立了现代工业制造的中心。天津、武汉也是凭借“河海枢纽”和“九省通衢”的地理优势，在商业繁荣的基础上协调发展，成为华北和华中经济中心的。

据海关报告统计，1871—1911年间，上海、广州、汉口、天津四大口岸，在对外进出口贸易额中的比重平均占全国的71.2%。特别是全国最重要的通商口岸上海，进出口贸易总值占全国的50%以上。汉口向来以东方大埠而闻名于世，而清末又是其最为显赫昭彰之时期。其时，汉口的地位，一度仅次于上海而居全国第二位。19世纪60年代时汉口对外贸易额年约3000万两，20世纪初上升到1.7亿两左右。

如上所述，近代贸易发达地区主要集中在长江中下游、华北地区，这些地区贸易的发达又刺激了该地区的工业进步。中国的民族资本工业——纺织、面粉、玻璃、火柴等行业大都集中于上海，上海成了名副其实的全国工商业中心，而天津、汉口、广州等通商口岸则成为在全国有重大影响的地区性工商业中心。据1912年农工商部第一次统计资料，湖北手工工场和手工作坊在有些行业已达到200多家，湖北的手工工场和手工作坊占全国总数的6.08%。职工人数已占全国总数的20.8%。[②] 到1912年，全国织布手工工场共125家，其中江苏有44家，占全国总数的35.2%，居第一位；湖北38家，占全国总数的33.04%，居全国第二位。[③] 新军将领主要集中在长江中下游和华北两大地区，尤以长江中下游为最，其他区域相对要少，这都是经济区域发展的不平衡所决定的。这两大区域的经济相对更发达，因而，军事学堂的创办和留学生的派遣就更为成功，为新军的建设提供了更多的军事人才。

---

① 张仲礼：《东南沿海城市与中国近代化》，上海人民出版社1996年版，第9页。

② 彭泽益：《中国近代手工业史资料》（2），中华书局1962年版，第432—447页。

③ 同上。

综上所述，晚清军事将领籍贯地理的分布规律及原因大致如下：

(1) “首崇满洲，优待八旗”的民族政策，致使晚清将军的籍贯分布极不平衡，满族人几乎囊括了所有的将军职位，只是到了清末才有极少的汉人担任将军，但都是署将军。这充分说明了清朝民族政策的倾向性对晚清将军籍贯分布的影响。

(2) 伴随着八旗和绿营军制向晚清勇营军制的过渡，尤其是湘军、淮军的崛起和影响，使得晚清军事将领的籍贯分布发生了根本性的变化。晚清的提督、总兵基本上都由汉人担任，虽鉴于民族政策的倾向，满族人担任提督和总兵的人数虽不少，但仅占一小部分。湖南、安徽两省的提督和总兵人数最多，占据了主导地位。相应的，这种情况也同样表现在晚清团练将领的籍贯地理分布之中。

(3) 甲午战争的失败，促使了晚清新军军制的产生，这对晚清军事将领赋予了新的要求——新军将领由军事学校学生或军事留学生来担任。这一要求对晚清新军将领籍贯的地理分布产生了重要的影响。经济相对发达、思想相对开放的区域，军事学校学生和军事留学生占的比例大些，这些区域的新军将领也就相对多些。晚清新军将领就主要集中在经济和思想相对发达和开放的两大区域——长江中下游和华北地区。

第四章　晚清企业家地域分布

晚清企业家的产生和发展，经历了艰难曲折的历程。明末清初曾孕育了资本主义萌芽，但是由于中国几千年封建势力的雄厚和小农经济的强大，使得资本主义萌芽呈现出停滞状态。直到1840年英国用鸦片和大炮打开了中国的大门，已经有着悠久历史的资本主义萌芽才被“揠苗助长”所催化，晚清企业家也才在血与火中姗姗产生。晚清企业家主要有三种类型：买办、官办企业负责人、私营企业主，他们具备了近代企业家的特质，是中国的初生代企业家。他们的投资活动对中国当时的社会经济乃至今天的工业布局影响至深。本章立足于晚清企业家的地理分布，通过对上述三种类型的企业家从其籍贯或活动区域予以考察和分析，认为地理环境（自然地理环境和人文地理环境）的地域性影响了晚清企业家的地域性即地域分布。

一　晚清近代企业的兴起与发展

（一）晚清近代企业兴起的社会背景

在叙述晚清近代企业产生之前，先从近代企业的萌芽及其产生的前提条件来扼要介绍一下晚清近代企业产生的社会背景。

马克思说：“资本主义生产实际上是在同一个资本同时雇佣较多的工人，因而劳动过程扩大了自己的规模并提供了较大量的产品的时候才开始。较多的工人在同一时间、同一空间（或者说同一劳动场所），为了生产同种商品，在同一资本家的指挥下工作，这在历史上和逻辑上都是资本生产的起点。”① 依照这个标准来衡量，在鸦片战争以前，中国封建社会

① 马克思：《资本论》第1卷，人民教育出版社1975年版，第358页。

的经济母胎里，早已孕育着资本主义近代企业的萌芽，并得到了一定程度的发展。这种资本主义近代企业的萌芽主要存在三种具有资本主义因素的生产组织形式。

1. 实行简单协作的资本主义手工作坊

以江南丝织业为例，以南京、苏州、杭州为中心的江南手工丝织业，历史悠久，所产丝绸远销国内外，较早产生了带有资本主义性质的手工作坊主和包卖商。据《申报》记载，在鸦片战争前，南方丝织业拥有织机总数达五万余张，出现了拥机四五百张的大账房。[①] 苏州的丝织业虽不及南京，但全盛时期也拥有织机三四千张，织工总人数在万人左右。[②] 并出现了如石恒茂、英记、李启泰等创设于乾嘉至清末仍存在的“织绸厂”[③]。这些丝织业的“大账房”和“织绸厂”，是否已设手工工厂自行设机督织，尚有争议，但即使它们仅仅是“散放丝经，给予机户，按绸匹计工资”[④]，也已经是初步采用资本主义剥削方式的包卖商了。

2. 受商业资本支配的资本主义家庭手工业

包卖主通过提供原料和收购制成品，支配分散的手工业者，使他们在事实上成为在家里为包卖主工作的雇佣工人，而包卖主则成了投资产业的资本家。清朝前期，在南京、苏州等地区，向家庭手工业者放料收货的包买主是绸缎庄字号，以后称为“账房”。这些账房到道光年间有开有五六百张机者，他们发给揽织家庭的加工订货工价是按件而计，有时以酒资的方式每年分三次给些奖金。此外，账房控制着丝织生产过程的各类家庭手工业者，如捶丝工、纺经工、接头工等。

这些散发丝经给机户的纱缎账房，虽然未必设有“自行设机督织”的手工工场。但这种经营方式却符合列宁所说的“包买主”，它已从原料、销售上切断了小生产者与市场的联系，那些为它加工丝经的机户，实际上成为包买主的雇佣工人，计工受值。

3. 规模较大，实行集中劳动和分工协作的资本主义手工工场

清朝前期，一些厚资商人在陕西汉中地区投资建立铁厂，在鸦片战争前已具较大规模。“通计匠佣工，每十数人可给一炉，其用人多则黑山之运木装窑，红山开挖矿，运矿炭路之远近不等，供给一炉所用，人夫须百

---

① 《申报》光绪十二年二月十六日（1886 年 3 月 21 日）。

② 《申报》光绪九年十二月初三日（1883 年 12 月 31 日）。

③ 徐珂：《清稗类钞》第 5 册，工艺类、织绸厂，中华书局 1984 年版，第 2391 页。

④ 徐珂：《清稗类钞》农商类，镇江江绸业，中华书局 1984 年版，第 2321 页。

数人，如有六七炉，则匠做佣工不下千人……”[①] 这些商人依靠厂头去雇工劳动，管理生产。

在采煤业中，也出现了具有资本主义因素的生产组织形式。清代前期，北京西部宛平、房山地区有些以“开门锅伙”方式经营的煤窑。一般由窑主向地主承租土地，“按公平时价雇人工作”，有独资、合资、联营等形式。雇工多为本地人，许多亦农亦工。窑工中有大作头、班作头，还有挖煤工、窑柱工、拉煤工、排水工。工资都是“按日给发”。

由上可见，中国近代企业的萌芽产生较早，但因水平低、数量少、封建性浓厚等特点导致发展缓慢，到鸦片战争前夕仍处于简单协作的初级阶段。

但是近代企业萌芽具有重要意义，它从本质上代表新生产力的发展方向，具有新事物的生命力，是我国近代企业的来源之一。鸦片战争后，除一些企业萌芽受到外国资本的严重打击而日益衰落外，大部分企业萌芽持续生长起来。其中，有的逐步采用机器设备，改进生产管理，转变为近代资本主义企业。有的为近代企业的创办提供了资金、设备和劳动力等条件，对推动社会经济的进步发挥了作用。

鸦片战争失败后，以英国为首的西方资本主义经济势力逐步侵入中国，使中国的社会经济发生了重大变化。“这些情形，不仅对中国封建经济的基础起了解体的作用，同时又给中国资本主义的发展造成了某些客观的条件和可能。因为自然经济的破坏给资本主义造成了商品的市场，而大量农民和手工业者的破产，又给资本主义造成了劳动力的市场”[②]。这些变化，使中国近代企业产生的前提条件逐步出现了。

1. 商品流通市场的出现和发展

企业是进行商品生产的场所，它的产生需要日益扩大的商品市场，需国内外市场作为前提条件。

一般来说，国内市场的发展取决于商品经济的发展，列宁曾说过：“商品经济出现时，国内市场就出现了；国内市场是由这种商品经济的发展造成的，社会分工的精细程度决定了它的发展水平；……国内市场的发展程度，就是国内资本主义的发展程度。”[③] 鸦片战争前，我国商品经济已有一定程度的发展，伴随的国内市场也有所发展；但是，由于当时自然

---

① 严如煜：《三省边防备览》，道光十年重刻本来鹿堂版。

② 《毛泽东选集》（一卷本），人民出版社 1964 年版，第 589—590 页。

③ 《列宁选集》第 1 卷，人民出版社 1972 年版，第 47—48 页。

经济占统治地位，其规模是十分狭小的。

鸦片战争以后，外国资本主义侵入，开始破坏中国自然经济的基础。因为外国商品物美价廉，有不少农民和城市手工业者不再为亲手制造手工业产品提供给市场，反而成为外国商品的消费者。这使得国内商品的种类和流通数量都有大幅增长。原来十分狭小的商品市场在短期内迅速扩大。

第二次鸦片战争以后，资本主义各国加强了对中国的商品输出。中国进口商品额显著增加，以关两计算，1864 年，进口货净值 4600 万两，1866 年后增到 6500 万两左右，1876 年起又增至七八千万两水平，1887 年更突破了 1 亿两大关，1894 年再迅速上升到 1.6 亿两，较之 1864 年增加了 3 倍多。出口贸易也有较多的增长，但是赶不上进口贸易增长幅度：1864 年出口值为 4900 万两，1866 年达 5100 万两，以后又逐步上升，至 1886 年却维持在 7000 万两左右，1887 年开始几乎逐年增加，到 1894 年由 8600 万增至 1.28 亿两。[①] 进出口相较，中国已无法维持以前的出超局面，多次出现入超。进口货值的显著增加，表明西方资本主义工业产品在中国市场上的销路越来越广。据当时资料记载："中国人虽然保守，却也不知不觉地使用起外国货"，"假若不是棉织品，至少要用煤油作室内照明之用"，"洋火柴、缝衣针、洋烛、洋钱等，几乎无人不用"，"现在不仅在口岸市镇和沿海地带，就是遥远的内地也都可以看到这些东西"[②]。随着通商口岸的增辟，外国商品开始向华北、东北、长江中上游等广大地区扩展。

国外市场对资本主义的发展也是重要的。以棉花为例，19 世纪 60 年代由于美国内战导致棉花歉收，日本纺织业勃兴，需要向中国收购棉花，于是棉花亦成为中国出口的主要商品。此外，如大豆、皮革、毛类、猪鬃、糖、植物油、草帽等亦为各国所注意。其中除糖由于品质不好出口不多外，其他都逐步增长，客观上加速了国内农副产品的商业化进程。

2. 劳动力市场的出现

鸦片战争以后，外国资本主义的入侵破坏了中国的城市手工业和农村家庭手工业，使得成千上万原来靠此为生的人破产，这就使资本主义的劳动力市场开始出现和扩大。1893 年，薛福成曾谈道："近年洋货骤赢，土货骤绌，中国每岁耗银至三四千万两，则以洋布洋纱畅销故也。盖其物出自机器，洁白匀细，工省价廉，华民皆乐购用，而中国之织妇机女束手坐

① 姚贤镐：《中国近代对外贸易史资料》第 3 册，附录表 1，第 1591 页。

② 姚贤镐：《中国近代对外贸易史资料》第 2 册，第 1003—1004 页。

困者，奚啻千百万人。”① 这是指各种进口洋货造成大量的失业破产者。

第二次鸦片战争后，中国对外贸易中心由广州转移到上海，使得旧商路上大多数的运输工人没了谋生手段。江海旧式航路由于遭到外国轮船的严重打击也使得旧式船上的水手、佣工等失去衣食之源。再从农业方面来看，由于农产品商品化的发展，很多农民与国内外市场的联系日益密切，从而也方便了外国资本主义对中国农民的掠夺。外国侵略者向清政府索取的巨额赔款，最终都落到农民头上，大量鸦片的输入，引起白银外流，也加重农民负担，这一切都加剧了农民的破产过程。加上战后土地兼并加剧，封建剥削的加强也迫使大批农民离开土地，和许多破产的手工业者一样变成了劳动力的出卖者，投奔到了劳动力市场上来。这许多的劳动者是鸦片战争以后，由于外国资本主义的侵入而形成的庞大的产业后备军，它成为中国近代企业所需的廉价劳动力的主要来源。

3. 资金的积累

资本主义企业的产生，除了需要大量的廉价劳动力外，还必须有大量的货币财富积聚在少数人手中，这些货币财富可以用来购买生产资料和雇佣工人，以进行资本主义的现代化生产。

中国的资本原始积累，是由于外国资本主义入侵而促成的。作为被侵略国家，中国本身就是被掠夺的对象，所以原始积累过程中集中起来的大量货币财富，很大一部分落到了外国侵略者手中。中国的官僚、地主、买办及商人、高利贷者也分到了一些剥削的余利，清末，投资创办近代企业的有买办资本、商人资本和官僚地主资本。现略述其情况如下：

买办资本。对于晚清近代企业的创办，投资最早、投资最多的首推买办资本，由于买办是外国企业在华的代理人，对于资本主义的经营和管理比较熟悉，所以他们很早就在外国在华企业中“附股搭办”。早期各种较大的企业中，十之八九皆有买办资本，并且投资最大的也是买办。如怡和洋行及上海电气电车有限公司买办祝大椿曾创办源昌机器厂，源昌机器缫丝厂等，还与他人合办了华兴机器面粉公司，怡和机器打包公司等，在这些企业中他的资本占了一半。②

商人资本。鸦片战争前，商业资本主手中已经集中了大量的货币财富，特别是垄断茶、盐贸易的茶商和盐商。战后，商人资本又有一定的发展。由于熟知机器产品比手工产品在市场上销路更旺、利润更高，一些商

① 彭泽益：《中国近代手工业史资料》第2卷，第233页。
② 汪敬虞：《中国近代工业史资料》第2辑，下册，第959—960页。

人首先在丝、茶、糖等进出口加工业中投资。如1882年在上海创办了公和永机器缫丝厂的黄佐卿是商人，上海机器织布局的主要投资人之一的李培松也是个大盐商。

在商人资本中，华侨商人资本也是一支重要力量。因为较早接受资本主义机器生产的实践，所以比国内一般商人更早地投资于近代机器工业。如第一个建立民族资本机器缫丝厂的陈启沅就是在南洋经商多年的华侨。其他的一些行业也有华侨的投资。

地主官僚资本。中国地主官僚传统的发财方法是贪污、贿赂、勒索，同时还兼并土地榨取高额地租和从商业、高利贷等封建剥削来积累财富。鸦片战争以后，中国的官僚们通过办洋务、办外交、购军火、借洋款等，从中捞取大量财富。如李鸿章，据梁启超说，他“大约数百万金之产业，意中事也。招商局、电报局、开平煤矿、中国通商银行，其股份皆不少。或言南京、上海各地之当铺、银号，多属其管业云”[①]。其手下的买办官僚盛宣怀，家产也过6000万两，盛的家财很多是通过开办邮电、铁路、银行、借外债等积蓄起来的。在初期开办的近代工业企业中，地主官僚资本占有很大的势力。

以上三种资本的区分是就资本的来源和形式而言。但就某些资本家本人来说，官僚、地主、商人、买办往往是多位一体的，并不能截然分开。

4. 西方先进技术的引进

马克思曾指出：“各种经济时代的区别，不在于生产什么，而在于怎样生产，用什么劳动资料生产。”[②] 在英国，生产技术的革新最先发生在棉纺织业部门，从1773年飞梭的发明到18—19世纪之交蒸汽动力的普遍使用，中间经过一系列的生产工具和技术的改进。但是只有到了使用蒸汽动力的工厂出现之时，英国纺织业才取得了飞速的发展。可见，生产工具的革新和生产技术的改进，对于资本主义近代企业的产生，是一个极其重要的条件。

19世纪40—60年代，西方资本主义国家在中国建立了几十家工厂企业，这是中国历史上第一批使用机械动力生产的近代企业，其在加强对华经济侵略的同时，对于后来洋务企业和民间近代企业的出现也起着刺激和示范的作用。以船舶修造为例，外资船厂不但制造了不少轮船和机器，而且引进了大量的造船设备和技术人员。19世纪60年代以后，在外轮势力

---

① 梁启超：《中国四十年来大事记》，中华书局1936年版，第85页。

② 马克思：《资本论》第1卷，人民出版社1975年版，第204页。

集中的通商口岸已经涌现出一批由中国人组成的技术力量，在通商口岸和外国洋行有所接触的中国商人中，已经开始有了引进外国机器的酝酿。而在上海的报纸上，也出现了“华商富民若在上海兴办船厂，可买西人作成各种机器”的宣传。① 显然，正是通过这些外资工厂在中国的创设，西方新式生产项目、先进生产工具和技术及企业经营管理方法才逐步进入中国人的视野。

综上所述，鸦片战争以后，由于国内商品市场的开拓、劳动力市场的扩大，货币财富的集聚和西方先进技术的引进，这些为中国近代企业及近代企业家的产生提供了特殊的历史条件。

（二）晚清近代企业的产生

在中国，最早出现的近代企业是设在广州的外国公司，以后被人称为洋行。它是外商在华从事贸易活动的商业企业机构。

从鸦片战争到甲午战争的50余年间，列强对华主要进行以商品输出为特征的经济掠夺。一方面大量销售洋货，包括鸦片、棉、毛纺织品及其他种类的工业制品；另一方面，大量收购土产，仍以茶叶和生丝为大宗，其他产品如豆、麻、猪鬃、皮革等的数量也有所增加。这些对华商品的输出及相关业务是通过洋行及买办来实现的。因此，这一时期洋行数量猛增，在对华经济活动中占有举足轻重的地位。外商还兴办了一批金融、航运、土产加工和公用事业企业，为商品输出服务。此外，他们还设了一些轻工企业，廉价生产商品并于当地销售，获取高额利润，大肆掠夺中国的财富。

外企的创办截断了中国由封建社会过渡到资本主义社会的自然历史进程。它对新生的华资企业进行直接的经济压迫，使其从创办之初就处境艰难。并且还吞并或吸收一部分中国买办、商人、官僚的资本，削弱了中国人独立创办近代企业的力量。

但是外企的经济活动，客观上又为华资企业的创办提供了某些条件。它促进了农产品和手工业产品的商品化。从引进机器和近代科技，经营企业而致富，诱发了中国人创办企业的积极性；为外企服务的买办学到了先进的经营管理知识，为以后自办企业做了知识准备；培育了中国最早的技术产业工人，有助于华资企业的发展和近代工人组织的建立，在以后的反

① 转引自王付昌、郭文亮编《中国近现代发展史论》，中山大学出版社1997年版，第78页。

帝反封建斗争中起了先锋的作用。

1861 年 1 月，清政府设立总理各国事务衙门，主管外交和通商，以及一切洋务事宜。与此同时，清统治集团内正式形成一个洋务派，其成员是得到列强支持且权势益重的一批官僚，包括中央政府的恭亲王奕䜣，军机大臣文祥等人和担任封疆大吏的曾国藩、李鸿章、左宗棠、张之洞等。

这些洋务派官僚，在镇压农民起义过程中看到了洋枪、洋炮所起的重大作用，于是对西洋武器大加赞赏。曾国藩说，火轮船“可以剿发逆，可以勤远略”[①]。李鸿章说“全中国欲自强，则莫如学外国利器”，若中国武器和西方一样精致，则“平中国有余，敌外国亦无不足”[②]。于是他们决定自己创办近代军事工业。清政府官办的近代军事企业，是从 19 世纪 60 年代开始至 90 年代，历时 30 余年。其主要的军事工业企业有：江南制造总局、金陵制造局、天津机器局、马尾船政局，以及中法战争后建立的湖北枪炮厂等。另外，尚有由各省督抚因地方需要而建立的各机器局。

19 世纪 70 年代以后，中国的近代工业开始由军事工业扩展到民用工业，经营方式也由官办发展到官督商办或官商合办以及完全商办。这一转变的主要原因，与当时国内的政治经济状况的变化以及军事工业在发展过程中遇到的困难有关。两次鸦片战争后列强对中国的经济掠夺深深地刺激了清政府，而机器生产的优越性以及由此带来的高额利润也给中国提供了榜样。但由于没有完善的近代工业体系，清政府创办的近代军事工业处于原料和燃料供给不足的困境。

当时开办的民用工业，主要集中在与军事工业密切相关的近代采矿业、炼铁工业、交通运输业，以及利润优厚的纺织工业。

民用工业从其组织的方式来看，大体过程是由官办演变到官督商办和官商合办。其创办大多以军事工业方面或军事方面的需要为中心，或为了“求富”。这些民用企业在很大程度上对外国资本存在依赖，经营管理上混乱腐败。但是，他们是资本主义性质的近代工业在中国发生的一个重要开端，代表近代中国社会生产力新的发展。

这里的华资私营企业是相对于前面所述外国企业和本国官办企业而言，由私人资本创办。甲午战争前的 20 余年时间，是华资私营企业的初

---

① 孙毓棠编：《中国近代工业史资料》第 1 辑上册，科学出版社 1962 年版，第 565—566 页。

② 《李文忠公全集》，朋僚函稿，第三卷。

期阶段。中国近代私人资本的初期经营，是从轻工业和小规模的采矿业开始的。从轻工业的经营开始，既符合资本主义发展的一般规律，因其所需资本少、建设时间短、资金周转快、易获得较高利润，又与中国近代社会的半殖民地性质，以及外国资本主义的侵略也有密切关系。

（1）机器缫丝业

机器缫丝业是中国近代最早出现的民族资本机器工业，最早出现的地区是广东。1872 年陈启沅在广东南海创办的继昌隆缫丝厂是华商首创的丝厂。[①] 到 1910 年，广州一带成为民族资本机器缫丝业的中心。上海也有机器缫丝业出现，但由于受外资排挤，生产情况不如广州。

（2）机器轧花业与新式棉纺织业

1886 年在浙江宁波创设了中国第一家机器轧花厂——通久源机器轧花厂。中国新式棉纺织业的经营较机器缫丝业略晚，主要是官办的湖北织布纺纱官局、官督商办的上海机器织布局、官商合办的华新纺织新局 3 个厂。

（3）面粉业与火柴业

在 19 世纪 70—80 年代，先后出现了民族资本创办的面粉业和火柴业。1878 年朱其昂在天津创办贻来牟机器磨坊。从 19 世纪 80 年代起，上海、天津、重庆、广州、福州、慈溪、太原等地，都相继建立了火柴厂。

（4）造纸业与其他轻工业

在造纸业方面，1882 年广州建立了一个机器造纸厂。在印刷业方面，由于石印和铅印技术传入，在上海、广州等地曾创办十几家新式印刷厂。其他轻工业尚有豆饼制造厂、制茶厂、制糖厂、玻璃厂、制冰厂等。

（5）重工业

民族资本力量在重工业方面非常薄弱。在船舶修造业方面，上海、广州、汉口等地曾建立几家船舶修造厂。在机器制造业方面，上海有几家规模很小的机器厂。公用事业方面，1890 年华侨黄秉常等在广州创办电灯公司。

（6）新式采矿业

民族资本经营的采矿企业，大部分是在原来使用土法开采的采矿业基础上，只在个别工序上使用部分机器。煤矿主要有湖北荆门煤矿、直隶临

---

① 参见马君武《30 年来中国之工业》，转引自吴申元主编《中国近代经济史》，上海人民出版社 2003 年版，第 91 页。

城煤矿等。金属矿中，规模最大的是广东商人李宗岱1883年投资开办的山东平度招远金矿。

总的来说，这一时期私人资本经营的近代工业，数量和门类较少，规模较小，经营取得成功的也不多。但是它的产生具有重大意义。它代表着新的生产力，对社会经济的发展起重要的推进作用。华资私营企业的创办，促进了社会新的阶级关系的形成。创办华资私营企业的官僚、买办、商人、地主等构成了中国早期民族资产阶级的主体，这个阶级的先进分子组建政党，担负起领导中国旧民主主义革命的重任。华资私营企业中的工人是中国无产阶级的重要组成部分，他们在反帝反封建的斗争中发挥了重要作用。然而，华资私营企业先天不足，产生后力量十分薄弱，它不得不既抵抗外资和本国封建势力，又依赖它们以求生存，处境极为艰难，其发展也受到很大限制。

（三）晚清近代企业的发展

甲午战争以后至辛亥革命，中国资本主义近代企业获得了一定的发展。这个时期，中国资本主义工业发展的一个重要特点，就是中国私人资本主义工业的发展出现了高潮。其发展速度快于官僚资本主义工业，其在全部机器工业中的比重也在逐步提高。甲午战争前，官僚资本占据绝对优势。这个时期，由于私人资本的显著发展，私人资本已经远远超过官僚资本，在中国资本主义工业中占据主要地位。据统计，1895—1913年间，资本在1万元以上的新式工矿企业，共设立了549家，资本总额12029.7万元。其中，官办、官督商办、官商合办的86家，资本额2947.6万元，占总额的25%；而商办的企业有463家，资本额共9082.1万元，占总额的75%。①

甲午战争以后，清政府为了维持其封建统治，依然拨出大量经费，在维持和扩大旧有的军用工业的生产之外，还陆续新建了一批军火工厂。如江南制造局，过去常年经费约70万—80万两，1899年时竟增至120万两。其他几个军用企业，情况也大体如此。这个时期，除了天津机器局在1900年被毁于八国联军之外，其他原有军用企业大多继续维持。与此同时，清政府还新设了一些军用工业企业。如新疆机器厂、江西子弹厂、山西制造局、河南机器局、湖南枪厂、北洋机器局、安徽制造局、东三省军械总局、奉天军装制造局、吉林军械专局等。其中，1904年，袁世凯利

① 庞毅：《中国清代经济史》，人民出版社1994年版，第226页。

用原天津机器局残留设备在山东德州重建的北洋机器局，是这一时期新建兵工厂中规模较大的一家。

这一时期的官办民用工业，较前一段也有了进一步的发展，并形成了以张之洞、盛宣怀为中心的南方官僚资本集团。他们在武汉、上海一带控制并主办了不少规模较大的新式工矿企业。如由汉阳铁厂发展而来的汉冶萍公司，就是一个包括采矿、冶炼、采煤、炼焦等部门的大型综合企业。在北方，则形成了以袁世凯为首的官僚资本集团，控制了北洋机器局、滦州煤矿、启新洋灰公司等新式大企业。

总之，甲午战争后，由于政治分裂加剧，由中央政府直接出面创办的企业较少，再加上地方割据势力的发展，官僚资本的发展也逐渐分散。像甲午战争前李鸿章那样，控制南北、显赫一时的官僚资本最集中的代表人物，这时已不复见。同时，随着近代银行业的产生，这个时期官僚资本也出现了向金融资本发展的趋势。清政府新设的大清（后改为中国）、交通银行，表现了官僚资本向银行投资的动向。

私人资本主义近代企业虽在 19 世纪 70 年代初就已发生，但是进展缓慢。到甲午战争前夕的 20 余年间，新开设的，资本在 1 万元以上、纯粹商办的工矿企业，为数仅 50 余家，投资合计 470 万元，即每年平均新设厂矿 2 家，新增投资约 20 万元。甲午战争后，新设厂矿的家数和投资规模都有较快的增长。1895 年到 1913 年的 19 年间，新设商办的厂矿数为 463 家，投资数额共 9080 万元，平均年增设 24.4 家，新增资本 478 万元。[①] 在新设厂矿家数及投资数额方面，分别超过前一时期的 10 倍到 20 倍以上。这个时期中国私人资本工矿企业的发展，出现了两次高潮。一次是在甲午战争以后，在社会舆论要求“设厂自救”的激励和新式企业利润的引诱下，出现了设厂运动的第一个高潮。1905—1909 年间，由于日俄战争和抵制美货运动的推动，又形成了一个更大的设厂“高潮”，设厂数较前次更多，投资额也大大增加。

在部门结构上，这一时期私人资本主义工业发展的重点仍然是轻工业。其中尤以棉纺织业和食品工业（主要是面粉工业）的发展最为显著。这两个行业在这一时期新设的私人资本企业中，设厂数占 60% 左右，新增资本额约占 50%；占同期全部中国资本新设厂总数的一半以上，资本额的四成以上。[②] 在重工业中，采煤业有了一定发展，而机器制造业方面

---

① 参见中国人民大学编《中国近代经济史》上册，人民出版社 1976 年版，第 224 页。

② 庞毅：《中国清代经济史》，人民出版社 1994 年版，第 229 页。

进展缓慢。这一时期，中国资本开采的煤矿有31家，投资额达989万元，其中商办的有25家。

这一阶段私人资本企业的地区分布，主要集中在上海、广州、武汉、杭州、无锡、天津、南通等沿江和沿海的大中城市，尤以上海、广州、武汉、天津为最。

在生产技术水平方面，这一时期的私人资本工业也有所提高。如采煤业过去多用竹筒抽水，人工挖煤，20世纪初期以后，也大多改用机器生产。榨油业也开始使用蒸汽动力代替畜力；用铁制螺旋式压榨机取代石碾和木榨。

总之，这一时期，中国私营资本主义近代企业有了明显的发展。但是，由于帝国主义和封建势力的压迫和阻挠，其发展具有很大的局限性。由于外国资本主义控制和操纵了中国的经济命脉，它们无法在重工业领域得到发展；而私人资本由于其自身的原因，生产规模狭小，生产技术和经营管理也十分落后，整个私营资本主义工业基础还很薄弱；在工业布局上，私人资本也主要是在沿海、沿江的少数通商口岸，分布极不平衡。

二　晚清买办的地域分布

"买办"一词最早现于明朝，但可追溯至宋朝的"和买"。在英文著作中习以 Comprador 称之，而 Comprador 之葡萄牙原意即"买物者"，与中国之"买办"意义相近。买办是一群新式商人。鸦片战争前，在广州的公行制度中就已经较为普遍地使用买办了，那时的买办不是由外商自由选雇而是由官府选充。如果没有领取政府的执照并具有妥保，外商是不能雇佣他们的。其时，买办的主要职能是充当商馆和商船的管事和司账，承办伙食和采购日常生活用品，代雇和管理仆役、厨司、守门、挑水等项人员。当时还不能为外商从事进出口货物的买卖。官府明确规定，如"该买办等惟利是图"，"沟通内外商贩，私买夷货，并代夷人偷售违禁货物"，"查出照例重治其罪"。① 因此，这一时期的买办是由清政府严格控制的，其职能明确规定只是管理商馆商船事务，不许参加进出口货物的交易，活动范围也限于广州一地。

鸦片战争以后，清政府被迫签订了《南京条约》、《五口通商章程》

① 姚贤镐：《中国近代对外贸易史资料》第1册，中华书局1962年版，第224页。

等屈辱条约，开放五口，废除公行制度，准外商到开放口岸“勿论与何商交易，均听其便……其随意雇觅跟随、买办、通事，均属合法，中国地方官勿庸经理”①。至此，外商自己雇佣买办不再受公行制度的限制和地方政府的管理，可以自由地选择他们的代理人了。

然而，《南京条约》的直接影响很小。条约口岸间的贸易也不是一夜间开始的，以往广州的公行制度仍然表现出巨大的惯性。外商在开放口岸直接与华商的贸易必须借助于华商为之中间代理。语言不通，不熟悉当地的风俗和商业习惯，缺乏关于中国货币制度和度量衡的知识，都使外商的交易活动遭遇困难，加上各地产销市场和商品流通的各个环节，均为华商掌握，没有长期和稳定的商业关系，外人很难插足其间。初期的条约，外商还不能远入内地通商，或开设行栈。在这种情况下，洋商为扩大洋货销售量和土产品的收购，除了依靠华商为之中介，别无他途。他们因而选择了一批被认为忠实可靠的华商，作为他们开展贸易的代理人，于是便产生了近代的买办。

显而易见，近代买办与鸦片战争前的买办在性质上已有明显差异。鸦片战争前的买办，仅为外商管理商馆和商船内部事物，如管理银钱、采购生活用品、照管杂役人等，不参与洋商的贸易活动，否则将受严惩。近代买办则已由管理行务、经营银钱账进而参与洋行的业务经营，包括商品的销售，合同的签订，深入内地收购土产，以及报关、纳税、运输等事项。买办已由仆役头目演变为贸易中的帮手。战前的买办由官府选派，并受地方官吏管理监督。而近代买办则已由洋商自由选择雇佣，由各领事馆酌情办理，订立的合同一般要在领事馆备案，成为外国领事庇护的华人，中国官府反不得过问其事。它说明了近代买办是不平等条约的产物，是在协助外商从事对华掠夺贸易中产生和发展起来的。

近代最早的一批买办，主要“多系旧日洋商行店中散出之人，本与该夷素相熟悉”②。这些旧日行商有着各种为外商服务的条件：通晓外语，又熟悉本国市场情况，与各级商业组织有联系，随外贸中心的转移而到达上海，为中外贸易充任掮客，或为外商聘用充任买办。

晚清买办来源多种多样，择其主要不外三种人：

（1）原在广州的行商等随着洋行来到上海等埠，成为洋行买办。早

---

① 郝延平：《十九世纪的中国买办——东西间桥梁》，上海社会科学院出版社 1988 年版，第 56 页。

② 《筹办夷务始末》（道光朝）卷七十九，第 3155 页。

期的洋行雇佣的买办，大都是从该业行商中挑选的商人。因为他们精通业务，业内联系广，消息灵通，便于为洋行开展进出口贸易活动，且其资力和信用情况在业内为大家所了解，洋行委托代理业务亦较为放心。例如，怡和洋行买办杨坊原是泰记丝行的老板，又瑞记洋行买办吴少卿是无锡陈顺泰丝栈通事，常常跑洋行，与洋行大班熟悉了，就被邀去当买办了。[①]

（2）外商企业的学徒、雇员以及杂役，经外商选拔或由老买办推荐，成为买办。这种“科班出身”的买办，可深得外商信任；而老买办所推荐，不少是自己的亲属，这种推荐的买办中，有不少是父子相袭的，形成买办世家。

从学徒、雇员中提升买办以早期为多。早期有些名望很大，或经营过一番事业的著名买办，如天津的吴懋鼎，上海的郑观应、徐润等，也都是出身于洋行学徒，给老买办推荐的。

因老买办荐引亲属，在各地买办中世袭继承的“买办世家”，屡见不鲜。如徐钰亭、徐润相继为宝顺洋行买办，徐润之子徐叔平，后来担任德商洋行和汉美轮船公司买办。天津一些有名的买办，如梁彦青、郑翼之、王铭槐、魏信臣、李辅臣等都是父死子承。上海汇丰银行买办更是长期由苏州洞庭山席氏家族独占。因席氏家族世袭担任汇丰买办，靠他们引荐和保证的兄弟、子侄、女婿等 14 人，先后担任了麦加利、花旗、宝信、华比、德华、三菱等 10 家外商银行买办[②]，形成了银钱业中的洞庭山帮势力。

（3）由外国人办的学校培养出来的买办

侵略者为适应经济扩张的需要，积极从多方面培养和补充买办力量。专业培养买办人才，蔚为一时风尚。1863 年，有一位英国巴先生，由于“中外联合，凡英字英话，俱系切需之事”，因而开设一家“英字话馆”培养买办。1867—1868 年间还有一个法国人也在上海设塾，教授华人英法意之国文字。一些“传播教义”的宗教机构也“介绍教友中之有才能者”向洋行输送买办力量。[③]

这种类型的买办以后期为多，惟早期著名买办唐廷枢当属首例。唐系广东香山人，香港马理逊书院第一批学生。1863 年为怡和洋行买办，1873 年被李鸿章任命为招商局总办，李称其“熟精洋学”，成为洋务派企

① 《旧上海的外商与买办》，载《上海文史资料选辑》第 56 辑，上海人民出版社 1987 年版，第 34 页。

② 同上。

③ 转引自聂宝璋《中国买办资产阶级的发生》，中国社会科学出版社 1979 年版，第 12 页。

业的得力助手。继唐廷枢之后的怡和洋行总办为其兄长唐茂枝，他也是马理逊书院学生。

由外国人办的学校中培养出来的买办，在上海以外的口岸城市也不少。例如：梁彦青，广东人，毕业于香港皇仁书院，天津怡和洋行买办；雍剑秋，江苏人，毕业于新加坡大学，清末北京法商礼和洋行买办；毕鸣岐，山东人，毕业于法国教会学校，哈尔滨德商福茂祥洋行买办，等等。

随着通商口岸的增辟，进出口贸易的发展，外资在华企业及其分支机构的增设，买办人数亦日益增多。据统计，1855 年外商在华洋行 219 家，1870 年增到 550 家（包括香港 202 家）及至 19 世纪末已达 933 家。不少洋行在全国各地还设有众多的分支机构和附属企业，如英商怡和洋行在上海直属单位就有 29 个。若每个单位雇佣 1—2 个买办计，则全国买办当有 1 万余人。① 因此，到 19 世纪末，买办已形成一个社会阶层，“与士农工商之外，别成一业”②。

（一）晚清买办的企业家形态

提起晚清买办，传统观点认为他们是西方资本主义入侵中国的工具。诚然，晚清买办是在资本主义国家入侵中国过程中出现的，在中国半殖民地半封建的过程中，买办曾是西方国家在华进行经济活动的桥梁。但同时，晚清买办也是中国资产阶级的先导。他们是从最初替外国商人收购土产、推销洋货，到洋商企业的附股者，继而将资本投向中国近代工业，独立创办新式企业，加速了近代中国民族资本主义的发展。正如有的论者所言：“1842 年以后……（买办）成为外国人的管事，接着变成了契约的经理，最后终于成为和外商进行贸易的独立的企业主。”③ 但持该观点的论者没有再做深入分析。因此，本书拟从晚清买办的业务、晚清买办与洋行的关系，以及晚清买办资本的积累和转化三个方面入手，对买办的企业家形态做一系统分析。本书的基本观点是：晚清买办是中国早期不成熟的市场经济环境下形成的一种较为特殊的新式独立商人，作为新工业之经理人，他们是中国近代第一批具有现代企业精神的人，已初步具有独立的企业家形态。

从这一时期买办所从事的业务来看，买办具有相对的独立性，是一个

① 黄逸平：《近代中国经济变迁》，上海人民出版社 1992 年版，第 140 页。

② 《李文忠公全集・奏稿》卷三，第 11 页。

③ 费正清等编：《剑桥中国晚清史》（下卷），中国社会科学出版社 1985 年版，第 482 页。

独立的商人。其业务一般包括：进口方面为洋行推销洋货；出口方面，为其收购土产，还要负责为洋行报关纳税，搜集经济情报以及雇佣和管理华人雇员等。

首先，从进口方面来看，买办帮助洋行进入中国市场，其从事的业务实际上是一个独立商人所从事的事业。以买办叶澄衷为例，19 世纪受美孚石油公司的委托，为其推销火油，先销货后付款，3 个月结算。叶通过他的老顺记五金洋杂货号，全力以赴，很快建立起一个分布城乡的销售网络，使美孚石油公司的产品逐渐深入我国各地，而叶仅此一项业务，年赢利近 10 万两。① 很显然，叶与美孚石油公司的关系实际上是一种商业代销关系，叶虽作为代销商，但其通过自营商号，实际上具有很强的独立性。

其次，从出口方面来看，尽管买办为洋行收购物资，实际上从其所从事的业务上也表现出一个独立商人的行为。如在福建的茶叶出口中，“外商对买办及茶叶掮客预付了大量货款在内地购买茶叶，但在未运到福州交货以前，是不当做外国人的财产来看的。因此，这些收购茶叶的中国人必须在各个茶区缴纳一切内地税及茶行的费用。而为了抵偿这些开支，签约人在交茶给外商时，要加额外的费用”②。

这说明买办为洋行收购货物的交易，实际是两个商业主体之间的交易。“加收额外费用”，正表现出商人在生意上的锱铢必较。因此，时人称买办“与中国商人交易，又系直接自由行动，故自中国人方面观之，纯为与买办之交易，而忘其为代理外国人矣”③。

所以，从资本的角度来看，买办在收购物资的业务中并不仅仅是以雇员的身份，更是以一个要自负盈亏的独立商人身份而存在的，具有相当的独立性。由是观之，买办在晚清从事进出口业务中运营自己的资金，自负盈亏，实际上初步具备了独立的企业家形态。

作为外资企业（洋行）的签约代理人，买办除接受洋行派遣深入内地执行销售和收购任务外，另外一个重要的代理活动是代表外商经理洋行业务。某行买办在必要时可以利用洋东名义向中国钱庄借款。而当他代表洋行向钱庄周转通融之时，则根本不要洋东首肯。这表明在洋行业务经营上，买办已达到独当一面的地步。例如，普莱斯顿布莱涅尔洋行（pres-

---

① 王相钦：《中国近代商业史论》，中国财政经济出版社 1986 年版，第 150—155 页。

② 姚贤镐：《中国近代对外贸易史资料》第 2 册，中华书局 1962 年版，第 1020 页。

③ 姚贤镐：《中国近代对外贸易史资料》第 3 册，中华书局 1962 年版，第 1512 页。

ton，Brenell&Co. 译音）与华商签订贸易合同一事就交给该行买办一手办理。以轮只租赁业务为主的复升洋行（Chapman&Co.）不仅华商租船的信用由买办担保，船舶租价也由买办决定。有些洋行商品的成交，首先需要征得买办的同意。甚至在买办未定出价格之前，“既不能买，也不能卖”。从外表上看，买办几乎成为洋行的“真正所有者”了。像汉口的大华茶出口商万益洋行（Innes&Co.）的买办都被人们视为老板的“人格和信用的化身”。正是因为外商给予买办的信任及其职责如此广大，所以有人竟把某些买办看成是洋行的“独立代理人”。

事实上，作为洋行的代理人，为了经营洋行业务，买办势必要与华商进行广泛联系。如当买办执行内地收购任务时，就需要与华商磋商价格，订定交易合同，收付货款，接交货物。特别是内地商人是否信实可靠，全赖买办鉴别与保证。参与外贸的中国钱庄庄票，只要买办认为可靠，就无需其他担保。反之，如果没有买办的保证，就难以得到洋行的信用。总之，华商与外商的交易，很多问题都由买办参与决定。①

买办受雇于洋行，按照合同都受命组织买办间，雇佣会计、出纳、仓储保管、报关等人员，并负责开支薪金等办公费用。买办间具有极大的独立性，一些买办甚至挂起××记的牌号。如上海法商永兴洋行买办吴伟臣、郑忠汉、宣宝濂等，都分别在买办间里挂上“永兴伟记”、“永兴汉记”、“永兴濂记”招牌。利用职务上的方便从事自己的各种商业活动。②对于买办自己的营业，洋行一般采取放任、鼓励态度。有些洋行甚至要求买办首先必须是一名以自己名义经商或者以这种或那种方式同洋行保持联系的著名商人。③ 因此，许多买办都拥有自己的商号。如怡和洋行买办唐景星，起初在上海开设“修华号”棉花行，随后又与别人合伙开设“谦慎安茶栈”及泰和、泰生、清益3家钱庄，并通过“谦慎安茶栈”在内地茶叶产区开设茶庄7所。买办的自营商号具有相当强的独立性，成了“一种商业组织（洋行）里的另一商业组织”。经办洋行业务的买办往往就是洋行的交易对手。如荷兰银行买办虞洽卿1909年创设的宁绍轮船公司，在宁波同乡会、航运维持会以及华商各业的支持下，与垄断我国航运

① 参见聂宝璋《中国买办资产阶级的发生》，中国社会科学出版社1979年版，第18—22页。

② 《旧上海的外商与买办》，载《上海文史资料选辑》第56辑，上海人民出版社1987年版，第219页。

③ 郝延平：《十九世纪的中国买办——东西间桥梁》，上海社会科学院出版社1988年版，第187—188页。

业的太古洋行轮船公司展开激烈竞争。这都表明，买办的自营商号具有极大的经营自主性。

通过上述分析，我们可以清楚地看到“外国人全不过问，一委任之于买办”① 的历史事实，买办具有独立企业家的形态更为清晰。

买办在为外商推销商品和收购土产的居间活动中，凭借外商特权条件，运用各种敛财手段，在不长的时间里，迅速地积累了巨额财富，成为近代中国最富有的阶层之一。除了低微的月薪外，晚清买办的收入主要来自以下途径：代理买卖的佣金收入；自营商业的利润收入；周转资金的利息收入和商品货价的差额收入等。买办商人最初的财富积累主要来源于佣金，最初买办的佣金率，一般为2%，其后由于竞争，佣金趋于下降。尽管佣金率总的趋势是逐步下降，但由于中外贸易的增长，买办商人代理买卖的佣金收入仍是十分可观的。自营商业的利润收入是买办商人财富的重要来源，“买办之所以有利可图，这是由于他不仅是洋行的雇佣者，同时又是自营生意的商人；不仅是货物的经纪人，同时又是货主；不仅赚取工资和佣金，同时又赚取远远超过工资和佣金的商业利润”②。晚清广东籍著名买办唐廷枢、郑观应、徐润等人在担任买办期间，广泛开展自营商业活动。如怡和洋行买办唐廷枢开设钱庄，与人合伙开设茶栈，经营棉花出口业务，经营食盐等。宝顺洋行买办徐润，先后创办了绍祥字号、润立生茶号、宝源丝茶土号，兼营丝、茶、鸦片，包办洋行生意，成为巨富。郑观应也开设揽载行，与唐廷枢一起投资中外合资的公正轮船公司。1874年，他任英商太古轮船公司买办，任期还广泛投资于洋务企业。这一时期的买办收入来源和积累资本的途径主要体现在投资钱庄和赚取商品买卖的货价差额。为方便贸易，当时的洋行在钱庄里一般都有相当数量的存款，买办通过钱庄与外资银行和洋行的资金往来、周转积累自己的财富，他们经常会使用钱庄的有固定期限的庄票做支付手段代替金银等硬通货，从而赚取硬通货在期限内的利息；买办们在各地收购货物时经常压低价格然后高报价给洋行，赚取可观的货价差额。除此之外，他们还利用暗做手脚和拿回扣等其他陋规赚取额外收入。这些方式为买办们迅速积累起财富。

从晚清买办的收入来源来看，已经具有了资本原始积累的特征。通过上述途径，买办商人积累了巨额的财富。关于这笔财富，前人已有几种估计，如表4-1所示。

---

① 丁日初等：《虞洽卿简论》，《历史研究》1981年第3期。

② 汪敬虞：《唐廷枢研究》，中国社会科学出版社1983年版，第116页。

表 4－1

估计者	时间段	买办总收入	资料来源
黄逸峰	1860—1894	4 亿两	《关于旧中国买办阶级的研究》
郝延平	1842—1894	5.3 亿两	《十九世纪的中国买办——东西间桥梁》
河北大学	1840—1894	2 亿—3 亿两	《中国近代经济史稿》
严中平	1890—1913	6.2 亿关两	《中国棉纺织史稿》
汪　熙	1868—1936	15.29 亿美元	《关于买办和买办制度》，《近代史研究》1980.2

因估计范围和方法不同，结果悬殊。不论其估计是否准确，但都从某个方面反映了当年的买办收入是颇丰厚的。

买办积累的巨大财富，除一部分用于商业应酬，打造极富丽的居住条件和奢侈生活外，有相当部分投资用于近代工商企业等活动。它涉及商业、金融、航运、工矿、房地产等许多领域，且在外商企业亦有大量附股活动，范围甚广。在封建中国，传统观点是有钱就买田置地，扩建庄园，用以显赫其殷实家族的社会地位。传统的士大夫阶层几乎都是这样。然而买办阶层基本上就不这样，当他们初步积累了一点财富后，不是把它储存起来或买田置地，而是去投资办企业。

就工业发展而言，晚清买办作为工业的投资人与经理人皆有相当出色的贡献。例如，最早在通商口岸投资于外人所设之轮船公司的是买办唐景星、陈竹坪、郑观应等人。而招商局的成立，亦赖唐景星和徐润之多方筹资。除轮船外，买办亦投资于开平煤矿及其他矿业。至于机器纺织工厂的设立，亦多有买办介入。据估计，1890—1910 年间成立的 27 家国人所有的机器纺织业中，有 8 家主要是由买办商人投资。在其他轻工业方面，他们投资于玻璃、火柴、制革、碾米和面粉等厂。也有独资创立机器厂者，如祝大椿于 1883 年成立的源昌机器公司。在机器制造业方面，据估计在 1883—1913 年间，买办之投资总额超过政府，亦略多于传统商人和官绅的投资。此外，买办又是最先投资于保险业与现代公共设施（如天津煤气公司、上海电力公司）的人。他们对于铁路之修筑与现代银行之设立也都很热心。总之，晚清买办在新工业方面的投资总额虽难以估计，但他们的确是重要的投资来源。因为 19 世纪的中国在不断的割地赔款后是积贫积弱，发展实业面临的一个首要问题是资本的匮乏，而当时外资银行和钱庄借款利息非常之高，有资料统计 19 世纪 60 年代的上海商业短期贷款年利率高达10%—16%，要筹集长期投资的资金更是相当困难。而买办通过上述几个途径已经积累起了巨额的资本。

很多买办在长期与洋行和西方人打交道中先于其他阶层了解到了西方工业文明，看到了近代工业的光明前景和社会的发展趋势，他们在洋行的工作经历和与西方商人的交往中学会了追求利润最大化，培养了风险和竞争意识以及新型的管理经验和技术，加上对国内国际市场的熟悉，使买办具备了投资新式企业的条件，成为中国近代工业活动的先驱。

学界普遍认为，中国近代工业的发展缓慢很大程度上是因为中国缺少一批具有企业家精神的人。但是，买办作为有资金、懂管理技术、有市场意识和风险竞争革新意识的阶段，他们具备了近代企业家精神，在其涉足实业时就是一个名副其实的企业家了。他们自身的多种本质以及它在经济领域中发挥的客观作用与封建的传统相比，不能不说是一种进步。

综上所述，晚清买办实际上是中国近代兴起的一批从事进出口贸易的商人，他们已经初步具有了独立的企业家形态和特征。正如时人所述："买办系以一己之名义代理外商从事交易而领取薪俸之营业承办人，然其对于雇主（即外国人）也，系事先订立承办一切之契约，而营业上之出纳事务，全然独立，故不能谓之为普通使用人，而当目之为独立营业之商人。"①

（二）晚清买办的地域分布

从鸦片战争开始，经过几十年的孕育和发展，晚清买办的队伍是越来越庞大。"到1900年则增至二万人"②。可以料想，由于开放的口岸不断增加，伴随中外贸易的不断发展，洋行总是设立更多的分行和代理行，每个分行或代理行都至少有一个买办，如此到清朝灭亡时买办数目肯定是超过两万人的。如此庞大的一支买办队伍，是清末才出现的一个新的阶层，是懂得现代企业经营和管理的新式人才。因此是晚清人才地理分布研究的一个不容忽视的群体，是值得研究的一个对象。由于现有的资料不能统计出清末买办阶层的精确数目，因此也不可能找出每个晚清买办的详细信息，这也是本书研究的一个难点所在。

如前所述，从买办作为拥有资金，懂得管理，敢于冒险和革新等方面来看，他们已经初步具备了企业家的精神，但是并不是所有的买办都是企业家，中国早期的企业家也不一定都是买办出身。本书是研究晚清企业家

① 姚贤镐：《中国近代对外贸易史资料》第3册，中华书局1963年版，第1511页。
② 费正清等编：《剑桥中国晚清史》（下卷），中国社会科学出版社1985年版，第614页。

的地域分布，因此在本节中也只研究作为企业家的晚清买办的地域分布。所谓的企业家，是“私人及团体，以经济为目的，从事生产和销售货物而创办、维持、扩大赢利的营业单位的活动”①。由此可见，一个企业家是一个决策者，为了创办和扩张企业，他以其主动精神将所有的生产要素聚合在一起。熊彼特的经济发展理论认为，企业家的冒险和创新精神是起至关重要的作用的。以上述标准为筛子来筛选晚清买办，给我们的研究带来了些许的方便，但尽管如此，由于资料的关系，我们仍然不能穷尽所有晚清能目为企业家的买办，只能作个大概的了解，但也具有了代表性。

1. 晚清买办的地域分布概况

为了便于分析研究晚清买办这一重要阶层，现根据相关散见的史料，包括档案、杂志、传记等，对晚清买办的地域分布情况作表 4 – 2 统计。

表 4 – 2 说明：

（1）表中名单系根据郝延平书附录增补而成；

（2）统计范围以曾生活在 1840—1911 年间的人物为准；

（3）表系根据零散资料拼凑而成，远不够完整，且难免讹误，有待于今后继续补充修正；

（4）投资于外商行号的买办商人，凡不能证实有买办身份者或者籍贯不明者均为列入；

（5）“任职时间”栏内，“—”代表起讫时间。

表 4 – 2　　晚清买办的地域分布概况

姓名	任职地点	任职时间	籍贯	备注
阿　陈	广州	1850’S	广东	琼记
阿　朱	广州	—1857	广东	琼记
林　钦	广州	—1860	广东	琼记
蔡功谱	广州	1903	广东	莫氏姻亲太古
莫襄甫	广州	1900’S	广东	太古
莫鹤鸣	广州	1905	广东	太古
陈廉伯	广州	1908	广东	南海人，广州汇丰银行
阿　陶	香港	1850’S	广东	琼记
阿　周	香港	1857	广东	琼记

① 转引自郝延平《十九世纪的中国买办——东西间桥梁》，上海社会科学院出版社 1988 年版，第 179 页。

续表

姓名	任职地点	任职时间	籍贯	备注
莫仕扬	香港	1850'S—1860'S	广东	琼记
莫佐辰	香港	1880'S	广东	香港太古轮船，莫仕扬之子
莫藻泉	香港	1880'S	广东	太古
莫干生	香港	1900'S	广东	太古
阿　春	香港	1860'S	广东	琼记
吴秋舫	香港	—1891	广东	琼记
阿　超	香港	1859	广东	琼记
陈　昭	香港	1865	广东	琼记
劳昆文	香港	1873	福建	琼记
蔡星南	香港	1870'S	福建	琼记
何　东	香港	1883—1900	广东	即何晓生
吴　初	香港	1862	广东	琼记
亚　三	香港	—1861—	广东	琼记
亚　帝	香港	—1861—	广东	琼记
韦　光	香港	1850'S	广东	澳门，香港有利银行
韦　玉	香港	1870'S	广东	继父韦光职
罗寿嵩	香港	1880—	广东	香港汇丰银行
邝兴劳	香港	1890'S	福建	香港弗兰西银行
容星磐	香港	1890'S	广东	香山，香港麦加利银行
陈可良	香港	1890'S	广东	香山，香港太古
陈冠一	香港	1900	广东	太古，陈可良侄子
宋子凯	香港	1890'S	福建	香港大阪轮公司
黄纪辰	香港	1890'S	广东	香港加利洋行
赵立记	香港	1890'S	广东	香港中华火车糖局
莫文畅	九龙	1890'S	广东	太古
莫寿南	九龙	1890'S	广东	太古
仕　开	上海	—1858	广东	琼记
吴健彰	上海	1850'S	广东	旗昌洋行
郑伯昭	上海	1900'S	广东	中山
朱雨亭	上海	1850'S—1860'S	广东	琼记
莫芝轩	上海	1880'S	广东	琼记
林显扬	上海	1858—1865	广东	即林耀堂

续表

姓名	任职地点	任职时间	籍贯	备注
何顺昌	上海	1858—1861	广东	即何廉玉
陈竹坪	上海	1865—1874	浙江	即陈雨苍
顾丰盛	上海	1860'S	广东	旗昌洋行
昌　发	上海	1860'S	广东	旗昌洋行
顾春池	上海	1860—1869	浙江	旗昌洋行
顾寿乔	上海	1867—	浙江	顾春池侄子
陈子云	上海	1877	浙江	旗昌洋行
阿　三	上海	1845—1846	广东	怡和洋行
阿　陶	上海	1846—1851	广东	怡和洋行
阿　福	上海	1851	广东	怡和洋行
杨　坊	上海	1851—	宁波	怡和洋行
雅　记	上海	—1859	广东	怡和洋行
阿　李	上海	1850'S	广东	怡和洋行
林　钦	上海	—1863	广东	怡和洋行
唐景星	上海	1863—1873	广东	之后任招商局总办
唐茂枝	上海	1873—1897	广东	唐景星兄
唐杰臣	上海	1897—1904	广东	唐景星子
唐纪常	上海	1904—	广东	怡和洋行
穆炳元	上海	1850—	浙江	怡和洋行
唐玉田	上海	1890'S	广东	怡和洋行
唐荣俊	上海	1890'S	广东	怡和洋行
祝大椿	上海	1900'S	江苏	怡和洋行
杨经德	上海	1900'S	江苏	宝顺洋行
徐雨亭	上海	1840'S	广东	宝顺洋行
徐荣村	上海	1850'S—1861	广东	徐雨亭弟
协　记	上海	—1851—	广东	宝顺洋行
曾继圃	上海	1850'S—1861	广东	宝顺洋行
徐　润	上海	1861—1868	广东	徐雨亭侄子
徐叔平	上海	1870'S	广东	徐润子
周金贵	上海	—1857	江苏	上海汇隆银行
何颖生	上海	1880'S	浙江	上海有利银行
胡寄梅	上海	—1886—	浙江	上海有利银行

续表

姓名	任职地点	任职时间	籍贯	备注
龚子渔	上海	1890'S	浙江	上海有利银行
龙叔康	上海	1880'S	浙江	上海有利银行
鲍见华	上海	—1883—	浙江	上海呵加刺银行
王宪臣	上海	1890'S	江苏	上海中华汇理银行
叶立先	上海	1890'S	江苏	上海中华汇理银行
王槐山	上海	1867—	浙江	余姚人，上海汇丰银行
席正甫	上海	1870—	江苏	洞庭东山人，汇丰
刘津樵	上海	1880'S	江苏	上海汇丰银行
德　瑞	上海	1870'S	江苏	上海汇丰银行
席立功	上海	1904	江苏	汇丰，席正甫长子
周明记	上海	1890'S	江苏	上海汇丰银行
阿　兴	上海	1862—	广东	上海丽如银行
锺　开	上海	—1894—	浙江	上海汇通银行
许春荣	上海	1890'S	浙江	上海德华银行
叶明斋	上海	1890'S	江苏	上海横滨正金银行
惠雨亭	上海	1890'S	江苏	上海华俄道胜银行
袁恒之	上海	1890'S	江苏	上海花旗银行
王俊臣	上海	1900'S	江苏	花旗，王宪臣弟
席锡藩	上海	1880'S	江苏	上海麦加利银行
韦文圃	上海	1880'S	江苏	上海麦加利银行
虞洽卿	上海	1903	浙江	镇海人，道胜银行
虞顺恩	上海	1900'S	浙江	虞洽卿长子，荷兰银行
周宗良	上海	1905	浙江	宁波人，德商谦信洋行
李松云	上海	1867—	广东	上海公正轮船公司
郭甘章	上海	1850'S—1870'S	广东	大英轮船公司
郭元济	上海	1870'S	广东	大英轮船公司
谷汉山	上海	1870'S	安徽	上海公和祥
宋官东	上海	—1872—	福建	上海公和祥
马操来	上海	1870'S	福建	上海公和祥
詹廷光	上海	—1872	广东	快也坚轮船
郑观应	上海	1872—	广东	上海太古轮船，后入招商局
黄顺兴	上海	1870'S	广东	上海太古轮船

续表

姓名	任职地点	任职时间	籍贯	备注
黄路记	上海	1875	广东	太古轮船，黄顺兴之子
杨梅南	上海	1880'S	广东	即杨桂轩，上海太古（世袭）
吴豪泉	上海	—1862—	广东	上海泰源洋行
汪益三	上海	—1871—	广东	上海通源洋行（葡籍洋行）
芦启扬	上海	1870'S	广东	上海通源洋行（葡籍洋行）
陈冬生	上海	1860'S	广东	上海富硕洋行
陈春生	上海	1860'S	广东	上海弥纳洋行
郑秀山	上海	1860'S—1880'S	广东	郑观应叔父，上海柯化威
李秋坪	上海	1881	广东	上海高易洋行
徐荫三	上海	—1869—	广东	上海仁记洋行
阿　吴	上海	1870'S	广东	上海仁记洋行
吴洁卿	上海	1881	江苏	上海泰来洋行
严兰卿	上海	1870	浙江	上海敦裕洋行
严怀瑾	上海	1870	浙江	上海敦裕洋行，严兰卿父
陈灿庭	上海	1856—1876	广东	上海福利洋行
张传楚	上海	1870'S	江苏	上海龙飞洋行
汪远泽	上海	1860'S	广东	上海丽泉洋行
汪典仪	上海	1860'S	广东	上海丽泉洋行
胡熙垣	上海	—1891—	安徽	上海天福洋行
黄省记	上海	—1878—	浙江	上海公和洋行
黄诠卿	上海	1860'S	广东	上海保安保险公司
袁承斋	上海	—1890—	浙江	上海广昌洋行
钱静函	上海	1882	江苏	上海三菱洋行
何天松	上海	1880'S	江苏	上海泰隆洋行
马劳生	上海	—1853—	广东	上海贝德福洋行
张平华	上海	1890'S	浙江	上海天孙洋行
张槐三	上海	1870'S	浙江	上海长利洋行
陈耀琨	上海	1870'S	浙江	上海祥茂洋行
陈炳谦	上海	1880'S	浙江	上海祥茂洋行
金炳善	上海	1870'S	浙江	上海科特洋行
吴　*	上海	1880'S	江苏	上海兆丰洋行
阿　李	上海	1850'S	广东	上海鲍曼洋行

续表

姓名	任职地点	任职时间	籍贯	备注
赵裕祥	上海	1870'S	广东	上海别发洋行
何生生	上海	1860'S	广东	上海点耶洋行
孙庭焕	上海	1890'S	江苏	上海业广地产公司
沈永祥	上海	1870'S	江苏	上海老德记洋行
王善元	上海	1870'S	江苏	上海马凯洋行
郑程先	上海	1870'S	广东	上海元芳洋行
胡二梅	上海	1880'S	江苏	上海信义洋行
陈芝云	上海	1892	浙江	上海信义洋行
孙仲盈	上海	1890'S	江苏	上海曼德洋行
杨海泽	上海	1892	浙江	上海新时昌洋行
王福庆	上海	1898	江苏	上海奈马祖洋行
沈梅生	上海	1890'S	江苏	上海元丰洋行
郑　汾	上海	1860'S	广东	上海普莱斯顿布莱涅尔洋行
程庆山	上海	1880'S	上海	上海福隆洋行
俞　*	上海	1860'S	广东	上海立发洋行
俞紫香	上海	—1872—	广东	上海泰兴洋行
许春荣	上海	1850'S	广东	上海泰和洋行
劳敬修	上海	1878—	江苏	上海泰和洋行
劳金记	上海	1890'S	江苏	上海茂和洋行
方润斋	上海	1850'S	广东	上海李百里洋行
林敬由	上海	1860'S	广东	上海巴利洋行
邓端甫	上海	1870'S	广东	上海同孚洋行
陆富成	上海	1870'S	浙江	上海同孚洋行
吴芝堂	上海	1880'S	浙江	上海地亚士洋行
瞿桂泉	上海	—1887—	浙江	上海耶松船厂
林云坡	上海	1887	浙江	上海耶松船厂
曹子俊	上海	—1882—	江苏	上海禅臣洋行
陈华庚	上海	1870'S	浙江	上海美查洋行
梁金池	上海	1880'S	广东	上海美查兄弟公司
吴少卿	上海	1890'S	广东	上海瑞记洋行
王克明	上海	1871—1887	江苏	上海费礼查洋行
罗**	上海	1850'S	广东	上海沙逊洋行

续表

姓名	任职地点	任职时间	籍贯	备注
陈荫棠	上海	1867—1870'S	广东	上海沙逊洋行
郑子梅	上海	1870'S	广东	上海沙逊洋行
陈玉白	上海	1870'S	广东	上海立发洋行
蔡贵白	上海	1870'S	福建	上海巴纽洋行
叶澄衷	上海	1870'S	浙江	镇海人，上海老顺记
朱葆三	上海	1870'S	浙江	定海人，英商平和洋行
朱子奎	上海	1890'S	浙江	朱葆三长子，三井银行买办
朱子聪	上海	1890'S	浙江	次子，平和洋行
王一亭	上海	1900'S	浙江	吴兴人，日打阪轮公司
王叔贤	上海	1900'S	浙江	王一亭次子，日清轮公司
邬挺生	上海	1904	浙江	奉化人，英美烟公司
严汝霖	上海	1880'S	浙江	宁波
张麟魁	上海	1890'S	浙江	平湖人，禅臣洋行
包定鳌	上海	1890'S	上海	《近代上海地区方志经济史料选辑》
唐隆茂	福州	1850—1862	广东	琼记洋行
阿　启	福州	1862—	广东	琼记洋行
阿　甘	福州	1860'S	广东	琼记洋行
阿　明	九江	1860'S	广东	琼记洋行
梁南记	九江	—1862	广东	琼记洋行
阿　熙	九江	1862	广东	琼记洋行
陈昭清	九江	—1863—	广东	琼记洋行
阿　翟	九江	—1874—	广东	琼记洋行
王兴新	九江	1872	广东	琼记洋行
阿　童	九江	1860'S	广东	琼记洋行
阿　超	九江	—1862—	广东	琼记洋行
徐渭南	九江	1863	广东	琼记洋行
郑济东	九江	1863	广东	郑观应哥哥
瑞　生	汉口	1860'S	广东	琼记洋行
协　隆	汉口	1865	广东	琼记洋行
刘绍宗	汉口	1866	广东	后为招商局股东兼董事
阿　庞	汉口	—1865	广东	宝顺洋行

续表

姓名	任职地点	任职时间	籍贯	备注
唐翘卿	汉口	1870’S	广东	怡和洋行
裕　隆	汉口	1860’S	广东	怡和洋行
盛恒山	汉口	—1885	广东	宝顺洋行
杨辉山	汉口	—1885	广东	宝顺洋行
景惟行	汉口	—1885	浙江	汉口正金银行，陈光甫岳父
唐郎山	汉口	—1885	广东	汉口麦加利银行
黄叔平	汉口	1880’S	广东	汉口太古，黄顺兴三子
冯阿林	汉口	1865	广东	汉口兆丰洋行
周咏春	汉口	1870’S	浙江	汉口沙逊洋行
唐瑞枝	汉口	1889—	广东	汉口阜昌洋行
朱子方	汉口	1880’S	浙江	朱葆三三子，汉口平和洋行
刘仁贵	汉口	约 1900	山西	俄商汉口新泰洋行
刘义方	汉口	1905	山西	刘仁贵子，继任
李承才	武汉	1890’S	浙江	武昌太古，叶星海亲戚
李维龄	武汉	1890’S	浙江	武昌太古，叶星海亲戚
大　生	镇江	—1873	天津	—
黄墨砚	镇江	1880’S	江苏	—
宋　彩	镇江	1870’S	江苏	镇江沙逊洋行
窦燕山	芜湖	1870’S	江苏	—
陈庆真	厦门	1850’S	广东	—
阿　桑	厦门	1869	广东	—
叶鸿秋	厦门	1891—	广东	厦门汇丰银行
林邦彦	汕头	1890’S	广东	汕头太古
梁　枝	烟台	1890’S	广东	—
胡光墉	杭州	1874	安徽	绩溪人，创胡庆余堂国药号
丁忠茂	宁波	1895	浙江	英美烟公司
陆湘荣	宁波	1907	浙江	英美烟公司
刘金声	辽阳	1905	直隶	英美烟公司
催尊三	保定	1907	直隶	英美烟公司
龚和轩	北京	1907	上海	英美烟公司
王君元	北京	1900’S	天津	英美烟公司
徐乐亭	哈尔滨	1910’S	山东	英美烟公司

续表

姓名	任职地点	任职时间	籍贯	备注
管耀庭	青岛	1908	山东	英美烟公司
马廷臣	昆明	1907	云南	英美烟公司
陈亚九	日本横滨	1860—1865	广东	—
少　农	日本横滨	—1866—	广东	陈亚九同乡，继任
梁亚殿	越南西贡	1860’S	广东	—
何　宪	檀香山	1890’S	广东	美国银行
温亚章	越南	1860’S	广东	—
刘　森	天津	1861—1873	上海	—
梁炎卿	天津	1890’S	广东	—
亚　培	天津	1890’S	广东	—
阿　彭	天津	1860’S	广东	—
徐子荣	天津	—1861—	广东	—
陈落明	营口	—1861—	广东	—
吴懋鼎	天津	1870’S	安徽	天津汇丰银行
郑翼之	天津	1890’S	广东	天津太古
侯梅平	天津	1880’S	浙江	天津沙逊洋行
张松甫	天津	1890—	浙江	天津宁通洋行
王铭槐	天津	1880—	浙江	宁波人，德商泰来洋行
陈子珍	天津	1880’S	广东	高要人，天津仁记
冯商盘	天津	1900’S	广东	天津礼和
梁仲云	天津	1890’S	广东	天津老世昌
罗道生	天津	1880’S	广东	天津华俄道胜银行
严兆桢	天津	1880’S	广东	天津德华银行
蔡子英	天津	1880’S	广东	高要人
黄云溪	天津	1880’S	广东	—
陈祝龄	天津	1880’S	广东	—
严蕉铭	天津	1880’S	宁波	天津德商禅臣洋行
叶星海	天津	1900’S	宁波	天津法商永兴洋行
李组才	天津	1890’S	宁波	天津英商信记洋行
王聘南	天津	1900’S	宁波	天津永丰洋行
徐企生	天津	1900’S	宁波	天津恒丰洋行
李正卿	天津	1900’S	宁波	天津美丰洋行，叶星海亲戚

续表

姓名	任职地点	任职时间	籍贯	备注
严梅东	天津	1900'S	宁波	天津捷成洋行
雍剑秋	天津	1900'S	江苏	高邮人，天津捷成
王敬铭	天津	1890'S	天津	天津永兴
李辅臣	天津	1890'S	天津	天津仁记
李虎臣	天津	1890'S	天津	天津仁记
李吉甫	天津	1910'S	天津	天津仁记
李志年	天津	1910'S	天津	天津仁记
宁星普	天津	1890'S	天津	天津新泰兴
魏信臣	天津	1890'S	天津	天津正金银行
范竹斋	天津	1890'S	天津	天津正金银行
陈协中	天津	1890'S	天津	协信洋行，王铭槐姻亲
柳镇甫	天津	1890'S	天津	良济洋行，王铭槐姻亲
郑瑞甫	天津	1890'S	天津	良济洋行，王铭槐姻亲
丁祖峰	天津	1890'S	天津	良济洋行，王铭槐外孙
林湘如	天津	1890'S	天津	良济洋行，王铭槐推荐
高星桥	天津	1890'S	天津	—
孙仲英	天津	1880'S	江苏	—
毕鸣岐	哈尔滨	1910'S	山东	—

资料来源：1.《淘金旧梦——在华洋商纪实》，中国文史出版社2001年版。

2. 郝延平：《十九世纪的中国买办——东西间桥梁》，上海社会科学院出版社1988年版。

3. 聂宝璋：《中国买办资产阶级的发生》，中国社会科学出版社1979年版。

4. 全国政协文史资料委员会：《天津的洋行与买办》，天津人民出版社1987年版。

为了分析研究的方便，对表4－2中买办再作一省区分布统计如下（表4－3）。

表4－3　晚清买办省区分布统计

省区	任职买办数（个）	所占比例（%）	买办籍贯所在（个）	所占比例（%）
广东	36	12.77	146	51.77
浙江	3	1.06	59	20.92
江苏	3	1.06	36	12.77
天津（直隶）	41	14.54	16	5.67
福建	7	2.48	7	2.48

续表

省区	任职买办数（个）	所占比例（%）	买办籍贯所在(个)	所占比例（%）
上海	148	52.48	5	1.77
安徽	1	0.35	4	1.41
湖北	18	6.38	3	1.06
山东	1	0.35	3	1.06
山西	0	0	2	0.70
云南	1	0.35	1	0.35
江西	10	3.54	0	0
辽宁	3	1.06	0	0
北京	2	0.70	0	0
河北	1	0.35	0	0
黑龙江	2	0.35	0	0
国外	5	1.77	0	0
合计	282	—	282	—

2. 晚清买办的地域分布分析

从表 4 – 3 可以看出，晚清买办的地域分布呈现出以下几个特点和规律：

首先，是活动场所的集中性。如前所述，晚清买办是伴随晚清洋行的产生、发展和衰落的。买办总是和洋行联系在一起，他们依附于洋行而存在，活动于洋行。晚清买办的这种场所上的集中性，决定了他的活动分布是随着洋行的分布而分布。第一次鸦片战争后，清政府对外开放广州、厦门、福州、宁波、上海五个通商口岸。怡和、琼记等外商企业开始落户这些口岸城市。随着外国资本主义侵略的进一步加深，中国对外开放的条约口岸不断增多，各洋行也随之把总部或支行进一步向沿海沿江城市设置。如表中所示的汉口、九江、南京、天津、镇江、汕头等城市。深入内地刺探商情、倾销洋货、搜刮土产是洋行买办所达成的基本业务。买办以各洋行为据点，与国内行商交往活动，联系遍及内地所有商业城镇。他们在晚清的活动轨迹形成了一个覆盖当时国内商业城镇的购销网络（主要分布于上海、天津、汉口几个大城市）。

其次，是籍贯分布的集中性。表中搜集到的在籍可查的晚清买办有 282 人，其中广东的 146 人，浙江的 59 人，江苏的 36 人，天津的 16 人，福建的 7 人，上海的 5 人，安徽的 4 人，湖北、山东的各 3 人，山西的 2 人，云南的 1 人。按籍贯来看，主要集中在广东、江浙一带，这几个地方的买办活跃于各通商口岸。广东籍的活跃于甲午战争前各口岸，以大洋行居多，江浙籍后来居上，19 世纪末 20 世纪初逐步占据上风，且以银行金融业居多。

最后，是分布呈现家族集团化特点。这种家族集团化以血缘、地缘关系为基础而形成，从上表中也可以看出，同一洋行中的买办往往基本上是同一个地方的人，大部分为父子、叔侄、同乡等关系。许多买办都是世袭的，或者与总买办、前买办有亲戚同乡关系。如宝顺洋行上海分行第一任买办是广东香山人徐钰亭，其后由他的兄弟徐荣村、侄儿徐润继任买办职务。再如，苏州洞庭山席氏家族亦是买办世家，其祖孙三代 11 人皆为汇丰等外商银行买办，他们家的女婿王宪臣、叶明斋也被介绍为外商银行买办。

那么，晚清买办在地域分布上为什么会呈现上述特点和规律呢？具体说来，有以下几个方面的原因：

第一是政治军事原因。

约在康熙五十九年（1720），清政府为限制外人对华贸易，规定广州为中国唯一正式许可的对外通商口岸，在广州设立海关，指定了十三家官衙行，组织“公行”，专门担任管理和经营中外进出口贸易。这十三家公行作为中外商人的中介，担任规定价格、经收进出口货款、保证清偿债务、传达政府法令、代递外商公文及监督外商遵守中国法律等任务，这就是历史上著名的十三行。

1842 年，清政府在武力威胁下签订了中英《南京条约》，该条约规定中国开放广州、福州、厦门、宁波、上海为通商口岸，并明文废止了十三行独揽中国对外贸易的旧例。《南京条约》第五条规定：“凡大英商民在粤贸易……嗣后不必仍照向例，乃凡有英商等赴各该口贸易者，勿论与何商交易，均听其便……”[①] 按照这个规定和利益均沾原则，各国商人均可以不通过十三行而直接与中国商人交易。但尽管如此，中国人民对外国资本主义的商品倾销，尤其是鸦片的输入，采取了坚决抵抗的态度，加之，中国的封建自然经济结构——农业与家族手工业的结合，也阻碍了外国商品在中国市场上的销售。外国侵略者为达到侵略中国的目的，除凭借“廉价商品”的优势，勾结中国商人逐步破坏中国封建自然经济基础外，另一方面就是雇佣部分中国人充当其在中国从事经济侵略活动的代理人，即近代买办。

如前所述，近代最早的一批买办多系旧日洋商行店（广州公行制度时的商行）中散出之人。这些旧日行商凭借自己通晓外语，又熟悉本国市场情况，与各级商业组织有联系，随贸易中心的转移而到达上海，为中

---

① 王铁崖编：《中外旧约章汇编》第 1 册，三联书店 1957 年版，第 31 页。

外贸易充当掮客，或为外商聘用充任买办。如表 4 – 2 中所示，19 世纪 40 年代，怡和洋行在上海设立分行，自 1845—1851 年先后在该行充任买办的阿三、阿陶、阿福都是广东籍人。旗昌洋行到上海设立分行，最初也是从广东带去三名买办的。1861 年宝顺洋行在香港、天津、九江、汉口等口岸的买办，有籍可查的都是广东人。上海美商贝德福和莱特洋行雇佣的买办以至厨师等华籍职员全是广东籍贯。① 表中所统计的买办，广东籍贯的占了 51.77%。洋行买办“半皆粤人为之”②。随着外国资本主义和帝国主义的扩大和深入，一批批的外国企业在中国各通商口岸开办起来，一批批的买办也随之被“培育”起来。

第二是经济地理原因。

广州自唐代以来就在中国对外贸易中占有突出地位，主要是因为它占有优越的地理位置，除了有比较优良的港口，是欧洲船舶理想的第一站外，它远离京城，适于外国人活动而不会被清政府认为是严重威胁。因此，广州是外商在中国最早的集散地，由于早先在公行制度下的阅历，广东人首先显示出自己能够胜任买办的要求，他们擅长茶叶生意，茶叶是当时对外贸易的主要商品。从表 4 – 2 中可以看出，广东买办担当了重要的角色，从鸦片战争到 20 世纪初，他们控制中国外贸约 40 年。然而他们的主要作用是在其他条约口岸而不是在广州发挥的。第二次鸦片战争的打击和太平天国起义使广州逐步让位于上海这个地理位置更为优越的口岸城市。加上福州和汉口开辟为装运茶叶的口岸，香港、澳门的位置又利于走私，这使广州丧失了在商业繁荣方面享有的长期优势，广东的买办也因而开始走向全国。由于洋行在新辟口岸建立起新的分支机构，广东买办像食客一样跟着外商到各口岸。外商去开辟口岸时，通常也愿意带上他们的广东买办和其他雇员，包括厨师，一方面是因为他们之间从前的关系，另一方面是广州的伙食适合外商的口味。

广东籍买办在条约口岸独占鳌头，后来渐渐受到挑战，起初是浙江人，接着又是江苏帮。这些变化一部分是因为商业的地区性分工。广东人特别擅长茶叶生意，也主要因为这缘故，洋行雇佣他们在福州、上海、九江、汉口和日本、越南等地为买办。然而，随着印度茶叶市场兴起，中国茶叶在国际市场上的占有率开始呈下降趋势，尤其是 19 世纪 60 年代以后。与此同时，国际市场对生丝需要增加，随着生丝出口贸易和外资在华

① 马士：《太平天国时代》，第 39 页，转引自黄逸平《近代中国经济变迁》，第 138 页。

② 王韬：《瀛壖杂志》，上海古籍出版社 1989 年版，第 3 页。

银行的发展，浙江、江苏籍人充当买办的越来越多。同时浙江是著名的丝绸产地，洋行雇佣他们也是利用其近水楼台的优势。如表 4－2 中上海怡和洋行买办杨坊是浙江人，旗昌洋行买办陈竹坪出生于丝绸产地湖州，1860 年后任买办的顾春池也是浙江人士。

外资银行业像航运业一样，是从老的代理行的兼营业务中发展而来，19 世纪 80 年代后发展成独立行业。这一新的业务提高了正在兴起的浙江买办的重要性，浙江人除了擅长经营生丝外，也以金融才能和势力而著称，所以很多外资银行雇佣他们为买办。为汇丰银行和钱庄牵线的买办王槐山以及先在华胜道银行后转入荷兰银行的虞洽卿，都是浙江宁波人，从表 4－2 中可以看出，到 20 世纪初，虽然在香港广东人仍然构成买办的主体，但在上海，浙江买办数量已超过了广东买办。

江苏籍买办的出现又稍晚些。这要归之于他们在生丝贸易和茶叶贸易两方面都不显赫，以致他们同外国商人接触比较迟。在 19 世纪，大的外国商业行号的买办似乎很少是江苏人。促使他们进入买办行业的一个重要原因是太平天国起义和上海小刀会起义，迫使他们逃亡、迁徙到上海后才当了买办。

如果说在 19 世纪 70 年代上海的买办还是“半皆粤人为之”，那么到 20 世纪初，浙江、江苏籍买办就是超过了广东籍买办人数。据 20 世纪 20 年代上海 90 名著名买办籍贯统计，浙江占 43 人，江苏占 31 人，广东为 7 人。① 浙江、江苏籍买办已后来居上。

第三是文化心理因素。

这主要是指中国的社会心理习惯、传统家族观念和乡土情谊。这些因素促使了晚清买办分布呈现地域集中和宗族集团化特点：

最初，买办一般是以“保证书”、“签合同”受雇于洋行的。进入 19 世纪 60 年代，随着买办职能的扩大，洋行老板遂要求买办提供更大的信用保证。往往于保证书之外，还要求买办具有殷实的铺保与人保。这种担保制度是建立在中国人的“完全责任”制度基础上的。② 买办对他的雇员的行为，对本行号的中国主顾的贷款、对他所接受并替公司保存的钱庄庄票的可靠性也要负完全责任。这种担保制度到了 20 世纪最初 10 年，洋行外商仍要求买办提供道契或现金作押柜。③ 在这种制度下，一个商人一旦被雇为买办，通常愿意为他的宗族成员和同乡担保任买办。这样就促使买

① 郝延平：《十九世纪的中国买办——东西间桥梁》，上海社会科学院出版社 1988 年版，第 64 页。

② 同上书，第 195 页。

③ 马寅初：《中国之买办制》，《东方杂志》第 20 卷第 6 期，第 131 页（1923 年 3 月 25 日）。

办呈现一种家族性结构，很多买办将他们的职位视为世袭。这样的例子很多，以广东唐家同怡和洋行的关系为例。唐景星在充任该行在上海的总买办时，就为他哥哥唐茂枝充任该行在天津的买办做担保，当他于 1871 年改任轮船招商局总办时，唐茂枝继任他的职位，任上海总买办。唐茂枝去世后，其职位又相继由他的儿子唐杰臣和长孙唐纪常先后接任。[①] 这样唐家连续占有怡和洋行的上海买办职位约半个世纪之久。

乡土情谊所起的作用不亚于家族观念。除了家族成员，买办还信任他所熟悉的同乡，这一特性可以部分地解释 19 世纪 80 年代前广东人构成了买办的绝大多数的原因。他们不断地介绍自己的同乡充任买办，保持了他们对这一职位的占有。

19 世纪 70 年代后，江苏出现了一批买办。这主要是由于席家的崛起。为了逃避太平军，席正甫和他的几个兄弟于 19 世纪 60 年代初逃到上海，在上海他们同钱庄同伙，很快就在钱庄从业。这使得席正甫在上海的汇丰银行设立不久就充任为该行的买办。通过他的介绍，他的家族成员、亲戚和同乡很多人都成了上海外国银行的买办。

这里产生了一个有趣的问题，为什么因买办出名的中国东南沿海诸省中，唯独福建不出买办？在表 4－2 中，也只有少数的几个。1908 年，在各条约口岸 63 个著名买办中，只有一个是福建人。[②] 虽然公行的历史表明在广州的福建行商同广东行商在数量上不相上下，并且在 18 世纪早期大多数通事和商船买办是福建人，但后来他们在中外贸易中的作用逐渐减小了。[③] 显然，1842 年公行制度取消后，福建人不同于广东人，他们未能成功地对新形势作出反应。

福建人的这种失败主要原因之一，可能是福建不像广东人那样移居别的大城市和美国，而主要移居台湾和东南亚，一个买办在一个同乡人很少的地方做生意是很困难的。如表 4－2 中的蔡星南在香港当买办的时间不长，因为他同当地人做不了很多生意，当地大部分都是广东人。他最终被迫将他的职位让给广东何东，何氏家族开始了长期的买办历史。[④]

---

① 徐润：《自叙年谱》，第 85 页；郝延平：《十九世纪的中国买办——东西间桥梁》，第 213 页。

② 《商埠志》，第 174—184、525—572 页。

③ 梁嘉彬：《广东十三行考》，商务印书馆民国二十六年版，第 42、49 页，公行商人主要是安徽、福建和广东人。

④ 郝延平：《十九世纪的中国买办——东西间桥梁》，上海社会科学院出版社 1988 年版，第 219 页。

福建人甚至在本省都不能成为好买办，因为商业专业化是以地区为基础的。正如浙江人专营丝业，江苏人在银钱业中著称一样，广东人特别精于茶叶生意。因为福建是中国的主要产茶区之一，在那里广东人通常受雇为做茶叶生意的买办。广东人做茶叶生意的专长也是在国外的广东买办特别多的原因之一。

总之，地理位置，按地区的商业分工、国内政治背景和国际市场，中国的社会习惯、家族观念和乡土情谊在引起晚清买办集团的地域分布上都起了作用。

晚清买办的这些分布特点，对近代中国社会经济产生了深远影响。

从经济上说，买办作为一种新型的特殊商人，他们华洋一体的身份，他们活动于洋行，活动于租界，使他们成为中国历史上第一批在理论上和现实中都不受官府的羁縻，通过商业生涯积聚巨额财富的人。家族型的买办也有利于资金积累。在这些地方活动后使他们获得了先进的经营管理知识和经验，看到了投资新式企业的美好前景。为他们后来在各口岸城市尤其是自己的家乡投资设厂和向民族资产阶级转变奠定了基础。

从文化思想方面说，买办活动于中国和西方之间，在与外国商业交往中，除了学到了先进的经营管理知识外，还不断地更新自己的思想和观念。支撑新式企业的基础是新的思想和看法。当他们成为新思想的倡导者的时候，也同时成为某些传统价值观念的挑战者。他们在推销洋货和收购土产的过程中，不断活动于各条约口岸、各商埠和商业城镇之间，使新思想新观念在全国大部分城市和地区推广和传播，对后来的维新运动和辛亥革命等政治改良和革命运动起了推波助澜的作用，有利于中国传统文化的近代转型。

三　晚清官办企业负责人的地域分布

（一）官办企业与官办企业负责人

1. 晚清官办企业概况

官办企业即洋务派企业，是 19 世纪 60 年代到 90 年代活跃一时的洋务运动的产物，是中国人最早创办的近代化企业。由清政府指派官员，筹拨创办经费和常年经费，雇佣工人使用机器或机械动力进行生产。因为系清政府所经营，是为“官办”。

洋务派创办新式企业，最初是以“自强”标榜的军用工业，但不久即出现经费不足，原料短缺，运输通信不畅等诸多困难，这些都严重制约军用工业的发展。另外，日益扩大的洋货倾销，愈来愈窘迫的国家财政，更非军用企业所能缓解。于是，洋务派于19世纪70年代初提出了“强”、“富”并重“寓强于富”的方针，开始创办以“求富”为目的的新式民用企业，陆续建立了一批民用工业，包括煤矿、冶铁、铁路、纺织、电报等行业。

（1）官办军事企业

近代军事工业的建立是在洋务派官僚曾国藩、李鸿章、左宗棠等人主持下创建。据不完全统计，从1861—1894年，清政府投入实际生产的军用企业共计24家，投资额5000余万两。从19世纪70年代到1894年出现民用企业27家，投资额2984万元。[①] 1860—1863年间，时任两江总督的曾国藩在安庆创立安庆军械所，制造洋枪洋炮。江苏巡抚李鸿章也在上海和苏州设立了洋炮局。但这些企业规模均很小。1866年，闽浙总督左宗棠在福州马尾创办中国近代第一个造船专业工厂——马尾船政局（亦称福州船政局）。此后，全国许多省份如河北、陕西、甘肃、云南、广东、山东、四川、吉林、北京、浙江、台湾、湖北等地，由各省督抚动用官款相继建立机器局，制造洋枪洋炮。到1890年，张之洞创办湖北枪厂为止，从中央到各省，共建立大小24个军用工厂。这些企业大部分是六七十年代兴建，规模一般很小，有些创办不久便夭折，其中规模较大的有：江南制造总局、金陵机器制造局、马尾船政局、天津机器局、湖北枪炮厂等。

清政府兴办的近代军事工业，既不同于旧式官府手工工场，也与后来的官办民用企业有很大区别。其中，封建主义生产方式仍起主要作用，同时又具有不同程度的资本主义性质。

军工厂的创办主要是为清军提供新式武器，以“剿发逆”和“勤远略”。因此，在生产过程中起支配作用的是军用品的使用价值，并不追求产品的价值和剩余价值。其一，创办资金和常年经费由清政府中央或地方财政支出，财务上不搞经济核算，“实支实销”，“制船用船，均属公家，自无庸两相计较”[②]。其二，产品基本上由政府无偿调拨给指定单位，如

---

① 许涤新、吴承明主编：《中国资本主义发展史》第二卷（上），人民出版社2005年版，第341—342、380—381页。

② 郑剑顺、吴静：《晚清对外开放与福建船政局的兴衰》，《中国社会经济史研究》2006年第1期，第44页。

船政局所造船舰“派拨各省并不索取原价分文”，天津机器局对“外省各路请拨者，统计还价无几，皆有津局竭力应付”[①]。其三，管理方式具有浓厚的封建性，各局均由洋务派官僚私人把持，局内职员多有军衔，对工匠实行封建性的强制，工厂如同兵营，即使是雇佣劳动者也“不令随意去留”，工匠若有过失，“均按军法从事”[②]。

军工厂还具有某些资本主义性质。首先，大量引进外国机器设备和科学技术，用机器生产取代手工劳动，成为中国近代工业史的开端。其次，采用资本主义的雇佣方式，从各地招募工人，实行货币工资制，按工匠技术熟练程度发给不同工资。另外，有些军工厂开始试行有偿的加工订货，出卖机具和原料等。

（2）官办民用企业

从19世纪60年代开始，由于军事上的饷需匮乏，经费拮据，洋务派官僚看到西方资本主义国家“以工商致富，由富而强”的事实，逐步认识到其迫切性，从求强为主转变为求富为主，提出“寓富于强”的发展战略，以“兴商务、浚饷源、图自强”。由军事工业扩展到民用性的厂矿企业。据不完全统计，1873—1894年洋务派创办民用工业企业有27个，经费几千万，雇工几万人。[③]

官办民用企业有三种形式：一是官办，由政府出资，委派官员主持；二是官督商办，一般由政府先垫借部分官款，以股份公司形式招集社会资金，委派官员或商人承办；三是官商合办，双方订立合同，各认股份，共同管理企业，并按股份比例分配盈余或担负亏损。

在甲午战争前，民用工业除少数官办企业外，大部分采取官督商办形式。这一时期洋务民用工业企业主要有四大类：轮船航运业、采矿炼铁业、电信业、棉纺织业。此外还有铁路等行业。

清政府洋务派创办的官办、官督商办、官商合办的民用企业，起源于清政府创办的军用工业，二者有着内在经济规律的联系。洋务民用工业多数“犹外国之有公司”，“仿照西商贸易章程，集股办理”[④]。目的是为了致富以追求剩余价值和高额利润，生产的产品全属商品。资本的所有者多数是以私人投资为主，即使是官办企业往往也借用商人资本。绝大部分工人是雇佣劳动者，所以，这些企业是近代中国最早的资本主义民用工业。

---

① 中国近代史资料丛刊《洋务运动》（五），上海人民出版社1961年版，第374、365页。

② 张国辉：《洋务运动与中国近代企业》，中国社会科学出版社1979年版，第71页。

③ 王培：《晚清企业纪事》，中国文史出版社1997年版，第18页。

④ 《李文忠公全集》，译署函稿，第19卷，第23页。

它不仅是作为封建主义而且是作为帝国主义的对立面产生和发展的。

甲午战争之后，洋务派企业也继续发展和变化。从1896—1900年的五年间，清政府调整经济政策，围绕“以筹饷练兵为急，以恤商惠工为本源”的基本政策，采取了一些“变计”维持、改造和扩充官办、官督商办企业，以期国家资本延续，并向新领域扩张。

但是，由于这样的洋务民用企业受到封建官僚的控制和制约，即使是在官商合办或官督商办的企业里，私人资本也处于从属地位，因此从企业的管理到产品的销售，都受到封建政府的制约。企业的领导权往往是由封建官僚掌握，认股的商人对企业的管理很少有发言权，实际上还是由清政府所经营，还是“官办”。这不仅严重影响了商民投资办厂的积极性，也严重影响了中国资本主义企业的建立和发展。

2. 晚清官办企业负责人概述

官办企业负责人，顾名思义就是负责前述官办企业经营和管理的人员。作为管理者、风险投资者，这批人也具备了企业家的精神。

晚清官办企业的负责人的来源概括说来主要有两种途径：

一是由当权派直接任命政府官僚担任企业的督办、会办或总办等管理职务。这种类型的负责人在当时有很多，如天津海关道盛宣怀，先后主持招商局、上海织布局、电报局等。其他主持过官商企业的官僚还有：道员杨宗瀚（上海机器织布局），巡抚唐炯，江苏候补道胡家桢（云南铜矿），道员候补知府李金镛（漠河金矿），太守吴炽昌（开平铁路公司），候补道张翼（开平矿务局）、候补知府盛春颐（湖北纺纱局），湖北候补道蔡锡勇（汉阳铁厂），知州赵毓楠（湖北织布局），候选同知黄晋荃（湖北缫丝局），道员王秉恩（湖北制麻局）等。1896年，张之洞制定的汉阳铁厂招商章程中说：“用人、理财、筹划布置……及应办一切事宜，遵照湖北总督扎饬，均由督办一手经理，酌量妥办，但随时择要禀报湖广总督考查。”① 这就界定了企业的经营和管理二者的关系。这些官僚有企业经营权，但又必须向上级洋务派官员负责。其中相当一部分人，如盛宣怀、杨宗瀚等人，还通过购买股份成为企业董事，成为亦官亦商的人物。

二是一批出身买办的人因名望较大，经营经验丰富而受政府委派担任企业总办、会办等管理职务。如徐润、唐廷枢、郑观应等人。这批人本身拥有雄厚的资金，在官办企业中拥有相当的股份，甚至是大部分股份。但

① 《铁厂招商承办议定章程折》，《张之洞全集》奏议，卷四十四，河北人民出版社1998年版，第1167页。

他们作为企业的总办、会办也是由政府直接委派而不是股东选举产生，因此他们只需对上级官府负责而不是企业商董负责，相对于前一种类型他们是亦商亦官的人物。

总的来说，随着洋务运动的进行而产生的官办企业培育了一批新的既官又商的企业家。尽管他们来源不一，但在人格上的共同点是都具有双重性，作为企业经营管理者和投资者，他们以追求利润最大化为目的；但作为官方代理人和本身官僚身份，使他们必须屈从或依附洋务派官僚势力而缺乏自主性和独立性。这样一来，在买办出身和官僚出身的官商身上，就势必表现为商人利益和官僚利益的冲突，或者说是官僚利益和私人利益的冲突。在中国近代工业化运动的过程中，这些官办企业负责人也作出了一定的贡献，但由于人格的双重性，利益的导向不一和中国长期“官本位”的政治和思想体制，使他们无法摆脱官僚利益和私人利益的羁绊，除个别人物外，这些人始终难以成为推动变革的新兴社会力量。

（二）晚清官办企业负责人地理分布概览

前节对晚清官办企业和官办企业负责人作了简要概述。为对这一时期官办企业负责人有一更加明确的了解，便于进一步分析和研究这一中国特色的特殊阶层，现根据相关资料，对晚清官办企业负责人的地理分布作表4－4统计如下。

几点说明：

（1）本节地理分布仅指官办企业负责人的活动区域分布，他们大多受政府委派而负责企业，统计其籍贯意义不大。

（2）许多负责人所负责企业涉及几个城市，为避免重复计算，只取主要活动城市。

表4－4　晚清官办企业负责人地理分布一览表

(1862—1911)

成立年份	企业名	负责人	所在地	备注
1862	安庆内军械所	曾国藩	安徽	
1866	福州船政局	左宗棠	福建	
1869	西安机器局		陕西	
1872	兰州机器局		甘肃	
1870	福建机器局	英　桂	福建	

续表

成立年份	企业名	负责人	所在地	备注
1874	广州机器局	瑞　麟	广东	
1867	天津机器局	崇　厚	天津	
1875	广州火药局	刘坤一	广东	
1881	金陵火药局		江苏	
1875	山东机器局	丁宝桢	山东	
1877	四川机器局		四川	
1875	湖南机器局	王文昭	湖南	
1881	吉林机器局	吴大澄	吉林	
1883	浙江机器局	刘秉璋	浙江	
1883	神机营机器局	奕　儇	北京	
1884	云南机器局	岑毓英	云南	
1890	上海机器织布局	戴　恒	上海	
1891	华兴纺织新局	唐松岩	上海	
1892	湖北织布局	张之洞	武昌	
1902	武昌制革			
1893	汪复马鞍山煤矿			
1893	王三石煤矿		湖北大冶	
1889	汉阳铁厂			
1884	山西机器局		山西	
1885	广东机器局		广东	
1890	湖北枪炮厂		湖北	
1887	台湾商务局	刘铭传	台湾	
1885	台湾机器局			
1894	华盛纺织总厂	聂缉规	上海	
1876	甘肃织呢局	左宗棠	兰州	
1909	北京清河呢革	谭学衡	北京	
1910	湖北毡呢	张之洞、陈夔龙	武昌	
1894	湖北缫丝	张之洞、黄晋荃	武昌	
1909	湖北印刷局	陈夔龙	武昌	
1907	哈尔滨火磨	协领纯德	哈尔滨	
1906	禾盛碾米	蔡鸿仪	宁波	

续表

成立年份	企业名	负责人	所在地	备注
1905	丹凤火柴	温祖筠	北京	
1905	江西机器造纸	黄大埙	南昌	
1906	广东官纸	岑春煊	广东盐步	
1908	广州自来水	岑春煊	广州	
1907	龙章机器造纸	严子均	上海	
1909	滦源造纸	丁道津	济南	
1907	南洋印刷	端　方	南京	
1902	北洋烟厂	黄　景	天津	
1909	川滇边务制革	赵尔丰	川边	
1909	伊犁制革	—	新疆伊犁	官商合办
1910	宁远制革	—	甘肃宁远	官办
1910	广州制革	—	广州	官商合办
1910	奉天硝皮	—	奉天	官商合办
1910	云南制革	—	云南	官商合办
1889	唐山细棉土厂	唐廷枢	河北唐山	官商合办
1878	开平矿务局	唐廷枢	河北唐山	官商合办
1906	广东士敏土厂	—	广东南海	官办
1903	景德镇瓷器	孙廷林	江西景德镇	官商合办
1904	钧窑瓷厂	曹广权、胡翔林	河南禹州	
1903	杭州官脑局	—	浙江杭州	官商合办
1907	江西官脑局	—	江西	官商合办
1905	生生电灯	篑美颐	江苏苏州	
1907	汉口电灯	—	湖北汉口	官办
1908	奉天电灯	—	奉天	官办
1909	广东电力	—	广州	官商合办
1909	安庆电灯	—	安徽安庆	官办
1909	怀远电灯	—	安徽怀远	官办
1910	长春电灯	商埠局	吉林长春	官办
1911	闸北水电	—	上海	官商合办
1875	基隆煤矿	沈葆祯	台湾基隆	

续表

成立年份	企业名	负责人	所在地	备注
1875	直隶磁州煤铁矿	李鸿章	直隶	
1887	四道沟铜矿		河北	
1862	上海洋炮局		上海	
1863	苏州洋炮局		江苏	
1865	江南制造局		上海	
1865	金陵制造局		江苏	
1889	漠河金矿	恭　镗	黑龙江	
1876	湖北广济兴国煤矿	盛宣怀、李明墀	湖北	
1882	奉天煤矿	盛宣怀	奉天	
1883	山东登州铅矿		山东	
1880	中兴煤矿	戴华藻	山东	
1880	贺县煤矿	叶正邦	广西	
1882	临城矿务局	钮秉成	河北	
1882	利国驿煤矿	胡恩燮	江苏徐州	
1883	贵池煤矿	徐秉诗	安徽	
1896	青溪煤矿	—	湖南宁乡	官办
1896	沙河子煤矿	—	吉林	官商合办
1897	大冶煤矿总局	—	湖北大冶	官商合办
1897	萍乡煤矿	张赞宸	江西萍乡	
1898	青龙山煤矿	胡云台	江苏南京	
1902	缸窑煤矿	陈树勋	吉林	
1903	尾明山煤矿	—	奉天辽阳	官商合办
1906	北洋滦州官矿	周学熙、孙多森	直隶滦州	
1908	余干官矿	沈瑜庆	江西余干	
1909	隆平煤矿	—	黑龙江	官商合办
1909	宣化煤矿	—	直隶	官商合办
1881	平泉煤矿	朱其诏	河北	
1882	湖北施宜铜矿	王辉远	湖北	
1882	承平银矿	李文耀	河北	
1882	直隶铜矿	宋宝华	直隶	
1883	云南铜矿	胡家桢	云南	

续表

成立年份	企业名	负责人	所在地	备注
1883	湖北长乐	金涤泉	湖北	
1883	安徽池州铜矿	杨　德	安徽	
1885	福建石竹山铅矿	丁　枞	福建	
1885	平度金矿	李宗岱	山东	
1886	青溪铁矿	潘　露	贵州	
1887	山东铅矿	张　曜	山东	
1887	云南白锡蜡铜矿	唐　炯	云南	
1890	天宝山银矿	程光弟	吉林	
1895	嘛哈金矿	赖鹤年	四川	
1896	久通矿务	陈宝箴	湖南	
1897	罗田坪锑矿	—	湖南	
1897	锡矿山锑矿	—	湖南	
1897	木李坪锑矿	—	湖南	
1897	黄金洞金矿	—	湖南	
1897	观都金矿局	—	黑龙江	
1898	怀仁金矿	—	奉天	
1898	银矿坪锑矿	—	湖南	
1906	彭县铜矿	—	四川	
1906	虎形山铜锌矿	—	湖南	
1906	蒙自官商	—	云南	
1906	梧州炼锑	—	广西	
1906	涑川铜矿	杨炜田	山西	
1907	水口山铅矿	—	湖南	
1907	赣州铜矿	池贞铨	江西	
1907	松柏炼厂	—	湖南	官办
1908	石嘴山铜矿	—	吉林	
1908	田坪金矿局	—	四川	
1908	兴隆沟金矿	罗斗才	吉林	
1908	邓家台铜矿	—	湖北	
1908	长沙炼铅	—	湖南	
1908	甘肃炼铜	彭英甲	甘肃	
1910	宝华锑矿	—	云南	

续表

成立年份	企业名	负责人	所在地	备注
1910	泾铜矿务	方玉山	安徽	
1910	铜仁官矿	—	贵州	
1910	宝昌公司	王庞佑	广东	
1872	轮船招商局	唐廷枢、徐润	上海	
1877	广东防盗巡船	—	广东	
1891	浙江官轮局	—	浙江	
1907	川江轮船	周善培	重庆	
1908	两江邮船	—	黑龙江	
1905	户部银行	户部	北京	
1905	睿川源银行	—	重庆	
1908	交通银行	邮传部	北京	
1908	北京储蓄银行	度支部	北京	
1909	浙江银行	—	浙江杭州	
1909	广西银行	—	广西	
1909	直隶省银行	—	天津	
1911	四川银行	—	四川	
1911	兴殖银行	—	新疆	
1911	中华银行	—	上海	
1911	贵州银行	—	贵州	
1875	济和保险公司	招商局	上海	
1876	仁和保险	招商局	上海	

资料来源：1. 王培：《晚清企业纪事》，中国文史出版社 1997 年版。
2. 杜恂诚：《民族资本主义与旧中国政府》（1840—1937），上海社会科学院出版社 1991 年版。
3. 张国辉：《洋务运动与中国近代企业》，中国社会科学出版社 1979 年版。
4. 孙毓棠编：《中国近代工业史资料》第一辑上、下册，科学出版社 1957 年版。
5. 汪敬虞编：《中国近代工业史资料》第二辑上、下册，科学出版社 1957 年版。

表 4－4 统计了有资料可查的晚清官办企业 150 家，这些企业的所在地也就是企业负责人的主要活动区。所以尽管由于资料的缘故，不能查找出某些企业负责人的名字，但并不影响我们对其活动区域的分析和研究。为使其分布更加了然于目，下面再对上述企业负责人的地理分布按省分类，如表 4－5 所示。

表4－5　　晚清主要官办企业负责人省区分布统计表

行政省	企业数（企业负责人数）	排名
湖北	14	1
湖南	12	2
上海	11	3
广东	10	4
四川	8	5
江苏	7	6
吉林	7	6
安徽	6	7
山东	6	7
北京	6	7
云南	6	7
江西	6	7
河北	6	7
浙江	5	8
黑龙江	5	8
奉天	5	8
甘肃	4	9
直隶	4	9
福建	3	10
天津	3	10
台湾	3	10
贵州	3	10
广西	3	10
山西	2	11
新疆	2	11
陕西	1	12
河南	1	12
合计	150	27

（三）晚清官办企业负责人地域分布探析

从表4－4、表4－5我们可以看出晚清官办企业负责人活动分布的几个特点：

首先是活动范围广。表中所示，他们主要活动在当时版图内的27个行政省，除西藏、青海、内蒙古、海南等省没有记录外，其余省份都有官办企业和官办企业负责人的踪影。

其次是与晚清买办地域分布不同的是，官办企业负责人较多地集中于湖北、湖南、四川等内地省份省会。

最后是各省之间的企业数或者说企业负责人数目相差不大，很多省份间呈近似均衡分布。

晚清官办企业负责人之所以呈现上述分布特点，主要有以下几个方面的缘由：

第一是清政府“自强”、“求富”政策的引导。

洋务官办企业是时代的产物，第二次鸦片战争后，西方列强全力扶助清政府“剿贼”，借以维持秩序和他们的特权。受到太平天国等农民起义猛烈冲击的清政府，深感“发捻交乘，心腹之害也”，“故灭发捻为先”，开始与列强相互勾结。1861 年 1 月，清政府设立总理各国事务衙门，主管外交和通商，以及一切与洋务有关事宜。次年 2 月，以慈禧为首的清政府宣布借洋兵助剿。与此同时，清政府内逐步形成一个洋务派。其成员是得到列强支持且权势益重的一批买办化的官僚，包括中央政府的恭亲王奕䜣、军机大臣文祥等人和担任封疆大吏的曾国藩、左宗棠、李鸿章，以及以后的张之洞等。

洋务派主张“自强”、“求富”。所谓自强，就是练兵和兴办近代军事工业；所谓求富，就是创办民用企业，增强经济实力。这种思想由来已久，早在第一次鸦片战争时，林则徐就开眼看世界，认为应学洋人，制利炮造坚船。战后，魏源进一步提出“师夷长技以制夷”，建议聘请洋技师传授技术，设立船局、制炮厂，除军器外，凡是有利于国计民生的外国先进技术均可仿造。

洋务派极为赏识洋枪、洋炮和洋舰的威力。奕䜣说：“自强以练兵为要，练兵又以制器为先。”李鸿章也认为“全中国欲自强，则莫如学外国利器”，若中国武器和西方一样精致，则“平中国有余，敌外国亦无不足”。于是，洋务派从 19 世纪 60 年代初起，在各地设立了一批军工厂，特别是农民起义军活动多的省份和地区（见表 4－4）。

然而，开办军工厂又遇到经费不足和缺乏基础配套设施等严重问题。这使得清政府洋务派意识到：“必先富而后能强”，应“寓强于福”，“强以练兵为先，富以裕商为本”①。为此，洋务派在 19 世纪 70—90 年代又

① 《试办织布局折》，《李文忠公全集》奏稿，卷四十三。

大办采矿、冶炼、纺织，以及航运、铁路、通信等工交事业，形成创办官办民用企业的热潮。这在表 4 - 4 中得到体现。

第二是中国传统政治事功观的影响。

功利思想是中国传统政治思想中有代表性的思想之一，这种思想源于春秋战国时期，儒、墨、法三家都讲功利，在义利之辩方面形成了具有积极意义的思想因素，这种经世致用的风气发展到宋代，形成了比较完备的功利思想。

中国传统的主流文化是被历代统治者认可的文化，也就是以儒家学说为主体的传统华夏文化。这种文化要求人们积极地面对人生，投入社会，在有限的生命里，使自己的人生价值和社会价值得到最大的发挥。这种价值主要体现在三个方面：道德、事功、言辞，即《左传》所说："太上有立德，其次有立功，再其次有立言。"① 按照《左传》的说法，人若在这三者中的某一个方面有出类拔萃的表现，传之久远的业绩，则可称之为不朽之人。当然这里有高下之分，最上等的不朽之人为建有高尚的德行，其次为功业，再次为文字著述。但若是一个人既立德又立功又立言，也就是三者并举的话，那么，他将是中国主流文化所认为的最为成功的人物。

对于一个从政者而言，中国主流文化对其还有一个人格方面的要求。最高人格境界是"内圣外王"。所谓"内圣"，是心中充塞圣人的学问和道德，并以此塑造自己的内心世界；"外王"是指表现在外的能力和功业，施王政，行王道。这种"王"是与"霸"相对立的，也就是施仁义之政，行仁义之道。

19 世纪 60 年代开始，随着社会的变化，一些督抚对时局有了新的认识。正如李鸿章所表述的："实为数千年来未有之变局。"② 把中国所面临的局势称为"变局"，是当时许多督抚的共有看法。在他们那里，变局的内涵包括：中国面临西方的侵略，西方不再是夷狄，而是海上强国；中国已处于四面八方备受外敌入侵的境地。变局论放眼世界，反映了这些封疆大吏的紧迫感和危机意识。如何应付变局，维护王朝统治秩序，以求中兴，他们提出了"自强"、"求富"之术。为追求政治事功，维护王朝统治，地方督抚们开始了创办新式军事企业和民用企业的实践。

根据表 4 - 4 的统计：1861—1894 年，清朝中央和地方政府先后建成

---

① 徐中舒编注：《左传选》，中华书局 1963 年版，第 189 页。

② 李鸿章：《筹议海防折》，《李文忠公全集》奏稿，卷二十四。

军工厂24个，覆盖14个省，参与创办这些工厂的地方督抚13人。19世纪70年代至甲午战争前各省创办的官办和官督商办民用企业20余家，遍布10个省，先后有8位督抚参与其事。

当然这些政府官僚们那样热衷于近代企业的创办还有其自己的目的，那就是培养自己的势力，扩大自己的政治资本，从而巩固提高他们的地位。中国传统的政治文化和价值取向，促使他们在自己的所辖范围内亲自参与或指派亲信经营近代新式企业，而不管他们的所在地是否真的适合建立工厂。这也可以解释为什么晚清官办企业的负责人覆盖全国大部分省区。除个别省份稍微多些外，其余各省间人数分布呈近似均衡状态。

第三是经济和文化地理方面的因素。

从表4－4和表4－5我们还可以看出，这些官办军事和民用企业基本建立在每个省的省会，这也是地方政府办公所在地，便于地方官僚参与企业的经营和管理。湖北、湖南、上海、广东、四川是官办企业负责人活动最多的几个省份。上海和广东属于传统的优势地区，其优越的地理条件和良好的经济氛围，一直是创办近代新式企业的优先考虑地区，前面也作了分析，这里不再展开。那么湖北、湖南、四川三省为什么成了创办官办企业的热点地区？它们在统计表中分别排第一、第二和第五位。

是什么原因导致了这一历史现象的出现？这里以湖北为例尝试作一说明。如前所说，湖北的官办企业主要集中在武汉。早在唐宋时期，长江以南地区已得到迅速的发展，至明末清初，湖北及武汉的“地利”优势逐渐显露。地处南北之中、东西之间的湖北及武汉，在封建社会稳定的条件下，因经济的发展，形成了名噪天下的汉口镇。汉口镇的发迹就源于武汉“九省通衢”的优越地理位置，东西南北，八面来风，各种货物交汇于此，于是商民云集，贸易和商业自然发达起来。19世纪下半叶，在外国入侵的压力下，中国被迫走上近代化的道路，近代化的波涛溯江而上，直抵汉口，特别是第二次鸦片战争后《北京条约》的签订，将武汉开埠对外开放。据统计，1867—1894年湖北及武汉的对外进出口贸易和国内贸易都直线上升，终于使汉口成为“人烟数十里，行户数千家，典铺数十重，船舶数千万”的大型商业城市，在对外贸易中，仅在上海之后，位居第二。[①] 在外国资本主义的压迫下，民族资本主义缓慢地发展起来，于是在二元经济的中国，武汉成为资本主义经济和封建主义经济、外国经济势力和本国经济势力的交汇点。这对于武汉来说，是一次既具有经济性质

① 陈金川主编：《地缘中国》，中国档案出版社1998年版，第498页。

又具有政治性质的发展机遇。

但是,“社会上一切现象,无一不是人的意志和活动的结果,没有人的意志和活动,就不存在人类社会……因而历史学就自然要研究人物了。……涉及的人不可能都是研究对象,但必须研究各界一些典型的代表人物,才可能把事情搞清楚,才可能更好地理解社会发展的规律性”①。就洋务官办企业来说,无论是从早期现代化的类型还是从当时的实际情况看,地方当政者即地方督抚都具有重要的作用。湖北和武汉的崛起,仅仅靠商民还是不行的,它的崛起在很大程度上,还要归功于当时大胆革新、兴办洋务的湖广总督张之洞。1889 年,主张兴办洋务的张之洞就任湖广总督,衙门就设在重镇武汉,于是大力兴办工矿交通业,以汉阳铁厂为龙头的四大重工业(汉阳铁厂、大冶铁矿、马鞍山煤矿和汉阳枪炮厂)和四大轻工业(湖北织布官局、纺纱官局、缫丝局、制麻局),自成体系,奠定了湖北地区近代工业的基础,促进并倡导了湖北地区民族资本主义的产生和发展。他还在百日维新期间,认真执行中央关于“振兴商务”、“讲求工艺”的经济政策,派人试办了汉口商务局,并具体拟定了商务局的各项具体事宜。张之洞身为封疆大吏,作为官方代表,积极开发和促进了湖北的经济发展。这样天时、地利和人才诸条件一应俱备,湖北及武汉因而兴旺。

另外湖南、四川也因为富藏有色金属矿使得服务于军事工业的采矿、冶炼企业较多。

晚清官办企业负责人的这种分布对中国当时的社会产生了很大的震动和深远影响。

首先是他们在全国范围内创办企业,“略分洋商之利”,在一定程度上抵制过外资的经济入侵。1873 年,轮船招商局在上海成立后,外资便感到“它将给予我们在华的运输贸易以严重的损害”。该局打破了外企独霸中国航运业的状况。9 年间,“华商运货水脚。少入洋人之手者,约二三千万两”。“湖北织布厂一开,而江汉关进口之洋布已岁少 10 万尺”。1882 年开平矿务局出煤以后,很快就夺回了长期被进口日本煤占据的天津市场。1880 年天津电报总局的成立,也限制了外企在中国沿海各口间架设海线的既得利益。②

其次是他们在各自的区域里创办新式企业,曾一度使社会上形成投资

① 夏东元:《史学家自述——我的治学观》,武汉大学出版社 1995 年版,第 479 页。

② 参见王培《晚清企业纪事》,中国文史出版社 1997 年版,第 14—25 页。

近代企业的“时尚”，出现了“股份风气大开”的新气象，起了一个开风气的作用，对于转变中国几千年的封建传统思想偏见，打开了人们的眼界，为后起的资本主义近代企业的兴办起了示范作用。他们在全国范围内培养和锻炼了一大批企业管理和技术人员，以及近代产业工人，为以后企业的建立和发展打下了一定的基础。

再次是他们在一定程度上束缚和阻碍了当地乃至全国范围内私营企业的兴办。如招商局享有航运专利权，广东和上海的商人曾多次要求组建私营航运公司，均遭官府批驳。台湾基隆煤矿建成后，官府将附近 12 座私营煤矿尽行封闭。上海机器织布局成立时，李鸿章奏准“十年以内只准华商附股搭办，不准另行设局”①。他们利用政治权力实行封建性的垄断政策，限制了我国资本主义的正常发展，削弱了抵抗外资经济侵略的力量，不利于中国改变日益贫弱的状况。

总之，洋务派官僚创办近代企业的目的，并不是在中国发展资本主义，而是欲借用某些资本主义的生产形式，巩固和强化封建的专制统治。因此，他们虽然在客观上起过一定的积极作用，但是不可能使新生产力得到应有的发展。晚清官办企业负责人的这种地理分布倒是扩展了地方政府的职能和督抚的权力。这是晚清改革得以发展的基础。然而，地方官僚权力扩展给中央政府带来的另一个结果却是：清政府在这一重要的历史时期——近代化启动时期，未能通过体制调整而巩固中央集权，反而造就了地方势力，为后来的帝制瓦解埋下祸根。

四　晚清私营企业主的地域分布

（一）晚清私营企业主概述

这里的私营企业主是采用习惯用语，是指清末营运用私人拥有的资本来牟取利润的人。它是相对于当时的官办企业负责人而言的。

在前面的叙述中，我们知道中国资本主义近代企业，是在 19 世纪 70 年代开始产生的。目前学术界基本上是将这些近代企业的组织形式划分为官办、商办、官督商办和官商合办四种形式。本书所涉及时间段的企业

---

① 转引自许涤新、吴承明主编《中国资本主义发展史》第二卷（上），人民出版社 2005 年版，第 455 页。

中，其中大中型的近代企业大多为官督商办型企业；官商合办企业在洋务运动中有所尝试，但由于责权关系等问题并未取得真正意义上的成功。商办企业为数虽稍多，但除个别外，多是小型企业，占当时经济总量比重不大。

在资本主义发展史上，资本主义工业是经过简单协作、工场手工业和机器大工业三个阶段发展而来。这期间阶级关系的变化是："有些小行会师傅和更多的独立小手工业者，甚至雇佣工人，变成了小资本家，并且由于逐渐扩大对雇佣劳动的剥削和相应的积累，成为不折不扣的资本家。"① 这一个过程是相当漫长的，经历几个世纪。相比而言，中国的资本主义近代工业是在欧风美雨的直接刺激下出现的，没有经历过简单协作和工场手工业阶段，造成先天不足和根基不稳。所以也注定了这些企业的创办人或主要经营管理者鲜有小手工业主或小商人而只能是已有较多积累的封建地主剥削阶级。而事实上从已有的史料来看也确实如此，在这一时期中，与占据绝对优势的大中型工矿、交通、电信、运输等企业有较多资本关系的人大抵是以下几类：在政府拥有资财的实力派官员；依附国外势力，拥有巨额资金的买办和新式商人；少数华侨商人以及一部分略有新知识的缙绅地主；旧式大商人中带有新倾向的分子。

在当时半殖民地半封建的社会里，投资到近代企业的官僚、地主和各式商人，出于种种考虑，总是不愿轻易暴露其真实姓名和身份。即便到了投资企业渐成热潮的 19 世纪 80 年代，这种现象依然存在。上海机器织布局在 1881 年招集股本时称：投资者以"不愿著（署）名者多"②。这不能不使我们在分析近代私营企业主的来源和构成时遭遇困难。加以历史文献的残缺和散失，迫使我们只能从企业的创办人或主持人的出身、身份和社会关系入手，探索晚清私营企业主的情况。晚清企业的创办人或主持人往往既是企业的主要投资人又是企业在集资过程中的主要负责人。因而，他们的身份和社会关系常能透露出某些信息。但是晚清是个卖官鬻爵成风的社会，官衔并不能确切地反映企业创办人或主持人的真实身份和社会地位，所以这种分析有其局限性。

为便于分析，现选取有资可查的若干具有代表性的企业，考察其主要创办人或主持人的出身、身份和社会关系如表 4－6 所示。

---

① 《马克思恩格斯全集》卷二十三，人民出版社 1972 年版，第 818 页。

② 《申报》1881 年 4 月 28 日。

表 4－6　近代企业中若干典型企业主要创办人、投资人的出身与社会关系（1872—1895）

开办年份	企业名称	组织形式	创办人、主持人、投资人的社会关系	资料来源
1872	轮船招商局	官督商办	朱其昂（商人、道员）、唐廷枢（怡和买办、候选同知）、徐润（宝顺买办、郎中）、盛宣怀（天津海关道）创办并主持，主要投资人有：郁熙绳（沙船商人）、朱其诏（候补知府）、朱其莼（候选同知）、宋缙（候选同知）、刘绍宗（琼记买办，候选同知）、陈树棠（茶商、候选同知）、范世尧（商人）、郑观应（太古买办）、唐廷庚（商人）、张鸿禄（商人、道员）、马建忠（道员）、黄建芫（商人、津海关道）、李松云（买办）、张振勋（南洋侨商）、陈善继（侨商）。主持人与李鸿章关系甚密	《招商局档案》（抄件）；费仲恺：《中国的早期工业化》，第 125 页；郝延平：《十九世纪的中国买办——东西间桥梁》，第 142 页
1873	继昌隆缫丝厂	商办	陈启沅创办（侨商）	—
1876 1878	仁和水险公司 济和水险公司（两公司于 1886 年合并为仁济和保险公司）	商办 商办	徐润、唐廷枢创办，投资人中有刘绍宗、陈树棠、韦华国（买办）、郑廷江（买办）、唐国泰（买办）、姚锟（茶商）、唐应星（商人）、唐静庵（商人）	《申报》，1875 年 11 月 5 日
1877	安徽池州煤矿	官督商办	杨德（汉口宝和洋行买办）、孙振铨（徽宁池太广道）创办，主要投资人有徐润、唐廷枢、李振玉（买办、补用道）等。创办期中得左宗棠支持	《海关十年报告》，1882—1891，安徽芜湖，第 268 页
1878	直隶开平煤矿	官督商办	李鸿章委派唐廷枢创办，投资人有徐润、郑观应、盛宣怀、吴炽昌（买办化商人、太守）、郑藻如（天津海关道）、张翼（候补道）	《申报》，1880 年 10 月 14 日
1878	上海机器织布局	官督商办	彭汝琮（候补道）、郑观应创办，后由龚寿图（补用道）、戴景冯（候补道）、龚易图（道员）、戴恒（翰林院编修）主持，投资人有郑观应、经元善（商人、主事）、李培松（盐商）、蔡鸿仪（商人、部郎）、卓培芳（买办）、徐润、杨宗濂（布政使）、杨宗瀚（总办台北商务）、刘汝翼（天津海关道）、张善仿（商人）、卫静成(商人)、唐廉（补用道）、徐士恺（商人、候补同知）。该局与李鸿章关系甚密	《申报》，1879 年 12 月 11 日；《盛世危言》卷七，第 22 页；《徐愚斋自叙年谱》

续表

开办年份	企业名称	组织形式	创办人、主持人、投资人的社会关系	资料来源
1880	山东峄县煤矿	官督商办	戴华藻（候补知县）、王筱云（道员）、黄佩兰（道台）、朱采（知府）主持，投资人有峄县绅士王曰智（地主）、李伟（地主）、金铭（地主）等数十家	《申报》1883年3月12日
1882	热河三山银矿	官督商办	李文耀（买办）、朱其诏创办，投资人有唐廷枢、徐润，吴调卿（买办）为该矿驻天津代理人。与李鸿章有联系	《徐愚斋自叙年谱》
1882	上海电报局	官督商办	李鸿章派盛宣怀创办并主持，投资人有盛宣怀、郑观应、经元善、谢家福（商人、直隶同知）等人	张国辉:《洋务运动与中国近代企业》
1882	徐州利国驿煤矿	官督商办	胡恩燮（候选知府）、胡碧澄（两淮盐官）创办，投资人有李培松及其他苏北盐商。创办期间得到左宗棠支持，与李鸿章有联系	《申报》1885年4月27日
1882	烟台缫丝局	商办	唐茂枝主持，投资人有唐廷枢、徐润、张鸿禄、郑观应、刘瑞芬（上海海关道、粤抚）、瑞弗侯（宁波海关道）、方汝翼（烟台海关道）等。1886年移交盛宣怀接办	《海关十年报告》，1882—1891，烟台，第75页
1882	公和永丝厂	商办	黄佐卿（湖州丝商）创办，与上海外国洋行有密切联系	《申报》1889年9月23日
1885	山东平度、招远金矿	官督商办	李宗岱（前济东道）创办，投资人有马建忠、林道琚（侨商）、陈世昌（候选道）、徐麟光（同知）、李赞勋（中书衔）等。该矿与汇丰银行、李鸿章均有联系	张国辉:《洋务运动与中国近代企业》
1887	云南铜矿	官督商办	唐炯（云南巡抚）、胡家桢（江苏候补道）主持，投资人有卓维芳（太守）、张家齐（候补知府）、关相青（候选通判）、王炽（票号商、候选同知）	《光绪朝东华录》，第2册，第1770、2290页
1887	漠河金矿	官督商办	李鸿章、恭镗（黑龙江将军）派李金镛（商人、吉林道员）创办并主持，有商股，投资人不详	张国辉:《洋务运动与中国近代企业》
1887	中国铁路公司	官督商办	伍廷芳（观察）、吴炽昌主持，与李鸿章关系密切	《申报》1887年4月26日
1889	广东天华银矿	官督商办	何昆山（港商，买办）、唐廷枢、徐润主持，投资人有方曜（提督）、李玉衡（买办）	徐润:《年谱》，第47页
1892	热河建平金矿	官督商办	李鸿章派徐润主持，投资人有郑观应	徐润:《年谱》，第47页

续表

开办年份	企业名称	组织形式	创办人、主持人、投资人的社会关系	资料来源
1894	上海华盛纺织总厂	商办	盛宣怀奉李鸿章命会同聂辑规（江海关道）在上海机器织布局旧址上创建，投资人有盛宙怀（候补知府）、严作霖（国子监学正、在沪办赈务著名）、许春荣（洋布商、钱庄主）、杨廷杲（知府）等，均与盛宣怀关系密切，此外尚有上海、宁波、苏州各地绅商	张国辉：《洋务运动与中国近代企业》

表 4－6 所列，不过是 20 来家新式企业的主要创办人、主持人和投资人的简要情况，远非晚清近代企业投资人状况的全貌。不过，通过这些来推测，我们不难发现清季私营企业主构成上的某些特点。

这个时期，新式企业投资人的身份和地位大抵可以分为官僚、商人（新旧商人）和地主三个部分。

19 世纪 70 年代后，积极进行资本主义企业创办经营活动的官僚，主要是指清政府中握有实权的洋务派官僚利益集团。其中包括中央大官僚和地方一般官僚。上表中，一些规模较大的官督商办企业几乎都与直隶总督、北洋通商大臣李鸿章关系甚密。轮船招商局、开平矿务局、电报总局、漠河金矿、中国铁路公司及华盛纺织总厂，都是经李鸿章支持和推动创办的。另一些企业则是主持人为了利用他的权势，争取他的支持而主动向他投靠的。这后一种联系又视各企业的不同发展状况而有程度差别。上海机器织布局在争取北洋集团支持的联系中，从最初的商办转变为官督商办，最后则变为大官僚的私产。热河三山银矿、江苏利国驿煤矿、山东平度金矿等，几乎都是为了寻求靠山而与北洋集团直接或间接的发生某种关系，从而在设厂和开发上都得到了一定的支持。当时的社会背景，企业只有取得政治集团势力的保护，才会有较为安定的发展的环境。

洋务派官僚之外，新旧商人对新式企业的投资居于重要地位。买办和买办化商人通常被称为新式商人，乃半殖民地社会的特殊产物。起初，他们活跃在商品流通领域，为外国资本主义势力向内地的渗透起着传导和扩散作用。到了 70 年代，当中国资本主义企业兴起时节，他们当中一部分人物也从流通领域转向生产领域进行活动。他们当时所投放的资本具有举足轻重的作用。这些新式商人构成了晚清私营企业主的一个重要来源。

旧式商人中也出现了对新事物具有兴趣的人物。如沙船业中的朱其昂兄弟、郁熙绳，钱庄主出身的经元善，淮北盐商李培松，四川票号商王炽，以及在江南商业社会负有盛名的李金镛、谢家福、蔡鸿仪等，都是一批重要的活动人物。他们摆脱旧的经营方法，或亲身经营，或提供资本，投身到兴建近代企业的行列中去，自觉或不自觉地促进了中国资本主义经济的发展。他们的转化也成为私营企业主的一部分。

这一时期，还有一个值得一提的是华侨资本对国内新式企业的试探和支持。从不甚完整的资料中我们得知陈启沅、何昆山、林道琚、陈继善、张振勋、陈新泰等侨商，或自创企业，或附股官督商办企业。他们在中国资本主义近代企业的兴起上无疑起到了积极的作用。他们自然也是中国清季私营企业主的成员。

上表所列各类人物从事近代企业的活动说明了一个事实，即“随着新生产力的获得，人们改变自己的生产方式，随着生产方式即保证自己生活的方式的改变，人们也就会改变自己的一切社会关系”①。在半殖民地半封建的社会条件下，一部分商人、地主、官僚在资本主义经济的发展进程中，分割剩余价值，增殖个人财富，依靠资本对雇佣劳动的剥削取代封建剥削，从而也就改变自己的社会属性。晚清私营企业主便是在这个历史运动中产生的。

综上所述，随着自身资本主义萌芽和欧风美雨的刺激，国内一部分新旧商人、一部分具有新知识的地主分子和拥有资财的洋务派官僚开始参与新式企业的投资和经营活动，在阶级关系上逐步向资产阶级转化而成为近代企业家。这批近代民营企业家身上有两个共同点：一方面作为投资经营活动的企业主，他们追求资本的增值和利润的最大化，有冲破牢笼和束缚资本主义经济发展的要求；另一方面由于半殖民地半封建社会的特殊环境使得先天不足的他们无法割裂与封建经济、封建政权和国外资本主义的关系，不得不受制于这种现实条件。这也充分说明了中国近代民营企业家这一阶层一出现就具有双面性，也是中国近代民族资产阶级在政治和经济上所表现出来的特有现象的深层次原因。这使得他们在清末的历史舞台上不能形成一支独立的政治力量，进而领导革命。

（二）晚清私营企业主地域分布概观

晚清私营企业主主要由上述来源组成，是中国民族资产阶级的重要组

---

① 马克思:《哲学的贫困》,《马克思恩格斯选集》卷一，第108页。

成部分，对近代中国经济社会的发展起到了不容忽视的作用。但如前所述，当时出于种种考虑，他们投资新式企业时总是不愿轻易暴露其真实姓名和身份，这给我们研究这个群体带来很多困难。这一新兴阶级经过近40年的历程，至辛亥革命前究竟有多少人，难以精确统计。根据当时情况，大体可以列入私营企业主范围的应该有200个左右私人资本近代企业的创办人和主要投资人，每个企业如以平均5人计算，约1000人，这是晚清私营企业主的骨干。当然这大约1000人中还包括着一部分未完成转化甚至开始向民族资产阶级转化的买办、商人和官僚地主在内。当时的商业主要还是旧式封建商人和买办商人两大宗，称得上商业资本家的还不多。至于人数较多的小型企业主，大都是尚未上升到资本家地位的手工作坊主。但这两部分人（商店店主和小型企业主）是当时私营企业主的后备力量和群众基础。前已提及，这一时期先后当过外国在华企业买办的人数估计在万人以上，私营企业主的骨干人数，只及买办的1/10，数量上也远比不上买办势力。为了更好地分析研究晚清私营企业主这个重要团体，据相关文献资料，下面对有资料可查的晚清商办企业创办人或主持人的地域分布情况列表4-7统计如下。

表4-7　晚清私营企业主地域分布一览表

<table>
<tr><th>创办年份</th><th>名称</th><th>所在地</th><th>创办人（主持人）</th><th>创办人（主持人）籍贯</th><th>备注</th></tr>
<tr><td>1894</td><td>裕源</td><td>上海</td><td>朱鸿度</td><td>安徽泾县</td><td>纺纱业</td></tr>
<tr><td>1895</td><td>裕晋</td><td rowspan="3">上海</td><td rowspan="3">黄佐卿</td><td rowspan="3">浙江湖州</td><td>—</td></tr>
<tr><td>1882</td><td>公永和</td><td rowspan="2">缫丝业</td></tr>
<tr><td>1892</td><td>新祥</td></tr>
<tr><td>1895</td><td>业勤</td><td>无锡</td><td>杨宗濂、杨宗瀚</td><td>江苏无锡</td><td>纺纱业</td></tr>
<tr><td>1896</td><td>通久源</td><td>宁波</td><td>严信厚</td><td>浙江慈溪</td><td>—</td></tr>
<tr><td>1897</td><td>通益公</td><td>杭州</td><td>丁　丙</td><td>浙江杭州</td><td>—</td></tr>
<tr><td>1897</td><td>苏纶</td><td>苏州</td><td>陆润庠</td><td>江苏吴县</td><td>—</td></tr>
<tr><td>1898</td><td>裕通</td><td>上海</td><td rowspan="5">朱幼鸿</td><td rowspan="5">安徽泾县</td><td rowspan="2">—</td></tr>
<tr><td>1905</td><td>裕泰</td><td>常熟</td></tr>
<tr><td>1905</td><td>裕丰面粉</td><td>上海</td><td>面粉业</td></tr>
<tr><td>1905</td><td>恒丰面粉</td><td>汉口</td><td>—</td></tr>
<tr><td>1905</td><td>中国四民</td><td>上海</td><td>烟草业</td></tr>
</table>

续表

创办年	名称	所在地	创办人（主持人）	创办人（主持人）籍贯	备注
1899	大生	南通	张　謇	江苏南通	纺纱业
1907	大生二厂	江苏崇明			
1902	大兴面粉	通州			面粉业
1903	翰墨林印书	江苏通州			印刷业
1902	广生油厂	江苏通州			榨油业
1904	铅罐厂	镇江			机器业
1905	大隆油皂	通州			烛皂业
1902	大生轮船				航运业
1904	大达轮步	上海			航运业
1899	通惠公	萧山	楼景晖	浙江绍兴	纺纱业
1903	协和	上海			缫丝业
1908	钱江轮船	杭州			航运业
1906	广益	安阳	孙家鼐	安徽寿县	纺纱业
1906	济泰	江苏太仓	蒋汝坊	江苏大仓	—
1906	和丰	宁波	顾元琛	浙江宁波	—
1907	振新	无锡	张石君、荣宗敬	江苏无锡	—
1908	同昌	上海	朱志尧	江苏	—
1897	大德榨油				榨油业
1902	求新机器				机器工业
1908	利用	江苏江阴	严良恩	浙江	纺纱业
1906	怡和源打包	上海	祝大椿	江苏无锡	杂项业
1908	振兴电灯	苏州			水电业
1910	公益	上海			纺纱业
1904	源昌				缫丝业
1909	永康	无锡			
1900	华兴面粉	上海			面粉业
1898	源昌碾米厂				碾米业
1883	源昌机器				机器工业
1905	永丰纺织厂	北京	杨来昭	天津	染织业
1908	同昌织布				
1905	开源织布厂	安徽池州	刘　樾	安徽铜陵	—

续表

创办年	名称	所在地	创办人（主持人）	创办人（主持人）籍贯	备注
1905	锦裕织布厂	安徽芜湖	李国楷	安徽合肥	官僚
1905	因利染织厂	江苏如皋	张有琳	江苏如皋	—
1905	华兴织布厂	江苏清江	胡少章、张符元	江苏清江	—
1905	大盛织布厂	安徽休宁	余显谟	安徽休宁	—
1905	富华织布	北京	杭慎修	浙江海宁	—
1905	华纶纺织	河北	赵善培	广东台山	华侨
1905	华澄织布	江苏江阴	吴汀鹭、祝丹卿	江苏江阴	富商
1906	宝华织布	河北宝坻	马吉华	河北	—
1906	华宝织布	北京			
1906	经源染织	福建闽侯	林守良	福建闽侯	—
1906	华盛织布	北京	葛毓芝	河北乐亭	染织业
1906	益华织布	北京	韩树滋	河北	—
1906	羡余织布	江苏宜兴	徐粹初	江苏宜兴	—
1907	广生织业	武昌	徐克詹	湖北武汉	—
1907	黄埔织造社	广州	冯任衡	广东	—
1907	睿源纺织	山西汾州	绍　彝	蒙古镶黄旗	官僚
1907	信成织布	安徽亳州	范家琛	安徽亳州	—
1907	虞兴织布	江苏昭文	卢　颐	江苏	—
1909	聚和纺织	直隶清苑	石春和、李梦魁	天津	—
1905	同利麻袋	上海	周金箴	浙江慈溪	织麻业
1905	裕源织麻	安徽芜湖	张广生	江苏	—
1909	美仑麻袋	汉口	李平书	江苏宝山（今上海）	—
1898	恒丰永地毯	上海	宋子霞	广东	呢绒业
1899	天津织呢	天津	吴懋鼎	安徽婺源（今江西）	—
1898	北洋硝皮				制革业
1906	京师毛织厂	北京	汪世杰	河北	呢绒业
1906	万益织呢厂	天津	潘作卿	河北	—
1907	公义成地毯	上海	朱重生	安徽	—
1909	日辉织呢	上海	樊芬、叶璋等	浙江镇海	—
1906	扬华织绸厂	杭州	吴恩之	浙江海宁	丝织业
1911	振新合资	杭州	金容熙、王恩俨	浙江杭州	—

续表

创办年	名称	所在地	创办人（主持人）	创办人（主持人）籍贯	备注
1896	云章袜衫厂	上海	吴季英	浙江海宁	服装用品
1900	华胜军服厂	武汉	宋炜臣	浙江宁波	—
1910	富他口矿	武汉	宋炜臣	浙江宁波	金属冶炼
1910	履和织袜	江苏松江	陆希亮	浙江	服装
1874	继昌隆	广东南海	陈启沅	侨商，广东南海人	缫丝业
1879	裕昌厚	广东南海	陈植榘、陈植architecture	侨商，广东南海人	—
1881	烟台缫丝局	烟台	唐茂枝	广东香山人	—
1887	忠信恒	广东顺德	胡弼卿	广东	—
1890	延昌恒	上海	尤香泉	广东	—
1892	锦华	上海	陶吉斋	浙江宁波	—
1893	信昌	上海	马建忠	江苏镇江	官僚
1894	乾康	上海	吴少圃、沈志云	广东人	买办
1894	瑞纶	上海	吴少卿、李松筠	广东	买办
1895	余记	江苏镇江	李维之	江苏	—
1895	新城	浙江新城	郑玉轩	广东香山	—
1895	富阳	浙江富阳	翁学坤	浙江	—
1895	同和	浙江海盐	姚文楠	浙江海盐	—
1895	德永	浙江石门	姚文楠	浙江海盐	—
1895	硖石	浙江某地	叶　涛	浙江	—
1895	?	浙江余杭	方锡炜	浙江	—
1895	维大	浙江嘉兴	石蕴真	浙江	—
1895	光裕	浙江秀水	姚涌芬	浙江海盐	—
1895	治经	浙江嘉善	虞颂南	浙江嘉善	—
1895	昌大	浙江平湖	陆清国	浙江	—
1895	世经	杭州	庞元济	浙江吴兴	—
1899	大纶	浙江塘栖	庞元济	浙江吴兴	—
1896	永泰	上海	薛南溟	江苏无锡	—
1904	裕昌	无锡	周舜卿	江苏无锡	—
1899	合义和	浙江萧山	朱荣澡	浙江绍兴	—
1899	致中和	广东番禺	郑炯文	广东	—
1900	延昌永	苏州	杨信之	浙江湖州	—

续表

创办年	名称	所在地	创办人（主持人）	创办人（主持人）籍贯	备注
1901	华泰	烟台	梁浩池	广东	—
1907	源康	无锡	顾重庆	江苏	—
1908	裨农	四川	陈宛溪	江西	—
1909	庆华	上海	沈联芳	浙江吴兴	—
1909	乾牲	无锡	孙鹤卿	江苏无锡	—
1910	广合	四川广安	蒲殿俊	四川广安	—
1910	诚成	重庆	吴征恕	四川	—
1910	振艺	无锡	许稻荪	江苏无锡	—
1878	机器磨坊	天津	朱其昂	江苏宝山	面粉业
1898	埠丰面粉	上海	孙多森	安徽寿州	—
1898	启新洋灰厂	河北滦州			水泥
1900	利用面粉	杭州	庄诵先	浙江杭州	面粉
1903	合兴面粉	镇江	朱芗倚	江苏	—
1903	茂新面粉	无锡	张石君	江苏	买办
1904	裕顺面粉	上海	朱锦章	河南淮阳	—
1904	大丰面粉	江苏清江	刘寿琪	江苏	—
1904	通久远面粉	宁波	汤秉三	浙江	—
1905	中兴面粉	上海	朱葆三	浙江定海	—
1905	越东轮船	上海			航运
1905	汉丰面粉	汉口	黄兰生	江西	买办
1907	泰来面粉	上海	傅筱庵、李组才	浙江镇海	—
1907	泰来面粉	江苏泰州	杨奎绶	安徽	官僚
1907	裕亨面粉	江苏高邮	朱荣康	江苏	—
1907	立大面粉	上海	顾馨一、王一亭	广东	商人、买办
1907	益新面粉	安徽芜湖	章兆奎	浙江	—
1908	永远面粉	吉林	李雨亭	哈尔滨	—
1908	永丰面粉	江苏宿迁	窦以藩、刘更年	江苏	—
1908	九丰面粉	无锡	蔡缄三、夏在华	江苏无锡	—
1909	复新面粉	南通	周重慈	江苏	—
1910	裕顺合面粉	吉林	孙彦卿	吉林	—
1910	贻来牟和记	北京	李有谦	山东	—

续表

创办年	名称	所在地	创办人（主持人）	创办人（主持人）籍贯	备注
1910	荣丰面油	张家口	窦以筠、沈条	河北	—
1910	恒发裕面粉	吉林	富凌阿、富兴阿	吉林，满族镶黄旗	—
1906	禾盛碾米厂	宁波	蔡鸿仪	浙江宁波人	碾米业
1906	禾盛烟公司	宁波	蔡鸿仪	浙江宁波人	烟草
1908	信昌碾米	上海	沈缦云	江苏无锡	—
1909	宝新碾米	无锡	钱镜生	江苏无锡	—
1889	森昌泰火柴	重庆	邓徽绩、卢干臣	四川	火柴业
1892	太原火柴	太原	胡聘之	湖北	—
1897	和丰火柴	长沙	张祖同	长沙	—
1897	燮昌火柴	汉口	叶澄衷	浙江镇海	—
1908	祥森火柴	上海	洪德生	浙江宁波	—
1908	祥生烛皂	上海	洪德生	浙江宁波	烛皂业
1908	华昌火柴	天津	孙实甫	上海	火柴
1911	荧昌火柴	上海	邵尔康	浙江宁波	—
1901	祥盛肥皂	上海	邵尔康	浙江宁波	烛皂业
1882	上海造纸	上海	郑观应	广东香山	造纸业
1889	宏远堂造纸	广州	钟星溪	广东南海	华侨
1892	伦章造纸局	上海	韩之鹏	浙江	—
1906	湖北广艺兴	武昌	程颂万	湖南宁乡	—
1906	乐利造纸	成都	朱秉坤、周善培	云南、浙江诸暨	—
1906	青城造纸	浙江湖州	庞元澄	浙江湖州	—
1907	上海锡箔厂	上海	孙思敬	江苏无锡	—
1907	镇江造纸	镇江	曾　铸	福建同安	—
1907	恒裕锡箔	上海	孙直斋	江苏常熟	—
1881	同文印刷	上海	徐　润	广东香山人	印刷业
1889	富文阁	上海	卢海灵	广东	—
1900	文明书局	上海	廉　泉	江苏无锡	—
1904	商务印书馆	上海	夏瑞芳、鲍咸昌	上海、浙江宁波	
1905	文通书局	贵阳	华之鸿	江西临川	—
1906	中西报印刷	武汉	王华轩	湖北	—
1898	宜昌茂卷烟	湖北宜昌	广东商人	广东人	卷烟业

续表

<table>
<tr><th>创办年</th><th>名称</th><th>所在地</th><th>创办人
（主持人）</th><th>创办人
（主持人）籍贯</th><th>备注</th></tr>
<tr><td>1903</td><td>琴记雪茄</td><td>山东兖州</td><td>赵仰献</td><td>山东兖州</td><td>—</td></tr>
<tr><td>1905</td><td>中安烟草</td><td>烟台</td><td>唐世鸿</td><td>山东济南</td><td>—</td></tr>
<tr><td>1905</td><td>三星烟草</td><td>上海</td><td>刘树屏</td><td>江苏武进</td><td>—</td></tr>
<tr><td>1905</td><td>广州烟草</td><td>广州</td><td>梁灏纶</td><td>广东</td><td>—</td></tr>
<tr><td>1905</td><td>大象卷烟</td><td>北京</td><td>周锡璋</td><td>浙江</td><td>—</td></tr>
<tr><td>1906</td><td>爱国纸烟</td><td>北京</td><td>黄思永</td><td>江苏江宁</td><td>—</td></tr>
<tr><td>1906</td><td>济和烟草</td><td>山东潍县</td><td>邱天锦</td><td>山东</td><td>—</td></tr>
<tr><td>1906</td><td>物华烟公司</td><td>汉口</td><td>广东商人</td><td>广东</td><td>—</td></tr>
<tr><td>1908</td><td>麟记烟草</td><td>天津</td><td>纪巨汾</td><td>天津</td><td>—</td></tr>
<tr><td>1875</td><td>谦益恒榨油</td><td>武汉</td><td>张群叔</td><td>湖北武昌</td><td>榨油业</td></tr>
<tr><td>1896</td><td>美盛饼油厂</td><td>汉口</td><td>关美盛</td><td>广东</td><td>—</td></tr>
<tr><td>1898</td><td>临洪油饼厂</td><td>江苏海州</td><td>沈云沛</td><td>江苏</td><td>—</td></tr>
<tr><td>1901</td><td>源丰实业</td><td>江苏淮安</td><td>陈琴堂</td><td>江苏盐城</td><td>—</td></tr>
<tr><td>1905</td><td>大有榨油</td><td>上海</td><td>席裕福</td><td>江苏洞庭山</td><td>—</td></tr>
<tr><td>1905</td><td>元丰豆粕厂</td><td>汉口</td><td>阮雯哀</td><td>浙江宁波</td><td>—</td></tr>
<tr><td>1906</td><td>大均饼油</td><td>常州</td><td>恽祖祁</td><td>江苏常州</td><td>—</td></tr>
<tr><td>1906</td><td>清华实业</td><td>河南清华</td><td rowspan="2">程祖福</td><td rowspan="2">福建</td><td>—</td></tr>
<tr><td>1907</td><td>湖北水泥厂</td><td>大冶</td><td>水泥制造业</td></tr>
<tr><td>1907</td><td>丰盈榨油</td><td>安庆</td><td>张杏恩</td><td>安徽</td><td>—</td></tr>
<tr><td>1907</td><td>赣丰饼油</td><td>江苏海州</td><td>许鼎霖</td><td>江苏</td><td>—</td></tr>
<tr><td>1907</td><td>裕兴榨油</td><td>安徽阜阳</td><td>程恩培</td><td>安徽</td><td>—</td></tr>
<tr><td>1907</td><td>启新榨油</td><td>河南周家口</td><td>丁殿邦</td><td>山东</td><td>—</td></tr>
<tr><td>1907</td><td>天兴福油坊</td><td>汉口</td><td>凌盛禧</td><td>湖南平江</td><td>—</td></tr>
<tr><td>1907</td><td>顺丰榨油</td><td>汉阳</td><td>宁波商人</td><td>浙江宁波</td><td>—</td></tr>
<tr><td>1907</td><td>歆生榨油</td><td>汉口</td><td>刘歆生</td><td>湖北汉阳</td><td>—</td></tr>
<tr><td>1908</td><td>政记油坊</td><td>大连</td><td>张本政</td><td>山东文登</td><td>—</td></tr>
<tr><td>1898</td><td>两湖茶叶</td><td>汉口</td><td>唐翘卿</td><td>广东香山</td><td>制茶业</td></tr>
<tr><td>1895</td><td>张裕酿酒</td><td>烟台</td><td>张振勋、张应东</td><td>广东大埔，南洋侨商</td><td>酿酒业</td></tr>
<tr><td>1905</td><td>天津华荨</td><td>天津</td><td>张咀英</td><td>天津</td><td>—</td></tr>
<tr><td>1906</td><td>泰丰罐头厂</td><td>上海</td><td>王家佑</td><td>江苏</td><td>制罐业</td></tr>
<tr><td>1907</td><td>鼎和罐头厂</td><td>杭州</td><td>孙懋华</td><td>浙江</td><td>—</td></tr>
</table>

续表

创办年	名称	所在地	创办人（主持人）	创办人（主持人）籍贯	备注
1907	颐和罐食	苏州	董楷生	江苏	—
1908	淘化罐食	厦门	黄廷元	福建同安	—
1907	淘化大同	厦门	杨格非	福建	食品
1858	甘章船厂	上海	郭甘章	广东人	机器工业
1882	均昌铁厂	上海	李松云	广东人	买办
1883	中国熟皮				制革业
1890	机器轧铜	上海	严钦云	浙江	机器工业
1898	周恒顺机器	汉阳	周庆春、周仲萱	江西乐平	—
1902	大隆机器	上海	严裕棠	上海	—
1902	轧花机器厂	上海	傅采芹、袁忠雷	浙江	—
1902	洪顺机器	汉阳	周文轩	湖北	—
1907	扬子机器	汉口	顾润章、王光	广东	华侨
1908	日升烟刀	福建永定	林鸿图	福建	—
1908	德祥机器	广州	陈泳红	广东	—
1908	均益车业	湖北宜昌	俞锦堂	湖北	—
1866	发昌机器	上海	方举赞、孙德英	广东	—
1882	陈联泰机器	广州	陈澹浦	广东	—
1882	胡尊记机器	汉阳	胡尊五	湖北	—
1910	吕锦花机器	汉阳	吕方根	江苏宜兴	—
1906	汉口制革	汉口	张开文	湖北	制革业
1910	普润毛革	汉口	刘人祥	湖北武汉	—
1896	炭山湾煤矿	湖北阳新			采掘
1898	春和公司	汉口			航运
1904	耀华玻璃厂	武昌	蒋可赞	江苏	玻璃制造
1904	耀徐玻璃	江苏宿迁	许久香	江苏	—
1905	博山玻璃	山东博山	胡廷干	河南	官僚
1908	谦祥春记	福州	台湾商人	台湾	—
1905	志成砖瓦	济南	徐锵鸣	山东	砖瓦制造业
1905	金陵机器砖	南京	汪家声	江苏	—
1905	同益砖瓦	南海	冯耀东、区达初	广东	—
1905	裕记机器砖	汉阳	周子云	湖北	—

续表

创办年	名称	所在地	创办人（主持人）	创办人（主持人）籍贯	备注
1907	泾东窑业	浙江秀水	陶本殷	浙江	—
1907	广茂砖瓦	汉阳	广东商人	广东	—
1907	美奂砖瓦	汉阳	广东商人	广东	—
1907	兴记砖瓦	安徽芜湖	李祥卿	安徽	—
1907	顺裕打砖厂	汉阳	杨顺记	浙江定海	—
1907	福兴盛机砖	汉阳	周春波	湖北	—
1908	大恒砖瓦	杭州	吴恩元	浙江余杭	—
1908	润鸿合资	成都	黄孳庵	四川	—
1909	阳羡宜窑业	上海	陈秉均	上海	—
1910	广利砖厂	武汉	黄浩之	广东	买办
1904	萍乡瓷业	萍乡	黎景叔	江西	制瓷业
1905	华宝制瓷	厦门	陈日翔	福建厦门	华侨
1906	醴陵磁业	醴陵	熊希龄、袁思亮	湖南	—
1906	黄球记	广州	黄绍浈	广东	—
1907	广源制靛厂	如皋	朱祖荣	江苏	染料
1903	宝升皂烛	江苏武进	薛熙宇	江苏常州	烛皂业
1904	造胰公司	天津	严慈约	浙江	—
1905	丰和石碱	杭州	葛昭华	浙江	—
1906	光明烛皂	宁波	姚芳亭	浙江	—
1907	荣华肥皂	天津	张墨林	河北	—
1908	华胜烛皂	天津	李镇桐	天津	—
1909	扬清肥皂	上海	虞洽卿	浙江镇海	烛皂业
1908	宁绍商轮				航运
1911	南阳烛皂	上海	项松茂	浙江湖州	烛皂业
1888	中西大药房	上海	顾松泉	浙江宁波	制药业
1906	福建药房	厦门	叶心镜	福建	—
1907	五洲药房	上海	夏粹芳	浙江	—
1874	胡庆余堂	杭州	胡雪岩	安徽绩溪	—
1908	桐君阁熟药	重庆	许健安	重庆	—
1906	樟兴樟脑	广东	卢　枢	广东	化学工业
1908	两湖脑务	汉口	刘子贞、林叔臧	江西、福建	—

续表

创办年	名称	所在地	创办人（主持人）	创办人（主持人）籍贯	备注
1911前	大成樟脑	浙江	董　清	浙江	—
1906	晋昌锯木	汉口	林应祥	浙江	制材业
1911前	和丰木材	长沙	杨　巩	湖南	—
1900	厦门电灯厂	厦门	孙　逊	福建厦门	水电业
1890	广州电灯	广州	黄秉常	广东台山	—
1902	上海自来水	上海	唐杰臣	广东香山	—
1904	大照电灯厂	镇江	郭鸿仪	江苏	—
1904	汕头自来水	汕头	萧永华	广东	—
1904	京师电灯	北京	史履晋、冯恕	河北、浙江	—
1904	华昌电灯	汕头	方仰欧	广东普宁	—
1905	华商电灯	济南	刘恩驻	山东	—
1905	烟台电灯	烟台	孙克选	山东烟台	—
1906	既济水电	汉口	王仿予	浙江	—
1906	亨耀电灯	江宁	李经楚	安徽合肥	—
1906	明远电灯	安徽芜湖	程宝珍	江苏	—
1906	武昌竞成	武昌	周秉忠	湖北	—
1906	开封自来水	开封	周惟义	河南	—
1908	京师自来水	北京	周学熙	安徽东至	—
1908	太原电灯	太原	韩　谦	山西	—
1908	烛川电灯	重庆	尹德钧	重庆	—
1909	湖南电灯	长沙	陈佩衍	湖南长沙	—
1910	蛺石电灯	浙江海宁	徐光溥	浙江	—
1911	福州电灯	福州	刘崇伟	福建	—
1911	永耀电灯	宁波	张廷钟	浙江	—
1911	厦门电灯	厦门	黄世金	福建泉州	—
1911	山海关房屋	山海关	姜乃恒	奉天（辽宁）	—
1894	邹氏制笔	湖北夏口	邹孔怀、邹益斋	湖北	—
1894	集志会社	上海	胡国珍	安徽	—
1909	合记教育	上海	林康侯	上海	—
1877	池州煤矿	安徽池州	杨　德	广东	买办,采掘业
1897	邵武煤矿	福建邵武	陈鹬骏	福建	—

续表

创办年	名称	所在地	创办人（主持人）	创办人（主持人）籍贯	备注
1898	贾汪煤矿	江苏铜山	胡碧澄	江苏江宁	—
1899	礼和煤矿	安徽贵池	吴仲侯	安徽	—
1901	华兴利煤矿	抚顺	王承尧	奉天（辽宁）	—
1901	抚顺煤矿	抚顺	朱化东	辽宁	—
1904	烈山煤矿	安徽宿县	周玉山	安徽	—
1905	德兴煤矿	吉林	李茗、高启明	吉林	—
1905	白石沟煤矿	直隶曲阳	孙进甲	河北	—
1906	徐唐煤矿	江西新建	朱载亭	江西	—
1906	凭心煤矿	河南怀庆	靳法蕙	河南焦作	—
1906	平陆矿务	山西平陆	狄楼梅	山西	—
1906	广益煤矿	安徽广德	郑赞臣	安徽	—
1907	晋益煤矿	山西泽州	马吉森	河南安阳	—
1907	信成煤矿	河南武安			
1907	保源滇料	景德镇	陈庚昌	江西	—
1908	怡立煤矿	河北磁县	杨以德	天津	—
1908	保晋公司	山西平定	刘懋赏、冯济川	山西	—
1909	江合煤矿	四川江北	杨朝杰、桂景昌	四川	—
1909	华丰煤矿	山东宁阳	米汝厚	山东济宁	—
1911	大通公司	安徽怀远	段书云	安徽	—
1887	石绿铜矿	海南	张廷钧	广东侨商	金属冶炼
1888	天华银矿	广东香山	何昆山	广东南海	—
1895	铜冶山铜矿	江苏	李宗棠	安徽	—
1896	三岔银矿	广西	谭日章	广东	—
1897	芹溪银厂	福建宁德	唐雨时	江西	—
1897	永平金矿	河北迁安	张燕谋	河北	—
1907	集益锑砂	湖南新化	杨源懋	河南	—
1907	久通炼锑	长沙	梁焕奎	湖南湘潭	—
1908	华昌炼矿	长沙	杨　度	湖南湘潭	—
1908	兴华银矿	直隶	王永祥	河北	—
1910	警石矿务	吉林警石	唐鉴章	上海	—
1887	平安轮渡	广州	苏惠农	广东	航运业

续表

创办年	名称	所在地	创办人（主持人）	创办人（主持人）籍贯	备注
1860	清美洋行	烟台	李振玉、郭九山	广东	—
1891	苏杭船局	沪杭苏嘉	戴嗣源	浙江镇海	—
1893	伯昌轮船行	汕头	林毓彦	广东	买办
1896	同记轮船	—	汕头商人	汕头	—
1896	福康轮船	南昌	蔡金台	江西	—
1897	平安公司	广西梧州	王存善	浙江杭州	—
1897	永宁商轮	浙江台州	陶祝华	浙江台州	—
1899	两湖轮船	湘潭	梁啸岚	湖南	—
1900	永亨轮船	广州	何锡朋	广东	—
1901	公茂轮船	上海	郑良裕	浙江	—
1901	镇海商轮	浙江镇海	陈　铨	浙江	—
1902	南运河轮船	天津	贾润才	天津	—
1902	见义公司	九江	唐征瑞	江西	—
1903	大达轮船	南通	沙炳元	江苏南通	—
1904	大达轮步	上海	汤寿潜	浙江	—
1905	利涉轮船	宁波	乐从成、李厚培	浙江	—
1906	同记轮船	上海	赵灼臣	广东	—
1907	崇明轮船	上海	王丹揆	上海	—
1907	商业轮船	宁波	陈志寅	浙江宁波	—
1907	芜庐航路	安徽芜湖	龚心铭	上海	—
1907	肇兴轮船	营口	李序园	山东	—
1910	图长航业	上海	陈昭常	广东新会	—
1910	兴业公司	广东	谭忠玲	广东	—
1910	利运商轮	宁波	李钦一、唐懋昭	浙江	—
1910	北海公司	烟台	李奎耀	山东	—
1911	同兴公司	广州	黄天池	广东	—
1911	瀛海轮船	上海	吴竹筠、陈梅村	浙江	—
1911	临海拖轮	浙江宁海	周萍泗、蒋朴堂	浙江	—
1897	中国通商银行	上海	盛宣怀	江苏武进	银行业
1906	信诚银行	上海	周舜卿	江苏无锡	—
1906	信用银行	厦门	林尔嘉	福建龙溪	—
1907	华通保险	上海			保险信托

续表

创办年	名称	所在地	创办人（主持人）	创办人（主持人）籍贯	备注
1907	信义储蓄	镇江	尹克昌	江苏镇江	银行
1908	四民商业储蓄银行	上海	袁鎏、周晋镳 陈熏、虞和德	浙江宁波	—
1908	裕祥银行	上海	盛昌颐	江苏武进	—
1908	和大商业银行	扬州	庄　滐	江苏	—
1908	大通商业银行	浙江海宁	杨鼎恩	浙江	—
1908	公益商业银行	北京	顾　瑗	河南	—
1911	殖业银行	天津	李颂臣	天津	—
1905	水火保险	上海	刘学询	广东	保险、信托
1906	华安人寿	上海	沈敦和	浙江宁波	—
1908	侨兴公司	广州	胡国廉、区昭仁	广东	—
1897	商务印书馆	上海	夏瑞芳、张元济	上海、浙江海盐	—
1907	同记工厂	哈尔滨	武百祥	河北乐亭	—
1905	南洋烟草	香港	简照南、简玉阶	广东南海	华侨
1900	先施百货	香港	马应彪	广东香山	—
1907	永安百货	香港	郭　乐	广东香山	—
1905	久成丝厂	上海	莫觞清	浙江吴兴	—
1905	顺栈机器	顺德	薛广林	广东顺德	—
1902	《大公报》	天津	英敛之	满族正红旗	—
1900'S	《新闻报》	上海	汪汉溪	安徽	—

资料来源：1. 汪敬虞编：《中国近代工业史资料》第二辑上、下册，科学出版社 1957 年版。
2. 杜恂诚：《民族资本主义与旧中国政府》（1840—1937），上海社会科学院出版社 1991 年版。

上表 4－7 共统计私人资本企业 375 家，这些企业的创办人或主持人 375 人。为便于研究分析计，现据上表所列企业和企业家再作一省份统计，列表 4－8 如下。

表 4－8　　晚清主要私营企业主省区分布一览表

省份	企业数（活动区域）	占企业数比例（%）	企业家数	占企业家数比例（%）
上海	84	22.40	10	2.67
江苏	55	约 14.70	65	17.33
浙江	42	11.20	89	23.73
广东	27	7.20	70	18.67
湖北	41	10.93	15	4.00
安徽	16	约 4.27	24	6.40
福建	14	3.73	15	4.00
北京	13	3.47	0	0
天津（直隶）	15	4.00	9	2.40
山东	14	3.73	12	3.20
湖南	8	2.13	10	2.67
河南	6	1.60	7	1.87
河北	6	1.60	13	3.47
山西	6	1.60	4	1.07
四川	5	1.33	7	1.87
重庆	4	1.07	2	0.53
江西	5	1.33	10	2.67
吉林	5	1.33	5	1.33
辽宁	4	1.07	3	0.80
广西	2	0.53	0	0
黑龙江	1	0.27	0	0
贵州	1	0.27	0	0
云南	0	0	1	0.27
台湾	0	0	1	0.27
海南	1	0.27	0	0
八旗	0	0	2	0.53
合计	375	—	375	—

从上面所列两表我们可以看出，晚清私营企业主在地域分布上的特点：晚清私营企业主的地理分布呈现出数量分布不均衡性，表现出明显的地域性差异。这种差异包括他们的活动区域（创办企业地点）和籍贯两个方面。

根据表4－8资料，晚清375名私营企业主分布于全国各地区。

首先看他们的活动区域，其中，沪、苏、杭三地备受企业家们青睐，有181家企业落户，约占总数的48.3%，是最密集的活动区；湖北次之，41家，占总数的10.93%，主要分布在汉口、汉阳、武昌三镇；广东27家，占总数的7.20%，主要分布于广州、顺德；安徽16家，紧居其后，为又一令人注目的密集分布点；天津15家，福建、山东各14家，北京13家，这些为企业家们活动次密集分布省区。其余为：湖南8家；河南、河北、山西各6家；四川、江西、吉林各5家；重庆、辽宁各4家；广西2家；黑龙江、贵州、海南各1家。内蒙古、宁夏、新疆、青海、西藏等边陲之地，则是分布上的空白点。

再看他们的籍贯所在地，也是差异明显，各地排名也有变化。其中，浙江、广东、江苏列前三位。紧接其后的是安徽、福建、湖北、河北、山东等省。再次是湖南、江西、四川、天津等省区。其人数由沿海向内地呈递减趋势。而企业数较多的上海、北京、湖北、天津等省份却不是很多企业家的籍贯地。而上面所述的边陲之地，则也是企业家籍贯分布上的空白点。

（三）晚清私营企业主区域分布浅析

晚清私营企业主地理分布的上述特征，是与晚清社会的政治、经济、文化发展紧密相连的。

首先，是清政府的工业政策，为私营企业主的产生营造了一个宽松的政治环境。

中日《马关条约》的签订使侵华列强获得在华投资办厂的合法权，从而打开了对华资本输出的大门。1901年中国与列强签订《辛丑条约》后，商界深感"经济亡国之祸"，呼吁"设厂自救"，并领导了收回利权和抵制洋货的爱国民主运动。同时，具有资产阶级思想的知识分子和士大夫，为了挽救中国，要求向西方学习，企图效法日本的明治维新，掀起了维新变法和设厂运动，向清政府提出了发展资本主义工业的主张，对私人资本主义的发展，起了号召和鼓励的作用。为平息民声，支付赔款，清政府不得不正式承认华商自由创办企业的权利，放款对私营资本主义经济的限制，并在一定程度上鼓励发展私营工商企业。清政府于1903年春设立商部，作为管理新式工业的专职机构。商部设注册局，奏定《公司注册试办章程》18条、《商人通例》9条、《公司商律》131条。并奏请颁布保护奖励工商业的办法，其要点包括通下情、定官制、立课程、严赏罚等。1906年奏定《实业赏爵草章》，实行实业赏爵，规定凡投资1000万元以上的实业者赏男爵，投资2000万元以上的实业者赏子爵。[①] 此外还推行专利与免税，设置劝工陈列所等。举办工业展览会对于推动工业发展也颇有帮助，1909年由湖广总督发起武汉劝工奖进会，1910年在南京举办了南洋劝业会等。

正是在这样的历史条件下，出现了华商兴办实业的热潮，这从表4-2中也能显然看出。据统计，1904—1908年间，向公司注册局注册的各类公司约272家，全部核定资本约1.33亿元。其中，股份有限公司153家，独资企业44家，合资企业70家，无限责任公司5家。[②] 华资私营企业向前迈出了一大步。为了改变以往依附型企业占多数的状况，创办更多的竞争型企业，"开拓利源，以保利权"，这些私营企业主们纷纷投资各类新式企业。

其次，从晚清私营企业主活动地区看，主要集中在通商口岸或靠近通商口岸的地方。

从表4-2可以看出，他们的企业主要设立在沿海、沿江通商口岸，尤以上海为多，广州、武汉、天津次之。形成这种畸形布局的原因是多方面的，这些城市交通便利，便于购买原料和销售产品，具有发展工业的有利条件。但造成这种状况主要还是和中国当时半殖民地半封建的社会性质分不开的。如有的民办企业设在上海等通商口岸，是为了给外资在华船舶厂加工零件（实际上是外资船厂的附庸）；有的是为了适应外国资本主义对中国土产原料的需要（缫丝、轧花、制茶等属于此类），为原料的出口加工而设立；有的是为了便于获得外国的机器设备和便于利用"租界"的动力。有的民办企业直接设立在通商口岸的"租界"地区内，或"贿买牌照，假托洋商之名"，则是为了依靠外国的政治保护。如宁波通久源轧花厂本是买办严信厚创办的，因为惧怕"官吏们反对，所以表面上依附在日本人的保护之下"[③]。上海均昌机器厂造成一艘小汽船，"船头悬着英国国旗，船尾悬着中国龙旗"[④]。这种布局也正是中国社会半殖民地性的一种反映。此外，由于帝国主义商品输出和资本输出的加强，中国近代机器工业的产生和发展，商品经济的发展和交通事业的发达，中国社会自

---

① 吴申元主编：《中国近代经济史》，上海人民出版社2003年版，第99页。

② 王培：《晚清企业纪事》，中国文史出版社1997年版，第65页。

③ 孙毓棠编：《中国近代工业史资料》第1辑，下册，科学出版社1957年版，第976、1029页。

④ 同上。

然经济进一步解体。劳动力市场和商品市场的进一步扩大，也为中国私营资本主义工业的发展，创造了有利的条件。

最后，区域文化精神和国民的地域性格造成了晚清私营企业主籍贯分布的相对集中。

如表4－7所统计375名私营企业主，大部分出自浙江、广东、江苏三省。其余也主要分布在沿海、沿江省份和口岸城市。这些地方有优越的地理条件使他们与外界接触便利，能很快接受新思潮、新观念。在外国企业的刺激和带领下，纷纷涉足经营企业的活动。但造成这些企业家们籍贯的省份集中的更为深刻的原因应该是一种区域文化精神和国民的地域性格。下面以广东的岭南文化和江、浙的吴越文化为例作一简要分析。

近代岭南文化精神渊源，可以追溯到明朝中叶形成的岭南“江门学派”。学派创始人是陈白沙，其理论源于“心学”，提倡独立思考“凡事理求之吾心”，这是对正统程朱理学的修正和偏离，是一种思想上的大胆变革和创新。同时，“江门学派”也倡导一种比较自由开放的学风，与当时北方内地禁锢教条的学风和思维方式迥然不同，对近代岭南人影响至深。可以说，“江门学派”开启了近代岭南自由开放学风和创新求变的精神之先河。鸦片战争后，正值中国社会由闭关走向开放的大转折时期，岭南文化界又出现了朱次琦、陈澧两位过渡型思想家。他们倡导“经世致用”学风。陈澧研究经学“惟求有益于身，有用于世，有功于古人，有裨于后人”，朱次琦也认为：“读书者何？读书以明理，明理以处事。先以自治其身心，随而应天下国家之用。”① 这种实用主义态度后来在广东籍买办、企业家身上得到展现。鸦片战争后国门大开，使得明清以后岭南学派形成的务实求变思潮与近代西学新思潮相碰撞，铸造了中西合璧的近代岭南文化和追新求变的文化精神。这使得广东人最先走出中世纪的封建愚昧状态，最先接触西方的新事物、新观念，最先走向文明开化。也因为近代广东的对外开放始于通商贸易，并且始终以商贸为主体，就更进一步强化了明清以来广东人的重商传统，使近代岭南文化具有显著的重商精神和特色。这就可以解释：为什么陈启沅、徐润、唐廷枢等人都产生在广东而不是其他地方？

东南财赋足，江浙人文盛。江浙系古代吴越旧地，自古至今，一直是

---

① 简朝亮：《朱九江先生集》（卷首），续修四库全书本。转引自杨翔宇《千秋新学开南海百世名儒仰九江——晚清鸿儒朱次琦学术思想初探》，河南教育科研网（www.hnedur.com），2005—9—23。

我国经济文化比较发达的地区之一。吴即句吴。其祖先生活在今苏南、皖南、浙北一带，是古越族——百越的分支。越即于越族，也是古越族一支。于越人居住之地是中国乃至世界原始农业发展较早的地区之一。吴越同处长江中下游，相似的自然条件和文化渊源，使他们产生了有共同特征的文化。吴越文化形成于吴、越的不断征战之中，即春秋时期。

吴越文化具有较强的开放性。吴王寿梦用楚国人训练军队，使自己的军事力量大增；越王勾践重用四方贤良使国力强盛。吴越地多水系，对水的长期征服，使吴越人养成冷静、机敏、富于冒险的性格。在长期的经济发展中，吴越文化的尚武精神渐变为“重文轻武”。这使得吴越文化变成一种智业文化，促进了商品经济的发展，使吴越地成为中国资本主义萌芽最早出现的地方。

吴越文化总体上是一种具有开放精神和开拓精神的文化。在这种文化的熏陶下，江浙人机智敏捷，富于冒险，崇文轻武，重商轻农，重实业重教育。它不同于传统文化的学而优则仕，而是学而优则商。他们崇拜智慧，出谋划策去谋生，去发展。这种重商传统使得近代很多江浙人成为富甲一方的大实业家，大资本家。

晚清私营企业主的这种分布格局，对中国的社会经济产生深远影响。它促进了城市商品经济的发展和城市近代化的进程，奠定了近代乃至今天的东南沿海城市繁荣的基础。对中国的政治和文化教育的近代化也起了推波助澜的作用。①

鸦片战争以来，伴随着国门的洞开和西方列强对中国侵略的加强与深化，中国传统社会也开始裂变，政治经济发展不平衡不断加剧，表现在国内人才群体的构成上，则是人才群体地理分布的区域差异。本书通过分析考察晚清企业家的地理分布，对晚清的买办、官办企业负责人、私营企业主三种类型的企业家的籍贯或活动区域进行了统计，分析和总结了晚清企业家地理分布的特点及其成因，并初步探讨了这种地理分布对中国社会经济的影响。

通过具体细化分析晚清企业家的地理分布，我们可以发现这样一些特点：晚清买办的籍贯分布，在19世纪70年代以前以广东籍为主，70年代后渐为江浙籍所超过；买办的活动区域，在第二次鸦片战争前以广东为中心，第二次鸦片战争后则以上海、天津等口岸城市为中心。即买办的籍

---

① 参见朱英《资产阶级与中国近代化的发展》，《华中师范大学学报》（哲社版）1994年第2期。

贯分布基本呈点状；而其活动区域呈现带状特征，主要在沿海沿江地区。晚清官办企业负责人的活动区域分布则呈网状特点，除湖北、湖南、上海、广东等几个地区人数稍多外，其他地区相差不大，呈近似均衡分布。晚清私人企业主的籍贯分布以浙江、广东、江苏等地最多，其活动区域则以上海、江苏、浙江为多，还是以沿海沿江为多，其人数由沿海向内地，自东向西递减，呈阶梯状下降。

简而言之，晚清企业家的地域分布呈扇形状展开，第一人才带包括江、浙、闽、粤四省，是人才的黄金带；第二人才带是以湖南、湖北、四川三省为代表的从偏远内陆地区到沿海的中间地带；第三人才带是北国南疆东海西陲各省，企业人才较为贫乏。即“人才的密度与‘欧风美雨’的浸润程度成正比”①。

晚清企业家的地理分布之所以形成如上状况，原因是多方面的。综其原因可以概括为：地理环境地域性决定了晚清企业家的地域性即地域分布。

现代地理学的地理环境概念，既指自然地理环境，又包括人文地理环境。因此，地理环境的地域性不但包括自然地理环境地域性，而且包括人文地理环境地域性。人才的地域分布既受一定的自然地理环境地域性的影响，也受一定人文地理环境地域性的影响，是这两种影响交互作用的产物。但最终人文地理环境地域性的影响起决定作用。人文地理环境，总体上包括三大类环境因素即经济因素、政治因素和文化因素。这三种因素都与晚清企业人才地域分布密切相关。

其中经济因素是影响人才地域分布的决定因素。政治因素通过对经济的反作用，制约人才地域分布，它另一个制约人才地域分布途径是通过它在上层建筑诸因素中的统治地位来实现的。地域文化也是影响人才地域分布的一个重要因素。随着人类文明的发展，人才出现的多少，越来越与地域文化水平密切相关。王国维在《康有为传》中也曾指出：“文明弱之国人物少，文明盛之国人物多。”古今中外，人才中心的转移，都与文化科学繁荣的变迁有关。“一方水土养一方人”，地域文化孕育了晚清企业人才群体的成才品格，这一人才群体反过来又对区域风气形成深远影响。

---

① 杨鹏程：《中国近代区域人才研究初探》，《湖南科技大学学报》（社会科学版）1989 年第 5 期。

第五章　晚清学术人物的地理分布

鸦片战争后，近代中国社会发生了根本性的变革，晚清学术思想也在这场变革中发生了历史性的变化。由于近代资产阶级人文科学与自然科学的输入，形成了所谓中、西两种文化思想互相碰撞和融合的新局面，由此出现了新的学术思潮和学术流派。学术人物作为社会的一大群体，在晚清社会大舞台上有着举足轻重的作用。本章试从晚清学术人物籍贯区域分布这一切入点出发，对其进行统计和分析，力求对晚清学术人物在全国范围内的地理分布作一系统的探讨，从而进一步了解区域的政治、经济、文化发展的状态对晚清学术人物籍贯分布的影响，以便更好地了解晚清人才的地理分布规律。

一　晚清经学家的地区分布

经学就是诠释、研究儒家经典的学问。经学形成于汉武帝时代，董仲舒的提议“罢黜百家，独尊儒术”被汉武帝采纳后，儒学遂由一民间学派上升为官方哲学，成为治国的法度。经学形成以后，经过2000多年的历史涤荡，逐渐形成今文经学、古文经学（汉学）、宋学三大派系。“古来国运有盛衰，经学亦有盛衰，国统有分合，经学亦有分合”①。今文经学在西汉，因为统治阶级的利用和提倡，在学术界几有独尊之势。古文经学出现于西汉末年，盛行于东汉。到了宋朝，经学的发展进入一个新时期。宋学是与汉学相对而言，人们习惯于将古文经学称为“汉学”，称宋代经学为“宋学”，而宋学常常被称为“理学”。

（一）清代经学发展概况

清代经学的发展大致可分为三个阶段：前期（一般指顺、康、雍三

---

①　皮锡瑞：《经学历史》，周予同注释，中华书局出版社2004年版，第1页。

朝）；中期（包括乾、嘉及道光前20年）；晚期（指道光后期至宣统各朝）。清代前期的统治者以宋学为官方哲学，但这一时期已经开始显露出推尊汉学的倾向，“汉学方萌芽，皆从宋学为根底，不分门户、各取所长，是为汉、宋兼采之学”①，就是清代前期经学研究的特点。到了清代中期的乾嘉两朝，崇尚考据训诂的汉学占据学术的主流地位。晚清时期，经学出现蜕化，今文经学崛起并对汉学形成压倒性优势，从而形成今文经学、汉学和宋学三足鼎立的局面。

鸦片战争之后的晚清经学，由于社会性质的变化，较之清前期和中期，又有很大的不同和特点。早自乾隆中后期始，清王朝就逐渐由盛转衰，至鸦片战争前夕已岌岌可危。鸦片战争的爆发与中国惨败，更使内忧外患，社会危机日益加深。社会历史发展又到了新的转折时期。此时，历史的发展进程要求思想家们把视线从对古代典籍的训释中转移到现实斗争中来，并提出挽救社会危机的方案与对策。面对这种现实，长于对儒家经典爬梳考据的乾嘉汉学，则捉襟见肘，无能为力，遂逐渐走向衰落。时代呼唤新的学术思潮和学术流派出现。于是适应于为社会变革作论证的儒家今文经学便重新复兴，由于今文经学派是不拘于古代典籍的章句文字，摒弃那种烦琐的考据学风，是一个比较活泼而少受羁束的学术派别。其中多非常异义可怪之论，诸如“大一统”、“张三世”、“通三统”、“受命改制”等。在社会发生急剧变动的时刻，借助这种“非常异义可怪之论”，便于阐发经世匡时和进行变革的思想，可以说它是士绅阶级应变的思想武器，也常常是要求变革的进步思想家实行变革的哲学。

晚清今文经学复兴自庄存与开创，中经刘逢禄、宋翔凤有进一步发展，至龚自珍、魏源、廖平、皮锡瑞、康有为等将今文经学明显地与社会变革联系起来，已具有明显的政治变革倾向。这一时期，经学家籍贯分布状态、所反映地区的历史文化背景以及对晚清政治经济发展产生的影响，都是值得我们研究的。

（二）晚清经学家地区分布

“到晚清时，已无汉学与宋学的对立，而代之以今文经学与古文经学的斗争”②，因此，经学家也分为今文经学家与古文经学家。因本节重点是分析经学家地区分布规律，故将今文经学家与古经者学家一起列表说

① 皮锡瑞：《经学历史、经学复盛时代》，中华书局1963年版，第341页。

② 《清代学术探研录》，中国社会科学出版社2002年版，第54页。

明。根据相关资料，对晚清时期经学家地区分布作一统计，列表 5 - 1 如下。

表 5 - 1　　晚清（1840—1912）经学家籍贯分布

姓名	生卒年	籍贯	出身	备注
龚自珍	1792—1841	浙江仁和	道光进士	官内阁中书、宗人府主事礼部主事
俞　樾	1821—1907	浙江德清	道光进士	官河南学政
戴　望	1837—1873	浙江德清	诸生	佐幕苏州，为金陵官书局校勘
孙诒让	1848—1908	浙江瑞安	同治举人	官刑部主事，浙江教育会长
王国维	1877—1927	浙江海宁	诸生、留日	
严可均	1762—1843	浙江乌程	嘉庆举人	官建德教谕
张　鉴	1768—1850	浙江乌程	嘉庆拔贡生	官武义教谕
冯登府	1783—1841	浙江嘉兴	嘉庆进士	官宁波府学教授
钱仪吉	1783—1850	浙江嘉兴	嘉庆进士	官户部主事
钱泰吉	1791—1863	浙江嘉兴	廪贡生	官海宁州训导
管庭芳	1797—1880	浙江海宁	诸生	
邵懿辰	1810—1862	浙江仁和	道光举人	历官内阁中书、刑部员外郎
陆心源	1834—1894	浙江归安	咸丰举人	官至福建盐运使
凌　堃	1796—1862	浙江乌程	道光举人	官兵部主事
李超孙	?	浙江嘉兴	嘉庆举人	官浙江会稽县教谕
李富孙	1764—1843	浙江嘉兴	嘉庆拔贡生	—
李遇孙	?	浙江嘉兴	嘉庆优贡生	官处州府训导
崔　适	1852—1924	浙江吴兴	—	任教于北京大学
黄式三	1789—1862	浙江定海	道光岁贡生	—
黄以周	1829—1899	浙江定海	同治举人	分水县训导、处州府学教授
章太炎	1869—1936	浙江余杭	留学日本	
徐时栋	1814—1873	浙江鄞县	道光举人	官内阁中书
朱一新	1846—1894	浙江义乌	光绪进士	陕西道监察御史
黄以恭	1829—1882	浙江定海	光绪举人	—
沈曾植	1851—1922	浙江嘉兴	光绪进士	官刑部主事
夏曾佑	1863—1924	浙江杭州	光绪进士	历官礼部主事、泗州知州、两江总督文案
顾广誉	1778—1865	浙江平湖	咸丰举人	—
张尔田	1874—1945	浙江钱塘	光绪举人	官刑部、江苏候补知府
钟文蒸	1818—1877	浙江嘉兴	道光举人	候选知县
谭延献	?	浙江仁和	同治举人	—
张延济	1768—1848	浙江嘉兴	—	—

续表

姓名	生卒年	籍贯	出身	备注
朱为弼	1770—1840	浙江平湖	嘉庆进士	授兵部主事，员外郎
沈　垚	1798—1840	浙江乌程	道光优贡生	—
王舟瑶	1858—1925	浙江黄岩	光绪举人	—
许　梿	1787—1862	浙江海宁	道光进士	官江苏粮储道
徐同柏	1775—1860	浙江海盐	贡生	—
陶方琦	1845—1884	浙江会稽	光绪进士	翰林院编修
方　潜	1805—1869	安徽桐城	—	
马瑞辰	1782—1853	安徽桐城	嘉庆进士	官工部员外郎
方东树	1772—1851	安徽桐城	诸生	
吴承仕	1881—1939	安徽歙县	光绪举人	—
朱　珔	1769—1850	安徽歙县	嘉庆进士	—
俞正燮	1775—1840	安徽黟县	道光举人	主讲江宁惜阴书院
包世臣	1775—1855	安徽泾县	嘉庆举人	官江西新喻知县
姚　莹	1785—1853	安徽桐城	嘉庆进士	官至湖南按察史
姚永概	1866—1923	安徽桐城	光绪举人	安徽高等学堂教务长
江有诰	？—1851	安徽歙县	—	—
汪宗沂	1837—1906	安徽歙县	光绪进士	官山西知县
汪文台	1796—1844	安徽黟县	—	—
汤　球	1804—1881	安徽黟县	同治举人	—
马三俊	1820—1854	安徽桐城	咸丰优贡生	—
胡培翚	1782—1849	安徽绩溪	嘉庆进士	官内阁中书、户部广东司主事
胡　澍	1825—1872	安徽绩溪	—	—
吕飞鹏	1777—1849	安徽旌德	县学附生	—
戴钧衡	1814—1855	安徽桐城	道光举人	—
萧　穆	1835—约1908	安徽桐城	诸生	—
成蓉镜	1816—1883	江苏宝应	—	
阮　元	1764—1849	江苏仪征	乾隆进士	历任内阁学士，户、礼、兵、工等部侍郎，山东、浙江学政，浙江、河南、江西巡抚，两湖两广、云贵总督，体仁阁大学士，加太子太保
丁　晏	1794—1875	江苏山阳	道光举人	主讲阜宁观海、淮关文津等书院
宋翔凤	1771—1860	江苏长洲	嘉庆举人	历官江苏泰州学正、湖南新宁知县
陈　立	1809—1869	江苏句容	道光进士	官刑期部主事、郎中
汪喜孙	1786—1840	江苏江都	嘉庆举士	官内阁中书，户部员外郎，河南怀庆府知府
陈　奂	1786—1863	江苏长洲	诸生，后举孝廉方正	—

续表

姓名	生卒年	籍贯	出身	备注
刘文淇	1789—1854	江苏仪证	嘉庆优贡生	官候选训导
刘宝楠	1791—1855	江苏宝应	道光进士	历官直隶文安、元氏、三河知县
刘师培	1884—1919	江苏仪征	光绪举人	—
李兆洛	1769—1841	江苏阳湖	嘉庆进士	官风台知县，主讲江阴书院
黄承吉	1771—1842	江苏江都	嘉庆进士	广西兴安县知县
汪士铎	1804—1889	江苏江宁	道光举人	授国子监助衔
马建忠	1844—1900	江苏丹徒	留学法国	任轮船招商局总办、上海机器布局总办
鲁一同	1805—1863	江苏山阳	道光举人	—
张文虎	1808—1885	江苏南汇	贡生	—
方　申	1787—1892	江苏仪征	—	—
柳兴恩	1795—1880	江苏丹徒	道光举人	—
刘恭冕	?	江苏宝应	光绪举人	—
刘毓崧	1818—1867	江苏仪征	道光优贡生	—
刘寿曾	1838—1882	江苏仪征	光绪副贡生	—
许桂林	1779—1821	江苏海州	嘉庆举人	—
梅　毓	?	江苏江都	同治举人	候选教谕
唐文治	1865—1954	江苏太仓	光绪进士	历官户部主事、外务部主事、员外郎、郎中、商部、左丞、右丞、农工部侍郎
刘熙载	1813—1881	江苏兴化	道光进士	历官国子监司业、广东学政、左春坊左中允
夏孙桐	1857—1941	江苏江阴	光绪进士	历任湖州、宁波、杭州知府
成　儒	1816—1883	江苏宝应	—	—
曹元忠	1865—1923	江苏吴县	光绪举人	历官学部图书馆礼学纂修、内阁侍读、资政院议员
缪荃孙	1844—1919	江苏江阴	光绪进士	翰林院编修
王　鎏	1786—1843	江苏吴县	诸生	—
庞大堃	?	江苏常熟	嘉庆举人	官至国子监学录
梅曾亮	1786—1856	江苏上元	道光进士	授户部郎中
汪荣宝	1878—1933	江苏元和	道光拔贡、留日	资政院议员
孙德谦	1859—1935	江苏元和	诸生	江苏、浙江通志局纂修
张　履	1792—1851	江苏震泽	嘉庆举人	句容县训导
庄　棫	1830—1898	江苏丹徒	—	—

续表

姓名	生卒年	籍贯	出身	备注
潘祖荫	1830—1890	江苏元和	咸丰进士	累官侍讲学士，大理寺少卿，左副都御史、工部、户部侍郎
朱骏声	1788—1858	江苏元和	嘉庆举人	官黟县训导，国子监博士衔
王颂蔚	1848—1896	江苏长洲	光绪进士	官户部主事，军机章京
叶昌炽	1847—1919	江苏长洲	光绪进士	授编修、擢侍讲、甘肃学政
袁宝璜	?	江苏元和	光绪进士	官刑部主事
吴大澂	1835—1902	江苏吴县	同治进士	授翰林院编修、湖南巡抚
翟中溶	1769—1842	江苏嘉定	—	—
毛岳生	1791—1841	江苏宝山	诸生	—
徐　鼒	1810—1862	江苏六合	道光进士	擢监察御史、出福宁知府
魏　源	1794—1857	湖南邵阳	道光进士	历任东台、兴化县令、高邮知州
王闿运	1833—1916	湖南湘潭	咸丰举人	翰林院检讨、礼学馆顾问
王先谦	1842—1917	湖南长沙	同治进士	国子监祭酒、江苏学政
皮锡瑞	1850—1908	湖南善化	光绪举人	主讲湖南桂阳州龙潭书院、江西南昌经训书院
贺长龄	1785—1848	湖南善化	嘉庆进士	山西学政、历江苏、山东、福建直隶布政史、官至云贵总督
唐　鉴	1778—1861	湖南善化	嘉庆进士	历官宁池太广道、江安粮道、江宁布政使等
谭嗣同	1865—1898	湖南浏阳	—	军机章京，“戊戌六君子”之一
邹汉勋	1805—1854	湖南新化	咸丰举人	—
吴敏树	1805—1873	湖南巴陵	道光举人	官湖南浏阳训导
郭嵩焘	1818—1891	湖南湘阴	道光进士	授编修、苏松粮储道、迁两淮盐运使、署广东巡抚、出使英法大臣
胡林翼	1812—1861	湖南益阳	道光进士	官至湖北巡抚
罗泽南	1806—1856	湖南湘乡	贡生	加布政使衔
汤　鹏	1801—1844	湖南益阳	道光进士	官至山东道监察御史
邓显鹤	1777—1851	湖南新化	嘉庆举人	官宁乡训导
周寿昌	1814—1884	湖南长沙	道光进士	授编修官内阁学士兼礼部侍郎
李希圣	1864—1905	湖南湘潭	光绪进士	刑部主事
何绍基	1799—1873	湖南道县	道光进士	四川学政
何维朴	1842—1922	湖南道县	同治副贡生	内阁中书
叶德辉	1864—1927	湖南湘潭	光绪进士	曾任吏部主事
李元度	1821—1887	湖南平江	道光举人	历官黔阳教谕，浙江温处道，安徽宁池太道，浙江盐运使、按察使

续表

姓名	生卒年	籍贯	出身	备注
陈　澧	1810—1882	广东番禺	道光举人	河源县训导
康有为	1858—1927	广东南海	光绪进士	曾任总理衙门章京
凌扬藻	1760—1845	广东番禺	乾隆进士	—
吴懋清	1774—1845	广东吴川	嘉庆举人	—
林伯桐	1778—1847	广东番禺	嘉庆举人	德庆州学正
桂文灿	？—1886	广东南海	道光举人	湖北郧县知县
侯　度	1799—1855	广东番禺	道光举人	署广西河池州知州
李文田	1834—1895	广东顺德	咸丰进士	授编修、督江西学政、官至礼部待郎
朱次琦	1807—1882	广东南海	道光进士	官山西孝义、襄陵知县
简朝亮	1851—1933	广东顺德	诸生	—
曾　钊	1793—1854	广东南海	道光拔贡生	官合浦县教谕、钦州学正
谭宗浚	1846—1888	广东南海	同治进士	历任四川学政、云南粮储道
梁廷枏	1796—1861	广东顺德	道光副贡生	官登海训导
夏敬观	1875—1953	江西新建	光绪举人	历任三江师范学堂、复旦、中国公学监督、江苏巡抚参政、署浙江提学使
龙文彬	1821—1893	江西永新	同治进士	官吏部主事
文廷式	1856—1904	江西萍乡	光绪进士	历官翰林院编修、侍读学士等
汪国垣	1887—1966	江西彭泽	—	—
胡思敬	1870—1922	江西新昌	光绪进士	监察御史
李瑞清	1867—1920	江西临川	光绪进士	江苏、江宁提学使
陈乔枞	1809—1869	福建闽县	道光举人	官抚州知府
林昌彝	1803—1876	福建侯官	道光举人	—
梁章钜	1775—1849	福建长乐	嘉庆进士	历官礼部员外郎、苏州府知府、江苏、山东按察使、江苏布政使、署两江总督
何秋涛	1824—1862	福建光泽	道光进士	历任刑部主事、员外郎
蒋湘南	1795—1860	河南固始	道光举人	—
徐世昌	1855—1939	直隶天津	光绪进士	官至军机大臣、体仁阁大学士
华长卿	1805—1881	直隶天津	道光举人	奉天开源训导
徐　松	1781—1848	直隶大兴	嘉庆进士	历官内阁中书、礼部主事、员外郎等
王熙震	？	直隶	道光拔贡生	官户部主事、员外郎中、宜昌知府
郑　杲	1852—1900	直隶迁安	光绪进士	授刑部主事，后迁员外郎
苗　夔	1783—1857	直隶肃宁	道光优贡生	—

续表

姓名	生卒年	籍贯	出身	备注
贺　涛	1849—1912	直隶武强	光绪进士	官刑部主事
郑知同	?	贵州遵义	—	—
莫友芝	1811—1871	贵州独山	道光举人	以知县先官
莫与俦	1763—1841	贵州独山	嘉庆进士	历官四川盐源知县、遵义府学教授
郑　珍	1806—1864	贵州遵义	道光举人	曾任右州厅训导、威宁学正、镇远、荔波县训导
杨深秀	1849—1898	山西闻喜	光绪进士	迁郎中，转山东道监察御史，为“戊戌六君子”之一
张　穆	1805—1849	山西平定	道光优贡	—
龙启瑞	1814—1858	广西临桂	道光进士	历官湖北学政、通政司副使、江西学政、布政使
王　拯	1815—1876	广西马平	道光进士	历官户部主事、郎中、军机章京、大理寺少卿
廖　平	1852—1932	四川井研	光绪进士	官龙安府学教授
宋育仁	1858—1931	四川富顺	光绪进士	驻外使馆参赞
刘光第	1859—1898	四川富顺	光绪进士	授刑部主事、充军机章京，为“戊戌六君子”之一
李稷勋	?	四川秀山	光绪进士	官邮传部参议
柯劭忞	1850—1933	山东胶州	光绪进士	历官河南学政、充京师大学堂监督等
李佐贤	1807—1876	山东利津	道光进士	官至汀州知府
陈价祺	1813—1884	山东淮县	道光进士	官至翰林院编修
刘喜海	1793—1853	山东诸城	举人	官至浙江布政使
吴式芳	1796—1856	山东海丰	道光进士	历任翰林院编修，江西南安府知府等职
许　瀚	1797—1866	山东日照	道光举人	官山东峄县教谕
叶名沣	1811—1859	湖北汉阳	道光举人	官内阁中书、迁侍读、改浙江候补道
杨守敬	1839—1915	湖北宜都	同治举人	黄州府学教授
张　澍	1781—1847	甘肃武威	嘉庆进士	历官玉屏、兴文、永新知县

资料来源：1. 戴逸、王和：《二十六史辞典》人物卷，吉林人民出版社 1993 年版。

2. 萧一山：《清代通史》第四册，北京中华书局 1986 年版。

3. 《中国儒学百科全书》，中国大百科出版社 1997 年版。

4. 黄开国主编：《经学辞典》，四川人民出版社 1993 年版。

5. 梁淑安主编：《中国文学家辞典》（近代卷），中华书局 1997 年版。

根据表 5－1 对经学家的籍贯分布再作如下统计，如表 5－2 所示。

表 5 -2　　晚清经学家籍贯分布比较

籍贯	人数	百分比（%）	位次
江苏	46	26. 59	1
浙江	37	21. 39	2
湖南	20	11. 56	3
安徽	19	10. 98	4
广东	13	7. 51	5
江西	6	3. 47	6
山东	6	3. 47	6
直隶	6	3. 47	6
四川	4	2. 31	7
福建	4	2. 31	7
贵州	4	2. 31	7
广西	2	1. 16	8
湖北	2	1. 16	8
山西	2	1. 16	8
甘肃	1	0. 58	9
河南	1	0. 58	9
合计：173 人			

纵观表 5 -2，可以明显看出经学家籍贯分布的不平衡。晚清经学家共统计 173 人，其中江苏 46 人，占经学家总人数的 26. 59%，居于首位；其次是浙江和湖南人数居中，分别为 37 人和 20 人，各占经学家总人数的 21. 39% 和 11. 56%；再次是安徽人数为 19 人，占经学家总人数的 10. 98%；然后是广东省人数为 13 人，占经学家总人数的 7. 51%。其他省份人数不多。

（三）经学家籍贯区域分布分析

由以上两表统计可以看出，晚清经学家主要分布在江苏、浙江、湖南、安徽、广东，其次为江西、山东、四川、直隶，而其他地区分布较少。内蒙、新疆、宁夏、青海、西藏甚至是分布上的空白。为何会出现这种分布的不均衡？

与顺治、康熙、雍正一样，乾隆即位之初，仍以尊用宋学为主，对长于理学之臣鄂尔泰、张廷玉等人也倍加重用。但是，随着臣僚间明争暗斗的日以加剧和强化集权的需要，乾隆便着力打击鄂尔泰势力，严惩张廷玉之党，渐渐便由冷遇理学大臣发展到疏远朱子学说。与此同时，对汉学则予以热情关注，越来越多的汉学家也受到礼遇和重用，这就与康熙、雍正时期依靠理学臣僚的局面有了很大的不同。

这种不同，从文化层面上讲，一方面是基于学术发展基础之上的。尽管清朝前期的统治者尊崇宋学，但汉学并未停止发展，而“阎百诗，胡东樵一派之经学，承顾、黄之绪，直接开后来乾嘉学派”①。在这样的形势下，乾隆远离宋学而关注汉学，是十分正常的事。另一方面，则基于此前持续不断的文化传承和学术积淀。譬如经学，曾先后出现过《五经》、《六经》、《七经》、《九经》、《十一经》、《十三经》、《十四经》等不尽相同的文献系列，这本身就是经常不断发展的外在标志，也是清代学术发展的基本条件之一。如经学的重要代表人物王念孙、李惇、顾凤毛等人自幼学习《十三经》，就为后来的学术研究奠定了基础，而江苏的朱彬、焦循、阮元、凌延堪、刘文淇、刘宝楠等人更深入研究《十三经》，并著述宏富，更是在传承上的更大发展。

而体现不同文化政策的具体措施，主要是科举制度内容的变化。科举中殿试的内容，无疑是文化政策的风向标，通过科举，一批又一批的汉学家脱颖而出，甚至成为封疆大吏，如玉鸣盛、纪昀、王昶、谢墉、朱筠、钱大昕、毕沅、赵翼、陆费墀、任大椿、邵晋涵、孔广森、程晋芳、孔继涵、阮元等。如果“从清代状元的地理分布上考察，则江苏状元垄断顺治朝的62.5%，康熙朝的76.19%，雍正朝的60%，乾隆朝的44.44%，嘉庆朝的25%，与安徽并列第一；道光朝占20%，名列首位，咸丰朝达20%，与安徽并列第二；同治朝又占绝对优势达66.67%。浙江状元在咸丰朝达到40%，超过一直领先的江苏，康熙、乾隆朝仅次于江苏。湖北状元在嘉庆朝达16.6%，仅居江苏、安徽（均为25%）之后”②。又王跃生据科题本的统计，“乾隆六十年进士录取率达2.5%以上的有江苏、安徽、江西、浙江四省”③。由此可见江、浙、皖、赣这些地域有着深厚的文化积淀。晚清经学家中，有很多是举人、进士出身，有的通过科举谋得了一定的职位，在政治上也处于一定的地位。深厚的家学渊源也对晚清经学的发展有一定的影响。如浙江仁和的经学大师龚自珍（1792—1841）生长在世代为官的书香门第，其祖父辈皆为进士出身，父亲龚丽正是著名

① 梁启超：《中国近三百年学术史》，中华书局1985年版，第17页。

② 吴建华：《状元的命运》，《南京大学学报》社会史专辑，1989年，第74—87页。

③ 王跃生：《清代举人研究》，《南京大学学报》社会史专辑，1989年，第68页。

汉学家段玉裁的门生和女婿，并有《国语补注》、《楚辞名物考》等著述留世。再如江苏江都汪中一生劳苦而勤于治学，终成大家，其子汪喜孙传承汉学，而终成为一经学大家。

江苏、浙江、广东、福建位于东南沿海地区，濒临大海，有大运河贯通南北，交通便利。在江南粮食市场体系中，长江水系发挥了巨大的作用。四川、两湖等产粮区粮食向下江缺粮区的调运，主要是依靠长江实现的，因此沿长江出现了许多大型米市，如泸州、汉口、九江、重庆、安庆、芜湖以及苏州。这些米市都是当时最重要的粮食集散地和转输地，吞吐量大，而它们的运作状况，直接决定着全国米价的波动幅度及粮食市场的稳定。湖南境内的衡阳、湘潭、长沙与江西境内的南昌、抚州等，它们分别将洞庭湖、鄱阳湖流域及湖南、江西腹地产粮区的粮食汇集起来，通过湘江和赣江，输之于长江水道，成为全国粮食市场不可分割的一个组成部分，与位于长江水道上的诸米市，共同构成江南粮食系统。与此同时，北方盐船通过大运河运往南方，因而，沿江、沿岸这些城市成了粮运、盐运中心和货物集散地，经济逐渐繁荣，这些区域也成为东南地区繁华的商业城市。

经济的繁荣发达影响着文化的发展，经济发达的地区其文化也相对发达。晚清经学家的籍贯主要分布在东南沿海、长江流域，是与这些区域深厚的文化积淀和自身优越的自然地理环境是分不开的。

二　晚清文学家的地区分布

在中华民族悠久灿烂的文明中，最浩繁丰富的莫过于文学了。在穹远不可纪年的上古时期，先民结绳而记，商契文字，有感而发，铠者歌其食、劳者歌其事，是为文学之萌芽。至文、武周王及春秋战国时期，始有《诗经》、《离骚》，奠定了中国文学的基础与发展渊源。此后，则有汉赋、魏晋南北朝乐府民歌、唐诗、宋词、元曲、明清小说。一代有一代之文学，一代有一代之大家，形成了中国文学推断陈出新、鼎革通变的发展格局。清代诗文作家在总结元明两代复古流派经验教训的基础上，在继承和发展前代遗产的实践中，在沧桑变革时代风景的震荡下，开出了有清一代诗文家名家辈出、超越元明、抗衡唐宋的新局面。

晚清时期，中国社会发生了一系列变化和剧烈动荡，传统文化遇到内部觉醒者的怀疑、批判和外部西方近代文明的挑战、冲击，古代文学和文论体系赖以保持其稳定的一些条件，诸如相对封闭的人文环境、恒定的社会结构和文人地位，以儒家思想为中心的传统文化和教育造成的思维惯性，逐一被打破。文学的各要素都不可能按照原来的方式，沿着既定轨道作惯性运动了。晚清的文学体系，包括文学的社会属性、作家构成、理论观念、创作内涵、审美规范、形式体制、语言模式和传播方式等等，所有这些文学构成要素均全面的整体性转换了。由此出现了一批推进中国文学变革的著名文学家，如龚自珍、王韬、郑观应、康有为、梁启超、谭嗣同、严复、吴趼人、李伯元、欧阳钜元、章太炎等。

但与此同时，另一些文学流派力图在传统文学规范的范围内适应调整，以求生存，但在晚清社会条件下这种调整已无法改变传统文学衰微的命运。这种“衰”中求变、变而未改其衰的“衰变”，成为各种传统诗文流派的共同特征，代表了晚清文学的另一种趋势。如梅曾亮、方东树等桐城派姚门弟子，以及程恩泽、何绍基、郑珍等。

（一）晚清文学家的地区分布

中国晚清时期的文学是比较丰富的。现将晚清文学家的籍贯分布统计如下（见表5-3）。

表5-3 晚清（1840—1912）文学家籍贯分布

姓名	生卒年	籍贯	出身	备注
钱　泳	1759—1844	江苏金匮	诸生	—
阮　元	1764—1849	江苏仪征	乾隆进士	历任乾、嘉、道、三朝巡抚、诸部尚书等
李兆洛	1769—1841	江苏阳湖	嘉庆进士	凤台知县
黄承吉	1771—1842	江苏江都	嘉庆进士	官兴安、岑溪知县
吴廷深	1773—1844	江苏元和	嘉庆进士	历官金华、杭州知府
邓廷桢	1776—1846	江苏江宁	嘉庆进士	官至安徽巡抚
姚　椿	1777—1853	江苏娄县	监生	—
汤贻汾	1778—1853	江苏武进	—	授守备
李宗昉	1779—1846	江苏山阳	嘉庆进士	官侍讲，侍读，内阁学士等
赵　函	1780—1845	江苏震泽	—	—
宋翔凤	1776—1860	江苏长州	嘉庆进士	官新宁知县，泰州学政
顾　翰	1782—1860	江苏无锡	嘉庆副贡	—
张祥河	1785—1862	江苏华亭	嘉庆进士	历官户部主事，工部尚书

续表

姓名	生卒年	籍贯	出身	备注
汪喜孙	1786—1840	江苏江都	嘉庆举人	官内阁中书，户部员外郎
梅曾亮	1786—1856	江苏上元	道光进士	官户部郎中
陈　奂	1786—1863	江苏长州	—	—
柳树芳	1787—1850	江苏吴江	嘉庆诸生	—
方　申	1787—1840	江苏仪征	—	—
朱　绶	1789—1840	江苏元和	—	—
严可均	1762—1843	浙江乌程	嘉庆举人	—
李富孙	1764—1843	浙江嘉兴	嘉庆拔贡	—
张　鉴	1768—1850	浙江乌程	嘉庆副贡	—
胡　敬	1769—1845	浙江仁和	—	—
陈文述	1771—1843	浙江钱塘	嘉庆举人	历官江都、全椒等知县
沈道宽	1772—1853	浙江鄞县	嘉庆进士	—
童　槐	1773—1857	浙江鄞县	嘉庆进士	官至通政司副司长
汤金钊	1772—1856	浙江萧山	嘉庆进士	历官内阁学士、协办大学士
叶绍本	1767—1841	浙江归安	嘉庆进士	官福建学政、山西布政使
冯登府	1783—1841	浙江嘉兴	嘉庆进士	官宁波府教授
钱仪吉	1783—1850	浙江嘉兴	嘉庆进士	官户部主事
毛国翰	1772—1846	湖南长沙	嘉庆诸生	—
欧阳格	1767—1841	湖南新化	乾隆举人	—
邓显鹤	1777—1851	湖南新化	嘉庆举人	—
唐　鉴	1778—1861	湖南善化	嘉庆进士	官宁池广道，江宁布政使
凌扬藻	1760—1845	广东番禺	诸生	—
吴荣光	1773—1843	广东南海	嘉庆进士	历任陕西陕安道、湖南布政使、巡抚
吴懋清	1774—1845	广东吴川	嘉庆举人	—
黄培芳	1776—1857	广东香山	嘉庆副贡	官内阁中书
张维屏	1780—1859	广东番禺	道光进士	历官湖北长阳、江西太和知县
温　训	1788—1851	广东长乐	道光举人	—
姚元之	1773—1852	安徽桐城	嘉庆进士	任河南学政，内阁学士
齐彦槐	1774—1841	安徽婺源	嘉庆进士	金匮知县
方东树	1772—1851	安徽桐城	诸生	—
朱　珔	1769—1850	安徽泾县	嘉庆进士	—

续表

姓名	生卒年	籍贯	出身	备注
俞正燮	1775—1840	安徽黟县	道光举人	—
包世臣	1775—1855	安徽泾县	嘉庆举人	官江西新喻知县
姚柬之	1785—1847	安徽桐城	道光进士	历官临章知县，大定知府
杨兆璜	1778—1845	福建邵武	嘉庆进士	官金华知县，直隶广平知府
林则徐	1785—1850	福建侯官	嘉庆进士	历官御史，江苏巡抚，湖广总督
梁章钜	1755—1849	福建长乐	嘉庆进士	官礼部员外郎，署两江总督
张　澍	1781—1847	甘肃武威	嘉庆进士	历官兴文、永新知县
徐　松	1787—1848	直隶大兴	嘉庆进士	官内阁中书、礼部员外郎等
周之琦	1785—1862	河南祥符	嘉庆进士	历任四川盐茶道，广西、江西、湖北巡抚
黎　恂	1785—1863	贵州遵义	嘉庆进士	桐乡知县
刘文淇	1789—1854	江苏仪征	嘉庆优贡生	官候选训导
袁　翼	1789—1863	江苏宝山	道光举人	官峡江、安福、会昌知县
吴嘉洤	1790—1865	江苏吴县	道光进士	内阁中书、入直军机处
毛嶽生	1791—1865	江苏宝山	诸生	世袭云骑尉
陆　嵩	1791—1860	江苏元和	道光优贡	官镇江府学训导
翁心存	1791—1862	江苏常熟	道光进士	官广东、江西学政、工部、户部侍郎，体仁阁大学士等
季锡畴	1791—1862	江苏太仓	贡生	—
张　履	1792—1851	江苏震泽	嘉庆举人	官句容县训导
潘曾沂	1792—1852	江苏吴县	嘉庆举人	官内阁中书
刘宝楠	1791—1855	江苏宝应	道光进士	历官文安、固安、元氏、三河知县
叶廷琯	1792—1869	江苏吴县	诸生	—
彭蕴章	1792—1862	江苏长州	道光进士	历官鸿月寺与光禄寺少卿
张应昌	1790—1874	浙江归安	嘉庆举人	官内阁中书
钱泰吉	1791—1863	浙江嘉兴	廪贡生	官海宁训导
赵庆喜	1792—1847	浙江仁和	道光进士	—
宋稷辰	1792—1867	浙江会稽	道光举人	官至山东运河道
吴振棫	1793—1870	浙江钱塘	嘉庆进士	历官大理、登州、沂州知府，云南、陕西巡抚
李　惺	1787—1864	四川垫江	嘉庆进士	历官国子监司业，詹事府左赞善
陈偕灿	1789—1861	江西宜黄	道光举人	长泰、惠安知县
贺长龄	1785—1848	湖南善化	嘉庆进士	历江苏、山东直隶布政使，官至云贵总督
徐　荣	1792—1855	汉军正黄旗	道光进士	历官遂昌、嘉兴、临安知县

续表

姓名	生卒年	籍贯	出身	备注
姚　莹	1785—1853	安徽桐城	嘉庆进士	历官福建平和、龙溪知县
招予庸	1793—1846	广东南海	嘉庆举人	—
黄爵滋	1793—1853	江西宜黄	道光进士	历官监察御史、通政使，官至礼部，刑部侍郎
何曰愈	1793—1872	广东香山	县学武生	四川会理知州
俞万春	1794—1849	浙江山阴	诸生	—
龚自珍	1792—1841	浙江仁和	道光进士	官礼部主事
管庭芳	1797—1880	浙江海宁	诸生	—
沈　垚	1798—1840	浙江乌程	道光优贡生	—
吴　藻	1799—1862	浙江仁和	—	—
魏　源	1794—1857	湖南邵阳	道光进士	历官东台、兴化县令、高邮知州
李星沅	1797—1851	湖南湘阴	道光进士	历官广东学政、汉中知府、河南粮道、四川、江苏按察使、云贵、两江总督
何绍基	1799—1873	湖南道州	—	四川学政
丁　晏	1794—1875	江苏山阳	道光举人	—
陈　森	1796—1870	江苏常州	—	—
沈谨学	1800—1847	江苏元和	—	—
梁廷枏	1796—1861	广东顺德	道光副贡生	官登海训导
冯　询	1797—1867	广东番禺	嘉庆进士	历官吴城同知，署九饶州知府
谭　莹	1800—1871	广东南海	道光举人	官宣化训导，迁琼州教授，加阁中书衔
陈庆镛	1795—1858	福建晋江	道光进士	授户部主事、迁员外郎
张际亮	1799—1843	福建建宁	道光举人	—
赵对澂	1798—1860	安徽合肥	道光廪贡生	历官安徽亳州、和州、池州学官
刘伯友	1798—1869	安徽阜阳	—	—
严廷中	1795—1864	云南宜良	诸生	—
朱丹蔓	？—1852	云南石屏	道光进士	—
祁寯藻	1793—1866	山西寿阳	嘉庆进士	历官侍讲学士，内阁学士，兵、户、吏各部侍郎
陈世庆	1796—1854	江西德化	诸生	—
王柏心	1799—1873	湖北监利	道光进士	官刑部主事
顾　春	1799—1876	满洲镶黄旗	—	—
蒋湘南	1795—1860	河南固始	道光举人	—
文　康	？—1865	满洲镶红旗	—	授天津兵备道，凤阳府通判

续表

姓名	生卒年	籍贯	出身	备注
汤　鹏	1801—1844	湖南益阳	道光进士	历官户部主事、户部员外郎
张声阶	1803—1861	湖南湘潭	道光举人	官直隶元氏知县
邹汉勋	1805—1854	湖南新化	咸丰举人	—
吴敏树	1805—1873	湖南巴陵	道光举人	官湖南浏阳训导
张金镛	1805—1856	浙江平湖	道光进士	授编修，官至侍讲
费丹旭	1801—1850	浙江乌程	—	—
戴　熙	1801—1860	浙江钱塘	道光进士	历官赞善、中允、侍讲、侍讲学士、兵部右侍郎
沈兆霖	1801—1865	浙江钱塘	道光进士	历官国子监司业、内阁学士、吏部侍郎、户部尚书
陆以湉	1801—1872	浙江桐乡	道光进士	官台郡、杭州府学教授
姚　燮	1805—1864	浙江镇海	道光举人	—
黄燮清	1805—1864	浙江海盐	道光举人	—
陈钟祥	1805—1857	浙江山阴	—	历官青神、绵竹、大邑知县
郑献甫	1802—1870	广西象州	道光进士	授刑部主事
朱　琦	1803—1864	广西临桂	道光进士	授编修，改御史
黄辅辰	1803—1848	贵州贵筑	道光进士	补吏部文选司主事，迁考功司郎中
黎兆勋	1804—1864	贵州遵义	诸生	—
郑　珍	1806—1864	贵州遵义	道光举人	官荔波训导
汪士铎	1807—1889	江苏江宁	道光举人	授国子监助教衔
鲁一同	1805—1863	江苏山阳	—	—
苏廷魁	1804—1878	广东高要	道光进士	历官御史、给事中，河南布政使、东河河道总督
杨懋建	1807—?	广东嘉应州	道光举人	官国子监学政
朱次琦	1807—1882	广东南海	道光进士	历官孝义、襄陵知县
百　保	?—1861	满洲旗人	—	—
林昌彝	1806—1876	福建侯官	道光举人	—
吴嘉宾	1803—1876	江西南丰	道光进士	授编修
蒋敦复	1808—1867	江苏宝山	诸生	—
潘曾莹	1808—1878	江苏吴县	道光进士	历官、侍讲学士、内阁学士、吏部侍郎
吴昆田	1808—1882	江苏清河	道光举人	官内阁中书，刑部员外郎
张文虎	1808—1885	江苏南汇	贡生	官候选训导
陈　立	1809—1869	江苏句容	道光进士	官刑部主事、郎中

续表

姓名	生卒年	籍贯	出身	备注
冯桂芬	1809—1874	江苏吴县	道光进士	官右春坊右中允
余　治	1809—1874	江苏无锡	诸生	—
何兆瀛	1809—1890	江苏江宁	道光举人	官杭嘉湖道、广东盐运使、浙江按察使
徐　鼒	1810—1862	江苏六合	道光进士	授编修，擢监察御史
潘曾绶	1810—1883	江苏吴县	道光举人	官至内阁侍读，赠三品卿衔
贝青乔	1810—1862	江苏吴县	诸生	曾在林则徐属下帮助赈灾
许宗衡	1811—1861	江苏上元	咸丰进士	授内阁中书，迁起居注主事
邵懿辰	1810—1861	浙江仁和	道光举人	历官内阁中书、刑部员外郎、入值军机处
许光治	1811—1855	浙江海宁	廪贡生	—
雷从諴	1806—1884	湖北咸宁	道光进士	历官郎中、给事中，侍读学士，奉天府丞
叶名沣	1811—1859	湖北汉阳	道光举人	官内阁中书，迁侍读，改浙江候补道
华长卿	1805—1881	直隶天津	—	—
刘书年	1811—1861	直隶献县	道光进士	历任贵州安顺、贵阳等地知府
陈　澧	1810—1882	广东番禺	道光举人	任河源县学训导，得京官国子监录衔
张　穆	1805—1849	山西平定	道光优贡	—
李文瀚	1805—1854	安徽宣城	道光举人	历官长安知县、嘉定知府
杨彝珍	1809—1899	湖南武陵	道光进士	兵部主事
孔宪彝	1808—1863	山东曲阜	道光举人	官内阁侍读
莫友芝	1811—1861	贵州独山	道光举人	以知县选官
赵　旭	1812—1866	贵州桐梓	诸生	官荔教谕
曾国藩	1811—1872	湖南湘乡	道光进士	任两江总督、直隶总督，封一等毅勇侯
周寿昌	1814—1884	湖南长沙	道光进士	历官侍讲、侍读、内阁学士兼礼部侍郎
左宗棠	1812—1885	湖南湘阴	道光举人	历官浙江巡抚、闽浙总督、陕甘总督、协办大学士
顾文彬	1811—1889	江苏元和	道光进士	浙江宁绍道台
刘熙载	1813—1881	江苏兴化	道光进士	历官国子监司业，广东学政，左春坊左中允
秦缃业	1813—1883	江苏无锡	道光副贡	浙江同知，积官至候补道，署两浙盐运使
黄钧宰	1826—1876?	江苏山阳	道光拔贡	官奉贤训导
徐子苓	1812—1876	安徽合肥	道光举人	—
戴钧衡	1814—1855	安徽桐城	道光举人	—

续表

姓名	生卒年	籍贯	出身	备注
汪日桢	1812—1881	浙江乌程	咸丰举人	官会稽教训
徐时栋	1814—1873	浙江鄞县	道光举人	入赀为内阁中书
史梦兰	1813—1898	直隶乐亭	道光举人	—
龙启瑞	1814—1858	广西临桂	道光进士	历官湖北学政，通政司副使，江西学政布政使
承　龄	1814—1865	满洲镶黄旗	道光进士	官至贵州按察使
冯志沂	1814—1867	山西代州	道光进士	历官刑部主事、郎中，庐州知州，凤颖六泗道，安徽按察使
方玉润	1811—1883	云南宝宁	道光诸生	官陇州州判
孙衣言	1815—1890	浙江瑞安	道光进士	历任安庆知府，江宁布政使、湖北布政使
杜文澜	1815—1881	浙江秀水	—	历署江苏布政使、江苏按察使、江安粮道、苏松太道、常镇通海道
钱振伦	1816—1879	浙江归安	道光举人	授编修，升国子监司业
端木埰	1815—1887	江苏江宁	道光优贡	授内阁中书，升侍读
何　栻	1816—1873	江苏江阴	道光进士	历官江西建昌、吉安知府
江　湜	1818—1866	江苏长洲	道光优贡	为彭蕴章招入福建幕
刘毓崧	1818—1867	江苏仪征	—	曾入曾国藩幕多年
蒋春霖	1818—1868	江苏江阴	—	两淮盐官
金　和	1818—1885	江苏上元	诸生	—
陆增祥	1816—1882	江苏太仓	道光进士	累官至辰、沅、永靖道
刘　蓉	1816—1873	湖南湘乡	诸生	官至陕西巡抚
彭玉麟	1816—1890	湖南衡阳	咸丰举人	官至安徽巡抚，巡阅长江水师
游智开	1816—1900	湖南新化	道光拔贡	历官和州知府，永定河道，四川按察使
许瑶光	1817—1882	湖南善化	道光拔贡	历官浙江桐庐、淳安、诸暨、宁海，仁和等县知县，嘉兴府知府
薛时雨	1818—1885	安徽全椒	咸丰进士	授嘉兴知县，署嘉善知县
方睿颐	1815—1894	安徽定远	道光进士	历官台谏，西广盐运使四川按察使
勒方锜	1816—1880	江西新建	道光进士	起官刑部，积升至福建巡抚、河东河道总督
王　拯	1815—1876	广西马平	道光进士	历官户部主事、郎中、军杭间京，大理寺少卿，太常寺卿，署左副都御史
潘曾玮	1818—1885	江苏吴县	荫生	官太常博士，刑部郎中
左锡嘉	1830—？	江苏阳湖	—	—
洪仁玕	1822—1864	广东花县	塾师	—

续表

姓名	生卒年	籍贯	出身	备注
郭嵩焘	1818—1891	湖南湘阴	道光进士	授编修，授苏松粮储道，迁两淮盐运使，署广东巡抚、出使英法大臣
孙鼎臣	1819—1859	湖南善化	道光进士	选庶吉士，授编修
李元度	1821—1887	湖南平江	道光举人	历官黔阳教谕，浙江盐运使、按察使
魏秀仁	1818—1873	福建侯官	道光举人	吏部拣选知县，以守城议，授五品衔
林寿图	?	福建闽县	道光进士	历任工部员外郎、军机章京、御史、顺天府尹、陕西布政史
李联琇	1820—1878	江西临川	道光进士	历官侍讲学士，福建提督，江苏学政，大理寺卿
龙文彬	1821—1893	江西永新	同治进士	官吏部主事
王德馨	1820—1888	浙江永嘉	道光诸生	—
张　道	1821—1862	浙江钱塘	诸生	—
吴仰贤	1821—1862	浙江嘉兴	咸丰进士	官云南迤东道
俞　樾	1821—1907	浙江德清	道光进士	官河南学政
杨　岘	1819—1896	浙江归安	咸丰举人	署常州知府，补松江知府
吴观礼	? —1878	浙江仁和	同治进士	选庶吉士，授编修
周　闲	1820—1875	浙江秀水	—	官新阳知县
朱克敬	? —1890	甘肃臬兰	—	捐官补龙山典史
边浴礼	1822—?	直隶任丘	道光进士	历官吏部给事中，河南归德知府，河南汝光道员、河南布政使
李士棻	1822—1885	四川忠州	咸丰副贡	官江西临川知县
方宗诚	1818—1888	安徽桐城	诸生	官枣强知县
王尚辰	1827—1902	安徽合肥	—	官翰林院典簿
陈　烺	1822—1903	江苏阳湖	道光举人	官浙江盐官、三江场盐务，龙山盐务
翁端恩	1826—1892	江苏常熟	诸生	历官贵东道，官至江苏布政使
丁日昌	1823—1882	广东丰顺	—	历官万安知县，苏松太道，江苏、福建巡抚
叶衍兰	1823—1897	广东番禺	咸丰进士	历官户部主事
许善长	1823—1889	浙江仁和	—	历官内阁中书、江西建昌知府、信州知州
江　泉	1828—1891	浙江山阴	—	—
张景祁	1827—1894	浙江钱塘	同治举人	官连江知县
赵　铭	1828—1889	浙江秀水	国子监生	官直隶候补道，入李鸿章幕
刘履券	1827—1879	浙江江山	同治进士	官户部主事
李寿蓉	?	湖南长沙	咸丰进士	官户部主事
易佩绅	1826—1906	湖南龙阳	诸生	—

续表

姓名	生卒年	籍贯	出身	备注
欧阳勋	1827—1856	湖南湘潭	附生	—
邓辅沦	1828—1893	湖南武冈	咸丰副贡生	—
曾传钧	1827—1881	湖南善化	道光贡生	历官蓝山、邵阳等县教谕、岳州府训导，直隶州知州
张裕钊	1823—1894	湖北武昌	道光举人	官内阁中书
胡盍朋	1826—1866	江苏沭阳	道光进士	—
周星誉	1826—1884	河南祥符	咸丰拔贡	改庶吉士，授编修
韩小窗	1828—1890	辽宁开原	—	—
王　权	1822—1905	甘肃优羌	道光举人	历官甘肃文昌县教谕，陕西延长、兴平、富平知县
王　韬	1828—1897	江苏长洲	诸生	—
秦敏树	1828—1908	江苏吴县	—	曾任天目山巡检
庄　棫	1829—1878	江苏丹徒	—	—
翁同龢	1830—1904	江苏常熟	咸丰进士	历官总理各国事务大臣，户部尚书，协办大学士
潘祖荫	1830—1890	江苏吴县	咸丰进士	官至工部尚书
濮文暹	1830—1909	江苏溧水	同治进士	授刑部主事，迁郎中
杨葆光	1830—1912	江苏娄县	诸生	官景宁知县
王星诚	1831—1859	浙江山阴	咸丰副贡生	—
赵之谦	1829—1881	浙江会稽	咸丰举人	历官鄱阳、奉新南城县丰
张鸣珂	1829—1908	浙江嘉兴	咸丰拔贡	历官德兴知县、义宁知州
王治寿	1830—1881	浙江山阴	贡生	官金华县训导
李慈铭	1830—1894	浙江会稽	光绪进士	入赀为户部郎中，补山西道监察御史
方睿师	1830—1889	安徽定远	咸丰举人	官内阁中书，广东肇罗道
宣　鼎	1832—1880	安徽天长	诸生	历官江西粮道，署布政使，按察使
萧　穆	1835—1904	安徽桐城	县学生	—
龚易图	1834—1893	福建闽县	咸丰进士	官至广东、湖南布政使
李鸿裔	1831—1885	四川中江	咸丰举人	历官兵部主事，江苏按察使、布政使
任其昌	1831—1900	甘肃秦州	同治进士	授户部主事
平步青	1832—1896	浙江山阴	同治进士	—
丁　丙	1832—1899	浙江钱塘	诸生	—

续表

姓名	生卒年	籍贯	出身	备注
施　山	1835—1901?	浙江会稽	监生	—
施补华	1835—1890	浙江乌程	同治举人	擢知府，加盐运使衔
谭　献	1832—1901	浙江仁和	同治举人	曾入曾国藩幕
戴　望	1835—1904	浙江德清	诸生	—
陆心源	1834—1894	浙江归安	—	—
王闿运	1833—1916	湖南湘潭	咸丰举人	浙江会稽
杨恩寿	1835—1891	湖南长沙	同治举人	历官詹事府主簿，湖北盐运使，候补知府，湖北护贡使
高心夔	1835—1883	江西湖口	咸丰进士	署吴县知县，曾入李鸿章幕
刘铭传	1836—1895	安徽合肥	诸生	
汪宗沂	1937—1900	安徽歙县	同治进士	签分山西即用知县
黎庶昌	1837—1898	贵州遵义	—	官至川东兵备道
张荫桓	1837—1900	广东南海	光绪进士	山东盐运使授徽宁池太道，署按察使，为出使美国、西班牙、秘鲁三国大臣
张之洞	1837—1909	直隶南皮	光绪举人	历官侍讲、内阁学士、山西巡抚、两广总督、湖广总督、两江总督、协办大学士、体仁阁大学士，军机大臣
立　山	？—1900	蒙古正黄旗	—	历官六品掌库，苏州织造，总管内务府大臣，户部尚书
陈作霖	1837—1920	江苏江宁	—	历任江宁府志局分纂，两江学务处参议等
薛福成	1838—1894	江苏无锡	同治副贡生	宣化知府，出使、英、法、意、比四国大臣
刘清韵	1841—1916	江苏海州	—	—
许　珏	1843—1916	江苏无锡	光绪举人	出使英、法、意、比任参赞
冯　煦	1843—1927	江苏鑫坛	光绪进士	历官凤阳知府、安徽巡抚
马建忠	1844—1900	江苏丹徒	—	曾任轮船招商局总办
邓　瑜	1842—1901	江苏金匮	—	—
邹　弢	？—1924	江苏金匮	诸生	任《苏报》主编
缪荃孙	1844—1919	江苏江阴	光绪进士	授编修，充国史馆纂修
史念祖	1842—1910	江苏江都	诸生	官至广西巡抚
陈　书	1838—1905	福建侯官	光绪举人	直隶博野知县
曾纪泽	1839—1890	湖南湘乡	诸生	出使英法大臣，兼使俄大臣，署刑部、吏部侍郎，加太子少保
王先谦	1842—1918	湖南长沙	同治进士	历官江苏学政、祭酒
宝　廷	1840—1903	满洲镶蓝旗	同治进士	授内阁学士、礼部右侍郎，出典福建乡试

续表

姓名	生卒年	籍贯	出身	备注
吴汝纶	1841—1903	安徽桐城	同治进士	官内阁中书，曾入曾国藩，李鸿章幕
朱庭珍	1841—1903	云南石屏	光绪举人	
唐景崧	1841—1903	广西灌阳	同治进士	—
郑观应	1842—1922	广东香山	—	历任上海机器织布局总办、轮船招商局总办、汉阳铁厂和粤汉铁路公司总办
刘光贲	1843—1903	陕西咸阳	光绪举人	历主经阳、味经崇实诸书院
吴俊卿	1844—1927	浙江安吉	同治诸生	在杭州孤山创西泠印社
陶方琦	1845—1884	浙江会稽	光绪进士	改庶吉士，授编修
纪钜维	？—1921	直隶献县	同治贡生	官内阁中书
延　清	1845—1916	蒙古镶白旗	同治进士	改庶吉士，授工部主事
谭宗浚	1846—1888	广东南海	同治进士	授编修，历充国史馆纂修
黄遵宪	1848—1905	广东嘉应州	光绪举人	历任驻日使馆参赞，美国总领事，驻英使馆参赞
朱一新	1846—1894	浙江义乌	光绪进士	授编修，转监察御史
袁　昶	1846—1900	浙江桐庐	光绪进士	历官户部主事，江宁布政使
吴庆坻	1848—1924	浙江钱塘	光绪进士	官湖南提学使兼署布政使
周家禄	1846—1909	江苏海门	同治优贡	历署丹洋、镇洋、荆溪、奉贤训导
叶昌炽	1847—1919	江苏长洲	光绪进士	历官国子监司业、侍讲、甘肃学政
王颂蔚	1848—1896	江苏长洲	光绪进士	官户部主事
左绍佐	1846—1927	湖北应山	光绪进士	历官刑部主事，广东南韶连道
樊增祥	1846—1931	湖北恩施	光绪进士	历官咸宁、富平、长安，渭南知县，护理两江总督
张百熙	1847—1907	湖南长沙	同治进士	官至督察院左都御史、管学大臣
张佩纶	1848—1903	直隶丰润	同治进士	选庶吉士，授编修
王鹏运	1848—1904	广西临桂	同治举人	历官内阁中书，内阁侍读
郭曾炘	？	福建侯官	光绪进士	官至典礼院掌院学士
叶大庄	？	福建闽县	同治举人	官松江海防同知
陈宝琛	1848—1935	福建闽县	同治进士	历官编修、侍讲、侍读学士、江西学政、内阁学士
王仁堪	1850—1896	福建闽县	光绪进士	督山西学政，历典贵州乡试，调革州知府
林鹤年	1847—1901	福建安溪	光绪举人	官工部郎中，保道员，加按察使衔
杨深秀	1849—1898	山西闻喜	光绪进士	历任刑部主事、郎中、山东道监察御史，为“戊戌六君子”之一

续表

姓名	生卒年	籍贯	出身	备注
盛　昱	1850—1899	隶镶白旗	光绪进士	翰林院侍讲、国子监祭酒
沈曾植	1850—1922	浙江嘉兴	光绪进士	官刑部主事
王甲荣	1850—1930	浙江秀水	光绪举人	历任广西梧州中关税务、广西永淳、富川等县知县
徐家礼	1854—?	浙江海宁	—	—
韩邦庆	1854—1894	浙江海宁	诸生	—
黄绍萁	1854—1907	浙江瑞安	光绪进士	官至湖北提学使
瞿鸿禨	1850—1918	湖南善化	同治进士	历官工部尚书，协办大学士、官制大臣
敬　安	1851—1912	湖南湘潭	—	创佛教育会，任会长
程颂藩	1852—1888	湖南宁乡	同治拔贡	官至户部主事
柯劭忞	1850—1993	山东胶州	光绪进士	历官湖南学政
简朝亮	1851—1933	广东顺德	诸生	—
吴道熔	1852—1936	广东番禺	—	—
王树枏	1851—1936	直隶新城	光绪进士	授工部主事
陈廷焯	1853—1892	江苏丹徒	—	—
朱绪曾	?—1860	江苏江宁	光绪举人	—
陈玉树	1853—1906	江苏盐城	光绪优贡	主讲尚志书院、盐城县学
张　謇	1853—1926	江苏通州	光绪进士	实业家
朱铭盘	1852—1893	江苏泰兴	光绪举人	叙知州
林　纾	1852—1924	福建闽县	光绪进士	历任杭州东城讲金、讲习
江　瀚	1853—1935	福建长汀	—	历任江苏高等学堂监督
严　复	1854—1921	福建侯官	留学英国	福州船政学堂任教，天津北洋水师学堂总教习、总办等
陈三立	1852—1937	江西主宁	光绪举人	官吏部主事
勒深之	1853—1898	江西新建	光绪拔贡	—
志　锐	1852—1912	满洲正红旗	光绪进士	官至礼部右侍郎
于式枚	1853—1915	四川营县	光绪进士	历官礼部主事，员外郎
杨镜秋	?	湖北沔阳	光绪进士	官福建知县
范当世	1854—1905	江苏通州	诸生	—
费念慈	1855—1905	江苏武进	光绪进士	授编修
屠　寄	1856—1921	江苏武进	光绪进士	京师大学堂正教习
刘　鹗	1857—1909	江苏丹徒	—	官候补知府

续表

姓名	生卒年	籍贯	出身	备注
安维峻	1854—1925	甘肃秦安	光绪进士	历官福建道监察御史
裴景福	1854—1926	安徽霍丘	光绪进士	历任陆丰、番禺、潮阳、南海诸县知县
马其昶	1855—1930	安徽桐城	光绪进士	官学部主事，京师大学堂教习
宋伯鲁	1854—1932	陕西醴泉	光绪进士	官御史
顾印愚	1855—1913	四川华阳	光绪举人	官湖北武昌县知县
许南英	1855—1917	广东揭阳	光绪进士	历任兵部员外郎
江春霖	1855—1918	福建莆田	光绪进士	历官江南、新疆兼署辽沈、河南、四川诸道监察御史
张元奇	1865—?	福建闽侯	光绪进士	历官奉天巡按使
叶在琦	?	福建闽侯	光绪进士	历官监察御史
蒯光典	1857—1910	安徽合肥	光绪进士	官至京师督学局长
陈　衍	1856—1937	福建侯官	光绪举人	官学部主事，任京师大学堂教习
辜鸿铭	1857—1928	安徽合肥	光绪进士	授检讨、淮扬海道，加按察使衔
袁　蟫	1870?—1909	安徽太湖	光绪进士	官吏部主事
文廷式	1856—1904	江西萍乡	光绪进士	历官翰林院编修，翰林院侍读学士等
郑文焯	1856—1918	奉天铁岭	光绪举人	官内阁中书
徐世昌	1855—1939	直隶天津	光绪进士	官至军机大臣、体仁阁大学士
金蓉镜	1856—1937	浙江秀水	光绪进士	授工部主事，军机章京
单士厘	1856—1943	浙江萧山	—	—
杨　锐	1857—1898	四川绵竹	光绪举人	任军机章京，为“戊戌六君子”之一
朱祖谋	1857—1931	浙江归安	光绪进士	官侍讲学士、礼部侍郎兼署吏部侍郎
汪康年	1860—1911	浙江钱塘	光绪进士	官内阁中书
俞明震	1860—1918	浙江山阴	光绪进士	官刑部主事
夏孙桐	1857—1941	江苏江阴	光绪进士	历任湖州、宁波、杭州知府
沈汝瑾	1858—1918	江苏常熟	光绪庠生	—
李　详	1858—1931	江苏兴化	光绪贡生	任江楚编译局分纂、江南通志局分纂、安庆存古堂教习
江　标	1860—1899	江苏元和	光绪进士	授编修，为湖南学政
沈瑜庆	1858—1918	福建侯官	光绪举人	官刑部主事，补淮海道，贵州巡抚
汪笑侬	1858—1918	满族	光绪举人	捐太康知县
易顺鼎	1858—1920	湖南龙阳	光绪举人	历任广西右江道、太平恩顺道、云南临安开广道等
王以敏	1855—1912	湖南武陵	光绪进士	授翰林院编修，官江西瑞州府知府

续表

姓名	生卒年	籍贯	出身	备注
陈　锐	1860—1922	湖南武陵	光绪举人	官江苏试用知县
康有为	1858—1927	广东南海	光绪进士	授工部主事“戊戌变法”领导者之一
梁鼎芬	1859—1920	广东番禺	光绪进士	官至直隶州知州、署武昌知府、补汉阳知府
潘飞声	1858—1934	广东番禺	贡生	报馆主笔
宋育仁	1858—1931	四川富顺	光绪进士	任英、法、意、比使馆参赞
刘光第	1859—1898	四川富顺	光绪进士	官充军机章京，为“戊戌六君子”之一
王乃徽	?	四川中江	光绪进士	历官抚州知州，河南、贵州布政使
贺　涛	1859—1912	河北武强	光绪进士	官刑部主事，兼署冀州学正
况周颐	1859—1926	广西临桂	光绪举人	—
李桐轩	1860—1932	陕西蒲城	光绪贡生	—
杨增荦	1860—1933	江西新建	光绪进士	官至四川候补知府
郑孝胥	1860—1938	福建侯官	光绪举人	历官内阁中书，湖南布政使等
秦树声	1861—1926	河南固始	光绪进士	官工部主事、广东提学使
汪兆镛	1861—1939	广东番禺	光绪举人	曾佐赤溪、遂溪，顺德诸县事
宋　恕	1862—1910	浙江平阳	—	—
夏曾佑	1863—1924	浙江钱塘	光绪进士	历官礼部主事，祁门知县，四川知府
蒋智由	1865—1929	浙江诸暨	—	—
孙玉声	1862—1940	江苏上海	—	主编《新闻报》
姚永朴	1862—1939	安徽桐城	—	—
陈　诗	1864—1942	安徽庐江	—	曾入俞明震幕中
李于锴	1863—1923	甘肃武威	光绪进士	官泞州知府
周桂笙	1863—1926	江苏南汇	—	近代中国倡导翻译西方文学的先行者
吴国棒	1865—1886	江苏长洲	—	—
吴廷燮	1865—?	江苏江宁	光绪举人	任民政部右参议
曹元忠	1865—1923	江苏吴县	光绪举人	历任学部图书馆礼学馆纂修，内阁侍读
李希圣	1864—1905	湖南长沙	光绪进士	任京师大学堂提督
叶德辉	1864—1927	湖南湘潭	光绪进士	官吏部主事
谭嗣同	1865—1898	湖南浏阳	—	官湖光巡抚为“戊戌六君子”之一
丘逢甲	1864—1912	台湾苗栗	光绪进士	官工部主事
周树模	1864—1925	湖北天门	光绪进士	历官编修、江苏提学使，奉天左参赞，黑龙江巡抚

续表

姓名	生卒年	籍贯	出身	备注
王式通	1864—1931	山西汾阳	光绪进士	历官刑部主事、员外郎，大理院推事，大理院少卿
何藻翔	1865—1930	广东顺德	光绪进士	官湖北候补知府
沈宗畸	？—1926	广东番禺	光绪举人	—
吴沃尧	1866—1910	广东南海	—	主编《月月小说》
程颂万	1865—1932	湖南宁乡	—	官浙江候补知县
曾广钧	1866—1929	湖南湘乡	光绪进士	官广西知府
唐才常	1867—1900	湖南浏阳	贡生	任《湘学报》主笔、时务学堂教习、《湘报》总编
唐文治	1865—1954	江苏太仓	光绪进士	历官户部主事，外务部主事
孙　雄	1866—1935	江苏昭文	光绪进士	官户部主事，京师大学堂文科监督
张　鸿	1967—1941	江苏常熟	光绪进士	官户部主事，外务部榷算司主事
徐兆玮	1867—1940	江苏常熟	光绪进士	—
李宝嘉	1867—1906	江苏武进	诸生	创办《游戏报》、《世界繁华报》
黄　人	1866—1913	江苏昭文	诸生	东吴大学堂文学总教习
伍光建	1867—1943	广东新会	留学英国	出任出使日本大臣随员
康广仁	1867—1898	广东南海	—	为“戊戌六君子”之一
曾习经	1867—1926	广东揭阳	光绪进士	历官户部员外郎，度支部左参议、税务处提调、宪政编查馆学部谘议
李瑞清	1867—1920	江西临川	光绪进士	署江宁提学使任两江师范学堂监督
姚永概	1866—1923	安徽桐城	光绪举人	安徽高等学堂教务长
王允皙	1867—1929	福建长东	光绪举人	任建瓯教谕
何振岱	1867—1952	福建闽县	光绪举人	—
薛绍徽	？—1911	福建侯官	—	—
赵　熙	1867—1948	四川荣县	光绪进士	江西道监察御史
傅增湘	1872—1935	四川江安	光绪进士	贵州学政
沈　鹏	1870—1909	江苏常熟	光绪举人	—
杨寿枬	1868—1948	江苏无锡	光绪进士	历任商部主事、粤海关监督
邓邦述	1868—？	江苏江宁	光绪进士	官吉林民政使
丁传靖	1870—1930	江苏丹徒	诸生	官礼学馆纂修
曾　朴	1872—1935	江苏常熟	光绪举人	官内阁中书
张春帆	1872—1938	江苏常州	—	创办《平报》

续表

姓名	生卒年	籍贯	出身	备注
王　溰	1871—1944	江苏溧水	—	任南京陆师学堂教习，两江师范学堂教习
丁惠康	1868—1909	广东丰顺	诸生	官户部主事
黄世仲	1872—1912	广东番禺	—	—
陈　洵	1871—1942	广东新会	光绪进士	设馆授徒为业
梁启超	1873—1929	广东新会	光绪举人	“戊戌变法”领导者之一
洪炳文	1868—1916	浙江瑞安	光绪进士	—
吴士鉴	1868—1933	浙江钱塘	光绪举人	官侍讲
俞陛云	1868—1950	浙江德清	光绪进士	—
徐　珂	1868—1928	浙江杭县	光绪举人	授内阁中书
章炳麟	1869—1936	浙江余杭	—	《时务报》撰述
余兆蕃	1869—1951	浙江秀水	光绪举人	历任江苏度支公所管榷科科长
吴昌绶	?	浙江仁和	光绪举人	官内阁中书
桂念祖	1868—1915	江西德化	光绪举人	—
华　焯	1871—?	江西崇仁	—	出使日本
胡思敬	1870—1922	江西新昌	光绪副贡	吏部主事
靳　志	?	河南祥符	光绪进士	留学法国
李刚己	1872—1914	直隶南宫	光绪进士	官大同知县，署代州直隶州知州
吴保初	1868—1913	安徽庐江	光绪举人	官刑部主事
尹昌龄	1868—1943	湖南	光绪举人	历官自河、咸宁知县、凤翔、西安知府
杨　度	1874—1931	湖南湘潭	光绪举人	曾以候选郎中署四品京堂候补
狄葆贤	1873—1921	江苏溧阳	留日	—
李函秋	1873—1923	江苏江都	诸生	—
孙德谦	1873—1935	江苏元和	诸生	任江苏通志局纂修
金天羽	1874—1947	江苏吴江	诸生	在乡兴办教育
陈志病	1874—1933	江苏吴江	诸生	创办各种刊物，任教于上海、镇江、徽州等地中学
丁福保	1874—1952	江苏无锡	诸生	京师大学堂及译学馆教司
夏仁虎	1874—1963	江苏江宁	光绪举人	官御史
冒广生	1874—1926	江苏如臯	光绪举人	历官刑部侍郎，农工商部郎中
王钟声	1874—1911	浙江上虞	—	任广西法政学堂监督
冯　幵	1873—1931	浙江慈溪	光绪拔贡	官丽水县学训导，宣平教谕，编辑《天铎报》
张尔田	1874—1945	浙江钱塘	—	官刑部，江苏候补知府

续表

姓名	生卒年	籍贯	出身	备注
徐自华	1873—1935	浙江石川	—	同盟会会员，创浔溪女学
黄　节	1873—1935	广东顺德	—	—
易　孺	1874—1941	广东鹤山	留日	—
林思进	1873—1959	四川华阳	—	官内阁中书，赴日考察教育
林白水	1874—1926	福建闽侯	—	任杭州《白话报》主笔
丘炜萲	1874—1941	福建海澄	光绪举人	曾参加“公车上书”
刘诒慎	1874—1926	安徽贵池	—	官江苏候补知府
许承尧	1874—1946	安徽歙县	光绪进士	在乡办学
夏芝瑛	？—1933	安徽桐城	—	—
胡石庵	1879—1926	湖北天门	留日	主编《中西报》、《公论报》、《扬子江小说报》
林　旭	1875—1898	福建侯官	光绪举人	内阁中书，“戊戌六君子”之一
李宣龚	1876—1952	福建闽县	光绪举人	湖北候补知府
连　横	1878—1936	福建龙溪	光绪贡生	—
胡朝栗	？—1921	江西铅山	—	—
陈衡恪	1876—1923	江西义宁	—	—
陈天华	1875—1905	湖南新化	留日	从事反清革命活动
麦孟华	1875—1915	广东顺德	光绪举人	参与“公车上书”，加入强学会
潘之博	？—1916	广东南海	—	—
诸宗元	1875—1932	浙江绍兴	光绪副贡生	参与创立国学保存会
陈　栩	1878—1940	浙江钱塘	光绪进士	—
王国维	1877—1927	浙江海宁	诸生	留日，充溥仪南书房行走
刘艺舟	1875—1936	湖北鄂城	留日	—
刘成禺	1876—1953	湖北武昌	留日	—
陈曾寿	1878—1949	湖北蕲水	—	任刑部主事，调学部主事
高　旭	1877—1925	江苏鑫山	—	参与创建南社
杨　圻	1875—1941	江苏常熟	光绪举人	任詹事府主簿
徐念慈	1875—1908	江苏昭文	—	创立竟化女学，参与组织中国教育会
钱振锽	1875—1944	江苏阳湖	光绪进士	官刑部主事
夏敬观	1875—1953	江西新建	光绪举人	江苏巡抚参政、署浙江提学使
陆士谔	1877—1944	江苏青浦	—	—
陈景韩	1877—1965	江苏松江	—	—
汪荣宝	1878—1933	江苏元和	光绪拔贡	—
恽铁樵	1878—1935	江苏武进	—	—

续表

姓名	生卒年	籍贯	出身	备注
曲云龙	1877—?	云南姚安	光绪举人	官候补学部主事
吴闿生	1878—?	安徽桐城	诸生	官候选知府
俞天愤	1882—1937	江苏常熟	—	—
欧阳钜元	1883—1907	江苏苏州	诸生	任《游戏报》编辑
孙景贤	1880—1919	江苏常热	—	—
高　燮	1878—1958	江苏金山	—	南社社员
徐卓呆	1878—1958	江苏吴县	—	—
庞树柏	1884—1916	江苏常热	—	历任江宁、上海、木椟、常熟各学堂教习
吴清庠	1878—1961	江苏丹徒	光绪优贡生	—
刘师培	1884—1919	江苏仪征	光绪举人	—
吴双热	1884—1934	江苏苏州	—	—
许指严	?—1923	江苏武进	—	掌教南详公学
何　诹	?—1927	广西兴业	宣统拔贡	—
马君武	1880—1940	广西桂林	—	—
王钟麟	1880—1913	安徽歙县	—	—
吕碧城	1883—1943	安徽旗德	—	《大公报》编辑
吴承任	1884—1939	安徽歙县	—	—
十右任	1879—1964	陕西三原	—	—
罗惇曧	1880—1924	广东顺德	—	—
苏曼殊	1884—1918	广东香山	—	—
蒋箸超	1881—1937	浙江绍兴	—	《民权报》编辑
李叔同	1880—1924	浙江平湖	—	南社社员
马　浮	1883—1967	浙江绍兴	留日、美	—
郁　华	1884—1939	浙江富阳	留日	—
路桐銮	1880—1954	贵州毕节	光绪举人	官四川候补知州
杨庶堪	1882—1942	四川巴且	诸生	—
朱少屏	1883—1942	江苏上海	留日	参与创立南社
程　潜	1883—1968	湖南醴陵	留日	—
章士钊	1882—1973	湖南善化	—	《苏报》主笔
宁调元	1883—1913	湖南醴陵	—	南社社员
傅　専	1884—1934	湖南醴陵	—	南社社员
吴　梅	1884—1939	江苏长洲	诸生	东吴大学，存古学堂教习
王蕴章	1884—1942	江苏地锡	光绪副贡	官直隶州州判，南社社员

续表

姓名	生卒年	籍贯	出身	备注
周　实	1885—1911	江苏淮安	—	南社社员
张默君	1884—1965	湖南湘乡	—	—
郭则沄	1885—?	福建侯官	光绪进士	曾任浙江温处道
林　昶	1885—1916	福建侯官	—	南社社员
邹　容	1885—1905	四川巴县	留日	上海爱国学社社员
黄远庸	1885—1915	江西九江	光绪进士	—
陈伯平	1885—1907	浙江绍兴	留日	—
蔡元培	1868—1940	浙江山阴	光绪进士	—
周树人	1881—1936	浙江绍兴	留日	—

统计原则：文学家中包括：诗人、诗文家、诗论家、散文家、作家、戏曲作家、小说家、词人。

说明：满洲旗人包括：蒙古镶白旗，满洲镶黄旗、满洲正黄族、满洲镶蓝旗。

资料来源：1. 戴逸、王和主编：《二十六史辞典》人物卷，吉林人民出版社1993年版。

2. 《中国历代人物年谱集目》，杭州大学图书馆著录。

3. 梁淑安主编：《中国文学家大辞典》（近代卷），中华书局1997年版。

表5－3所列文学家人数为531人。为使观察其分布更加清晰，便于分析，对上表所列文学家的再作一统计，如表5－4所示。

表5－4　　　　晚清文学家籍贯分布比较

籍贯	文学家人数（个）	所占百分比（%）	所居位次
江苏	145	27.31	1
浙江	99	18.64	2
湖南	53	9.98	3
广东	45	8.47	4
安徽	39	7.34	5
福建	34	6.40	6
江西	20	3.77	7
四川	14	2.64	8
湖北	12	2.26	9
直隶	11	2.07	10
旗籍	11	2.07	10
广西	9	1.69	11
贵州	8	1.51	12

续表

籍贯	文学家人数（个）	所占百分比（%）	所居位次
甘肃	6	1.13	13
云南	5	0.94	14
河南	5	0.94	14
山西	5	0.94	14
陕西	4	0.75	15
山东	2	0.38	16
辽宁	1	0.19	17
奉天	1	0.19	17
河北	1	0.19	17
台湾	1	0.19	17
合计：531 人			

纵观表 5－4，可以看出晚清文学家的籍贯分布极不平衡。江苏有 145 人，占总人数的 27.31%，位居第一，遥遥领先于其他省份；其次是浙江和湖南，分别有 99 人和 53 人，占总人数的 18.64% 和 9.98%；然后是广东、安徽、福建和江西，分别有 45 人、39 人、34 人和 20 人，各占总人数的 8.47%、7.34%、6.40% 和 3.77%；四川有 14 人，占 2.64%，位居第八；湖北 12 人，占 2.26%；直隶 11 人，占 2.07%；旗籍 11 人，占 2.07%；广西 9 人，占 1.69%；贵州 8 人，占 1.51%；甘肃 6 人，占 1.13%；云南、河南、山西各 5 人，各占 0.94%；陕西 4 人，占 0.75%；山东 2 人，占 0.38%；辽宁、奉天、河北、台湾则各只有 1 人，各占 0.19%。

从以上分析中我们不难看出，在晚清文学家的籍贯分析中，依据各省人数在全国所占比重，名列前 10 名的省份依次是：江苏、浙江、湖南、广东、安徽、福建、江西、四川、湖北、直隶和旗籍（并列位于第 10 位），除直隶（今河北省）和旗籍外，全部属于江南地区。其中，江苏、浙江两省人数为 244 人，占全国总人数的 45.95%，再加上湘、粤、皖、闽、赣、川、鄂 7 省，共为 461 人，合计占全国总数的 86.82%，如果再把云南、贵州和台湾加上，则江南 12 省的文学家人数共为 475 人，占全国总的 89.45%。而北方诸省（包括满洲旗籍）人数合计仅占全国总数的 10.54%。南北两地文学家数目之比为 8.48 ∶ 1。若以各省的绝对人数而论，则江苏是直隶（今河北省）的13.18倍，是甘肃的24.17倍，是陕西的36.25倍，是山东的72.5倍，是奉天（大体相当于今辽宁省）、河北、辽宁的145倍。

（二）晚清文学家的地区分布分析

进一步考察，可以发现晚清文学家分布有如下规律。

首先，晚清文学家大多分布于东南沿海地区，仅江苏、浙江、广东、福建四个沿海省份就占全国总数的60.83%。其中，江苏的文学家集中于南京以东的长江三角洲地区，而以太湖周围最为密集，其次是江北的扬州地区。浙江的文学家绝大多数集中在杭州湾沿岸，而以钱塘江为中心。广东的文学家大多分布在珠江三角洲地区。福建的文学家密集于闽江口地区，以福州为中心。

此外，安徽的文学家密集于桐城和皖南两个地区，桐城属于长江流域。皖南的泾县、当涂均属于长江流域，且当涂就在长江岸边。另有歙县、绩溪、黔县等地处新安江上游，属于钱塘江流域。湖南的文学家多数分布在湘江沿岸，以长沙为中心。以上六省的文学家数目占全国总数的78.6%。而在这六省中，其绝大多数文学家又集中在以太湖为中心的长江三角洲，以钱塘江为中心的杭州湾沿岸，闽江口、珠江三角洲，桐城、皖南和湘江沿岸。晚清文学家的分布，以太湖平原为中心，向北、西、西南、南四个方向作辐射状的分布，一般是距离太湖愈远，其文学家的数目就愈少。

区域经济的差异性决定了文学家的空间分布的不平衡性。清朝疆域辽阔，区域经济发展有明显的差异，尤其在长江中下游、珠江三角洲，东南沿海地区。湖广为全国的大粮仓，有“湖广熟，天下足”的说法。经济的发展使得该地区成为清代税赋的重要地区之一。长江下游苏、松、嘉、湖、杭一带工商业繁华，丝绸业、棉纺织业发达，而且晚清资本主义新式企业均聚集于这一带。经济的发展决定人文的发展，为晚清东南沿海地区人才的成长造成了良好的社会经济文化氛围，不同地区文学家数量的分布是该地区经济、文化发展水平的反映。

因“今文经学皆兼为文学家”①，所以，经学家的地区分布亦影响着文学家的地区分布。因而晚清文学家主要分布在东南沿海和长江流域。

---

① 萧一山：《清代通史》第四册，北京中华书局1986年版，第1952页。

三　晚清教育家的地区分布

（一）晚清教育概况

清朝教育制度早期承袭明代教育制度，建立了从府州县儒学到国子监的官学教育体系，并逐渐恢复了以民办形式出现的书院制度，使之成为官学教育的辅助手段。在恢复明代官学体制的同时，清代形成了独具特色的八旗教育体系，它既包括皇室及贵族教育，又包括满旗、蒙旗和汉军八旗普通旗丁的教育。“多种教育体系都同科举制度发生密切关系，从而使清代的教育体系成为科举制度的附属物，成为士子求得出身（摆脱对国家承担徭役的平民身份谓之出身）、跻身仕途的手段”①。鸦片战争以来，随着西方殖民主义对华侵略的加深，西方资本主义的科学文化渐次东进，同西方先进的文化教育制度相比，中国传统的教育制度保守、没落和不合潮流的特点日益明显地暴露出来，使教育的发展笼罩在一片争名逐利、脱离现实的肃杀的气氛之中，衰败不堪的教育已不能维护封建社会生存与发展的作用。西方传教士将西方教育引入中国，传统的书院逐渐接受西方教育制度的部分内容，洋务派出于“师夷之长技”的考虑有选择地引进西方某些教育手段，派遣学生出国留学。教育领域发生的这一切潜移默化的变迁最终导致国人放弃旧的腐朽的教育制度，接受新教育制度的到来。晚清从官方到民间对新教育制度的探索，终于奠定了新教育制度的基本模式，培养了最初一批具有近代科学知识和民主精神的知识分子阶层，随着这个阶层的成长，旧的封建制度出现了一个有高度科学文化知识的对立面。

（二）晚清教育家的籍贯分布

鸦片战争的结果，加重了社会危机。残酷的现实，使比较开明的、有爱国思想的知识分子要求改变现状，于是出现了以龚自珍、林则徐(1785—1850)、魏源（1794—1857）等人为重要代表的地主阶级改革派，他们提出改革教育和学习西方的主张。太平天国时期，确立了新的方针、政策，改革了教育内容，建立了相应的制度，把教育作为推动革命、巩固政权的重要工具。洋务派提出了教育改革，维新派也提出教育改革主张。

① 刘秀生、杨雨青：《中国清代教育史》，人民出版社 1993 年版，第 1 页。

以下根据相关资料，对晚清时期的教育家之籍贯作一统计，列表5-5如下。

表5-5 晚清（1840—1912）教育家籍贯分布

姓名	生卒年	籍贯	出身	备注
魏 源	1794—1857	湖南邵阳	道光进士	历任江苏兴化、高邮州知州
冯桂芬	1809—1874	江苏吴县	道光进士	翰林院编修、广西乡试主考官，詹事府右中允等职
盛宣怀	1844—1916	江苏武进	诸生	任商务大臣、邮传部右侍郎
容 闳	1828—1912	广东香山	留美	提出制定各级学校教育制度，改革旧教育制度，设立武备学校，各种实业学校及派遣学生留美等各种建议
郑观应	1842—1922	广东香山	同治进士	—
康有为	1858—1927	广东南海	光绪举人	曾任“总理衙门章京”
李端棻	1833—1907	贵州贵筑	同治进士	历任学政、刑部侍郎等职
严 修	1860—1929	直隶三河	光绪进士	任贵州学政
梁启超	1873—1929	广东新会	光绪举人	“戊戌变法”领导者之一
严 复	1854—1921	福建侯官	同治进士	留英、福建船政学堂任教，天津水师学堂总教办
陈嘉庚	1874—1961	福建同安	—	创办集美学校厦门大学
林 纾	1854—1924	福建闽县	光绪举人	任教京师大学堂
张之洞	1837—1909	直隶南皮	同治进士	湖北学政、四川学政、国子监司业，山西巡抚
张百熙	1847—1907	湖南长沙	同治进士	历任国子监祭酒，内阁学士
范源濂	1877—1928	湖南湘阴	留日	官至教育总长
易白沙	1886—1921	湖南长沙	留日	任南开、复旦大学教授
易培基	1880—1937	湖南长沙	留日	湖南省立第二师范学校校长
孙诒让	1848—1908	浙江瑞安	—	任学部咨议官、浙江学务议绅、浙江教育会长
蔡元培	1868—1940	浙江绍兴	光绪进士	中国教育会会长，北京大学校长
罗振玉	1866—1940	浙江上虞	—	创办江苏师范学堂
邵飘萍	1884—1926	浙江金华	—	《申报》、《时事新报》、《时报》主笔
张 謇	1853—1926	江苏南通	光绪进士	创办通州师范等
黄炎培	1878—1965	江苏川沙	举人	历任川沙县学、劝学所总董、江苏学务总会评议员等
孟 森	1868—1938	江苏武进	留日	北京大学教授
柳诒徵	1880—1961	江苏镇江	留日	东南大学教授

续表

姓名	生卒年	籍贯	出身	备注
汤化龙	1874—1918	湖北蕲水	光绪进士	授法部主事，任山西大学堂国文教习
胡鄂公	1884—1951	湖北江陵	—	—
陈独秀	1880—1942	安徽怀宁	—	创办《新青年》
陈荣昌	1880—1935	云南昆明	—	—
顾视高	1887—1943	云南昆明	—	—
陈　鼎	1874—1960	四川干山	—	—
徐一冰	1881—1922	浙江嘉兴	—	—
徐锡麟	1823—1907	浙江绍兴	留日	创大通师范学堂，任安徽武备学堂会办
龚自珍	1792—1841	浙江仁和	道光进士	官礼部主事
叶成忠	1840—1899	浙江镇海	—	创设澄衷学堂
汪康年	1860—1911	浙江钱塘	光绪进士	官内阁中书
徐特立	1877—1968	湖南长沙	—	中国无产阶级革命家、教育家
曾国藩	1811—1872	湖南湘乡	道光进士	历官检讨、侍读、内阁学士、礼兵等部侍郎、太书寺卿，湖北巡抚、直隶总督等
左宗棠	1812—1885	湖南湘阴	道光举人	历官浙江巡抚、闽浙总督、陕甘总督，协办大学士
谭嗣同	1865—1898	湖南浏阳	—	军机章京、为“戊戌六君子”之一
刘坤一	1830—1902	湖南新宁	廪生	官广东巡抚，广西布政使
崔通约	1864—1937	广东高明	—	—
洪仁玕	1822—1864	广东花县	塾师	—
林则徐	1785—1850	福建侯官	嘉庆进士	历官御史、浙江盐运使、河东河道总督、江苏巡抚、湖广总督
沈葆桢	1820—1879	福建侯官	光绪进士	江南道监察御史
李鸿章	1823—1901	安徽合肥	道光进士	湖广总督调文华殿大学士
孙家鼐	1827—1909	安徽寿州	—	—
周　馥	1839—1921	安徽建德	—	—
陈宝忠	?	江苏太仓	光绪进士	提督湖南学政
夏瑞芳	1871—1914	江苏青浦	—	—
赵尔巽	1844—1927	汉军正蓝旗	同治进士	历任知府、按察使、布政使、巡抚、户部尚书、总督等职
岑春煊	1861—1933	广西西林	光绪举人	任广东布政使，陕西巡抚
张焕纶	1843—1902	江苏上海	—	执教求志书院，任南洋公学总教习
廖寿丰	1836—1901	浙江嘉定	同治进士	任浙江粮道，贵州按察使
陈　虬	1851—1903	浙江乐清	光绪举人	充军机处章京上行走

续表

姓名	生卒年	籍贯	出身	备注
张宗祥	1881—1965	浙江海宁	—	—
叶澄衷	1840—1899	浙江镇海	—	—
周树人	1881—1938	浙江绍兴	—	—
张　相	1877—1945	浙江杭州	—	—
张帮镛	1876—1945	浙江鄞县	—	—
薛福成	1838—1894	江苏地锡	同治副贡生	署宣化知府，授浙江宁绍台道，擢湖南按察使，出使英、法、意、比四国，迁左副都御史
马建忠	1845—1900	江苏丹徒	—	曾任轮船招商局总办，上海机器布局总办
李更生	1881—1927	江苏淮安	—	—
张季直	1853—1926	江苏南通	—	—
何　启	1849—1914	广东南海	—	—
蔡绍基	？—1933	广东香山	—	首批留美学生之一，担任北洋大学总办
张　才	1867—1933	广东顺德	—	—
吴玉章	1878—1966	四川荣县	—	—
吴汝纶	1840—1903	安徽桐城	同治进士	官内阁中书，曾入曾国藩、李鸿章幕
邱菽园	1874—？	福建海澄	—	—
胡元倓	1872—1940	湖南湘潭	留日	创办明德大学
陈润霖	1879—1946	湖南新化	—	—
张伯烈	1842—？	湖北随州	—	—
马君武	1881—1940	广西恭城	—	1909年任河南提学使
张伯苓	1876—1951	直隶天津	—	创办南开大学
卢　靖	1856—1948	湖北沔阳	—	—
史量才	1880—1934	江苏松江	—	—
陈作霖	1837—1920	江苏江宁	光绪举人	历任江宁府志局分纂
丘逢甲	1864—1912	台湾苗栗	光绪进士	官工部主事、讲学于台中、台南诸书院
朱希祖	1879—1944	浙江婺源	—	—
朱起风	1874—1948	浙江海宁	—	—
刘大白	1880—1932	浙江绍兴	—	—
许　楣	1797—1870	浙江海宁	—	—
杜亚泉	1873—1933	浙江绍兴	—	—
刘次饶	1867—1942	浙江平阳	—	—
伦　明	1875—1944	广东东莞	—	—

续表

姓名	生卒年	籍贯	出身	备注
杨昌济	1871—1920	湖南长沙	—	—
贺熙龄	1786—1846	湖南善化	嘉庆进士	历任台州知府，湖北学政等
瞿鸿禨	1850—1918	湖南善化	同治进士	历任工部尚书、军机大臣、政务大臣、协办大学士
朱剑凡	1883—1932	湖南长沙	留日	创办周南女子师范学堂
何炳麟	1877—1966	湖南郴县	留日	1908 年在湖南省实业学堂，第一师范、长郡中学任教，1909 年创办南路公学堂
熊希龄	1870—1937	湖南凤凰	光绪进士	任湖南时务学堂监督
方宗诚	1818—1888	安徽桐城	诸生	官枣强知县
荣　庆	1859—1917	蒙古正黄旗	光绪进士	累迁至侍读学士、蒙古学士、拜军机大臣、政务大臣
黄齐生	1879—1946	贵州安顺	—	1904 年任贵州达德学校校长
端　方	1861—1911	满洲正白旗	—	曾任陕西按察使，护理陕西巡抚、署湖广、两江总督
张汝梅	?	河南密县	—	1890 年任山西右江道，1895 年任陕西布政使，任山东巡抚
龙启瑞	? —1858	广西临桂	道光进士	授翰林院编修，江西学政，迁江西布政使
王先谦	1842—1918	湖南长沙	同治进士	历官江苏学政，主教岳麓书院
何绍基	1799—1873	湖南道州	道光进士	任四川学政、后主讲山东、湖南等地书院
陈天华	1875—1905	湖南新化	留日	—
孙鼎臣	1819—1859	湖南善化	道光进士	选庶吉士，授编修
唐　鉴	1778—1861	湖南善化	嘉庆进士	历官宁池太广道，江安粮道，江宁布政使等
吴　樾	1878—1905	安徽桐城	—	1903 年在上海组织军国民教育会
王茂荫	1798—1865	安徽歙县	道光进士	曾任御史、侍郎等职
叶伯英	1825—1888	安徽怀宁	副贡生	历官户部主事，直隶清河道、按察使、陕西按察使
陈　炽	1855—1900	江西瑞金	光绪举人	历任户部郎中、刑部章京、军机处章京
黄爵滋	1793—1853	江西宜黄	道光进士	擢大理寺少卿、通政使礼部侍郎，调兵部尚书
陈宝箴	1831—1900	江西义宁	咸丰举人	湖南巡抚
徐　勤	1873—1945	广东三水	—	1896 年为广州万木草堂学长，主持教务
吴　煦	1809—1873	浙江钱塘	—	—
王国维	1877—1927	浙江海宁	诸生	充溥仪南书房行走
李兹铭	1830—1894	浙江会稽	光绪进士	户部郎中，补山西道监察御史
叶　瀚	1861—1933	浙江仁和	留日	1901 年在上海创办速成师范学校
黄绍第	1855—?	浙江瑞安	—	官翰林编修

续表

姓名	生卒年	籍贯	出身	备注
徐　珂	1869—1928	浙江杭县	光绪举人	授内阁中书
严可均	1762—1843	浙江乌程	嘉庆举人	官建德教谕
冯登府	1783—1841	浙江嘉兴	嘉庆进士	官宁波府教授
沈　垚	1798—1840	浙江乌程	道光优贡	—
陶方琦	1845—1884	浙江会稽	光绪进士	授编修、督学湖南
桂文灿	？—1883	广东番禺	道光举人	任湖北郧县知县
陈　澧	1810—1882	广东番禺	道光举人	主办广东学海堂
孙中山	1866—1925	广东香山	—	—
梁章钜	1775—1849	福建长乐	嘉庆进士	历官礼部员外郎，苏州府知府，江苏按察使，江苏布政使，署两江总督等
傅增湘	1872—1950	四川江安	光绪进士	授编修，贵州学政，赴日考察学务
皮锡瑞	1850—1908	湖南善化	光绪举人	—
郭嵩焘	1818—1891	湖南湘阴	道光进士	授翰林院庶吉士，升广东抚巡，首任驻英公使
萧　穆	1835—约1908	安徽桐城	诸生	—
戴钧衡	1814—1855	安徽桐城	道光举人	—
朱　珔	1769—1850	安徽泾县	—	任内阁中书、户部主事
胡培翚	1782—1849	安徽绩溪	—	—
姚　莹	1185—1853	安徽桐城	嘉庆进士	历官平和，龙溪知县
冯　煦	1843—1927	江苏金坛	光绪进士	历官风阳知府，山西按察使，安徽布政使、巡抚
邹鸣鹤	？—1853	江苏无锡	道光进士	历任河南新郑、罗山知县，开封知府，广西巡抚
阮　元	1754—1849	江苏仪征	乾隆进士	历任、乾、嘉、道三朝学政、巡抚、总督、诸部侍郎，尚书等职
李兆洛	1769—1841	江苏阳湖	嘉庆进士	风台知县
粟毓美	？—1840	山西浑源	拔贡	历汝宁知府、粮盐道湖北按察使、河南布政使
黄彭年	1823—1890	贵州贵筑	—	授湖北襄郧荆道，迁按察使
黎庶昌	1837—1897	贵州遵义	廪贡生	出使法、西等国
黄绍箕	1854—1908	浙江瑞安	光绪进士	授编修，典试湖北，充京师大学堂总办，湖北提学使
秋　瑾	1877—1907	浙江山阴	—	光复会、同盟会员，女革命教育家
张采田	1874—1945	浙江钱塘	—	官补知府
孙治经	？—1910	浙江钱塘	咸丰进士	侍读学士
陈宝泉	1874—1937	直隶天津	留日	主持编辑《直隶教育杂志》《国民必读》《民教相安》

续表

姓名	生卒年	籍贯	出身	备注
李文田	？—1895	广东顺德	咸丰进士	授编修，督江西学政，官至礼部侍郎
洪秀全	1814—1864	广东花县	—	太平军领袖
廖寿恒	1839—1903	江苏嘉定	同治进士	出督湖南学政、迁内阁学士，调礼部尚书
洪　钧	1839—1893	江苏吴县	同治进士	督湖北、江西等省学政，迁内阁学士，出使俄、德、奥、比四国
张亨嘉	？—1910	福建侯官	光绪进士	督江西学政
罗　纶	1876—1930	四川西充	—	任教长寿县、顺天府及成都等地学堂
郑　杲	1851—1930	直隶迁安	光绪进士	授刑部主事
李瑞清	？—1920	江西临川	光绪进士	改道员，分江苏、江宁提学使
杨守敬	1839—1915	湖北直都	同治举人	任两湖书院地理教习，勤成学堂总教长
邓显鹤	1777—1851	湖南新化	嘉庆举人	—
谭廷献	？	浙江仁和	同治举人	官安徽、知歙、全椒、合肥、宿松诸县
沈曾植	1850—1922	浙江嘉兴	光绪进士	历任刑部主事、员外郎，郎中，安徽提学使
劳乃宣	1843—1921	浙江桐乡	同治进士	江宁提学使，任京师大学堂总监督
经无善	1840—1903	浙江上虞	—	任上海电报总局总办，在上海设经正书院
李稷勋	？	四川秀山	光绪进士	邮传部参议
廖　平	1852—1932	四川井研	光绪进士	官龙安府学教授
张裕钊	1823—1894	湖北武昌	咸丰举人	官至内阁中书
徐　寿	1818—1854	江苏无锡	—	—
王　韬	1828—1897	江苏苏州	—	主持格致书院
谢长达	1849—1934	江苏吴县	—	1906 年在苏州创办振华女学，1908 年创设简易师范专科
陈衡恪	1876—1923	江西义宁	留日	任江西教育师长
刘思复	1884—1975	广东香山	—	1906 年在香山创办隽德女学，提倡女子教育
陈兰彬	1816—1894	广东吴川	—	领幼童留美，出任首任驻美公使兼西班牙、秘鲁公使
黄遵宪	1848—1905	广东嘉应	光绪举人	历任驻日使馆参赞，在长沙与谭嗣同，梁启超等人创办时务学堂
王　筠	1783—1854	山东安丘	道光举人	—
武　训	1838—1896	山东堂邑	—	—
杨文会	1837—1911	安徽石埭	—	—
杨　枢	1844—1917	汉军正黄旗	—	任广东候补道，1903 年任出使日本大臣
刘光贲	1843—1903	陕西咸阳	光绪举人	任甘肃大学堂总教习

续表

姓名	生卒年	籍贯	出身	备注
蒯光典	1858—1902	安徽合肥	光绪进士	1898 年任欧洲游艺室学生监督，1904 年创办广明小学，1907 年办浦车中学
裕　庚	？—1902	汉军正白旗	—	曾任广东惠溯嘉道，1895 出使日本大臣，招募留日学生
杨斯盛	1851—1908	江苏川沙	—	1904 年创办文明小学，1907 年创办浦东中学
唐景崇	？—1914	广西灌阳	同治进士	督浙江、江苏学政，学部尚书，学务大臣
吴　馨	？—1919	江苏上海	—	1909 年任上海祝学兼劝学所总董
陈季同	1851—1907	福建闽侯	留欧	—
敬　安	1851—1912	湖南湘潭	—	佛教教育家
谷如墉	1853—1916	山西神池	—	参与筹办山西大学堂，任什学馆总办
唐国安	1858—1913	广东香山	留美	1911 年任清华学堂副监督
月　霞	1858—1917	湖北黄冈	—	佛教教育家
谛　闲	1858—1932	浙江黄岩	—	佛教教育家
梁鼎芬	1859—1919	广东番禺	光绪进士	历任知州、知府、道员、按察使、布政使等职，创办湖北省师范学堂
汪大燮	1859—1929	浙江钱塘	—	1902 年任充游日学生总监督
王　照	1859—1933	直隶宁河	光绪进士	曾与徐世昌创办八旗奉直第一号小学堂
李盛铎	1859—1935	江西德化	光绪进士	曾授翰林院编修、国史馆协会，江南道监察御史
林　启	1839—1900	福建侯官	光绪进士	任陕西学政，创办“蚕学馆”“养正书塾”及求是书院
钟天纬	1840—1900	江苏松江	—	毕生从事翻译和教育工作
马相伯	1840—1939	江苏丹徒	—	办震旦学院，复旦公学
吴敬恒	1865—1953	江苏武进	光绪举人	任北洋学堂教习，南洋公学国文教习及学长
沈恩孚	1864—1944	江苏吴县	光绪举人	任龙门师范学堂监督，致力革新教育，开创新风
唐文治	1865—1954	江苏太仓	光绪进士	任上海高等实业教育总会会长，江苏教育总会会长
袁希涛	1866—1930	江苏宝山	光绪举人	任经古书院襄校，上海广方言馆教授
张鹤龄	1867—1908	江苏阳湖	光绪进士	授翰林院庶吉士，散馆用主事，分户部
梁　诚	1864—1917	广东番禺	留美	任驻美使馆参赞，兼任出使西班牙、秘鲁、墨西哥等大臣
钟荣光	1866—1942	广东香山	光绪举人	任广州岭南学堂汉文总教习
陈子褒	1862—1922	广东新会	光绪举人	于澳门创办蒙学书塾
金雅妹	1864—1934	浙江宁波	留美	在天津创办医科学校
张元济	1867—1959	浙江海盐	光绪进士	任总理衙门章京，1910 年任中央教育会副会长

续表

姓名	生卒年	籍贯	出身	备注
周自齐	1869—1923	山东单县	留美	历任驻美公使馆秘书、代办、领事、总领事等职
章太炎	1869—1936	浙江余伉	—	任爱国学社教员等职
经亨颐	1877—1938	浙江上虞	留日	毕生致力于教育事业
沈维侨	1778—1849	浙江嘉兴	嘉庆进士	选翰林院庶吉士，授编修
陈汉章	1864—1938	浙江象山	光绪举人	—
何橘时	1878—1961	浙江诸暨	留日	京师大学堂教习等职
林文庆	1869—1957	福建海澄	留英	创办中华女校
李腾飞	1873—1947	福建国安	留美	任上海寰球中国学生会会长
江　庸	1878—1960	福建长汀	留日	任京师法律学堂教习、监督等职
欧阳竟无	1871—1944	江西宜黄	—	佛学教育家
帅方蔚	1793—1871	江西奉新	道光进士	历官编修、山东副主考、监察御史、道员等
杨保恒	1873—1916	江苏上海	留日	在上海创设廿二铺小学堂
杨白民	1873—1924	江苏上海	留日	在上海创设城东女学堂
沈　寿	1873—1921	江苏吴县	—	任北京农工高部绣工科总教习
蒋维乔	1873—1958	江苏武进	留日	任爱国学社国文教员
郭秉文	1880—1969	江苏江浦	留美	—
齐如山	1877—1962	河北高阳	—	任浙江两级师范教务长
金曾澄	1879—1957	广东番禺	留日	任学部主事
曾　钊	？—1854	广东南海	光绪拔贡	官名浦县教谕
方东树	1772—1851	安徽桐城	—	—
夏　炯	1795—1846	安徽当涂	—	—
贺长龄	1785—1848	湖南善化	嘉庆进士	督山西学政，历江苏、山东、福建、直隶布政使，官至云贵总督
徐世昌	1855—1939	直隶天津	光绪进士	历任协办大学士、军机大臣、体仁阁大学士
胡礼垣	1855—1916	广东三水	—	—

资料来源：1. 陈学恂主编：《中国近代教育文选》，人民教育出版社 1983 年版。
2. 陈旭麓等编：《中国近代史辞典》，上海辞书出版社 1982 年版。
3. 陈景磐编：《中国近代教育史》，人民教育出版社 1979 年版。
4. 刘秀生、杨雨青著：《中国清代教育史》，人民出版社 1994 年版。
5. 舒新城编：《中国近代教育史资料》，人民教育出版社 1981 年版。
6. 李国钧、王炳照总主编：《中国教育制度通史》，山东教育出版社 2000 年版。

为便于分析，现将表 5 －5 所列晚清教育家再作一统计，如表 5 －6 所示。

表 5 －6　　晚清教育家籍贯分布比较

籍贯	教育家人数	所占百分比（%）	所居位次
浙江	49	21.78	1
江苏	38	16.89	2
湖南	28	12.44	3
广东	27	12	4
安徽	18	8	5
福建	13	5.78	6
江西	8	3.56	7
湖北	7	3.11	8
直隶	7	3.11	8
四川	6	2.67	9
旗籍	5	2.22	10
广西	4	1.78	11
贵州	4	1.78	11
山东	3	1.33	12
云南	2	0.89	13
山西	2	0.89	13
台湾	1	0.44	14
河南	1	0.44	14
陕西	1	0.44	14
河北	1	0.44	14
合计：225 人			

从表 5 －6 我们可以看出，晚清教育家分布最多的是浙江，有 49 人，占总人数的 21.78%，位居第一，超过在经学家人数和文学家人数占第一位的江苏；而江苏以 38 人位列第二，占总人数的 16.89%；再次是湖南和广东，分别有 28 人和 27 人，各占总人数的 12.44% 和 12%；以下依次是安徽有 18 人，占全国总人数的 8%，福建有 13 人，占全国总人数的 5.78%，江西和湖北、直隶分别有 8 人和 7 人，各占全国总人数的 3.56% 和 3.11%，分别位居第七位和第八位。其他省份为数不多。虽然晚清教育家的籍贯分布还是比较广，遍布全国 18 个省份和地区，但是南北分布不平衡。南方人数为 205 人，而北方只有 20 人，南北数目之比为 10.25 ∶ 1。晚清教育家主要分

布在东南沿海，长江流域和湘江沿岸一带。而北方诸省人数则相对较少。

(三) 晚清教育家籍贯分布区域分析

鸦片战争以后，西方教育通过多种途径渗入中国，包括西方传教士在华创办的教会学堂，洋务派官员在洋务企业内附设的西艺学堂，派遣学生出洋留学，引进西方教育体制等，都极大地冲击了传统的教育模式，而当时空疏腐化的传统教育已不能适应社会的需要。于是一些开明士绅提出了改革教育的主张；洋务派及维新派都要求改革落后的教育体制。从上一节的统计结果来看，晚清教育家主要分布在东南沿海、长江流域及湘江沿岸一带，而尤以浙江、江苏、湖南、广东等省人数为最多。究其原因，主要有以下原因。

从前面两节的统计中知道，晚清经济学家和文学家主要分布在东南沿海、长江流域，而黄河流域及北方诸省则分布较少，晚清教育家的分布亦如此。王会昌先生在其论著《中国文化地理》中对清代的儒生，文士在长江流域和黄河流域分布作过统计，如表 5 -7 所示。

表 5 -7　　清代儒生、文士区域分布统计

长江流域				黄河流域			
省份	儒生	文士	合计	省份	儒生	文士	合计
江苏	33	33	66	直隶	6	6	12
浙江	23	24	47	山东	7	3	10
安徽	8	10	18	山西	2	2	4
湖南	4	6	10	河南	2	1	3
广东	4	6	10	陕西	2	1	3
福建	4	3	7	甘肃	—	1	1
江西	3	2	5	—	—	—	—
湖北	2	2	4	—	—	—	—
贵州	1	1	2	—	—	—	—
广西	1	—	1	—	—	—	—
总计	83	87	170	—	19	14	33

资料来源：王会昌：《中国文化地理》，华中师范大学出版社 1992 年版，第 165 页。

纵观表 5 -7，长江、黄河流域人才对比落差较大，长江流域 170 人，而黄河流域则只有 33 人，体现出南盛北弱的局面。江浙人才依然位居榜首，约占 55.7%，占整个长江流域人才总数的 66.47%。“江南财赋地，江浙人文薮"[①]，便是其形象的描绘。从此表中可以清晰地看出南方有其深厚的文化底蕴，而教育与文化是不可分离的。在统计的225名晚清教育家中有67人是进士出身，26人是举人，28人曾留日、留英、留美。还有的是诸生、贡生出身。受西学的影响，他们中很多人首先认识到晚清教育制度的腐化，迫切要求改革旧教育制度。其中以张之洞为代表的洋务派提出了"中学为体、西学为用"的教育方针。产生了以王韬、薛福成、马建忠、郑观应等为代表的初步具有资产阶级教育意识的改良派，他们研究西学，要求改革教育。

从前面统计的晚清教育家地区分布可知，他们主要分布在东南沿海、长江流域和湘江沿岸，这与区域经济发展的不平衡有必然的联系。

晚清的通商口岸从东南沿海逐步延伸到整个沿海、沿江以至内地边疆。上海、天津、广州、汉口等通商口岸，发展成为工商业中心。凭借其有利的地理位置，由商业和金融开始发展为经济中心城市，是近代中国城市发展的规律。如上海自成为通商口岸以来，靠其在长江入海口的位置，以优越的地理条件取广州而代之，成为近代中国最大的贸易、金融交易中心城市之一，随后又成为现代工业制造的中心。天津、武汉也凭借其"水运枢纽"和"九省通衢"的地理优势，在工商业繁荣的基础上协调发展，成为近代中国经济中心城市。而这些经济中心城市建立了很多文化学校和军事学堂。

本节所统计的晚清教育家主要集中在东南沿海、长江流域、湘江沿岸，其他地区相对较少，与其地区的经济、文化发展水平有着必然的联系。这两大区域的经济相对发达，因而，教育改革更为成功，为清末教育改革提供了更多的人才。

四　晚清科学家地区的分布

科学技术是人类文明进步的重要标志。优秀的科学技术家是全社会、全民族的骄傲。他们创造的成果既是本民族文化遗产的瑰宝，又是人类智慧的高度结晶。中国有着辉煌的科技成就。直到15世纪初叶，中国仍然处在科技的领先地位。15世纪中叶以后，中国的科学技术渐渐落后于西方国家。到19世纪中叶，除了数学中的某些分支还具有若干优势之外，

---

① 陈正祥：《中国文化地理》，三联书店版1982年版，第17页。

其他方面几乎没什么成果。究其原因，最根本的一条是封建制度的腐败和统治阶段对科学技术的漠视。近代中国的科学家们，在既无国家支持，又缺乏必需设备条件的困境之下，凭着冀民族独立、望祖国富强的赤子之心，顽强刻苦地研求探索，取得了一些重要的成果。

近代以来，随着西学的逐步传播和社会价值观念的渐次变异，科学技术在新的历史条件下，又开始了走向世界的过程。因此，近代科技史的发展是与西学东渐的历史同步的。但这不等于说，中国的科学技术只有模仿和照搬西方，绝大多数科学家都是在缺乏充分资料和设备情况下，通过独立研究而达到了类似西方学者作出的结论。有的则明显地具有独创性。因此，近代科技史既有学习西方的一面，又有继承和发展中国古代科学技术成就的一面。

（一）晚清科学家的地区分布

本节将晚清科学家的籍贯作一统计：包括数学家、化学家、物理学家、植物学家、医学家、天文学家、地理学家、地质学家、造船工程师、铁道工程师、飞机设计师、兵器制造专家和水利建设专家，列表 5－8 如下。

表 5－8　　晚清（1840—1912）科学家籍贯分布

姓名	生卒年	籍贯	出身	备注
陈介祺	1813—1884	山东潍县	道光进士	曾任翰林院编修，金石学家
陈　杰	？—1840	浙江乌程	诸生	任天监博士，官至国子监算学助教
丁兆庆	？	浙江归安		算学家
张福僖	？—1862	浙江归安	诸生	光学物理学家
时曰淳	？	浙江嘉定	—	精算学
李　锐	？	江苏元和	道光贡生	精历算
黎应甫	？	广东顺德	—	精算学
骆腾凤	1771—1842	江苏山阳	嘉庆举人	精算学
罗士琳	1784—1853	江苏甘泉	—	数学家
易之瀚	？—1849	江苏甘泉	—	以算学为名
韩应陛	？	江苏娄县	道光举人	极重气声、光诸学
刘　鹗	1857—1909	江苏丹徒	—	精算学、医学、治河
李凤苞	1834—1887	江苏崇明	—	究心历算，精通测绘
汪士铎	1802—1889	江苏江宁	道光举人	研究算学、地理

续表

姓名	生卒年	籍贯	出身	备注
华蘅芳	1833—1902	江苏金匮	—	算学家
华世芳	1855—1904	江苏金匮	—	算学家
徐　寿	1818—1884	江苏无锡	—	化学家
徐建寅	1845—1901	江苏无锡	—	军火科学家
冯桂芬	1809—1874	江苏吴县	道光进士	官右春坊右中允，精数学
张相文	1866—1933	江苏泗阳	—	地理学家
丁　谦	1843—1919	浙江仁和	—	致力于地理学
马　衡	1881—1955	浙江鄞县	—	—
李善兰	1812—1882	浙江海宁	诸生	充算学总教习
夏鸾翔	？—1864	浙江钱塘	—	数学家
项名达	1789—1850	浙江仁和	嘉庆进士	数学家
王大有	？	浙江仁和	诸生	研究天文学
辛鸿钊	1877—1951	浙江嘉兴	—	地质学
谢家禾	？—1845	浙江钱塘	—	研究算学
吴嘉善	？	江西南丰	咸丰进士	治算学
丁取忠	1810—1880	湖南长沙	—	数学家
李明蕃	？—1850	湖南长沙	—	算学家
左　潜	？	湖南湘阴	—	精算理
曾纪鸿	1848—1877	湖南湘乡	光绪举人	精算术
邹伯奇	1819—1869	广东南海	诸生	精天文历算
王　襄	1876—1965	直隶天津	—	—
张锡纯	1860—1933	河北盐山	—	医学家
何秋涛	1824—1862	福建光泽	道光进士	注重边疆史地研究
丁拱辰	1800—1875	福建泉州	—	军事科学家
林文庆	1869—1957	福建海澄	—	医学家
魏　瀚	1850—1929	福建闽侯	留法	科技专家
张作君	1879—？	广东番禺	—	医学家
黄　宽	1828—1879	广东番山	留美	医学家
詹天佑	1861—1919	广东南海	留美	任中国铁路总局总工程师
冯　如	1883—1912	广东恩平	留美	飞机设计师制造家和飞行家
郑复光	1780—1853	安徽歙县	—	物理学家、光学家
吴其睿	1789—1847	河南固始	嘉庆进士	植物学家、药物学家

续表

姓名	生卒年	籍贯	出身	备注
吴其浚	1789—1846	河南固始	—	植物学家
顾观光	1799—1862	江苏宝山	—	天文学家，数学家
恽铁樵	1873—1935	江苏武进	—	医学家
徐有壬	1800—1860	浙江归安	道光进士	官至江苏巡抚、天文历算家
龚振麟	?	浙江嘉兴	—	军事科学家
戴　煦	1805—1860	浙江钱塘	贡生	数学家
王士雄	1808—1890	浙江钱塘	—	医学家
汪曰桢	1812—1881	浙江湖州	—	天文学家
许　梿	1787—1862	浙江海宁	—	医学家
许王旋	1874—1934	浙江瑞安	—	农学家
杨守敬	1839—1915	湖北宜都	—	天文、历法学家
丁守存	?	山东日照	道光进士	精天文历算
李仪祉	1882—1938	陕西蒲城	留德	水利专家
袁鹤侪	1579—1958	河北雄县	—	医学家
杜自明	1877—1961	四川成都	—	医学家
张　穆	1805—1849	山西干主	—	地理学家
张山雷	1873—1934	江苏上海	—	医学家
张　七	1877—?	甘肃永靖	—	农业学家
陈凤桐	1879—1980	河南内乡	—	农业学家
徐　松	1781—1848	顺天大兴	嘉庆进士	督学湖南，地理学家
丁甘仁	1865—1927	江苏武进	—	医学家
丁宝铨	1869—1919	江苏山阳	光绪进士	官至山西布政使、抚巡
丁福保	1874—1952	江苏无锡	—	算数学家
王季同	1875—1943	江苏吴县	—	中央研究所工程研究所研究员
石晓山	1859—1928	江苏无锡	—	伤科医家
沈登阶	1814—1892	江苏溧阳	—	医家
张乃修	1844—1905	江苏苏州	—	医家
王泰林	1798—1862	江苏无锡	—	医学家
方仁渊	1844—1926	江苏江阴	—	医学家
杨百城	1861—1928	江苏泰兴	—	中医学家
朱南山	1871—1938	江苏南通	—	医学家
邹　澍	1790—1844	江苏武进	—	医学家兼通天文地理

续表

姓名	生卒年	籍贯	出身	备注
沙书玉	1802—1887	江苏镇江	—	医家
张寿颐	1872—1934	江苏嘉定	—	医家
沈奉江	1862—1925	江苏无锡	—	医家
王 宽	1848—1919	河北宛平	—	创办学校开科学课
刘耀先	1864—?	河北清苑	—	医学家
文荫昌	1863—1924	河北新城	—	医学家
邓鸿勋	？—1851	广东南海	—	医学眼科专家
卢 朋	1876—1939	广东新会	—	医学家
李文田	1834—1895	广东顺德	—	地理学家
卢 靖	1856—1948	湖北沔阳	—	数学家
汪古珊	1842—1917	湖北恩施	—	医家
江 铮	1869—1966	安徽旌德	—	医学家
许 楣	1979—1870	浙江海宁	—	历算学
杜亚泉	1873—1933	浙江会稽	—	动植物学家
沈夏霖	？—1892	湖南石门	—	医家
张士奇	？—1864	江苏上海	—	医家
陈开乾	？—1928	云南昆明	—	医家
陈伯坛	1863—1938	广东新会	—	中医学家
罗汝兰	？—1895	广东石城	—	医家
陈秉钧	1840—1914	江苏青浦	—	医家
周雪樵	？—1910	江苏苏州	廪贡生	医家
周 镇	1876—1942	江苏无锡	—	医家
李慎儒	1836—1905	江苏丹徒	—	医学家
严康甫	1853—1932	江苏无锡	举人	医学家
李兆洛	1969—1841	江苏阳湖	进士	地理学家
李步青	1854—1912	江苏丹徒	拔贡	地理学
赵履鳌	1829—1904	江苏高邮	—	医家
项传霖	1798—1858	浙江瑞安	举人	天文、历算
李 诚	1778—1844	浙江黄岩	—	算学
吴以成	1873—1917	浙江海宁	—	医学家
陈 滋	1878—1927	浙江奉化	留日	医学家
金子文	1870—1921	浙江相乡	—	医家

续表

姓名	生卒年	籍贯	出身	备注
林　枫	1798—1864	福建侯官	—	医家
郑　正	1866—1925	福建福州	—	医家
吴瑞甫	1871—1951	福建同安	—	医学家
罗哲初	1878—1943	广西桂林	—	医家
周学海	1856—1906	安徽建德	进士	医家
郑　沛	1866—1918	安徽歙县	—	医家
郑钦安	1804—1901	四川邛崃	—	医家
吴钟权	1868—1971	四川会理	举人	医学家
李有棻	1841—1906	江西萍乡	—	官至江宁布政使，农业学
李锡蕃	1823—1850	湖南长沙	—	地理学
吴汉仙	1876—1948	湖南邵阳	进士	官至河东河道总督、水利
吴邦庆	1766—1848	河北霸州	—	医学家
何运亨	1837—1872	江苏青浦	—	医学家
何其超	1803—1871	江苏青浦	武庠生	医家
何其瑞	？—1853	江苏青浦	监贡生	医家
何昌福	1802—1858	江苏青浦	—	医家
余伯陶	1868—？	江苏嘉定	—	医家
余奉仙	1860—1939	江苏阜宁	—	地理学
夏　云	1824—1904	江苏广陵	—	医家
夏应堂	1871—1936	江苏江都	—	医家
曹颖甫	1866—1937	江苏江阴	—	医家
何炳元	1861—1929	浙江绍兴	留日	医家
余云岫	1879—1954	浙江镇海	—	中医学家
凌　奂	1822—1873	浙江归安	—	医学
钟观光	1867—1940	浙江镇海	—	植物学家
邹永暄	1858—1952	湖南新化	—	地理学家
徐佑丞	1864—1956	湖南长沙	—	医家
黄传祁	1848—？	湖南长沙	—	算学
袁鹤侪	1879—1958	河光雄县	—	医学家
郭定善	1878—？	广东英德	—	农学
常建圻	1831—1905	山东牟平	—	医家

资料来源：1.《中国近代史辞典》，上海辞书出版社 1982 年版。

2. 沈渭滨主编：《近代中国科学家》，上海人民出版社 1988 年版。

为了便于分析，根据表 5－8 再作一统计如表 5－9 所示。

表 5－9　　晚清科学家籍贯分布比较

籍贯	人数	百分比（%）	所居位次
江苏	50	35.46	1
浙江	30	21.28	2
广东	12	8.51	3
湖南	10	7.09	4
福建	7	4.96	5
河北	7	4.96	5
安徽	4	2.84	7
山东	3	2.13	8
河南	3	2.13	8
四川	3	2.13	8
湖北	3	2.13	8
江西	2	1.42	9
直隶	1	0.71	10
山西	1	0.71	10
陕西	1	0.71	10
甘肃	1	0.71	10
顺天	1	0.71	10
广西	1	0.71	10
云南	1	0.71	10
合计 141 人			

纵观表 5－9，可以发现，晚清科学家中江苏人位居榜首，有 50 人，占总数的 35.46%，超过 1/3。浙江、广东次之，分别有 30 人和 12 人，各占总数的 21.28% 和 8.51%。而湖南紧随其后，有 10 人，占总数的 7.09%。福建与河北在数量上两省旗鼓相当，各 7 人，各占总数的 4.96%。从区域看，东南沿海地区（江苏、浙江、广东、福建）科学家最为密集，有 99 人，占总数的 70.21%，2/3 有余，长江流域（湖南、安徽、湖北、江西、四川）次之，有 22 人，占总数的 15.60%。北方地区的河北有 7 人，占总数的 4.96%，在北方各省中排第一位。其他地区则相对较少，有的甚至为地理上的空白。

综上所述，从省区来看，晚清科学家主要集中在江苏、浙江、广东、湖南、福建、河北省。

（二）晚清科学家的地区分布分析

1. 自然地理环境的影响

地理位置对一个国家、地区的自然条件、交通、经济、军事等都有着重要制约作用，进而也影响人才的地域分布。从上面的统计结果来看，晚清科学家主要集中在东南沿海和长江流域两大地区，而尤以江苏、浙江、广东、湖南等省数量最多。

“一般沿江、河、湖岸地区，沿海地区开放较早，经济文化发展水平也较高”①。从上述统计中可以知道，江苏、浙江、广东、湖南、福建的近代科学家比较多，是与其有利的地理环境分不开的。江苏、浙江、广东、湖南、福建属于东南沿海地区，交通运输十分发达，逐渐成为近代中国的商业中心，经济的发展同时也有利于文化的繁荣。如广东的广州是近代最早的通商口岸之一，这里不仅是外国商品的输入港口，而且也是中国国内产品进入国际市场的重要交易场所。因此自然地理环境也是影响人才地域分布的因素之一。如工程师詹天佑，就是广东南海人。浙江湖州的天文学家汪曰桢等。

2. 政治制度的影响

政治制度是影响人才地域分布的重要因素。如清朝通过科举考试的进士在仕途中拥有优越的地位。“进士出身的人在选班中的优越地位；进士在任职范围的优待，进士升迁机会的优越”②。清代的内阁学士、六部的尚书、侍郎、都察院的都御史、大理寺卿、顺天府尹多系进士出身，地方上的总督、巡抚、布政使、按察使也多系进士出身。现统计晚清各省进士数额、排序依次为：浙江（612 人）、江苏（604 人）、山东（564 人）、江西（556 人）、河南（500 人）、八旗（457 人）、福建（451 人）、直隶（440 人）、安徽（380 人）、陕西（372 人）、广东（253 人）、顺天（216 人）、甘肃（199 人）、奉天（81 人）。③

晚清的科学家大多同时兼具科学家与学者或是官员的两重性质，他们中有不少人由进士出身，通过分析对比我们可以看出进士人数排序靠前的省份科学家的人数排序也较靠前，如浙江、江苏、山东、江西、河南、福建、直隶、安徽、湖南等省份的进士人数排序靠前，这几个省份的科学家

---

① 徐宝芳：《人才地域分布规律研究》，《内蒙古师大学报》1997 年第 6 期。

② 刘秀生、杨雨青：《中国清代教育史》，人民出版社 1993 年版，第 14—15 页。

③ 苏全有：《晚清人才的地域分布及其特色》，《平原大学学报》2003 年 8 月第 3 期。

人数排序也较靠前。

3. 区域文化是影响人才地域分布的直接因素

随着人类文明的发展，区域人才出现的多少，越来越与区域文化水平密切相关。一般区域文化水平较高，人才地域分布越多，二者呈正相关，江苏、浙江、广东、湖南、福建、安徽等省有深厚的文化传承，在经学、文学、教育等方面也都有着较深的研究。

综上所述，影响人才地域分布的因素与其地区的自然地理位置、政治制度、区域文化有关。江苏、浙江、广东、湖南、福建凭借其有利的因素，使该地区的政治、经济、文化相对发达。而在人才地域分布上占有一定的地位。晚清科学家的地区分布亦呈此势。

五　晚清学术的区域特色

综合前面四节所述，晚清的学术人物主要集中分布在江苏、浙江、湖南、广东、安徽、福建、江西、四川、湖北等省。从区域看，亦呈现出沿海、沿江、内陆和边陲几个不同的地理分布层次，东南沿海（江苏、浙江、广东、福建）、长江流域（湖南、安徽、江西、四川、湖北）最为密集，而东北、西南、西北学术人物较少。究其原因，试分析如下：

（一）西学的影响

西学是指欧洲文艺复兴以后的西方文化，与中国的传统文化有着很大的不同，其在晚清的传播，冲击着根深蒂固的传统文化，极大地影响了晚清学术和文化发展的走向。西学在中国的传播可以上溯到明朝，大多是带着西方科学技术的来华传教士传播的。在鸦片战争以前，西学传入的内容大多是自然科学技术方面，其在中国的传播和影响是极为有限的，未构成对中国传统文化的威胁。1840 年鸦片战争以后，国门洞开，西学如潮水般涌入，与中国传统文化发生一系列的冲突、交融，改变着中国的传统文化。但传统文化区域稳定的层次性，人的知识结构以及形成的梯度性，受西学影响的程度也不尽相同。

晚清时期，在西方列强的武力胁迫下，清政府被迫签订了一系列不平等条约，开放了沿海、沿江一线的通商口岸，形成了由边境到内地城市的通商口岸体系。沿海、沿江的通商口岸可以说是中西文化交流的口岸，是新知识、新思想、新事物的传播地，也是学术发展、成长的地方。位于东南沿海的广东、福建、江苏、浙江，为学术人物的成长提供了新的文化环境。

晚清时期，西学渐渐东进，东南沿海地区受其影响首先成为中西文化交流的中心。江苏、浙江、广东、福建等省份，在西方传教士的文化渗透下，出现了一大批传播西学的学校、图书、报刊等。西学的传播使这些地区涌现出了许多接受西方思想的教育、科学乃至政治等各种人才，这些人物由“得风气之先”，而“开风气之先”，受国危民难以及内外各种因素的刺激，群然而起，因此出现了大批知识分子、教育改革家、科学技术家。

相比之下，其他地区，学术人物的分布便相形见绌，从西学东渐这一角度来看，“因距离的远近（实际也是传统文化的牢靠程度）而与辐射力成正比。愈到内地影响力愈少，发生近代转变也愈少”①。因此，新兴人物出现的可能性就愈少，像西北、西南、东北学术人物的分布就相对较少。

（二）区域经济发展的不平衡性

近代人物产生并发展于近代特定的地域空间，受制于地域空间的社会和经济的发展。因此，区域经济发展的不平衡性，对学术文化区域产生重大的影响。

中国近代工业大部分分布在沿海、沿江一带，这一带交通便利、资源丰富、技术较先进，便于进口机器及与外国联系，对外出口等方面条件也便利。内地的近代工业占极少数，而西南、西北边疆地区几乎没有近代新式企业，本书有关统计资料便是一个有力说明。

从 1840—1898 年这一段时间看，外资企业侧重于船舶修造业、出口加工业等工业部门。上海是当时中国最大的对外贸易口岸，亦是外企的首选地。从 1845—1858 年的 13 年间，外商在华开设的船舶修造厂有 7 家，其中除柯拜船坞和厦门船厂分别设于广州、厦门外，其余 5 家均设在上海。②“至甲午战争前夕，外国资本先后在中国开办了 191 个工业企业，这些企业大部分集中在上海和广州”③。“1872 年至 1894 年间的 74 家民族

① 王继平：《湘军集团与晚清湖南》，中国社会科学出版社 2002 年版，第 231 页。

② 孙毓棠：《抗戈集》，中华书局 1981 年版，第 125—126 页。

③ 杨东梁：《晚清东南社会变迁与近代化智力资源积累》，《史学月刊》2002 年第 11 期，第 79 页。

资本近代企业也大部分布在沿海地区”①。而1895年至1898年3年间创办的较大规模的49家民资企业，也大都集中于上海、江浙一带。1895年至1912年中国近代经济的地理分布，从总体上看，没有实质性的变化，仍然是大都集中在东南沿海和长江沿岸的通商口岸及其附近地区。根据有关资料统计，1895年至1912年，外国资本投资在华设立的重要厂矿共136家。其中江苏44家，直隶13家，湖北10家，山东6家，奉天38家，吉林15家，其余各省共10家。这些厂矿除矿场以外，规模较大的工厂，都集中于上海和沿海沿江几个通商口岸。中国民间资本也呈相似状况，根据汪敬虞《中国近代工业史资料》统计，从1895年至1912年中国民间资本投资设立的厂矿共549家，“其中上海83家，武汉28家，天津17家，广州16家，杭州13家，无锡12家，其他省份共占380家”②，呈现出明显的地域分布不均衡性，而且也呈沿海沿江通商口岸体系分布的区域特色。

（三）近代教育发展的不均衡性

区域教育事业的规模、质量和结构在很大程度上决定该地区的人才数量和质量。近代教育发展的不均衡性也使近代人才分布呈现不均衡性。

中国的近代教育是随着洋务运动的兴起而开始的。从19世纪60年代起，创办了一批新式的学堂，甲午战争前后，全国已有各类新式学堂37所，其中有18所分布在东南沿海，几乎占一半（48.6%）；长江流域有5所，占13.5%。近代新式学校造就了一批掌握西方文化的知识分子，如严复（毕业于福州船政学堂）等。20世纪初，随着科举制度的废除，建立了更多的新式学堂。1902年有新式学堂35787所，有学生1006743人；1909年有59117所，学生超过160万人。由此可见这些新式学堂的作用，同时也可以估计，这些新式学堂大都分布在两湖、江浙、广东等地。

此外，派遣留学生也是晚清近代教育的另一形式，容闳（广东香山人）是第一批留美学生之一，1854年毕业于美国耶鲁大学，他回国后就立志“以西方之学术灌输中国，使中国日趋于文明富强之境”③，其后成为教育改革家之一。此后，他先后率领幼童（120人）赴美学习，这是中

① 周振鹤主编：《中国历史文化区域》，复旦大学出版社1997年版，第369页。

② 汪敬虞：《中国近代工业史资料》第二辑（下），科学出版社1957年版，第1069—1095页。

③ 容闳：《西学东渐记》，岳麓书社1985年版，第62页。

国派遣留学生的开始。这120名赴美留学生中，大部分来自东南沿海地区，其中广东84人（占70%），江苏21人（占17.5%），浙江8人（占6.7%），安徽4人（占3.3%），福建2人（占1.6%），山东1人（占0.8%）。随后，又有学生留欧（88人），这些留欧学生中以闽籍为多。“甲午战争后，赴日留学生日益增多，1899年公费留日有26人，其中大部分也来自东南沿海，苏、浙、粤三省人数各不相上下（各6人）共有18人，约占该批留日学生的70%”[①]。留日学生促进了清末教育改革和新教育的发展。“留日生中学师范的很多，例如，1903年3月至10月，留日毕业生175人，其中师范生71人，约占40.6%；1903年10月至1904年4月，毕业生288人，师范生153人，约占53.1%；1904年4月至10月，毕业生426人，师范生189人，约占44.3%”[②]。这些学生回国后大多任教于各地学堂。他们在一定程度上弥补了由于新式学堂大量兴起而引起的师资不足，对新教育的发展有很大贡献，留日学生翻译的日本和西方各国科学及教育书籍，为新式学堂提供了大量教材和参考读物，他们翻译出版的教科书，为缺乏教材的中国学堂提供了大量教材；他们翻译出版的是日本和西方教育理论书籍，将外国教育理论和方法介绍到中国，给清末教育界提供了借鉴，促进了清末教育改革和发展。

近代教育的发展，促进传统社会阶级结构的变更，推动了社会政治、经济的发展，也导致近代人才分布的地区差异。

总之，综合前面所述晚清经学家、晚清文学家、晚清教育家、晚清科学家的地理分布特点及原因，这种分布格局与清末以来西学东渐的区域变迁有关，与近代社会各领域转型呈现的结构相一致，与本地区的文化传承有关，亦与其自身的地理环境分不开。

---

① 杨东梁：《晚清东南社会变迁与近代化智力资源积累》，《史学月刊》2002年第11期。

② 刘秀生、杨雨青：《中国清代教育史》，人民出版社1993年版，第178页。

第六章　晚清留学生区域分布

晚清留学自1872年幼童留美开始至1912年中华民国成立结束。短短几十年间，留学教育培养了一大批新式人才，在中国社会的近代化转型过程中发挥了重要作用，对中国区域近代化的发展产生了深远影响。本章试图从晚清留学生的地理分布着手，采用表格统计的研究方法，对晚清留日学生、留美学生、留欧学生的籍贯进行系统的统计和分析，从而以点映面来更好地帮助我们了解晚清人才的地理分布规律。

一　晚清留学运动的展开

早在19世纪初，中国就有人留学欧美。不过那时的留学只是零散的，且大多由传教士带往国外，学生主要学习神学以备将来传经布道之用。据史料记载，中国最早的留学生是1847年随布朗出国的容闳、黄胜和黄宽三人。此后的20年间，零零星星的又有极少数人随传教士出国留学，但这些人的留学都只是偶然的个体行为，并不具备普遍性。清政府有计划有组织地派遣留学生始于1872年，30名幼童赴美拉开了晚清留学运动的帷幕。根据留学国别的不同，笔者将晚清留学大致分为四个时期，即幼童留美、海军留欧、甲午战争后留日和庚款赴美。

（一）幼童留美

洋务运动时期幼童留美开创了我国留学教育的先河，标志着晚清留学运动的兴起。它的发生并不是偶然的，而是有着深刻的社会历史根源。

19世纪40年代，帝国主义列强用它们的坚船利炮打开了清政府闭关锁国的大门，中国由一个主权独立的国家开始逐步沦为一个半殖民地半封建的国家。两次鸦片战争使中国主权大量丧失，清政府天朝上国的威严丧失殆尽。太平天国运动的爆发使清朝的统治岌岌可危。此时，内忧外患，时局动荡，中国正经历着“数千年未有之变局”的残酷现实。在国家民族危亡的紧要关头，一部分先进的知识分子开始从“天朝上国”的迷梦中清醒过来，他们纷纷把眼光投向世界，探寻救国救民的道路。他们认识到西方的“坚船利炮”并不只是什么“奇技淫巧”，而是先进的器物文化，从而主张向西方学习。林则徐、魏源首先发出了“师夷长技以制夷”的大胆呼声。在“师夷长技以制夷”的口号下，洋务派发起洋务运动以自救，他们开始大力兴办洋务事业，学习“西学”。中国的传统文化中心地位丧失，“师夷”即学习西方的先进文化逐渐成为一种趋势，留学作为一种文化交流的媒介逐渐被提上了日程。

在内外交困的时局中，清政府内部一些比较开明务实的士大夫官僚逐渐对当前的形势和西方列强有了较清醒的认识。从 19 世纪 60 年代开始，他们掀起了一场以“求强”、“求富”为目的，学习西方先进科学技术的洋务运动。洋务运动主要包括两个方面：一是兴办洋务事业，一是开展洋务教育。洋务事业的操办需要一大批掌握外国先进科学技术的新式人才。在兴办洋务之初，为了培养新式洋务人才，洋务派引进西方的教学内容和方法，建立了一批新式洋务学堂，但因设备简陋、师资难求等问题其培养的洋务人才仍不能满足洋务事业发展的需求。同时，为了解决人才的短缺问题，洋务派还采取了请进来的方法，直接从国外聘用洋教习。在洋务实践过程中，他们逐渐发现聘用洋人弊端重重，意识到派出去比请进来更有优势。因此，洋务派奏请朝廷说，如能“选聪颖幼童，选赴泰西各国书院学习军政、船政、步算、制造诸学，约计十余年业成而归，使西人擅长之技中国皆能谙悉”①，中国才能“渐图自强”。否则“中国内江外海之利”都要被“洋人占尽”②。显然，派遣幼童出洋留学是洋务事业发展的客观需要。

幼童留美，曾国藩、李鸿章、丁日昌等洋务派官僚作出了很大的努力，功不可没，但其中最值得一提的应是被称为留学之父的容闳。正如我国著名教育家舒新城所说：“无容闳，虽不能一定说中国无留学生，即有，也不会如斯之早，而且派遣的方式也许是另外一个样子。故欲述留学之渊源，不可不先知容闳。”③ 容闳是我国近代留学运动的奠基人。他自幼接受西方教育，深受西方文明影响，腐朽落后的中国和蓬勃向上的美国

---

① 《同治十年七月十九日大学士两江总督曾国藩等奏》，《洋务运动》（二），第 153 页。

② 李鸿章：《轮船招商请奖折》，见《李文忠公全集》《奏稿》卷二十五。

③ 舒新城编：《近代中国留学史》，上海文化出版社 1989 年影印本，第 2 页。

在他的脑海中形成了鲜明的对比。在读大学期间他就立下了远大的志向，即“以西方之学术，灌输于中国，使中国日趋于文明富强之境”[①]。1854年他以优异的成绩从美国耶鲁大学毕业后，即致力于此。但由于当时中国社会风气未开，他的留学计划根本无人问津。从1855年到1872年十余年间，为了促使清政府派遣留学生，他呕心沥血，历尽艰辛。在他多年的努力下，朝廷终于在1872年派出了第一批留学生。

第二次鸦片战争以后，由于清政府采取妥协求和的政策，中国和西方列强之间处于相对安定的局面。1868年清政府向西方国家派出了第一个外交使团。使团成员由前任美国驻华公使蒲安臣、总理各国事务章京志刚和孙家谷组成。他们的任务是“前往有约各国，办理中外交涉事务”。为了进行文化渗透，培养一批亲美知识分子，美国政府对他们进行了友好的接待。1868年7月，蒲安臣擅自代表中国与美国签订了《中美天津条约续增条款》，亦称《蒲安臣条约》。在条约中第七条规定：“嗣后中国人欲入美国大小官学学习各等文艺，须照相等最优国之人民一体对待。美国人欲入中国大小官学学习各等文艺，亦照相等最优国之人民一体优待。”[②]这样《蒲安臣条约》就为幼童留美提供了条约上的依据。可见，美国政府的积极引导为幼童留美创造了有利的外部条件。

幼童留美是中国古来未有之事，这一计划的实施与容闳的个人努力相始终。1854年，容闳从美国耶鲁大学毕业后即立下志向，决心游说中国政府派遣学生赴美接受西式教育，再回国替政府服务，使中国得以跻身于外国平等之地位。1860年他到天京拜见太平天国干王洪仁玕，面陈七条，提出了自己的教育主张，但由于当时太平天国军事上的失利及其他条件的限制终无法实行。1863年他经友人李善兰的推荐入曾国藩幕府，企图借助曾国藩实现他的“留美教育计划”。同年他受曾国藩委托，前往美国购买机器，深得曾国藩的赏识，被授予五品候补同知，到江苏省任职。到江苏后他与当时的江苏巡抚丁日昌交游甚密，彼此志趣相投。1868年，他通过丁日昌向朝廷上“条陈四则”，首次提出了他的留学教育计划，即：“政府宜先选派颖秀青年，送之出洋留学，以为国家储蓄人才。派遣之法，初次可先定一百二十名学额以试行之，此百二十人中，又分为四批，按年递派，每年派送三十人。留学期限定为十五年。学生年龄，须以十二岁至十五岁为度。视第一、第二批学生出洋留学卓有成效，则以后永定为例，每年派

① 容闳：《西学东渐记》，湖南人民出版社1981年版，第23页。

② 志刚：《初使泰西纪》，湖南人民出版社1981年版，第25页。

出此数。派出时并须以汉文教习同往，庶幼年学生在美，仍可兼习汉文。至学生在外国膳宿入学等事，当另设留学生监督二人以管理之。此项留学经费，可于上海关税项下，提拨数成以充之。"① 条陈写好后，由丁日昌送文祥转奏。不料文祥丁忧回籍，不久又病逝，此议遂作罢。1870 年，天津爆发了震惊中外的"天津教案"。曾国藩、丁日昌奉旨前往查办，容闳作为翻译同行。容闳遂乘机向丁日昌进言，重提他的留学计划。经过丁日昌向曾国藩进言，容闳的留学计划得到曾的赞许。1871 年曾国藩与李鸿章联名上奏，请求派遣幼童赴美留学，获朝廷旨准，随即容闳等人开始紧张的筹备工作。容闳与曾国藩等人商订了留学章程十二条，对留学细节作了详细的筹划，主要内容有：（1）商知美国政府，中国派员每年选送幼童 30 名前往留学，所需费用中国自备。（2）在上海设局经理挑选幼童派送出洋事宜，应选条件为年龄在 13 岁至 20 岁之间，曾经读中国书数年，亲属情愿送往并取其甘结，考查其中学、西学，合格者送往国外。（3）每年选送幼童 30 名，四年 120 名，留学 15 年，回国后以其特长授予官阶，量长录用。（4）留学所需各项费用由上海关税银中拨付。（5）对留学幼童加强管理和考核。1872 年 1 月，曾、李第三次联名上奏了《幼童出洋肄业事宜折》，进一步明确了幼童留学的规章，确定了有关负责人：任命陈兰彬为出洋局委员，容闳为副委员常驻美国经理一切，曾恒忠为翻译，叶源浚为中文教习，刘翰清负责幼童出国前在上海的训练。至此留学事宜总算大致落定。

留学经费、章程和具体步骤确定后，容闳立即在上海设立留美预备学校，然后前往广州、香港等地遴选出国幼童，再提前赴美安排幼童的住宿、上学等事宜。

1872 年 8 月，首批幼童在陈兰彬的率领下，从上海起航赴美，另有中文教习、翻译数人同行。1873 年 6 月，第二批幼童 30 名由黄胜率领赴美，香港、上海 7 名自费生同往。1874 年 9 月，第三批幼童由祁兆熙率领出国。1875 年 10 月，第四批幼童在邝其照的率领下前往美国，同行的还有上海的 3 名自费留学生。至此，120 名幼童按计划全部派遣，留学计划得以实现。

幼童在美国学习刻苦，进步很大，并迅速融入当地的生活中。他们的言行举止引起守旧派的不满，"此等学生，若更令其久居美国，必致全失其爱国之心，他日纵能学成归国，非特无益于国家，亦且有害于社会，欲

---

① 容闳：《西学东渐记》，湖南人民出版社 1981 年版，第 86—87 页。

为中国国家谋幸福计，当从速解散留美事务所，撤回留美学生”[①]。在顽固派的一致攻击下，1881 年 7 月，清政府将幼童分三批撤回，早期留美运动就此夭折。

幼童留美运动冲破了中国传统教育的一统天下，开创了中国留学教育的先河，开通了向西方学习的风气，为后来留欧生的派遣铺平了道路，对晚清留学运动的展开起到了积极而深远的影响。

（二）海军留欧

鸦片战争中，帝国主义列强凭借他们强大的海军力量轰开了中国的大门，战争的惨败使封建统治者不得不改变闭关锁国的政策。在深重的民族危机面前，国内的一些开明之士产生了最初的近代海防意识。林则徐是中国近代最早提出建立海军，主张学习西方“长技”并付诸实践的第一人。继他之后，魏源又进一步总结了“师夷长技以制夷”的海防思想，他认为学习西方“长技”要重视海军造舶、驾驶、造火器等方面人才的培养。洋务运动中，洋务派继承并发展了魏源的“师夷长技”思想，提出了“求强”的目标，发展近代军事工业，抵御外侮。其代表人物左宗棠认为外国有火轮兵船，而中国没有。一旦开战，侵略者就可乘虚而入，“藩篱竟成虚设”。“欲防海之害而收其利，非整理水师不可；欲整理水师，非设局监造轮船不可”[②]。他的观点被清政府采纳。日本侵台事件的发生使清政府更加意识到海防的重要性，“既为目前当务之急，又属国家久远之图”。面对西方帝国主义列强“船坚炮利”的威胁，清政府急切希望建立一支近代化的海军。海防意识的逐步深化，促使了海军教育的诞生，中国最早的海军学校——福州船政学堂正是这种意识发展的必然结果。

从 19 世纪 70 年代开始，清政府开始筹建自己的海军。70 年代中期，清政府陆续从英、德等国购置舰船，到 1894 年已拥有舰船六七十艘，分别建成南洋、北洋、福建三支海军。在海军的创办过程中，清政府逐渐认识到：仅仅拥有近代化的舰船设备是远远不够的，更重要的是拥有大量会驾驶、维修、制造舰船的专门技术人才。在海军创建之初，为解燃眉之急，他们重金聘用洋人。但很快他们认识到由外国人指导造

① 陈学恂、田平正：《中国近代教育史资料汇编·留学教育》，上海教育出版社 1991 年版，第 155 页。

② 高时良：《中国近代教育史资料汇编·洋务运动时期教育》，上海教育出版社 1992 年版，第 279—280 页。

船、行船，中国人“虽日习其器，究不明乎用器和制器所必然”。这样学习皮毛，终非久远之计。他们迫切感到，“用人最是急务，储才尤为远图”①。为了获得海军专门人才，洋务派开始聘请洋教习，兴办近代水师学堂。船政大臣沈葆桢认为要“窥其精微之奥，宜置之庄岳之间”②，1873 年 12 月，他奏请朝廷派遣船政学堂学生赴欧留学。1877 年 1 月李鸿章进一步分析指出了学生出洋留学的必要性：“窃谓西洋制造之精，实源本于测算、格致之学，奇才迭出，月异日新。即如造船之事，近时轮机铁胁一变前模，船身愈坚，用煤愈省，而行驰愈速。中国仿造皆其初时旧式，良由师资不广，见闻不多，官厂艺徒虽已放手自制，止能循规蹈矩，不能继长增高。即使访询新式，孜孜效法，数年之后，西人别出新奇，中国又成故步，所谓随人作计，终后人也。若不前赴西厂观摩考索，终难探制作之源。至如驾驶之法，近日华员亦能自行管驾，涉历风涛；惟测量天文、沙线，遇风保险等事，仍未得其深际。其驾驶铁甲兵船于大洋狂风巨浪中，布阵应敌，离合变化之奇，华员皆未经见。自非目接身经，断难窥其秘钥。”③ 因此，要筹建一支近代化的海军，就必须派遣留学生到外国学习，了解西方海军最先进的科学技术，这样才能紧跟上世界潮流。

清政府向外派遣海军留学生，沈葆桢和李鸿章等起了很大作用。1872 年，福建船政大臣沈葆桢受到幼童赴美留学一事的启发，即产生了派遣船政学生出洋留学的想法。他认为船政学生已“能就已成之绪而熟之，断不能拓未竟之绪而精之”，只有派往英、法继续学习，才能“日起而有功，循序而渐进”。1873 年 12 月，沈葆桢奏请朝廷派遣留学生赴欧留学，他说：“前学堂习法国语言文字者，当选其学生之天资颖异学有根底者，仍赴法国深究其造船之方及推陈出新之理。后学堂习英国语言文字者，当选其天资颖异学有根底者，仍赴英国深究其驶船之方及其练兵制胜之理。速则三年，迟则五年，必事半而功倍。”④ 他的提议得到李鸿章和左宗棠的认可和支持。经过总理衙门的商讨，清廷决定奉旨依议。与此同时，沈葆桢组织船厂监督日意格及有关人员拟订了一份详细的赴欧学习章程。但不久由于日本侵略台湾，沈葆桢受命赴台筹划海防，计划不得不暂时被搁

① 《曾文正公全集》奏稿，卷二十七。

② 《洋务运动》(五)，上海人民出版社 1961 年版，第 140—141 页。

③ 李鸿章：《奏闽厂学生出洋学习折（附清单二)》，《李文忠公全书》奏稿，卷二十八，第 22 页。

④ 《洋务运动》(五)，上海人民出版社 1961 年版，第 140—141 页。

置下来。在督办海防事宜期间，沈葆桢仍不忘派遣留学生之事。1875 年初，他趁日意格回法国购买机器之机，奏请朝廷准予日意格带领刘步蟾等五名船政学生“游历英吉利、法兰西等处”，以“开扩耳目”。这五名留学生可以说是我国最早向欧洲派遣留学生的先导。1876 年，李鸿章也趁洋员李励协回国之机派武弁卞长胜等七人赴德国学习陆军操法，但由于年龄偏大等种种原因，结果并不理想，以后李鸿章便把主要精力用于海军。台湾事件平定后，李鸿章、沈葆桢奉旨筹议海防，对于派遣海军留学生一事，两人意见不谋而合。继任的船政大臣丁日昌曾对幼童留美极力促成，此时对于船政学生留学一事自是十分热心，他多次致函李鸿章，称福州船政学堂学生中，颇多究心测算制造驾驶之人，亟应遣令出洋肄业，不致半途而废。经过李、沈、丁等人的多次函商，拟定《选派船政生徒出洋肄业章程》，上奏朝廷，获得批准。《出洋肄业章程》对出国留学生的学习任务、要求、组织领导、物质经费、生活供应等都作了周密的计划和规定，成为以后历届派遣海军留欧生的基本依据。

得到朝廷许可后，沈、李又多次函商，决定选派前福州船政局监督日意格为洋监督，候选道李凤苞为华监督，共同负责管理出国留学生的学习和日常生活起居。光绪三年（1887）二月十七日，首届海军留欧生在监督日意格、李凤苞率领下，偕同随员马建忠、文案陈季同、翻译罗丰禄，一行 30 人等经香港转赴英、法两国求学。这是清政府派遣的第一批海军留欧生。

从 1878 年至 1880 年，第一批海军留欧生期满学成陆续回国。受他们的鼓舞，1881 年年底，福州船政局决定组派第二批海军留欧生。福州船政前、后学堂经过第一批海军留欧生的筛选后，剩下的人已不多，新入学的学生年龄又稍小，挑选较难。经李鸿章选定前学堂学生八名，后学堂学生六名，后因后学堂学生许兆箕等四人先已调赴北洋，充当天津水师学堂教习及威远练船教练水手，身处要职，不能离开。于是后学堂能出国留学的学生仅剩下两名，加上前学堂八名学生，计十人于光绪七年（1881）十二月出发，出洋肄业。这届洋监督仍为日意格，华监督仍为李凤苞，第一批留学生吴德章则担任襄办兼翻译。此批留学生于光绪十二年（1886）上半年学成归国。

光绪十二年（1886）三月，清政府着手选派第三批留欧生前往英、法学习。此批学生挑选较易，由北洋和船政两方面选派，共选派学生 34 名。洋监督由法国人司恭塞格继任，华监督则由周懋琦担任。学制略有改变：“习驾驶者仍以三年为限；习制造者则酌予变通，以六年为限。凡以便各生于其所学益求精密，期必进窥奥窍而后归也。”①

此系甲午战争前清政府向欧洲派赴的三批海军留学生，以福州船政学堂为主，共派出洋学生 82 人，学成归国 75 人。他们学成归国后或任驾驶，或任制造，或为训练后起的师资，皆能胜任其职，成为清末海军建设中各方面高层管理的专门人才。

甲午战争后，船政学堂又选派了第四批海军留学生。光绪二十三年(1897) 九月，清政府任命吴德章为监督，从福州船政前、后学堂挑选学生六人赴法学习制造，原定学习期限六年，后因经费困难，三年后撤回。

此外，江南陆军学堂、铁路学堂、储才学堂和天津水师学堂等也选派了部分学生赴欧留学。

海军留欧教育（主要指福州船政学堂学生留欧教育）为中国培养了一批近代化的海军军事人才和教育人才，对海军的近代化建设发挥了重要作用。它进一步开启了民智，改变了人们的传统价值取向。随着留学教育的深入进行，人们的思想观念发生了很大的变化，民间对留学不再视为畏途，反而觉得是一种荣耀。这就进一步推动了中国教育向近代化的转化，有利于留学运动的大规模展开。

（三）甲午战争后留日

甲午战争以前，清政府为了达到“师夷长技以制夷”的目的，一般是向欧美等国派遣留学生，对于“蕞尔小国”的日本是不屑一顾的。然而，战争的失败和《马关条约》的签订，使中国朝野上下为之震惊。日本的迅速崛起引起了人们的反思，人们对日本的看法也为之一变，纷纷开始寻找日本兴盛原因之所在。1898 年洋务派领袖张之洞发表了著名的《劝学篇》，他认为日本兴盛的一个最主要原因就是向外派遣留学生。他说：“日本小国耳，何兴之暴也？伊藤、山县、夏本、陆奥诸人，皆二十年前出洋之学生也，愤其国为西洋所胁，率其徒百余人分诣德、法、英诸国，或学政治、工商，或学水陆兵法。学成而归，用为将相，政事一变，雄视东方。”在他看来，日本是学习西方成功的典范，直接向日本学习，是中国自强求富的最佳捷径。因此，他极力倡导留日。他认为“游学之国，西洋不如东洋”②。日本师法西洋由弱变强给中国树立了一个榜样，

① 朱寿朋：《光绪朝东华录》（二），中华书局 1984 年版，第 58 页。

② 张之洞：《劝学篇》，上海书店 2002 年版，第 38 页。

故“甲午战争后，举国上下，莫不视游学东瀛为富强之要径”[1]。

自隋唐以来，科举制度一直是封建统治者的政治基础。以反映儒家思想的“四书”、“五经”为学习内容的科举制度在明清时期发展到了极致，科举取士的观念深入人心。1905 年，清政府废除了在中国实行了 1300 余年的科举制度，并开始在全国兴办新学。科举制的废除，断绝了传统士子的功名之路，对甲午战争后形成的留日热潮起到了积极的促进作用。此后，新式学堂的毕业生和通过考试的归国留学生进入政府各部门。人们的传统价值观念彻底改变，一心向往新学。由于当时国内学堂初设，师资匮乏，新式学堂的数量远远不能满足众多学生的入学要求，因而留学国外成为众多学子仕进的新捷径。

《辛丑条约》签订以后，清政府进行了覆灭前的最后一次重大改革，即所谓“新政”。新政内容涉及很广，其中影响深远的是以日本为蓝本的教育改革。于是，清政府开始大力倡导留日，并围绕留日生陆续制定和完善了一系列鼓励、约束和奖励游学的政策。1901 年 1 月，刘坤一、张之洞联名上奏《江楚会奏变法三折》，提出“设学堂、停科举、奖游学”三项内容。[2] 1901 年 9 月，清政府着令“各省选派学生出洋留学，如学有所成即予奖励”[3]。1903 年，清政府颁布了由张之洞拟定的《奖励游学毕业生章程》十条，规定“中国游学生在日本各学堂毕业者，视所学等差，给以奖励”。奖励的等级根据毕业学堂而定，如能在日本普通中学堂、高等学堂与实业学堂、国家大学堂与大学院毕业，并获得优等文凭者，分别授以拔贡、举人、进士、翰林出身，加以录用。“留学生原有翰林、进士、举人、拔贡出身者，各视所学程度，给以相当官职”[4]。1904 年 1 月，清政府又出台了鼓励在职官员与王公子弟“自备资斧，出洋游学，回国后尤宜破格奖励，立予擢用”的游学政策。[5] 同年年底，清政府颁布《考验出洋毕业生章程》八条。根据考验章程，1905 年，学务处举行了第一次留学毕业生考试，对应考的唐宝锷、曹汝霖等 14 名留日学生，分别给予举人、进士出身，并授以官职。后来清朝统治者又把这一措施推广到各国留学毕业生。无疑，此举对当时的学子们来说具有极大的诱惑力，刺激

---

① 谭汝谦：《译序》，见实藤惠秀《中国人留学日本史》，生活·读书·新知三联书店 1983 年版，第 1 页。

② 张岂之：《中国历史》（晚清民国卷），高等教育出版社 2001 年版，第 73 页。

③ 朱寿朋：《光绪朝东华录》（第四册），中华书局 1958 年版，第 4720 页。

④ 张之洞：《张文襄公全集》（第二册），中国书店 1990 年版，第 19—20 页。

⑤ 张百熙等：《奏请奖励职官游历游学篇》，《奏定学堂章程》。

了留学运动大规模的展开。与此同时，清政府还大力提倡和支持自费留学，并采取了一些相应的鼓励措施，如简化自费留学手续，自费生考入日本大学可转为官费，自费生得有凭证回国参加考试相符也可作为进士拔贡等。在清政府政策的援引下，自费留学蓬勃发展起来。1903 年自费生占留日学生人数的 54%，到 1907 年则达到 70%。[①] 全面实行官费自费并举的留学政策自此而始。

中日两国"一衣带水"，有着上千年的文化交流史。自古以来，日本即以中国为师，因此两国在文化、心理上的阻隔较小。因此，留学日本有着得天独厚的便利条件。张之洞在《劝学篇》中将其归结为四点：(1) 路近费省可多遣。中日两国相距较近，路费便宜。比起西洋，日本的学费和生活费便宜得多，自然留日的官费生和自费生也就特别多。(2) 去华近，易考察。(3) 中东文相近，易通晓。日本文字发源于中国，留学生学习日文感觉较易。(4) 西学甚繁，凡西学不切要者，东人已删节而酌改之。明治维新前的日本国情与中国相似，"取径于东洋，力省效速"[②]。有了这么多的便利条件，日本自然成为留学生们的首选国。

甲午战争后，日本跻身于世界强国，为了其在远东的利益，日本政府制定了吸引中国留学生的政策。日本政府认为教育中国的留学生是影响中国未来政局的一条重要途径。1898 年 5 月，日本驻华公使矢野文雄在给外务大臣的信件中毫不隐讳地宣称："如果将在日本受感化的中国新人材散布于古老帝国，是为日后树立日本势力于东亚大陆的最佳策略。其习武备者，日后不仅将仿效日本兵制，军用器材亦必仰赖日本。清国之军事将成日本化。又因培养理科学生之结果，定将与日本发生密切关系。此系扩张日本工商业于中国的阶梯，至于专攻法政等学生，定以日本为楷模，为中国将来改革之准则。果真如此，不仅中国官民信赖日本之情，将增加 20 倍，且可无限量的扩张势力于大陆。"[③] 同年，矢野文雄又以日本政府的名义函邀总理衙门派遣学生留学日本，并承诺支其经费。同时，日本各界要人联袂访华，到处游说中国当权人物派学生赴日留学。日本教育界还采取措施，为中国留学生专门设立学堂和科系，为留日热潮的形成提供有利条件。

正是上述五个方面的原因促成了 20 世纪初中国学生涌向日本的留学

---

① 转引自《日本问题研究》1995 年第 1 期，第 70—71 页。

② 张之洞：《劝学篇》，上海书店 2002 年版，第 6—14 页。

③ 孙石月：《中国近代女子留学史》，中国和平出版社 1995 年版，第 93 页。

热潮。

1896 年 6 月，清政府派遣唐宝锷、胡宗瀛等 13 人赴日留学，从而揭开了近代中国人留日运动的序幕。清末留日运动虽然起步较晚，但它一发端，便呈燎原之势，很快后来居上。据实藤惠秀研究：1899 年中国留日人数为 207 人，1901 年为 280 人，1902 年猛增到 500 人，此后留日人数逐年增加，到 1905 年达到最高峰，留日人数竟达 8000 人之多。“实为任何时期与任何留学国所未有者”[①]，也是“到此为止的世界史上最大规模的学生出洋运动”[②]。1905 年，日本政府颁布了《取缔清国留日学生规则》，引起留日学生的极大愤慨，大批学生集体归国。1906 年，清政府又颁布留学规定，限制学生留日。从 1907 年开始，留日学生日益减少，到 1911 年辛亥革命爆发后，留日学生几乎全部返国，投入革命洪流。当时数千名留日学生只剩 500 名滞留未归[③]，留日运动降入低潮。

汹涌的留日运动，开创了中国教育的新局面，出现了许多前所未有的新特点。

与早期的留美、留欧生相比，留日学生不仅在数量上成倍地增长，而且其群体构成的广泛性与复杂性也是前所未有的。从地域分布来看，早期的留学生主要来自于东南沿海各省，而留日学生几乎遍及全国各地。

早期的留美、留欧人员基本上是政府派遣的官费青年学生，自费生寥寥可数，结构比较单一。而清末的留日学生中，自费生人数大为增加，有的省自费生甚至超过了官费生。

从留学人员的身份地位来看，留日生除青年学生外，还有两类奇特分子：一是大批取得功名的士绅、在职官员及王公贵胄子弟；二是一批被清政府通缉的“亡命客”。不少人身兼二任，既是留学生，又是“亡命客”。两者之间往往不容易严格区分。

从留学人员的年龄和性别来看，各个年龄阶段的留日学生几乎都有，从十几岁的少年到两鬓斑白的老翁，有的父子、兄弟相随，有的夫妇同往，有的甚至全家全族同行。在清末的留日群体中，女子开始占有一席之地。最初的留日女生或随父兄或随丈夫一起留学。从 1901 年到 1902 年，女留学生有十余名。随着《女报》的创刊，《女子世界》的发行，中国女性留日人数次第增加，单身留学日本者渐多。1905 年湖南省派 20 名女生

---

① 舒新城：《近代中国留学史》，中华书局 1926 年版，第 46 页。

② 〔美〕费正清：《剑桥中国晚清史》（下），中国社会科学出版社 1985 年版，第 393 页。

③ 《留日学生之近况》，《教育杂志》第 3 年 12 期。

赴日学师范；奉天省也与日本实践女校约定，每年派遣15名女生到该校肄业；1907年，奉天女子师范学堂派出21名学生到实践女校读师范科，江西省亦派出10名。至1907年，仅东京一地便有接近100名中国女留学生。至此，女子留学开始纳入正轨。

留美幼童和船政学堂留欧学生所选择的科目多为数理学科和与轮船制造、驾驶有关的军事技术学科，相比之下，留日学生的研习科目要广泛、丰富得多。留日学生所学的科目包括工科、理科、外语、师范、史地、法政、军事、手工、音乐、美术、商业、体育、农牧、医药、染织等，几乎涉及了日本当时学校所开设的全部科目。其中以文科居大多数，文科中又以法政、军事居多。梁启超1902年流亡日本时写道："所学者，政治也，法律也，经济也，武备也，此其最著者也。"[①] 1903年驻日公使杨枢亦说："现查各学校共有中国学生一千三百余人，其中学文科者一千一百余人。"[②] 清末留日学生热衷于文科，是当时国内政治的一种直观反映。留日学生一方面受"军事救国"思想的感召，同时又受清政府1905年鼓吹宪政的影响，许多人把学习法政、军事作为升迁发财的途径。

清末的留日教育，起点较低，绝大多数的留日生都以学普通、速成教育为主。学生就读的几所主要学校，如宏（弘）文学院、经纬学堂、东斌学堂、法政大学、早稻田大学等，均有为中国留学生专门设置的速成科，学制是半年、1年至1年半不等；宏（弘）文学院基本上是以速成教育为主，学制中还有3个月的短期班。经纬学堂、同文书院以及大部分的军事学校，就其程度而言，均为中等普通教育。据日本学者的统计，1905年以前，没有一名中国留学生从东京帝大、京都帝大等七所日本帝国大学毕业；直至1911年，总共只有73名中国学生毕业于上述学校。[③] 所以清政府学部在1908年年初的一个奏折中不无担忧地指出："比年以来，臣等详查在日本游学人数虽已逾万，而习速成者居百分之六十，习普通者居百分之三十，中途退学辗转无成者居百分之五六，入高等及高等专门者居百分之三四，入大学者仅百分之一而已。"[④] 1906年，清政府学部举行第一次归国留学毕业生考试，参加考试的100人中，大多数是留日毕业生，但留日学生全部落第，合格的前五名全是留美毕业生。留日毕业生的质量不高，引起了清政府的重视。1906年8月7日，学部通电各省停止派遣赴

---

① 梁启超：《饮冰室文集》卷十七，人民出版社1985年版，第75页。

② 《约章成案汇览》卷三十二（下），上海人民出版社1983年版，第72页。

③ 实藤惠秀：《中国人留学日本史》，中译本，三联书店1983年版，第113页。

④ 《学部奏咨辑要》卷三。

日修习速成教育的学生。

清末留日学生大都洋溢着一股高涨的爱国激情，他们以救亡图存为己任，积极投身于政治活动中。他们一方面贪婪地吸吮着在日本所接触到的各种西方资产阶级政治学说，一方面充分利用在国内所没有的言论、行动自由，组织各种团体，出版各种报刊，发表演说，撰写文章，探寻救国救民的道路，直至参与实际斗争。1900 年，留日学生创办的《开智录》、《译书汇编》等刊物出版发行。1903 年后，随着留日学生的日渐增多，新的报刊不断出现。到辛亥革命前，留日学生和流亡者在日本所办的刊物达七八十种之多。这些刊物基本上是以唤醒民智，反帝救亡为出发点，为辛亥革命的爆发奠定了思想基础。

要救亡，不仅仅需要舆论宣传，更需要积攒革命力量，为此，留日学生大量组织团体。1900 年前后，留日学生中开始出现第一批学生团体，如励志会、广东独立协会等，最初这些组织多以联络感情、交换知识为宗旨。1902 年后，带有明显政治色彩的社团增多，至 1910 年，先后成立的团体有近 30 个，其著名者如青年会、拒俄义勇队、军国民教育会、共爱会等。在这些社团中，多数都具有爱国、进步的性质，还有一些明确提出了反清、革命的宗旨。由于留日学生以救亡为依归，20 世纪初的东京成为中国资产阶级革命派的一个海外基地。在救亡图存的革命实践中，留日学生中涌现出一大批著名的资产阶级革命家，如黄兴、邹容、秋瑾、宋教仁等，他们为辛亥革命作出了重大贡献。

明确的救亡之志，积极地参与革命实践是留日学生与早期欧美留学生的显著不同。

大批留日学生在日本接受了一定程度的近代化教育，经过资本主义文明的洗礼后，逐渐改变了原有的价值观念，成为近代中国一股具有新思想、新知识的新生力量，直接导致了 1911 年辛亥革命的爆发，对中国近代社会产生了广泛而深远的影响。舒新城在《近代中国留学史》一书中指出："戊戌以后的中国政治，无时不与留学生发生关系，尤以军事、外交、教育为甚。现在执军权之军人，十之七八可从日本士官学校丙午同学录与振武学校一览中求得其姓名……高等教育界之人员亦十分之九以上为留学生，全国重要事业无不有留学生在其中。"① 留日学生的作用及影响，由此可见一斑。

---

① 舒新城：《近代中国留学史》，中华书局 1926 年版，第 212 页。

（四）庚款留美

正当留日运动风云激荡、暗潮涌动时，1908 年，美国国会决定退还部分“庚子赔款”，作为中国派遣学生留美的专用经费，沉寂多年的留美运动再度兴起。

当然，美国鼓励中国学生赴美留学并非如他们所宣称的是要用“适当的办法来帮助”中国，而是有其特殊的经济利益和政治目的。19 世纪末 20 世纪初，美国作为一个新兴的资本主义国家，在世界资本主义经济发展中，占有突出的地位。它不仅工农业生产力迅速提高，而且交通运输、科学技术及文化教育事业都获得了空前的发展。这一时期，美国完成了对北美大陆的扩张，开始把海外扩张的重点放在太平洋地区。美国政界、知识界一些人士认识到使用武力并不能消除中国人民的反抗，要想彻底打败中国，加强精神侵略，特别是发挥教育的作用，具有重要的战略意义。早在 1872 年 7 月 12 日，美国驻华公使镂斐边就曾致电国务卿费斯说：“如果我们人民能够给予（中国学生）慷慨及友善的接待，则我们在中国的权益将有更大的实惠，这比增派我们的军舰来此为佳。”① 1906 年，美国伊利诺伊大学校长爱德蒙·詹姆斯在给罗斯福总统的一份备忘录中声称：“哪一个国家能够做到教育这一代中国青年人，则这一个国家就会由于这方面的努力在精神和商业上取得最大可能的报偿……乃至控制中国的发展。——这就是说，使用那从知识上与精神上支配中国领袖的方式。”他认为：“商业追随精神上的支配，比追随军旗更为可靠。”② 鉴于当时中国的青年学生主要东渡日本求学，这对美在华的长远利益十分不利，因此，他敦促政府采取措施吸引中国学生来美留学。1907 年 12 月 3 日，美国总统罗斯福在致国会的咨文中明确提出：“我国宜实力援助中国厉行教育，使此繁众之国能渐渐融合于近世之文化。援助之法，宜将庚子赔款退赠一半，俾中国政府得遣学生来美留学。”③ 1908 年 5 月 25 日，美国国会正式通过此议案，庚款留美运动正式开启。

1908 年 7 月，美国驻华公使柔克义正式通知清政府外务部，美国政府决定将美国所得庚子赔款中除去所谓“实应赔偿”的美金一千三百六

---

① 〔美〕勒法吉、高宗鲁：《中国幼童留美史》，台北出版社 1970 年版，第 33 页。

② 〔美〕斯密士：《今日的美国与中国》，第 213—218 页，转引自《清华大学史料选编》，第 72—73 页。

③ 转引自《清华周刊》1921 年 6 月第七次增刊所载程树仁《对于清华辛酉级今夏来美留学的感言》一文。

十五万五千四百九十二元六角九分外，剩下的一千零七十八万五千二百八十六元一角二分从 1909 年起至 1940 年止，逐年按月“退还”给中国。1908 年 7 月 14 日，清政府照会美驻华公使“表示感谢”，同意将退款用于派遣学生赴美留学，并初步提出了遣送留学生的办法：自退款的第一年（1909）起，前四年内清政府每年至少派遣学生 100 名赴美留学，从第五年起，每年至少要派 50 名学生赴美留学，直到退款用完为止。双方还商定，在派遣学生的同时，由清政府在北京设立一所留美预备学校。

1909 年 6 月，清政府在北京设立了游美学务处，“专司考选学生、管理肄业馆，遣送学生及与驻美监督通讯等事，并与美国公使所派人员商榷一切”①。8 月，游美学务处招考了第一批留美学生。在报考的 603 人中，经过严格筛选，仅录取了程法义、金涛、梅贻琦等 47 人。10 月第一批庚款赴美学生由唐国安护送出洋。因为这批学生程度不齐，一部分人先入美国高级中学补习。1910 年 7 月，游美学务处举行了第二次甄别考试，从投考的 400 余人中录取了赵元任、张彭春、钱崇澍等 70 人，于同年 8 月赴美。1911 年 7 月，学务处又考选了第三批学生共 63 人赴美。此外，游美学务处还上呈学部，准由退款内拨出一部分经费，补助在美自费留学生，并制定津贴自费生章程。

清末庚款赴美学生共三批，180 人。他们大都来自国内各教会学校及省立高等学堂，经过学务处的严格挑选，学生素质较高，在美国就读的学校大多是美国较好的大学，还有不少人进入美国的名牌大学，所学专业以理工为主。由于有充足的经费保障，良好的学习环境，留美学生有更多的时间和精力专注于自己的学业，因而他们大多成绩斐然。庚款留美为中国培养了一大批科技精英，他们在中国自然科学、社会科学领域作出了突出的贡献，并对中国的高等教育产生了深远的影响。

在中国的近代化历程中，留学生扮演了十分重要的角色。著名学者季羡林说：“对中国的近代化来说，留学生可以比作报春鸟，比作普罗米修斯，他们的功绩是永存的。”② 这几句话形象地概括了留学生在中国近代化进程中的作用。

研究留学生的籍贯分布有利于我们更好地了解留学生对中国区域近代化的影响，也有利于我们了解晚清人才的地理分布规律。下面本章将根据

---

① 清政府外务部与学部会奏：《收还美国赔款、遣派学生赴美留学办法折》，见《学部奏咨辑要（续编）》，学部总务司案牍科编印，宣统元年春刊。

② 季羡林为《中国留学生大辞典》题词，转引自《徐州师范学院学报》1995 年第 2 期，第 34 页。

清末学生留学国别的不同，将其分为留日群体、留美群体和留欧群体，分别对他们的籍贯分布加以探讨。

二 晚清留日学生的籍贯分布

清政府派遣学生赴日留学始于1896年。此后，大批的学生涌入日本，其人数之多、来源之广、规模之大实属罕见，形成了晚清留学运动的高潮。晚清留日学生不仅公费生人数很多，而且当时自费留日盛行，加上学生“中途退学辗转无成者居百分之五六”①，因此很难一一进行统计。本章统计的留日学生仅限于晚清在日本各学堂取得毕业凭证的人，统计时间自1896年到1911年止。在沈云龙主编的《清末各省官自费留日学生姓名表》一书中，留日毕业学生的姓名及籍贯有专章列出，为避免文章篇幅冗长，故在此留日毕业学生的姓名不一一列出，只统计其籍贯。

从光绪三十四年九月至宣统三年七月，清末各省官费、自费毕业学生编号计2973个，其中1人籍贯不明，3个编号缺失，统计入内的清末留日毕业生共计2969人。其地域分布，列表6－1统计如下。

表6－1 清末各省留日毕业学生籍贯统计表

籍贯＼费别＼时间	光绪三十四年九月至宣统元年七月			宣统元年七月至宣统二年六月			宣统二年六月至宣统三年七月			总计
	自费	官费	其他	自费	官费	其他	自费	官费	其他	
湖北	44	92	3	70	72	—	52	79	1	413
直隶	24	56	1	21	27	—	12	25	—	166
湖南	42	59	1	27	32	1	31	47	—	240
四川	108	36	4	57	27	1	45	24	—	302
江苏	55	39	—	87	67	4	64	14	—	330
浙江	58	88	—	51	29	—	66	25	—	317
广东	31	45	—	52	16	—	53	15	—	212
江西	9	29	—	14	31	—	15	33	—	131
山东	10	21	—	7	10	—	7	11	—	66
广西	25	9	1	15	4	—	10	1	—	65
奉天	13	4	—	6	22	—	4	35	—	84
安徽	22	16	—	23	19	—	19	7	—	106

① 《学部奏咨辑要》卷三。

续表

籍贯＼费别＼时间	光绪三十四年九月至宣统元年七月			宣统元年七月至宣统二年六月			宣统二年六月至宣统三年七月			总计
	自费	官费	其他	自费	官费	其他	自费	官费	其他	
山西	3	25	—	6	17	1	4	12	—	68
河南	7	9	—	—	9	—	—	8	—	33
陕西	2	5	—	3	6	—	3	8	—	27
福建（福州）	27	21	—	38	21	1	16	16	—	140
贵州	6	4	—	5	11	—	4	4	—	34
江宁	4	25	—	—	27	—	—	21	—	77
甘肃	—	—	—	—	1	—	—	1	—	2
云南	10	35	—	3	11	—	8	12	—	79
江南	1	3	—	—	—	—	—	—	—	4
京口驻防	—	—	—	—	—	—	—	1	—	1
北京旗	—	—	—	—	—	—	—	1	—	1
畿辅省	—	—	—	—	4	—	—	7	—	11
邮传部	—	—	—	—	2	—	—	2	2	6
陆军部	—	—	—	—	—	—	—	10	—	10
学部	—	—	—	—	1	—	—	1	—	2
海军部	—	—	—	—	—	—	—	7	—	7
京旗省	—	—	—	—	7	—	—	2	—	9
进士馆	—	—	—	—	—	—	—	1	—	1
京师大学堂	—	—	—	—	—	—	—	3	—	3
大学堂	—	—	—	—	1	—	—	2	—	3
绥远城	—	1	—	—	—	—	—	—	—	1
顺天	2	—	—	—	—	—	—	—	—	2
满洲	—	5	—	—	—	—	—	—	—	5
荆州驻防	—	3	—	—	—	—	—	—	—	3
盛京	—	—	—	—	—	1	—	—	—	1
蒙古	—	—	—	—	1	—	—	—	—	1
使署	—	—	—	—	1	—	—	—	—	1
正红旗省	—	—	—	—	1	—	—	—	—	1
八旗省	—	—	—	—	3	—	—	—	—	3
吉林	—	—	—	—	1	—	—	—	—	1
总计	503	630	10	485	481	9	413	435	3	2969

资料来源：1. 沈云龙：《清末各省官自费留日学生姓名表》，台湾文海出版社 1974 年版。

2. 刘真：《留学教育》（一），台湾编译馆 1980 年版。

3. 沈殿成：《中国人留学日本百年史》，辽宁教育出版社 1997 年版。

从表6－1可以看到，从1908年到1911年的三年时间里，全国各地留日人数差距很大。为便于我们更直观地考察留日学生在全国范围内的分布状况，现进一步统计如下（见表6－2）。

表6－2 清末各省留日毕业生籍贯分布比较表

籍贯	人数	%	名次	籍贯	人数	%	名次
湖北	413	13.91	1	京旗省	9	0.30	22
江苏	330	11.11	2	海军部	7	0.24	23
浙江	317	10.68	3	邮传部	6	0.20	24
四川	302	10.17	4	满洲	5	0.17	25
湖南	240	8.08	5	江南	4	0.13	26
广东	212	7.14	6	京师大学堂	3	0.10	27
直隶	166	5.59	7	大学堂	3	0.10	27
福建（福州）	140	4.72	8	荆州驻防	3	0.10	27
江西	131	4.41	9	八旗省	3	0.10	27
安徽	106	3.57	10	甘肃	2	0.07	31
奉天	84	2.83	11	学部	2	0.07	31
云南	79	2.66	12	顺天	2	0.07	31
江宁	77	2.59	13	京口驻防	1	0.03	34
山西	68	2.29	14	北京旗	1	0.03	34
山东	66	2.22	15	进士馆	1	0.03	34
广西	65	2.19	16	绥远城	1	0.03	34
贵州	34	1.15	17	盛京	1	0.03	34
河南	33	1.11	18	蒙古	1	0.03	34
陕西	27	0.91	19	使署	1	0.03	34
畿辅省	11	0.37	20	正红旗省	1	0.03	34
陆军部	10	0.34	21	吉林	1	0.03	34

由表6－2观之，留日学生来自全国各地，其中湖北独占鳌头，413人，位列第一，占13.91%。江苏、浙江、四川紧随其后，都超过了300人，分别位居第二、第三、第四位。江苏330人，占11.11%，浙江317人，占10.68%，四川302人，占10.17%。湖南、广东两省旗鼓相当，都在200人以上，分列第五、第六位。湖南240人，占8.08%，广东212人，占7.14%。直隶、福建、江西、安徽四省人数均在100人以上。直隶166人，占5.59%，列第七位。福建140人，占4.72%，列第八位。

江西131人，占4.41%，列第九位。安徽106人，占3.57%，列第十位。50人以上的省有奉天、云南、江宁、山西、山东和广西。奉天84人，占2.83%，列第十一位。云南79人，占2.66%，列第十二位。江宁77人，占2.59%，列第十三位。山西68人，占2.29%，列第十四位。山东66人，占2.22%，列第十五位。广西65人，占2.19%，列第十六位。其余各地人数均不足50人，不少省和部门仅有数人留日。

综上所述，晚清留日学生主要集中在东南沿海（苏、浙、粤、闽）及长江流域（湘、皖、鄂、赣、川）地区，内陆地区及西北边陲人数较少，呈沿海、沿江、内陆、边陲几个不同的地理分布层次。

三　晚清留美学生的籍贯分布

在中国近代留学教育史上，可考的最早留美学生是容闳、黄宽和黄胜，他们于1847年随美国人布朗来到美国，一年后，黄胜因病回国，容闳和黄宽继续留美学习一年。期满后，黄宽进入英国爱丁堡大学学医，成为“好望角以东最负盛名之良外科”[①]。容闳考入美国耶鲁大学，立下鸿志，决心“以西方之学术，灌输于中国，使中国日趋于文明富强之境”[②]，成为中国留学之父。此后，也有一些中国人陆续赴美游学，他们大多由传教士带往。但这些只是个体的偶然行为，并不具备学制上的意义。

晚清的官派留美运动大致可以分为两个阶段：一是早期的幼童留美时期，二是1909年开始的庚款赴美时期。1872年，在容闳的多方奔走游说之下，首批幼童30名登上船只赴美留学，是为中国官派留学之滥觞。至1875年为止，清廷共派出幼童四批，计120人。其地域分布，如表6－3所示。

表6－3　早期留美幼童籍贯分布表

籍贯	姓名	留学时间	籍贯	姓名	留学时间
广东香山	蔡绍基	1872	广东南海	邝贤俦	1874
广东香山	钟文耀	1872	广东南海	杨兆南	1874
广东四会	吴仰曾	1872	广东番禺	黄季良	1874

① 容闳：《西学东渐记》，湖南人民出版社1981年版，第21页。

② 同上书，第23页。

续表

籍贯	姓名	留学时间	籍贯	姓名	留学时间
广东博罗	罗国瑞	1872	广东顺德	杨昌龄	1874
广东香山	欧阳庚	1872	广东香山	郑廷襄	1874
广东香山	容尚谦	1872	广东香山	刘玉麟	1875
广东番禺	黄仲良	1872	广东新宁	邝国光	1875
广东台山	邝荣光	1872	广东新宁	邝炳光	1875
广东香山	蔡锦章	1872	广东香山	黄耀昌	1875
广东香山	张康仁	1872	广东南海	潘斯炽	1875
广东顺德	梁敦彦	1872	广东南海	陶廷赓	1875
广东南海	潘铭钟	1872	广东香山	吴其藻	1875
广东香山	刘家照	1872	广东南海	林联盛	1875
广东镇平	黄开甲	1872	广东香山	谭耀芳	1875
广东顺德	何廷梁	1872	广东香山	盛文扬	1875
广东新会	陈钜镛	1872	广东香山	陈绍昌	1875
广东香山	谭耀勋	1872	广东香山	唐荣浩	1875
广东香山	程大器	1872	广东香山	唐荣俊	1875
广东香山	陆永泉	1872	广东南海	梁鳌登	1875
广东香山	邓士聪	1872	广东南海	陈福增	1875
广东新会	陈荣贵	1872	广东南海	林联辉	1875
广东香山	钟进成	1872	广东香山	陈金揆	1875
广东香山	史锦镛	1872	广东鹤山	冯炳忠	1875
广东海阳	曾笃恭	1872	广东番禺	梁丕旭	1875
广东香山	蔡廷干	1873	江苏嘉定	牛尚周	1872
广东四会	吴应科	1873	江苏川沙	曹吉福	1872
广东四会	吴仲贤	1873	江苏上海	钱文魁	1872
广东新宁	容　揆	1873	江苏上海	陆锡贵	1873
广东南海	苏锐钊	1873	江苏吴县	张祥和	1873
广东新宁	温秉忠	1873	江苏常州	朱宝奎	1874
广东香山	梁金荣	1873	江苏宝山	周万鹏	1874
广东香山	李恩富	1873	江苏上海	曹茂祥	1874
广东香山	黄有章	1873	江苏上海	朱锡绶	1874
广东开平	方伯梁	1873	江苏丹徒	宦维城	1874
广东朝阳	曾　溥	1873	江苏上海	祁祖彝	1874
广东香山	容尚勤	1873	江苏上海	康赓龄	1874
广东香山	李桂攀	1873	江苏宝山	沈家树	1874
广东香山	唐国安	1873	江苏武进	吴焕荣	1875

续表

籍贯	姓名	留学时间	籍贯	姓名	留学时间
广东香山	宋文翙	1873	江苏嘉定	周传谏	1875
广东香山	张有恭	1873	江苏川沙	陆德章	1875
广东香山	邓桂庭	1873	江苏宝山	金大廷	1875
广东香山	唐元湛	1873	江苏上海	沈寿昌	1875
广东南海	陈佩瑚	1873	江苏华亭	李汝金	1875
广东南海	邝景垣	1873	江苏吴县	王仁彬	1875
广东南海	邝咏钟	1873	江苏嘉定	周传谔	1875
广东番禺	梁普时	1873	浙江慈溪	王凤喈	1873
广东番禺	梁普照	1873	浙江慈溪	沈德耀	1875
广东香山	卓仁志	1873	浙江慈溪	沈德辉	1875
广东香山	唐绍仪	1874	浙江定海	丁崇吉	1873
广东香山	梁如浩	1874	浙江定海	王良登	1873
广东新安	周长龄	1874	浙江钱塘	孙广明	1874
广东南海	邝景扬	1874	浙江绍兴	袁长坤	1874
广东香山	容耀垣	1874	浙江鄞县	陈乾生	1873
广东顺德	曹家祥	1874	山东济宁	石锦堂	1872
广东新会	卢祖华	1874	福建同安	黄锡宝	1872
广东番禺	林沛泉	1874	福建漳浦	薛有福	1874
广东香山	徐振鹏	1874	安徽怀远	黄祖莲	1875
广东香山	唐致尧	1874	安徽婺源	詹天佑	1872
广东南海	徐芝煊	1874	安徽休宁	吴敬荣	1874
广东顺德	曹家爵	1874	安徽黟县	程大业	1874

资料来源：刘真：《留学教育》（一），台湾编译馆 1980 年版。

为便于分析，根据表 6 - 3，我们再作一籍贯统计如下（见表 6 - 4）：

表 6 - 4　　留美幼童籍贯统计表

籍贯	人数（个）	所占百分比（%）	名次
广东	84	70	1
江苏	21	17.5	2
浙江	8	6.7	3
安徽	4	3.3	4
福建	2	1.7	5
山东	1	0.8	6

从表6-4可以看出，早期幼童主要来自经济发达、社会风气开放的东南沿海各省，其中广东占绝对优势，84人，占70%；其次为江苏，21人，占17.5%；浙江8人，占6.7%；福建2人，占1.7%。东南沿海四省共115人，占95.8%。安徽和山东各4人和1人，分别占3.3%和0.8%。

由于顽固势力的阻挠，1881年，清廷下令将所有留美学生尽数撤回，早期官派留美教育不幸夭折。留美教育虽然遭遇挫折，但并未完全中断。此后，民间仍有一些学生自费赴美留学。20世纪初期，各省又用官费派遣了一批留学生。他们人数虽然不多，却有不少人后来成为中国近代史上颇有影响的人物。

在幼童留美之前，晚清留美学生较少，故将此类学生与光绪年间至辛亥革命前各省官自费留美学生放在一起统计，如表6-5所示。

表6-5 各省官自费留美学生籍贯分布

籍贯	姓名	留学时间	籍贯	姓名	留学时间
安徽巢县	韩　安	？—1912	河北蓟县	王　宣	1910年前后—1930年前
安徽寿州	孙多钰	1899—1909	河北南官	王　助	1909—1918
安徽寿州	孙季芳	光绪年间	河北武清	杨荫庆	1907—1917年前
安徽寿州	孙裕芳	光绪年间	湖北	程毓麟	1903—？
安徽寿州	孙元芳	光绪年间	湖北	雷以伦	1903—？
安徽寿州	孙震芳	光绪年间	湖北	徐家琛	1903—？
安徽桐城	故永其	光绪年间	湖北	杨思湛	1903—？
安徽无为	黄子静	光绪年间	湖北崇阳	郭泰祺	1904—1912
安徽无为	黄子静夫人	光绪年间	湖北汉阳	刘庆云	光绪年间
安徽休宁	周诒春	1907—1911	湖北汉阳	姚臣悫	光绪年间
福建福州	何金英	光绪年间	湖北黄梅	石美玉	光绪年间
福建福州	萨福均	清末—1911	湖北荆州	朱启烈	光绪年间
福建侯官	方　和	光绪年间	湖北蒲圻	余日章	1908—1911
福建侯官	谢天宝	？—1906年前	湖北武昌	刘成禺	1901—1911
福建厦门	李登辉	生于印尼—1899年后	湖北襄阳	陶德琨	光绪年间
广东	陈廷麒	1905—？	湖北郧阳	卢静恒	光绪年间
广东	胡朝栋	光绪年间	湖北郧阳	张继业	光绪年间
广东	梁仲策	1905—？	湖北枝江	张子高	1909—1916
广东	陆耀廷	光绪年间	湖南衡山	陈撷芬	1903年后—？
广东	施肇祥	1905—？	江苏	嵇岑荪	光绪年间
广东	谭天池	光绪年间	江苏丹徒	刘大钧	1911—1916
广东	王建祖	光绪年间	江苏嘉定	顾维钧	1904—1912

续表

籍贯	姓名	留学时间	籍贯	姓名	留学时间
广东	温　诚	1905—?	江苏嘉定	秦　汾	清末—1910
广东东莞	王宠惠	1901—1911	江苏江浦	郭秉义	1906—1914
广东东莞	王宠佑	光绪年间	江苏昆山	朱文鑫	1905—1910
广东东莞	严锦熔	光绪年间	江苏南汇	曹志沂	? —1906 年前
广东番禺	陈耀荣	光绪年间	江苏上海	李应泌	? —1906 年前
广东番禺	胡栋朝	? —1906 年前	江苏上海	颜德庆	? —1906 年前
广东番禺	徐景文	? —1906 年前	江苏泗阳	胡敦复	1904—1907
广东佛山	梁赉奎	1903—1910	江苏泗阳	胡明复	1910—1917
广东高要	陈焕章	1907—1911	江苏泗阳	张星烺	1906—1912
广东鹤山	李国波	光绪年间	江苏无锡	顾惟精	1907—1917 年前
广东鹤山	李铁夫	1887—1931	江苏无锡	杨荫杭	1904—1910
广东嘉应	熊崇志	清末—1912 年前	江苏吴县	章元善	1911—1915
广东梅县	钟　锷	? —1912 年前	江苏吴县	邹秉文	1910—1916
广东南海	陈锦涛	1901—1906	江苏武进	钱隽逵	1906—1912
广东南海	康同璧	? —1911 年前	江苏武进	杨恩湛	光绪年间
广东南海	黎照寰	1907—1919	江苏仪征	卞寿孙	1906—1912
广东南海	梁赉圭	1905—?	江苏镇江	陈光甫	1904—1910
广东南海	张煜全	? —1906 年前	上海	林汝耀	1905—?
广东台山	陈锡钧	1911—1924	上海	牛惠生	1910—1915
广东台山	黄芸苏	1909—1921	上海	秦铭博	1905—?
广东台山	雷通群	清末—1927 年前	上海	任家璧	1905—?
广东台山	李绮庵	1902—1911	上海	沈宏豫	1905—?
广东台山	李树芬	1899—1901	上海	孙家声	1905—?
广东台山	马小进	? —1913 年前	上海	吴虹玉	1853—?
广东台山	温雄飞	1909 年前—1911	上海	夏孙鹏	1905—?
广东台山	温应星	? —1911 年前	上海	徐恩元	1905—?
广东台山	温宗尧	1894—1897	上海	颜福庆	1906—1910
广东文昌	宋霭龄	1904—1910	上海	颜惠庆	1895—1900
广东文昌	宋嘉树	1875—1885	上海	杨宽麟	1909 年后—1919
广东文昌	宋美龄	1907—1917	上海	张　铸	1905—?
广东文昌	宋庆龄	1908—?	上海	周承裕	1905—?
广东香山	蔡国藻	1905—?	上海	周大铨	1905—?
广东香山	陈俊怀	1905—?	上海	周善同	1905—?
广东香山	陈仲篪	? —1906 年前	上海金山	杨豹灵	1908—1911
广东香山	程　斗	光绪年间	上海浦东	穆藕初	1909—1914

续表

籍贯	姓名	留学时间	籍贯	姓名	留学时间
广东香山	程　耀	光绪年间	江西九江	康爱德	光绪年间
广东香山	程天固	1905 年前—1915	江西九江	罗运炎	1909—1914
广东香山	程天斗	1896—1910	江西太和	汤　漪	1907—1911
广东香山	黄　宽	1847—?	京师	曹学渊	1907—?
广东香山	黄　骚	幼年—1919	京师	程祖彝	1907—?
广东香山	黄　胜	1847—1848	京师	何荣森	1907—?
广东香山	黄　旭	光绪年间	满洲	继　先	光绪年间
广东香山	黄日升	1905—?	山西太谷	孔祥熙	1901—1908
广东香山	梁应麟	1905—?	山东单县	周自齐	1896—1909
广东香山	林　铎	1905—?	浙江余姚	严鹤龄	1908—1911
广东香山	容　闳	1847—1854	浙江诸暨	邱宗岳	1911—1920
广东香山	容　彭	1905—?	浙江	濮登清	光绪年间
广东香山	孙　科	1911—1917	浙江奉化	王正黼	1911—1915
广东香山	孙中山	1878—1884	浙江奉化	王正廷	1907—1911
广东香山	徐建侯	光绪年间	浙江杭州	邵裴子	1903 年后—1909
广东香山	徐廷爵	? —1906 年前	浙江嘉兴	黄子通	1910 年后—?
广东香山	薛锦标	光绪年间	浙江宁波	董显光	1909—1913
广东香山	薛锦琴	光绪年间	浙江宁波	金雅妹	1881—1888
广东香山	薛颂瀛	光绪年间	浙江平阳	姜立夫	1911—1919
广东香山	薛仙舟	1901—1903	浙江钱塘	施兆祥	光绪年间
广东香山	杨景旋	1905—?	浙江瑞安	项　骧	清末—1910
广东香山	郑　垣	光绪年间	浙江嵊县	马寅初	1906—1915
广东新安	江顺德	1905—?	浙江吴兴	章宗元	1900—1907
广东新安	吴桂龄	光绪年间	浙江余姚	蒋梦麟	1908—1917
广东新会	冯钢百	1905—1921	直隶	郭登翰	1907—?
广东新会	梁启勋	光绪年间	直隶	贺家琮	1907—?
广东新会	伍朝枢	1897—1904	直隶东安	田书年	? —1906 年前
广东新会	张　谦	光绪年间	直隶滦县	王景春	1904—1911
广东中山	张惠长	幼年—1917	天津	刘瑞恒	1909—1915
广西桂林	邓家彦	1908—1911	天津	钟世铭	1906—1912 年前
河北大兴	王麟阁	清末—1912 年前	—		

资料来源：1. 陈学恂：《中国近代教育史资料汇编——留学教育》，上海教育出版社 1991 年版。

2. 周棉：《中国留学生大辞典》，南京大学出版社 1999 年版。

3. 刘真：《留学教育》(一)，台湾编译馆 1980 年版。

又据东方杂志报道：光绪三十二年（1906）直隶袁慰帅就津海关税项下拨出经费，选派北洋大学堂学生22人，教习4人，前往美国留学，以该学堂总教习丁嘉立为监督。① 光绪三十三年，又北洋大学、直隶袁慰帅选派该堂郭登翰等11名，自费贺家琮1名赴美留学。② 由此可见，直隶的留美学生无名可考的还有32人，因而直隶（包含天津）的留学生人数应为38人。光绪三十二年（1906）晋抚恩艺师会商司道，筹公款万金，挑选大学堂预科毕业生二三十人前赴美洲肄习铁路、矿务专业，以便他日学成归国，兴办全省路矿。③ 故山西的留美学生人数至少应为21人。据宣统二年教育杂志记载：留学美国大学堂学生伍汝康，由祖国携带青年学生17名来美留学，学生年龄大约自12岁至18岁，皆广东巨绅富商之子。④ 因而广东无名可考的留学生还有17人，广东的留学生人数应为88人。

为了更清楚地了解各省官费自费留美学生的分布状况，根据籍贯可考的留美学生人数，列表6－6统计如下。

表6－6　各省官自费留美学生籍贯统计表

籍贯	人数	所占百分比（%）	名次	籍贯	人数	所占百分比（%）	名次
广东	88	36.07	1	河北	4	1.64	9
江苏（上海）	38	15.57	2	江西	3	1.23	10
直隶（天津）	38	15.57	2	京师	3	1.23	10
山西	21	8.61	4	广西	1	0.41	12
浙江	15	6.15	5	满洲	1	0.41	12
湖北	15	6.15	5	湖南	1	0.41	12
安徽	10	4.10	7	山东	1	0.41	12
福建	5	2.05	8	合计：244人			

由表观之，广东依然雄踞榜首，88人，占36.07%。直隶异军突起，与江苏并驾齐驱，各38人，分别占15.57%。山西位列第四，21人，占8.61%。浙江、湖北紧随其后，各15人，分别占6.15%。安徽10人，位

① 《东方杂志》第三年第七期，教育，第一七八页。

② 《东方杂志》第四年第七期，教育，第一七八页。

③ 《东方杂志》第三年第十三期，教育，第四一二页。

④ 宣统二年一月《教育杂志》，第二卷第一期，记事，第四页。

列第七。其余各省都只有寥寥几人，有的省甚至一人也没有。20 世纪初，随着时间的推移，社会风气渐开，留美学生不再局限于东南沿海几省，许多内陆地区也开始兴起赴美留学。但东南沿海四省（粤、苏、闽、浙）依然占据主导地位，共 146 人，占了近 60%。

1908 年，美国国会通过议案，决定“退款兴学”，再次掀起了晚清政府官派留美的高潮。从 1909 年到 1911 年，清政府共派出三批庚款留美生，计 148 人。他们的籍贯分布，如表 6－7 所示。

表 6－7　　庚款留美生籍贯分布

籍贯	姓名	留学时间	籍贯	姓名	留学时间
安徽黟县	金邦正	1909	江苏吴县	吴家高	1910
安徽合肥	殷源之	1910	江苏宜兴	路敏行	1910
安徽绩溪	胡　适	1910	江苏嘉定	李松涛	1910
安徽合肥	李锡之	1910	江苏震泽	程延庆	1910
安徽	黄宗发	1911	江苏江阴	郑达宸	1910
安徽	梅光迪	1911	江苏吴县	席德炯	1910
北平	王　健	1909	江苏江都	成功一	1910
福建闽侯	严家驺	1909	江苏丹徒	王松海	1910
福建侯官	沈　艾	1910	江苏桃源	王　预	1910
福建龙溪	胡宣明	1910	江苏金匮	朱　进	1910
福建闽侯	陈福习	1910	江苏无锡	胡宪生	1910
福建	张传薪	1911	江苏吴县	毛文钟	1910
福建	陈承栻	1911	江苏江都	符宗朝	1910
福建	郑辅华	1911	江苏上海	王裕震	1910
福建	黄国栋	1911	江苏金匮	过宪先	1910
福建	刘崇勤	1911	江苏无锡	胡　达	1910
福建	宋建勋	1911	江苏吴县	施　鎣	1910
福建	吴　宪	1911	江苏无锡	李　平	1910
广东番禺	何　杰	1909	江苏南汇	计大雄	1910
广东中山	唐悦良	1909	江苏吴县	周开基	1910
广东番禺	陈兆贞	1909	江苏阳湖	陆元昌	1910
广东增城	陈　焜	1909	江苏泰兴	周　铭	1910
广东顺德	卢景泰	1909	江苏上海	庄　俊	1910
广东番禺	邝煦堃	1909	江苏江宁	周　仁	1910

续表

籍贯	姓名	留学时间	籍贯	姓名	留学时间
广东南海	王绍礽	1910	江苏嘉定	何　斌	1910
广东番禺	胡继贤	1910	江苏	裘维莹	1911
广东东莞	邓鸿宜	1910	江苏	费宗藩	1911
广东新会	区其伟	1910	江苏	王　赓	1911
广东番禺	陈延寿	1910	江苏	胡博渊	1911
广东新宁	刘寰伟	1910	山东泰安	王长平	1909
广东新宁	徐　墀	1910	山东栖霞	高崇德	1910
广东潮阳	郭守纯	1910	山东	张福运	1911
广东南海	霍炎昌	1910	山东	史译宣	1911
广东番禺	邝翼堃	1910	山东	孙继丁	1911
广东	梁基泰	1911	山东	孙学悟	1911
广东	罗邦杰	1911	四川巴县	傅　骕	1910
广东	史　宜	1911	四川新津	杨维桢	1910
广东	司徒尧	1911	四川巴县	陈茂康	1910
广西苍梧	谭颂瀛	1910	四川	陈长蘅	1911
贵州平远	湛　立	1910	直隶天津	梅贻琦	1909
贵州贵筑	许先甲	1910	浙江奉化	王士杰	1909
河北密云	魏文彬	1909	浙江黄岩	王　琎	1909
河南开封	秉　志	1909	浙江嵊县	邢契莘	1909
湖北枝江	张　準	1909	浙江绍兴	金　涛	1909
湖北	卫挺生	1911	浙江吴兴	邱培涵	1909
湖南湘乡	李进隆	1909	浙江慈溪	徐承宗	1909
湖南湘乡	曾昭权	1909	浙江镇海	陈庆尧	1909
湖南武陵	戴修驹	1909	浙江吴兴	谢兆基	1909
湖南醴陵	易鼎新	1910	浙江鄞县	罗惠桥	1909
江苏昆山	王仁辅	1909	浙江鄞县	张谟实	1910
江苏青浦	方仁裕	1909	浙江定海	徐志芗	1910
江苏嘉定	朱　复	1909	浙江归安	沈祖伟	1910
江苏南汇	朱维杰	1909	浙江山阴	程闿运	1910
江苏江宁	李鸣龢	1909	浙江海宁	钱崇澍	1910
江苏吴县	吴玉麟	1909	浙江海盐	陈天骥	1910
江苏镇江	吴清度	1909	浙江定海	周象贤	1910
江苏无锡	胡刚复	1909	浙江定海	徐志诚	1910

续表

籍贯	姓名	留学时间	籍贯	姓名	留学时间
江苏上海	范永增	1909	浙江会稽	竺可桢	1910
江苏吴江	徐佩璜	1909	浙江乌程	沈溯明	1910
江苏江宁	高纶瑾	1909	浙江钱塘	施赞元	1910
江苏江宁	袁钟铨	1909	浙江仁和	孙　恒	1910
江苏无锡	张廷金	1909	浙江平湖	柯成懋	1910
江苏无锡	张福良	1909	浙江平湖	张宝华	1910
江苏常熟	陆宝淦	1909	浙江	姜蒋佐	1911
江苏吴具	程义法	1909	浙江	赵文锐	1911
江苏吴县	程义藻	1909	浙江	陈德芬	1911
江苏嘉定	杨永言	1909	浙江	邱崇彦	1911
江苏无锡	裘昌运	1909	浙江	高大纲	1911
江苏丹阳	贺懋庆	1909	浙江	严　昉	1911
江苏吴县	戴　济	1909	浙江	朱志蛰	1911
江苏震泽	杨锡仁	1910	直隶天津	王鸿卓	1910
江苏阳湖	赵元任	1910	直隶天津	张彭春	1910
江苏金匮	朱　箓	1910	直隶开州	马仙峤	1910
江苏无锡	周厚坤	1910	直隶	杨光弼	1911

资料来源：刘真：《留学教育》（一），台湾编译馆 1980 年版。

据表 6－7，我们再作一籍贯统计，如表 6－8 所示。

表 6－8　　庚款留美生籍贯统计表

籍贯	人数（个）	所占百分比（%）	名次	籍贯	人数（个）	所占百分比（%）	名次
江苏	54	36.49	1	湖南	4	2.70	8
浙江	30	20.27	2	湖北	2	1.35	10
广东	20	13.51	3	贵州	2	1.35	10
福建	11	7.43	4	北平	1	0.68	12
山东	6	4.05	5	河北	1	0.68	12
安徽	6	4.05	5	河南	1	0.68	12
直隶（天津）	5	3.38	7	广西	1	0.68	12
四川	4	2.70	8	合计：148 人			

从表 6－8 统计结果可以看出，江苏庚款赴美学生人数最多，54 人，占 36.49%。浙江次之，30 人，占 20.27%。广东退居第三，20 人，占 13.51%。福建 11 人，位居第四，占 7.43%。东南沿海四省仍处于绝对优势，占了 77.70%。其余各省几人不等。

为了更加全面直观地了解整个晚清留美学生的地域分布情况，我们将表 6－4、表 6－6 和表 6－7 再作一综合统计，如表 6－9 所示。

表 6－9　　留美学生籍贯分布综合统计表

籍贯	人数（个）	所占百分比（%）	名次	籍贯	人数（个）	所占百分比（%）	名次
广东	192	37.5	1	河北	5	0.98	10
江苏（上海）	113	22.07	2	四川	4	0.78	12
浙江	53	10.35	3	江西	3	0.59	13
直隶（天津）	43	8.40	4	京师	3	0.59	13
山西	21	4.10	5	广西	2	0.39	15
安徽	20	3.91	6	贵州	2	0.39	15
福建	18	3.52	7	北平	1	0.20	17
湖北	17	3.32	8	河南	1	0.20	17
山东	8	1.57	9	满洲	1	0.20	17
湖南	5	0.98	10	合计：512 人			

总的来说，晚清留美学生虽然来自许多省份，但各省分布极不平衡，地区差距很大，广东依靠得天独厚的地理位置优势，得风气之先，留美学生人数多达 192 人，占据第一位。江苏经济发达、教育先进，留美学生 113 人，位居第二。粤、苏两省留美学生人数均超过百人。浙江、直隶、山西、安徽、福建、湖北各省几十人不等，其余各省寥寥几人，有的边远省份甚至一个也没有。从区域分布来看，近代化起步早、经济发达、社会风气开放、教育先进特别是英文教育水平高的东南沿海地区留美学生人数一直处于绝对优势。其他地区虽然也有人留美，但却无法改变东南沿海各省留美学生人数占主流的事实。长江流域地区次之，内陆边陲地区由于风气闭塞、经济教育落后等原因留美学生分布稀疏。这与留日学生的地域分布虽有不同，但格局大致相似。

四　晚清留欧学生的籍贯分布

自费留学是官派留学的先导，留美如此，留欧亦然。在官派留学欧洲国家之前，民间已有一些零星的自费赴欧留学的先例，其中比较著名的有黄宽、何启和伍廷芳。1875 年，船政大臣沈葆桢趁船厂监督日意格赴欧洲购买机器之便，委托他带 5 名学生前往英法游历，这 5 名学生成为晚清官派留欧学生的先声。1876 年，李鸿章派遣 7 名淮军青年军官留学德国。1877 年，沈葆桢联合李鸿章奏请朝廷派遣海军学生留学英、法。得到朝廷批准后，首批船政学生 30 人启程赴欧。此后，1881 年、1886 年、1897 年，清政府又相继派遣三批学生赴欧留学，前后四批共计 80 余人。由于这四批学生皆属船政学堂派遣，其籍贯分布具有明显的地域性，绝大多数学生都属闽籍，只有少量的广东籍和直隶籍学生。故其籍贯分布未列表统计。

清末新政后，清政府正式饬令各省选派学生赴欧留学。1904 年，清朝外务部与学务大臣共同拟定《游学西洋简明章程》6 条，对赴欧留学生的资格和考核等办法均做了详细规定。至此，官派留欧开始步入正轨。清政府和各省陆续派遣学生赴欧留学。

1903 年，管学大臣张百熙从京师大学堂速成科中选派 16 人赴西洋各国游学；张之洞从江南水师学堂和陆师学堂中各选 8 人分赴英德学习军事；湖广总督端方从湖北各学堂中挑选 24 人留比，8 人留德，4 人留俄；南洋公学选派 10 人留学比利时，广东学务处派送 2 人留欧。

1904 年，四川选派官员士子 13 人赴比学习路矿，官员 20 人赴欧美学习机器制造；湖南选派 3 人留比学习矿业；山西选派 25 人赴英学习理工诸科。

1905 年，江苏选派 6 人赴英学习兵船驾驶；南洋公学隶属商部后，派遣 10 人前往英国留学；京师大学堂选派 5 人分赴英、德、法、俄 4 国留学。

1906 年，清政府选派 7 人前往法国海军学校学习；直隶总督袁世凯派天津武备学堂学生分赴德、奥学习陆军；新疆伊犁将军选派学生 20 人留学俄国；黑龙江选派学生 8 人赴俄国学习。

1907 年，陆军部与法国政府商定，每年选派 15 人入法国陆军大学学习；江苏选派 10 人留学奥地利；德国柏林东方大学聘请 4 名中国学生教授汉语，江苏督抚另资助经费使他们在讲学之余又可在柏林大学学习。

1908年，江苏考选20名学生分赴英、比、德、美留学。

1910年，邮传部考选12人前往奥地利学习邮政。

1911年，浙江考选20人分赴英、德、比、法学习实业。

总起来看，清政府派遣赴欧留学生，除京师大学堂和中央各部选送外，主要依靠各省专门学堂与地方进行，其中官费生占绝大多数。表6-10统计了籍贯是晚清有名可考的赴欧留学生（船政学堂学生除外）。

表6-10　晚清留欧学生的籍贯分布

籍贯	姓名	留学时间	留学国家
江南	陈以复	1904	德
江南	范崇望	1904	德
江南	李　鼐	1904	德
江苏	贝寿同	1909	德
江苏	陈以临	1908	德
江苏	陈宗达	1904	德
江苏	高孔时	1902	德
江苏	金大敏	1896	德
江苏	李　鼎	1904	德
江苏	李德昭	1904	德
江苏	李景镐	1906	法
江苏	林汝耀	1905	英
江苏	潘季生	1904	德
江苏	钱方度	1906	德
江苏	阮尚介	1907	德
江苏	王庆道	1907	德
江苏	徐惕祥	1909	德
江苏	周凝修	1904	德
江苏宝山	严思櫆	1906	英
江苏宝山	周维廉	1907	法
江苏宝山	朱鹤翔	1907—1915	比
江苏宝山	朱世全	清末	法
江苏长洲	王季绪	1906	英
江苏常熟	徐鸿遇	1906	英
江苏常州	华南圭	1904	法

续表

籍贯	姓名	留学时间	留学国家
江苏丹徒	高恒儒	1909	英
江苏丹徒	罗鸿年	1907	英
江苏丹徒	陶　熔	1906	法
江苏奉贤	阮志道	1908	英
江苏甘泉	高　端	1909	英
江苏甘泉	朱天奎	1905	英
江苏海门	魏　渤	1904	俄
江苏海门	魏立功	1904	俄
江苏嘉定	胡士熙	1909	英
江苏嘉定	潘保甲	清末	法
江苏嘉定	钱仪来	1909	法
江苏嘉定	秦　汾	清末—1910	英、德
江苏嘉定	吴祖杰	清末	法
江苏江都	朱天森	1907	英
江苏江甫	张　铸	1906	英
江苏江宁	陈　瀚	1899	俄
江苏江宁	邓邦逖	1904	英
江苏江宁	范静安	清末	法
江苏江宁	范其光	1899	俄
江苏江宁	朱锡龄	1908	英
江苏江阴	赵承嘏	1906—1922	英、瑞士
江苏金匮	范绍濂	1904	英
江苏金匮	侯维良	1905	英
江苏金匮	秦铭博	1905	英
江苏昆山	王文显	1910（?）—1914	英
江苏临城	金懋章	1905	英
江苏南汇	刘式洲	1888（?）—1890（?）	法
江苏南汇	张家树	1911—1918	英
江苏南通	陈丽珠	1908	英
江苏萍乡	胡继会	1905	英
江苏青浦	剑曾撰	清末	英
江苏青浦	刘会撰	1905	英

续表

籍贯	姓名	留学时间	留学国家
江苏青浦	王会思	1908	法
江苏青浦	卫国垣	1906	英
江苏上海	刁承祖	1907	英
江苏上海	范本烇	1905	法
江苏上海	李宝堂	1909	俄
江苏上海	牛惠霖	1907	英
江苏上海	沈宏豫	1906	英
江苏上海	王兼善	清末	英
江苏上海	王绳善	1910	英
江苏上元	金　绥	1907	英
江苏上元	潘善闻	1909	英
江苏上元	任家金	1905	英
江苏上元	杨祖锡	清末	法
江苏泗阳	张星烺	1906—1912	德
江苏松江	顾逢光	清末	法
江苏松江	钮永建	1910—1911	德
江苏泰兴	丁文江	1902—1912	英
江苏泰兴	王　鹗	清末—1912 年前	德
江苏桃源	郭世绾	1905	英
江苏无锡	顾诒燕	1910	英
江苏无锡	胡振平	1901	英
江苏无锡	杨会诰	1906	英
江苏吴江	徐家楣	1905	法
江苏吴县	钮孝贤	清末	法
江苏吴县	潘承福	1903	英
江苏吴县	任家壁	清末	英
江苏吴县	王　蓥	1905	英
江苏吴县	王季同	1900 年后—?	英、德
江苏吴县	王世澄	1907	英
江苏吴县	吴应机	清末	法
江苏吴县	徐兆熊	1909	英
江苏吴县	薛序镛	1904	英

续表

籍贯	姓名	留学时间	留学国家
江苏吴县	姚履亨	1906	英
江苏吴县	周承裕	1905	英
江苏武进	曹惠群	1906	英
江苏武进	丁士元	1906	英
江苏武进	靳多福	1905	英
江苏武进	李毅士	1907—1918	英
江苏武进	李祖鸿	1904	英
江苏阳湖	沈同祉	1905	英
江苏仪征	吴振南	1907	英
江苏宜兴	吴凯声	清末	法
江苏阴阳	庄裕孙	1907	英
江苏元和	潘灏芬	1906	英
江苏元和	王怀份	1905	英
江苏元和	王怀会	1906	英
江苏元和	王怀曾	清末	英
江苏镇江	巴玉藻	1909	英
南洋	陈培德	1908	英
南洋	侯士绾	1903	比
南洋	金颂庚	1903	比
南洋	康时清	1911	英
南洋	李保令	1911	英
南洋	李昌祚	1903	比
南洋	李福基	1901	英
南洋	梁树钊	1911	英
南洋	林　庄	1910	英
南洋	刘曾撰	1905	英
南洋	盛守鑫	1910	英
南洋	孙同祺	1910	英
南洋	王明照	1903	比
南洋	王寿祺	1903	比
南洋	王泽利	1903	比
南洋	吴治俭	1902	英

续表

籍贯	姓名	留学时间	留学国家
南洋	夏孙鹏	1905	英
南洋	杨德森	1903	比
南洋	姚　英	1908	英
南洋	应　时	1908	英
南洋	余建复	1910	英
南洋	张保熙	1903	比
南洋	张景尧	1903	比
南洋	张　涛	1905	英
南洋	赵兴国	1901	英
南洋	周　嶹	1903	比
南洋	周　熙	1911	英
澳门	卢兴原	清末—1910 年后	英
广东	陈永治	1904	德
广东	陈之达	1909	德
广东	黄国俊	1907	德
广东	黄时澄	1904	德
广东	会广尧	1904	德
广东	李和泰	清末	英
广东	林启冲	1905	德
广东	凌启冲	1904	德
广东	凌启灼	1905	德
广东	陆球琳	清末	英
广东	陆苏锦	清末	英
广东	陆显璜	1904	德
广东	陆益孚	清末	英
广东	潘昌能	1908	德
广东	区庆科	1909	德
广东	沈　紘	1904	法
广东	谭葆端	1908	德
广东	唐宝泰	1907	德
广东	唐汉兴	1907	德
广东	唐文启	1907	德

续表

籍贯	姓名	留学时间	留学国家
广东	王宠惠	1906	德
广东	吴匡时	1904	法
广东	吴培基	1906	德
广东	薛颂瀛	1904	德
广东东莞	王宠庆	1906	英
广东东莞	王宠益	1906	英
广东东莞	杨　晟	1887—1894	德
广东番禺	罗文干	1904—1909	英
广东番禺	王家鸾	1907	英
广东番禺	虞锡晋	1894	英
广东番禺	虞锡麟	1904	英
广东高安	刘泽荣	1897—1920	俄
广东高要	苏会贻	清末	法
广东广州	关鹤朋	1907	俄
广东广州	唐宝书	1906	俄、德
广东鹤山	李铁夫	1887—1931	英
广东惠州	叶秀宪	1903	英
广东南海	何　启	1872—1882	英
广东南海	何宝章	1907	英
广东南海	金国宝	1905	英、法
广东南海	刘国珍	1904	英
广东南海	潘　敬	1908	法
广东顺德	陈友仁	？—1912	英属殖民地
广东顺德	陈兆基	1904	英
广东台山	陈锡钧	1911—1924	意
广东台山	伍连德	？—1907	英、德、法
广东香山	黄　宽	1847—？	英
广东香山	林著勋	1909	英
广东香山	唐文盛	清末	英
广东香山	薛仙舟	1905—1911	德
广东香山	郑天锡	1907—1912	英
广东新会	陈永汉	1902	英

续表

籍贯	姓名	留学时间	留学国家
广东新会	陈永箴	1902	英
广东新会	潘绍棠	清末	英
广东新会	伍朝枢	1908—1912	英
广东新会	伍廷芳	1874—1877	英
广东新宁	李树芬	1908	英
广东兴宁	刁作谦	1908 年前—1910	英
广东肇庆	胡惠德	1905	英
广州汉军驻防	杨殿琛	1904	德
广州驻防镶白旗	柏　山	1904	俄
湖北	曹宝江	1904	德
湖北	陈执礼	1907	法
湖北	恩　崇	1904	德
湖北	恩　康	1904	德
湖北	雷炳焜	1905	德
湖北	罗　虔	1907	法
湖北	钱祖元	1904	德
湖北	秦国镛	1907	法
湖北	唐　豸	1907	法
湖北	童德乾	？—1911 年后	法
湖北	王　翥	1904	德
湖北	张启玱	1909	德
湖北	周树廉	1904	德
湖北	周泽春	1903	德
湖北	左德明	1904	德
湖北	陈宽沅	1903	比
湖北	陈　箓	1903	德
湖北	程光鑫	1903	比
湖北	邓凤池	1903	比、法
湖北	贺子才	1903	比
湖北	胡瑞年	1903	比、法
湖北	黄大伟	1903	比
湖北	锦　铨	1903	德

续表

籍贯	姓名	留学时间	留学国家
湖北	李　彪	1903	比
湖北	李光驷	1903	比、法
湖北	李人铎	1903	德
湖北	李以祜	1903	比、法
湖北	刘文彬	1903	俄、法
湖北	刘祥云	1903	比
湖北	刘荫茀	1903	比
湖北	禄　崇	1903	比
湖北	罗葆寅	1903	比
湖北	马德润	1903	德
湖北	善　明	1903	德
湖北	史　青	1903	比
湖北	汪钟岳	1903	比
湖北	王治辉	1903	比
湖北	魏宸组	1903	比
湖北	吴国良	1903	比
湖北	吴连庆	1903	德
湖北	夏维松	1903	俄
湖北	许熊章	1903	比
湖北	杨循祖	1903	比
湖北	杨荫蘘	1903	比
湖北	杨祖谦	1903	德
湖北	姚业经	1903	比
湖北	喻毓西	1903	比、法
湖北大冶	曹工丞	1905	英
湖北黄冈	严式超	1903	俄
湖北建始	朱和中	1904—1912	德
湖北江陵	耿　泽	清末	法
湖北荆门	陈雨苍	1911 年后—1920	德
湖北荆州驻防	金　海	1904	德
湖北沔阳	胡　钧	清末—1911 年前	德
湖北沔阳	向国华	1910	英

续表

籍贯	姓名	留学时间	留学国家
湖北沔阳	张祥麟	1904	法
湖北潜江	胡秉柯	1903—1909	比、法
湖北武昌	朱绍阳	1906	俄
湖北浠水	汤芗铭	1904—1909	法、英
湖北夏口	冯承钧	1901—1911 年后	法
湖北兴国	曹亚伯	1906—1912	英
湖北阳新	石　瑛	1903—1911	法
浙江	顾召棠	1906	德
浙江	胡浚恒	1908	德
浙江	蒋方震	1907	德
浙江	林　摄	1907	德
浙江	林调元	1907	德
浙江	陆文彬	1896	德
浙江	孙鹤皋	1908	德
浙江	王鸿铭	1908	德
浙江	夏元镖	1907	德
浙江	俞大纯	1909	德
浙江慈溪	何育杰	1903	英
浙江慈溪	叶启标	1908	英
浙江德清	俞同奎	1903	英
浙江定海	厉汝燕	1909 年前—1911	英
浙江归安	胡世泽	1900	俄
浙江归安	沈成烈	1907	英
浙江归安	徐思元	1906	英
浙江杭县	陆世勋	1911	英
浙江杭县	夏循垍	1905	法
浙江杭县	徐　谔	清末	英
浙江杭州	李超士	1911—1919	法
浙江杭州	汤尔和	1902—1910	德
浙江黄岩	王敬礼	清末	英
浙江会稽	孙家声	1905	英
浙江嘉善	钱　泰	1906 年后—1915 年前	法

续表

籍贯	姓名	留学时间	留学国家
浙江嘉兴	葛敬中	清末	法
浙江嘉兴	黄子通	1910 年后—?	英、加
浙江嘉兴	钱宝琮	1908—1912	英
浙江仁和	严　江	1907	英
浙江仁和	叶景莘	1907	英
浙江山阴	蔡元培	1907—1911、1912—?	德、法
浙江山阴	丁紫芳	1908	英
浙江上虞	经利彬	清末	法
浙江上虞	王钟声	1898—1906	德
浙江绍兴	马　浮	1904—?	德
浙江绍兴	谢永森	1906—1915	英
浙江吴兴	丁士源	1902—1904	英
浙江吴兴	胡仁源	1902 年后—1913 年前	英
浙江吴兴	钱稻荪	幼年—1911（?）	意
浙江吴兴	徐恩元	1905—1912 年前	英
浙江鄞县	包光镛	1908	英
浙江鄞县	胡祖同	1908	英
浙江鄞县	林行规	1904	英
浙江鄞县	翁文灏	1908—1912	比
浙江余杭	徐新六	1908—1914	英、法
浙江镇海	陈廷纪	1907	英
山西	周钰卿	1905	德
山西定襄	李景淑	1907	英
山西定襄	郑永锡	1907	英
山西汾县	王录勋	1907	英
山西汾阳	牛文炳	1907	俄
山西汾阳	王荫泰	1906 年前—1913	德
山西凤台	马　骏	1907	英
山西高平	申　湘	1907	英
山西崞县	梁上栋	1906—1911	英
山西河津	兰锡魁	1907	英
山西河津	庞全晋	1907	英

续表

籍贯	姓名	留学时间	留学国家
山西霍州	武尽杰	1907	英
山西介休	张景良	1912	英
山西临汾	潘莲如	1912	英
山西临汾	乔义生	清末—1906	英
山西临汾	杨朝相	1912	英
山西灵右	耿步蟾	1907	英
山西宁武	常克勤	1912	英
山西宁武	王　宪	1907	英
山西宁武	赵　铮	1912	英
山西宁武	赵廷雅	1907	英
山西平定	孙晋祺	1912	英
山西平鲁	王嘉瑞	1907	英
山西神池	刘世勋	1912	英
山西屯留	郑宝善	1907	英
山西万泉	李道行	1904	英
山西万泉	李道在	1904	英
山西万泉	杨长煜	1907	英
山西文水	温承让	1912	英
山西闻喜	张劼仁	1907	英
山西五台	张　增	1907	英
山西襄陵	高时臻	1904	英
山西襄垣	王缙云	1912	英
山西兴县	白象锦	1907	英
山西右玉	梁　济	1907	英
山西榆次	杨仁显	1912	英
山西榆社	李建德	1907	英
山西源浑	杨维翰	1907	英
山西赵城	王庆祚	1912	英
山西赵城	赵奇英	1907	英
福建	常朝干	1906	德
福建	黄国志	清末	英
福建	林献炘	1906	德

续表

籍贯	姓名	留学时间	留学国家
福建	许居廉	1907	德
福建	周慕西	1905	德
福建长乐	高　常	清末	法
福建长乐	高　怀	清末	法
福建长乐	高　鲁	1905—1911	比
福建福州	毛钟才	清末	英
福建福州	曾以鼎	？—1911 年后	英
福建海澄	林文庆	1887—？	英
福建侯官	林履中	1882—1885	英
福建侯官	王庆萃	1905	法
福建侯官	王庆骥	1908	法
福建侯官	严　璩	清末—1916 年前	英
福建侯官	沈成栻	1901	英
福建闽侯	陈　篆	1903—1908	法
福建闽侯	陈慎言	清末—1911	法
福建闽侯	程树德	1896 年后—1911 年前	意
福建闽侯	洪观涛	1907	法
福建闽侯	林葆怿	？—1910 年前	英
福建闽侯	王继曾	1902 年后—1911 年前	法
福建闽侯	王景岐	1900—1903、1908—1912	法、英
福建闽侯	林国赓	1907	英
福建闽侯	曾诒经	1909	英
福建闽侯	曾宗鉴	1901	英
福建闽县	雷文铨	1902	英
福建闽县	林　庄	1910	英
福建闽县	王学礼	1908	英
福建闽县	魏　肫	1907	英
福建闽县	吴思远	1909	英
福建闽县	郑滋稚	1905	英
福建闽县	卓宝谋	1905	英
福建厦门	辜鸿铭	？—1885 年前	英、德
福建厦门	林烈馨	清末	英

续表

籍贯	姓名	留学时间	留学国家
福建厦门	林烈兴	清末	英
福建厦门	叶瑞国	1904	英
直隶天津	王国磐	1907—1909	德
直隶天津	吴毓麟	1892—1894 年前	英
直隶天津	裕容龄	1901 年前—1903	法
直隶	冯家遇	1906	德
直隶	顾兆熊	1904	德
直隶	齐宗颐	1907	德
直隶	史久庆	1905	德
直隶	徐廷瑚	清末	法
直隶	阎瑞存	1909	德
直隶	张　谨	1904	德
直隶昌黎	魏树荣	清末	法
直隶静海	沈　瓒	1906	英
直隶静海	王开治	1906	英
直隶顺天	李顺义	1905	英
直隶天津	卞长胜	1876	德
直隶天津	查连标	1876	德
直隶天津	刘芳圃	1876	德
直隶天津	商德全	1888—1890	德
直隶天津	陶履恭	1910	英
直隶天津	王得胜	1876	德
直隶天津	徐世襄	1906	英
直隶天津	杨德明	1876	德
直隶天津	袁雨春	1876	德
直隶天津	朱耀彩	1876	德
直隶宛平	韩述祖	1907	英
北洋	陈继善	1907	法
北洋	刘符诚	1907	法
北洋	任传砚	1907	法
北洋	唐宝潮	1904	法
北洋	吴文潞	1906	法

续表

籍贯	姓名	留学时间	留学国家
安徽	陈芳瑞	1905	德
安徽	蒋兆钰	1908	德
安徽	李国成	1908	德
安徽	李国式	1908	德
安徽	沈　刚	1905	德
安徽	余荫元	1906	德
安徽安庆	朱世昌	1906	俄
安徽合肥	段祺瑞	1889—1890	德
安徽合肥	龚安庆	1906	英
安徽合肥	龚心湛	1900 年前后—1911 年前	英
安徽合肥	李国焘	1906	英
安徽合肥	李寅恭	1909	英
安徽怀宁	洪　逵	1908	英
安徽怀宁	刘贻燕	1909	英
安徽怀宁	刘藻彬	1909	英
安徽怀宁	王星拱	1910 年前后—1919 年前	英
安徽怀宁	杨吕南	1908	英
安徽怀宁	祖兴让	清末	法
安徽全椒	张贻侗	1908	英
安徽桐城	姚　莪	1908	英
安徽芜湖	鲍　朴	1908	英
安徽婺源	程振钧	1909	英
安徽休宁	邵家骏	1908	英
安徽颍州	丁绪贤	1908	英
湖南	宾步程	1903	德
湖南	李定煌	1904	比
湖南	张定祥	1904	比
湖南	张孝准	1908	德
湖南	庄　启	1904	比
湖南	唐　进	1906	法（由比改留法）、比
湖南长沙	杨昌济	1903—1913	英
湖南长沙	杨端六	1906—1920	英

续表

籍贯	姓名	留学时间	留学国家
湖南长沙	杨守仁	1908—?	英
湖南长沙	张西曼	1911—1914	俄
湖南长沙	章　民	1908	英
湖南长沙	章士钊	1905—1911	英
湖南长沙	周善同	1906	英
湖南衡州	萧焕烈	1903	俄
湖南衡州	谢应瑞	1907	英
湖南湘乡	陈　介	1905—1912	德
湖南湘乡	邓寿佶	1904	法
湖南湘乡	王旭荣	1905	英
湖南湘阴	李青崖	1907—1912	比
山东	邓秉绶	1907	德
山东	敬　源	1907	德
山东	李　傥	1909	德
山东	刘文显	1907	德
山东	周秉绶	1907	德
山东	陈洪守	1908	德
山东即墨	侯延宾	1909	英
山东即墨	毛升三	1909	英
山东胶州	孙瑞林	1906	英
山东蓬莱	高恩洪	1900 年前—1900 年后	英
山东荣成	李方城	1909	英
山东荣成	李方琮	1909	英
四川	季宗孟	清末	法
四川	刘庆恩	1909	德
四川	刘照青	清末	法
四川巴县	仝季梁	1908	英
四川宝庆	邓大鸣	清末	法
四川成都	钱为善	1905	英
四川成都	杨　芳	清末	法
四川双流	向迪横	清末	法
四川宜宾	赵锡沂	1909	英

续表

籍贯	姓名	留学时间	留学国家
四川云阳	程世模	1906	俄
广西	胡铭经	1908	法
广西	李孟实	1908	法
广西	李向濂	1908	法
广西	梁　渡	1907	法
广西	马　和	1907	德
广西	王　沅	1907	法
广西	萧　宽	1908	法
广西桂林	马君武	1907—1911	德
广西贺县	黄士谦	1909	英
广西武鸣	苏希洵	清末	法
京师	陈　浦	1905	法
京师	陈经邦	1903	西洋各国
京师	陈祖良	1904	法
京师	黄广澄	1905	法
京师	刘光谦	1905	法
京师	孙昌烜	1903	西洋各国
京师	王廷璋	1905	法
京师	周秉清	1905	法
京师	左承诒	1903	西洋各国
黑龙江	车度珍	1906	俄
黑龙江	车仁恭	1906	俄
黑龙江	车席珍	1906	俄
黑龙江	王惠相	1906	俄
黑龙江	王忠相	1906	俄
黑龙江	王佐文	1906	俄
河北高阳	李煜瀛	1902—1911	法
河北衡水	张英华	1902—1912	英
河北静海	郑汝成	1886—1907 年前	英
河北南官	王　助	1909—1917	英
河北武清	杨荫庆	1907—1917 年前	英
河南固始	张　玮	1906	英

续表

籍贯	姓名	留学时间	留学国家
河南罗山	马路义	清末	法
河南祥符	靳　志	1904	英、法
河南信阳	吴法鼎	1911—1919	法
河南郾城	吴庆嵩	1905	英
江西	王国铭	1908	德
江西临川	梁仁杰	清末	法
江西卢陵	黄家璐	清末	英
江西南昌	饶孟任	1906	英
江西义宁	陈寅恪	1910—1911	德
北京	诚静怡	1903—1908	英
北京	顾孟余	1906—1911	德
北京	荫　昌	1877—1885	德
吉林	李毓华	1907	俄
吉林	刘　雯	1906	俄
吉林满洲镶黄旗人	钟　镐	1907	俄
镶黄旗蒙古霍隆武佐领下人	乌铭浚	1907	俄
镶黄旗蒙古霍隆武佐领下人	乌益泰	1907	俄
蒙古	德　祥	1886	德
汉军镶蓝旗春奎佐领下人	毕文鼎	1907	俄
汉军镶蓝旗春奎佐领下人	毕文彝	1907	俄
陕西	李　协	1908	德
陕西蒲城	李仪祉	1909—1911	德
贵州贵阳	文元模	1910 年后—1943 年前	德
贵州镇远	周　纬	1905	法
奉天	张其桐	清末	法
京兆大兴	周　典	1903	英
顺天大兴	李　垣	1907	俄
合计：532 人			

资料来源：1. 刘真：《留学教育》（二），台湾编译馆 1980 年版。

2. 陈学恂、田正平编：《中国近代教育史资料汇编——留学教育》，上海教育出版社 1991 年版。

3. 周棉：《中国留学生大辞典》，南京大学出版社 1999 年版。

4. 刘晓琴：《中国近代留英教育史》，南开大学出版社 2005 年版。

为了更加清楚直观地了解晚清留欧学生的地域分布情况，根据表6－10，再作一籍贯统计，如表6－11所示。

表6－11 晚清留欧学生籍贯统计

籍贯	人数（个）	所占百分比（%）	名次	籍贯	人数	所占百分比（%）	名次
江苏	102	19.17	1	江西	5	0.94	16
广东（澳门）	62	11.65	2	北洋	5	0.94	16
湖北	62	11.65	2	河北	5	0.94	16
浙江	46	8.65	4	河南	5	0.94	16
山西	40	7.52	5	江南	3	0.56	20
福建	37	6.95	6	吉林	3	0.56	20
南洋	27	5.08	7	北京	3	0.56	20
直隶	25	4.70	8	蒙古	3	0.56	20
安徽	24	4.51	9	陕西	2	0.38	24
湖南	19	3.57	10	贵州	2	0.38	24
山东	12	2.26	11	汉军镶蓝旗	2	0.38	24
四川	10	1.88	12	奉天	1	0.19	27
广西	10	1.88	12	京兆	1	0.19	27
京师	9	1.69	14	顺天	1	0.19	27
黑龙江	6	1.12	15	合计：532人			

从表6－11可以看出，晚清留欧学生主要集中于江苏、广东、湖北、浙江、山西、福建、直隶几省，其中江苏102人，位列第一，占19.17%；广东、湖北各62人，并列第二，分别占11.65%；浙江46人，位居第四，占8.65%；山西40人，位列第五，占7.52%；福建37人，位列第六，占6.95%。实际上，如果把早期船政学堂赴欧的学生计入的话，福建的人数应该仅次于江苏。从区域分布来看，东南沿海四省（粤、苏、闽、浙）共247人，占46.43%，长江流域（湘、皖、鄂、赣、川）120人，占22.56%，其他内陆地区虽也有分布，但人数较少。总的来说，晚清留欧学生的地域分布呈东南沿海——长江流域——内陆边远地区逐渐减少的趋势，这与留日、留美学生的地域分布惊人相似。所不同的是，在晚清留欧学生中，山西因其山西大学堂与英人的关系，在人数上超过湖南、安徽、山东、四川等省，在留欧学生中占据一席之地。黑龙江、吉林等边远地区因与俄国接壤，加上地方将军对留学的支持，在留欧学生中所占比例略有上升。

五　晚清留学生地域分布分析

晚清留学生人数众多，学生来源几乎遍及全国各省，地区分布极不平衡，并且差距悬殊。有的省留学生人数成百上千，有的省却只有寥寥几人。晚清留学无论是留日学生、留美学生还是留欧学生，其地域分布有着惊人的类似。学生主要来自近代化起步较早、经济发达、教育先进、社会风气开放的东南沿海及长江流域地区。从区域分布来看，东南沿海地区留学生最为密集，长江流域次之，内陆边远地区最少。其地域分布明显呈沿海、沿江、内陆、边陲几个不同的地理分布层次。晚清留学生的地理分布所表现出的上述特征，与这一时期的经济、文化、西学东渐等因素紧密相连，是各种因素综合作用的结果。

（一）西学东渐的区域进程

鸦片战争以后，伴随着西方列强的武力入侵，发轫于明末清初，一度中断的“西学东渐”潮流在条约的庇护下重新开启。西方文化，包括“器物技艺”的物质文化，“议院”和“立宪”等制度文化以及其他异质文化，以前所未有的规模，大量涌入中国，并和中国的传统文化发生广泛碰撞交流，对中国社会的各个层面特别是教育产生了深远的影响。西学在中国的传播瓦解了中国传统教育一统天下的局面，促进了中国近代教育的产生，为近代留学的兴起奠定了一定的社会基础。

晚清的西学东渐是在一种特殊的背景下重启的，它随着西方资本主义列强的入侵和中国人民的反侵略战争而逐步展开。西方列强以第一次鸦片战争——第二次鸦片战争——中法战争——中日甲午战争——八国联军侵华等一系列侵略战争为先导，逐步打开了中国的门户，强迫清政府签订了一系列不平等条约，开放了一大批通商口岸。这些通商口岸从东南沿海逐步延伸到整个沿海、沿江至内陆边陲地区。西方列强即以这些通商口岸为据点，对中国进行经济侵略。同时，外国传教士也借此契机纷纷来华。他们在各通商口岸通过建教堂、设医院、办学校、办报刊、成立译书出版机构等手段，宣扬西学，企图改变中国人的信仰和中国社会。于是，这些条约口岸城市相继成为中西文化交流的前沿阵地。

西学在中国的传播并不是一帆风顺的，它经历了一个曲折的历程。中国是一个有着几千年文明的封建帝国，传统文化所培养出来的思维惯性和心理定势，严重地禁锢了人们的头脑，阻碍着人们对新事物的认识和接纳，因此，西学在中国经历了一个从被动接受到主动选择的变化过程。19世纪60年代以前，中国社会对西方近代科学文化的认识几乎是完全陌生的，中国人对西学处于被动接受阶段。传教士在西学的传播中占据主导地位。因而作为传播媒介的新式学校、报刊、图书出版等随着传教士在五口通商口岸内的足迹于东南沿海迅速兴起，并很快形成繁衍之势。对西学传播的最重要媒介西学中文书刊而言，1860年前，我国的西学中文书刊出版地全部集中在五口通商口岸内及香港（见表6-12）。

表6-12　1843—1860年间各地出版西学中文书刊统计　（单位：种）

城市	香港			广州			福州			厦门			宁波			上海		
分类	非宗教	宗教	合计	非宗教	宗教	合计	非宗教	宗教	合计	非宗教	宗教	合计	非宗教	宗教	合计	非宗教	宗教	合计
1843—1854	13	28	41	4	9	13	3	9	12	1	10	11	16	59	75	8	65	73
1855—1860	8	9	17	10	19	29	12	17	29	0	2	2	4	25	29	23	72	95

资料来源：熊月之：《西学东渐与晚清社会》，上海人民出版社1994年版。参见郑衡泌《晚清西学东渐中西学中文书刊出版地域空间拓展轨迹》。

东南沿海五口由于得天独厚的地理位置，最早开埠，最先最直接接受欧风美雨的浸润，得风气之先，是晚清西学东渐的第一站。新事物在这里出现，新思想在这里酝酿，新人物在这里产生，五口为留学生这一新型人才的产生及留学运动的兴起提供了良好的土壤。1860年第二次鸦片战争以后，西方列强的侵略权益进一步扩大，到1895年《中日马关条约》签订以前，西方列强通过不平等条约获得的通商口岸达40多个，形成了沿海沿江通商口岸带，西学的传播也随之由东南沿海五口扩展至整个沿海及沿江地区。西方传教士同时也获得了在各地自由传教的特权。他们所到之处，大量建立各种文化侵略设施，扩大了西学的传播渠道。与此同时，中国人对西学的态度由最初的被动接受开始转为主动学习。19世纪60年代，随着洋务运动的展开，中国人开始自己创办洋务学堂、译书机构和近代报刊（见表6-13）。到甲午战争前后，全国有新式学堂37所，其中东南沿海分布了18所，长江流域分布了5所，占了62%。显然，中国人主动学习西学也大多自社会风气较开放的东南沿海及长江流域开始。在此阶段，随着西方列强势力的延伸，西学中文书刊的出版地也由东南沿海五口延展至整个沿海及长江沿岸地区。西学东渐表现出明显的地域性和区域进程性。

表 6－13　　1861—1894 年间各地创办出版西学中文书刊机构数量统计　　（单位：个）

城市	上海	江苏	浙江	安徽	北京	天津	河北	山东	湖北	湖南	四川	陕西	福建	广东	香港	江西	广西	台湾	辽宁
官办	1	1	1	—	1	1	1	1	3	2	1	1	1	1	—	—	—	—	—
民办	11	—	—	—	—	—	—	1	2	—	—	—	—	3	3	—	—	—	—
教会	5	2	1	1	5	—	3	1	4	—	2	—	3	2	—	1	1	1	2
其他	30	—	—	—	1	2	—	—	2	—	—	—	3	1	3	—	—	—	—
合计	47	3	2	1	7	3	4	3	11	2	3	1	7	7	6	1	1	1	2

资料来源：叶再生：《中国近代现代出版通史》北京华文出版社 2002 年版。参见郑衡泌《晚清西学东渐中西学中文书刊出版地域空间拓展轨迹》。

从表 6－13 统计结果可以明显看出，西学中文书刊的出版机构不再局限于东南五口，其主要分布地已延展至东南沿海、长江流域及京津地区，上海发展成为全国的出版中心地。西学中文书刊的地域分布表现出明显的不均衡性，呈沿海沿江通商口岸体系分布规律，京津地区由于其特殊的地理位置及政治因素，西学在此也比较兴盛。这些地区由“得风气之先”，继而“开风气之先”，大量派遣学生出国留学，而留学生的归来又进一步促进了这些地区西学的传播速度和社会风气的转化。因而东南沿海和长江流域的西学相对比较发达，故留学生分布最为集中，京津地区作为全国的政治中心，留学生的分布自然也不少。

甲午战争以后，清政府被迫增开更多的商埠，帝国主义势力也随之由沿海沿江而深入到内地边陲。西学以更广泛的传播途径辐射到全国各地。内陆边陲地区由于所处地理位置偏僻，近代交通不便等因素，西学传播速度较慢，社会风气仍旧比较闭塞，留学生的分布便相形见绌。

从西学传播的最重要载体西学中文书刊的出版地域空间的拓展轨迹可以很明显地看出近代西学东渐的区域进程。近代西学东渐伴随西方列强的武力入侵从东南沿海水路而来，经长江流域而逐步辐射到内陆边陲地区。它的传播表现出明显的地域性，其区域进程与留学生的地域分布相辅相成，越是西学传播快，社会风气开放的地方，留学风气浓厚，留学生的分布就多，反之，留学生的分布就少。

（二）近代区域经济发展不平衡

留学需要一定的经济基础作为后盾。留学生的产生和发展在某种程度上受制于社会经济的发展。社会经济发达的地方留学生人数相对较多，反之，经济落后的地方，留学生人数亦少。经济的发展水平与留学生的人数成正比。

伴随着西方资本主义列强的武力入侵，中国的传统经济也开始缓慢地向近代经济转变。鸦片战争以后，西方列强为了达到抢占中国市场、掠夺廉价原材料、大量倾销商品的目的，强迫清政府签订了一系列不平等条约，迫使清政府逐步开放了沿海、沿江等一系列地理位置优越的城市作为通商口岸。这些通商口岸城市凭借开埠所提供的契机，进出口贸易迅速增长，很快发展成为全国或地区的工商业中心。上海地处沿海地区的中央，又位于航海方便，能联系广大腹地的长江出海口。自开埠以后，港口贸易勃兴。19 世纪 70 年代其进出口贸易额已占全国进出口贸易额的 50% 左右，很快取代广州的地位而成为全国的最大贸易中心。天津和汉口分别依靠“河海枢纽”、“九省通衢”的交通地理优势，在商业繁荣的基础上，逐渐发展成为华北和华中的经济中心。特别是汉口自开埠后，在张之洞新政的影响下，工商业迅猛发展。“从光绪二十二年到三十一年（1896—1905），汉口的对外贸易额增加一倍多。光绪三十二年（1906），汉口进出口贸易占全国贸易总额的 12.4%，几乎接近上海的水平。”① 武汉也因此一跃成为全国的第二大工业城市和商业港口。商业的勃兴带动了近代工业的兴起。在沿海、沿江各通商口岸，逐渐形成了一批新兴的工商业城市。

近代区域经济发展的不平衡性还可以从近代工业的地域分布上凸显出来。近代的工业大部分分布在交通便利的沿海、沿江一带。内陆地区分布比较少，西北边陲更是寥寥无几。沿海、沿江的各通商口岸城市由于所处的地理位置优势，水路交通方便，成为外资企业、官办工业和民族资本投资设厂的首选地。从 1840 年到甲午战争前夕，外国资本先后在中国开办的 191 个工业企业大部分萃集上海和广州。19 世纪 60 年代，由洋务派兴起的近代军事工业，也是以东南沿海各通商口岸为基地开始的。从 1865 年到 1890 年间，清政府共建立洋务军工企业 21 个，其中 6 个分布在东南沿海的五口通商口岸内。19 世纪 70 年代，民用工业逐渐兴办，至 1895 年，民用企用已达 117 家，其中商办企业为 87 家，90% 的商办企业集中在广东、上海等东南沿海地区。1895 年至 1898 年创办的较大规模的 49 家民族资本企业，也多集中于上海、江浙一带。② 鸦片战争后至《马关条

---

① 冯天瑜、何晓明：《张之洞评传》，南京大学出版社 1996 年版，第 135 页。

② 杨东梁：《晚清东南社会变迁与近代化智力资源积累》，《史学月刊》2002 年第 11 期。

约》签订前，外国在华资本主义、国家资本主义、私人资本主义工业三种经济形态依次出现并在中国工业史上第一次出现了投资近代工业的高潮，这些工业除部分厂矿企业外，基本集中在沿海沿江开埠城市中。

甲午战争以后，西方列强进一步加强了对中国的侵略，其势力范围由东南沿海延伸至整个沿海沿江至内地边陲。1895—1913 年，中国近代经济的地域分布总体而言并无多少实际性的变化，仍多集中在东南沿海和长江沿岸的通商口岸及其附近地区。据统计，在此阶段，外资在华设立的重要厂矿 136 家，投资多高于 10 万元，投资总额为 10215. 3 万元。其中江苏 44 家，直隶 13 家，湖北 10 家，山东 6 家，奉天 38 家，吉林 15 家，其余各省共 10 家。华资企业新设厂矿达 549 家，投资总额为 12029. 7 万元。其中上海 83 家，武汉 28 家，天津 17 家，广州 16 家，杭州 13 家，无锡 12 家，其他地方 380 家。[①] 从外资和华资企业的分布来看，表现出明显的地域分布不均衡性，厂矿的设置仍以沿海沿江通商口岸城市为重点。

在中国社会近代经济的转型过程中，东南沿海和长江沿岸通商口岸城市走在了前面，成为全国最具活力的两大经济区。经济的繁荣为留学运动的开展提供了充足的经费支持，在一定程度上保障了留学运动的大规模展开，故留学生的分布自然扩大。

（三）近代教育发展不平衡

留学是一种新生事物，它随着近代教育的产生而兴起。近代教育的办学规模及教学质量在很大程度上决定了留学人员的地理分布。

中国近代教育的产生以新式学堂的创办为标志，它由西方传教士首创。1840 年的鸦片战争，西方列强通过武力打开了中国的大门，中国逐渐沦为半殖民地半封建社会。中国的教育主权随着不平等条约的缔结而开始部分丧失。西方传教士在一系列不平等条约的庇护下纷纷来华，并在各通商口岸传教办学，到 19 世纪末教会学校发展到了 2000 所左右，这些学校广泛分布在东南沿海及长江沿岸各通商口岸地区。19 世纪 60 年代，随着洋务运动的兴起，中国人开始自己兴办近代教育。在 1895 年以前，洋务派兴办的各类新式学堂有 22 个，其中上海、广州各有 4 个，福州有 2 个，几乎占总数的 1/2。20 世纪初，随着科举制的废除，癸卯学制的制定和实施，全国掀起了一股兴办新式学堂的热潮。据清政府统计，到 1909

---

① 汪敬虞：《中国近代工业史资料》，科学出版社 1957 年版，第 654 页。

年，全国已有小学堂51678所、中学堂460所、高等学堂127所、师范学堂514所、各种实业学堂254所。从办学规模来看，东南沿海和长江流域的新式学堂最为发达。特别是地处长江流域的湖北，在张之洞实行洋务新政的影响下，近代教育飞速发展。“在清末20年间，湖北兴办的各级各类新式学堂（不计蒙养院，半日学堂和简易识字学塾）约为2600多所，且其中初等小学又占2361所，绝大多数包括初小在内，最多时在校生约为10万人，较之以前是破天荒的新气象，约占当时全省人口的3.2%”[①]。湖北由此一跃成为全国的办学先进省。其影响波及四川。1903年，四川仅有新式学堂28所，到1909年，四川有新式学堂10661所，居全国第二位，仅比地处京畿地区的直隶省（11201所）少540所；在校学生345383人，位居全国榜首，比居第二位的直隶省（242247人）多一万人以上。[②]湖北、四川留日学生人数能与东南沿海各省相媲美，甚至后来居上，新式教育的发达是其中一个重要的因素。

近代教育发展不平衡还表现在教学质量的高低上。东南沿海地区特别是江苏，由于近代教育起步早，发展快，英语水平高，教学质量好。晚清留美、留欧由于经费昂贵等各方面因素的影响，学生主要由中央和地方遣派，自费生比较少。在中央举行留学生选拔的历次考试中，江苏、广东、浙江籍的学生总是位居前列。因而在晚清留美、留欧学生中，东南沿海地区的学生一直占据主流。

导致晚清留美、留欧学生地域分布特色的还有一个重要原因即教会大学的影响。1909年兴起的庚款留美，对学生的选拔相当苛刻，考试科目分为中文论说、英文论说、历史、地理、算学、格致和德文或法文。除中文论说和德文或法文外，其他科目均用英文考试。学生的英语水平和综合素质要求很高。因此，庚款留美生大多出身国内的高等学校。20世纪初，中国国立大学只有北京大学一所，省立大学只有山西、北洋大学两所，另外还有五所私立大学，而基督教教会大学却有16所。[③] 这些教会大学也大多分布于东南沿海省份和长江流域地区。其中圣约翰大学、燕京大学、岭南大学、金陵大学、沪江大学、东吴大学、金陵女子大学等7所著名的

---

① 章开沅、张正明、罗福惠：《湖北通史·晚清卷》，华中师范大学出版社1999年版，第243—244页。

② 彭红碧：《论二十世纪初年四川新式教育发展的原因》，《四川教育学报》2006年第3期。

③ 陈景磐：《中国近代教育史》，人民教育出版社1985年版，第233页。

教会大学属于美国基督教教会系统。[①] 因而这些教会学校的毕业生出国留学的国家自然以美国为首选。与中国自办的学校相比，教会学校更具有英语优势，学生更多地受到新式教育的影响，掌握更多实用的科学知识，这使他们成为留美学生队伍中的重要组成部分。在第一批庚款留美学生中，绝大部分有在教会学校学习的经历。1910 年，在上海举行的第二次庚款留美生的考试中，共录取了 31 名考生，其中 26 名是圣约翰大学的学生，在广州则录取了 6 名，其中 5 名来自广州的教会学校。[②] 在晚清留美、留欧学生的地域分布中，山西的学生占据了一定的比例，这与山西大学堂有关。山西大学堂虽然不属于教会大学，但它由退还的庚款兴建，且完全由英国人主办。由于此种特殊原因，山西学生在留美和留英中均占据一席之地。

综上所述，近代教育起步早，教学水平高特别是英语教育发达的教育先进地区，留学生的人数分布较多，近代教育落后的地方，留学生的人数分布也比较少。近代教育的发展在一定程度上与留学运动的展开成正向关联。

（四）地方督抚的支持度

晚清留学生的地域分布与地方督抚个人对留学的认识水平也有一定的关系。晚清留学生的身份一般来说分为两种，一种是官费生，一种是自费生。晚清留美、留欧所需费用较高，非一般的家庭所能承受，因此，留美生、留欧生大部分都是官费生，自费生所占比例较小。留日由于路近费省等多方面因素的影响，自费生所占比例较大，有的省自费生人数甚至超过官费生。但就全国范围总的来说，官费留日生还是占据主体。官费生不论是留日、留美还是留欧，又分为中央遣派和地方遣派两种。清末“新政”后，清政府虽然督令各省遣派学生出国留学。但由于各地方督抚对留学的认识水平不同及当地财政情况的差异，各地所派遣的留学生也就多少不均。一般来说，思想开明，热心洋务且积极支持留学的地方督抚派遣的留学生就多。比如，在湖北，由于张之洞热心洋务、大力倡导留日并积极派遣学生出国留学，因而湖北在晚清留学中占据重要一席，特别是留日名列全国第一。在直隶，由于袁世凯对留学教育的看重，直隶的留学生人数也不可小视。早期的海军留欧学生也是李鸿章、沈葆桢及丁日昌等人共同努

① 卢茨：《中国教会大学史》，浙江教育出版社 1988 年版，第 506 页。

② 同上书，第 471 页。

力促成的结果。晚清的留日生和留欧生都是先由地方督抚遣派，然后中央政府才开始陆续遣送。因而地方督抚个人对留学的认识水平差异在一定程度上也影响了留学生的地域分布。

（五）社会风气的开放度

自隋唐开科以来，科举制在中国一直占有举足轻重的作用。科举取士的观念深入人心，禁锢着人们的头脑。而留学作为一种新生事物，与科举相冲击，自然很难一下子被人们所接受。因而社会风气开放的地区，人们的思想观念也比较开明，也更容易接受新事物。社会风气的开放度在一定程度上与留学生的地域分布成正向关联。

东南沿海地区由于长年与海外的贸易交流，形成了当地人民不囿于内的开放意识。在西方列强的经济和文化入侵下，社会各个方面开始向近代化转变。社会风气为之一新，人们传统的价值观念开始改变，不再视留学为畏途。甲午战争前绝大部分留学生来源于此。随着时间的推移和西学的传播，留学在当地很快蔚然成风。人们由最初对留学的不屑转而开始踊跃报名投考官费留学。与此同时，自费留学也开始在当地盛行。在晚清，自费留美、留欧的学生大部分都来自于东南沿海地区，自费留日的学生东南沿海地区也为数不少。根据沈云龙主编《清末各省官自费留日学生姓名表》，在晚清，自费留日毕业生共计 1401 人，其中东南沿海四省（粤、苏、浙、闽）598 人，占 42.68%。

西方列强势力的延伸带动了西学的传播，同时也引起了晚清社会风气的转变。长江流域随着沿岸各通商口岸的开放，社会风气渐开，人们对留学的认识也有了很大改观。湖北在张之洞洋务新政的影响下，逐渐成为全国最富有朝气的一省，四川受其影响，社会风气也比较开放。当地人们纷纷自备资斧负笈东洋，其自费留日的人数远远超过官费生。长江流域逐渐演变成为留学生的又一个重要生源地。

内陆地区由于受西学影响较小，社会风气仍旧比较闭塞，社会风气的开放度呈较沿海沿江不足、较边陲有余的状况。人们的思想观念保守，对留学仍是不屑一顾。因此，有的省官派留学竟出现了生源不足的情况，不得不从外省招考或以津贴吸引本省生源。可见，社会风气的开放也是影响留学生地域分布的一个重要因素。

综观晚清留学生的地域分布，可以发现，其格局与西学东渐的区域进程相吻合，与中国近代化的区域进程相一致，与中国近代教育的发展相协调，也与晚清地方督抚的支持及社会风气的开放息息相关。

晚清留学运动自发轫到中华民国建立结束，历经约40年，培养了一大批新型的近代化人才，对中国近代化的发展起着举足轻重的作用。甲午战争以前，留学生主要来自粤、闽地区。甲午战争以后，出国留学生逐渐增多，其省籍分布出现了一些新的变化。江浙两省异军突起，很快与粤闽平分秋色。总的来说，晚清留学无论是留美、留欧还是留日，其地域分布明显地呈现出由沿海沿江向内陆边陲地区逐渐减少的地理分布层次。这不仅与西学东渐的区域进程相吻合，也与中国区域近代化的进程相一致。

1840年前，中国传统的自给自足的自然经济仍占据主导地位，商品经济十分落后，城市发展的推动力比较弱小，城市的近代化更无从说起。随着鸦片战争的爆发，推动城市发展的外力出现，西方资本主义列强凭借不平等条约获得种种特权，强迫清政府开放了一大批沿海、沿江通商口岸城市，它们以这些通商口岸城市为侵略据点，对中国的政治、经济、文化进行侵略。这些通商口岸城市自开埠后，对外贸易迅猛发展。商业的勃兴带动了城市近代工业的兴起，这些港口城市因商而兴，因工而盛，逐渐发展成为近代新兴工业带，为晚清留学提供了着生的温床。19世纪60年代，推动城市近代化发展的内力洋务运动开始兴起，东南沿海、长江流域各通商口岸城市因交通便利等因素成为洋务派投资的重点。伴随着新兴近代工业的产生、发展，沿海、沿江各通商口岸城市的传统自然经济遭到破坏，城市近代化开始迅速起步。与此相适应，城市文化也开始迅速走向近代化。近代教育和大众传播媒介的兴起逐渐渗透到社会生活的各个方面，使城市从封闭型开始向开放型转变。城市文化的近代化改变了人们的传统价值观念、生活方式和行为方式，出洋留学不再被视为畏途。城市近代化的发展需要一大批新型的近代化人才，出洋留学是获取近代化人才的最佳途径，因而城市的近代化发展促进了留学运动的展开。同时，城市又为归国留学生施展才华提供了广阔的空间。这些归国留学生由得风气之先，继而开风气之先，或办学，或受聘于新式学堂，或进入报馆等新兴行业部门，将西方文明进一步传播开来，加快了城市的近代化步伐，成为推动城市近代化发展的一股新生力量。东南沿海、长江流域在推动城市近代化的内外力作用下，很快成为中国近代化起步最早、发展最快的区域，留学运动于此的勃兴也更胜他方，是晚清留学生的主要来源分布地。

甲午战争后，西方列强的侵略权益进一步扩大，其势力范围由沿海沿江渗入到广大内陆地区及边陲。这些地区由于所处地理位置偏僻，交通不便，经济原本就比较落后，受西力影响较小，近代化的起步较晚，近代化的发展也比较缓慢，留学运动很难展开，留学生的分布自然较少。

综观晚清留学生的地域分布，可以发现，留学生的地域分布与区域近代化的发展密切相关，两者相辅相成。晚清留学促进了中国社会近代化的转变，留学生在中国社会近代化的转变过程中扮演了重要角色。

第七章　晚清驻外使领籍贯分布

晚清外交是中国近代外交的开启阶段和重要组成部分，晚清外交人才群体在中国近代外交舞台上占有特殊地位，他们的思想和活动体现着中国外交近代化的时代特点。晚清驻外使领是近代中国外交舞台上一支重要政治力量，其地理分布更关系到整个晚清人才群体的整体考察。研究这一群体的地理分布，将对中国近代人文地理研究提供更广更新的考察空间和角度。

一　从天朝到列国：晚清外交的建立（1840—1911）

中国旧式对外关系有着悠久的历史积淀和根深蒂固的文化传统，这在晚清的对外关系中表现为更加顽固地恪守至晚在明朝就已完善的朝贡体制。若以1792年马戛尔尼使团来华而产生的礼仪之争为起始，到1895年《马关条约》宣告中朝宗藩关系终结，这一旧的对外关系体制逐步退出历史舞台经历了一个漫长曲折而又痛苦的过程。朝贡体系的崩溃伴随着中国近代条约制度的形成，诚如蒋廷黻先生指出的那样："中西的关系是特别的。在鸦片战争以前，我们不肯给外国平等待遇；在以后，他们不肯给我们平等待遇。"① 晚清逐步失去对藩属国的宗主权并最终放弃了朝贡体系的最后堡垒——觐见礼仪，这使得晚清外交从外在形式到实质内容都发生了翻天覆地的变化，这一变化也正是中国外交近代化的重要特征之一。晚清外交的建立以中国传统的对外关系——朝贡体系的崩溃为肇始，以扭曲的条约制度最终形成而步入近代化。其间，晚清为适应列强的侵略需求以及迫于国际外交局势，不得不从制度到机构大幅度调整自己的外交方式和格局，由此，中国近代外交开始逐步建立，于大清王朝这是个从天朝坠落

---

① 蒋廷黻：《中国近代史》，湖南人民出版社1987年版，第17页。

到列国的过程。

(一) 朝贡体制的崩溃与条约制度的形成

17 世纪的中国遇到了前所未有的挑战，西方的崛起、东方的没落正日益形成鲜明对比，在很长一段时期内，从明中叶到清初，中国的东南沿海一直受到逐渐崛起的西方列强的觊觎和侵犯。虽然最迟到明成祖郑和下西洋时中国还可以说处于世界强大帝国的行列，那么从成化年间始，这优势地位已经一步步丧失，到清朝时更加的明显。如果非要找一个代表性的转折点，那便是 18 世纪末英国的两次遣使来华。从马戛尔尼开始，天朝上国的对外制度已经先从觐见礼节上渐渐松动、瓦解，这表示对待“贡使”的态度必须改变，也就是对待其他国家的外交政策必须随着国际局势有新的改变。然而这种改变对于近代中国尤其是清王朝封建统治阶级来讲却是一个异常痛苦而又漫长的过程。

晚清逐步失去对藩属国的宗主权并最终放弃了朝贡体系的最后堡垒——觐见礼仪，这使得晚清外交从外在形式到实质内容都发生了翻天覆地的变化，这一变化也正是中国外交近代化的重要特征之一。晚清外交的建立以中国传统的对外关系——朝贡体系的崩溃为肇始，以扭曲的条约制度最终形成而步入近代化。

1. 崩溃的朝贡体系

中国封建统治者建立宗藩体系的基础是儒家传统文化，其核心则是“礼”。由此，中国朝贡制度框架下的外交体系无疑必须遵循这一铁定规范。所以，历代封建王朝都曾将朝贡制度做了专门的规定。这些规定包括一整套朝代递传下来的逐渐完善的各种规章制度，当然不可或缺的重要部分便是朝贡礼仪。其中顶重要的一点：贡使必须代表本国国君向皇帝行“山海诸国朝见礼”——三跪九叩礼。① 其他诸如各个藩属国的朝贡等级、时间、路线、参见各级官员礼仪等都做出了层层规定，非常缜密。朝贡制度至明清时期已十分完备，万历《明会典》有“朝贡”、“朝贡通例”、“给赐”等详细规定，而到清代，朝贡制度更是发展到了极致。《清史稿·礼志》中载：清初周边国家、地区按与中国亲疏远近不同分为“藩属”和“属国”两类，其交涉事务分别由理藩院和礼部管理。即所谓“亲疏略判，于礼同为属也”②，如蒙古各部、西藏、青海、廓尔喀等系藩

① 《清史稿》志 57，礼 10。

② 同上。

属归理藩院管理；而朝鲜、缅甸、琉球诸国是属国，则归礼部管理。对这些国家的宗主权正是中国朝贡制度的实质所在，一旦宗主权旁落并最终丧失，则中国延续了上千年的封建朝贡体系便宣告崩溃。

（1）从单膝跪地到五鞠躬：中西80年觐礼之争

觐见礼仪在朝贡制度中是至关重要的，是中国与藩属国君臣关系的具体外化。这也使得觐见礼节从近代中西交涉一开始便成为诸多矛盾的聚焦点。清统治者异常注重觐见礼仪。这无论在清代的相关官文中还是民间著述，都有着非常丰富的记载。

据徐珂《清稗类钞·朝贡类》记载：清同治四年（1865）琉球贡使过常州府，武进、阳湖两县令前往迎接，窥一斑而知全豹，从中可见朝贡体制下大清帝国在对外关系中的威风：舆立河干，两县端坐不动。执帖者以名帖两手高举，高呼“使臣接帖”。于是正副二使臣，向岸长跪，以两手各捧一令名帖，戴于头顶，口中自述职名焉。两令但于舆中提手，令人传免而已，不下舆也。①

另，《王文韶日记》也记载了一次他在湖北布政使任上参与接待越南贡士的经历：两院赐越南贡使宴，在南院设席，督抚正坐，司道首府旁坐，再下设使臣座三，东一西二，均用矮座。督抚升堂，导引官带同贡使自东角门进门。至则在东门外官厅少候，隶报门曰：“越南贡使进。”由东月台历阶至堂檐下，行一跪三叩首礼，督抚起立举手……督抚传通事至前……均有通事传话……戏三易，使臣起立谢宴，行一跪三叩首礼。②

当时越南贡使黎峻论起来虽然也是三品翰林直学士，但他要对中国的总督、巡抚行一跪三叩之礼，而督抚的答礼也不过“举手而已”，并且赐使臣用矮桌矮凳；琉球使者过境，中国的郡守竟不往迎接，而只有七品县令去接。且琉球使臣还要对前来迎接的天朝县令行跪拜礼。究其原因，皆因越南、琉球二国并是中国藩属国之故，“天朝”、“藩属”界限森严，于礼岂容僭越耶？此两件接见贡使的小事足见大清帝国在朝贡体系中的外交威风。然而这种威风一方面体现出朝贡礼仪的虚伪骄妄，一方面助长了晚清朝廷帝王臣子的妄自尊大、闭目塞听的风气。当新崛起的“海上霸主”大不列颠鼓浪东来，这些体现着天朝尊严的朝贡制度中的繁文缛节便成为横亘中西沟通的最敏感问题。而觐礼之争也从另一角度敲响了近代外交关系新转向的警钟。可惜的是，承平100多年的天朝理念固执地蒙蔽着大清

① 参见乔力主编《中国文化经典要义全书》，光明日报出版社1996年版，第1074页。

② 同上书，第1073页。

统治阶级自上而下大多数人的眼睛，耻辱转瞬即来。

一直以来，英国都非常不满意对华贸易现状，掠夺的本性、霸权的欲望让它极力要打开中国的国门，将中国纳入它所掌控的世界资本主义市场体系——殖民地体系。为此，英国殚思竭虑，前后派出三批使团。1787年因使臣在中途病故而撤归，1793 年又派出马戛尔尼（Macortney, George）使团，真正意义上的中西外交交锋自此拉开帷幕，毫无意外，这次交锋从觐见礼仪开始。英国政府事先致信乾隆帝极尽虚伪之说，但言不意错过大清皇帝 80 寿辰十分遗憾，特来贺 83 岁生辰并附上礼单。阅信已毕乾隆帝龙颜大悦，更加深信“四夷宾服”而天下俱仰大清龙威，所以准备将此次接见英使者作为外夷归化的典型。可当马戛尔尼说什么都不肯行三跪九叩之礼时，整个的清廷都茫然无措起来，争执持续两月之久，终于破天荒地容这海外归化的“番邦夷狄”单膝跪地、免吻皇帝手觐见！于大清帝王此是何等屈辱也！乾隆帝的恼火是不难想象的，其上谕道：“……英吉利使臣等来热河，于礼节多未案悉，朕心深为不惬。伊等前此进京时，经过沿途各地方官款供给，未免过于优待，以至该贡使等妄自骄矜。……此等无知外夷，亦不值加以优待。”① 于英国书中提及的扩大中英贸易、派遣使臣、保护来华英人置之不理，并言道：“天朝物产丰盈，无所不有，原不藉外夷货物以通有无”，若英使不遵劝谕则“定当立时驱逐出洋”。

马戛尔尼不得不悻悻而返，他虽然没有达成任何出使的原始目的，却也得以觐见中国皇帝并使得大清在礼节上做出了巨大的让步。而 20 多年后再次来华的阿美士德却远没马戛尔尼这样幸运了。1816 年，不甘心的英国再派阿美士德使华。嘉庆帝显然比他的父亲深思熟虑得多，这个励志图强且亲政后即杀掉权臣和绅的皇帝对英使团来华非常冷静，“英吉利国遣使纳贡，来禀称仰慕中国德威，系外夷表贡常语，其实，该国遣使远涉重洋，以纳贡为名，恐尚有干求事件……此事朕不以为喜，何必有意迎合夸张?”② 足见他对英国遣使来华是有所警惕的，所以他并不准备款待来客，而当得知阿美士德拒不履行纳贡礼仪时，便毫不犹豫地打发他回国了，并赐敕书云：“天朝不宝远物，凡尔国奇巧之器，亦不视为珍品。”③他还故意让阿氏一行取道陆路至广州，由澳门回国，以使之知道中国

① 《清高宗实录》(19)，中华书局 1986 年版。

② 《清代外交史料》嘉庆朝五，第 5 页。

③ 《清仁宗实录》卷三二〇，第 6 页。

“疆域之闳廓，山川之险阻”[①]。至此，英国企图通过外交手段取悦清廷并获得商贸利益的希望彻底破灭。而觐见礼节从近代中西交涉一开始便成为诸多悬而未决矛盾的聚焦点。

当虚伪的和平交涉不能给英帝国带来利益，这个海上侵略头子便开始把掠夺殖民地的本性亮出来——鸦片加赤裸裸的武力。不幸却又必然的是，两次鸦片战争均以中国战败为结果，以清政府签订一系列屈辱的不平等条约为收场。

1842 年签订《南京条约》时，英国即表示希望派公使驻北京。1854—1856 年，英、法、美等国家先后向清政府提出“修约”，明确提出要“有一位代表长久而光明正大地驻节在北京”，并请“中国公使常驻于巴黎、伦敦和华盛顿政府”。而咸丰认为这一条“尤为狂妄”，必须“正言驳斥，杜其妄念”，“将该夷所递节略即行掷还”！1858 年，英法联军攻陷大沽炮台提出条约草案规定：英国公使可居住京师，觐见皇帝时用欧洲各国通行礼节，不再三跪九叩。咸丰大为恼怒地批曰：“该夷条约，以派员驻京……最为中国之害，……断难允许。”[②] 直到紫禁城都被攻陷、侵略者火烧圆明园、《北京条约》签字，咸丰的态度也没有丝毫改变。他一直为自己的弟弟恭亲王奕䜣曾亲面“夷狄”而痛心疾首，“此次夷务步步不得手，致令夷酋面见朕弟，已属不成事体”[③]。总之在列强开出的条约中，凡有牵涉到列强要求公使驻京和改变外交礼节问题的条款，咸丰无一不愤恨咬牙，一再拖延不肯签字。晚清统治者在放弃包括海关自主权等大批主权的情况下，唯一不能应承的却是外国公使驻京以及更改“觐见礼仪”。咸丰帝为此甚至不惜重开战隙以做讨价还价之争。“国体所存，万难允许……设该夷执前说，不知悔悟，惟有与之决战”[④]。在各种无力的政治手段斡旋均告无效的情况下，他最终只能拒绝回到已允许外国公使进入的京城来。

1861 年 8 月 22 日，清文宗奕詝崩于承德避暑山庄烟波致爽殿东暖阁，他抵死不见夷狄之面的志向终得实现。然而“外国公使驻京”还是为《天津条约》所明文规定。“是虽未尝操入室之戈，而卧榻之旁，已被

① 参见于建胜、刘春蕊《落日的挽歌》，商务印书馆 2003 年版，第 19 页。

② 钟叔河：《走向世界：近代中国知识分子考察西方的历史》，中华书局 2000 年版，第 78 页。

③ 同上。

④ 《筹办夷务始末·咸丰朝》第 7 册，中华书局 1979 年版，第 2316 页。

西人鼾睡矣"①。然而不得不提的是，虽然列强指派的驻京公使颐指气使地强行圈占了皇亲王胄的府邸作为公使馆，虽然他们可以耀武扬威地直冲总理衙门，但他们得不到皇帝的接见。清政府的理由是皇帝年幼、太后以一届女流临朝听政，多有不便，等皇帝亲政再说。

大清朝的所有传统规矩大概也只剩下这点矜持了，拖一天是一天、拖一年是一年。已经卧榻大清皇帝脚下的列强公使只好等着，这一等就是12年。

1873年，已满18岁的大清同治皇帝载淳大婚亲政。英、法、美、俄、德五国公使连续照会总理衙门，提出觐见皇帝的要求。这时候，清政府已没有拒绝外使觐见的充足理由。然而事实不是后人想象的那么简单。不为别的，依旧是“觐礼之争”。且主要是与日本的觐礼之争。

各国公使请求觐见时皆因拒绝跪拜礼而未能实现。为此，日本特命全权大使副岛种臣来华，并携带日皇国书，向中国皇帝申贺。副岛于5月7日到达北京并要求觐见，主张觐见时行三揖礼并要求优先单独接见，这个意见为清廷拒绝。结果双方各执己见争执不已。最后清廷不得已允行鞠躬礼。6月16日清廷通知日方，觐见时以其他各国公使为第一班，日使为第二班。副岛不服，立即提出质问并故作决裂之态欲谢绝觐见准备回国。6月24日懦弱的清廷再度与副岛交涉，允许日使单独觐见，行三鞠躬礼，定于6月29日为觐见日期。这段交涉历时40多天方告结束。

1873年6月29日清晨，各国驻京公使在总理衙门大臣引导下，来到西苑（今中南海）紫光阁侧殿等待中国皇帝以西礼接见。最终，英、法、美、日、俄、荷兰等国公使以礼数胜过参见本国国君三鞠躬礼的五鞠躬礼晋见了同治皇帝。晚清政府终于被迫放弃固守多年的觐礼堡垒。

有人把1873年西礼觐见作为近代中外关系史上的一件大事。将之视为“中国传统礼制的冰山开始崩塌”的标志。事实上，清朝与西方各国在觐礼上的分歧并没有完全解决。原因有很多方面，同治帝的早逝使得西方使节觐见清帝的活动中断了很长一段时间；另外，此次觐见地点在紫光阁，而紫光阁曾是清朝皇帝接见藩属国贡使臣的地方，这引发了西方使节的种种不快。围绕着这些分歧，中西双方就“觐礼”问题不间断地持续着争执和妥协。

从1793年马戛尔尼来华的单膝跪地到1873年各国公使的五鞠躬礼，时间整整过了80年，几乎贯穿晚清外交一个世纪的进程。晚清政府最终

---

① 夏燮：《中西纪事》，岳麓书社1988年版，第34页。

放弃最后堡垒——觐见礼仪，这使得晚清外交从外在形式到实质内容都发生了翻天覆地的变化，这一变化也正是中国外交近代化的重要特征之一。

（2）无可奈何花落去：宗主权的旁落与丧失

王之春曾在《清朝柔远记》中提及藩属国："国朝边藩有四：曰安南，曰缅甸，曰暹罗，曰南掌；海藩有二：曰高丽，曰琉球。"① 朝贡意识下大清朝与这些四夷小国的关系是很明显的，四夷对大清"畏威怀德数十国"，而天朝对它们也是"薄来厚往者二百年"②。然而这样的局面在晚清时越来越难以维系，"缅甸见侵于英，国势日蹙；暹罗依附于英，朝贡不入……安南屡为法人所侵削，现虽割地求和而西贡不复，东京堪虞，势亦岌岌矣！"③

回顾清朝朝贡历史，据礼部《钦定大清会典》载："凡四裔朝贡之国，曰朝鲜、曰琉球、曰越南、曰南掌、曰暹罗、曰苏禄、曰缅甸。"可见清朝主要朝贡国为以上7个。④ 这7个国家在鸦片战争前的朝贡时间次数如表7－1所示。

表7－1　　**1644—1839年间各国朝贡次数一览表**

年代	朝鲜	琉球	暹罗	安南	苏禄	南掌	缅甸
1644—1661（顺治时期）	18	2	—	1	—	—	—
1662—1722（康熙时期）	61	32	6	13	—	—	—
1723—1735（雍正时期）	13	6	1	3	—	1	—
1736—1795（乾隆时期）	60	29	13	15	2	10	8
1796—1820（嘉庆时期）	25	16	12	5	5	3	1
1821—1839（道光时期）	19	18	12	5	—	1	5
合计	196	103	44	42	7	15	14

资料来源：李云泉：《朝贡制度史论：中国古代对外关系体制研究》，新华出版社2004年版，第145—146页。⑤

经过两次鸦片战争、中法战争、中日甲午战争等，加之一系列不平等条约的签订，中国逐渐失去对属国的宗主权。简单叙述如下：

① （清）王之春：《清朝柔远记》，赵春晨点校，中华书局1989年版，第374页。
② 同上书，第12页。
③ 同上书，第374、375页。
④ 光绪《钦定大清会典》，《礼部》卷三十九。
⑤ 参见祁美琴《对清代朝贡体制地位的再认识》，《中国边疆史地研究》2006年第1期。

朝鲜（儒教国）——短暂“独立”后成为日本保护国，后亡于日本。

琉球（儒教国）——亡于日本。

苏禄（回教国）——自行停止进贡。

越南（儒教国）——沦为法国保护国。

缅甸（佛教国）——被英国占领，莫名其妙解除属国关系。

暹罗（佛教国）——自行停止进贡，解除属国关系。

南掌（佛教国）——沦为法国保护国。

廓尔喀（印度教国）——光绪时仍入贡。

浩罕（回教国）——亡于俄国。

布鲁特（回教国）——亡于俄国。

哈萨克（回教国）——亡于俄国。

安集延（回教国）——莫名其妙解除属国关系，亡于俄国。

玛尔噶朗（回教国）——莫名其妙解除属国关系，亡于俄国。

那木干（回教国）——莫名其妙解除属国关系，亡于俄国。

塔什干（回教国）——亡于俄国。

巴达克山（回教国）——自行停止进贡。

博罗尔（回教国）——自行停止进贡。

阿富汗（回教国）——为英国干涉。

坎巨提（回教国）——维持属国关系，后被英国占领，并入巴基斯坦。

西方对作为宗主国的中国的侵略与对中国的属国的侵略几乎同步。列强在侵略中国的同时，也对中国的属国发动大规模侵略。通过夺取中国的宗主权，将中国的属国变为它们的殖民地，或附属国，直接置于他们的保护之下。宗藩政治从此遭到了破坏。①

中国失去的第一个属国是琉球国。1874 年 4 月，日本借口台湾高山族杀害琉球渔民一事悍然出兵台湾。当然其目的是吞并琉球。经美国调停，中日达成协定，协定居然认为日本的侵略行为是“保民义举”，而这

① 谢俊美：《宗藩政治的瓦解及其对远东国际关系的影响》，《华东师范大学学报》（哲社版）1999 年第 5 期。

等于承认琉球是日本的保护国。这个后果是极为严重的。“这种和解注定了中国的命运，……比起这种准备付款甚至更有意义的是中国轻易地放弃了琉球群岛，这个地方曾进贡有五个世纪之久”①。果不其然，1875 年日本便公开将琉球废国置藩，1879 年又改为冲绳县划入日本行政区。琉球国王曾秘密遣使来华求救。虽然朝贡制度中维护对琉球的宗主权，保护属国的安危是宗主国义不容辞的责任。但清政府已经衰弱难以自保，1881 年中国放弃对琉球的宗主权。

琉球的丧失，是中国“所有朝贡的属国一个一个的相继被割去的一个序幕”②。日本吞并琉球之后，英、法等西方资本主义国家也先后通过战争和不平等条约的形式，相继夺取了中国对越南、缅甸、暹罗、尼泊尔、锡金等国的宗主权。而朝贡制度最终瓦解的标志则是中国对朝鲜宗主权的丧失。朝鲜早在崇德年间就已是清朝的属国，也是清朝属国中朝贡时间最长、次数最多也是最重要的一个。1894 年朝鲜爆发东学党起义，基于宗主国身份，中国应朝鲜国王的请求派兵入朝平乱。“在行动上一直丝毫不苟地遵守着它作为一个宗主国所具有的责任”③，但“清政府既不能保护自己的本土免于外患，自然无法给属国以有力的保护。它虽不情愿地放弃自己的宗主权，但在处理属国的外部事务上，常常摇摆不定，以致严重损毁了作为一个宗主国的正当合理的地位”④。1895 年《马关条约》签订，中国失去了对朝鲜的宗主权。

其后，1885 年晚清政府与法国定约，承认安南脱离与中国的关系，置于法国的保护之下；1886—1890 年，英国通过条约使缅甸、锡金成为其被保护国；1894 年中日战争，又使中国废除与最重要的属国朝鲜的传统关系。对朝鲜宗属关系的失去标志着中国传统朝贡制度彻底的崩溃。

2. 从天朝到列国：条约体系的最终形成

第一次鸦片战争以缔结《南京条约》为代表的第一批不平等条约而结束，中国从此也迈着被迫受辱的沉重步伐步入了国际舞台。而从《南京条约》开始，西方列强胁迫中国订立了大量不平等条约，借此打破了中国传统意义上的“华夷秩序”，这样中外关系便依照西方侵略者的意愿形成了新的模式：条约模式，即不平等条约下的外交制度。近代中国的外交从此

---

① 马士：《中华帝国对外关系史》第 2 卷，上海三联书店 1958 年版，第 301 页。

② 同上。

③ 同上书，第 655 页。

④ 谢俊美：《宗藩政治的瓦解及其对远东国际关系的影响》，《华东师范大学学报》（哲社版）1999 年第 5 期。

也开始以全新方式被纳入“世界秩序”，这一秩序的主要体现便是以签订的一系列不平等条约为基点的。而战争、谈判、签约便成为晚清外交的主要内容。中国近代的条约制度是特定历史时期的产物，在这样特定产物下诞生的中国近代外交也相应地带着浓厚的半殖民地和半封建化色彩。体现近代中外关系的条约，主要是指各种不平等的中西协议。这样的中外关系中，主要是体现西方列强对中国主权的侵夺，近代的不平等条约也都是在战争暴力的胁迫下被迫签订的，体现的是一种条约制度。条约制度下，中国单方面给予列强种种特权。正是这些特权构成了中国近代条约制度的具体核心内容，列强也正是通过条约中这些具体特权内容来对中国实施“准统治权”。这种“准统治权”愈演愈烈，并在越来越广阔的领域内逐步深入地取代着中国自身主权，从而成为近代中国政治、社会制度的基本组成部分。“必须把1860年以后的条约制度视为中国整体的一个特殊部分，中国的主权在这里不是被消灭而是被订约列强的主权所掩盖或取代”①。

(1) 狼烟惊梦：鸦片战争与第一批不平等条约

当通商终于成为战争的借口并最终引发炮火，清政府才意识到如今的国外诸夷已非昔日可比。他们不再是传统观念上的嗜利夷狄，还拥有中土儒家文明在器物方面难望项背的坚船利炮。不幸却又必然地战争以中国战败而结束。

我们说1840年的鸦片战争开始打开中国的大门，并使中国开始走入半殖民地半封建社会。在外交上具体体现在条约中，即：《南京条约》使列强打破了中国传统“天下”概念——割让土地。另外，条约明确提出的“中英相应等级官员相互平等”也直接触及天朝“人臣无外交”大外交观念。我们来看1842年签署的《中英南京条约》的主要内容：

①准许英国商人在广州、福州、厦门、宁波、上海进行通商贸易，准许英国在上述五口派驻领事。

②割让香港予英国。

③赔偿英国鸦片烟价、行商欠款、英国远征军费用共计2100万元。

④废除公行制度，允许自由贸易。

⑤赦免战争期间充当汉奸的中国人。

① 〔美〕费正清编：《剑桥中国晚清史（1800—1911）》(上)，中国社会科学院历史研究所译，中国社会科学院出版社1985年版，第282页。

⑥重新修订进出口关税。

⑦中英相应等级的官员相互平等。[①]

上述条款中割地、赔款等是不符合国际法的，是强加在中国脖颈上的沉重枷锁。而诸如中英官员平等往来等规定则触及了传统朝贡制度下的旧外交思想。英国以条约方式规定中英官员平等往来并要求增加通商口岸，这在实质上是针对中国朝贡制度的，旨在用条约取代朝贡制度。从此中国的外交开始受到不平等条约规范，受到这种规范的结果便是朝贡制度的逐渐崩溃。

1843 年，中英又签订《中英虎门条约》及附约。英国利用晚清外交大臣愚昧无知、没有国际外交知识经验而轻易获得单方面领事裁判权和预想的中国海关关税，使中国丧失关税自主权 100 余年。单方面领事裁判权又称“治外法权”，严重损害了中国主权，对于晚清政府来说则大大侵蚀了传统的“君天下”的天朝惯例。1844 年，美国、法国也对晚清施压，并相继在望厦与清政府签订《中美望厦条约》、在黄埔签订《中法黄埔条约》。这些条约的内容基本上仿照《中英南京条约》，而某些权益却远远超过了英国。随后，就连比利时、瑞典、挪威这样的小国家也都采取同样手段和形式与晚清政府签订了不平等条约。这是中国与列强签订的第一批不平等条约。这些不平等条约的签订便构成了中国近代外交模式由朝贡体制向“条约制度”过渡的基础。条约改变了近代中国的外交模式和原则，并最终致使中国传统的朝贡体制瓦解。而必须一提的是，朝贡制度瓦解之后，取而代之的并非国际上通行的国家平等发展观念，而是“中国近代不平等条约制度”。费正清将之称为“条约制度”，“英国军事优势——正如 1840—1842 年鸦片战争所表现的那样——的结果是一种相互的海军、法律、行政和商务安排的关系，为了简便起见，我们称之为‘条约制度’”[②]。王铁崖也认为：“1842 年以后中国缔结的不平等条约形成在中国的不平等条约制度的基础。中国传统世界秩序受到西方国家优势武力攻击后开始瓦解。它并未被以主权国家体系为基础的近代国际秩序所代替，而代替的是新的一种不平等条约的秩序。中国对外关系所适用的不是国际法原则和规则，而是不平等条约。”[③] 到了 19 世纪 60 年代初，条约制度的潜在力量便开始日趋明显：外国人控制了中国的海关、外贸与税收；列强

① 引用自王铁崖：《中外旧约章汇编》，上海三联书店 1959 年版。

② 〔美〕费正清编：《剑桥中国晚清史》（上），中国社会科学院历史研究所译，中国社会科学出版社 1985 年版。

③ 王铁崖：《国际法引论》，北京大学出版社 1998 年版，第 391 页。

的租界几乎遍布在中国的贸易中心（如天津、汉口及广州、上海等地）；代表最新进步技术的各种国外资本主义工商业形式均同中国本地展开竞争；而获得免纳厘金税的过境通行证的外国商人也正日益成为特权阶层等。如英国驻上海领事在1854年一次报告本国政府的信件中称，以他个人过去十年在厦门、福州、上海的经验，不得不承认，对于海外强权和外国人民而言，“条款无异于废纸”，“事实证明，条约所建立的制度，整个儿是空想，不能实现。……由于政治理由，他们（中国官员）对海外强权和外国人民尤其不敢有任何公开的冲突和敌对行动”①。可见条约制度正在各个层面发挥着巨大的力量。

总之，“以《中英南京条约》、《中英虎门条约》为代表的中国近代第一批不平等条约对中国社会造成的影响非常之大，其影响无论如何估量也不为过”②。《南京条约》等第一批不平等条约无论对于中国还是西方列强都是转折性的，对于中国来说，华夷秩序的整体性已经被打破，并预示着更大破坏的来临，那就是延续了几千年的朝贡体系的崩溃；而于西方列强而言，《南京条约》则是个很好的“彩头”，表示了战争足能让资本主义列强从这个东方大国得到更多更实惠的权利。所以，接下来的一系列战争是无法避免的，华夷秩序的破碎和朝贡制度的崩溃亦是无法避免的，中国近代外交就这样被迫走上血与火的道路，一路走进条约制度中去，最终在不平等条约制度制约下被套上半殖民地半封建社会的笼头，在痛苦窒息中蹒跚前行。

经过1840年、1860年的两次鸦片战争，中国朝贡制度逐渐瓦解，晚清外交的模式和具体规则都在发生着巨变。

（2）转变与挣扎：第二次鸦片战争

1858年英法联军发动第二次鸦片战争，再次战败的清政府被迫签订中俄、中美、中英、中法《天津条约》。在此次条约中，我们可明显看到打破传统朝贡制度的痕迹。如《天津条约》明文规定外国公使可进驻北京。其他诸如继续扩大中国内陆市场的“增开五处通商口岸”和扩大的领事裁判权正进一步挑战着这个王朝的皇权巅峰。虽然外国公使进驻北京符合国际惯例但却与中国传统的朝贡制度格格不入。清朝对外国使臣不得留住京城的规定非常严明，自此却不得已自动废弃。同年，中俄签订

① 参见经君健编《严中平文集》，《五口通商时代疯狂残害中国人民的英美“领事”和“商人”》，第125页。

② 张小林：《清代国际法传入中国》，《明清论丛》第五辑，2004年8月。

《瑷珲条约》。1860 年，晚清政府又与英法俄三国签订《北京条约》。综合以上，乃是中国近代的第二批不平等条约。其后，清政府又陆续与其他国家签订了一些条约，这些条约里面只有极个别是平等的，其余绝大部分都是不平等条约。中国的国家利益和主权自此受到更加严重的损害。曾长期在晚清海关供职的美国人马士（Hosea Ballou Morse）言称："中国主权的每一踪迹，在各项条约规定限度之内，都被一扫而光。"① 足见中国殖民地程度之加深。"至 1858 年弱肉强食的《天津条约》签订，天朝体制面临更严峻的挑战。依据该条约，清朝皇帝身边的最高权力机构军机处取代了理藩院和钦差大臣，成为俄国和英、法、美等国的交涉对象。这样，中外交涉地点由外而内，直逼紫禁城下"②。

在此情况下，晚清政府开始了转变和挣扎。首先便是外交制度的部分变化，最关键性的一步——总理各国事务衙门的成立，接下来设立同文馆、引进国际法、派遣留学生等，针对外交关系开始了一系列相对于传统来说不可谓不巨大的变化。然而这样的转变毕竟是很有限的，但在当时背景下是进步的，是适应社会发展大势的。

（3）中法战争与中日甲午战争

我们一贯的说法是中法战争和中日甲午战争大大加深了中国半封建半殖民化的进程，而联系到朝贡制度，我想在这里强调的是：中法战争关键性意义在于创立了以战争解决藩属国被侵却又自身被陷的模式，这场战争的不败而败也让晚清在世界上留下更加恶劣的影响，让国际列强认为它怯懦又缺乏理性。在此次战争之后，为保护属国朝鲜而爆发的中日甲午战争恰恰说明了这一点。

1894—1895 年爆发的中日甲午战争以签订《马关条约》而告终。甲午战争是一支唱给晚清王朝的挽歌，这支挽歌用无数葬身大海的晚清舰兵的慷慨鲜血谱成，它宣告中国最后一个封建王朝的自救运动——洋务运动彻底失败，宣告中国与朝鲜宗藩关系彻底结束，而对朝鲜宗主权的丧失则标志着中国历经 2000 多年的朝贡体制的最终崩溃。这支挽歌用《马关条约》作为具体形式来宣读，这一条约的恶毒与卑劣致使中国本土分裂至今，使中国完全成为案头鱼俎任人宰割。《马关条约》还直接刺激了列强对中国的资本输入和瓜分野心，使中国陷入瓜分豆剖之势。

《马关条约》（又称《春帆楼条约》）共 11 款，并附有"另约"和

---

① 〔美〕马士：《中华帝国对外关系史》第 1 卷，上海三联书店 1957 年版，第 696 页。

② 李云泉：《朝贡制度史论》，新华出版社 2004 年版，第 288 页。

"议订专条"。主要内容有：

> ①中国承认朝鲜的独立自主，废绝中朝宗藩关系。(这宣告了中国传统朝贡制度的最终崩溃。)
>
> ②中国割让辽东半岛、台湾及澎湖列岛给日本。(本条使得中国本土分裂至今!)
>
> ③赔偿日本军费银二亿两。(本条使得日本这一弹丸之国获得巨大经济利益，加上对华资本输出和资源掠夺，它最终得以在20世纪中前期称霸东亚。而中国却从此陷入国际债务的恶性循环中。)
>
> ④开放重庆、沙市、苏州和杭州为商埠。
>
> ⑤日本可以在中国通商口岸开设工厂。①

综上，完全可以说《马关条约》是继1860年《北京条约》以后外国侵略者加给中国的最刻毒的不平等条约。它标志着外国资本主义对中国的侵略进入了一个新的阶段，即帝国主义阶段。这种侵略的特点正是资本输出与领土掠夺。

《马关条约》的签订并没给晚清带来哪怕暂时的安宁，列强的虎视鹰瞵和国内遍地的革命火种随时都可能葬送它的苟延残喘。1900年的八国联军侵华掀起了列强划分在中国势力范围的狂潮，中国已经被瓜分完毕。"百日维新"以戊戌六君子血染菜市口而告终，《辛丑条约》之后的晚清封建统治者再无回天之力，即便经过"新政"等努力也还是无法一挽悬崖之憾，在国内革命之火点燃后只留给20世纪一个苍凉的背影。

总之，两次鸦片战争使中国对外关系的格局发生了变化。接下来的中西关系调整主要是经过多次大规模战争完成，而完成的结果则是：西方列强终于未让中国获得一个主权国家应有的权益，它们也不准备在平等的基础上与中国交往。战争加条约最终使得不平等条约制度取代了朝贡制度——晚清外交在乾嘉的高傲中开始，终于在光宣的没落中结束了。

（二）从总理衙门到外务部——晚清外交机构的沿革

1840年前的闭关锁国时代异常漫长，在传统的"人臣无外交"思想钳制下的晚清政府是不可能有近代意义上的专门化外交机构的，直到炮火袭来、国门洞开。

---

① 引用自王铁崖《中外旧约章汇编》，上海三联书店1959年版。

1. 鸦片战争以前的涉外机构：礼部和理藩院

前节已经具体叙述过中国历代外交所遵循的天朝惯例，即宗藩体系。这种外交模式具体到外交机构便有一个很严重的问题，那便是中国根本没有专门的外交机构，有的只是接待属国贡使的礼部以及管理西北藩部事务的理藩院。礼部和理藩院正是中国传统朝贡制度集中体现的中枢机构。

清朝礼部的涉外机构从明朝主管朝贡事务及接待来华贡使的“会同馆”与“四夷馆”演化而来。1748 年，乾隆帝谕令四夷馆和会同馆合并，隶属于礼部之下，合称为“会同四夷馆”。在鸦片战争以前，都是会同四夷馆负责掌理一切有关朝贡使团来京的交涉事务，包括贡使接待、翻译外国文书表文、监督贡使在京贸易情形，以及安排贡使觐见、赐宴、赏赉等事宜。但它只负责东南邻国与海道来华的南洋、西洋各国事务。

理藩院原名“蒙古衙门”，1638 年改称为“理藩院”。主要负责处理蒙古、西藏、新疆、回部等边疆地方事务和西南的外藩事务。另外，由于俄国紧邻蒙古，且早就与蒙古、满洲有贸易往来关系，所以理藩院在总理衙门成立之前又被指定负责处理中俄双方的一切事务，包括边界纠纷，俄国商旅借道贸易或俄使经蒙古、新疆来中国交涉等事宜。即便是在总理衙门成立之后，理藩院掌管俄国事务仍未失去作用，仍在一定程度上负责新疆、蒙古等边疆的筹划事务，如清政府曾在西北边境设立“库伦办事大臣”，便相当于理藩院的地方分支机构，主要针对俄国事务。

事实上，清朝除了礼部和理藩院之外，还经常指定一些临时性官员、机构来代办外交事务。比如地方督抚在鸦片战争以前还要负责照料前来朝贡的外使，对他们的出入境管理、检查朝贡表文是否合乎天朝规范等，还要对来中国沿海口岸（1757 年后只有广州）通商的外国商民实施管辖，1757 年后也就只有广州督抚管理沿海外商了。但是，基于“人臣无外交”的华夷秩序观，清朝从中央机构到地方督抚凡牵涉对外交涉管理事务的，中方政府官员并不直接与外人见面，而是通过行商来进行沟通协调。可见，无论是设立的朝贡制度下的中央机构还是地方督抚，清朝并没有把与国外的交涉作为平等的外交关系处理。这种状况在第一次鸦片战争后并没有多大改善，虽然在条约中列强以明文形式规定避开行商而要求直接与中国政府打交道，并规定：双方外交平行。但清廷仍将对外交涉事务临时性地指派给两广总督兼钦差大臣负责，将外交视之为地方事宜。

2. 两次鸦片战争之间五口通商大臣的设立

1844 年中美望厦条约和中法黄埔条约中均有明文曰：“合众国日后若有国书递达中国朝廷者，应由中国办理外交事务之钦差大臣，或两广，闽，浙，两江总督等大臣将原书代奏。"① "中国地方官对于该领事等，均应以礼相待……倘有不平之事，该领事官迳赴总理五口大臣处控告，如无总理大臣即申诉省垣大献为之详细查明，秉公办理。"② "将来法兰西若有国书送达朝廷，该驻口领事官应将国书送与办理五口及外国事务大臣，如无五口大臣，即送与总督代为进呈，其有国书复转，亦一体照行。"③

从上述条约中可以看出晚清的外交机构再也无法适应中西交涉了。这批统称为《南京条约》的不平等条约签订后，清廷被迫开放上海、福州、厦门、宁波和广州为通商口岸，为适应新的政局变化，清政府设立"五口通商大臣"，先后由两广总督和两江总督兼任，负责通商交涉事宜。清政府的这一做法有两个巨大的转折意义：承认清王朝同西方各国已不是藩属关系，已非礼部和理藩院所能管辖；清政府未放弃"人臣无外交"的传统观念，照旧把与西方各国的交涉视为临时性"通商交涉"举措。

然而这一安排对西方列强来说仍然有诸多不便之处。原因在于，两广总督并非最高决策机关，凡事必关山万里请示朝廷，效率之低可想而知。另外，若两广总督推诿敷衍中外交涉事务，外来使节无法进而要求更高的交涉方式。由此，极易发生冲突。还有就是，办理交涉的清廷钦差大臣都是随即指派，对外既无固定政策更难充分了解外国情势，往往敷衍拖沓。这样的情形之下，西人是无法求得他们认为较合理的交涉方式的。不难想见，"英法两国开始将交涉的触角指向中央官员，直接往天津加以交涉。但是接触后的结果却令人沮丧，中央仍是派钦差大臣与其交涉，并且更以奉旨行事为由，对英法的要求无法给予肯定的答案，更无权力答应他们的要求。因此，冲突乃无可避免再度发生，英法列强对于中国外交制度改革的企图也就愈加急切"④。而对于清政府来说，如果军机处以皇帝名义签发的照会等转送凌驾于天朝之上的夷狄，就与大清国体制不合，且文书一经发布难有回旋余地。所以，"必须在军机处之外，另立一个新的外事管理机构，作为清朝与西方国家及其使节之间的缓冲组织，避免朝廷与他们直接往来"⑤。

---

① 中美望厦条约第 31 条。

② 中法黄埔条约第 4 条。

③ 中法黄埔条约第 34 条，载王铁崖《中外旧约章汇编》，上海三联书店 1959 年版。

④ 林玮恩：《清季中国外交机构沿革》，源自：http：//www. cyc6. cycnet. com：8090/xuezhu/his_ photos/index. jsp.

⑤ 李云泉：《朝贡制度史论》，新华出版社 2004 年版，第 289 页。

3. 总理衙门的设立

1859 年 1 月，清政府将钦差大臣从广州北移至上海，改由两江总督何桂清担任办理各国交涉事务。直到此时，晚清统治者仍将通商等同于外交。所以，何桂清的职责仍是办理各国的通商事务。而西方列强对于通过地方官以及礼部、理藩院等部门与清政府接触的状况非常不满，不惜再以武力迫使清政府改革外交体制。

1860 年 6 月，英法使臣北上换约因绕道北塘问题又发生冲突，清廷先后派任大学士桂良、吏部尚书花沙纳、直隶总督恒福、怡亲王载垣、兵部尚书穆荫等为钦差大臣，赴天津办理交涉与和议。但谈判破裂，英法联军再度向北京进军，咸丰皇帝出走热河，并授命恭亲王奕䜣为“钦差便宜行事全权大臣，督办和局”。命令桂良、文祥协助奕䜣“抚局”。《北京条约》签订后，各国公使相继驻京，中国内陆开放口岸愈多，外交事务日益纷杂，设立一个专管外交事务的中央机关势在必行。

1860 年 12 月，奕䜣、文祥、桂良上《通筹夷务全局酌拟章程六条折》，首请设立总理各国事务衙门。奏折云：“查各国事件，向由各省督抚奏报，录总于军机处。近年各路军报络绎，外国事务，头绪纷繁。驻京之后，若不悉心经理，专一其事，必致办理延缓，未能悉协机宜。请设总理各国事务衙门，以王大臣领之，军机大臣承谕旨，非兼领其事，恐有歧误，请一并兼管，并请另给公所，以便办公，兼备与各国接见。其应设司员，拟于内阁部院军机处各司员章京内满汉各挑取八员，轮班入值。一切均仿军机处办理，以专责成。俟军务肃清，外国事务较简，即行裁撤，仍归军机处办理，以符旧制。”①

虽然此折强调设此机构为权宜之计，但其意义是巨大的。

1861 年 1 月 12 日，奕䜣的奏请得到咸丰的批准，并着奕䜣、大学士桂良和户部左侍郎文祥为这一洋务衙门主管。总理衙门主要职能是管理外交事务。下设英国股、法国股、美国股、俄国股以专门分类分地区处理涉外事务。各股又按照不同国家以及与清政府的不同关系而分列与以上四股之内。如英国股掌英吉利、奥斯马加两国交涉之事，凡各国通商、各关榷税均隶焉。法国股也掌管荷兰、巴西、日斯巴尼亚各国交涉往来之事，包括保护民教和各岛招工事宜。美国股也包含了德意志、秘鲁、意大利、瑞典、挪威、丹麦、比利时、葡萄牙等国交涉往来。而俄国股则掌管着俄国和日本的交涉事宜。另外，总理衙门还依照晚清外交现实需要而增加了新

① 《筹办夷务始末·咸丰朝》（八），第 71 卷，第 2675—2676 页。

的职能：一是掌管外交礼仪，包括礼仪的拟定与核查，庆典活动安排，国书的草拟与收发；二是参与条约的拟定与核查；三是官员出访和驻外使节的派遣；四是负责对外交涉事务等。

> 这样在帝国主义侵略需要和清政府以退让与合作来保护旧体制和尊严的一厢情愿的幻想结合之下，一个有别于中国历代的礼部和理藩院，又有别于系统完整的外交部的这样一个过渡性外交机构就在中国诞生了。①

设立总理各国事务衙门就是改变涉外事务由礼部和理藩院兼管的旧制，建立新型的对外交涉管理制度。至此，中国政府对外交涉，不再由礼部或理藩院兼理。总理衙门办理各国交涉事务，分为英、法、俄、美及海防股；办理行政，有司务厅、清档房。总理衙门下设“同文馆”、“总税务司”。同文馆是培养外语、科技、洋务人才的学校，税务司管理海关，征收关税。从总理衙门的职掌看，对外交涉、通商事务，凡有关洋务的铁路、电报、关税及学校各方面的事务，均属它的职权范围。总理衙门的设置，表明清王朝已经意识到事过境迁，不得不放弃朝贡制度。

总理衙门的职能广泛，涉及社会生活的各个领域，不仅掌管与各国订约并负责执行，还要负责通商、关税、外人在华传教、招募华工、边疆事务、海防水师、船务、军火、机械、电线、铁路、矿务以及练兵等洋务项目。在当时以“洋务内阁”著称。在总理衙门的推动下，中国的近代化有了长足的发展。总理衙门是中国第一个专门的外交常设机构，它的成立是中国外交史上的一场革命。同时它也是中国封建政治体制上的变革。从此，晚清外交呈双轨发展：一方面，清政府仍依据传统的朝贡制度、藩属关系处理与周边国家的关系；另一方面，开始依据近代主权国家平等交往的原则处理与西方各国的关系。②

总理衙门是中国历史上第一个正式的国家专门外交机构。它的成立，具有非常重要的意义。它是中国打开国门的重要标志之一，它结束了地方督抚兼办外交的历史。通过总理衙门，中国人开始更全面、更广泛地接触国际社会。总理衙门成为中国外交制度走向近代化的标志。同时，它也是

---

① 刘光华：《清季总理衙门的职掌》，《中国近现代史论集》第 7 编，《自强运动》（二）“外交”，台湾商务印书馆 1985 年版。

② 张步先：《从总理衙门到外务部——兼论晚清外交近代化》，《山西师大学报》（社会科学版）1998 年 7 月，第 25 卷第 3 期。

第一个具有近代意义的国家机构，它使中国传统的几千年封建统治机构开始松动和演变，向近代化过渡。①

从中国外交近代化的角度我们不能否定总理衙门设立的进步性，但是这一机构从一开始就是被当做“权宜之计”来设立的，从宏观指导思想到具体细节都有很多的弊端。

从一开始设立，咸丰就在这个机构的名字中加入了“通商”二字，传统意识并没有变。而且由于许多机关诸如军机处、礼部等甚或成为监督或抵制总理衙门的机关，使得总理衙门最终也没能成为主管外交事务最高官署，它的地位低于军机处甚至礼部，所以总理衙门根本无法取得执行整个外交事务的具体控制权。另外，其职员也多为兼差，加之业务设立不科学，根本无法高效率实施外交事宜。最后，西人对总理衙门逐渐失望，认为总理衙门已无法达成其外交功能。

总理衙门初设曾受到列强普遍欢迎。英国公使魏妥玛闻之“甚为欣悦”，认为这是西方“数十年求之不得”之事；法国公使布尔布隆更称赞这是“中外各国永敦睦好之最妙良法”。列强希望总理衙门成为他们对清廷施加影响和控制的有效工具。然而后来的情况却让他们颇感失望，总理衙门“体制不崇，职责不专，遇事拖延”，逐渐无法满足列强的侵略外交需求，对中国外交制度加以改革的呼声再起。②

4. 外交部的诞生

1900年义和团起义，八国联军攻入北京，1901年，晚清政府被迫签订了标志着中国完全陷入半殖民地半封建社会的不平等条约——《辛丑和约》。条约中列强直接要求清政府改组外交机构，将“总理衙门改为外务部”，并列为六部之首。这样，天朝终于诞生了一个像模像样的外交部，中国也有了真正意义上的外交机构。

外务部在改革总理衙门基础上设立，根据外交事务需要设立和会、考工、榷算、庶务四司，每司设郎中、员外郎、主事各2人，额外行走6人，以掌管林林总总的外交事宜。外务部的职权除了掌管国际交涉、中外商务和在外侨民事务外，铁路、矿务、电线、机器制造、军火等事宜也在管理范围之内。在很大程度上外务部是总理衙门职权的延续与整合。但与总理衙门相比，还是有许多进步之处。比如，扩大驻外使领派遣的规模人数并逐步完善使领制度；厘定各部职能使职权专一化；改变以往总理衙门

---

① 参见乔力主编《中国文化经典要义全书》，光明日报出版社1996年版，第1072页。

② 郭福祥、左远波：《中国皇帝与洋人》，时事出版社2002年版，第297页。

人员兼差的性质，其任用人员全部都是专职，并且重视近代化人才，大量重用受过新式教育的人和留学生；后来还成立“储才馆”专门培养专业出使人才，培养了大量的职业外交官。这些改革都使得清末外交人员的素质大为提高，大大地促进了中国外交由近代化向现代化转变。

总之，晚清外务部比总理衙门更为接近西方外交机构，而诸如取消若干封建礼仪、建立领事制度、厘定出使制度、制定外交规章等，则体现了中国外交近代化的进步。其后几经修正，晚清外务部的典章制度、机构设置、人员编制调用等，则为后来的北京政府外交部打下了现代化的基础。

（三）从国门缔约到斡旋国际：驻外使领的派遣

在传统的朝贡体制外交模式下，中国历代王朝都没有向外派驻常驻使节的传统，只是对藩属国象征性地派遣册封使节，以显示天朝威仪并巩固朝贡体系，或派遣临时性交涉使者。而到了晚清，这种状况也在中西交往中发生了深刻变化。“清有中夏，沿元、明制，视天下莫以为对。凡俄英之来聘者，国史皆书曰‘来贡’。洎道光庚子订约，始与敌体相等。咸丰庚申之役，肇衅非一，而遣使驻京未允实行者，亦一大端。自是而后有各国遣使驻京。同治中，志刚、孙家毅之出，是为中国遣去使之始。光绪建元，郭嵩焘、陈兰彬诸人分使英美，是为中国遣驻使之始”①。随着朝贡体系维系越来越难，中国正不可避免地同国外发生越来越密切的交涉关系。1815年，维也纳会议通过《关于外交人员等级的章程》，规定了大使、公使和代办三级外交代表制度。欧洲列强之间在历史上都互派大使，但对中小国家和东方国家就只派公使。西方列强对晚清政府只许互相派遣公使级常驻代表，正是出于对中国的歧视。② 但依据近代国家交往通例，中国应当与其他国家建立使节派驻关系，尽管列强在与中国的互派使节态度上持有歧视意味。晚清政府也曾为派驻使节做了几次先期的尝试，曾先后三次遣使去西方各国，但传统的外交意识约束力是很强的，天朝习惯性使得晚清政府并没有下决心对外派遣常驻使节，直到1874年“马嘉理”事件。

可以说“马嘉理”事件是晚清派驻外交使节的直接原因。而在这之前就逐步形成热潮的开眼看世界、学习研究海外知识的社会大背景，也为晚清政府派遣驻外使节做了重要思想舆论准备，特别是国际法的传入。其他诸如专门培养新型人才的江南制造总局翻译馆等近代化机构的设立，总

---

① 《清史稿》卷二一二，表52，第8781页。

② 张惟英：《郭嵩焘与中国驻外使领馆的创设》，《学习时报》2004年3月25日。

理衙门的建立及其子机构——同文馆等针对中西交涉的机构的设立，则为驻外使节的派遣做了机构与人才上的准备。

1. 遣使的背景与原因

（1）国际法的传入

近代国际法于1648年建立，至1914年第一次世界大战爆发后为现代国际法所取代；而清王朝1644年建立，至1911年辛亥革命覆亡，两者都存在了近300年，几相始终。可以说近代国际法建立不久即与清王朝发生接触并逐渐传入中国。其传入中国大致可分三个阶段。清朝初期，康熙朝最初接触国际法并多少依此与俄签订尼布楚条约；清代中期，英国使臣马戛尔尼向中国官员介绍国际法，并依据国家法体系提出平等地与中国建交、通商、互派使臣，但遭到乾隆帝的严词拒绝；清代晚期，鸦片战争前后，危机重重下的清王朝开始重视并引进国际法，这一现象首先反映在封建统治阶级的上层开明官僚中，林则徐即是杰出代表。

1839年，林则徐在广东查禁鸦片期间因意识到国际法的重要性，便请人翻译了时称《各国律例》的国际法的三个小部分，并在对外交涉中予以了应用，这便是国际法正式传入中国之始。可惜林则徐不久解职，致使国际法在中国的官方传播被打断。直到20年后，系统的国际法著作才被介绍到中国。1862年，总理衙门为了处理千头万绪、日趋棘手的中外交涉，终于意识到通晓国际法的重要性，于是商请英人赫德等翻译了惠顿所著《国际法》中有关使节权的部分，以作为“派遣驻外使节的参考”。此是晚清派遣驻外使节所遵循的法律前提。

随着国门日益洞开，国际法“于邦国交涉事务殆不无裨益”的重要性渐为洋务派代表人物所共识。总理衙门还于1864年出版丁韪良翻译的《国际法原理》。嗣后，更多的国际法书籍便被传播到中国。许多洋务派官员（包括后来派驻异域的早期驻外公使郭嵩焘、薛福成等人）都从中学到不少国际法知识，为其后来的对外交涉提供了国际法律利器。总理各国事务衙门成立后更是成立专门翻译机构和翻译学堂，加之其他洋务派官员亦纷纷涉足国外理论翻译，这些都为培养中国近代国际交涉人才作出了大量贡献。

由上可见，国际法的传入从理论到实践上都对晚清对外派遣使领做了良好的基础。社会思潮的推动、法律的准备只有在政府机构的整合下才能发挥积极作用，而总理各国事务衙门的成立，则将驻外使领的派遣变成了现实。

（2）总理衙门的成立

第二次鸦片战争惨败后，列强用武力成功地实现了诸如“公使驻京”

等一系列旨在打破大清传统朝觐制度的目的。随着西方列强接连在北京设立使馆，清统治者也意识到成立一个与洋人打交道的中央管理机构已经势在必行，是以被迫痛苦地逐步放弃了“天朝上国”的架子。梁启超在论及中国近代讲求“西学”风潮的政治原因时喻之为“道光间鸦片战役失败……咸丰间……皇帝出走，客死于外。经这次痛苦，虽以麻木自大的中国人，也不能不受点刺激”①。这“受点刺激”的重要表现之一便是开始逐渐适应西方的近代外交体制并建立起中国近代意义上的外交模式。总理各国事务衙门的成立正是其中关键性的步骤，而驻外使节和留学生的派遣是总理衙门的主要职责之一。故此，总理衙门的成立在中国外交史上具有划时代的意义，乃是中国外交制度近代化的第一步——从此中国派遣驻外使节被正式提上了清王朝的政治设计与规划日程。

1861 年，大清朝成立了中国历史上第一个专为外交事务而设立的机构——总理衙门，旨在统筹管理涉外事务，协助皇权对外事务处理。从而逐步结束了大清向由礼部和理藩院经管外交事宜的历史传统。此举系晚清外交制度近代化之肇始，在中国外交史上具有划时代的意义。之后，总理衙门设立近代最大最重要的外交人才培养机构——京师同文馆，其学生大多数研习“夷务”与外交，从而为培养、储备翻译与外交人才打下了基础，更为晚清政府对外遣使做了人才上的准备。

说到促使总理衙门最终决定提出派遣驻外使节，却不得不提到两个人。一位便是大名鼎鼎的赫德，另一位是当时英国驻华使馆参赞威妥玛。此二人在本国侵略中华帝国并获胜之后异常兴奋，大有挽救清朝颓势之勇。先后分别向总理衙门呈送《局外旁观论》、《新议略论》。赫氏在所谓《局外旁观论》中大言委派大臣驻扎国外于中国大有益处，有助于“使中国和西方建立起一种十分牢固的联系和使它能信心十足地从事革新事业，而不致有倒退之虞”②。而威妥玛则更是在《新议略论》中进一步提出比赫德更为详细的遣使种种事宜。不能不说此两人的建议加强了总理衙门遣使的决心。事实上，洋务派控制了当朝政局后遣使也是势在必行，他们要求统治者逐渐改变传统的闭关政策，以适度开放国门并对西方遣使要求谨慎地作出对等性反应。如左宗棠就主张遣使驻外，“驻京公使恣意横向，而我不能加以诘责，正赖遣使一节，以洞各国之情伪，而戢公使之专横”③。李鸿章也坚

① 梁启超：《中国近三百年学术史》，上海三联书店 2006 年版，第 23 页。

② 《筹办夷务始末·同治朝》卷四〇，故宫博物院 1930 年影印本，第 14—22 页。

③ 《左文襄公书牍节要》卷九，民国印本，第 19 页。

持认为大清应该改变“彼有使来，我无使往”的不正常状况。[①]

诚然，晚清派遣驻外使领尚有其他诸多复杂的政治、文化与外交背景，然而西化的学习风潮以及洋务思潮的勃兴则大大加速了这一进程，并为遣使提供了人才、思想舆论等方面的准备。1875 年，清廷终于决定与西方建立起所谓对等性的外交关系，旨派对“中外情形夙有体会”[②] 的郭嵩焘为首任驻外公使，并于 1877 年在英国伦敦建立中国第一个驻外使馆。嗣后，驻外使馆在欧、美、日等国次第创设。中国终于正式从封闭走向了世界，从而把中西外交以及开眼看世界、“师夷制夷”的演习场所直接推展至西方诸国。毋庸置疑，此系合乎中国外交制度近代化发展趋势的明智之举。

当然，晚清正式对外派驻使节的直接原因则是 1874 年的“马嘉理”案件。在这一事件促使下，英国抓住把柄，准备迫使中国晚清政府打破千年外交传统，非要争个有上有下不可。这便是英国故意使得此次事件小题大做的目的所在，也使这一普通的事件最终成为中国外交史上不得不提的转折性案件：它直接促成了中国近代驻外使节的派遣。

2. 遣使的初步尝试

为试国际使节交往之水，晚清政府曾先后三次做了关于对外遣使的初步尝试。即分别于 1866、1868 年和 1870 年相继派出的斌春使团随赫德前往欧洲的观光性访问、蒲安臣使团的“世界性出使”和崇厚使团的法国之行。

诚然，上述三次出使并不能直接使近代化国际外交对清王朝有强烈影响。但通过统治阶级上层官员的亲身体会，大大领略到新世界的神奇，例如，兢兢业业写下《乘槎笔记》的斌春，这都在一定程度上使清政府认为遣使具有可行性。另外，这几次遣使的有益尝试也为洋务派提供了一些外交活动经验。这些出使经历还实地锻炼了随行同文馆学生的外语和对外交涉能力，其认知空间和国际知识逐渐拓宽，张德彝便是其中一个典型。他曾三次赴外学习并积累了大量外交知识，写出《航海述奇》集中叙述了大量海外掌故，涉猎广泛。张德彝后来成为晚清首批驻外公使的得力助手，并一度膺任驻外公使一职。斌春和张德彝代表观点无非认为《山海经》所记载各国传说经此次出使和亲身经历，终于相信确有其事。认为海外也有仙境，西方国家一派政通人和景象，但他们所涉及的大多为工业

---

① 夏泉：《开眼看世界与晚清驻外公使派遣》，《光明日报》2002 年 6 月 25 日。

② 郭嵩焘：《郭嵩焘奏稿长沙》，岳麓书社 1983 年版，第 339 页。

之繁荣、人文之阜盛，于政治制度则轻而带过。

有了初步尝试，加上国内经过一番战争政局已经暂时平静，再考虑到列强的迫压，清王朝终于派出了第一个正式外交团，或许换个说法：驻外公使团。

3. 驻外使领的正式派遣

有了社会思潮的推动以及外交机构和外交人才上的准备，又经过清政府历次遣使的尝试，且迫于“马嘉理”事件的压力，清政府终于正式向外遣使。首先便是以代表慵弱的清政府向英国致歉为使命的郭嵩焘——中国第一位驻外公使的派遣。之后，为保护新加坡华侨起见，经郭嵩焘上书申请，晚清政府又于1877年在新加坡设立了中国第一个驻外领事。驻外使领的派遣就此拉开序幕，标志着晚清外交终于有了近代意义上的完整概念：不再是拘泥于国门以里，而是也开始建立起国际体系的完整外交机制。

(1) 驻外公使的派遣

1876年1月21日，一群身着华丽服饰头顶留着辫子的中国人在英国南安普敦港登陆，这便是郭嵩焘为首的大清钦差“谢罪”团。郭嵩焘由此开始了中国第一个驻外公使的非凡历程。郭嵩焘（1818—1891），湖南湘阴人。他是晚清第一个正式领衔出使西方、真正走向世界的中国人，也是中国近代洋务思想家、中国职业外交家的先驱。之所以说郭嵩焘“非凡”原因有三：

第一，郭嵩焘基于一个早就涉足洋务且思想又领先于洋务派的传统官员身份，针对其出使，国内舆论的压力非常之大。王湘绮就曾出言讽刺曰：“出乎其类，拔乎其萃，不容于尧舜之世；未能事人，焉能事鬼，何必去父母之邦。”然而，郭嵩焘终究放下一切包袱、本着以天下为己任的思想而行，为晚清亦是为中国近代的使领派遣做了良好榜样。中国近代外交史永远都会将他作为一个精彩的注脚。

第二，他能以一个中西兼修的官员身份去充分领略外部世界的现象和变化，并勇于提出对国内政治、文化、外交思想都有深刻影响的看法，以至于其出使日记几被毁版，其精神足令后人敬仰。郭嵩焘明确反对“内中国而外夷狄”的虚骄习气，注重开放、主张向西方学习，因此在这些方面多受到误解打击。但郭嵩焘始终无悔。诚如他自己在自题小像的诗句中所言：“流传百世千龄后，定识人间有此人。”历经时代变迁，证明他的这句话是箴言亦是预言。

第三，郭嵩焘不辱使命品望服外，“无论是作为一个率先到西方国家去寻求真理的知识分子，或者是近代中国向欧洲列强派出的第一个外交代表，郭嵩焘都是经得起检验的，他并没有给中国人丢脸”①。

更为可贵的是，他在一出国门的途中就能敏锐地发现中国外交政策的重要缺陷之一，那便是对所谓“化外之民”——华侨的保护甚为不力。郭嵩焘看到东南亚华侨“间有屈抑，常苦无所控诉”、渴望得到祖国保护的迫切心情，进而深刻认识到保护华侨对国家有着重要的政治意义。他从近代国家的立场出发，积极主张在华侨聚集的地方设立领事馆以保护侨民。②

郭嵩焘之后，清政府又相继向德国、日本、西班牙、秘鲁、美国等派遣了公使。直到甲午战争前即 1894 年，西方向中国遣使的有 13 个国家（丹麦自 1876 年由俄国代办），而截止到 1911 年，晚清政府向外遣使的国家有 17 个，公使共计 79 人。至此，中国近代外交遣使格局总算初步形成，相关机制也逐步改善，中国外交近代化终于前进了大大的一步。

另外，在新加坡设立领事的带动下，随着派驻世界各国公使的增加，领事的设立也渐渐多了起来。

（2）驻外领事的设立

西方权威的《萨道义外交实践指南》认为，外交使节的职责是“代表派遣国，保护本国及其侨民的利益，同驻在国政府进行谈判，向派遣国政府报告一切对它重要的事项，以及促进两国之间的一般友好关系。它还必须按照训令努力发展对本国政府有益的商务、财务、经济、劳工、科学研究和防卫方面的合作”③。

郭嵩焘使英后不久，即同英国外交部就中国在新加坡设领的问题进行谈判。经过一番艰苦的斗争，英国政府被迫答应了郭嵩焘的要求。1877 年，郭嵩焘向总理衙门上《使英新加坡设立领事片》，就设领的国内外政策、侨民对大清的经济利益、国际法规则以及经费来源、人选等一系列问题都提出了自己的看法。加之国内洋务派领袖人物如李鸿章、丁日昌等的积极支持，清政府最终同意在新加坡设立领事馆。1877 年 10 月，新加坡华商胡漩泽正式出任中国驻新加坡领事，这也是中国政府的第一任驻外领事。后来俄国和日本也分别请胡漩泽代任新加坡领事，他以一身而任三国领事，时为外交界传为佳话。

1877 年，晚清政府在新加坡设立第一任领事。新加坡领事馆的设立，是清政府对海外华侨态度由消极向积极转变的一个重要标志。此后，从

---

① 钟叔河：《走向世界：近代中国知识分子考察西方的历史》，中华书局 2000 年版，第 237 页。

② 蔡永明：《中国早期驻外使节与东南亚的华侨问题》，《厦门大学学报》（哲学社会科学版）2003 年第 6 期。

③ 张惟英：《郭嵩焘与中国驻外使领馆的创设》，转引自《学习时报》2004 年 3 月 25 日。

1877—1894年，清政府又先后在日横滨、大阪、长崎、檀香山、古巴、旧金山、纽约、加里约等地设立了领事馆。华侨众多的海外大埠亦纷纷设立中国领事馆，以保护中国华侨。据统计，在1877—1911年，清政府共派领事计244人（含名誉领事），分布设在与中国有交涉的各个国家有华侨聚集并便利两国通商之地。

晚清之初设领事，在意识形态上仍没超过领事可以收集异域情报、适当保护侨民以保证侨资顺畅投回国内等思想范畴。所以设立领事初期多用当地商人，以足可为当地华侨领袖服务，并利于在与外国政府交涉中便宜行事。如郭嵩焘就认为胡漩泽"为其地人民所推服……英国官员皆倚信之"，所以建议任其为新加坡领事，"新加坡领事，非胡漩泽无可充承者"①。后来，随着官派人员的增加，各地公使随员也有被派做领事的。另外，19世纪末兴起的留学热潮也为清朝的领事人才打下良好基础，特别是甲午战争后，公使以及领事的出身和知识结构变化呈现出一致趋势：新式人才，包括同文馆及其他翻译为主的新式学堂学生、留学生等，已经成为晚清外交人才特别是驻外使领的重要部分，且人数也一直在增长中。这在中国近代驻外公使中表现尤为突出。近代中国著名的外交家特别是驻外公使中以留学生为主，如伍廷芳、张荫桓、吴德章、施肇基、梁诚、唐绍仪等，非科举出身的人员也大大增长，主要是以同文馆为主的专门培养机构中走出来的学生。如胡惟德、陆征祥、刘镜人、杨枢、张德彝、刘式训等。知识结构的完善和外交实践的丰富，晚清所派遣的近代驻外使领成为国际舞台和中国政治文化的杰出人物。当然其中不乏有争议者，但每个时代的变迁和文明的进化都需要代价。晚清驻外使领制度的最终确立和不断完善，成为中国走向国际和外交近代化的重要部分。

综上所述，晚清正式向外遣使标志着中国近代外交开始有了完整模式，从国门缔约到斡旋国际，这是意义非凡的一步。因为晚清驻外使领的派遣，中国才正式成为国际大家庭的一员，虽然这历程充满着屈辱。

二 晚清驻外使领籍贯分布

晚清外交是中国外交近代化的开端和重要阶段，对这一重要历史变革

① 《使英郭嵩焘奏新加坡设立领事片》，王彦威、王亮编：《清季外交史料》，书目文献出版社1987年版，第211页。

阶段的研究已经渗入了各个领域和层面，晚清外交人才群体研究便是其中之一，而晚清驻外使领研究则是其中的核心部分。

晚清外交人才群体在中国近代舞台上所扮演的角色具有多重历史意义，而将晚清外交人才特别是晚清驻外使领视为一个统一的群体加以研究亦很早便进入了学界的视线，且成果颇丰。然而，综观以往研究，多属针对近代精英人物的外交个案分析，群体分类也多按派别分列并就其代表人物的外交思想加以评述，而就这一表现出中国外交近代化曲折历程的重要群体的籍贯分布及其区域风气影响来说，尚无人涉及更无专门著述。笔者认为，晚清驻外使领的地理分布和区域风气影响是研究晚清外交人才群体的重要方面，是以在此试做一简要探析，希望能对这一重要人才群体研究的深化与细化有所补充和裨益。

本章将晚清驻外使领的籍贯分别通过表格细化展示，并将就晚清驻外使领籍贯分布状况成因统一作必要的分析叙述。

（一）驻外公使籍贯分布

为方便更直接清晰地了解晚清外交人才群体的地理分布，笔者将其进行了区分，分为两个大的群体：驻外公使和驻外领事。在此先就晚清驻外公使的有关资料列表 7－2 如下。

表 7－2　晚清驻外公使籍贯分布表

姓名	生卒年	籍贯	出使国别
郭嵩焘	1818—1891	湖南湘阴	英（1877—1879）、法（1878—1879）
许钤身	?	浙江钱塘	英（副使，未行）、日（1876—1877）
刘锡鸿	?	广东南海	英（1876—1877）、法（副使），德（1877—1878）
曾纪泽	1839—1890	湖南湘乡	英（1879—1886）、法（1879—1884）、俄（1880—1886）
刘瑞芬	1827—1892	安徽贵池	英（1886—1890）、法（1887—1890）、俄（1886—1887）
陈钦铭	?	福建侯官	英（病免、未行）
薛福成	1837—1894	江苏无锡	英（1890—1894）、法（1890—1894）、比（兼，1888—1894）
龚照瑗	?	安徽合肥	英（1894—1897）、法（1894—1895）、比（兼，1894—1897）、意（兼，1893—1896）
罗丰禄	1850—1903	福建闽县	英（1897—1902），1900. 8. 2 谕调俄（未任）、比（兼，1896—1902）、意（兼，1896—1901）

续表

姓名	生卒年	籍贯	出使国别
张德彝	1847—1918	汉镶黄，福建，辽宁铁岭	英（1902—1905）、意（兼，1901）、比（兼，1901—1902）
唐绍仪	1860—1938	广东香山	英（未任）
汪大燮	1859—1929	浙江钱塘	英（1905—1907）、日（1910—1913）
李经方	1855—1934	安徽合肥	日（1891—1892）、英（1907—1910）
刘玉麟	1863—?	广东香山	英（1910—1914）
崇　厚	1826—1893	满镶黄	俄（1878—1879）
邵友濂	？—1901	浙江余姚	俄（1879—1880）
洪　钧	1840—1893	江苏吴县	俄（1888—1891）、德（1887—1891）、奥（兼，1887—1890）、荷（兼，1887—1890）
许景澄	1845—1900	浙江嘉兴	日（1880—1881）、俄（1891—1897）、法（1884—1887）、德（1894—1887、1891—1897）、奥（兼，1884—1896）、荷（兼，1884—1896）、比（兼，1885—1887）、意（兼，1884—1887）
杨　儒	？—1903	辽宁铁岭，汉正红	美（1893—1897 兼驻西、秘）、俄（1896—1902 兼驻荷、奥）
桂　春	？—1913	满正蓝	俄（未任）
胡惟德	1863—1933	浙江归安	俄（1902—1907）、日（1908—1910）
萨荫图	?	蒙镶黄	俄（1908—1911）
陆征祥	1871—1949	江苏上海	荷（1905—1911）、俄（1911—1912）
庆　常	?	汉镶红	法（1895—1899）
裕　庚	？—1902	汉正白	日（1895—1898）、法（1899—1902）
孙宝琦	1867—1931	浙江钱塘	法（1902—1905）、德（1907—1908）、西（兼，1903—1905）
刘式训	1868—?	江苏南通	法（1905—1912）、葡（兼，1905—1911）、西（兼，1905—19110）
李凤苞	1834—1887	江苏崇明	德（1879—1884 兼驻意、荷、奥）
黄遵宪	1848—1905	广东嘉应	德（未任）、日（参赞）
吕海寰	1843—1927	山东掖县	德（1898—1901）、荷（兼，1897—1901）
荫　昌	1859—1928	满正白	德（1901—1906 兼驻荷、1909—1910）
杨　晟	1867—?	广东东莞	奥（1903—1905）、德（1906—1907）
梁　诚	1864—1917	广东番禺	美（1903—1907 兼驻西、秘、墨、古）、德（1910—1913）
吴德章	?	福建闽县	奥（1902.12.2—1904.6.26，专任驻奥）
李经迈	1876—1938	安徽合肥	奥（1905—1907）
雷补同	1860—1930	江苏华亭	奥（1907—1910）
沈瑞麟	1874—?	浙江归安	奥（1910.12.16—1911）

续表

姓名	生卒年	籍贯	出使国别
钱　恂	1853—1927	浙江归安	荷（1907.6—1908.7）、意（1908.7.23—1909.11.29）
刘镜人	1868—?	江苏宝山	荷（1911.11.6到任）、俄（1912—1918）
杨兆鋆	1854—1916?	江苏江宁	比（1902.12.12—1906.6.17，专任驻比）
杨盛铎	?	江西德化	日（1898—1901）、比（1906.6.17—1909.10.18）
杨　枢	1844—1917	汉正黄	日（1903—1907）、比（1909.10.18—1910.10.28）
李国杰	1881—?	安徽合肥	比（1910年10月28日谕命，1911年3月30日到任）
许　珏	1843—1916	江苏无锡	意（1902.12.3—1906.2.17）
黄　诰	?	汉正黄	意（1906.2.17—1908.7.23）
吴宗濂	1855—?	江苏嘉定	奥（1907年4月，因李经迈送母回国而承代办职，同年9月3日谕免）、意（1909.11.29—1911）
陈兰彬	1816—1894	广东吴川	美（1878—1881兼驻西、秘）
郑藻如	1824—1894	广东香山	美（1881—1885兼驻西、秘）
张荫桓	1837—1900	广东南海	美（1886—1889兼驻西、秘）
崔国因	1830—?	安徽太平	美（1889—1893兼驻西、秘）
伍廷芳	1842—1922	广东新会	美（1897—1902、1908—1909兼驻西、秘、墨、古）
容　闳	1828—1912	广东澳门	美（副使，1875—1880）
梁敦彦	1857—1924	广东顺德	美（未任）
张荫棠	?—1935	广东新会	美（1909—1913兼驻秘、墨、古）
施肇基	1877—?	浙江仁和	美（1911年10月25日谕任，兼驻秘、墨、古）
何如璋	1838—1891	广东大埔	日（1877—1880）
张斯桂	1816—1888	浙江萧山（宁波?）	日（副使，1876—1880）
徐承祖	?	江苏无锡	日（1884—1887）
黎庶昌	1837—1897	贵州遵义	日（1882—1884、1888—1891）
李兴锐	1827—1904	湖南浏阳	日（未任）
汪凤藻	1851—1918	江苏元和	日（1892—1894）
蔡　钧	?	浙江仁和	日（1901—1903）
李家驹	1871—?	汉正黄	日（1907—1908）
张亨嘉	1847—1911	福建侯官	朝鲜（未任）
徐寿朋	?—1901	直隶清宛，浙江绍兴	朝鲜（1898—1901）

续表

姓名	生卒年	籍贯	出使国别
许台身	?	浙江仁和	朝鲜（1901—1905）
曾广铨	1871—1940	湖南湘乡	朝鲜（1905年2月7日到任，同年12月2日回国），德（未任）
总计 67人			

资料来源：1. 故宫博物院·明清档案部、福建师范大学历史系合编：《清季中外使领年表》，中华书局1985年版。

2. 钱实甫编：《清代职官年表》（1—4卷），中华书局1980年版。

3. 江庆柏编：《清代人物生卒年表》，人民文学出版社2004年版。

4. 刘寿林编：《辛亥以后十七年职官年表》，中华书局1966年版。

为更清晰地了解晚清驻外公使籍贯分布的地区差异，笔者特由表7－2统计得出籍贯分布比较表7－3，将各省人数、位次一一加以对比，便可进一步得出更具体清晰的结果。

表7－3　　晚清驻外公使籍贯分布比较表

省份	人数（个）	所占百分比（%）	位次
广东	14	20.90	1
浙江	12	17.91	2
江苏	12	17.91	2
八旗	11	16.41	3
安徽	6	8.95	4
福建	5	7.46	5
湖南	4	5.97	6
江西	1	1.49	7
山东	1	1.49	7
贵州	1	1.49	7
总计	67		

通过分析表7－2、表7－3，在具体到各省份辖区的时候，我们会发现一个十分有趣的现象，即：地区集中现象。如晚清驻外公使主要集中在广东和江浙地区，而具体到各省份，如浙江，所有12个人基本分布在钱塘（3人）、仁和（3人）和归安（3人）三地区，其他地区则相对较少。再如广东，多分布在南海和香山。江苏则多分布在无锡、上海。另外，我们从表格中还可以很清楚地看到晚清两大幕府——曾国藩幕府和李鸿章幕府在外交人才群体地理构成上的影响。

另外，八旗的驻外公使11人中，满族八旗有3人，汉军八旗有7人，蒙古八旗只有1人。晚清驻外使领籍贯分布何以会出现如此状况？其原因在后面专门分析评述。

（二）驻外领事籍贯分布

晚清驻外领事自1877年新加坡首开其例，至1912年2月12日清帝逊位止，除去外国人任荣誉领事的，晚清有资料可查且备有籍贯的驻外领事者计108人，列表7－4如下。

表7－4　晚清驻外领事籍贯分布表

姓名	籍贯	驻领地及其时间
胡漩泽	当地华商，原籍广州	新加坡（1877.10—1880.3）
左秉隆	汉正黄	新加坡（1881.9—1891.5）、（1907.10—1910.10）
黄遵宪	广东嘉应	新加坡（1891.5—1894.7）、旧金山（1882.4—1885.9）
刘玉麟	广东香山	新加坡（1897—1899.5）
罗忠尧	福州（罗丰禄之侄）	新加坡（1899.5—1902.1）
孙士鼎（傑）	江苏吴县	新加坡（1906.1—1907.10）
苏锐钊	广东南海	新加坡（1910.10—1911）、小吕宋（1906.4—1907.12）、旧金山（1909.10—1910.7）、爪哇（1911.9）
张振勋	广东大埔（当地华商）	槟榔屿（1893.3—1894.7）、新加坡（1894.7—1897）
张鸿南	广东梅县	槟榔屿（1894.7—1898.5）
谢荣光	广东嘉应	槟榔屿（1898.5—1903.1）、（1906.12—1907.12）
梁廷芳	广东肇庆	槟榔屿（1903.1—1906.12）
戴春荣	广东潮州	槟榔屿（1907.12—1911）
欧阳庚	广东香山	仰光（1909.1—1909.7）、温哥佛（1909.7—1910.3）、巴拿马（1910.1—1911）
陈　纲	浙江余姚	小吕宋（1898.9—1899.4）
陈日翔	台湾	小吕宋（1901.7—1903.6）
黎廷桂	广东佛山	小吕宋（1904—1904.7）、（1904.7—1906.4），因事离职期间由钟文耀代理
梁　询	广东黄埔	小吕宋（1904—1904.7）、墨西哥（1904.7—1907.12）
杨士钧	安徽？	小吕宋（1907.12—1909.10）
孙士颐	浙江仁和	小吕宋（1910.6—1911）
徐善庆	江苏上海	把东（荷属）（1911.9）
陈恩梓	江苏扬州	泗水（荷属）（1911.9）
范锡朋	广东（客家人）	横滨兼築地（1878—1882.2）

续表

姓名	籍贯	驻领地及其时间
陈允颐	江苏武进（今常州）	横滨兼築地（1882.2—1884.12）
阮祖棠	浙江绍兴	横滨兼築地（1884.12—1888.1）
罗嘉杰	福建上杭	横滨兼築地（1888.1—1891.3）
黎汝谦	贵州遵义	神户兼大阪（1882—1884）、横滨兼築地（1891.3—1893.12）
石祖芬	江苏吴县	横滨兼築地（1894.5—1894.8）
吕贤笙	安徽	横滨兼築地（1895.9—1898.11）
杨士燮	安徽泗州	横滨兼築地（1898.11—1899.7）
王丰镐	江苏上海．法华镇	横滨兼築地（1902.1—1902.7）
张义澍	湖北武冈	横滨兼築地（1902.6—1903.6）
渠本翘	山西祁县	横滨兼築地（1904.3—1904.9）1904年9月回国后由袁永思代理。
吴仲贤	广东四会	神户兼大阪（1904—1904.9）、横滨兼築地（1904.9—1911.9）、墨西哥（1911.7）
继　善	满正白	墨西哥（1910.4—1910.7）、横滨兼築地（1911.9）
廖锡恩	广东	神户兼大阪（1878—1882）
马建常	江苏丹徒	神户兼大阪（1882—1882）
徐承礼	浙江	神户兼大阪（1884—1887）
蹇念咸	贵州遵义	神户兼大阪（1887—1891）
郑孝胥	福建闽县	神户兼大阪（1893.4—1895.8）
余佑番	湖南平江	神户兼大阪（1895.9—1896.9）
欧阳述	江西彭泽	神户兼大阪（1899.7—1900.5）
蔡　勋	湖北黄陂	神户兼大阪（1900.5—1901.11）
黄以霖	江苏宿迁	神户兼大阪（1901.11—1902.3）
长　福	满正红	神户兼大阪（1904.9—1908.6）
卞綍昌	江苏仪征	长崎（1903.9—1907.9）
张　鸿	江苏常熟	长崎（1907.9—1908.6）、神户兼大阪（1908.6—1910）
王守善	江苏上海	神户兼大阪（1910—1910.8）、（1911.1—1911）
黄遵楷	广东嘉应	神户兼大阪（1910.8—1911.1）
杨　枢	汉正黄	长崎（1887—1891.3）
张元节	浙江吴兴	长崎（1910.8—1910.10）
杨书雯	湖南长沙	长崎（1910.10—1911）
黄书霖	安徽合肥	箱馆兼新潟、夷港（1891.8—1894.2）

续表

姓名	籍贯	驻领地及其时间
唐绍仪	广东香山	汉城兼龙山、元山（1896.12—1898）
吴广霈	江苏泾县	汉城兼龙山、元山（1899.8—1901.5）
傅良弼	满正蓝	釜山兼马山浦（1899.10—1901.5）、汉城兼龙山、元山（1901.5—1903.1）
吴其藻	广东香山	汉城兼龙山、元山（1903.1—1903.4）、釜山兼马山浦（1904.5—1905.9）
陈本仁	福建人氏	汉城兼龙山、元山（1903.4—1905.9）
马廷亮	广东南海	汉城兼龙山、元山（1906.6—1911）
唐荣浩	广东香山	仁川兼木浦、群山（1896—1902.1）
许引之	浙江钱塘	仁川兼木浦、群山（1902.1—1905.1）
唐恩桐	广东珠海	甑南浦兼平壤（1902.3—1905.9）、仁川兼木浦、群山（1905.9—1909）
马永发	广东南海	仁川兼木浦、群山（1909—1909.9），元山（1909.9—1911）
贾文燕	广东南海	群山，釜山兼马山浦（1906.10—1909.9）、仁川兼木浦（1909.9—1911）
陈光焘	贵州	甑南浦兼平壤（1905.9—1906.7）
张国威	广东香山	甑南浦兼平壤（1906.7—1911）注：1909.3—8 回国期间由钱广僖代理。
姚　煜	浙江海宁	釜山兼马山浦（1905.9—1906.10）
李家鏊	江苏上海	海参崴（1897.4—1906.9）
刘玉麟	广东香山	南斐洲（英属）（1904.11—1907.9）
刘　毅	湖南	南斐洲（英属）（1907.9—1911）
梁澜勋	广东三水	澳大利亚（英属）（1908.5—1910.11）
黄荣良	安徽无为	澳大利亚（英属）、纽丝纶（英属）（1911.5—1911）
刘汝兴	当地华商	雪黎/悉尼（英属）（1909.7—1911）
雷　华	当地华商	普扶（英属）（1909.7—1911）
王占元	当地华商	不力斯辩（英属）（1909.7—1910）
林润钊	广东博罗	萨摩阿（德属）（1909.9—1911）
杨蔚彬	浙江同知	檀香山（1898.9—1902）
古今辉	当地华侨商董	檀香山
王殿章	当地华商	檀香山
陈庆和	广东番禺	檀香山（1911.2）
余思诒	江苏武进	旧金山（1897.4—1898.6）、古巴（原西属，1902 年为自主国）（1893——1896.12）
张荫棠	广东新会	旧金山（1898.6—1899.10）
黄锡铨	广东嘉应	纽约（1886.2—1886.10）
易学灏	湖南？	纽约（1886.10—1890.3）

续表

姓名	籍贯	驻领地及其时间
徐乃光	安徽南陵（今芜湖）	纽约（1894.2—1896.10）
施肇曾	浙江杭县	纽约（1896.10—1897.4）
夏偕复	浙江杭县	纽约（1903.4—1907.12）
杨毓莹	安徽泗县	纽约（1909.10—1911）
梅伯显	当地华商，花翎道衔	波特兰兼舍路（美属）（1906.9—1911）
阮　洽	当地华商，广东台山	舍路（美属）（1908）
弥格臣	美国人，副领事	波士顿，宣统元年1909年7月辞职，未复有任
龚心钊	安徽合肥	加拿大（1909.1—1910.7）
萧永熙	四川华阴	温哥佛（1909.1—1909.7）、仰光（1909.7—1911）
张康仁	广东香山	温哥佛（1910.3—1911.10）
林轼桓	福建侯县	温哥佛（1911.10）
沈艾孙	广东	墨西哥（1901.7—1911.7）
李经叙	安徽合肥	墨西哥（1907.12—1909）
刘亮沅	广东中山	古巴（原西属，1902年为自主国）（1879.8—1886.4）
谭乾初	广东开平	古巴（原西属，1902年为自主国）（1889.11—1893）
张荫桐	河北博野	古巴（原西属，1902年为自主国）（1899—1900.3）
周自齐	山东单县	古巴（原西属，1902年为自主国）（1903.1—1903.4）
廖恩焘	广东惠阳	马丹萨（古巴）（1891—1894）、古巴（原西属，1902年为自主国）（1903.4—1907.12）
刘福谦	安徽桐城	嘉里约（秘鲁）（1884.12—1889.11）
黎　熺	江苏	嘉里约（秘鲁）（1892.10—1893.10）、（1907.1—1907.12）
许鼎霖	江西榆县	嘉里约（秘鲁）（1893.10—1896.12）
钱树滋	浙江海盐	嘉里约（秘鲁）（1900.1—1900.5）
黄中慧	江苏南京	嘉里约（秘鲁）（1900.5—1901）
陈始昌	广东会城（属新会）	嘉里约（秘鲁）（1903.4—1907.1）、旧金山（1908.2—1909.10）
周　玺	广西	纽丝纶（英属）（1911）
总计	108人	

注：1. 诸领事姓名以及所驻地均按《清季中外使臣年表》列入，并与《清代人物生卒年表》、《辛亥革命以后十七年间职官年表》加以参照核实。

2. 中国的省份没有用简称，地方性地名比如县市等，均按当时称谓列出，有古今特别生僻不同者，已在句中标明。

3. 人物说明以籍贯为主，籍贯无从查找者辅以仕途出身，八旗注明部出，宗室亦注明，如长福、继善等。

4. 除却当地华商、外国人充任的领事，有资可查籍贯的中国驻外领事有108人，占到总人数161人的绝大多数，具有代表性，可以据表分析。

根据表7－4，整合晚清各个省份的驻外领事人数列出比较表7－5，可更清晰具体地看到晚清驻外领事在全国各个地区的具体分布状况。

表7－5 晚清驻外领事籍贯分布比较表

省份	人数（个）	所占百分比（%）	位次
广东	37	34.26	1
江苏	16	14.80	2
浙江	11	10.16	3
安徽	10	9.26	4
当地华商	6	5.56	5
八旗	5	4.63	6
福建	5	4.63	6
湖南	4	3.70	7
贵州	3	2.78	8
江西	2	1.85	9
湖北	2	1.85	9
山东	1	0.92	10
山西	1	0.92	10
四川	1	0.92	10
河北	1	0.92	10
广西	1	0.92	10
台湾	1	0.92	10
美国人充任副领事	1	0.92	10
总计	108		

分析表7－5我们可以得出如下结论：

首先，晚清驻外领事区域分布以东南沿海地区为主，如广东、江苏，尤以广东为最，不完全统计为37人，占到总人数的34.26%，比江苏、浙江两省的总数还多，占到1/3强。浙江地区亦人物众多，江苏16人，占有资可查总人数的14.8%，浙江11人，占11.57%，二者合在一起亦占去总人数的一大部分。

其次，安徽省几乎与浙江省相当。

再次，八旗外交人才相对其他人才比如军事、政治等人才来讲，大有下降趋势。

另外，基于地域管理因素考虑，华侨华商领袖充任所在地领事的人数不少。

总的来说，晚清外交人才多分布于近代中国的东南部，尤以广东、浙江、安徽三地最多，占到总人数的绝大多数。

虽然晚清有籍贯可查的领事占了总人数的绝大多数，但仍有部分领事因笔者手头的资料有限而无法查找。为了补充本书统计中尚有一些无籍贯者的遗憾，笔者分别按其科场出身、原职衔列出表 7 - 6，希望对表 7 - 4 有所补益，并利于对这一外交人才群体研究的深化。

表 7 - 6　　晚清驻外领事职衔表（补）

姓名	原职务（职衔）	驻领地及其时间
苏溎清	原盐提举衔布政司经历	新加坡（1880. 3—1881. 9）
吴世奇	?	新加坡（1902. 1—1902. 5）
凤　仪	原候选知府	新加坡（1902. 5—1906. 1）
黎荣耀	?	小吕宋（1899. 4—1901. 7）、旧金山（1891. 4—1896. 12）（1910. 3—1911）、古巴（原西属，1902 年为自主国）（1896. 12—1899）
张文蔚	原候选知府	小吕宋（1909. 10—1910. 6）
邱瑞麟	原驻日使馆随员	横滨兼築地（1893. 12—1894. 5）
邹振清	原候选知县，湖北江陵县龙海巡检	横滨兼築地（1899. 7—1902. 1）、神户兼大阪（1896. 9—1899. 7）、长崎（1902—1903. 9）
铨　林	原安徽补用道	横滨兼築地（1903. 6—1904. 3）
洪遐昌	原知府衔江西补用同知	神户兼大阪（1891. 1—1893. 4）
余　瓗	原内阁中书	长崎（1878—1884）
蔡　轩	原大挑福建试用知县	长崎（1884—1887）
张桐华	原同知衔，湖北候补知县	马萨丹（古巴）（1886. 5—1889. 11）、长崎（1891. 3—1902）
王斯沅	原江苏候补直隶州知州	长崎（1908. 6—1910. 8）、加拿大（1910. 7—1911）
刘　坤	原四品衔选用通判	箱馆兼新潟、夷港（1886. 2—1887）
刘庆汾	原东文翻译	箱馆兼新潟、夷港（1887—1891. 8）
洪　涛	?	箱馆兼新潟、夷港（1894. 2—1895. 8）
林浚月	?	箱馆兼新潟、夷港（1895. 9—1896）
汤肇贤	原候选训导	汉城兼龙山、元山（1898—1899. 8），甑南浦兼平壤（1899—1900. 12）
周文凤	源领署供事，分省试用县丞	仁川兼木浦、群山（1905. 1—1905. 9）
陆清寿	原候选县丞	甑南浦兼平壤（1900. 12—1901. 8）
吴允城	?	甑南浦兼平壤（1901. 8—1902. 3）
徐学伊	原选用教谕	釜山兼马山浦（1901. 5—1904. 5）
王邦藩	原外务部候补主事	釜山兼马山浦（1909. 9—1911）

续表

姓名	原职务（职衔）	驻领地及其时间
懿　善	原户部主事，驻汉城领署随员	元山（1902.11—1904）
邵家麟	原仁川领署翻译	元山（1904—1906）
黎子祥	原江苏即补直隶州知州	元山（1906—1909.9）
王克均	原候选知府	新义州（1911.8）
桂　芳	原候选知府	海参崴（1906.9—1911）
夏廷献	原三等通译官	纽丝纶（英属）（1911.5—1911）
陈国芬	原商董，同知衔，试办一年后授领事官衔	檀香山（1879.3—1882）
张作藩	原同职衔广西候补知县	檀香山（1903—1907.12）
曾　海	原三品衔选用知府	檀香山（1907.12—1909.10）
梁国英	原直隶试用道	檀香山（1909.10—1911.2）
陈树棠	原候选道	旧金山（1880.1—1882.4）
欧阳明	原江苏候补直隶州知州	旧金山（1885.9—1887.5）、纽约（1883.3—1886.2）
梁廷赞	原广西候补知县	旧金山（1887.5—1889.10）
左　庚	原户部员外郎	旧金山（1889.10—1891.4）
冯咏蘅	原分省试用知府，领署随员	旧金山（1896.10—1897.4）
何　佑	原候选同知，领署翻译	旧金山（1899.10—1902.10）
钟宝僖	原候补员外郎	纽约（1897.4—1903.4）、旧金山（1902.10—1908.2）
孙士毅	原驻秘鲁二等参赞官	旧金山（1906.8—1908.2）
沈　桓	原候选训导	纽约（1890.3—1894.2）
何永绍	原四品衔候选布政司理问	纽约（1907.12—1909.10）
谭培森	?	墨西哥（1909—1910.4）
陈善言	原同知衔分省补用知县	马丹萨（古巴）（1879.8—1886.5）、古巴（原西属，1902年为自主国）（1886.4—1889.11）
关以钧	原候选知县	古巴（原西属，1902年为自主国）（1900.3—1903.1）
吴寿全	原驻美使署二等参赞	古巴（原西属，1902年为自主国）（1910.3—1911）
曹　廉	原安徽定远县教谕	马丹萨（古巴）（1889.11—1891）
张曾绍	原候选县丞	嘉里约（秘鲁）（1889.11—1892.10）
胡鹏年	原蓝翎七品衔选用教谕	嘉里约（秘鲁）（1896.12—1900.1）
冯祖荫	原领署随员	嘉里约（秘鲁）（1901—1903.4）
何鎏培	原知府衔选用通判	嘉里约（秘鲁）（1907.12—1910.9）
陈尚德	原知府衔湖北试用直隶州知州	嘉里约（秘鲁）（1910.9—1911）
总计	53人	

表 7－7　　晚清驻外领事原职衔比较表

原职衔	人数（个）	所占百分比（%）	位次
原仕途出身（清廷候选和试用人员）	36	75.00	1
原领署翻译	4	8.33	2
原领署随员	3	6.25	3
原使馆参赞	2	4.17	4
商董	1	2.08	5
总计	46		

注：1. 未明者有 5 人，明其出身及职衔者 48 人，具有代表性，可资分析。
2. 有的既是随员或翻译又曾有科场头衔者，皆按外交职务看待，即取其领署随员、使馆翻译及参赞职务。

据表 7－7，可以看出：

1. 晚清政府从正式科场派遣的外交人员仍然占人数的绝大部分。

2. 有过外交经验的人员如领署随员、翻译、使馆参赞等人数有上升趋势，而且这部分人有外交经验和新知识结构上的优势。

另外，晚清政府还在国外一些地方聘请外国商人等为当地的名誉领事，共计 7 人，统计如表 7－8 所示。

表 7－8　　晚清驻外荣誉领事列表

姓名	国别	驻地及时间
雅纳威（Jannuzi）	意大利人	奈波里（意大利），1904—1909
费里士窝德	德国商人	莫桑比克，1905—1911
贝尔孟	法国商人	波铎（法国），1908.10
马根齐（Evan Mackenzie）	意大利商人	热那亚（意大利），1908—1909
佘德（Frederik Schjoth）	挪威人，曾任海关税务司	挪威，1908—1909
安福来特道西克（Alfred Tanussig）	奥国商人	奥国，1909.9
柏朗	法国商人	马赛（法国），1910.8—1911

为了将晚清全国外交人才的核心——驻外使领的籍贯分布统一分析比较，笔者特将晚清各省所有有籍贯可查的公使和领事总计 175 人，综合列表 7－9 如下。

表7-9　　晚清各省份有籍可查的驻外使领（公使并领事）综合统计比较表

省份	人数	所占百分比（%）	位次
广东	50	28.57	1
江苏	28	16.00	2
浙江	23	13.14	3
安徽	16	9.14	4
八旗	16	9.14	4
福建	11	6.29	5
湖南	8	4.57	6
贵州	4	2.29	7
江西	3	1.71	8
山东	2	1.14	9
湖北	2	1.14	9
河北	1	0.57	10
四川	1	0.57	10
广西	1	0.57	10
台湾	1	0.57	10
总计	175人		

注：表格数据来源于前面有籍可查的驻外公使和驻外领事统计表。

通过此综合统计表可以明显地看出，广东籍驻外使领在人数上遥遥领先，比江苏、浙江两省的总数还要多，几乎占到总人数的1/3。江苏、浙江人数也不少，但远远落后于广东。而安徽、福建相比内陆其他省份在人数上也占据着明显的优势。

通过以上各表统计分析，我们对晚清驻外使领的籍贯分布可以得到一个比较清晰的整体印象，即：晚清驻外使领多分布于广东以及江苏、浙江一带，也就是沿着中国近代口岸线分布的态势较明显。内地省份如安徽、四川、湖北等地，除了开放口岸影响的地方外，其他地方很少。只有在晚清遣使之初，因为曾、李两大幕府在政治外交上的影响，所以开始的使领派遣有集团化态势。而在甲午战争之后，这一情况逐渐淡化。这在整体上又牵涉到晚清外交两个时期和三大外交人才群体的划分，后面将予以叙述。下面就以上种种情况，特别是晚清驻外使领籍贯分布原因进行分析。

三　晚清驻外使领籍贯分布原因分析

通过综合分析晚清驻外使领籍贯分布表，可见晚清外交人才群体的核心部分——驻外使领的地理分布呈现集中状态，多集中于粤、闽、浙、苏四大地区，湖南、安徽两省人数不多却充分证明了晚清两大幕府对中国近代外交的政治影响。八旗宗室亦占有不小的比例，因其籍贯分布记载多限于出身且资料不完善，在此不予赘述。

我们可以很清晰地了解晚清驻外使领籍贯分布的大致脉络：以广东、浙江、江苏、福建沿海开放口岸线为主。那么，何以会出现这样的地理分布状况？其实，中国历史上就有政治经济发展不平衡的现象。东晋以来，中国政治经济中心逐渐南移，东南各省份，特别是浙江等地逐渐成为新兴经济中心，亦为文化、人才阜盛之地。中国近代以降，随着列强侵略的升级和中国从东南沿海到内陆省份开放的不断深入，以广东、浙江、江苏等地为辐射点，中国的政治经济发展不平衡加剧，这直接影响到外交人才和驻外使领的地理分布。但各地在驻外使领人才群体的形成上则各有具体因素。究其原因，广东多则是因为地利之便——自古为开放口岸，清乾隆二十三年（1757 年）海禁以来更是唯一的对外贸易和朝贡登陆口岸，为整个中国对外交往的咽喉。浙江和江苏则是因为历史沉淀的经济文化因素为主，且近代以来又是列强侵略掠夺最为严重之地，因此其他思想文化的近代化演变和外交人才的形成与此相关。至于安徽、湖南等地驻外使领主要集中在驻外公使中，其政治因素为第一位，即晚清两大幕府——曾国藩、李鸿章的幕府政治影响最为主要。下面笔者仅从这几个主要方面进行分析，试图对晚清驻外使领这一重要外交人才群体的籍贯分布成因做一番探讨。

（一）东南人才群体总论

关于“东南”这一区域的划分，很多学者都有不同的看法。本书中笔者按照晚清驻外使领的分布，将以广东—广州为中心的珠江三角洲、以江浙—上海为中心的长江中下游三角洲作为东南区域的重心，主要包括福建、广东、江苏、浙江等地，而驻外使领的绝大部分也分布于此四大省份。所以，本书的“东南”，就是指闽、粤、浙、苏四地。明清以降，东南人才以其独特优势在中国政治、经济、文化、外交各个领域发挥着重要作用。东南人才群体的崛起有一个漫长的历史过程，是随着中国政治经济发展的不平衡性形成的地区特点之一。明清之际的城市布局变化则是这一历史过程的直接体现。

1. 历史追述

“元明清三代发展的趋势是南方逐步超过了北方……工商业城市的发展主要集中在长江流域和东南沿海地区。具体来说，在经济发达的东南沿海、江浙地区、长江沿岸”①。具体到城市则是“杭州、苏州、常州、无锡……广州、宁波、福州、泉州等为最发达”②。1840 年的鸦片战争对中国社会产生了巨大影响，“原有的经济格局、交通体系在诸多新的因素的干预下，发生了深刻的变化。中国城市的布局与发展随之出现激变，其中口岸城市与铁路沿线城市的迅速发展是其主要特征”③。广州、苏州、上海、宁波等地也正是在这样的条件下兴起的。广州自古以来的海上交通地位自不必说。1842 年《南京条约》规定五口通商，广州、福州、厦门、宁波、上海等五处港口先开其例，之后接踵签订的不平等条约，多有开辟商埠的条款，累计大小通商岸埠 80 余个，这些商埠大多在沿海沿江地带，少数在内地。④ 所以，东南地区城市经济的繁荣、中西文化日益交融，城市圈的形成也有利于当地适应新时代人才的崛起。张家驹则认为因为南宋以后中国“经济重心全部南移，公卿将相，遂多江、浙、闽、蜀人选”⑤。不同的地域特点产生不同的地域文化，孕育不同特点的人才。这四个地方在晚清时期更成为挽救国家危亡的人才渊薮。

2. 东南人才的近代化

由历史渊源看来，东南人才群体的繁盛具有历史必然性，晚清时产生大批外交人才多出于东南地区也是中国历史与时代发展的必然。也有人将广东、福建、浙江、上海等地人才群体合称为“东南精英”，这个概念牵涉范围广泛，还包括江苏等地，但重点是以上海为中心的人才辐射圈，涉及浙江、江苏等地。但部分原因可以推延到广州、福建等地，特别是江南腹地——浙江人才阜盛的历史背景。对这一群体的整体性考察也多从经济金融方面入手。“东南精英之所以能成为历史的要角，是由其所处的地域、自身的作为和时代的机缘所决定的”⑥，具体来说“东南精英作为一

① 邹逸麟编：《中国历史地理概述》，上海教育出版社 2005 年版，第 346 页。

② 同上书，第 347 页。

③ 同上书，第 348 页。

④ 同上。

⑤ 陈正祥：《中国文化地理》，上海三联书店 1982 年版，第 136 页。

⑥ 章开沅、田彤：《东南精英与辛亥前后的政局》，郭太风、廖大伟主编：《东南社会与中国近代化》，上海古籍出版社 2005 年版，第 405 页。

支特殊的社会集团跃上历史舞台，在很大程度上取决于建基在区委优势之上的总体实力……经济实力是首先考察的。……”① 而按照杨东梁的观点，东南人才群体的形成是一个逐渐的知识和群体的积累过程。“近代化智力资源的积累，也促进了中国社会结构的变化，推动了社会改良和革命。我国近代著名的改良维新派和民主革命派的领袖人物、中坚分子多出自东南地区，这绝非是一种偶然现象，它正是东南地区近代化智力资源宽厚积累的必然反映”②。通过对东南人才历史积累的考察，他认为“在推进中国经济、文化近代化方面，江苏的智能之士是走在前面的……在推动政治的改良与革命方面，广东与浙江的知识精英则遥遥领先。总之，东南地区近代化智力资源的积累，对促进我国社会结构的变革，对社会改良与革命的推动，对加速中国社会的变迁都起了非常积极的作用”③。

（二）广东外交人才高居第一的原因探析

明末清初以来，东南沿海便成为对外交流的重要之地。康熙以降，虽先后实施海禁数次，且只开广州一埠，然广东、福建等东南一带较之内地终还是占了对外交流之便，民风日开。第一次鸦片战争以《南京条约》的缔结宣告结束，其对东南之地以及浙江的影响是深远的。新型人才群体的形成与此有着莫大的关联。广州更是占尽地利之便，以一口而通天下，尽领中西文化交流之精髓，其他人才从明清到近代，都在中国历史舞台上扮演着重要角色。晚清时期更是以驻外使领人数第一，成为中国外交人才之渊薮。

1. 历史渊源——城镇经济圈的兴起

具体到广东省的崛起，则与其便利的海路条件和紧密的海外交往为依托，并与明清时期兴起的城镇经济有着莫大的关系。一个区域的文化只有依赖商品经济才能获得长足发展。到了明清时期，以广州为外贸中心的珠三角商品经济迅速发展，并跻进全国先进地区之列，大批城镇应运而生，这是三角洲城镇史上的鼎盛时期。明末清初，广（州）—佛（山）—陈（村）—（石）龙作为一个城镇体系已经产生，并成为横贯珠三角一条经济轴线，发挥经济辐射功能。独立形成的镇很多，据明嘉靖《广东通志·圩市》，今珠三角各县市有圩镇205个，约占全省47%。清代上升到

---

① 章开沅、田彤：《东南精英与辛亥前后的政局》，郭太风、廖大伟主编：《东南社会与中国近代化》，上海古籍出版社2005年版，第405页。

② 杨东梁：《晚清东南社会变迁与近代化智力资源积累》，《史学月刊》2002年第11期。

③ 同上。

645个，比明代增加了2倍。名镇经济圈的形成对促进文化教育、培养大量人才提供了良好基础。

我们可以清楚地看到晚清广东驻外使领多出自两个地方：香山、南海。都是当时的名镇。拿香山来说，此与自古以来的人才文化渊源是分不开的。香山镇在北宋元丰年间，“侨佃户主客共五千八百三十人”，若以5人1户计算则香山镇当时已是上千户的大镇。经济的发达、人口的密集，都为人才储备打下良好基础。随着广东成为中国外交门户，香山与南海也成为受中外文化交流影响颇深的两个地方。地理位置优越，钟灵神秀、人文蔚起，名人辈出、饮誉四方。而反过来，镇又以名人而促进了自身的经济文化发展。如自宋代以来，珠三角人才崭露头角，到“明兴，才贤大起”，南（海）、番（禺）、顺（德）三县明代有进士333人，举人1225人，分占全省同类人才38%和19%，堪为广东人才渊薮。这个人才群体中的佼佼者，也多产于名镇：香山、新会、增城、番禺、顺德、南海为典型代表。从明清早期新会陈白沙，增城湛若水，番禺屈大均、陈澧，顺德陈恭尹，南海梁佩兰、朱次琦，到晚近花都洪秀全，珠海郑观应、容闳，南海康有为、詹天佑，新会梁启超，中山孙中山，番禺朱执信等，皆为一时之俊彦，几乎左右了近代中国政治、科技、文化发展潮流，谱写中国人才史上最光辉一页。此是广东人才的历史大背景，从这样的历史大背景看广东驻外使领人才的崛起，是很好理解的。容闳、郑观应等这些人物，在中国近代史上都是很有影响的。这些人都是最早吸纳西方思想文化，并进行自我加工，使其为我所用的人。他们能站在时代的前列，与他们善于学习和吸收西方思想是有着密切的联系的。比如容闳，将西方学术思想灌输回国内，为教育事业作出了重要贡献。

2. 广东驻外使领与广东人才近代化

步入近代以后，广州作为中国近代历史上开放最早，成为中国对外贸易极度发达的重要口岸；对外经济、文化交流频繁，得海外风气之先。虽然全国在不平等条约制约下沿海沿江开放更多的口岸，但广州的外交地位始终无可取代，依然是中国中西交流频繁之地，也是中西文化思想碰撞激烈的地方。“广东是中国近代最先‘开风气’的地区，也是晚清近代化智力资源的重要储备库之一。当英国割占香港后，广东更紧邻着一个西方资本主义在中国大门口的橱窗，一些有志救国的仁人志士正是从这个近在咫尺的殖民地城市去感受‘西方文明’的”①。随着近代工商业的成长，到

① 杨东梁：《晚清东南社会变迁与近代化智力资源积累》，《史学月刊》2002年第11期。

20 世纪初叶，在中国东部兴起了三个重要的近代经济区：以上海为中心的长江下游三角洲地区，以天津为中心的渤海湾地区，以广州为中心的珠江三角洲地区。其中广州是最早的对外通商口岸之一，也是省会城市，在华南地区的政治经济地位首屈一指，对于西南和福建、赣南地区和海外华侨具有独特的影响力。作为一个远离政治统治中心而得欧美风气之先的华南都会，广州在近代不断孕育着具有问鼎全国的政治力量。① 这里问“鼎全国的政治力量”指的便是广东籍人才群体，作为晚清政治舞台上新的重要人才群体——广东籍驻外使领也为中国外交近代化发挥了重要作用。

晚清以来南屏容闳、南海康有为、新会梁启超、中山孙中山、番禺朱执信等名流出现，皆为一时之俊彦，外交人才群体也是其中熠熠之星。广东近代外交人才都是最早吸纳西方思想文化，并能融合中西兼具通才的人。他们站在时代前列学习和吸收西方思想。如优秀的驻外使领张荫桓、容闳等人，都能贯通中西，为中国外交近代化留下足可令后人品鉴的精神财富。

（三）浙江一带外交人才辈出的原因分析

中国历史上就存在着政治经济发展的不平衡性。东晋以来，中国政治经济重心开始南移。东南之地特别是浙江一带逐渐成为中国鱼米之乡、经济文化繁盛之地。明清以来，南方经济得到充分发展，资本主义萌芽也开始在这一带出现并缓慢发展。浙江历来为中国东南赋税重地，承担着国家财政收入的大部分任务。经济的中心地位决定了这一区域政治上的重要影响。这里的人才群体也多带有知识开阔、勇于探索和经世致用的思想特点。明中叶以后“全国人才以东南最盛”。特别是两浙地区或江南之地(包括应天、苏州、杭州、嘉兴、镇江等八府)，素有“江南进士甲天下”之说。而江南地区则又以苏州为中心。明人王士性曾指出：“苏人以为雅者，则四方随而雅之；俗者，则随而俗之。”② 他还在《广志绎》中将浙江全省 11 府分为浙东和浙西两大部分：“两浙东西以江为界，而风俗因之：浙西俗繁华，人性纤巧，雅文物……多巨室大豪……非市井小民之利。浙东俗敦朴，人性俭啬椎鲁，尚古淳风，重节概……”③ 历史的沉淀加上时代的变迁和现实环境的催发，浙江地区孕育了中国近代社会具有深

---

① 郭太风、廖大伟主编：《东南社会与中国近代化》，上海古籍出版社 2005 年版，第 56、57 页。

② （明）王士性：《广志绎》卷四，中华书局 1981 年点校本，第 33 页。

③ 同上书，第 67、68 页。

远影响的人才群体，晚清驻外使领则是比较引人注目的一个。

上海在 1843 年开埠之后，凭借其独特的地理优势，迅速发展为中国近代最大的工商业城市。同时，它处于传统农业基本经济区的中心，把中国最大赋税的江南地区与世界经济联系起来，这种传统农业基本经济区与近代基本经济区的符合，是其他近代经济区域所不具备的。因此，我们可以说，以上海为中心的长江三角洲地区是中国近代的核心基本经济区，控制了这一地区，才有可能控制全国。[①] 换句话说就是“经济可以成就政治”，这恰恰印证了那么一句有关中国近代化过程中人才群体分布的话——“广东人革命、江浙人出钱、湖南人出命”。虽然不乏雅谑之意，却从一定程度上将这三个区域的人才群体特点鲜明地道了出来。正是在这样的社会客观条件下，人才群体的形成才带有明显的地方特色。以上海为辐射中心，整个浙江人才在全国占有优势的经济文化的阜盛中脱颖而出。驻外使领是其中的精英分子。浙江原为文风鼎盛之区，鸦片战争后，宁波成为最早对外开放的口岸之一，对外贸易兴盛，经济、文化发展很快。以学会的创办为例，从 1897 年（光绪二十三年）到 1911 年（宣统三年），浙江籍人士在省内外创办的学会有 37 个，约占全国学会总数（211 个）的 17.54%。1897 年，杭州又设“求是学堂”，讲求实用之学。从此，各地多设新式学堂，浙江省风气大开，至 1902 年（光绪二十八年），浙江共有官立学堂 34 所，当年毕业生 32 人，两项指标都居全国第一位。江苏地区富裕，文教发达，其社会精英多主张革新。[②]

1. 传统人才培养机制——科举的影响

东晋时期中国政治和经济中心南移以后，浙江一带经济便逐渐繁荣，城市群崛起成为国家赋税重地，经济的繁盛为文化教育的发展提供了良好的前提，所以使得浙江一带进而成为历代人才密集之地。近代以来，国家对南方的经济依赖程度愈来愈重，尤其晚清时期表现更为明显。历次科举结果也同时表明了这一点。

据统计，晚清（1840—1911）这段时间中，截止到光绪甲辰恩科，晚清科举共产生进士 7972 人，其中江苏 613 人占第一位，浙江 608 人占第二位，山东 576 人、江西 570 人分列第三、第四位，接下来便是河南、八旗和福建在其余各省份中遥遥领先。[③] 出现这种状况的原因有三：“一

① 郭太风、廖大伟主编：《东南社会与中国近代化》，上海古籍出版社 2005 年版，第 56、57 页。

② 杨东梁：《晚清东南社会变迁与近代化智力资源积累》，《史学月刊》2002 年第 11 期。

③ 朱保炯、谢沛霖编：《明清进士题名碑录索引》，上海古籍出版社 1980 年版。

是因为江南经济之富庶为当地人的科举应试提供了坚实的经济基础；二是江南区域社会弥漫着以后总‘好学勤学、重教重开、擅长科考’的风气，使得进士绵绵不绝；三是江南为文献渊薮，钟灵毓秀，教育发达，书院林立，再加上江南人桑梓情深，前贤后昆相互汲引，遂使江南进士冠绝海内。”[①] 如驻外公使中浙江籍的许景澄和汪凤藻就是翰林出身，而江苏无锡籍的晚清一代使才薛福成则也曾热衷传统科场。

由此可见，就传统人才总体分布来讲，浙江地区占据着巨大的优势，作为人才群体之一的外交人才和驻外使领多出于此区域亦顺理成章之事。

2. 浙江近代新型人才涌现的客观条件

到了近代，侵略者从广州登陆，以浙江为通道逐渐向中国内陆渗透。从五口通商到长江中上游延河口岸的次第开放，使得这一线口岸区受到外来经济和文化思想冲击日益明显。这些地区又以浙江为最。综合起来，浙江与江苏还是以上海为辐射中心的，浙江的外交人才籍贯分布也主要以分布在上海为主。浙江与东南沿海一带的日益开放可以通过晚清时期开放的商埠得到印证。在 1843 年至 1911 年中国被迫开放的商埠中，广东 8 个、江苏 5 个、福建 4 个、浙江 3 个，较之沿海省份山东（4 个）以及沿长江一线的省份如四川（1 个）、湖北（3 个）、湖南（3 个）[②]、浙江两地和广东、福建四地明显占据多数，足见受侵略之深亦足见受西方影响的程度远在他省之上，其经济、文化、民风、思想意识在一定程度上均有近代化迹象。表现之一便是新型人才群体的涌现，外交人才群体是其重要组成部分。其中西学的日益繁盛也是重要原因之一。

咸丰年间，五口通商，西方在华传教开展，新教士尤为活跃，创办报刊为其一。自 1853 年起，20 余年间，重要期刊有在香港出版的《遐迩贯珍》(*Chinese Serial*)，宁波的《中外新报》(*Chinese and Foreign Gazette*)，上海的《六合丛谈》(*Shanghai Serial*)、《中外杂志》(*Shanghai Miscellany*)、《教会新报》(*Church News*)，北京的《中西见闻录》。《教会新报》后改为《万国公报》(*Review of the Times* 或 *The Globe Magazine*)，并增出《益智新录》(*A Miscellany of Useful Knowledge*)，专言科学。《中西见闻录》易名《格致汇编》(*Chinese Scientific Magazine*)。中文日报，有香港的《中外新报》、《华字日报》，上海的《上海新报》，以及日后成为中国第一大报的《申报》。报刊的宗旨，大都为通中外之情，述西学概况。不

---

① 邹逸麟编：《中国历史地理概述》，上海教育出版社 2005 年版，第 367 页。

② 徐泰来、王继平等编：《中国近代史记》，湖南人民出版社 1989 年版，第 736 页。

论是否是真正为中国人的利益，但对于促进中国人对西方的了解，以及启发中国人的学术观念，自有其作用。进一步为西方专著的介绍，[①] 中学的融通、西学的浸染，使浙江一带的人才带上鲜明的为现实所用的特征。如浙江钱塘思想家汪康年、张元济、章炳麟等就是典型代表。汪康年既履行科举的传统人才成长规则，又提倡变法图强，他对浙江籍人士的影响是巨大的。他是光绪年间进士，后入张之洞幕。中日甲午战争后力主变法图强，提出："非将教育、政治，一切经国家、治人民之大经大法，改弦易辙，不足以变法。"不久在上海与诸名流集议，探讨"中国之所以贫弱，西方之所以富强"的原因。1895 年参加上海强学会。次年与夏曾佑等创办《时务报》自任经理，聘梁启超为主笔，著文宣传资产阶级民权思想，后来还积极拥护清政府"新政"。在浙江籍驻外使领中以驻英公使汪大燮与汪康年关系最近，是汪康年的堂兄。在实业救国、教育救国的思潮影响下，加之清政府鼓励地方办新式教育，浙江的新式学堂大批涌现。"全省各地也纷纷成立劝学所、教育会、宣讲所。这时，不仅维新变法期间创办在杭州、温州等地的几所学堂得以复苏和发展，同时在全省各地也举办了一大批新式学堂"[②]。

新式教育机构的出现改变了传统的社会结构和人才结构。不断扩大的新式人才队伍，使得传统社会的结构发生变化，进而形成以国内毕业生为基干，留学生、开明人士和外籍人员为引导和补充的近代化人才体系。其他如章炳麟也曾是革命派激进人物。这些人物的产生跟浙江驻外使领人才一样不是偶然的，是历史客观环境和时代的必然产物。

这几个省份的人最早最深地受到西方事物的浸染，接触到与中国传统文化背景迥异的新兴事物。帝国主义更多更广的经济侵略在给这些地方带来深重灾难的同时也启发了当地人们向往先进文化形式的心理。于是便产生了一批兼具传统文化内涵和西方文明知识的人物，外交人才群体的成长与这一客观大环境是紧密相关的。加上此后的清政府逐渐意识到招揽和培养适应新形势的新型人才的重要性，特别是同文馆的成立，都是促成新型人才涌现的重要原因。在驻外公使中，同文馆毕业的有 11 人，是较大的一个组成部分。

3. 晚清留学大潮的影响

晚清选派留学生开始于 19 世纪 70 年代，在甲午战争后人数激增。

---

① 郭廷以：《近代中国史纲》，中国社会科学出版社 1999 年版，第 201—202 页。

② 徐和雍、郑云山、赵世培编：《浙江近代史》，浙江人民出版社 1982 年版，第 213 页。

“新政期间，由于不分官费自费概以科名赏学成归国者，遂使留学蔚为潮流”。在留学热潮中尤以广东、浙江等地人为多，这些留学生中产生了大批思想先进或拥有专业技术的人才，其中就有很多外交人才，包括晚清驻外使领。

任云仙曾分析晚清驻外公使的群体构成与知识构成，认为在甲午战后的驻外公使中，受过新式教育的有21人，其中同文馆毕业者11人，留学生8人①，而在这8位“留学生公使”中，吴德章、罗丰禄二人为福建人，伍廷芳、刘玉麟、梁诚、杨晟四人均为广东人，施肇基为浙江人，曾广铨为湖南人，福建和广东两地人氏依然占据绝对优势。

在整个晚清的留学大潮中，无论官派还是自费，浙江、广东、福建都占大多数。以浙江为例，“推行新政期间，浙江官府派遣留学生数大增……据《浙江潮》统计，1901—1903年，浙江官费自费去日本留学的共有121人”②。这还仅是两年之间的去日本的留学生统计，可见浙江留学潮之盛、人数之多。在近代中国社会变型期这一重要阶段走出国门的群体，他们回国后均有不俗表现，晚清外交人才群体的知识构成也因之而起了变化。晚清驻外公使中以粤、闽、浙、苏等地为代表的人才群体，在晚清的外交舞台上扮演了重要角色，为中国外交的近代化作出了重要贡献。

（四）湖南、安徽两地的驻外使领与晚清曾、李两大幕府

前述表的小结中已有提及，晚清曾、李两大幕府对中国近代外交人才群体的形成和地理分布具有不可忽视的作用。这主要表现在驻外公使的籍贯分布上。

1. 关系综述

在叙述晚清曾、李两大幕府与晚清驻外公使籍贯分布之前，我们首先必须明白三点：

其一，晚清曾、李两大幕府多用通晓洋务之士（其他各类人才亦举不胜举）。而晚清的洋务人才、实用专员多出自三个方面：一是传统知识结构下的自身转变，这些人都来自幕府自身教育的人才——本门子弟或门生等亲近关系的人，如薛福成、曾纪泽、李经方等，后者还具有非常惊人的英语水平；二是同文馆、江南制造总局、广方言馆等专门培养机构出身

① 任云仙：《晚清驻外使臣的群体构成与知识结构》，《贵州社会科学》2005年第3期。
② 徐和雍、郑云山、赵世培编：《浙江近代史》，浙江人民出版社1982年版，第216页。

的学生、专才，如汪凤藻、刘式训、张德彝等；三是出过洋留过学的擅长西学者，如罗丰禄、伍廷芳、曾广铨等，张德彝也曾数次充任外使。当然，基于政治派系，曾国藩和李鸿章幕府对于传统科举出身的外交人才也是用之不漏，如郭嵩焘、陈兰彬、许景澄、崔国因等。

其二，我们还要明白的是，当时能热爱洋务与新学，并能热情参与其中的，多是以广东、江苏、浙江、福建等人数为最多，原因已在前面叙述过了。

其三，我们必须了解到，广东、江浙、福建等地的人才群体真正成为晚清政治舞台上重要的外交人才要有三个条件：第一，自身通晓西学或具有足以适应晚清社会现实需要的才干，这些才干还必须为当权者（曾、李幕府）知晓。第二，必须有紧密的社会关系。他们有的科举成功或能走进为当权当政者看重的机构如同文馆、江南制造总局、广方言馆等专门培养机构，或直接到过国外亲身接触过外洋事务，或是幕府重要人物的旧知、门生，如钱恂就是薛福成的门生，后出任二等参赞，最终在陆征祥推荐下成为驻荷兰公使。利用社会关系和教育背景已成为待价而沽的人才晋身之阶。在这样的条件下才更有优势与机会获得为两大幕府服务的胜筹。第三，最终为当政者选中，并被派遣相应职位。

明白了以上三点便很好理解为什么曾、李两大幕府在晚清外交人才和驻外使领的籍贯分布上具有如此大的影响了。东南人才群体自身因素是基础，而幕府则是他们走出国门成为驻外使领的重要政治平台。几个因素交织影响，形成一张巨大的人事网，使得晚清两大幕府在内政外交中总处于中枢集团的最核心。

2. 两大幕府的影响

曾国藩幕府的盛况，当时人们即赞颂不已。薛福成在《庸庵笔记》中说，曾氏幕府，集天下俊彦之士达 83 人。在这 80 余人中，后来官至总督、巡抚、尚书、侍郎者有李鸿章、李翰章、郭嵩焘、左宗棠、刘蓉、唐训方、彭玉麟、钱应溥、黎庶昌、何璟、倪文蔚、李宗羲等十余人，还有科学技术专家如徐寿、左衡芳、李善兰等，文士“四大门生”吴汝纶等，外交人才如郭嵩焘、薛福成等则是通晓各方面情况如财政防务的通才。曾国藩的幕府 80 余人中湘籍占 1/4，是曾氏幕府的基本阵营。湘军将帅由军而政，遍布天下，形成庞大的湘系军事政治集团。其根本原因在于乡土观念中添加了官场基因，凝聚成地方实力派系。李鸿章所建淮军，主要的士兵来源、将领幕府也都以皖籍为主。

具体到晚清驻外使领，在湖南的 4 个驻外公使中，曾纪泽、曾广铨系曾国藩后人，郭嵩焘是曾氏幕府的著名人物，亦是曾氏的儿女亲家。其他地方如广东的陈兰彬也是曾氏幕府的重要人物，贵州的黎庶昌则是曾国藩的“四大门生”之一，等等。而在安徽的6人中，李经方、李经迈、李国杰等俱为淮军巨虁李鸿章后人，龚照瑗与李鸿章也有姻亲关系，李兴锐、薛福成和容闳则先后都是曾国藩、李鸿章幕府的重要成员。与李鸿章有关系的驻外公使还包括罗丰禄、伍廷芳、刘瑞芬、李凤苞、张荫桓、许景澄、崔国因等14人。总起来看，至1901年李鸿章去世之前，谕命为驻外使臣的35人中，有26人与李鸿章有着不同程度的关系，这种影响力，是当时其他任何一位政坛人物所无法替代的。

与晚清两大幕府有关系的驻外公使占据了总人数的1/3还强。但就籍贯而论，安徽、湖南籍驻外公使加驻外领事总计24人，两大幕府的直系人员占了几乎1/2。

这两大幕府对晚清驻外公使的籍贯分布影响包括直接影响和间接影响。直接影响是指曾国藩、李鸿章在保举驻外公使时首先考虑本系（湘系、淮系）的幕府人物如郭嵩焘、薛福成，包括直系子弟如曾纪泽、李经方等人；间接影响则是指，所保举的驻外公使中的随员、翻译、参赞等人物的选择。因为清政府在遣使之初，相关制度还不健全而且人才缺乏，所以，公使随员便由其自己挑选，他们挑选人才也多在曾、李两大幕府中进行。且幕府人才众多，很多都是广东、浙江地区兼通中西的人才。如郭嵩焘出使就挑选了马建忠、张德彝、黎庶昌、凤仪等对海外交涉有经验或通晓洋务之人，这样一来相应地又扩大了幕府在晚清外交使领集团中的影响，同时也影响到了这一外交人才群体的地理分布。其实还有一点必须说明的是，因曾国藩于1872年去世，曾氏幕府在形式上已散落。所以他对驻外使领群体的影响主要在晚清前期外交的思想层面上。而李鸿章从1870年到1901年去世，历任北洋大臣、总理衙门大臣，把持晚清政界要权达30多年，他对驻外使领的保举升迁影响远远大于曾国藩。

3. 曾国藩对其幕僚外交思想的影响

通过以上简要分析，足见晚清两大幕府与近代外交人才群体的关系是何等的密切。罗尔纲曾强调曾国藩幕府乃是晚清人才之渊薮，实非虚言。曾国藩在近代人才的培养上是有口皆碑的。他“通过广收、慎用、培养的办法使幕府中人得以发展，成为各种人才，在此基础上他又推荐了大批幕僚出任各级官吏，使曾幕成为晚清培育与输送人才的一大基地”①。从

---

① 王继平：《湘军集团与晚清湖南》，中国社会科学出版社2002年版，第168页。

曾氏幕府出来的人物遍布晚清政治、经济、军事、外交的各个领域，“出幕之后，更成为独当重任、活跃于晚清社会各个方面的杰出人才”①，其“培育的大批经邦治国人才，史所罕见”②。李鸿章幕府情况在人才招致、培养方面与曾氏有很多相同之处，但李氏幕府人数更多、领域也更为广阔，在加强以乡土、亲朋、同学、师生等关系为纽带的同时，注重近代化经济、文化因素，以切合不断变化的社会现实需要。

幕主与幕僚之间相互影响的辙痕在他们言行与思想中有鲜明体现。尤以曾氏幕府为最。与李鸿章、左宗棠等人相比，曾国藩地位最高、权力最大、辖地与属员也最多，他在朝廷以及士林中的地位都是其他两位望尘莫及的。所以他对幕僚的影响也是最为深远的。其幕僚对曾国藩也是尊之为师。从道德修养、为人处世到学术观点、文学理论，以至军事、政治、经济、外交等方面，都在不同程度上受到曾国藩影响。薛福成称他们虽“专司文事，然独克揽其全。譬之导水，幕府则众流之汇也；譬之力穑，幕府则播种之区也。故其得才尤盛”③，此语中的。李鸿章就曾说自己前半生功名事业出于老师的提挈，办理外交的本领也倚仗老师曾国藩“一言指示之力”④。

曾氏幕僚中人数最多、影响最大的是从政人员。有“名臣能吏，半出其门”⑤ 的说法。《清史稿》中李瀚章在外交人才李兴锐等人传后如是评论：“此十人虽治绩不必尽同，其贤者至今尤挂人口，庶几不失曾左遗风欤。”⑥

而事实上曾国藩根本不是政府的专职外交官，但是他的外交思想却深深地影响了李鸿章及薛福成、曾纪泽等幕府人物，具体来说就是“诚信待夷”。有人就把他的外交思想概括为四个字：“诚”、“信”、“和”、“争”，即在诚信的基础上尽量维持和局，在和局中尽量为国家争取一定的权利。“以曾国藩为首领，李鸿章为中坚的疆吏的意见亦属相同，一面信守相约，一面力图自强”⑦。

“诚信待夷”是曾国藩和李鸿章把外交思想与传统的儒家学说参照应

---

① 王继平：《湘军集团与晚清湖南》，中国社会科学出版社 2002 年版，第 171 页。

② 同上书，第 166 页。

③ 薛福成：《庸庵文编》，上海古籍出版社 1985 年版，第 21 页。

④ 吴永：《庚子西守丛谈》，岳麓书社 1985 年版，第 13 页。

⑤ 中国社会科学院近代史所编：《曾国藩未刊往来信稿》，岳麓书社 1986 年版，第 273 页。

⑥ 李瀚章等：《清史稿》，中华书局 1996 年版，第 12511 页。

⑦ 郭廷以：《近代中国史纲》，中国社会科学出版社 1999 年版，第 184 页。

用的产物。也是晚清外交发展到条约制度阶段后，清政府上层统治集团遵循条约规范的外交思想的表现之一。他们主张对洋人要“诚”、“忠”、“信”。即“诚者，不欺者也。不欺者，心无私著也”。所谓“若心中不著私物，又何必欺人哉?”① 所以诚信待夷就是主张以诚信对待洋人，不要心存欺诈，奉行“凡中外交涉之事，总以必诚必信为主”。而这对于现代外交观点来看委实有点中国老道的“憨厚”之举，间接导致“敌焰更盛”。

曾国藩在1862年致李鸿章的信函中“抒其对于外交之见解”②，谆谆之间要求李鸿章诚信待洋人：“夷务本难措置，然根本不外孔子忠信笃敬四字。笃者，厚也。敬者，慎也。信，只不说假话耳，然却难。吾辈当从此一字下手，今日说之话，明日勿因小利害而变。”③ 曾氏在此提出“坚守和约”恰恰体现了他对外国侵略者“推诚相与”且又讲究所谓“信义”、“笃敬”的基本立场和观点。可以说李鸿章在很忠实地继承并履行着老师的诚信外交思想，他在与洋人交往中，“遵师训忠信笃敬四字，与之交往”④。他自己也说：“别人都晓得我前半部的功名事业是老师提挈的，似乎讲到洋务，老师还不如我内行。不知我办一辈子外交，没有闹出乱子，都是我老师一言指示之力。”“后来办理交涉，不论英俄德法，我只捧着这个锦囊，用一个诚字，同他相对，果然没有差错，且有很收大效的时候。古人谓一言可以终身行，真有此理。”⑤ 对比曾国藩和李鸿章的外交思想我们会发现二者有着惊人的相似之处。其他诸如曾纪泽、薛福成的外交思想虽然各成一系，却都在一定程度上受到曾国藩的影响，这可从曾纪泽在中法战争中由“主战”到“主和”的转变看出来。可见，两大幕府由此对晚清外交产生的影响也是非同小可，对晚清驻外使领籍贯的分布只是其一。

总之，晚清曾、李两大幕府对中国近代外交人才群体特别是驻外使领的形成和地理分布以及近代外交思想形成与发展都具有不容忽视的影响。

综前所述，可见晚清外交人才核心群体——驻外使领的地理分布呈现集中状态，多集中于粤、闽、浙、苏四大地区，湖南、安徽两省人数不多

---

① 曾国藩：《曾国藩全集·日记》，岳麓书社1994年版，第39页。
② 王德亮：《曾国藩之民族思想》，商务印书馆1948年版，第63页。
③ 曾国藩：《曾国藩全集·书信》，岳麓书社1994年版，第115页。
④ 李鸿章：《李鸿章全集》，海口出版社1999年版，第26页。
⑤ 吴永：《庚子西狩丛谈》，岳麓书社1985年版，第108、110页。

却充分证明了晚清两大幕府对中国近代外交特别是驻外公使派遣的政治影响。当然，驻外使领特别是驻外公使中八旗宗室亦占不小的比例，因其籍贯分布记载多限于出身且资料不完善，在此不予赘述。这样的人才地理分布打着深刻的那个时代的特殊烙印，通过各个角度来分析晚清驻外使领的籍贯分布，对于了解当时中国的政治经济和对外关系都具有重大意义，对当代的人才群体研究亦有重要的借鉴和启迪作用。

四　晚清驻外使领与区域风气

1894—1895 年的中日甲午战争是晚清外交的分水岭。这场战争宣告了清政府自强运动——洋务运动的彻底破产，同时也宣告了中国外交传统模式——朝贡体制的最终崩溃。它给中国近代社会政治经济、思想文化带来的冲击是巨大的、影响是深远的。一个几乎与中国有着同样遭遇的弹丸之国打败了堂堂大清帝国，单就这一点，近代中国人不得不沉重而深刻地思考。由此，晚清外交无论从思想的演变还是具体策略，都发生了深刻变化。甲午战争前我们姑且叫它“过渡时期”，它延续了传统外交的最后 45 年，为中国外交向近代化的过渡创设了思想与制度的雏形；战后则为“转变时期”，虽然时间短暂（只有 16 年），但中国外交近代化已经迈出了重要的步子，并为中国外交向现代化转变提供了器物与思想的基础。中国正式对外遣使始于 1877 年，从 1877 年到清帝逊位，晚清的驻外使领总计踏入国际外交 35 年，起步之晚、起点之低、变故之多都是罕见的。在以甲午战争为分水岭的两个外交时期，晚清驻外使领人才群体从知识构成、思想演变到籍贯分布、区域风气影响，都出现了很多新的特点和发展趋势。可以说，在他们成为驻外使领之前，区域风气孕育了其人才品格；他们走上外交舞台后，反过来又对区域风气产生了不可低估的影响。二者是相互影响促进的关系。甲午之战致使晚清政局世事代谢，这里，笔者对晚清驻外使领的群体分类以驻外公使为主，而区域风气则以驻外领事为主。

（一）两大时期的交替与三个群体的潜跃晚清外交的两个时期

胡秋原曾将晚清外交分为两个时期：妄自尊大时期，妄自菲薄时期。认为晚清前期一直端着天朝的架子将外交等同于通商，“至于中国许外人通商，乃是朝廷给予外人的一种特殊恩惠”；后期在吃了列强炮火的亏后由排外发展到媚外，“民族精神亦自此委顿”①。当然，他是从心理层面分期。吴宝晓则将晚清外交分为“军事和经济近代化阶段”与“政治近代化阶段”两大时期，② 这是从两个时期的本质特点分析做出的论断。从胡、吴两人的分期来看，其内里都是一样的，都以甲午战争为分界，只是总结的角度不一样。综合二人的观点，笔者把晚清外交分为“过渡时期”与“转变时期”。当然，这样的分期不是绝对的，过渡与转变本来就有同步进行的意味。但是，正如陈旭麓先生所指出的那样“《南京条约》之后，中国社会一步步地沦为殖民地。这是一个量变的过程。但量变中有局部的质变，过程因而显出了阶段性。庚子和辛丑之交是一个阶段的结束和另一个阶段的开始”③。“量变中有局部的质变”、“一个阶段的结束和另一个阶段的开始”的说法同样适用于晚清外交的分期。中日甲午战争也是晚清外交前期的结束和后期的开始。过渡时期为转变打下基础，转变时期承接并发展了过渡时期的特点，持续地推进了中国外交的近代化。

过渡时期，确切地说是 1876—1895 年，这个时代有着自己鲜明的特点：经过清政府的自强运动，中国近代化开始起步，中国近代人学习西方也开始由器物层面向制度层面过渡。从羡慕西方的机器、铁路等重工业文明过渡到对海外贸易、经济商战的推崇和实践。具体到外交方面，晚清政府的外交已经由传统朝贡体制下的“人臣无外交”坠落到近代条约制度下的“弱国无外交”，从而才有近代化外交机构设立、海外使领制度初步建立。这样的转变，大大刺激了近代中国人的思想观念的转变，终于在甲午战争后促发了维新运动和资产阶级革命大潮。而晚清的驻外使领群体因为处于国际的风口浪尖，能更深刻地了解到国际局势和世界的新变化。他们开启中国外交思想新阶段，促进了西学东渐，他们在这一期间的思想活动正印证了这一点。

转变时期，即 1895—1911 年，其间晚清政府在对待列强的态度上也开始讲求“利权”，“1902 年，清政府与英国订立通商续约，达成了在中国司法法律改革皆臻妥善的情况下，‘英国即允放弃治外法权’的协议。翌年中美、中日通商续约亦达成同样协议”④。这虽仅是列强的表面文章却也反映了晚清政府在外交上的进步。另外，成立外务部，对外遣使人数大大增加，而且在选择使领的问题上更加注重西学知识和外交经验。由于

① 胡秋原：《近百年中外关系》，台湾文海出版社 1971 年版，第 8—10 页。
② 吴宝晓：《初出国门》，武汉大学出版社 2000 年版。
③ 陈旭麓：《近代中国社会的新陈代谢》，上海社会科学院出版社 2006 年版，第 216 页。
④ 李育民：《近代中国的条约制度》，湖南师范大学出版社 1995 年版，第 454—455 页。

李鸿章的去世，洋务派日薄西山。维新和革命思潮大涨。随着新式教育改革的进行，留学大潮的兴起，为中国外交近代化打下人才基础，新式教育培养的驻外使领人数稳步增长。这一期间晚清驻外使领群体的知识构成有所改变，开始从传统型外交事务交涉向外交职业化转变，开始利用进步的国际利权观念开展外交活动。他们还积极参加政治改革，与维新运动甚至辛亥革命都有着密切关系，这方面，郭双林有过不少论述。

前人在研究晚清驻外使领的时候往往按照使领自身的知识构成与转变来分类，如任云仙就按照是否科举正途出身、是否受过新式教育来为驻外公使分类；郭双林、吴宝晓等也曾就驻外使领归国以后的行为或结局来为晚清驻外使领分类。以上诸人对驻外使领的分类并没提到与区域风气的关系。

笔者通过对晚清驻外使领籍贯分布、人文背景和迥异的地域风气影响等层面考察，认为晚清驻外使领可分为三个群体：一是受过良好的传统教育且通晓洋务的“洋务开明派”，他们思想开通并支持统治阶层革新，以郭嵩焘、薛福成、曾纪泽为代表，这一群体人物众多，如张荫桓、汪大燮、郑藻如等；二是“顽固传统派”，他们曾一度属于晚清的清流派，从国内从政到出使归来思想都无甚大改变甚至连洋务都反对到底的人，这类人已经越来越少，尤以刘锡鸿最为典型，其他如导致第一批留美学生返国的陈兰彬；三是思想意识有巨大变化并直接参与到政治近代化中来的“政治近代派”，如黄遵宪、容闳，前者还直接推动了湖南新政进程，成为资产阶级维新派著名人物。其实每个群体成员的思想并非一成不变，人的思想意识是时代的产物，所以他们的思想转变是随着晚清外交时代的发展而变化的，并对区域风气的形成发展产生了巨大影响。

说到底晚清政府对外遣使目的无外乎两个：第一，更多地了解国外事；第二，便利与外人交涉。这样的宏观遣使理念直接影响到驻外使领的构成。从其派遣的使臣中我们可以了解到，大部分的驻外大臣出使前都是通晓洋务的重要人物，如郭嵩焘、郑藻如、张荫桓、张德彝等，而他们在出使后又都能充分地了解外国风土人情，郭嵩焘自不必说，张德彝的八部《述奇》也具有非凡的意义。出使大臣的各种日记、文牍无一不说明了这一点。他们还从政治和经济上了解更多的东西，产生了新的思想，从而对中国传统的思想文化产生了巨大的冲击，使得中国的近代外交终于结束了陈旧的时代特色，而到达另外一个境界，这才是真正意义上的外交：我们不再是躲在国门之内等待列强兴师前来并任由其用炮火和不平等条约分割我们的国土，我们已经开始走出国门，在国际舞台上斡旋。无论开始多么的难堪、过程多么的艰辛，中国从此才算有了真正意义上的“外交”。但这只是过渡时期的外交使领特点，这些驻外公使究竟也没摆脱洋务的影子。事实上，驻外公使群体并不是这么单纯。

清政府初期遣使时认为一个理想的使才应具有以下素质：“一是‘体用悉备’；二是‘为守兼优’；三是‘有胆有识’；四是‘通权达变’。”① 在选举驻外使领时多考虑中西兼通之士。而李鸿章在保举驻外使领时却一般不重科甲门第，如龚照瑗以“布贩从军”照常得到荐举。所以有人说甲午战争前的驻外公使中“既有怀抱理想而走向世界的先驱者，也有庸庸懦懦的庸俗官僚，还有遭人议论、孜孜为利的所谓小人”②，这话是有一定道理的。这样的遣使规则也是晚清驻外使领特别是驻外公使群体分化组合的直接原因。甲午战争之败使中国人彻底明白了中国在世界之林中的处境。上层官僚集团也从所谓的“同治中兴”中苏醒过来，开始试着了解世界。代表中国走向世界的驻外使领群体的构成也发生了相应的变化，这种变化在驻外公使中更为明显。甲午战争之前的驻外公使多为中国传统知识分子，甲午战争之后，一大批受过西方教育的中国知识分子开始充任驻外公使。

甲午战争后，李鸿章的去世、洋务派的式微都给驻外公使的群体结构带来影响。“甲午一战，李鸿章为首的淮军政治地位丧失殆尽”③，这也连带到驻外公使。李氏所举荐的驻外公使中有很多或因过世或因退隐、革职等已经不在政界，如曾纪泽、薛福成已经过世；崔国因、陈兰彬退居不仕；而李凤苞、徐承祖等则被革职，张荫桓、许景澄也被杀；其余如伍廷芳、吕海寰等则转向新的政治集团，如荣禄、张之洞幕府。时代的变迁在他们身上的烙印更深。新成长起来的政治势力都很分散，对内政外交的把持不如曾、李两大幕府明显。特别是驻外领事多是在晚清后期成长起来的新的外交力量，多数曾接受同文馆、留学等新式教育，拥有使馆随员、驻外参赞的外交经历，他们对区域风气的影响则有更为明显的近代化特点。

（二）晚清驻外使领与区域风气

区域风气是指一定地域内（大到一个国家的区域或省份、小到一个城市甚或社区）所固有的有别于其他区域的地方风气，包括历史传沿的

---

① 南方网：《曾国藩举荐广东吴川人陈兰彬进士为中国第一任驻美大使》。

② 同上。

③ 戴东阳：《晚清驻外使臣与政治派系》，《史林》2004 年第 6 期。

风俗习惯、人文传统，还包括客观环境等。区域风气是一个有着固定历史文化传统的综合体系，它不是一成不变而是一个随时代变迁而变化的动态过程。所以，晚清使领受命前在生长环境中得到当地区域风气浸染，养成具有一定地域特色的人才品格；反过来，驻外使领又通过自己的影响力和活动从人文角度影响所在地的区域风气，有政治上的、经济上的，也有教育和其他方面的。二者之间的相互影响统一反映到区域风气的发展过程中，正体现出社会与时代的变迁趋势。

关于晚清驻外使领与区域风气，笔者试从驻外使领出使之前和出使之后分开来论述。其实我们在分析各省外交使领分布不均的原因时，已经涉及各地方风气对当地外交人才群体形成的重要影响，所以，在这里，笔者仅就驻外使领对地方的区域影响略做论述。吴宝晓曾对驻外公使出使前的活动做过如下总结[①]：

（1）挫败西方侵略者企图，维护国家经济主权。如1876年张荫桓拒绝英国在烟台码头收捐税；1878年，刘瑞芬在苏松太道任内，阻止洋商在上海扩大码头的适用范围，严禁洋人逃税，大小英国企图说服中国土鸦片加税，阻止洋商扩充租界。

（2）参与近代军事建设。1862年，刘瑞芬负责为淮军购军器，“考核精审，为一时所服”；1874年张荫桓在登州协造山东沿海炮台，当时任山东巡抚的丁宝桢称其“熟悉洋务……闻见极多”；郑藻如在出使前曾督造吴淞炮台，西人惊为“沿海之冠”，得到李鸿章的赞许。

（3）参与条约谈判，尽量减少损失。张荫桓协助李鸿章处理外交时，“外顾外交、内保国体”，多得时人称赞；郑藻如在与巴西的谈判中，就领事裁判权等问题为中国争回了部分有利于中国的主权。

（4）经营近代民用事业。郑藻如在天津海关道任内近代工业化成果颇丰。

其他交涉，如郭嵩焘在广州处理美商事宜，1864年广东赈旱，最著名的是处理潮州绅民拒绝英国领事进城一事。

以上总结直接说明了晚清驻外公使的个人思想活动为中国近代化所带来的影响。“大力使中国富强起来的愿望不但出现在身负要职的政治家之中，而且还出现在人数越来越多的开明知识分子中”[②]，无疑，驻外使领

---

① 吴宝晓：《初出国门》，武汉大学出版社2000年版，第186页。

② 〔英〕费正清编：《剑桥中国晚清史（1800—1911）》（上），中国社会科学院历史研究所译，中国社会科学院出版社1985年版，第532页。

则是这群求富求强开明知识分子中的中坚力量。至于出使之后，他们的影响是通过各种外交活动展示出来。对于国内的区域风气影响则主要是通过其在国外驻节留下的文牍反映出来。“他们留下大量的日记、奏折、信函、书牍等文稿，既有感性认识，又有理性分析，集准确性与系统性于一身，得到国内开明官僚及思想家们的普遍重视，影响极为深远”①。这些出使著作包括郭嵩焘的《使西纪程》和其他日记，薛福成《庸庵海外文编》、《出使英法意比四国日记》等，曾纪泽等人也有很多日记、信函，还包括其他人的有关记述，如崔国因《出使美日秘国日记》。另外，张德彝八部《述奇》、陈兰彬和刘锡鸿的出使日记也都很有影响，为中国了解海外的政治经济风物提供了丰富可信的资料来源，启发了国人对海外的深层次认知。

其中，郭嵩焘、薛福成二人敢于走在时代前面，积极提出西方政治经济的先进之处，呼吁中国应该向西方学习。薛福成说：“欧美两洲各国勃焉兴起之机，在学问日新，工商日旺……今之议者，或惊骇他人之强盛，而推之过当；或以堂堂中国何至效法西人，意在摈绝，而贬之过严。余以为皆所见之不广也。”② 所以提出“中国又何尝不可因之？……盖相师者未必无相胜之机也”③。另外郭嵩焘在更早的时候也有过很多类似论述，他的言论对当时顽固派势力强大的晚清朝廷来说大有惊世骇俗之豪。郭嵩焘因此境遇凄惨，“作为洋务同辈里见识、才干高人一头的早熟者，他又因真话讲得太多而备受攻击，体无完肤。在他生前，《出使日记》被毁版；在他死后，有人还奏请戮他的尸体，以谢天下”④。这些都说明了晚清外交前期驻外使领所面临的政治困境，另一方面也说明他们的思想给当时的社会带来很大冲击，以至于造成整个中国思想界的震动。

相对于思想方面的影响来说，晚清驻外使领在器物方面的影响也颇值一提。其中比较突出的有1902—1904年专任驻奥公使的吴德章。

吴德章，福建省闽县人，曾以留学生学成归国在福州船政局任职。1875年，吴德章“献所自绘五十匹马力船身机器图，禀请试造”⑤。一年后，由他率众试制的“艺新”号轮船，制成下水，“船身坚固，轮机灵捷”，是为船政学堂独立制造轮船之始。1882年吴德章等人又设计成功中

① 张琳：《早期驻外使节与西学东渐》，《广州社会主义学院学报》2005年第3期。
② 薛福成：《出使英法意比四国日记》，岳麓书社出版1985年版，第132页。
③ 同上书，第133页。
④ 陈旭麓：《中国近代社会的新陈代谢》，上海社会科学院出版社2006年版，第134页。
⑤ 林庆元：《福建船政局史稿》，福建人民出版社1986年版，第161页。

国自制的第一艘巡洋舰，“机件之繁重，马力之猛烈，皆闽厂创设以来目所未睹”。其“制件之精良，算配之合法”，悉皆吴德章等“本外洋最新、最上、最便捷之法而损益之，尤为各船所不可及”①。

1886年吴德章又负责监造了历史上留名的“平远号”，1889年5月15日竣工后加入福建船政水师服役，命名为“龙威”，1890年5月调归北洋海军，更名为“平远”。该舰曾参加1894年9月17日的黄海大战，在海战中两次命中日本舰队旗舰“松岛”，其后“平远”舰又参加了威海卫保卫战。虽然战争均以中国失败而告终，然中国产业革命之壮志可见一斑。

中国近代在器物层面的进步曾一度是洋务运动的核心内容，也是促进中国近代化的主题之一。吴德章等人的功绩恐怕不仅仅在于激励了当时的军事制造业。

还有最早提出设立海军衙门的中国驻长崎领事余瓗。晚清以前的中国历史上还没有专门设立过全国性的水军指挥机构。19世纪中叶，由于外患频仍，清政府购置和兴建了大批舰船，但分散在各地，由当地督抚、将军统辖，无法形成合力。1881年余瓗上书清政府总理衙门，建议设立海军衙门，引起李鸿章的重视。1884年10月12日，慈禧太后下旨着醇亲王奕譞和李鸿章等会同办理海军衙门一事。10月24日，慈禧太后降旨允准海军衙门暂设北京米市大街煤渣胡同神机营院内。之后，《北洋海军章程》正式制定，海军衙门上奏请颁“总理海军事务衙门关防”。1892年，海军衙门新址在北京西四牌楼粉子胡同奕将军宅落成，海署迁入正式办公。海军衙门的设立标志着中国近代海军已成为一个独立军种，在中国军队发展史上，有着十分重要的意义。

驻外使领的经济思想（或称实业救国）曾被很多人论及，如张振勋与近代华侨投资等。在这里我想重点提一个较少被提到的名字：张鸿南。

张鸿南（1861—1921），号耀轩，广东梅县松口人，曾任槟榔屿总领事（1894.7—1898.5）。他是中国第一条华侨资本经营的商办铁路——潮汕铁路的创办人张煜南的弟弟。张煜南曾任槟榔屿副领事，曾觐见慈禧太后，是印尼棉兰地区公认的华侨头面人物，兄弟俩也是近代东南亚颇有影响的华人大财团之一。说到他们对区域风气的影响主要是对家乡文化教育事业的支持和修建潮汕铁路。

① 中国近代史资料丛刊：《洋务运动》（五），上海人民出版社1961年版，第267—268页。

张氏兄弟曾捐款资助清政府扩充海军力量，陕西闹旱灾，顺直发生饥荒，他们都曾捐献巨款。当然给予资助最多的是对家乡的文化教育事业的支持。如捐款4000元作为松口中学的建校费用，独资捐助出版宋明至清末嘉应历代名人诗选——《梅水诗传》13卷，鼎力资助温仲和主纂的《光绪嘉应州志》，出版了《海国公余录》10卷。给香港大学捐赠10万元；给岭南大学捐了一座二层的“耀轩楼”；1910年，江南开劝业会，张氏兄弟带头捐款30万元，以倡导“实业救国”。更值得一提的是，在同乡、同盟会会员谢逸桥的发动下，张鸿南还曾捐巨款支持孙中山的革命事业。在其“大力相助带动下，南洋华侨由是踊跃输将”。民国成立后，孙中山先生特为张鸿南亲笔题赠“博爱”字幅，表彰其支持革命的义举。

1903年，张煜南在觐见慈禧太后时，提出在韩江下游修建潮汕铁路的计划和潮汕铁路公司章程并获得批准。这是张氏兄弟“实业救国”理想成为现实的重要一步。潮汕铁路南起汕头北迄潮安，全长39公里，加上后来的意溪支线共42公里。清廷曾派詹天佑前来实地勘测。当时筑路成本约计180万—190万元。张鸿南兄弟决定设股募资，股额300万元中的2/3由张氏二人包认。潮汕铁路1906年11月16日正式通车，成为中国近代史上第一条由华侨投资兴建的纯商办铁路。它对韩江中上游和闽赣边区的华侨、侨眷进出汕头，当地的客货运输和城乡经济的繁荣，都曾起过有益的积极作用。

再如郑藻如，他曾于1881—1885年间任驻美兼驻西、秘公使，卸任后返回广东香山老家，兴办实业，成为香山实业界的先导人物。1890年，孙中山就曾致书给郑藻如表达自己的政治理想，信中称誉郑氏在乡间“兴蚕桑之利，除鸦片之害，俱著成效”，以致“一邑物望所归，闻于乡间，无善不举”①，孙中山的此次上书比他给李鸿章上书还要早4年有余，足见郑藻如对香山乃至广东人士的影响力。

第一次鸦片战争并没改变清政府外交意识，朝贡体制下的传统外交思想仍然占具主导地位，仍把与西方列强的交涉当做是“通商”来往。“对外关系被普遍认为是经济关系而不是政治关系，视《南京条约》为权宜之计”②。但列强的进逼是刻不容缓的，甲午战争以来局势更加危急。这样的政治形势下，那些步出国门的驻外使领经过海外的历练，往往在思想

① 《致郑藻如书》，《孙中山全集》第一卷，中华书局1981—1986年版，第1—3页。

② 〔美〕费正清编：《剑桥中国晚清史(1800—1911)》(下)，中国社会科学院历史研究所译，中国社会科学院出版社1985年版，第180页。

上成为先知先觉之士。他们的思想变化、言论，甚至直接参与维新运动等社会变革大潮的作为对晚清政治影响都很大。这方面已经有很多研究，郭双林就曾对晚清驻外使领与维新运动做过很系统的论述。其他诸如晚清驻外使领与辛亥革命、洋务运动等，也都有论及，在这里笔者不再一一列举。具体到晚清使领对地方的区域风气影响，比较典型的有黄遵宪与湖南新政。

黄遵宪（1848—1905），字公度，别署境庐主人、东海公、观日道人等。广东嘉应州（今梅县）人。光绪二年（1876）举人，官至湖南按察使，曾协助巡抚陈宝箴创办新政。曾驻节日本、美国，历任新加坡（1891.5—1894.7）、旧金山（1882.4—1885.9）总领事。说黄遵宪是中国警政的首创者，则主要是因为他在湖南新政期间曾设立保卫局，为后世警察制度之始。

1897 年，黄遵宪抵任湖南长宝盐法道兼署湖南按察使。当时湖南巡抚陈宝箴正仿效西方资本主义在湘推行新政。黄遵宪向有变法思想，所以在辅佐陈宝箴推行新政时大有一展宏图之感。黄遵宪提倡“地方自治”，试图用“分官于民”的理论来改革封建官制，还想进一步建立地方议会制度。经他亲自负责规划或主持的新政主要有 12 项：（1）保卫局；（2）迁善所；（3）整顿刑狱；（4）课吏馆；（5）时务学堂；（6）武备学堂；（7）南学会；（8）湘报馆；（9）团练；（10）矿务；（11）内河小轮船；（12）湘粤铁路。其中首推保卫局。为保证改革的顺利进行，黄遵宪仿效日本和西方近代国家的警察局而设立了保卫局。他亲自制定《湖南保卫局章程（四十四条)》，对保卫局的职能、机制、职责、纪律及巡警的条件等都一一涉及，并尽量便利实际操作执行。“可以看出保卫局是仿效西方的警察制度而设立的具有近代警察职能的机构。保卫局的创设，对湖南的社会治安起过积极作用”①。

另外，对湖南区域风气形成一定影响的新政措施，还有举办新式学堂。“1898 年 3 月，陈宝箴、黄遵宪还将长沙的求贤书院改为武备学堂，仿照天津、湖北的有关规则，培养新式军官”②。当然保卫局等新政主张随着 1898 年戊戌变法的失败而废止，但这些措施的意义是巨大的。特别是保卫局对中国近代的警察制度建立影响深远。湖南在新政的推动下风气大开，人心振奋。失败了的新政促成了当地维新人才群体的形成。“湖南维新士人群体的出现，在一定程度上得利于湖南地方当局的开明与倡导，

---

① 王继平：《晚清湖南史》，湖南人民出版社 2004 年版，第 207 页。
② 同上书，第 233 页。

如巡抚陈宝箴、按察使黄遵宪……对推动湖南维新运动的发展都起到比较大的作用”①。诚哉斯言!

当清代末年纷扰之际，多种救国思潮涌现，“教育救国”即为其一。一个民族的智力进步是国家强大的关键。而容闳的贡献恰在于打破守旧习气，首创官派留学教育的先河，被誉为“中国近代留学生之父”，在中国近代教育史上留下光辉的一页。

容闳（1828—1912）字达萌，号纯甫。广东香山（今属珠海）人，近代早期改良主义者。容闳于1847赴美留学。后考入耶鲁大学，成为毕业于美国大学的第一个中国留学生，1855年回国。1863年受曾国藩委派，为筹建江南制造局赴美采购机器。1872年奉命率学生30人赴美留学，任学生监督，兼任驻美副使，长期驻美。虽然容闳携幼童留美计划中途腰斩，120名学生也皆于1881年凄然回国，但容闳对香山的区域风气的影响是深远的，那就是留学潮的兴起。1871年，容闳为招募幼童二次还乡，捐银500两带动乡人兴建甄贤学校，旨在“教育子弟，造就人才，以备他日国家之用”。他的拳拳之心得到相应回报。

据中山市档案馆馆藏的一份从国外收集回来的“清朝四批留美学生名单”显示，结合其他资料分析，120名“留美幼童”中，香山籍人士占了39位，他们是：第一批（1872）的蔡绍基、钟文耀、欧阳庚、容尚谦、蔡锦章、张康仁、刘家照、谭耀勋、程大器、陆永泉、邓士聪、钟进成、史锦镛，共13人；第二批（1873）的蔡廷干、梁金荣、李恩富、黄有章、容尚勤、李桂攀、唐国安、宁文翔、张有恭、邓桂庭、唐元湛、卓仁志，共12人；第三批（1874）的唐绍仪、梁如浩、容耀垣、徐振鹏、唐致尧、郑廷襄，共6人；第四批（1875）的刘玉麟、黄耀昌、吴其藻、谭耀芳、盛文扬、陈绍昌、唐荣浩、唐荣俊，共8人。据考证，这39名香山籍“留美幼童”中，至少有以下十多位就读过美国的大学，他们是：进入耶鲁大学的欧阳庚、蔡绍基、张康仁、刘家照、钟文耀、唐国安、谭耀勋、李恩富、陆永泉、徐振鹏、钟进成；进入麻省理工学院的邓士聪；进入哥伦比亚大学的唐绍仪；进入斯蒂芬工学院的梁如浩；进入窝士特艺学书院的郑廷襄。②

从此组数据足见容闳创造的当时广东香山留学人才群体之壮，而且在这些人中产生了数位驻外使领，如唐绍仪、张康仁、吴其藻、唐荣浩、欧

① 王继平:《晚清湖南史》，湖南人民出版社2004年版，第206、207页。

② 《中山日报》2006年9月9日，第4258期B1版。

阳庚、刘玉麟，其他外交官还有钟文耀等。由此产生了一个“香山外交人才群体”，这与容闳的影响是息息相关的。

容闳曾言道：“当修业期内，中国之腐败情形，时触予怀，迨末年而尤甚；每一念及，辄为之怏怏不乐，转愿不受此良教育为愈。盖既受教育，则予心中之理想既高，而道德之范围亦广；遂觉此身负荷极重，若在毫无知识时代，转不之觉也。更念中国国民，身受无限痛苦，无限压制。……予之一身既受此文明之教育，则当使后予之人亦享此同等之利益，以西方之学术灌输于中国，使中国日趋于文明富强之境。”① 他的话深深反映出当时为中国教育用心之良苦，而他对中国近代教育的贡献和对整个广东香山的区域风气的影响，已载入史册供后人品叹。

陈兰彬（1816—1895），广东吴川黄坡人，是晚清首任驻美大使。陈兰彬是近代广东的著名人物，对国家和地方都有很大贡献与影响。他历经三朝，这在驻外使领中是罕见的。陈兰彬出生于道光八年（1816），咸丰三年（1853）进士，光绪四年（1878）中美互派大使，他出任首任驻美国大使。

陈兰彬暮年辞官回乡不问政治，主讲高州府高文书院（高州中学前身）。陈兰彬在家乡的突出贡献是领导编辑府、县志。先后带领编撰完成《高州府志（光绪志）》和《吴川县志（光绪志）》，使地方志连接起道光志几十年之历史，这是对地方志编撰的重大贡献，使当地地方史延续便于后人借鉴，也为续编民国志提供了几十年历史的依据。史载陈兰彬藏书甚丰，他居家常以读书自娱。他曾自撰家塾横联概述自己的一生经历曰：“雪案读儒书，廿二龄以优行贡成均、选广博、登科第、通籍词垣，并从戎粤海燕山、在当年士气激昂、原思树立；星槎持使节、八万里由巴邦返京邸、历常寺、授宗卿、备官谏院、更置力蓉台枢部、幸此日圣恩高厚、暂息薪劳。”他一生为国劳碌、国内外仕途甘苦尽在其中了。

诚然，晚清的驻外使领群体是庞大的，他们对区域风气的影响不能一一点到，亦非三言两语能道尽。除却以上几个方面，他们在国外华侨保护、领事制度的改进上均有很多建树，影响到了中国外交制度的近代化进程。如驻三藩市领事梁廷赞、何佑等为受歧视的华人设立医院，驻朝鲜领事陈树棠协调中国与朝鲜的商务关系等。然通过以上分析可以看出，晚清驻外使领无论在思想上还是行动上大部分人均走在时代的前列，由此而对

① 钟叔河：《走向世界：近代中国知识分子考察西方的历史》，中华书局2000年版，第128、129页。

区域风气产生的影响应该引起相关研究的注意。这样才能使对这一人才群体的研究更加完整深入。

近代以来，伴随着晚清外交模式、外交制度的变化和西方列强对中国侵略的加强与深化，中国政治经济发展不平衡不断加剧，表现在人才群体的构成上则是人才群体地理分布的区域差异。本书通过分析考察晚清驻外使领的地理分布，对晚清驻外公使、领事的籍贯分布进行了统计，并分析和总结了晚清驻外使领地理分布的规律及其成因，着重探讨了这种地理分布对区域风气的影响。

通过具体细化分析晚清外交使领的籍贯分布，我们可以发现这样一个规律：晚清驻外使领分布以广东、江苏、浙江、福建、安徽为主，其中广东省遥遥领先于其他省份，浙江地区、福建也占有很大比例，安徽籍的人氏也不少。其他省份诸如湖南、四川、湖北等地则人数不多，而山东等省份则甚少。

晚清驻外使领地理分布之所以形成如上状况，原因是多方面的。近代以来政治经济发展的不平衡是根源所在，具体到各省份，广东的地利之便、浙江的人文传统、安徽、湖南的幕府派系影响，文中均给出一定的阐释。“一方水土养一方人”，地域文化孕育了晚清驻外使领人才群体的成材品格，这一人才群体反过来又对区域风气形成深远影响。

第八章 晚清文化地理变迁

前面各章分别考察了晚清进士、政治领袖、军事人物、企业家、学术人物、留学生、驻外使领等人才的地理分布。人才的地理分布是与一个时代的文化地理变迁相联系的。晚清人才地理分布的变化，既是晚清文化地理变迁的结果，同时又反映了晚清文化地理变迁的新格局。因此，本章从晚清传统教育机构、新式学堂、新式报刊、新式知识分子等方面，探讨晚清文化地理诸因素的变迁，以期了解晚清人才地理分布与晚清文化地理变迁的关系。

一 晚清传统教育机构的地域分布

中国传统教育以儒学为本，西汉以来历代统治者均尊崇儒学，儒生们以尊孔读经为主要内容，以君臣父子的等级伦理为价值观念，从而确立了儒学的正统地位。隋唐时期，科举制逐渐成为选拔人才的基本制度。科举考试以四书五经为主要内容，参照君主审定的儒家经典注释应试，一旦考中便受到政府的礼遇，成为封建官僚集团的一员。中国传统教育主要由官学、私学和科举制度构成。清朝在教育机构方面基本沿袭明朝旧制，分为官学和私学两种。官学便是官府举办的府州县学，私学是私人创办的各种书院、私塾。

（一）晚清官学的地域分布

清代官学分为两种类型，一为中央官学，主要包括国子监、宗学、觉罗学、八旗官学、景山官学、咸安宫官学、算学和俄罗斯学馆等；一为地方官学，主要包括府学、州学、县学和卫学，此外还有社学、义学和井学等。如图 8－1 所示。

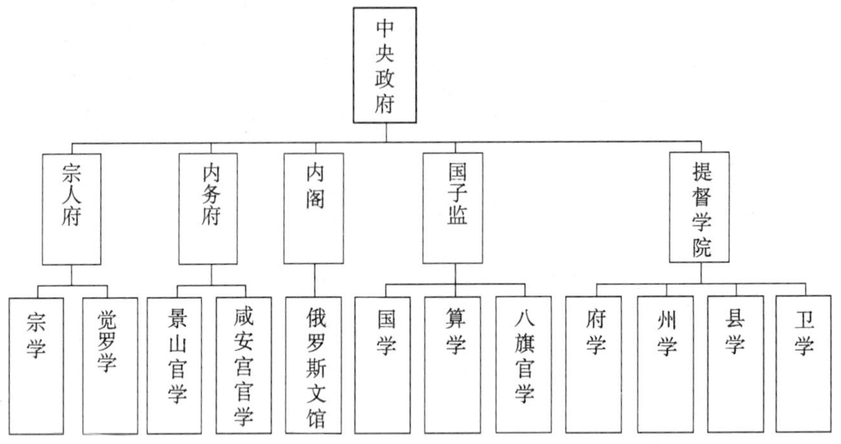

图 8－1 晚清官学的地域分布

资料来源：孙培青主编：《中国教育史》，华东师范大学出版社 2000 年版，第 255 页。

（二）中央官学

1．国子监

国子监亦称国学和太学，是全国最高教育行政机关，又是清朝最高学府。顺治元年（1644）沿明制始创。《清朝文献通考——学校考三》记载：“顺治元年，始置国子监官，详订规制。”规制的主要内容有：第一，国子监内设立彝伦堂，另分设率性、修道、诚心、正义、崇志、广业六堂“教习诸生”，又设号房 521 间，为“诸生读书之所”。第二，设置学官，规定职责。顺治元年制定的这个国子监规制，对于当时国子监的恢复和建立起了重要作用。

国子监的最高行政官员为祭酒（从四品），满汉各一人。次为司业（正六品），满两人，蒙汉各一人。其上有皇帝特命管理监事大臣，不属国子监编制。

国子监的学生统称为监生。因其资格不同，又分为贡生和监生。贡生有六种：岁贡、恩贡、拔贡、优贡、副贡和例贡。值得注意的是国子监毕业的还有外国留学生，琉球和俄罗斯就多次派遣学生来国子监学习，直至同治年间，仍有琉球的学生在国子监就读。

国子监的教学内容主要是《四书》、《五经》、《性理》等书。考试分为月考和季考。

2．宗学

创建于顺治九年（1652），是专门为清宗室子弟设立的学校。八旗各设宗学，凡宗室子弟，年满10岁以上者，都入学学习清（满）书，由满洲生员充当教师。

3．觉罗学

雍正七年（1729），因宗室子弟入学者甚多，宗学未能遍容觉罗氏，乃于宗学外创办觉罗学。入学年龄及待遇与宗学同。初只设于京师，后盛京亦设。

4．八旗官学、景山官学、咸安宫官学

均是为八旗子弟设立的旗学，所不同的是，前者隶于国子监，后两者属内务府管辖。其中八旗官学是以满洲八旗、蒙古八旗、汉军八旗子弟为教育对象的学校。八旗官学在学制上与国子监相衔接，但自嘉庆、道光以后，学校日渐废弛，“八旗子弟仅恃此进身”，已经有名无实。景山官学创立于康熙二十五年（1686），归内务府管理。分清书三房，汉书三房。咸安宫官学创立于雍正七年（1729），该学设立的直接原因是因为“景山官学学生功课未专”，分汉书12房，满书3房，每房设教习一人，骑射教习和过于教习各3人。

5．算学、俄罗斯文馆

康熙五十二年（1713）设立算学，这是清代研究自然科学的唯一学校，隶属于国子监。它创立之初主要在八旗官学中挑选学生习算学。汉人算学生，无论举人、贡生、生员、童生，需由国子监会同算学馆考取。俄罗斯文馆是清政府为了培养俄语人才而设立的一所俄文学校。创立于乾隆二十二年（1757），于同治元年（1862）裁撤。①

（三）地方官学

清朝的地方官学，主要有按地方行政区划设立的府学、州学、县学，按军队设立的卫学，以及在乡镇地区设立的社学，为贫孤儿童及少数民族子弟设立的义学，在云南设立的井学等。其主要职责是为国子监输送贡生，为科举乡试提供考生。

1．府、州、县、卫学

清政府在各地普遍建立起府、州、县学。同时还在军队驻地设立卫学，以教育武臣子弟，一般卫学都并入府、州学。清朝府、州、县学的教学内容，是《四书》、《五经》、《资治通鉴》等书。考试分月考、季考。到了晚清府、州、县学总体上开始走向衰败，教学活动几乎停废，学生只

---

① 清会典事例卷十五。

在每月朔望到校听学官讲《卧碑条例》等应付月季考。

2. 社学、义学、井学

社学是设在乡镇最底层的一种地方官学，社学与府、州、县学在学制上相互联系，凡在社学中学业成绩优秀，经考试可升入府、州、县学为生员，反之，成绩不佳，则被遣回社学。义学最初在京师，教师称塾师，后来各府、州、县纷纷设立，成为贫孤儿童，或少数民族子弟接受教育的机构。井学是设立在云南边疆地区的学校。

通过以上可以看出清政府非常注意发展教育，教育体制在形式上是相当完备的。但是由于缺乏对外的文化教育交流，本身也不注意变革，因此到鸦片战争时期中国教育已经开始呈现出病态。

(四) 晚清官学的地域分布

晚清官学体制完备，分布相当普遍，有关晚清官学的地域分布以及数目方面，学术界的研究尚少而且并未形成定论。嘉庆《一统志》所载各省府（州)、县学反映了晚清官学地理分布的一个侧面。表 8 – 1 是根据嘉庆《一统志》制作的各省官学分布表。

表 8 – 1　清代官学分布表

省	府（州）学	县学	省	府（州）学	县学
直隶	17	139	甘肃	14	61
盛京	6	12	湖北	11	67
江苏	12	65	湖南	17	68
安徽	14	57	四川	24	121
山西	19	93	福建	13	63
山东	12	104	广东	14	85
河南	13	105	广西	12	65
陕西	12	84	云南	22	68
浙江	12	76	贵州	15	45
江西	14	78	—	—	—

资料来源：张步天：《中国历史文化地理》，湖南教育出版社 1993 年版，第 231 页。

由表 8 – 1 的数据我们可以明显看出传统官学的分布呈现以下特点：

(1) 按省份而言，直隶、山东、山西、河北、陕西、四川、广东、江苏、浙江、河南的官学教育较为发达；而甘肃、贵州、云南、广西等几个省份的官学则相对落后。其中四川和山东的官学数目最多。

（2）从以长江分南北来看，南北方官学分布普遍，南北方官学教育都十分发达。

（3）从以山西、陕西黄河三峡划东西看，官学的数目是东多于西，沿海多于内地，广大西部内陆地区在官学发展上都远远落后于东部沿海地区。

晚清的官学呈现的以上特点，是由一系列的经济、政治和文化等因素共同促成的。概况主要有以下几点：

（1）政治因素。晚清时期清政府统治衰微，政府更重视对人才的笼络，因为对官学的重视程度丝毫未减，因此官学依然在全国范围内分布普遍，各省都建立了体制较为完备的府、县学。而历代王朝的国都都是全国的政治中心，北京作为晚清的统治中心也带动了周边省份官学的繁荣。因此，直隶、山东、河南等省份的官学发展一直走在前边。

（2）经济因素。经济条件是办各类教育的基础，直到今天经济发展水平依然是各种教育发展的基础，官学的兴办更离不开财力的支持。晚清时期东部沿海地区经济较广大西部内陆发达，东部沿海地区的官学发展远远高于广大西部内陆地区。

（3）文化传统因素。任何一个地区的教育发展状况都和这个地区的文化传统以及文化传统的传承息息相关。如山东是儒文化的发源地，历来有重视教育的传统，这种传统一直延续并促成了晚清山东官学的发展。

（4）交通区位因素。交通是一个地区其他各项事业发展的基础，东部地区因为开发早，政府也比较重视，交通较偏远又开发较晚的西部便利得多，因此东部的各项教育事业都走在西部前边。贵州、甘肃等西部省份因为地处偏远开发较晚，交通条件、经济条件等都较为落后，因此官学教育的发展也较为落后。

（五）晚清书院的地域分布

清代私学主要以书院为主。清初统治者对书院采取严禁政策，主要是惧怕书院广聚生徒，讽议朝政，传播反清思想。直到雍正十一年（1652），清朝统治者开始承认书院对儒学教育和维护统治所起的正面作用，改抑禁为提倡，诏令在全国各省创建书院。于是书院教育渐渐兴盛，各地兴办之风十分活跃。乾隆元年（1736）颁布一道上谕，对书院的性质、山长的聘任、生员的考核、教学章程等都做了详细的规定，这使得清代书院的发展有章可循，此后清代书院进入的高速发展期，并在同治、光绪年间达到最高峰。晚清书院也极力应对随着船坚炮利冲入国门的西方文化，积极变革，将西学、新学引入其中。光绪二十七年(1901)，清政府下“兴书诏”宣布废书院兴学堂，晚清书院步入其生命的最后历程。随着癸卯学制和壬寅学制的颁布，特别是光绪三十一年(1905）科举制度废除之后，晚清书院终于走完了其生命历程。

由于清代统治者非常忌讳书院的讲学风气，利用各种措施将书院官学化，抽取了书院的讲学精神，使书院沦落为科举的附庸，成为另一意义上的官学。嘉道时期，鉴于书院的腐败堕落，一些有识人士开始寻思书院改革，其中最有名的就是阮元于嘉庆五年（1800）在杭州创立的诂经精舍和道光元年（1821）在广州城北粤秀山创办的学海堂。这两所书院开创晚清书院改革之先河，力图纠正清代传统书院的弊端，重新树立宋明书院授徒讲学、自由探讨学术的风气。此后，许多地方都仿效它们，设立了不少类似的书院，如上海的诂经精舍和龙门书院，江阴的南菁书院，武昌的经心书院，长沙的校经堂，成都的尊经书院，广州的广雅书院等。这些书院在传统教育体制允许的范围内进行了自我调适，培养出了一批留心经世之学的人才。

晚清书院从建制上讲可以分为五个层次。第一个层次是省级书院。省级书院多设于省会，也有设于学区的学政官驻地。如广东的两个省级书院，一个设在广韶学区学政官驻地广州，一个设于肇高学区学政地肇庆。有的在同一省城内设立两所省级书院，如湖南长沙的岳麓书院和城南书院。第二是府级书院，为知府创建。第三是直隶州书院，为州官创建。第四为县级书院，为知县所建。第五为乡镇书院，为民间自建。此外，无论在省会、府、州、县都有私人书院存在。同时，府州县治所在地设两个以上书院的也占相当比例。据丁钢、刘琪所著《书院与中国文化》一书所附的清代各地 92 所书院进行分类统计，省会所在地书院 2 所，占 5.43%；县治所所在地书院 18 所，占 19.56%；州治所在地书院 5 所，占 5.43%；县治所在地书院 61 所，占 66.30%；县镇所在地书院 6 所，占 6.52%。这些数字说明，从数量上来说，清代书院以县级书院为主体，以府、州级书院为骨干，以省级书院为鳌头，以乡镇级书院为辅助，形成了一个极为庞大的教育体系。①

晚清书院是中国书院发展的高峰期，为了更直观地反映晚清书院的繁荣情况，本书将清代各朝代书院发展的基本情况统计如下（见表 8-2）。

① 刘秀生、杨玉青：《中国清代教育史》，人民出版社 1994 年版，第 59 页。

表 8 -2

朝代	新建书院数	重建书院数	合计		年平均数	
			总数	名次	平均数	名次
顺治（1644—1661）	45	61	106	9	5.888	9
康熙（1662—1722）	537	248	785	2	12.868	6
雍正（1723—1735）	188	25	213	7	16.384	4
乾隆（1736—1795）	1139	159	1298	1	21.633	3
嘉庆（1796—1820）	248	19	303	6	12.120	7
道光（1821—1850）	400	31	431	4	14.366	5
咸丰（1851—1861）	127	6	133	8	12.090	8
同治（1862—1874）	366	14	380	5	29.230	1
光绪（1875—1901）	671	11	682	3	23.517	2
未详	—	35	35	—	—	—
合计	3757	608	4365	—	16.788	—

资料来源：邓洪波：《中国书院史》，东方出版中心 2004 年版，第 411 页。

由表 8 -2 统计数据可以看出，同治、光绪两朝是清代书院发展的高峰期，同治朝新建重建书院 380 所，光绪朝新建重建书院 682 所，合计 1062 所，占清代所建书院总数的 26.6% 以上，这组数据说明晚清书院十分繁荣。晚清书院的繁荣有其特殊的历史背景，太平天国运动后，清政府为了恢复被战争破坏的社会秩序，稳定社会人心，下令大规模地新建书院、重建旧书院。清政府的这一决策很快得到了官方和民间的大力响应。在官方，各地方大吏修复和重建了大批书院。如曾国藩、左宗棠、李鸿章、丁宝桢、刘坤一、张之洞等都非常重视书院建设。如左宗棠在陕甘总督任上，他除经营兰山、关中等省城书院之外，还在西北地区新建修复书院 37 所，其中修复或修整的书院有 19 所：瀛洲书院（泾阳）、仰止书院（东乐）、鹑觚书院（灵台）、银川书院（宁夏）、河阳书院（静宁）、崇山书院（大通）、洮阳书院（狄道）、蓼泉书院（抚彝）、育英书院（安定）、灵文书院（灵州）、又新书院（平罗）、凤鸣书院（崇信）、鸣沙书院（敦煌）、陇川书院（秦安）、正明书院（阶州）、五泉书院（兰州）、武阳书院（漳县）、洮滨书院（洮州）、榆阳书院（榆阳），新建的书院则有 18 所以上：尊经书院（庄浪）、泾干学舍（泾阳）、文明书院（岷州）、襄武书院（陇西）、味经书院（泾阳）、钟灵书院（宁灵）、金山书院（洪水堡）、归儒书院（化平川）、河阴书院（贵德）、南华书院（甘州）、陇南书院（秦州）、庆兴书院（董志原）、五峰书院（西宁）、湟中书院（西宁）、文社书院（镇番）、鹤峰学舍（三岔镇）、凤池书院（惠安堡）、柳湖书院（平凉）等。[①] 张之洞在各省任内也是积极倡导创建书院并身体力行，如他在湖北学政任上创建湖北经心书院（1869）、四川学政任上创建四川尊经书院（1875）、山西巡抚任上创建山西令德书院（1883）、两广总督任上创建广州广雅书院（1889）、湖北两湖书院（1891）。除了官府力量之外，晚清民间也积极创建书院，民间创建的书院在数量上远远超过官方创建的书院数量。以江西为例，同治年间，全省新建书院 95 所，其中乐安县 43 所，永新县 12 所，合计 55 所，超过官办书院半数，都是乡村集资或地方大族所建。光绪年间，江西省新省书院 60 所，万载一县就有 23 所，占全省总数的 38.33%，而且全是四乡民众所建。又如广东省，东莞县在光绪年间新建书院 13 所，全部在乡村，皆由民间所建。[②]

晚清时期，书院在全国非常的普及，在今日中国版图之内，除了西藏没有书院之外，其他省区都有书院。这里将晚清各省当时所建书院情况统计如表 8 - 3 所示。

表 8 - 3　　晚清书院地域分布统计表

新建书院/重建书院	道光(1821—1850)	咸丰(1851—1861)	同治(1862—1874)	光绪(1875—1901)	小计	合计	名次
直隶	27/2	4/1	17/3	29/1	77/7	84	9
河南	10/1	6/	4/	13/	33/1	34	16
山西	8/1	2/	4/1	37/	51/2	53	12
陕西	12/2	4/	4/	22/2	42/4	46	13
甘肃	7/	1/	6/	28/	42/	42	15
东北	4/	1/	3/	15/	23/	23	19
山东	24/3	9/	9/	42/	84/3	87	8
江苏	28/1	8/	19/	49/	104/1	105	6
安徽	20/2	1/	10/1	9/1	40/4	44	14
浙江	20/5	9/	38/3	58/3	125/11	136	4
江西	50/5	10/3	95/1	60/	215/9	224	1
福建	32/1	4/	18/1	58/1	112/3	115	5
湖北	18/3	3/	16/	18/	55/3	58	11
湖南	26/1	10/1	40/1	13/	89/3	92	7
广东	55/2	35/1	38/1	82/2	210/6	216	2

① 王兴国：《左宗棠与西北书院》，《中国书院》第四辑，湖南教育出版社 2002 年版，第 135 页。

② 白新良：《中国古代书院发展史》，天津大学出版社 1995 年版，第 237—238、244、246 页。

续表

新建书院/重建书院	道光(1821—1850)	咸丰(1851—1861)	同治(1862—1874)	光绪(1875—1901)	小计	合计	名次
广西	4/	1/	5/	21/	31/	31	16
云南	14/	5/	11/2	32/1	62/3	65	10
贵州	12/1	2/	2/	9/	25/1	26	18
四川	29/1	12/	27/	76/	144/1	145	3
小计	400/31	127/6	366/14	671/11	1564/62	—	—
合计	431	133	380	682	1626	1626	

资料来源：邓洪波：《中国书院史》，东方出版中心 2004 年版，第 406 页。

由表 8－3 可以看出晚清书院的地域分布情况。晚清书院的地域分布明显呈现地区的不平衡性。首先，书院最多的江西省有 224 所，最少的东北地区只有 23 所，两者相差 10 倍，差距很大。其次，北方书院比南方少，西部书院比东部少。晚清时经济中心已经在南方巩固，经济的富足为书院的开办和发展提供了坚强的后盾，尤其是湖广及江浙更是独领风骚，因此南方在兴办书院方面明显领先于北方。再次，西南地区的四川省的书院数一枝独秀，四川省的书院数仅次于江西省和广东省，排名第三。

中国书院在晚清进入了一个高速发展期，但由于晚清特殊的社会背景，这种繁荣很快走向消亡。百日维新期间，维新派借光绪皇帝之手下几道诏书宣布废除书院制度，百日维新失败后这种书院改学堂政策被迫终止。但到光绪二十七年八月初二日（1901 年 9 月 14 日）清政府又下兴学诏："除京师已设大学堂应切整顿外，着各省所有书院，于省城均改设大学堂，各府厅直隶州均设中学堂，各州县均改设小学堂，并多设蒙养学堂。"① 此后，随着癸卯学制和壬寅学制的颁布，特别是光绪三十一年（1905）科举制度废除之后，晚清书院终于走完了其生命历程。

二　晚清新式学堂的地域分布

鸦片战争的惨败，中国数千年闭关自守的古老大门被帝国主义的船坚利炮轰开，资本主义政治、经济、文化以合法形式侵入，中国面临"数千年未有之变局"。随着中西文化的不断交融和冲突，中国教育发展也开

① 《光绪朝东华录》卷一六九，中华书局 1858 年版。

始了由传统教育向现代教育的过渡。第二次鸦片战争以后，西方列强开始在开放口岸设立教会学校，为他们的侵略活动提供服务。洋务派为图自强开始尝试创办以讲授西文、西方技艺和西方军事的学堂，而维新派人士更是提出了“废科举、兴新学”的主张，尽管维新变法失败了，但是维新派对旧式教育的否定主张却日益被社会所接受。1903 年“癸卯学制”出台，在清政府大力推行教育改革的大环境下，新式学堂开始大量建立。到 1905 年科举制的正式废除，改革旧的教育制度，从此新学制渐渐成为唯一合法的学制，全国出现了兴办新学的浪潮。

（一）教会学校的大量开办

开始于 16 世纪末的“西学东渐”因中国的禁教和闭关锁国政策而中断，外国传教士失去了在中国内地布道的合法地位，但是西方对中国殖民的野心丝毫未减。鸦片战争以后，帝国主义用大炮战舰轰开了中国古老的大门，1842 年中英签订《南京条约》，割让香港，开放广州、福州、厦门、宁波、上海为通商口岸。随后，其他帝国主义也强迫清政府签订了一系列不平等条约，在政治、经济上加强对中国的控制和掠夺的同时，也获得了在通商口岸进行宗教活动的特权。外国传教士随之进入通商口岸及附近地区，他们大都热衷于把教育活动当做传播福音的重要手段之一，其教育活动主要集中在创办教会学校、介绍西方近代教育制度。两次鸦片战争之间出现了一系列教会学校，具体如表 8－4 所示。

表 8－4　　中国近代早期教会学校名录（1842—1860）

校名	校址	年份	创办单位、创办人
马礼逊学堂	香港	1842	马礼逊教育协会，布朗
宏艺书塾	香港	1842	浸礼会，叔末士
英华书院	香港	1843	英国伦敦会
宁波女塾	宁波	1844	爱尔德赛女士
女子寄宿学校	香港	1844	浸礼会，叔末士夫人
崇信女塾	宁波	1845	长老会，麦加缔等
男子寄宿学校	澳门	1845	长老会，哈巴安德
英华女学	香港	1846	伦敦会
怀恩小学	上海	1847	—
福州男塾	福州	1848	美以美会，柯林

续表

校名	校址	年份	创办单位、创办人
徐汇公学	上海	1949	法国天主教
厦门男塾	厦门	1850	伦敦会
男子日校	广州	1850	长老会，哈巴安德
圣保罗书院	香港	1850	圣公会
英华学塾	上海	1850	圣公会
裨文女塾	上海	1850	公理会
女塾	上海	1850	浸礼会
福州女塾	福州	1850	美以美会，麦礼和夫人
石室小学	上海	1851	法国天主教
文纪女塾	上海	1851	美国传教士，琼司
男塾	上海	1851	圣公会，吕底亚
女塾	香港	1851	浸礼会，约翰夫人
仿德小学	上海	1852	法国天主教
明德女校	上海	1853	法国天主教
女子日校	广州	1853	长老会，哈巴安德
寄宿学塾	广州	1853	长老会，哈巴安德
男童寄宿学塾	福州	1853	公理会，卢公明
女童寄宿学塾	福州	1854	公理会，卢公明夫人
女子学塾	广州	1854	循道会，俾士夫人
男子日校	上海	1855	长老会
女子日校	上海	1855	长老会
徐汇女校	上海	1855	法国天主教
经言小学	上海	1855	法国天主教
真道学堂	厦门	1856	长老会
寄宿义塾	福州	1856	美以美会
女子学校	宁波	1857	长老会
毓英女校	福州	1859	美以美会
清心男塾	上海	1860	长老会，范约翰

资料来源：1. 熊月之：《西学东渐与晚清社会》，第288—289页。
2. 孙培青主编：《中国教育史》，华中师范大学出版社2000年版，第294页。

表8－4中所列的教会学校均集中在五个开放通商的沿海城市和香港。这个时期的教会学校大多附设于教堂，作为布道的辅助机关而设，大都规

模小，开始时一般不满10人，有的只有两三个学生。而且这些学校教育层次一般不高，绝大多数是相当于小学程度的学塾。招生对象多以贫苦人家的孩子为主，有的学校为了吸引学生，不但免收学费和膳食费，甚至还提供衣服和路费。这些教会学校的教学内容除了宗教内容，一般还开设了数学、天文、地理等课程，有的还开设外语课程，这些教学内容的出现无异是对传统教育的一种冲击。而且部分教会学校招收女子入学，这对重男轻女的中国社会是一个很大的冲击，也给古老沉闷的晚清社会带来一股清新之风。这个时期的教会学校虽然只是星星点点地散布在几个沿海城市，但是它们在宣传宗教的同时也传播了部分科技常识，开阔了国人视野，为以后国人自办新式学堂提供了经验。

第二次鸦片战争后，西方列强又获得了自由进入中国内地传教、通商、建造教堂和办学校等各项事业的特权，教会学校由原来的五个通商口岸发展到内地，数量和规模都迅速增加。同时，西方列强在中国开办的企事业日益增多，包括被他们控制的中国的海关、邮局等部门，洋务派兴办的洋务事业也不断发展，这些都需要越来越多的新式人才，因而促进了教会学校的发展。

随着教会学校继续发展，传教士之间因为国籍不同，经常为争夺传教范围而发生摩擦。因此为了促进传教活动的协调，加强传教士之间的联系交流，1877年5月10—14日，在华基督教传教士在上海举行了第一次传教士大会。大会之后，基督教教会学校改变了过去零星分散，各自为政的状态，加强了相互之间的联系与合作。这时期的教会学校总数已经增加到2000所左右。① 这时期比较知名又确切可考的教会学校如表8－5所示。

表8－5　　中国主要教会学校名录（1864—1899）

校名	校址	年份	创办单位、创办人	备注
贝满女学	北京	1864	公理会，裨治文夫人	华北第一所女学
育英学堂	北京	1864	公理会，柏亨利	—
蒙养院	山东登州	1864	长老会，狄考文	齐鲁大学前身
崇实馆	北京	1865	长老会，丁韪良	—
潞河书院	通州	1867	公理会	燕京大学前身
毓德女中	厦门	1870	美国归正会	—

① 孙培青：《中国教育史》，华中师范大学出版社2000年版，第319页。

续表

校名	校址	年份	创办单位、创办人	备注
文氏学堂	武昌	1871	圣公会	后改为文华书院
毓英女学	福州	1871	美以美会女差会	—
存养书院	苏州	1871	监理会	后改为博习书院
圣芳济学堂	上海	1874	法国天主教圣母会	后改为圣芳济中学
圣约翰书院	上海	1879	圣公会，施约瑟	圣约翰大学前身
圣玛利亚女校	上海	1881	圣公会	—
鹤龄英华书院	福州	1881	美以美会	—
中西书院	上海	1882	监理会，林乐知	东吴大学前身
男塾	重庆	1884	美以美会	后改为求精中学
格致书院	广州	1885	美长老会	岭南大学前身
中法学校	上海	1886	法国天主教	后改为光明中学
培道女中	广州	1888	浸礼会	—
汇文书院	南京	1888	美以美会	金陵大学前身
中西女塾	上海	1890	监理会，林乐知	后改为中西女中
明心学堂	广州	1891	美国传教士	盲人学校
基督书院	南京	1891	美国基督会	—
益智书院	南京	1894	美国长老会	—
善导学堂	上海	1894	法国天主教	后改为善导中学
华英书馆	上海	1897	基督教伦敦会	后改为麦伦书院
桂秀女学	上海	1897	美国南浸礼会	后改为晏摩氏女校
蕙兰中学	杭州	1899	美国浸礼会	—

资料来源：1. 孙培青：《中国教育史》，华中师范大学出版社 2000 年版。
2. 刘秀生、杨玉青：《中国清代教育史》，人民出版社 1999 年版。

由表 8－5 可以看出，这个时期的教会学校仍然多是集中在几个最早开放的沿海城市，其中以上海最多，这和它们开放早，传教士在这里已经有了一定的信徒、教会学校有了一定的基础有关。同时，这一时期的教会学校也开始以沿海开放城市为中心向周边城市及内地辐射，内地的教会学校开始出现，如重庆的男塾等。这主要和传教士有了条约的保护可以自由出入内地有关，同时这时期洋务运动需要大量人才和学堂教师，而教会学校的毕业生在知识结构上符合洋务的需求，因此这也在一定程度上也促使了教会学校的发展。而且这时期的教会学校已不再仅仅局限于小学，中学也大量涌现，其中很多成为后来教会大学的前身，如圣约翰书院即圣约翰大学的前身。

综上所述可知，第二次鸦片战争后，教会学校无论在数量和规模上均有较大发展，开始影响和改变中国传统的教育结构。与此同时，国内的教育改革也逐渐开始，新式学校开始登上历史舞台。

（二）新式学堂的兴办及地域分布

鸦片战争暴露了中国在很多方面“技不如西人”，传统教育不切实际的弊病也日益明显地展现在世人面前，一大批满汉官员开始认识到西方科技的进步，他们先后创办了一些外语、军事、制造等方面的洋务学校，这是中国自办新式学堂的开端。甲午中日一战，中国竟败于“蕞尔小国”日本，使当时一些先进的知识分子认识到要挽救中国时局，更需要在制度、教育方面借鉴西方，于是新式学堂蓬勃发展。

（1）洋务学堂的创办

“教会学堂和洋务学堂并称为新式学堂”①，洋务学堂是中国近代自办第一批新式学堂。洋务运动兴起后，清政府开始兴办近代洋务学堂，对洋务学堂毕业的学生加以选拔，赐给功名，超擢使用。晚清洋务学堂的建立基本是遵循语言学堂——军事学堂——实业学堂的路径展开的。

洋务学堂之所以被称为新式学堂，是因为洋务学堂与官学、书院等传统教育机构有显著的差异。所谓新，主要表现在培养目标、教学内容、教学方法等方面。洋务学堂的培养目标是造就各项洋务事业需要的专门人才，传统教育是培养科举入仕的人才；教学内容上，洋务学堂以西学、西艺为主，而传统教育则主要是经史义理和八股文章；教学方法上，洋务学堂比较注意循序渐进地安排教学，并注重理论与实践的结合，而传统教育则把学生捆绑在书斋中。

洋务学堂是洋务运动的重要组成部分，其目的在于为洋务活动提供所需要的翻译、外交、军事等方面的专门人才，教学内容也自然而然地以“西学”、“西艺”为主。它们是随着洋务运动的展开而逐渐开办的，可主要分为三类：一类是语言学堂，以教授外国语言、培养外交和外语人才为宗旨；一类是技术学堂，以培养轮船制造、航海、电信、医学、矿务等领域的专门人才为宗旨；一类是军事学堂，培养海军、陆军的指挥人员。各类学堂的基本情况如表 8－6 所示。

---

① 孙培青：《中国教育史》，华中师范大学出版社 2000 年版，第 324 页。

表 8－6

校名	校址	创办时间	创办人	备注
京师同文馆	北京	1862	奕　䜣	—
上海同文馆	上海	1863	李鸿章	1867 年改为上海广方言馆
广州同文馆	广州	1864	瑞　麟	—
新疆俄文馆	新疆	1887	刘襄勤	—
台湾西学馆	台湾	1888	刘铭传	—
珲春俄文馆	吉林珲春	1889	长　顺	—
湖北自强学堂	武昌	1893	张之洞	—
湖南湘乡东山精舍	湘乡	1896	刘襄勤	—
福建船政学堂	福州	1866	左宗棠	—
上海江南制造局操炮学堂	上海	1874	曾国藩 李鸿章	—
广东实学馆	广州	1882	刘坤一等	后改为广东水陆师学堂
广东黄埔鱼雷学堂	广州	1884	张之洞	后并入广东水陆师学堂
天津水师学堂	天津	1881	李鸿章	即北洋水师学堂
天津武备学堂	天津	1885	李鸿章	—
北京昆明湖水师学堂	北京	1886	奕　譞	仿天津水师学堂
山东威海卫水师学堂	威海卫	1890	丁汝昌	即刘公岛水师学堂
旅顺口鱼雷学堂	旅顺	1890	北洋舰队	—
山东烟台海军学堂	烟台	1894	—	—
江南陆师学堂	南京	1896	张之洞	—
江南水师学堂	南京	1890	曾国荃	—
直隶武备学堂	—	1896	袁世凯	—
浙江武备学堂	杭州	1896	廖寿丰	—
湖北武备学堂	武昌	1896	张之洞	—
贵州武备学堂	贵阳	1898	王毓藻	—
陕西武备学堂	西安	1898	魏广焘	—
安徽武备学堂	安庆	1898	邓华熙	—
山西武备学堂	太原	1898	胡聘之	—
江苏武备学堂	苏州	1901	丁翘山	—
绥远武备学堂	绥远	1901	信　格	—
四川武备学堂	成都	1902	岑春煊	—
福建武备学堂	福州	1902	许应骙	—

续表

校名	校址	创办时间	创办人	备注
江西武备学堂	南昌	1902	柯逢时	—
广东武备学堂	广州	1902	陶　模	—
甘肃武备学堂	—	1902	饶应祺	—
湖南武备学堂	长沙	1903	—	—
江南武备学堂	江宁	1903	魏光焘	—
河南武备学堂	开封	1904	陈　龙	—
福州电报学堂	福州	1876	丁日昌	中国最早的电报学堂
天津电报学堂	天津	1880	李鸿章	—
上海电报学堂	上海	1882	—	规模较大的电报学堂
天津医学堂	天津	1894	李鸿章	自办第一所西医学校
山海关铁路学堂	山海关	1895	—	曾移至天津
南京储才学堂	南京	1896	张之洞	后改为南京格致书院
湖北矿务局工程学堂	武昌	1892	—	—
南京矿务学堂	南京	1898	—	—
广东实学堂	广东	1876	—	—
上海机器学堂	上海	1867	林志道	—

资料来源：苏云峰：《中国新教育的萌芽与成长》，北京大学出版社2007年版。

从表8－6中可以看出，这一时期创办的新式学堂较为分散，涵盖清朝当时所有的行政区划。从地域分布来看，这一时期的新式学堂大部分集中在沿海一线口岸城市，如广州、上海、天津等。内陆城市开设新式学堂或为中外交通的陆上枢纽，如珲春，或为工商业重镇及军事要冲，如武昌、南京等。其中语言学堂，多设在外人较密集的城市，如京师同文馆和上海广方言馆；或者设在与外人交涉较多的地区，设立目的也很简单，就是为了处理对外事务，如新疆俄文馆的设立的目的之一就是为了培养俄语翻译人才，方便与俄人间的事务办理；陆军学堂多设在本省的省会城市，因为省会城市是本省的政治经济等中心，而且便于管理调度，同时也是统治阶级维护统治的需要；水师学堂的设立则主要根据水师的需要，设在沿海城市和沿海岛屿上，主要为沿海国防服务，同时也方便学员的海上实习；专业技术学堂分布较为分散，其中电报学堂多设立于沿海开放城市，铁路、医学等其他学堂则多是根据具体需要分别设立的。这种地域分布，与近代以来帝国主义列强入侵和西方文化教育冲击浸润的总态势是大致相合的。

洋务学堂是新式学堂的初始阶段，这一时期创办的洋务学堂多规模较小，规制不健全，而且受旧学影响较深，但是洋务学堂的创办实际上启动了中国传统教育向近代教育过渡的过程，冲击了传统封建教育体制，为中国新教育的发展开拓了道路。

（2）新式学堂的大量兴起

洋务学堂揭开了中国新式学堂的开端，随后西学东渐日渐深入。中日甲午战争后，中国陷入列强瓜分势力范围的狂潮。面对迫在眉睫的亡国灭种的危机，资产阶级改良派掀起了一场救亡图存的戊戌维新运动，颁布了一系列的变法法令，包括废除八股、改试策论，并设经济特科选拔为国家急需的人才。同时开办京师大学堂，省、府、州、县大小书院一律改为中学、西学之学校。于是各地纷纷改设新式学堂，掀起了中国近代教育史上的兴学热潮。维新运动失败后这种书院改学堂政策被迫终止。但到1901年，清政府颁布上谕，实行“新政”，教育改革首当其冲。教育改革的主要内容包括颁布新学制、书院改制、设立新式学堂、停罢科举、培养师资等几个方面。1902年，清政府颁布《钦定学堂章程》（即壬寅学制），将全国的学堂划分为四级，小学堂分为寻常、高等两类，初等教育（即蒙学堂、小学堂和中学堂）共10年，中等教育为4年，高等教育分为高等学堂、大学堂、大学院三级，大学连预科在内共6年，整个教育系统共20年，初步拟定出新式教育的学制轮廓来。1903年，清政府对《钦定学堂章程》进行了修订，颁布《奏定学堂章程》（即癸卯学制），将教育体系分为初等、中等、高等三级。其中，初等教育共9年，中等教育为5年，高等教育为6—7年。“癸卯学制”的施行标志着以科举为轴心的传统教育体系向现代新式学校教育体系的转型。

这一时期兴办的各级各类学堂，如表8－7所示。

表8－7

校名	校址	创办时间	创办人	备注
正蒙书院	上海	1878	张焕纶	小学堂
蒙养小学	浙江萧山	1893	士　绅	小学堂
三等学堂	上海	1895	钟天纬	小学堂
南洋公学外院	上海	1896	盛宣怀	小学堂
游艺学塾	西安	1896	薛　位	小学堂
三等学堂	无锡	1897	俞　复	小学堂
崇辨蒙学	苏州	1898	陆　基	小学堂
五城小学堂	京师	1898	孙家鼐	小学堂
严馆	天津	1898	严　修	小学堂

续表

校名	校址	创办时间	创办人	备注
体用学堂附设小学	桂林	1899	黄槐森	小学堂
蒙养东墅	天津	1899	—	小学堂
八旗奉直小学	京师	1900	—	小学堂
逊业小学堂	广东	1900	—	小学堂
王馆	天津	1901	王　奎	小学堂
私立健本小学堂	西安	1902	焦子敬	小学堂
县立高等小学	江西南昌	1902	戚　扬	小学堂
高等小学堂	武昌	1902	张之洞	小学堂
蒙学堂	瑞安	1902	孙诒让	小学堂
中西学堂	天津	1895	盛宣怀	中等学堂
东山精舍	湖南	1895	湘乡绅士	中等学堂
苍霞精舍	福州	1896	林　纾	中等学堂
东文学堂	福州	1896	陈宝琛	中等学堂
经世学堂	贵阳	1896	严　修	中等学堂
计学馆	浙江瑞安	1896	孙诒让	中等学堂
求是学院	杭州	1897	林　启	中等学堂
方言馆	浙江瑞安	1897	孙诒让	中等学堂
时务学堂	长沙	1897	陈宝箴	中等学堂
崇实书院	陕西	1897	魏光焘	中等学堂
中学堂	保定	1898	—	中等学堂
府中学堂	天津	1898	—	中等学堂
中西省会学堂	苏州	1898	—	中等学堂
中学堂	南昌	1898	—	中等学堂
务实学堂	南昌	1898	—	中等学堂
算学堂	南昌	1898	—	中等学堂
省会学堂	太原	1898	—	中等学堂
储才馆	太原	1898	—	中等学堂
中西学堂	成都	1898	—	中等学堂
校经学堂	长沙	1898	—	中等学堂
致用学堂	长沙	1898	—	中等学堂
中江书院	芜湖	1898	—	中等学堂
中西学堂	安庆	1898	—	中等学堂
求是学堂	安庆	1898	邓华熙	中等学堂

续表

校名	校址	创办时间	创办人	备注
陕西中学堂	西安	1898	端　方	中等学堂
时敏学堂	广州	1898	陈芝昌	中等学堂
中西学堂	绍兴	1898	士绅	中等学堂
知新学堂	浙江新昌	1898	士绅	中等学堂
中西学堂	温州	1898	—	中等学堂
崇实学堂	湖州	1898	—	中等学堂
中西学堂	奉天	1898	—	中等学堂
养正学堂	杭州	1899	林　启	中等学堂
体用学堂	桂林	1899	黄槐森	中等学堂
桐城中学堂	安徽	1901	吴汝纶	中等学堂
英文学塾	南昌	1901	熊育锡兄弟	中等学堂
洪都中学堂	南昌	1902	地方绅士	中等学堂
明德学堂	长沙	1902	—	中等学堂
中学堂	黄州府	1902	—	中等学堂
文普通中学堂	武昌	1902	张之洞	中等学堂
两湖师范学堂	武昌	1902	张之洞	中等学堂
盛京省学堂	沈阳	1902	增　祺	中等学堂
普通学堂	浙江瑞安	1902	孙诒让	中等学堂
大学堂	京师	1898	孙家鼐	大学堂
头等学堂	天津	1895	盛宣怀	大学堂
山东大学堂	济南	1901	袁世凯	大学堂
浙江大学堂	杭州	1902	—	大学堂
两湖大学堂	武昌	1902	张之洞	大学堂
山西大学堂	太原	1902	岑春萱	大学堂
河南大学堂	开封	1902	锡　良	大学堂
江西省大学堂	南昌	1902	巡抚	大学堂
关中大学堂	西安	1902	升　允	大学堂
绘事院	马尾	1872	沈葆桢	实业学堂
驾驶学堂	马尾	1872	沈葆桢	实业学堂
管轮学堂	马尾	1872	沈葆桢	实业学堂
艺圃	马尾	1872	沈葆桢	实业学堂
操炮学堂	上海	1874	江南制造局	实业学堂
电报学堂	天津	1879	—	实业学堂

续表

校名	校址	创办时间	创办人	备注
电报学堂	上海	1882	—	实业学堂
矿学学堂	湖北	1890	张之洞	实业学堂
化学学堂	湖北	1890	张之洞	实业学堂
储才学堂	南京	1895	张之洞	实业学堂
蚕学堂	杭州	1898	林　启	实业学堂
农务学堂	武昌	1898	张之洞	实业学堂
工艺学堂	武昌	1898	张之洞	实业学堂
工艺学堂	上海	1898	江南制造局	实业学堂
瑞平化学堂	浙江	1899	孙诒让	实业学堂
农林学堂	山西	1902	岑春萱	实业学堂
江西医学堂	南昌	1902	陈日新	实业学堂

资料来源：苏云峰：《中国新教育的萌芽与成长》，北京大学出版社 2007 年版，第 117—123 页。

从表 8－7 可以看出，这一时期的新式学堂分布极为广泛，不但一些中小城市兴办了一批新式学堂，如安庆、芜湖等，而且西部边远地区也开始兴办学堂，如贵阳的经世学堂，可见这股兴办新式学堂的风潮已经遍及全国。同时也不难看出，学堂数目最多的不外乎江苏、浙江、湖北、直隶等。决定各省教育发展的因素很多，比较明显的有下列几种：

第一，该省区内的政治安定程度和战争破坏程度。这一时期战争和农民起义对教育的破坏不明显，可以给教育提供相对稳定的社会政治环境，有利于学校的休养生息，发展壮大。如浙江一带自太平天国后一直比较太平，因而当地教育发展迅速。

第二，该省行政首长对教育的了解与热心程度。清末各省督抚中，比较热心提倡教育的如张之洞、袁世凯、端方、锡良等，在他们的推动下，湖北、直隶等省新式学堂发展势头迅猛，学堂数在全国范围内领先优势明显。张之洞在《劝学篇》中提到：“今欲强中国，存中学，则不得不讲西学。”可见张之洞重视西学的作用，主张发展教育传授西学，以图自强。因此他的所到之处都留下了新式学堂的印记，如湖北矿学学堂、南京储才学堂等。

第三，该省的经济发达程度。学堂的开办离不开经费的支持，同时也受当地交通条件的制约。以 1907 年为例，教育经费之实际支出方面，以直隶、江苏为最高，在250万两以上，依次为湖北、四川、广东、湖南与奉天，均在100万—200万两之间，其余均在100万两以下。[①] 直隶和江苏经济发达，为教育提供了充足的经费，这就为新式学堂的开办提供了保障。

第四，学堂的开办和当地历史文化程度息息相关。一般而言，开发越久、文化越发达、人才越多的省份教育越发达，新式学堂数量越多。浙江一带不但经济发达，而且重视教育的传统已久，近代人才汇集，这些都和新式学堂的开办密不可分。

第五，沿海沿江地区优越的地理位置。浙江一带沿海沿江，地理位置优越，最先与西方文化接触，而且受西方冲击最严重，因此西方近代科学对浙江一带的刺激较为明显，人民思想较为开放自由，容易接受新式教育，这就为新式学堂提供了存活的土壤。

第六，该省人口的多寡也是决定教育发展程度的重要因素。浙江因经济发达，气候条件宜人，因此人口稠密，而边疆地区如新疆因经济相对落后开发较晚，则人口较为稀少，新式教育的发展就相对缓慢。

总之，这一时期，学堂数目众多，仅从辛丑到辛亥革命十年之内，依照学部历次统计，做概要的计算，学校数已达到52500余所，学生数已达到1565000余名。[②] 此时晚清各省的新式教育已经遍及全国，但同时也呈现于南盛于北，东盛于西的总体局面。

三 晚清新式报刊的地域分布

报刊是报纸杂志的合称。中国新闻事业始于19世纪早期，最早的近代报刊是从西方引进的。但是作为一个文明古国，新闻信息的传递、交流则源远流长。事实上自唐代起，一种被后人称之为“邸报”的古代报纸就开始出现，但按今天的眼光来看，“邸报”只是一种官方文书，是一种由官方自上而下传递的文件，其主要内容是皇帝的谕旨、臣僚的奏章、官员的升迁任免之类，读者对象仅限于官僚士绅们。鸦片战争以前，中国境内还存在一种合法的民间报纸——《京报》，《京报》是我国近代报纸产生前唯一的定期出版物，但是它基本上属于政府“公报”性质，编排也

① 苏云峰：《中国新教育的萌芽与成长》，北京大学出版社2007年版，第117—123页。

② 陈青之：《中国教育史》，东方出版社2008年版，第508—509页。

比较简单。这种报纸未能发展成近代报刊，中国近代报刊的出现是与近代外国传教士的传教活动特别是鸦片战争失败后国门打开、西方报刊形式的传入密切相关的。中国近代新闻事业，是由外国传教士来华创办报刊开始的。

(一) 外国人在中国创办的报刊

中国新闻史上讲的“外报”，一般特指19世纪来华洋人所办的近代报刊，其中大多数为教会和外国传教士所创办。在国内外出版最早的近代报刊，均是由外国传教士创办的。18世纪60年代后，英国随着对华贸易量的日益增长，因而比其他国家更迫切地企图打开中国紧闭的大门，曾多次向清政府提出放宽限制、扩大贸易交流等要求。为了打破清政府闭关自守的局面，抢占广阔的中国市场，英国率先开始用传教、办学、出版报刊等方法进行文化和意识形态的渗透，为他们的侵略活动服务。《察世俗每月统计传》就是在这样的背景下诞生的。

1815年8月5日，《察世俗每月统计传》(*Chinese Monthly Magazine*)由英国传教士马礼逊和米怜在马六甲正式创刊，它以华人为发行对象，是近代报刊史第一份中文报刊。鸦片战争以后，中国海禁大开，一大批外国传教士涌入中国创办报刊。从表8-8中我们可以看出，随着时间的推移，外国传教士所办的报刊呈现由沿海地区逐渐向通商口岸扩张的发展态势。

表8-8　外国传教士在中国创办的报刊

报刊名称	创办人（或主编）	创办时间	创办地点
察世俗每月统计传	马礼逊、米怜	1815	马六甲
印支搜闻	米怜	1817	马六甲
蜜蜂华报	巴波沙、阿美达	1822	澳门
特选撮要每月统计传	麦都思	1823	巴达维亚（今雅加达）
广州纪录报	伍德、马特生	1827	广州、澳门、香港
天下新闻	麦都思、奇德	1828	马六甲
依泾杂说	—	1828	澳门
中国丛报	郭士立	1832	广州、澳门等
东西洋考每月统计传	郭士立	1833	广州
杂文编	马礼逊	1833	澳门
各国消息	麦都思、奚礼尔	1838	广州
香港钞报	马礼逊	1841	香港

续表

报刊名称	创办人（或主编）	创办时间	创办地点
中国之友	佚名	1842	香港
遐迩贯珍	麦都思	1853	香港
六合丛谈	伟烈亚力	1857	上海
中外新报	麦嘉湖等	1858	宁波
上海新报	傅兰雅、林乐知	1861	上海
中外杂志	麦嘉湖等	1862	上海
中外新闻七日录	约翰·查默司	1865	广州
远东释疑	伟列亚力	1867	上海
教务杂志	鲍尔温	1868	福州
教会新报	林乐知	1868	上海
中西闻见录	丁韪良等	1872	北京
郇山使者报	普浪博	1874	福州
小孩月报	范约翰	1875	上海
格致汇编	傅兰雅	1876	上海
益智新录	艾约瑟	1876	上海
福州福音新报	吴尔期登、培荪	1877	福州
益闻录	李　杕	1879	上海
上海福音新报	兰博斯	1879	上海
图书新报	范约翰	1880	上海
广州西医新报	嘉约翰	1880	广州
天津时报	璀琳、李提摩太	1887	天津
厦门新报	博德	1887	厦门
上海圣心报	徐允许	1887	上海
中西教会报	林乐知	1891	上海

资料来源：李焱胜：《中国报刊图史》，湖北人民出版社 2005 年版，第 9—14 页。

外国传教士在中国创办表 8－8 列中、外文报刊中，其中中文报刊是以中国读者为主要对象，大部分都暂时以宗教刊物的姿态出现，用宗教来掩护他们的侵略活动。同时也刊载一些介绍科学技术知识的“新学”或“西学”的文字，它们的言论还有所顾忌，不敢过分地刺激中国人民的爱国心和民族感情；外文报刊以外国商人、传教士、外交官员为主要对象，它们毫不掩饰其作为侵略者喉舌的面目，大肆地煽动对中国的侵略战争。

除外国传教士所创办的报刊外，为了商业需要，外国商人、商会、政客也在华创办了不少报刊。他们不仅把报刊作为宣传西方文化的阵地，更把它作为促进对华侵略和直接牟取利益的工具。这些报刊也同外国传教士所创办的报刊一样，随着通商口岸的开放，渐次从沿海地区向内陆推进(见表8－9)。

表8－9　外国商会商人在中国创办的报刊

报刊名称	创办人（或主编）	创办时间	创办地点
上海新报	英商字林洋行所	1861	上海
沪报	英商字林洋行所	1882	上海
申报	美查等〔美〕	1872	上海
新闻报	丹福士〔英〕	1893	上海
时报	璀琳〔德〕等	1888	天津
中国时报	璀琳〔德〕	1886	天津
京津泰晤士报	英商	1894	天津
顺天时报	中岛真雄	1901	北京
盛京时报	中岛真雄任总办	1906	奉天
字林汉报	英人创办	1893	汉口
协和报	德人	1910	上海
佛门日报	日	1894	上海
闽报	—	1897	福州
福州府差报	—	1858	福州
北京公报	—	1901	北京
中西闻见录	丁韪良	1872	北京
华北新闻	梅子明〔美〕	1891	北京
泰东时报	—	1908	大连
字林西报	—	1864	上海
楚报	—	1904	武汉
中外新报	—	1854	宁波
图画新报	上海圣教学会	1880	上海
亚东时报	—	1896	上海
大同报	上海光学会	1906	上海
甬报	—	1881	宁波

资料来源：1. 李焱胜：《中国报刊图史》，湖北人民出版社2005年版，第14—20页。
2. 戈公振：《中国报学史》，上海古籍出版社2003年版，第74—120页。

从以上两表中可以看出，这一时期外国人在中国创办的报刊多集中在上海、北京、天津、广州、宁波、福州等几个沿海城市或开放城市。原因如下：首先，沿海城市是最先遭受到外来侵略的地方，同时也是受外来文化影响最明显的地方，外国传教士和商人已经积聚了一部分力量用于创办报刊。其次，沿海和开放城市与外国人接触较多，已开始逐渐接受外来事物，接受外国人所创办的报刊。再次，办报地域由外向内逐渐渗透，外国人先在东南亚华人聚集的地方出版中文刊物，后逐步向澳门和广州等地发展；京津之地当时是中国的政治中心，天津还是北方的交通枢纽，外国在华上层人士都十分重视和支持京津之地的报业发展。

当时的外国报刊有两个传播中心：香港和上海。影响较大又确切可考的报刊名录如表 8－10 所示。

表 8－10

报刊名称	创办人或主编	创办时间	创办地点
中国之友	台仁	1842	澳门
香港记录报	—	1843	澳门
德臣报	英商	1845	香港
孖剌报	美英商合办	1857	香港
晚邮报和香港航运报	德	1863	香港
香港天主教记录报	天主教	1877	香港
士蔑西报	英商史密斯	1881	香港
近事编录	英商	1864	香港
字林西报	英商奚安门	1850	上海
上海通信	美国人	1867	上海
上海每日时报	—	1861	上海
上海晚差报	—	1867	上海
华洋通闻	—	1874	上海
文汇报	—	1879	上海
中外杂志	—	1862	上海
万国公报	〔美〕林乐知	1868	上海
福音新报	—	1874	上海
小孩月报	—	1875	上海
格致汇编	—	1876	上海
中西教会报	—	1891	上海
六合丛谈	〔英〕伟烈亚力	1857	上海
上海新报	伍德	1861	上海
申报	英商美查等	1872	上海
字林沪报	字林洋行	1882	上海
新闻报	英商华商合办	1893	上海

资料来源：赵中颉：《中国新闻传播事业史纲》，法律出版社 2004 年版，第 51—61 页。

从表 8 - 10 可以看出，香港是外国报刊传播的第一个中心，因为随着中英《南京条约》的签订，英国对香港有了绝对的控制权，香港政府允许各国在香港自由的进行商业贸易，香港由此聚集了众多的外国商人，也因此成为远东地区贸易中心。商业的繁荣刺激着市场对报业的需求，此时帝国主义已取得了在中国随意办报的权利，于是香港迅速发展成为中国近代报刊业的第一个中心。19 世纪 60 年代以后，中国的办报中心移至上海。其崛起的原因主要有：第一，上海占有优越的地理位置；第二，上海有浙江鱼米之乡的经济基础作为发展后盾；第三，上海地处长江中下游腹地和出海口的外贸优势，控制着全国一半以上的外贸；第四，东海之滨的开放型位置，积聚了大量外国人。尤其是鸦片战争后，上海成为西方列强的租界和通商口岸，外来人口激增。

综上可知，外国人所办报刊多以宗教和经济为表象，实际上都有明显的政治目的。外国人在华办报主旨不在报业经营，而在于政治性很强的宣传和情报活动，并且这种活动是逐步推进式的，从东南亚逐渐向中国内地渗透，目的是征服中国人心，刺探情报，便于进行包括鸦片走私在内的对华侵略。报刊作为殖民者的喉舌，可以影响舆论和西方国家的侵华政策，是西方资本主义侵华势力的宣传舆论工具。但是外国报刊作为在中国刊行最早的近代报刊，它在中国新闻史上具有重要的地位，中国人民从外国报刊上了解世界各国情况，也从外国报刊工作实践中认识报刊的功能，学习办报的知识和技能，为以后国人自办报刊准备了条件。当国人自办报刊出现并很快形成高潮后，外国报刊的作用和影响就退居次要地位了。

（二）国人自办报刊的区域分布

1840 年鸦片战争以后，中国希望变革现实的士大夫和知识分子开始接受和学习西方资本主义新文化和新思想的启蒙，他们从外国人在华办报刊活动中认识到新闻传播的各种社会功能和重要作用，开始学习外国报刊，创办中国人的近代报刊。19 世纪 70 年代起，中国开始出现国人自办的近代报刊，随后近代报刊大量涌现，出现了国人自办报刊的两次高潮：1894 年甲午战争以后，以康有为、梁启超为首的资产阶级知识分子在全国掀起资产阶级维新变法运动，全国变法志士将办报作为推动维新变法的重要手段，从 1895 年康有为率先在北京创办《中外纪闻》开始，随着变法运动的发展，维新志士先后在全国创办了几十家维新报刊，掀起了国人办报的第一次高潮，改变了外国报刊独占中国报坛的局面；维新运动失败后直到辛亥革命前，尤其是 1901 年“报禁”、“言禁”开放后，国人自办的民族报业进入了一个蓬勃发展的新时期，自办报刊的数量年年递增，形成了中国新闻事业史上的第二次国人办报高潮。

（1）国人创办的第一批近代报刊的地域分布

国人自办报纸的最初尝试可追溯至禁烟运动期间林则徐的译报活动，鸦片战争期间，龚自珍、魏源、林则徐等人深感国人对世界的无知，开始编撰书籍向国人介绍外部世界，如林则徐组织翻译澳门的 *Canton Press*（《广州周报》）和 *Canton Register*（《广东纪事报》）等外报上的消息和言论，译稿被保存下来的有 6 册，被称为“澳门新闻纸”，内容重点是禁烟和军事，现存有装订本 6 册，题名为《澳门新闻纸》。魏源将林则徐的部分译稿收入《海国图志》，名为“澳门月报”。此可看为国人自办报刊的前奏。但是所谓的《澳门新闻纸》只是外报的译文汇编，属参考资料性质，不是正式出版物，更不是定期刊物，但是它对当时及后世的启迪作用是不可忽视的。显然，林则徐是第一位利用外国报刊为中国服务的有识之士。

继林则徐、魏源之后，王韬、陈蔼廷也进行了创办报纸的实践，其中陈蔼廷曾经创办《中外新闻七日报》，后改名为《香港华字日报》，这些报纸有一定的独立性，但是未完全脱离外国报刊。

由此可见，以上几种报纸都不是完全意义上的近代报纸。有关哪一家是完全意义上的中国报刊的争论一直没有停止，戈公振在《中国报学史》中提出：“我国人自办之日报，开其先路者，实为《昭文新报》。”① 但是也有记载说，1872 年广州曾出版过《羊城采新实录》，但具体情况无从考证，因此目前我国新闻史学界多沿用戈公振的说法。《昭文新报》于同治十二年六月创刊于汉口，为艾小梅所发起。

这一时期国人自办报纸来自“自强”意识的萌发，这是中国报业不同于西方报业的一大特征，西方报业的发展首先源于商业和贸易发展的需要，而中国近代报业的缘起则是基于“救亡”与“自强”的背景。基于救亡和自强的目的，出现了首批国人自办的报纸，主要如表 8－11 所示。

表 8－11

报刊名称	创办人或主编	创办时间	创办地点	备注
昭文新报	艾小梅	1873	汉口	第一家完全意义的近代报刊
循环日报	王　韬	1874	香港	影响最大
维新日报	陆骥纯	1879	香港	

① 戈公振：《中国报学史》，上海古籍出版社 2003 年版，第 151 页。

续表

报刊名称	创办人或主编	创办时间	创办地点	备注
汇报	容　闳	1874	上海	后改名《益报》
新报	冯焌光	1876	上海	名为商办实为商办
维新日报	陆骥纯、陆建康、黄道生等	1879	香港	1909 年改名《国民日报》
述报	海墨楼石印书局	1884	广州	—
粤报	—	1875	香港	—
广报	邝其照	1886	广州	后改名《越峤纪闻》
侯鲭新录	—	1877	上海	—
词林书画报	—	1888	上海	—
飞影阁画报	—	1890	上海	—
华洋日报集成	—	1891	上海	—
告白日报	—	1891	上海	—
中西文报	—	1891	上海	—
艺林报	—	1891	上海	—
海上奇书	—	1892	上海	—

资料来源：1. 丁淦林主编：《中国新闻事业史》，高等教育出版社 2002 年版，第 51—55 页。
2. 杨师群：《中国新闻传播史》，北京大学出版社 2007 年版，第 42—44 页。

由表 8 - 11 可以看出，这一时期国人自办报刊规模很小，而且数量有限，只零星地分布在上海、香港、广州几个开放城市，大都办刊时间不长。如《汇报》只出版了一年半，《昭文新报》、《述报》连一年还不到，《新报》、《广报》算是较长的，也只出版了五六年。国人自办的第一家近代报刊创刊于汉口。而 19 世纪 70 年代上海报业开始走向繁荣，走在全国各地之前，到 80 年代，广州也开始出现一批近代报刊。

第一批近代报刊之所以集中在上海、香港、广州，是因为它们独特的地理位置。作为沿海城市或者租界的上海、香港和广州受西方事物冲击最早也最猛烈，因此也最先认识到报刊这一媒介的社会功用，从而开始了国人自办报纸的尝试，以求达到“救亡”和“自强”的目的。而且租界因为有不平等条约的庇护，言论较为自由，因而有利于报刊业的发展。这其中影响最大的当属王韬创办的《循环日报》，被称为“中国人自办成功的最早中文日报”①，该报之所以命名为“循环”，是因为“弱即强之机，强即弱

① 卓南生：《中国人自办成功的最早中文日报〈循环日报〉》，载《中国近代报业发展史》，台北正中书局 1998 年版。

之渐，此乃循环之道然也”，因此，宣传变法自强是该报的基本任务。王韬的主张和《循环日报》的宣传，表明了其期盼国家富强的良好愿望。

甲午战争前的20年间，国人先后自办了约20家报纸，[①] 除在香港的几家，内地报纸的寿命都不长，销量亦有限。这一时期大多内地报刊业发展步履蹒跚。原因主要有：文化方面，社会上九成为文盲，对购读新闻一事淡漠，报馆经营惨淡；经济方面，工商业不发达，经济发展落后，因此投资报业者甚少，做广告者少，报刊业难以赢利；政治方面，政府权力的干预，清政府虽没有命令禁止办报设馆，但《大清律例》禁止“妄布邪言”、“煽惑人心”，这大大牵制了报刊业的发展。因此，这一时期的报刊多寻求官方的庇护或者洋人的支持，或者干脆迁入租界，躲避清廷的阻挠。

综上所述可见，这一时期中国的第一代报人是在极其艰难的条件下，苦苦支撑了这一事业，苦苦探索着中国报刊的发展之路，虽然成效甚微，但冲击了外国报刊在华的垄断地位，代表了历史发展的趋向。但是要从根本上改变中国的传统文化，走出新闻报业发展的瓶颈，若没有一定的历史机遇，绝不是件轻而易举之事。

（2）维新运动前后报刊的地域分布

甲午战败，大清帝国被“蕞尔小国”日本打败，引起朝野上下的极大震动。国人救亡图存的爱国高潮空前高涨，英人李提摩太在中日战争之后就起草《新政策》以进奏，提出办报馆为首要之务。如谓：“教民之法，欲通上下有四事。一曰。立报馆。”[②] 而以康有为为代表的改良派，就是在这一背景下产生的一股新的政治力量。掀起了中国近代史上有名的维新运动，在维新运动的推动下，掀起了中国近代报刊创办的第一个高潮。1895—1898年，全国出版的中文报刊有120多种左右，其中80%是国人自办，报刊品种多，遍及各地很多城市，改变了外报在华的垄断优势。[③]

维新运动的起点，要追溯到1895年5月的“公车上书”。当时在京参加会试的康有为听说清廷要向日本割地、赔款以求和，便联合各地举人两次上书光绪帝，要求“拒和、迁都、变法”，其中在“上清帝第二书”中，他提出了“开报馆”的主张。虽然公车上书的主张没有被清廷所采纳，但是康有为等人并不气馁，以后又多次上书要求变法，同时他和一批志同道合者在北京、天津、上海、长沙、香港等许多城市创办了多家报

① 杨师群：《中国新闻传播史》，北京大学出版社2007年版，第22页。

② 戈公振：《中国报学史》，上海古籍出版社2003年版，第61页。

③ 杨师群：《中国新闻传播史》，北京大学出版社2007年版，第54页。

刊，鼓吹变法革新改良政治。这些报刊对于扩大维新思想的传播起了重要作用，同时也促成了中国近代报刊创办的第一个高潮。据统计，在1894年至1898年间，全国新出版的报刊有百余种，而属于改良派和支持改良的人士创办的就达70余种。[①]

在康有为的奔走联络下，维新人士开始聚集起来宣传变法，报刊因传播迅速，影响广泛，尤为他们所重视。康有为在1895年6月23日第四次上书后就着手办报。同年8月17日《万国公报》在北京创刊，它是维新派办的第一家报刊，成为维新运动快速开展的起跑器。1895年11月京师强学会成立，陈炽任会长，强学会将《万国公报》改名《中外纪闻》，作为维新派第一家正式机关报，该报创办于1895年12月16日，后来由于顽固派的迫害，该刊仅存在了1个月零5天。

在维新派活动在北京开始不久，康有为就南下在张之洞的支持下于1895年11月创办了上海强学会。作为上海强学会机关报的《强学报》也于1896年1月12日创刊。后来由于原本支持《强学报》的张之洞出尔反尔，《强学报》终刊，只存在了10天。《强学报》虽然存在时间最短，但是它的影响力却远大于《万国公报》和《中外纪闻》。

维新派在京、沪所办三家报刊虽然很快都被查禁了，但是办报宣传维新却成了全国性的思潮，各地纷纷出版报刊宣传救亡图存，近代国人办报的第一个高潮出现。据不完全统计，在1896—1898年的三年中，国人新办中文报刊105家，而从1873年《昭文新报》创刊到1895年的22年中，国人创办的中文报刊不到20家。[②] 这一时期国人所办报刊确切可考的主要见表8－12。

表8－12　　1873—1895年国人创办的主要中文报刊

报刊名称	创办人或主编	创办时间	创办地点	备注
万国公报	康有为	1895	北京	后改名中外纪闻
强学报	康有为等	1896	上海	—
时务报	梁启超等	1896	上海	后迁北京
知新报	康、梁	1897	澳门	—
国闻报	严　复等	1897	天津	1899年卖给日本人
国闻汇编	—	1897	天津	—

① 李焱胜：《中国报刊图史》，湖北人民出版社2005年版，第23页。

② 丁淦林：《中国新闻事业史》，高等教育出版社2002年版，第60页。

续表

报刊名称	创办人或主编	创办时间	创办地点	备注
湘学新报	江　标	1897	长沙	—
湘报	唐才常	1898	长沙	—
指南报	李伯元	1896	上海	—
苏报	—	—	上海	—
博闻报	—	—	上海	—
华报	—	—	上海	—
通学报	—	—	上海	—
苏海汇报	翁萃甫	1897	上海	—
中国商务报	—	—	上海	—
策言报	—	—	上海	—
农学报	—	1897	上海	—
富强报	—	1897	上海	—
集成报	—	1897	上海	—
游戏报	李伯元	1897	上海	—
萃报	—	—	上海	—
实学报	王斯源	1897	上海	—
新学报	叶耀元	1897	上海	—
求是报	陈季同、陈寿彭	1897	上海	—
笑报	—	—	上海	—
译书公会报	—	—	上海	—
华洋报	—	—	上海	—
消闲报	—	—	上海	—
蒙学报	—	1897	上海	—
演义白话报	—	1897	上海	—
海上奇闻报	—	—	上海	—
大公报	—	—	上海	—
求我报	薛绍元	1898	上海	—
格致新报	朱开甲	1898	上海	—
时务日报	汪康年	1898	上海	后改名中外日报
趣报	揍　弢	1898	上海	—
女学报	康同薇	1898	上海	—
采风报	吴趼人	1898	上海	—
上海晚报	—	—	上海	—

续表

报刊名称	创办人或主编	创办时间	创办地点	备注
工商学报	汪大钧	1898	上海	—
医学报	—	1898	上海	—
福报	—	—	福州	—
博闻报	—	—	广州	—
岭学报	—	—	广州	—
岭海报	—	—	广州	—
时敏报	—	—	广州	—
广智报	—	—	广州	—
仁报	—	—	桂林	—
利济学堂报	陈 *	1897	温州	—
算学报	—	1897	温州	—
广通报	—	—	西安	—
秦中书局汇报	—	—	西安	—
经世报	—	—	杭州	—
渝报	—	—	重庆	—
通俗报	—	—	重庆	—
无锡白话报	—	1898	无锡	后改名中国官音白话报
蜀学报	—	—	成都	—
皖报	—	—	芜湖	—
俚语报	—	1898	衡阳	—
汇报辑要	—	—	开封	—
经济报	—	—	长沙	—
梧报	—	—	梧州	—
菁华报	—	—	萍乡	—

资料来源：丁淦林：《中国新闻事业史》，高等教育出版社 2002 年版，第 61 页。

这次国人创办报刊活动的主流是维新派的或与维新派有关联的报刊，地域分布相当广泛。从表 8－12 可以看出，第一次办报高潮时涌现出的报刊在地域分布方面呈现如下的特点：

首先，地域分布极其广泛，全国 20 多个城镇出现报刊，遍及大江南北。其次，报刊数目最多的两个地方集中在上海、湖南，上海依然是这一时期报刊业的中心，报刊数量达 40 多家。而湖南不但首次出现国人自办的近代中文报刊，而且从 1897 年《湘学新报》问世到 1898 年，湖南共出现9家国人报刊,[1] 成为创办报刊活跃的地方之一。再次，这一时期很多内地小城市也出现了近代报刊，如重庆、桂林、芜湖、衡阳、萍乡等。

这一办报高潮的出现是维新派志士为变法维新奔走呼告的结果。1898年，百日维新期间，光绪皇帝不但公布了“报纸一律免税”、“准许自由开设报馆”等谕旨，还批准设立官报局，在这些政策措施的促使下，各地纷纷开馆办报，范围遍及全国，形成了中国近代报刊史上的第一次办报高潮。

上海之所以成为这一时期报业的中心，是因为其一系列得天独厚的条件，具体有：首先，上海自开埠以来已成为全国最大的工商业经济中心，其工业资本产值、厂数、工人数等均占全国的一半以上，经济的兴盛为文化的繁荣奠定了物质基础。同时上海又是西方文化渗透与传播的门户，这里不但人才汇集，而且是思想最活跃、碰撞最激烈的地区，为报刊的繁荣准备了条件。正是由于上海优越的经济条件和独特的文化环境，使上海成为近代报刊积聚之地。

其次，上海资本主义经济的发展使这里成为中国资产阶级力量最雄厚、政治最活跃的城市。资产阶级深受内外双重压迫，强烈要求发展资本主义工商实业来实业救国。资产阶级为了宣传自己的主张，开始办报立馆，促成了上海近代报刊业的繁荣。

再次，上海还因是租界地享有其他地方所没有的特权：治外法权，因此相对于其他地方而言，上海受清廷专制影响的束缚要少，为各种报刊提供了相对自由宽松的发展场所。于是上海租界充当了“历史不自觉的工具”，成为近代报刊兴起、发展的重要因素。[2]

综上所述，由于上海独特的地理位置、优越的经济条件、活跃的文化环境、治外法权的政治特权，共同促成了这一时期上海报刊业的繁荣，成为全国报刊业的中心。

而湖南作为一个内陆省份，在这个时期不但首次出现国人自办的近代中文报刊，而且三年间共出现9家国人报刊，发展迅速。究其原因，首先，各省多对维新变法运动表面敷衍，暗地抵制，而作为湖南巡抚的陈宝箴则对维新变法极力支持，使省内形成了一个良好的气候，利于维新派在此创办报馆宣传维新。其次，湖南省聚集了大批维新派精英，他们都对报刊这一新兴传媒手段表示认可，其中以唐才常、谭嗣同最具代表性。他们

---

① 蒋含平、谢鼎新：《简明中外新闻事业史》，合肥工业大学出版社2004年版，第47页。
② 何平立：《论近代上海报刊之社会历史作用》，《上海大学学报社科版》1990年第2期。

充分认识到报纸可以“以塞求通”，“通上下中外之情”，强调报刊对变法图强有重要作用，积极投身到近代报刊的创办中去。如唐才常便是《湘学新报》撰稿最多的人士之一。

这次办报高潮是随着维新运动的开展而出现的，也是随着维新运动的失败而衰落的。1898 年 10 月 9 日，慈禧太后发布谕旨查禁报馆、严拿主笔，大部分报刊被迫停办或者转移到海外。中国近代报刊史上第一个国人办报业高潮自此告一段落。

1896—1898 年出现的国人办报热潮，已经初步具有了全国性、多样性、进步性等特征。主要表现在全国一些大城市和一些省会城市，甚至一些中小城市也开始创办报刊，报刊数目多、分布广泛，而且产生了一批著名的报刊和报人，但是尚未形成全国网络。这次办报热潮主要是在维新派的努力下兴起的，因而也伴随着维新运动的失败逐渐走入低潮。中国报人必须进行新一轮的探索，继续探寻发展壮大之路。

（3）辛亥革命运动期间报刊的地域分布

戊戌政变失败后，康、梁等一批改良派人物被迫逃亡海外，同时国内的改良派刊物也被清廷严厉查禁，国内报业陷入低潮。但是康、梁等人继续在海外创办刊物，进行资产阶级改良宣传，如日本的《清议报》、新加坡的《天南新报》等。实际上，在 19 世纪末改良运动酝酿推进的同时，资产阶级革命派也产生了。中国资产阶级民主革命的先行者孙中山先生，看到腐朽的清王朝已无可救药，便逐渐形成了自己的革命思想。1894 年，孙中山在美国檀香山创立了第一个资产阶级革命团体——兴中会，一开始兴中会靠演说、编印革命小册子等宣传革命。后来随着革命活动的发展，革命派逐渐认识到创办报刊的重要性和迫切性。于是，1900 年他们在香港创办了第一份革命报纸——《中国日报》。自此以后，革命派不断地创办报刊，大张旗鼓的利用舆论宣传革命。

因为革命派活动的日渐活跃，清廷将注意力转移到革命派上，这为以康为首的立宪派提供了发展机会，尤其是清政府宣布预备立宪后，康、梁等立宪派在国内创办了一系列报刊，如《政论》、《国风报》等，以图借报刊鼓吹立宪。

因此，鼓吹“君主立宪”的改良派与要求“暴力夺权”的革命派，在清末海内外报刊阵地上上演二重奏，掀起了革命与保皇的大论战。双方的第一次交锋是 1901 年 8 月，《国民报》发表章太炎的《正仇满论》，提出中国之出路非推翻清王朝不可，狠狠驳斥了改良派，可谓革命派向保皇派射出的第一箭。1902 年，广州改良派《岭海报》发表文章攻击革命派领导失败的广州起义，香港《中国日报》立即撰文予以反击，笔战逾月，这是双方第一次对阵交锋。1903 年起，两派论战日趋平凡，《民报》创刊后，以主帅的身份与最有影响的改良派报刊《新民丛刊》展开激烈而且系统的论战，论战的中心问题是要不要用暴力革命推翻封建专制的清王朝，建立一个民主共和国。

正是在革命派和保皇派论战的背景下，革命派和保皇派在国内均创办了大批报刊，国内各种势力的报刊也在这种形势下活跃起来。就这样，以革命派为主流，中国近代报刊史上又一个创办报刊高潮出现了。这一时期国内所办报刊主要见表 8 - 13。

表 8 - 13

报刊名称	创办人或主编	创办时间	创办地点	备注
选报	—	1901	上海	改良派
外交报	商务印书馆	1902	上海	改良派
东方杂志	徐　珂	1904	上海	改良派
扬子江	—	1904	上海	改良派
时报	狄楚青	1904	上海	改良派
预备立宪官话报	—	1906	上海	改良派
政论	梁启超	1907	上海	改良派，初创刊于东京，后迁回上海
舆论日报	—	1908	上海	改良派
时事新报	张竹平	1911	上海	改良派
预备立宪公报	—	1908	上海	改良派
国风报	梁启超	1910	上海	改良派
法政杂志	—	1911	上海	改良派
启蒙画报	—	1902	北京	改良派
京话日报	彭翼仲	1904	北京	改良派
中华报	—	1904	北京	后改名中华日报，改良派
北京报	—	1904	北京	后改名北京日报，改良派
北京女报	—	1905	北京	改良派
宪法白话报	—	1906	北京	改良派
正宗爱国报	—	1906	北京	改良派
京报	—	1907	北京	改良派
中央大同日报	—	1909	北京	改良派
国报	—	1909	北京	改良派
国民公报	文实权	1910	北京	改良派

续表

报刊名称	创办人或主编	创办时间	创办地点	备注
官话政报	—	宣统年间	北京	改良派
京师公报	—	不详	北京	改良派
公益报	—	不详	北京	改良派
大公报	英敛之	1902	天津	改良派
广东地方自治研究录	—	1906	广州	改良派
蜀报	—	1910	成都	改良派
蜀风杂志	—	1911	成都	改良派
黔报	—	1907	贵阳	改良派
宪政白话报	—	1910	汉口	改良派
湖北自治公报	—	1910	武昌	改良派
湖南地方自治白话报	—	1910	长沙	改良派
河南自治报	—	1910	开封	改良派
中国日报	陈少白	1900	香港	革命派
世界公益报	郑贯公	1903	香港	革命派
广东日报	郑贯公	1904	香港	革命派
有所谓报	郑贯公	1905	香港	革命派
苏报	胡　璋	1896	上海	革命派，后章太炎任主编
大陆	翼　*	1902	上海	革命派
童子世界	何梅士	1903	上海	革命派
国民日日报	章士钊	1903	上海	革命派
俄事警闻	王小徐	1903	上海	革命派
中国白话报	林　獬	1903	上海	革命派
二十世纪大舞台	陈去病等	1904	上海	革命派
国粹学报	邓实等	1905	上海	革命派
竞业旬报	傅君剑	1906	上海	革命派，后主编为胡适
神州日报	于右任	1907	上海	革命派
民呼日报	于右任	1909	上海	革命派
民吁日报	于右任	1909	上海	革命派
民立报	于右任	1910	上海	革命派
越报	—	1909	上海	革命派
中国公报	—	1910	上海	革命派

续表

报刊名称	创办人或主编	创办时间	创办地点	备注
天铎报	—	1910	上海	革命派
民声丛报	—	1910	上海	革命派
克服学报	—	1911	上海	革命派
锐进学报	—	1911	上海	革命派
大陆报	—	1911	上海	革命派
楚报	—	1905	武汉	革命派
江汉日报	—	1908	武汉	革命派
湖北日报	—	1908	武汉	革命派
武昌白话报	—	1909	武汉	革命派
汉口商务报	宛思演	1909	武汉	革命派
雄风报	—	1910	武汉	革命派
大江报	胡为霖	1911	武汉	革命派
夏报	—	1911	武汉	革命派
政学日报	—	1911	武汉	革命派
鄂报	—	1911	武汉	革命派
大汉报	胡石庵	1911	武汉	革命派
中华民国公报	牟鸿勋	1911	武汉	革命派
拒约报	—	1905	广州	革命派
时事画报	—	1905	广州	革命派
帝国日报	—	1909	北京	革命派
国光新闻	—	1911	北京	革命派
长春日报	—	1909	吉林	革命派
兴平报	—	1909	陕西	革命派
晋学报	—	1906	山西	革命派
济南白话报	—	1906	山东	革命派
安徽俗话报	—	1904	安徽	革命派
建言日报	—	1911	福建	革命派
南报	—	1910	广西	革命派
西南日报	—	1909	贵州	革命派
重庆日报	—	1904	四川	革命派
广益丛报	—	1905	四川	革命派

资料来源：李焱胜：《中国报刊图史》，湖北人民出版社 2005 年版，第 30—64 页。

从表 8－13 看出，这次办报高潮与第一次办报高潮相比，办报高潮的主角已经由改良派转换为革命派。而且民间办报的数目年年递增，据不完全统计，这一时期新创办的报刊，1901 年为 34 种，1902 年为 46 种，1903 年为 53 种，1904 年为 71 种，1905 年为 85 种。1906 年清廷宣布预备立宪后，报刊事业发展的步伐进一步加快，每年都新创办报刊百余种以上，1906 年为 113 种，1907 年为 110 种，1908 年为 118 种，1909 年为 116 种，1910 年为 136 种，1911 年为 209 种。① 这一时期创办的报刊不但数量多，而且扩散到全国 60 多个城市或地区，几乎遍及全国，甚至有些边疆少数民族也开始办报，如贵州等。同时报刊分布又以上海、湖北为两大核心基地，从 1905 年到 1911 年，作为革命派重要基地的上海仅革命派报刊就创办了 16 家，而湖北作为长江沿岸革命派的重要活动中心，1905 年至武昌起义，办有革命派报刊 10 多家。②

上海因其便利的交通环境、发达的工商业经济、新式知识分子集中等因素，促成了上海报刊业的进一步繁荣。上面已对第一次办报高潮做过分析，在此不多赘述。这一时期湖北报刊的发展格外引人注目，其发展迅速的主要原因有：

首先，湖北资本主义经济的发展和民族资本的兴起为这次创办报刊热潮准备了经济基础和必要的条件。湖北位于长江中下游地区，地理条件极具战略价值，尤其武汉更是有“九省通衢”之称，丰富的矿产，为发展资本主义准备了条件。在日俄战争的刺激和抵制美货运动的推动下，1905—1908 年掀起湖北民族资本主义工业发展的第一个高潮，在此期间湖北各地民间兴办实业相当踊跃。据统计，清末湖北民营工厂有名可查共有 160 家，其中武汉三镇近 130 家。③ 湖北民族资产阶级的逐步形成，一方面为湖北创办报刊热潮的出现准备了投资主体和资金，使报社通过广告获得利润成为可能。另一方面，新兴民族资产阶级需要报刊这个舆论工具来表达自己的政治、经济上的要求。

其次，教育的发展，新式知识分子群体的壮大，也是刺激湖北第一次创办报刊热潮出现的重要因素。20 世纪初开始，清政府下令各地广开新式学堂，湖北各地陆续将旧式书院改为各类学堂，推广新式教育。据《湖北教育官报》于宣统二年发布的《湖北省学生历年增减表》和《湖北省学堂

---

① 杨师群：《中国新闻传播史》，北京大学出版社 2007 年版，第 76 页。

② 蒋含平、谢鼎新：《简明中外新闻事业史》，合肥工业大学出版社 2004 年版，第 66 页。

③ 章开沅、张正明、罗福惠：《湖北通史》（晚清卷），华中师范大学出版社 1999 年版，第 362 页。

历年增减比较表》统计，湖北1903年有学堂数11家，已毕业学生218人，在堂学生1925人，到1908年，学堂数为1972家，已毕业学生1287人，在堂学生人72634。大量创办的学堂，使省内受教育人数骤增，从而扩大了报刊的读者群。这些新式知识分子群体的壮大，对开通湖北省内风气、传播进步思想起到了极大的推动作用，也为报刊的发展提供了广泛的社会基础。

再次，作为湖北省会的武汉，不但是我国长江流域的第二大商埠，而且是日知会、共进会、振武学社、文学社和群治学社等革命群众组织活跃的地区。这些团体进行的一系列革命运动和革命宣传带动了湖北创办报刊业兴盛。

综上所述，第二次创办报业高潮与第一次创办报业高潮相比，办报地区、读者范围对象都逐渐扩大。维新运动时期，办报活动局限于沿海地区和内地少数大中城市。而辛亥革命时期的办报活动由腹地向东北、西北、西南边疆地区延伸，一些从未办过报刊的省份如吉林、贵州等省也办起了革命报刊。这些革命报刊大大宣传了民主共和思想，为辛亥革命奠定了群众基础。

四　晚清新式知识分子的地域分布

（一）新式知识分子的产生

鸦片战争以前，中国的知识分子一般来说就是旧式士大夫，他们所关注的是维护传统社会的宗法制度和伦理道德规范，他们终生所追求的是由科举入仕。19世纪40年代，广东海面上突然响起了英国军舰的炮声，它划破了沉寂中国的上空，惊动了北京庄严肃穆的紫禁城，中国知识分子的思想受到了前所未有的冲击，中国近代新式知识分子也应运而生。他们前赴后继，历尽艰辛，向西方寻求救国救民的真理；他们著书立说，传播真理和科学知识以唤醒民众；他们流血牺牲，勇担改造社会的重任。

综观整个中国近代史，19世纪六七十年代是我国封建知识分子开始向近代新式知识分子转化，但其数量和质量都远不足以形成队伍。他们缺乏资产阶级的政治意识，其着眼点还停留在学习西方的“船坚炮利”，重振和永葆封建专制制度的活力上，因此仅仅是近代新式知识分子的雏形。到早期改良主义思想家王国维、马建忠、薛福成、郑观应等人，虽然有了比较强烈的资本主义倾向，但他们的政治主张仍缺乏系统明确的理论论证，活动方式也只限于在书斋中著书立说，彼此间缺乏联系，谈不上组织政治活动和统一步调，没出现社会性的运动，在思想见解上也还没有完全摆脱洋务派，而且人数少，影响小，他们只能说是部分地具有近代化知识分子的某些特征，是近代知识分子的先驱。这是因为这时期的中国，资本主义刚刚产生，尚未形成社会的共同需要，也就是说，这时的中国还不具备形成完全意义上近代知识分子的经济社会条件。直到甲午战争后，在民族危机的刺激下，在“救亡图存”的号召下，中国民族资本主义初步发展起来，资本主义的政治文化开始在中国形成时代潮流。1895 年出现的“公车上车”就是这个潮流兴起的标志，这次上书中不同集团、派别的知识分子走到一起，表明近代知识分子已经形成一种有独立意识的社会势力，开始作为一个有独立资产阶级意识的社会力量在政治生活中扮演重要的角色。可见，晚清新式知识分子就是在传统知识分子分化的基础上形成的，大概是在 19 世纪八九十年代伴随民族危机和中国民族资本主义的发展而出现的。

（二）新式知识分子的人员构成

晚清新式知识分子的来源主要有以下几个部分：第一部分是从传统士大夫中蜕变而出的，如张謇、梁启超、严修、张元济、熊希龄、唐文治等，他们受过良好的传统教育，有举人、进士等传统功名和身份。在维新运动风起云涌之时，他们实现了从传统士大夫向新式知识分子的转变。再一部分，是受到过传统教育，但又处于中下层的知识分子，他们受西学的影响，同时又对外国的侵略和封建统治的危机及人民的苦难认识得比较深刻，具有进行变革要求。还有一部分是晚清少量的留学生和新式学堂的学生。最后一部分来源于家境贫寒者和城乡工商业者等，他们受封建传统束缚较少，对社会疾苦了解甚深，后来又受到西学的影响而转变成为新式知识分子。以上几部分，可大体概括为以下几种类型。

第一，早期的改良主义知识分子。如王韬、冯桂芬、郑观应、薛福成等一大批早期改良思想家。

第二，出国留学生。近代最早出国留学的是马礼逊学堂学生容闳、黄胜、黄宽。1872 年，经容闳提议，曾国藩、李鸿章奏请选派幼童赴美留学，到 1881 年全部撤回时共派出了四届 120 名学生，开创了清政府官派留学的先河。以后在沈葆桢的努力下，福建船政局也先后派三批计 81 名分赴英法两国学习。此后，清政府又陆续派遣了几批学生赴西方学习。他们在西方接受了近代科学技术知识，受到西方文明的影响，回国以后积极倡导西学，加入了新式知识分子的行列。

第三，出自新式学堂的学生。洋务派为培养洋务人才兴办了一批洋务学堂，维新运动后清政府开办了一大批新式学堂，基督教、天主教教会办的学堂也迅猛发展。这些新式学堂大多数以西学为主，对学生进行近代西方自然科学知识和技术方面的培养教育。新式学堂的大量创办，造就了一批政治、经济、军事和文化教育方面的人才，使近代新式知识分子队伍迅速壮大。

第四，维新派成员。如康有为、梁启超、谭嗣同、杨深秀、刘光第等人，他们多受系统的传统教育，多取得科举功名，但在内忧外患之下，为挽救民族危亡，开始接受西学，主张用西方政治、经济等方面理论来改造中国。他们也实现了从传统知识分子向新型知识分子的转变。

第五，革命派成员。如邹容、陈天华、章太炎、秋瑾、黄兴等人，他们多有留学或者就学于新式学堂的经历，对清政府的反动本质有着比较透彻的认识，主张通过革命推翻清政府的政治，并在国内外进行了一系列的宣传和尝试，很多人为此付出了生命。革命派中，很多新式知识分子用自己年轻的生命写下了无数可歌可泣的壮烈诗篇。

（三）新式知识分子代表人物的地域分布

晚清新式知识分子众多、这里的关键是如何取舍的问题。本书主要依据来源于由国家清史编纂委员会编撰，北京图书馆出版社 2007 年出版的《近世人物志》来选出晚清新式知识分子代表人物。需要说明的是：统计的范围是以曾生活在 1840—1912 年间的国内人物为准；上海属江苏，天津属河北。他们中知名且又确切可考的如表 8－14 所示。

表 8－14

姓名	生活年代	籍贯
丁文江	1887—1936	江苏
丁福保	1874—1952	江苏无锡
丁惟汾	1874—1954	山东日照
于右任	1879—1964	山西
文廷式	1856—1904	江西萍乡
王冬饮	1871—1944	江苏南京
王光祈	1892—1936	四川温江
王陆一	1896—1943	陕西三原
王国维	1877—1927	浙江海宁
王宠惠	1881—1958	广东东莞

续表

姓名	生活年代	籍贯
王献唐	1897—1960	山东日照
王懿荣	1845—1900	山东福山
左舜生	1893—1969	湖南长沙
丘逢甲	1863—1912	广东
皮鹿门	1850—1908	湖南善化
朱九江	1807—1881	广东南海
朱自清	1898—1948	浙江绍兴
朱希祖	1879—1944	浙江
朱家骅	1893—1963	浙江吴兴
朱祖谋	1857—1931	浙江
吕碧城（女）	1883—1943	安徽
何炳松	1892—1946	浙江金华
沈曾植	1850—1922	浙江嘉兴
汪兆镛	1861—1939	广东
汪康年	1860—1911	浙江钱塘
汪敬熙	1897—1968	江苏吴县
吴　梅	1884—1939	江苏吴县
吴汝纶	1840—1903	安徽桐城
吴昌硕	1844—1927	浙江
吴芳吉	1896—1932	四川江津
吴金鼎	1901—1947	山东安丘
吴道镕	1852—1936	浙江
李仲约	1834—1895	广东顺德
李叔同	1880—1942	浙江平湖
李晋华	1899—1937	广东梅县
李善兰	1810—1882	浙江海宁
李登辉	1873—1947	福建厦门
李慈铭	1829—1894	浙江
孟　森	1868—1938	江苏武进
杭辛齐	1869—1923	浙江海宁
周鸿经	1902—1957	江苏铜山
林　损	1890—1940	浙江瑞安

续表

姓名	生活年代	籍贯
林觉民	1887—1911	福建侯官
林　文	1885—1911	福建闽县
英　华	1867—1926	满洲正红旗（生于北平）
范当世	1854—1904	江苏南通
洪　棄	1867—1929	福建南安
柯劭忞	1850—1933	山东
胡　适	1891—1962	安徽
胡子靖	1872—1940	湖南湘潭
胡玉缙	1859—1940	江苏吴县
胡樸安	1879—1947	安徽
容　闳	1828—1912	广东香山
孙诒让	1848—1908	浙江瑞安
唐文治	1865—1954	江苏太苍
徐志摩	1896—1931	浙江海宁
夏敬觀	1875—1953	江西新建
高平子	1888—1970	江苏金山
高凤谦	1869—1936	福建长乐
马　良	1840—1939	江苏丹阳
马　衡	1880—1955	浙江
马建忠	1845—1900	江苏
马相伯	1840—1939	江苏丹徒
康有为	1858—1927	广东南海
郭秉文	1879—1967	江苏江浦
常燕生	1898—1947	山西
陶云达	1904—1944	江苏武进
章　钰	1865—1937	江苏长洲
章炳麟	1868—1936	浙江余杭
梅仲協	1899—1970	浙江永嘉
梁启超	1873—1929	广东新会
梁鼎芬	1859—1919	广东番禺
陈三立	1853—1937	江西
陈天华	1875—1905	湖南新化

续表

姓名	生活年代	籍贯
陈更新	1880—1911	福建侯官
张　謇	1853—1926	江苏南通
张之洞	1837—1909	直隶南皮
张元济	1871—1965	浙江
张伯苓	1876—1951	河北天津
张相文	1866—1933	江苏泗阳
张裕钊	1823—1894	湖北武昌
许景澄	1845—1900	浙江嘉兴
曾孟朴	1872—1935	江苏常熟
劳崇光	1802—1867	湖南善化
黄　节	1873—1935	广东顺德
黄季刚	1886—1935	湖北
黄遵宪	1848—1905	广东梅县
詹天佑	1861—1919	安徽
叶德辉	1864—1927	湖南长沙
杨守敬	1839—1914	湖北宜都
杨振鸿	1874—1909	云南昆明
杨卓霖	？——1907	湖南醴陵
廖季平	1852—1932	四川
齐白石	1863—1957	湖南湘潭
蔡元培	1867—1940	浙江
郑观应	1841—1923	广东香山
蒋百里	1882—1938	浙江海宁
刘　鹗	1857—1909	安徽
刘古愚	1843—1903	山西咸阳
刘师培	1884—1919	江苏
刘道一	1884—1907	湖南衡山
钱玄同	1886—1939	浙江吴兴
简朝亮	1852—1933	广东顺德
魏　源	1794—1857	湖南邵阳
谭嗣同	1865—1898	湖南浏阳
罗振玉	1866—1940	浙江

续表

姓名	生活年代	籍贯
罗师杨	1866—1931	广东
苏曼殊	1884—1918	广东中山
严　复	1853—1921	福建
秋　瑾	1875—1907	浙江山阴
龙鸣剑	1878—1911	四川荣县
喻培伦	1886—1911	四川内江
方声洞	1886—1911	福建侯官
熊成基	1887—1910	江苏甘泉
刘复基	1884—1911	湖南常德
仇　亮	1879—1915	湖南湘阴

表 8－14 共统计 115 人，从省份来看人数列前位的是：江苏 22 人，浙江 27 人，湖南 13 人，广东 9 人。总体来说南盛于北，东盛于西，浙江最密集，湖南也异军突起，格外抢眼。出现南多北少这一分布特色，总体有如下原因。

自然环境方面，我国大部分地区在东亚季风区，夏季风来自东南大洋，因此降水从东南向西北递减，西北广大内陆地区成为较为干旱少雨的地带，而南方的雨水较为充足，大部分地区山清水秀，平原河湖众多。正是因为气候的影响，使南方农业生产的生产力大大高于北方。而且我国地貌西高东低，西部多山，交通不便，信息较为闭塞，而东部尤其是沿海地区则交通较为便利，大大增加了与外部接触的机会，开阔人们的眼界，有利于新式知识分子的培养。

政治方面，北方是中国的统治中心，因此人们的思想言论较为传统保守，受牵制较为明显，而南方因远离统治中心，新思想较为容易展开传播，这就使南方有越来越多的人加入到新式知识分子的队伍中。

教育方面，教育是培养人才的重要途径，从前几节也不难看出，南方教育盛于北方，南方的新式学校培养了一批又一批具有近代思想的知识分子，大大充实了新式知识分子的队伍。

而从省份看来，浙江和广东成为新式知识分子的聚集地，主要原因有：首先，富庶的经济为知识分子人才群体的出现奠定了经济基础，浙江和广东都是历史上有名的鱼米之乡，近代后随着资本主义的侵入，浙江和广东的一部分商人、地主等开始投资新式工业，浙江和广东地区逐渐成为全国资本主义企业比较集中、经济比较繁荣的地区，而新式知识分子群体的出现和发展就是经济发展的产物。其次，发达的内外交通、优越的沿海地理位置，为新式知识分子的成长壮大创造了适宜的环境。广东是我国的南大门，那里的铁路、对外航运都十分发达，而浙江地处长江流域，地处沿海，西方进步开放的思想极易传人，同时也容易扩散和接受，因此有利于为新式知识分子的发展提供适宜的土壤。再次，良好的教育是新式知识分子人才辈出的直接原因。从前述可以看出，浙江和广东地区的新式教育都较为繁荣，既有教会学校，又有华侨、士绅兴办的私立学校，这些学校培养了大批具有近代意识的知识分子，是知识的主要来源之一。最后，近代化报刊的兴办热潮，形成了一股强大的社会信息流，加速了资产阶级人才群体的出现。在近代两次办报高潮中，广东和浙江都扮演了主力军的角色，大量的报刊活跃了思想界，宣传了新思想，为新式知识分子提供了文化养料，加速了知识分子的成长。

正是由于得天独厚的物质、文教和地理环境共同促成了浙江和广东新式知识分子人才辈出的局面。而同在这一时期地处内陆的湖南新式知识分子的数量之所以仅次于浙江，也有其独特的原因。

第一，心忧天下、经邦济世的远大抱负是造就湖南新式知识分子辈出的原因。近代湖南知识分子大多集成湘籍经世派传统，在经世致用学风的熏陶下，三相大地人才层出不穷，而且多热衷于投身社会政治活动，为国家命运积极奔走。同时，这也和湖南人的性格有关，《史记》称湖南人“剽悍”，这点也在谭嗣同“流血请自嗣同始”得到了最好的体现，而后宋教仁献身宪政，这些都说明湖南人具有刚劲笃实的性格，只要认准一个目标有了一种思想主张，将就不会轻易改变，这是湖南新式知识分子人数众多的一个特殊原因。

第二，湖南教育的兴盛是造成湖南新式知识分子遍天下的基础。千年学府岳麓书院到了清代被注入了“经世致用”的新血液，成为湖南近代人才的大本营。而到了19世纪末20世纪初，大批的维新志士在湖南掀起教育救国的浪潮，培养和锻炼了一批又一批近代新式知识分子。

第三，20世纪的留学潮为湖南造就了大批新式人才。19世纪末20世纪初，大批中国学生为寻求救国救民之路，纷纷东渡日本求学，掀起了一个留日运动高潮。而在这一高潮中，湖南是留日学生人数最多的省份之一。1902年，湖南首次官费派遣12人赴日留学，到1904年，湖南留日学生已达373人，占全国的11%。[①] 如黄兴、陈天华、章士钊等都是其中

---

① 陈先枢：《湖南近代人才群体及其形成原因》，《湖南社会科学》2000年第1期。

的佼佼者。

第四，家族、血缘、乡缘关系都为新式知识分子群体的形成提供了纽带。湖南新式人才之间常以血缘、姻亲等为纽带，如刘道一、刘揆一兄弟，谭继洵、谭嗣同父子等。中国是一个重家训和家教的国度，新式知识分子的形象往往成为其亲属的目标，有利于在家族中形成奋发成才的良好氛围。"惟楚有材"的豪言壮语更是激励着湖湘学人奋发济世的雄才大略，有利于新式知识分子人才群体的形成。

综上所述，我国具有近代意义的知识分子在鸦片战争后开始萌发，经过洋务运动的催生，在甲午战争后正式形成。这批新式知识分子，拥有先进的文化知识，对中外历史和现状认识较为深刻，具有强烈的忧患意识和历史责任感，对国家和民族的前途命运最为关心。因此，近代历史上，新式知识分子为探索救亡图存的道路进行了一次又一次不懈的探索。

参考文献

一　史料

1. 张之洞：《劝学篇》，上海书店 2002 年版。

2. 《约章成案汇览卷》，上海人民出版社 1983 年版。

3. 中国史学会主编：《中国近代史资料丛刊：洋务运动》，上海人民出版社 1961 年版。

4. 梁启超：《饮冰室文集》，人民出版社 1985 年版。

5. 陈学恂、田平正：《中国近代教育史资料汇编》，上海教育出版社 1991 年版。

6. 汪敬虞：《中国近代工业史资料（上、下）》，科学出版社 1957 年版。

7. 张之洞：《张文襄公全集》，中国书店 1990 年版。

8. 全国政协文史资料委员会：《淘金旧梦：在华洋商纪实》，中国文史出版社 2001 年版。

9. 高时良：《中国近代教育史资料汇编》，上海教育出版社 1992 年版。

10. 李鸿章：《李文忠公全集》，上海商务印书馆 1921 年版。

11. 丁晓禾：《中国百年留学全纪录》，珠海出版社 1998 年版。

12. 李鸿章：《李文忠公全书》奏稿，卷二十八，中华书局 1987 年版。

13. 陈学恂：《中国近代教育史教学参考资料》，人民教育出版社 1987 年版。

14. 沈云龙：《清末各省官自费留日学生姓名表》，台湾：文海出版社 1974 年版。

15. 张廷玉等：《明史》，中华书局 1974 年版。

16. 曾国藩：《曾国藩全集》，岳麓书社 1986 年版。

17. 容闳：《西学东渐记》，岳麓书社 1985 年版。

18. 孙毓棠：《抗戈集》，中华书局 1981 年版。

19. 陶成章：《教会源流考，陶成章集》，上海人民出版社 1986 年版。

20. 汪敬虞：《中国近代工业资料》，科学出版社 1957 年版。

21. 蔡冠洛编著：《清代七百名人传》中国书店 1984 年版。

22. 钱实甫编：《清代职官年表（第二册）》，中华书局 1980 年版。

23. 钱实甫编：《清季重要职官年表》，中华书局 1959 年版。

24. 《清朝文献通考》，商务印书馆 1936 年版。

25. 《清实录》，中华书局 1987 年版。

26. 《新建陆军兵略录存》，1898 年排印版。

27. 来新夏：《中国近代史资料丛刊》，《北洋军阀》，上海人民出版社 1993 年版。

28. 郭松义、李新达、李尚英：《清朝典制》，吉林文史出版社 1993 年版。

29. 刘锦藻：《清朝续文献通考》，商务印书馆 1936 年版。

30. 安徽省地方志编纂委员会：《安徽省志 · 教育志》，方志出版社 1997 年版。

31. 彭泽益：《中国近代手工业史资料》，中华书局 1962 年版。

32. 王定保：《唐摭言》，上海古籍出版社 1978 年版。

33. 龚自珍：《龚自珍全集》，中华书局 1959 年版。

34. 包世臣：《包世臣集》，黄山书社 1991 年版。

35. 陈元晖：《中国近代教育史资料汇编》，上海教育出版社 1990 年版。

36. 严修自订，高凌雯补，严仁曾增编：《严修年谱》，齐鲁书社 1990 年版。

37. 魏源：《海国图志》，岳麓书社 1998 年版。

38. 冯桂芬：《校邠庐抗议》，台北文海出版社影印本 1971 年版。

39. 夏东元：《郑观应集（上）》，上海人民出版社 1987 年版。

40. 舒新城：《中国近代教育史资料（上）》，人民教育出版社 1961 年版。

41. 汤志钧：《康有为政论集》，中华书局 1981 年版。

42. 文史哲出版社编辑部：《明清进士题名碑录索引》，台北文史哲出版 1982 年版。

43. 王延熙、王树敏：《皇清道咸同光奏议》，台北文海出版社影印本 1969 年版。

44. 王韬:《弢园文录外编》，中华书局1959年版。
45. 宝鋆等修:《筹办夷务始末·同治朝》，台北文海出版社影印本1971年版。
46. 贾桢等修:《筹办夷物始末·咸丰朝》，中华书局1979年版。
47. 邵之棠:《皇朝经世文统编》，台北文海出版社影印本1980年版。
48. 潘懋元、刘海峰:《中国近代教育史资料》，上海教育出版社1993年版。
49. 刘声木:《苌楚斋随笔》，中华书局1998年版。
50. 高启:《高太史凫藻集》，上海古籍出版社影印本1987年版。
51. 顾炎武:《日知录集释》，花山文艺出版社1990年版。
52. 冯桂芬等修:《同治苏州府志》，江苏古籍出版社1991年版。
53. 陈夔龙:《梦蕉亭杂记》，北京古籍出版社1985年版。
54. 朱克敬:《瞑庵二识》，岳麓书社1983年版。
55. 何刚德:《春明梦录》，上海古籍出版社1983年版。
56. 章中和:《清代考试制度资料》，台北文海出版社影印本1968年版。
57. 保炯、谢沛霖:《明清进士题名碑录索引》，上海古籍出版社1980年版。
58. 故宫博物院明清档案部与福建师范大学历史系合编:《清季中外使领年表》，中华书局1985年版。
59. 《申报》。
60. 《大公报》。
61. 赵尔巽:《清史稿》，中华书局1978年版。
62. 徐珂:《清稗类钞》，中华书局1984年版。
63. 严中平等编:《中国近代经济史统计资料选辑》，科学出版社1955年版。
64. 姚贤镐编:《中国近代对外贸易史资料》，中华书局1962年版。
65. 中国社会科学院经济研究所主编:《上海民族机器工业》上册，中华书局1979年版。
66. 上海市粮食局等编:《中国近代面粉工业史》，中华书局1987年版。
67. 黄苇、夏林根:《近代上海地区方志经济史料选辑》，上海人民出版社1984年版。
68. 徐雪筠等译编:《上海近代经济发展概况（1882—1931)》，《海关十年报告》译编，上海社会科学院出版社 1985 年版。

69. 王韬：《瀛壖杂志》，上海古籍出版社 1989 年版。

70. 林金枝、庄为玑：《近代华侨投资国内企业史资料选辑》（福建卷、广东卷），福建人民出版社 1985—1989 年版。

71. 夏燮：《中西纪事》，岳麓书社 1988 年版。

72. （清）王之春著，赵春晨点校：《清朝柔远记》，中华书局 1989 年版。

73. 光绪《钦定大清会典》。

74. 王铁崖：《中外旧约章汇编》，上海三联书店 1959 年版。

75. 郭嵩焘：《郭嵩焘奏稿长沙》，岳麓书社 1983 年版。

76. 钟叔河主编：《走向世界丛书：郭嵩焘先生年谱》，岳麓书社 1985 年版。

77. 《使英郭嵩焘奏新加坡设立领事片》，王彦威、王亮编：《清季外交史料》，书目文献出版社 1987 年版。

78. （明）王士性：《广志绎》卷四，中华书局 1981 年点校本。

79. 朱保炯、谢沛霖编：《明清进士题名碑录索引》，上海古籍出版社 1980 年版。

80. 薛福成：《庸庵文编》，上海古籍出版社 1985 年版。

81. 吴永：《庚子西守丛谈》，岳麓书社 1985 年版。

82. 中国社会科学院近代史所编：《曾国藩未刊往来信稿》，岳麓书社 1986 年版。

83. 李瀚章等：《清史稿》，中华书局 1996 年版。

84. 李鸿章：《李鸿章全集》，海口出版社 1999 年版。

85. 《走向世界丛书：薛福成出使英法意比四国日记》，岳麓书社 1985 年版。

86. 《孙中山全集》，中华书局 1981—1986 年版。

87. 安徽省地方志编纂委员会：《安徽省志 · 教育志》，方志出版社 1997 年版。

88. 郭松义、李新达、李尚英：《清朝典制》，吉林人民出版社 1993 年版。

89. 王铁崖：《中外旧约章汇编》第 1 册，中华书局 1984 年版。

90. 《上海文史资料选辑》第 56 辑，上海人民出版社 1987 年版。

91. 《上海文史资料选辑》第 60 辑，上海人民出版社 1988 年版。

92. 天津市政协文史资料研究委员会：《天津的洋行与买办》，天津人民出版社 1987 年版。

93. 上海社会科学院经济研究所:《英美烟公司在华企业资料汇编》第三册,中华书局 1983 年版。

94. 青岛市工商行政管理局:《中国民族火柴工业》,中华书局 1963 年版。

二 专著

1. 舒新城:《近代中国留学史》,中华书局 1926 年版。

2. 实藤惠秀:《中国人留学日本史》,三联书店 1983 年版。

3. 孙石月:《中国近代女子留学史》,中国和平出版社 1995 年版。

4. 志刚:《初使泰西记》,湖南人民出版社 1981 年版。

5. 栗洪武:《西学东渐与中国近代教育思潮》,高等教育出版社 2002 年版。

6. 卢茨:《中国教会大学史》,浙江教育出版社 1998 年版。

7. 冯天瑜、何晓明:《张之洞评传》,南京大学出版社 1996 年版。

8. 章开沅、张正明、罗福惠:《湖北通史·晚清卷》,华中师范大学出版社 1999 年版。

9. 〔美〕勒法吉、高宗鲁:《中国幼童留美史》,台北出版社 1970 年版。

10. 刘晓琴:《中国近代留英教育史》,南开大学出版社 2005 年版。

11. 陈学恂:《中国近代教育大事记》,上海教育出版社 1981 年版。

12. 刘真、王焕琛:《留学教育》(一)、(二),台湾编译馆 1980 年版。

13. 田平正:《留学生与中国教育近代化》,广东教育出版社 1996 年版。

14. 吴霓:《中国人留学史话》,商务印书馆 1997 年版。

15. 王奇生:《中国留学生的历史轨迹》,湖北教育出版社 1992 年版。

16. 沈殿成:《中国人留学日本百年史》(上),辽宁教育出版社 1997 年版。

17. 吴海林、李延沛:《清代历史人物辞典》,黑龙江人民出版社 1983 年版。

18. 汤志钧:《戊戌变法人物传稿(增订本)》,中华书局 1982 年版。

19. 陈旭麓等编著：《中国近代历史词典》，上海辞书出版社 1982 年版。

20. 孙文良编著：《满族大辞典》，辽宁出版社 1990 年版。

21. 章开沅主编：《辛亥革命辞典》，武汉人民出版社 1991 年版。

22. 皮明庥主编：《湖北历史人物辞典》，湖北人民出版社 1984 年版。

23. 郭利民编制：《中国近代史参考地图册：1840—1919》，湖北师院出版社 1983 年版。

24. 吴海林、李延沛：《中国历史人物生卒年表》，黑龙江人民出版社 1981 年版。

25. 戴逸主编：《二十六史大辞典（人物卷）》，吉林人民出版社 1993 年版。

26. 来新夏：《近三百年人物知见录》，上海人民出版社 1983 年版。

27. 韦政通：《中国文化概论》，岳麓书社 2003 年版。

28. 李剑农：《近百年中国政治史》，复旦大学出版社 2002 年版。

29. 李剑农：《戊戌以后三十年中国政治史》，中华书局 1980 年版。

30. 罗尔纲：《湘军兵志》，中华书局 1984 年版。

31. 〔美〕费正清：《剑桥中国晚清史》，中国社会科学出版社 1993 年版。

32. 〔美〕费正清：《美国与中国》，世界知识出版社 1983 年版。

33. 〔英〕汤因比：《历史研究》，上海人民出版社 1986 年版。

34. 王继平：《近代中国与近代文化》，中国社会科学出版社 2003 年版。

35. 王继平：《湘军集团与晚清湖南》，中国社会科学出版社 2002 年版。

36. 王继平：《中国近代文化导论》，湖南人民出版社 2003 年版。

37. 王继平：《晚清湖南史》，湖南人民出版社 2004 年版。

38. 王会昌：《中国文化地理》，华中师范大学出版社 1992 年版。

39. 周振鹤主著：《中国历史文化区域研究》，复旦大学出版社 1997 年版。

40. 刘伟：《晚清督抚政治》，湖北教育出版社 2003 年版。

41. 欧阳恩良、潮龙起：《中国秘密社会》，福建人民出版社 2002 年版。

42. 秦宝琦：《清末民初秘密社会的蜕变》，中国人民大学出版社 2004 年版。

43. 蔡少卿:《近代会党史研究》,中华书局 1987 年版。

44. 周育民、邵雍等著:《中国帮会史》,上海人民出版社 1993 年版。

45. 苏智良、陈丽菲:《近代上海黑社会研究》,浙江人民出版社 1991 年版。

46. 彭先国:《湖南近代秘密社会研究》,岳麓书社 2001 年版。

47. 郭松义、李新达、杨珍著:《中国政治制度通史》,人民出版社 1996 年版。

48. 龚书铎主编:《中国通史(第十卷)》,上海人民出版社 2000 年版。

49. 章开沅主编:《中国近代史上的官绅商学》,湖北人民出版社 2000 年版。

50. 王戎笙等著:《太平天国运动史》,人民出版社 1986 年版。

51. 江地:《捻军人物传》,山西教育出版社 1990 年版。

52. 江地:《捻军史论丛》,人民出版社 1980 年版。

53. 江地:《捻军史初探》,生活·读书·新知三联书店 1956 年版。

54. 郭豫明:《捻军史》,上海人民出版社 2001 年版。

55. 陆景琦:《义和团在山东》,齐鲁书社 1980 年版。

56. 陈贵宗:《义和团的组织和宗旨》,吉林大学出版社 1987 年版。

57. 廖一中、李德征、张旋如等编:《义和团运动史》,人民出版社 1981 年版。

58. 金冲及:《辛亥革命的前前后后》,中国文史出版社 1991 年版。

59. 罗福惠:《辛亥革命时期的精英文化》,华中师范大学出版社 2001 年版。

60. 辛亥革命史研究会主编:《辛亥革命史论文选》,生活·新书·新知三联出版社 1981 年版。

61. 文史资料委员会主编:《辛亥革命在各地》,中国文史出版社 1991 年版。

62. 章开沅:《辛亥革命与近代社会》,天津人民出版社 1985 年版。

63. 李良玉:《动荡时代的知识分子》,浙江人民出版社 1990 年版。

64. 吕小波:《中国早期现代化中的传播媒介》,三联书店上海分店 1995 年版。

65. 〔美〕吉尔伯特·罗兹曼:《中国的现代化》,江苏人民出版社 1988 年版。

66. 罗尔纲:《绿营兵志》,中华书局 1984 年版。

67. 张玉田等：《中国近代军事史》，辽宁人民出版社 1983 年版。

68. 张墨、程嘉禾：《中国近代海军史略》，海军出版社 1989 年版。

69. 《中国战争发展史》，人民出版社 2001 年版。

70. 罗尔纲：《湘军兵志》，中华书局 1984 年版。

71. 张研、牛贯杰：《19 世纪中期中国双重统治格局的演变》，中国人民大学出版社 2002 年版。

72. 张仲礼：《中国绅士——关于其在 19 世纪中国社会中作用的研究》，上海社会科学出版社 1991 年版。

73. 薛连璧：《中国军事教育史》，国防大学出版社 1993 年版。

74. 苏云峰：《中国现代化的区域研究（1860—1916）湖北省》。

75. 姜克夫：《民国军事史略稿》。

76. 熊志勇：《从边缘走向中心——晚清社会变迁中的军人集团》，天津人民出版社 1998 年版。

77. 苏云峰：《清季武昌学界的革命运动》，《台湾研究院近代史研究所集刊》第 4 期上册，台北，1973 年 5 月。

78. 〔澳〕冯兆基：《军事近代化与中国革命》，郭太风译，上海人民出版社 1994 年版。

79. 隗瀛涛：《近代重庆城市史》，四川大学出版社 1991 年版。

80. 张仲礼：《东南沿海城市与中国近代化》，上海人民出版社 1996 年版。

81. 杨齐福：《科举制度与近代文化》，人民出版社 2003 年版。

82. 宋元强：《清朝的状元》，吉林文史出版社 1992 年版。

83. 胡焕庸、张善余：《中国人口地理》（上），华东师范大学出版社 1984 年版。

84. 盛朗西：《中国书院制度》，中华书局 1934 年版。

85. 张研：《清代族田与基层社会结构》，中国人民大学出版社 1991 年版。

86. 朱勇：《清代宗族法研究》，湖南教育出版社 1987 年版。

87. 吴晗：《江浙藏书家史略》，中华书局 1981 年版。

88. 艾永明：《清朝文官制度》，商务印书馆 2003 年版。

89. 王德昭：《清代科举制度研究》，中华书局 1984 年版。

90. 李朝正：《清代四川进士征略》，四川大学出版社 1986 年版。

91. 庞思纯：《明清贵州 700 进士》，贵州人民出版社 2005 年版。

92. 王继平：《晚清湖南学术思想史稿》，湖南人民出版社 2004 年版。

93. 王继平:《嬗变与回归——近代中国知识分子参与意识和模式研究》，华中理工大学出版社 1995 年版。

94. 房兆楹、杜联喆:《哈佛燕京学社引得特刊（第 19 卷）增较清朝进士题名碑录附引得》，北平哈佛燕京学社 1941 年版。

95. 尹海金、曹端祥:《清代进士辞典》，中国文史出版社 2004 年版。

96. 陈景磐:《中国近代教育家传》，北京师范大学出版社 1987 年版。

97. 吴申元主编:《中国近代经济史》，上海人民出版社 2003 年版。

98. 白寿彝主编:《中国通史》（第 10—11 卷），上海人民出版社 1999 年版。

99. 郝延平:《十九世纪的中国买办：东西间桥梁》，上海社会科学院出版社 1988 年版。

100. 许涤新、吴承明主编:《中国资本主义发展史》，人民出版社 2005 年版。

101. 汪敬虞:《唐廷枢研究》，中国社会科学出版社 1983 年版。

102. 马敏、朱英等:《中国经济通史》，湖南人民出版社 2002 年版。

103. 孙健主编:《中国经济史》（近代部分），中国人民大学出版社 1989 年版。

104. 熊月之:《西学东渐与晚清社会》，上海人民出版社 1994 年版。

105. 夏东元:《洋务运动史》，华东师范大学出版社 1992 年版。

106. 汪敬虞:《十九世纪西方资本主义对中国的经济侵略》，人民出版社 1983 年版。

107. 张国辉:《洋务运动与中国近代企业》，中国社会科学出版社 1979 年版。

108. 杜恂诚:《民族资本主义与旧中国政府》，上海社会科学出版社 1991 年版。

109. 黄逸平:《近代中国经济变迁》，上海人民出版社 1992 年版。

110. 王亚南:《中国官僚政治研究》，中国社会科学出版社 1981 年版。

111. 黄逸峰等:《旧中国的买办阶级》，上海人民出版社 1982 年版。

112. 黄逸峰等:《旧中国民族资产阶级》，江苏古籍出版社 1990 年版。

113. 梁嘉彬:《广东十三行考》，商务印书馆民国二十六年版。

114. 朱英著:《中国早期资产阶级概论》，河南大学出版社 1992 年版。

115. 孔令仁编：《中国近代企业的开拓者》，山东人民出版社 1991 年版。

116. 邹依仁：《旧上海人口变迁的研究》，上海人民出版社 1980 年版。

117. 冯天瑜主编：《武汉现代化进程研究》，武汉大学出版社 2002 年版。

118. 庞毅：《中国清代经济史》，人民出版社 1994 年版。

119. 陈金川主编：《地缘中国》，中国档案出版社 1998 年版。

120. 中国人民大学编：《中国近代经济史》，人民出版社 1976 年版。

121. 〔德〕马克斯·韦伯：《经济与社会》，商务印书馆 1997 年版。

122. 布莱克：《现代化的动力》，四川人民出版社 1988 年版。

123. 李明伟：《清末民初中国城市社会阶层研究（1897—1927）》，社会科学文献出版社 2005 年版。

124. 王恩涌：《文化地理学导论》，高等教育出版社 1989 年版。

125. 张步天：《中国历史文化地理》，湖南教育出版社 1993 年版。

126. 胡兆量等编：《中国文化地理概述》，北京大学出版社 2001 年版。

127. 程道德：《近代中国外交与国际法》，现代出版社 1993 年版。

128. 周鲠生：《国际法》，商务印书馆 1981 年版。

129. 蒋廷黻：《中国近代史》，湖南人民出版社 1987 年版。

130. 乔力主编：《中国文化经典要义全书》，光明日报出版社 1996 年版。

131. 于建胜、刘春蕊：《落日的挽歌》，商务印书馆 2003 年版。

132. 钟叔河主编：《走向世界丛书：近代中国知识分子开查西方的历史》，中华书局 2000 年版。

133. 王铁崖：《国际法引论》，北京大学出版社 1998 年版。

134. 经君健编：《严中平文集》，《五口通商时代疯狂残害中国人民的英美“领事”和“商人”》。

135. 李云泉：《明清朝贡制度史论》，新华出版社 2004 年版。

136. 刘光华：《清季总理衙门的职掌》，《中国近现代史论集》第七编，《自强运动》（二）“外交”，台湾商务印书馆 1985 年版。

137. 郭福祥、左远波：《中国皇帝与洋人》，时事出版社 2002 年版。

138. 邹逸麟编著：《中国历史地理概述》，上海教育出版社 2005 年版。

139. 陈正祥:《中国文化地理》,上海三联书店 1982 年版。

140. 章开沅、田彤:《东南精英与辛亥前后的政局》,郭太风、廖大伟主编:《东南社会与中国近代化》,上海古籍出版社 2005 年版。

141. 郭太风、廖大伟主编:《东南社会与中国近代化》,上海古籍出版社 2005 年版。

142. 徐泰来、王继平等编著:《中国近代史记》,湖南人民出版社 1989 年版。

143. 郭廷以:《近代中国史纲》,中国社科出版社 1999 年版。

144. 徐和雍、郑云山、赵世培编著:《浙江近代史》,浙江人民出版社 1982 年版。

145. 王德亮:《曾国藩之民族思想》,商务印书馆 1948 年版。

146. 胡秋原:《近百年中外关系》,台湾文海出版社 1971 年版。

147. 吴宝晓:《初出国门》,武汉大学出版社 2000 年版。

148. 陈旭麓:《近代中国社会的新陈代谢》,上海社会科学院出版社 2006 年版。

149. 李育民:《近代中国的条约制度》,湖南师范大学出版社 1995 年版。

150. 《福建船政局史稿》,福建人民出版社 1986 年版。

151. 钟叔河编:《走向世界——近代中国知识分子考察西方的历史》,中华书局 2000 年版。

152. 杨东梁、张浩:《中国清代军事史》,人民出版社 1993 年版。

153. 赵秀昆、田昭林:《中国军事史之兵制》,解放军出版社 1987 年版。

154. 陈桦:《清代区域社会经济研究》,中国人民大学出版社 1996 年版。

155. 程民生:《中国北方经济史》,人民出版社 2004 年版。

156. 白纲:《中国政治制度通史》,人民出版社 1996 年版。

157. 刘伟:《晚清督抚政治》,湖北教育出版社 2003 年版。

158. 高锐:《中国军事史略》,军事科学出版社 2000 年版。

159. 薛连璧:《中国军事教育史》,国防大学出版社 1993 年版。

160. 熊志勇:《从边缘走向中心——晚清社会变迁中的军人集团》,天津人民出版社 1998 年版。

161. 冯兆基:《军事近代化与中国革命》,郭太风译,上海人民出版社 1994 年版。

162. 孙培青：《中国教育史》，华东师范大学出版社 2000 年版。

163. 刘秀生、杨雨青：《中国清代教育史》，人民出版社 1993 年版。

164. 隗瀛涛：《近代重庆城市史》，四川大学出版社 1991 年版。

165. 中国人民革命军事博物：《中国战争发展史》，人民出版社 2001 年版。

166. 朱来常：《淮军始末》，黄山书社 1984 年版。

167. 施渡桥：《晚清军事变革研究》，军事科学出版社 2003 年版。

168. 汤志钧：《戊戌变法史》，人民出版社 1984 年版。

169. 许大龄：《明清史论集》，北京大学出版社 2000 年版。

170. 〔美〕马士：《中华帝国对外关系史》，上海三联书店 1958 年版。

三 论文

1. 马永明：《关于明清香山籍留美幼童的地域集中性》，《中南民族大学学报》2004 年第 3 期。

2. 杨东梁：《晚清东南社会变迁与近代化智力资源积累》，《史学月刊》2002 年第 11 期。

3. 徐曼：《近代留美生留学特点考》，《内蒙古大学学报》2003 年第 2 期。

4. 丁三青、王玉祥：《近代中国的留学运动与社会近代化》，《徐州师范大学学报》1997 年第 2 期。

5. 王国席：《清末农学留学生人数与省籍考略》，《历史档案》2002 年第 2 期。

6. 黄尊严、徐志民：《清末山东留日学生考释》，《东岳论丛》2004 年第 2 期。

7. 何一民：《开埠通商与中国近代城市的发展及早期现代化的启动》，《四川大学学报》2006 年第 5 期。

8. 郑衡泌：《明清西学东渐中西学中文书刊出版地域空间拓展轨迹》，《福建地理》2003 年第 3 期。

9. 喻永庆：《张之洞的湖北兴学及其影响》，《郧阳师范高等专科学校学报》2006 年第 2 期。

10. 韦国友：《中国区域城市发展不平衡的历史考察》，《玉林师范学院学报》2005 年第 4 期。

11. 苏全有:《明清人才的地域分布及其特色》,《平原大学学报》2003 年第 8 期。

12. 董力三:《清代湘粤联系与近代湖湘文化》,《长沙水电师院社会科学学报》1993 年第 1 期。

13. 杨东梁:《晚清东南社会变迁与近代化智力资源积累》,《史学月刊》2002 年第 11 期。

14. 陶用舒:《论湖南近代人才群体产生和形成的原因》,《益阳师专学报》1995 年第 3 期。

15. 许纪霖:《近代中国变迁中的社会群体》,《社会科学研究》1992 年第 3 期。

16. 潮龙起:《租界、教会与近代中国的秘密社会》,《历史教学》2003 年第 7 期。

17. 吴善中:《湘军与哥老会的蔓延及其崛起》,《曾国藩学刊》(6)。

18. 徐宝芳:《人才地域分布规律研究》,《内蒙古师大学报》1997 年第 6 期。

19. 刘泱泱:《湘军与近代湖南绅权势力的发展》,《益阳师专学报》1995 年第 1 期。

20. 苏全有:《晚清人才的地域分布及其特色》,《平原大学学报》2003 年第 8 期。

21. 王忠萍:《清末民初的留日学生与中国近代社会变迁》,《徐州师范大学学报》2002 年第 6 期。

22. 张瑞安:《留日士官生与晚清军事现代化》,《贵州文史丛刊》2004 年第 3 期。

23. 李细珠:《张之洞与晚清军事教育近代化》,《安徽史学》2001 年第 4 期。

24. 许顺富:《论近代湖南绅士的地缘特征及其影响》,《湖南大学学报》2003 年第 9 期。

25. 朱翔:《中国人才时期与人才地理研究》,《人文地理》2001 年第 10 期。

26. 王先明:《晚清士绅基层社会地位的历史变动》,《历史研究》1996 年第 1 期。

27. 田跃安:《清末新军建设的历史思考》,《西安电子科技大学学报》2001 年第 6 期。

28. 张惟英:《郭嵩焘与中国驻外使领馆的创设》,《学习时报》2004年3月25日。

29. 夏泉:《开眼看世界与晚清驻外公使派遣》,《光明日报》2002年6月25日。

30. 蔡永明:《中国早期驻外使节与东南亚的华侨问题》,《厦门大学学报》(哲学社会科学版)2003年第6期。

31. 杨东梁:《晚清东南社会变迁与近代化智力资源积累》,《史学月刊》2002年第11期。

32. 任云仙:《晚清驻外使臣的群体构成与知识结构》,《贵州社会科学》2005年第3期。

33. 南方网:《曾国藩举荐广东吴川人陈兰彬进士为中国第一任驻美大使》。

34. 戴东阳:《晚清驻外使臣与政治派系》,《史林》2004年第6期。

35. 张琳:《早期驻外使节与西学东渐》,《广州社会主义学院学报》2005年第3期。

36. 《中山日报》,2006年9月9日第4258期B1版。

37. 龚书铎、董贵成:《百年来中国近代史研究回顾》,《东南学术》2000年第3期。

38. 祁美琴:《对清代朝贡体制地位的再认识》,《中国边疆史地研究》2006年第1期。

39. 谢俊美:《宗藩政治的瓦解及其对远东国际关系的影响》,《华东师范大学学报》(哲社版)1999年第5期。

40. 张小林:《清代国际法传入中国》,《明清论丛》第五辑,2004年8月。

41. 林玮恩:《清季中国外交机构沿革》。

42. 张步先:《从总理衙门到外务部——兼论晚清外交近代化》,《山西师大学报》(社会科学版)第25卷第3期。

43. 苏全有、李风华:《晚清人才的地域分布及其特色》,《平原大学学报》2003年第3期。

44. 别必亮:《清末科举制度变革考》,《杭州师范学院学报》1997年第1期。

45. 郑晓容:《试论科举制度在近代的衰废》,《湖北民族学院学报》1996年第1期。

46. 陈国生,罗文:《清代四川进士的地域分布及其规律》,《中国历史地理论丛》1994 年第 2 期。

47. 范金民：《明清江南进士数量、地域分布及其特色分析》，《南京大学学报》1997 年第 2 期。

48. 夏卫东：《清代浙江进士的地域分布及其规律》，《绍兴文理学院学报》2001 年第 21 期。

49. 李润强：《清代进士的时空分布研究》，《西北师大学报》2005 年第 42 期。

50. 夏卫东：《论清代翰林官的出路问题》，《石油大学学报》2003 年第 19 期。

51. 邵建、吕凌峰：《晚清 70 年人才的流向》，《科学 · 经济 · 社会》2004 年第 1 期。

52. 刘海峰：《中国科举史上的最后一榜进士》，《厦门大学学报》2004 年第 4 期。

53. 夏维中、范金民：《明清江南进士研究之二——人数众多的原因分析》，《历史档案》1997 年第 4 期。

54. 李绮：《晚清企业经营者的构成特点及品质特征》，《扬州教育学院学报》2005 年第 4 期。

55. 李江、顾保国：《论中国近代企业家》，《南方经济》2002 年第 9 期。

56. 史全生：《关于中国资产阶级的产生与形成》，《安徽史学》2004 年第 5 期。

57. 王奇生：《中国近代人物的地理分布》，《近代史研究》1996 年第 2 期。

58. 徐宝芳：《人才地域分布规律研究》，《内蒙古师范大学学报》（哲学社会科学版）1997 年第 6 期。

59. 杨鹏程：《中国近代区域人才研究初探》，《湖南科技大学学报》（社会科学版）1989 年第 5 期。

60. 吴善中：《哥老会在长江中下游的崛起》，《扬州大学学报》2001 年第 5 期。

61. 赵燕玲：《试论义和团与传统文化》，《韶关大学学报》1995 年第 3 期。

62. 朱英：《资产阶级与中国近代化的发展》，《华中师范大学学报》（哲社版）1994 年第 2 期。

后　　记

荀子曰："居楚而楚，居越而越，居夏而夏，是非天性也，积靡使然也。"人才与地理环境（包括人文地理环境）的关系是千百年来人们饶有兴趣且为学者关注的问题。不仅因为乡贤前辈是桑梓后生引为骄傲的谈资，更为后人学习仿效的榜样，并成为一时一地之传统与风气，影响着时代或区域政治、经济、文化的发展，导引特定时期或区域人才的成长和价值取向，此即"积靡"也。故人才的地理分布是一种文化现象，是值得认真研究的领域。晚清是中国历史发展的重要转型时期，也是人才发展的转型期，不仅人才特质发生变化，由传统型向近代型转变，且人才的区域分布也发生了变化，并形成了不同区域的人才特色，如沿海地区具有近代改革意识的人才群体，两湖地区的革命与军事人才群体，江浙地区企业家群体等等，都是晚清区域地理（经济、政治、人文等）环境变迁的结果。

我在1990年代中后期从事中国近代文化史研究，先是探讨近代文化思潮的发展，继而探讨近代文化的生态环境，随后对晚清人才的地理分布发生研究兴趣，从广义的角度来看，这是对晚清文化生态研究的深入和拓展。大约在1999年左右，我拟定了研究大纲，并确定了书稿的节目。然我时任学校研究生处处长兼学位办主任，时值学校学位与研究生教育发展关键时期，每日行政事务繁忙，难以以个人之力完成，但课题确实难以割舍。于是采取以指导研究生科研、形成学位论文的方式来完成。从2003级开始，至2009届，组织研究生完成了这一课题。参加并撰写初稿的硕士生有：阳伶（晚清军事人物地理分布）、刘建中（晚清企业家地域分布）、何丽君（晚清政治领袖的区域分布）、张喜桃（晚清进士的籍贯分布）、仉慧卿（晚清驻外使领籍贯分布）、黄珊元（晚清学术人物的地理分布）、冯吉红（晚清留学生区域分布）、马世香（晚清文化理地变迁）。刘志靖、黄琴同志参加了全书的修改、通稿。

很高兴在书稿在即将完成时获得了国家社会科学基金后期资助，使本书得以完成后续研究工作和出版工作。国家社会科学基金近年来越来越重视对课题的后期资助，我以为这是对基础学科特别是人文学科规律的重视，也是对人文学者学术兴趣的尊重。科学研究有为当下经济和社会发展服务的职责，特别是工程技术和社会科学，因此提出经济和社会发展急需的科学研究课题指南是需要的，但这不应该成为全部。科学研究特别是人文科学研究有传承、积累民族文化传统的功能和职责，也同样是为社会发展服务。同时，后期资助也鼓励了学者踏实的学风，对于克服浮燥、急功近利的学风大有裨益，特别是国家社会科学基金现在对后期资助常态化，更是人文学者感到高兴的事，对于鼓励学者认真踏实地做学问必将起到极大的激励作用。因此，我由衷感谢国家社会科学基金以及基金评审专家们的支持和鼓励，也感谢中国社会科学出版社的曹宏举先生和本书责任编辑郭沂纹女士。

王继平

2011年7月1日